谨以此书献给刘小枫教授六十寿诞

程志敏　张文涛　主编

从古典重新开始
古典学论文集

华东师范大学出版社

华东师范大学出版社六点分社　策划

目　录

代序：如何重写西方哲学史（张志扬）……………………1
阿佛洛狄特的缺席（吴雅凌）………………………………29
黑衣女神与城邦福祉（张芳宁）……………………………42
一个故事三种讲法（罗　峰）………………………………56
阿里斯托芬《马蜂》中的父与子（胡　镓）………………69
孝义与治道（程志敏）………………………………………81
苏格拉底与政治哲学的诞生（王江涛）……………………100
"知识"与灵魂之"美"（贾冬阳）…………………………117
灵魂的染色（黄　群）………………………………………141
被迫的哲学家（李　猛）……………………………………160
柏拉图《王制》的心灵（谭立铸）…………………………185
神还是人立法（林志猛）……………………………………198
神圣的立法者问题（肖有志）………………………………210
柏拉图《书简二》读解（彭　磊）…………………………221
当哲人遇上智术师（罗晓颖）………………………………234
政制与幸福（陈戎女）………………………………………250
色诺芬《阿格西劳斯颂》中的"虔敬"（高挪英）………262

亚里士多德对修辞术的定义和定位（黄汉林）……………… 276

罗马的"开端"（吴明波）…………………………………………… 295
维吉尔的"幻梦之门"（王承教）…………………………………… 304
世之贤人君子的德性高度（叶　然）……………………………… 321
心灵的孤独与统一（吴　飞）……………………………………… 345
哈列维《赫札尔人书》对希伯来圣经"王"形象的
　　发展（陈会亮）………………………………………………… 365
何谓"双天"（白　钢）……………………………………………… 381
爱的忏悔（朱振宇）………………………………………………… 388

无奈的牧人（李世祥）……………………………………………… 401
洛克、平等与"我们"（赵雪纲）…………………………………… 412
尼采与西方礼法传统的重建（张文涛）…………………………… 428
苏格拉底与阿那克萨戈拉（刘　振）……………………………… 448
尼采式的哲学批判（曹　聪）……………………………………… 465
现象学与古今之争（徐　戬）……………………………………… 480
隐秘的自然状态（黄　涛）………………………………………… 499

关雎之始与王道政治（陈明珠）…………………………………… 513
《关雎》讲义（李致远）……………………………………………… 530
帝王的道义与变数（朱　赢）……………………………………… 539
倾听圣言（赵　明）………………………………………………… 553
君子之乐：《论语》之始（娄　林）………………………………… 573
《黄帝内经素问·阴阳应象大论篇第五》开篇读解（张轩辞）… 587
《论六家要指》的时代背景和写作意图（吴小锋）……………… 603
太史公笔下的孔子（李长春）……………………………………… 615
《诗》主言志，最附深衷（张　辉）………………………………… 631
虞世南《笔髓论》注（柯小刚）……………………………………… 642
万一各正，小大有定（曾维术）…………………………………… 657

元代"年谱、传记类"孟学著述三种考议(周春健)……………… 667
等待黎明:为明君献计(何子建)…………………………………… 682
方以智"《庄》为《易》之风、《庸》之魂"说试解(邢益海)………… 700
"天"变、公理与时势(张　翔)……………………………………… 714
被现实主义刻画的中国?(韩　潮)………………………………… 738
论天下秩序的当代复兴(陈建洪)…………………………………… 751
矛盾论与政治哲学(丁　耘)………………………………………… 768
传统的活力(舒　炜)………………………………………………… 785

编后记……………………………………………………………… 793

代序：如何重写西方哲学史？
——为小枫耳顺之年而作

张志扬

"文革"后的1979、1980年，我们几乎同时学步邯郸。不过那时你是白纸一张，我却黥印在额满身涂鸦。所以，你能画最新最美的图画，我已自惭形秽藏拙于你和你们身后幽僻之处。但命运从此前后相随。

第二个十年，你去了瑞士巴塞尔大学，我去了海口海南大学。

第三个十年，你回到广州中山大学开设古希腊柏拉图学园式的古典学课程，成为中国第一站反省西方启蒙思想之古典学出发点。我却因此成了"游学"在现象学、古典学、科学哲学"概帮"兄弟之间的"民哲"。

三个十年过去，一开始的"前后之分"更着"文野之别"，居然始终相得益彰。这在当今壁垒森严的体制学界，也算得一个例外："幽僻处可有人行？点苍苔白露泠泠。"

其实常识不谙，我们的心瞩与指归始终默契，那就是把邯郸学步的漂泊变成归根复命的还乡，从未步浮士德的后尘与靡菲斯特做灵魂的交易。

于是，在你耳顺之年，我拿出延续"阴影之谷"的挂单呼应你"拣尽寒枝"的寂寥，作为"德不孤、道不废"的见证。①

2014年7月17日　海甸岛

---

① 本文系《文革书·四批判书》的准备，继《偶在论谱系——西方哲学史的"阴影之谷"》之后，对西方哲学史之"双重遮蔽"底翻转，算得我们之间告别西学的承诺。

绪　论

如果我写西方哲学史,如何重写西方哲学史?

有人会问:"你为什么要重写西方哲学史?"

有人还会问:"你凭什么重写西方哲学史?"

前一个问题我在展开中回答。后一个问题的回答也会在前一个问题的展开中连带给出。

其实道理很简单,谁干预世界谁就得被世界质疑,否则你与我何干!

有问题的人首先就获得了"质疑"或"重写"的必要条件。一个连问题都没有的人——我指的是"根本性问题"——当然也就谈不上"重写"了。说它是"必要条件",因为没有它则根本不可能有重写的意识——"无之必不然",然后才是"有之不必然"——仅有重写的意识,没有重写的能力,也枉然。

能力是个人的事情,意识却关系到问题本身。我们必须首先面对它。

这个题目隐含的背景无疑是复杂的。撮其要者四。

(一)东西文化各自的思想或哲学形态都需要时间自身展开、转折、轮回。没有进入这种"轮回"过程我们就无法诊断其兴衰的命脉搏动……

(二)中世纪后,"以体制用"的东方文化开始愈来愈强地遭遇"以用代体"的西方文化的功利冲击,一改独立互补地相互吸收,不到四个世纪,西方独大而逐渐侵蚀甚至剥夺东方而强行殖民化,变东方为西方"东方学"之"东方"。

(三)强势文化认为"进步论"理所当然。弱势文化除了自己证明自己存在的理由,别无他途。但是,弱势变强势是进入同样的"强力意志"走"剥夺者被剥夺"的歧路,还是走多元辉映独立互补而回复到各自"本土人类学"之文化生态常路?如何诊断两种"轮回"的重迭?于是有了"犹太人问题与中国人问题"这一历史课题的出现。

（四）或许中国人可写世界史，能"大而化之以致中和"的中国人，在东西正反遭遇的对照中，既重写西方智能史（"以用代体"史），也重写东方智慧史（"以体制用"史），即在总体上迷途指津：明辨"体用之分"、"以体制用"，重建"神—人—物"的制衡关系——既使敬神以节制人的僭越，又使驭物以抵制人的物化，使"人"允执厥中而扣两端（"神"—"物"）地成"中和"之势。否则，必然落入西方"进化论即末世论"诅咒的下场。

【附释】

何谓"犹太人问题与中国人问题"？

或，"犹太人是中国人的一面镜子"。这是我个人自立的课题。它的酝酿有几个阶段：

（1）第一阶段起因于"苦难"。两个民族在各自的历史中都经受深重苦难，但两者对苦难的记忆与消化是非常不一样的。犹太民族的"苦难记忆"如何能保持一个民族文化的神性质量，并凝聚为民族文化的自我认同，甚至把苦难中的坚守看作民族历史品格的高贵性质，特别在知识分子中自觉如此。中国却难能有如此不幸中之幸。往好的方面说，它必须在世俗层面"大而化之"地浴火重生。这个感觉最先表现为"苦难向文字转换为何失重？"，以八十年代为限。

（2）第二阶段转向对"启蒙"的态度。犹太民族在其民族性上是拒绝"启蒙"的，这无疑对"启蒙的普世价值"是一个否证。中国知识分子不但放弃了民族文化认同的导师角色，还反过来几乎整体性地向西方一边倒，听信西方口中的"资本主义—普世价值"以为自己的指导原则。

（3）第三阶段才最终涉及"文化种性"及其如何"复兴"的问题。两者都面临两难：

（3.1）犹太人在二战后面临"犹太复国"的两难选择：靠人的理性建国即建立现代国家，则有悖与耶和华的契约《托拉》（靠神性获救）；若靠神性复国，又难以抚平二战牺牲600万人的伤痛和抵挡外族历来的驱赶与屠杀。最后还是选择了政治复国主义,建立了以色列国。

(3.2) 中国人在二战后面临"如何建国"的两难问题,即"走什么道路:是走资本主义道路,还是走社会主义道路?"如果走社会主义道路,是走"巩固新民主主义秩序"的资本主义阶段论道路,还是走"继续革命论"完成社会主义道路?其实质仍然在于"西化/不西化"问题?①

今天看来,两个灾难深重的民族在"复国"或"建国"的基业上都陷入了困境。所谓"民族复兴"的问题仍然没有解决。

不仅如此,"文化种性"问题不单纯是"文化类型"问题,它的背景已经同时转变到科学技术与人类存亡的"哈姆雷特式难题"了。它也是西方哲学史上必须正视的"三个幽灵":俄狄浦斯、哈姆雷特、马克思。

不管德里达如何看待"三个幽灵",在我眼里"三个幽灵"隐喻的全是"反讽"。请看这"三个幽灵"的身份:

"俄狄浦斯"——古希腊"诸神不和"向"希腊悲剧"的转变启蒙。古希腊人(虚构),选择不惜"改天换地"("杀父娶母")与神抗争的"自然人"道路。但这正是一条兑现神之诅咒的道路。

"哈姆雷特"——工业革命前的英国,但写的是中世纪寒冷的北欧。丹麦人(虚构),选择"人道用死于功利阴谋以证实功利阴谋之丑恶",必然走上"在假象本质的批判中承认假象本质"的"纵恶"之路。

马克思——19世纪的欧洲,批判资本主义的"批判现实主义"盛行,晚到的德国浪漫派新古典主义哲学由盛而衰,直接导致短命的无产阶级革命兴起。犹太人(真实),选择"物化生产力解放人类而终被非人属的科学技术物化了人类"。"历史唯物论"或"唯物辩证法"终究是"唯物"的,正是西方宇宙论科学功利道路的最后转折。

所以我宁可说他们是三个"反讽的幽灵",隐喻的只是"反讽"——

---

① 马克思主义道路也是西化道路,而且还是全盘西化的技术理性科学主义道路。但对这一点的认识与反省需很晚才出现。

人愈抗命神的诅咒愈陷入"神对人的诅咒"——"斯芬克斯之谜"。因为西方人像俄狄浦斯那样只知一个空洞的"人"而不自知"人如何成其为人",结果才导致完全的"非人属"的科学主义物义论——归根结底陷入"斯芬克斯之谜"的诅咒之中。

但是请注意:正是最后这个真实的犹太人马克思唤醒了远东的中国人,当西方人普遍沉入"以用代体"而科技化之时,中国人唯有借"生产力之用"做大以匹西方,别无他途,但危险在于,将遭受西方"以用代体"之代价而最终丧失中国文化之为中国文化的"文化种性"——无体而用啊!所以,必须坚持"中体西用",即中国文化"德性之体"制御科学技术以为"用",方能调正世界发展方向使"大而化之以致中和"。这或许预示着"反讽"命运的解脱?①

(附释完)

可惜,这个中国人还需时日到来。

如果从1840年"鸦片战争"算起,中国学习西方已有170年的时间了;如果从1894年"甲午战争"算起,中国学习西方已有120年的时间了。从今天中国的教育现状看,特别是从主流知识分子对中国文化的不认同看,这个学习过程远未结束而且前途未卜。其结果大体可用西方和中国的两个成语对勘:"阿喀琉斯追不上龟"与"邯郸学步"。

"阿喀琉斯追不上龟"说的是,阿喀琉斯如果只按龟的规则追龟,的确,永远也不会追上龟。因为阿喀琉斯每次起步追赶只能追到龟同时起步的地方,所以,阿喀琉斯永远会差龟走出的那一步。说白了,西方必须始终站在"主人位置"奴役你,因而"钳制你、围堵你、卡死你"是必不可免的遭遇。等到你真的能战胜了,说不定也就真的西化了,落入"剥夺者被剥夺"的强力意志地步——中国已不复是中国了——反讽!

---

① 如何理解马克思主义历史唯物主义及其国际共产主义运动史,系《文革书·四批判书》底批判之一。此处存而不论。

"邯郸学步"说的是,别人的步伐没学到,自己的步伐却丢掉了。因为,人类四大原生文化——埃及、西亚、印度、中国——各不相同。西方开元的希腊文明是地中海区域的文化类型,中国是东亚大两河流域的文化类型(区别于西亚、印度各自不同的两河流域文化)。抹掉文化类型,宣扬世界一元论的历史观不过是"帝国梦想"的"意识形态"罢了。

学到今天,也该到了反省的时刻。至少明白"学习"归根结底的目的是找回民族品格、确立民族品格而不是丧失民族品格。因此,在学习中"知己知彼,主位在我"才是学习的要津。那种鼓吹"全盘西化",盲目信仰"凡西方皆真理"的"奴化学习"与"学习奴化",实乃学习的大害,必须扫荡干净!

一、西方哲学史的历史编年

引　言

西方哲学史浩如烟海,西方思想家哲学家千百年来始终如一地"计算"他们的思想为"最高真理"、"普世真理"、"绝对真理",如"一神论"、"本体论",非"天下独尊,舍我其谁"不可。并以"真理"统"至善",即便"真理是毒药"——真理是"唯物"而不是"为人"——也在所不惜。因而一开始就隐含着"以用代体"之动力趋势。所以他们不遗余力地把自己的思想描绘为独照真理、显现真理的"光"——"自然之光",实乃"双重遮蔽"之源。

【附释】

所谓"双重遮蔽",得分三层解释。

一层是表层即"光"——"象征性"(类似柏拉图"本相"——"本质主义")。光遮蔽(消除)黑暗,又把这遮蔽遮蔽起来,如此显得纯粹光明(白色神话)。遭黑格尔反讽"纯粹的光明如同纯粹的黑暗什么也看不见"。

二层是中层即"真"——"真理性"(类似亚里士多德"实体"——"科

学实体主义")。组成所谓希腊独有的"爱智慧"其实"爱智能"的"哲学"。如此真理,既掩盖人为建构不可避免地先天裂隙,又把这掩盖掩盖起来,俨然"真理"自居美名之曰宇宙"最高存在者"——"本体"——"物理学之后"(误译成"形而上学")。

三层是底层即"善"——"道德性",词语上"善"与"好"同,已表征着"真"对"善"即"知识"对"德性"的规定,从而定位在"功能性"上。这使真掩盖善之为善,即非智能性非知识性善,又把这掩盖掩盖起来。总之,"真理"取"神"而代之亦取"德"而代之,成为主宰"人"和"物"的至高无上的"强力意志"。

这就是"西方意识形态"、"西方中心论"的基本特征。

正因为如此,"重写西方哲学史",必须打破"西方意识形态"、揭穿"西方中心论"和"以用代体"论,给它一个大时段的历史编年,让其整体轮廓在其中透射其表里——还它"地中海区域"的"本土"性质——"本土形而上学"(表:"思维的形式")与"本土人类学"(里:"欲望的本质")。

以深受地中海区域之古埃及文化和西亚文化影响的希腊哲学为开端、雅典为中心,以内部奴隶制和外部殖民地为基础,经希腊化时期、罗马帝国时期,直到罗马帝国的灭亡,系第一阶段,历时公元前后各500年。

第二阶段是欧陆中世纪神学,哲学成为神学的婢女,历时千年。

第三阶段进入近代史,含意大利文艺复兴、英国工业革命、法国启蒙运动、德国新古典哲学等。欧洲一旦获得新的科技力量便南扩至非洲、东扩至亚洲乃至大西洋西岸的拉丁美洲并迅速建立世界性殖民地,但由于后起的帝国主义要求重新划分势力范围,仅20世纪上半叶就接连引发了两次世界大战。虽然也伴随了国际共产主义运动和民族解放运动,但仍统属欧洲殖民主义时期,历时500年。中国被"半殖民—全西化"之"西学东渐"百年便在其中。

第四阶段即跨入现代性后现代性阶段,欧洲人文哲学让位给英美分析哲学,直到哲学沦为科学的婢女,遂使科学技术成为世界性的"物欲领导者",已历时近百年。

简约:

(1) 希腊、罗马时期(公元前后各500年,"帝国思想"形成期);

(2) 中世纪神学时期(约1000年,"普世神学"形成期);

(3) 工业革命、启蒙思想等殖民时期(约500年,"帝国思想"争夺期);

(4) 现代化的科学技术时期(近100年,"普世科技"转接期)。

事实上,西方的崛起,从英国资本主义工业革命的17世纪算起,也不过400年历史。此前1000年是漫长的中世纪神学笼罩下的教政合一。且三大一神教犹太教、伊斯兰教、基督教内外"诸神不和",圣战不断。此后就是400年欧洲资本主义帝国主义殖民掠夺时期,其对土著民族几乎赶尽杀绝,紧接着就是黑奴贩卖史、殖民劳工史、妓女史和战争史,层出不穷。20世纪上半叶欧洲爆发了两次所谓"世界大战"其实是殖民地争夺战,被世界历史叫做帝国主义的"战争世纪"、"灾难世纪",也是帝国主义本性大暴露的世纪。这造就了世界共产主义运动的兴起(1845到1991,历时146年,并伴随着民族解放运动的世界性风潮。其中社会主义阵营形成即与帝国主义对峙的冷战时期只有74年(1917到1991);共产党建国到毛泽东去世的社会主义革命时期仅有27年(1949到1976)。

人们的历史记忆,怎么会如此地倒错——"厚爱"漫长的侵略者而"鄙薄"短暂的民族复兴者!

帝国主义在欧洲二战后调整了策略:

首先,"内外有别":欧洲北美内部求同存异、洛克主义的"自由原则"(属于"主人道德");再"一致对外",施米特主义的"政治成熟"、霍布斯主义的"丛林原则";二战后帝国主义老谋深算地布置世界格局,基本以"分而治之"为原则,例如欧洲的德国,亚洲的中国、越南、朝鲜、日本,中东的以色列之于巴勒斯坦及其阿拉伯世界等。

其次,两大阵营冷战僵持,西方则奉行"和平演变":围堵与渗透。

但根本上是共产党"马克思主义"对资本主义的认识不足与"社会主义社会"自身的理念与政策的幻想错误导致了彻底失败。其三大根本性失误:

(1) 在无产阶级民主观念下维护无产阶级专政的阶级斗争,落入法国大革命"民主悖论"言筌,从上到下伤害了大批无辜民众,特别是将原来道义上支持自己的知识分子阶层"打入"敌对阶级;

(2) 政治、军事与经济的被迫防范与过度失衡造成了国民生活水平低下。

(3) 一种倾向掩盖另一种倾向的决策者错误,包括不顾一切的试验心里,为了完成"悲剧性的历史使命"。

结果竟如此吊诡地使新生的无产者社会主义变成了独裁魔鬼,而使魔鬼的帝国主义变成了民主天使。也就是说,人的社会性突然反转为人的私人性(追求个人享乐和无限欲求),其中尤其以知识分子一马当先地倒戈成为帝国主义最积极的传道士。以致日裔美国人福山写出《历史的终结》这样的谄媚之作。只能找到一个最直接的原因:"资本—技术—欲望"对人性"解放到坠落"的诱惑!

就是在这样的历史背景下,西方思想家、东方思想学者,走出了19世纪的"批判现实主义"揭露资本的罪恶而一反常态地赞扬资产阶级的民主自由,并且极端地宣扬"个人主义"并把"性欲与享乐"宣称为最基本的人权,以对抗任何精神理想追求,一概将后者斥之为"乌托邦"幻想。

于是,他们的历史由描绘形而上学真理的历史转变为描绘人性不断下行之欲望的历史。人们视为当然。结果,追求形而上学"本体论"、"一神教"、"强力意志"的帝国梦想史也随之变成"个人单子化"、"民主自由化"、"人权欲望化"的科学技术功利主义历史。"西方中心论"更将其如此下行的哲学和政治哲学思想推论为"普世价值",隐蔽而现实地推进"科学帝国"的实现。

由此可见,哲学形而上学在西方乌托邦时期堪称思想的引导者,其政治哲学本质还隐伏着。形而上学的幻象被揭穿后,虚无主义便畅行无阻,其政治哲学本质也就走上前台撕下遮羞布而公然宣扬科学主义的强力意志。彻底完成了即走上了"以用代体"的物义论道路——取代"人文精神"的"科学技术"成为世界的主宰。

只有把西方哲学史放在世界历史的"大历史段"上看,只有发展到宇宙论的科学技术成为世界的主宰,"神义论"也好,"人义论"也好,才彻底被"物义论"宣判死刑。我们才能看清西方文化种性"神—人—物"一路下滑的历史归属。人只有在"非人属的铁血灾难"中才能真正懂得三个幽灵的"反讽"——兑现"斯芬克斯"诅咒——"进化论即末世论"的同道同归!

二、西方"本土形而上学"底人为建构与先天裂隙

引　言

"本土形而上学"即"西方形而上学",按照亚里士多德的写作计划,本应该严格称呼其"物理学之后",是东方自己把它翻译成"形而上学"造成了普世混淆,即"西方形而上学"的"技术理性"特征及其"以用代体"倾向,与"东方形而上学"的"天人合一"、"以体制用"倾向的根本混淆。以致现在澄清起来格外麻烦了。为迁就已成习惯的"形而上学"流行用法,下面的行文中虽不强用"西方本土形而上学",但其地中海"本土"实质是必须认定的。

希腊哲学具有西方哲学一切形式的萌芽。

形而上学主要表现为两种形态:"本质主义"(柏拉图主义)与"实体主义"(亚里士多德主义)。"怀疑主义"几乎可以看作它们的否定形式,以及由此导致的相对主义、虚无主义,形成"形而上学"与"虚无主义"两极摇摆的西方哲学史特有现象。

先按照"经验"(如生活常用的"海盗经验"、奥林匹斯"诸神经验"与奥林匹克"竞赛经验")的优胜劣汰方向进入,把如何优胜劣汰的"规律"(可知的"存在(者)"——"度")及其承担者(可见的"存在者")定格下来

成为"真理"("存在者的存在(者)"),并纳入智能性的可推理、可计算、可重复的实证制作过程("思维着的存在(者)")。经由"物理学之后"再上推到"最高存在着"即"不动的推动者或第一推动者"。完成亚里士多德式的"形而上学"计算(三大实体:"可见实体","可知实体","最高实体")

以上属古希腊"自然理性"(政治哲学则叫"自然法"即"自然正当"),亦叫"自然之光"。这"自然之光"一度湮灭,即随着"雅典帝国"与"罗马帝国"的灭亡而湮灭(据传被阿拉伯文化保存),在基督教中世纪,历时近 1500 年。16 世纪意大利文艺复兴、17 世纪英国工业革命、18 世纪法国启蒙运动、19 世纪德国新古典哲学兴起,逐渐复活了古希腊"自然理性",使其亚里士多德开启的"物理学之后",被后来的西方"哲学形而上学"即"本体论同一"构造成"普遍真理",从而把希腊的"自然之光"描述成"双重遮蔽"的"白色神话":既遮蔽"本体论同一"之先天裂隙,又把这"遮蔽"遮蔽起来。只有少数临界思想的哲学家意识到或半意识到这种"双重遮蔽",遂有一系列否定命题出现。

1. 本土形而上学开端的三个"前 X"模式(略)

如何确定开端就如何确定哲学史的性质与走向。

(1)"前亚里士多德"——"形而上学"史(黑格尔)——形而上学主流

(2)"前柏拉图"——"虚无主义"史(尼采)——虚无主义

    ——"政治哲学"史(施特劳斯)——反虚无主义

(3)"前苏格拉底"——"存在遗忘"史(海德格尔)——临界思想

"前苏格拉底"之"存在"的三个开端

巴门尼德——存在即一——形而上学倾向

赫拉克利特——存在即变——怀疑论即虚无主义倾向

阿那克西曼德——存在即裂隙——临界思想发端

苏格拉底问题①

(1) 前德尔斐智慧——"知止"
(2) 后德尔斐智慧——"知无知"
　　智能的节制——"向神的智能学习"与"向人的苦难学习"
(3) 苏格拉底方法："接生"(对"意见")与"反讽"(对"真理")
　　"知向而不知得"地临界
(4) 苏格拉底悖论：由"柏拉图的苏格拉底"带来
　　苏格拉底最聪明，则苏格拉底反讽苏格拉底

---

① 按照我清扫"西方形而上学马厩"四十年的经验，几乎所有"西方本土形而上学"的基本概念和范畴都只能当作"空集"看待。如西方本土形而上学之"本体"皆如此。再如"人"，只能看作带着自身界限的"空集"("界限"外以否定形式区别于"神"和"物"，界限内以其形式指引达于具体人)。如果人们还是为方便要用"人"，不能因为它是"实体"、"名词"或代替名词实体的"代词"，而是"可能性"(亚里士多德用语)，或"形式指引"(德国哲学用语)，或"索引词"(英美分析哲学用语)，或方便携带的"空集"(法国哲学用语)。也就是说，哲学史上少数临界思想家一直都没有忘记限制"形而上学妄想症"。连形而上学的始作俑者亚里士多德都没有后来的"亚里士多德主义"走得那么远。"实体与偶性"不必说了。且拿他的"可能与现实"这对基本范畴来说，按其"可能性"，人人应该成其为"人"："人人都生而知之地聪明"、"人人具有神性"、"人人皆可富甲天下"、"人人生而自由平等民主"，等等，好话可以说尽。但一转到"现实性"，保证人聪明才智的两大条件"财产与时间"便成为独木桥，远不是人人可以通过的。注意，他不是忘了老师柏拉图的"金银铁铜"，而是他早已准备着"现实性"的算计。于是，人的差异性、等级性立刻显示出来。从亚里士多德的"狡黠理性"可以看出西方理性的"自然算计"。其"自然之光"的"双重遮蔽"掩盖其上。

再请看一个明白如晦暗的事实。柏拉图、亚里士多德行文中的"人"，除了我上面明白说出的"界限"、"可能性"及其"形式指引"外，还有一个在当时谁都知道谁都不言而喻的事实，那就是，这个"人"，至少不包括"奴隶"。换句话说，在柏拉图亚里士多德的意识中，压根儿就没有把"奴隶"当"人"看。这绝对不是一个无关痛痒的消极事实，而是关系"城邦与人"的自然法基础。它其实就是"人"内在隐含的界限，除了外在的界限不是"神"、不是"物"外，还有一个内在隐含的界限，即不是"奴隶"。后来的人阅读这些早期的文字时，只有极少数人能读进如此机关深谙其中的算计。尼采就是，他能读出"主人道德"与"奴隶道德"之分，特别把后者叫做"惰性物质"。此外，绝大部分人只会按自我的情境"移情"于"人"中，全然不分青红皂白。康德在《纯粹理性批判》中说的与"先验"相匹配的"经验"，岂能是村夫俗子的经验？尼采说的能够在"虚无"中"塞入—取出"重估价值之尺度的"超人"，明言"专属西方少数人所有"，岂是容非西方人染指得了的。纳粹屠杀犹太人时，根本没有把犹太人当人看。欧洲人跑到美洲屠杀印第安人时，也没有把印第安人当人看。"非西方即非我族类"，使西方人杀起非西方人来才心安理得，一点无损于"民主自由平等博爱"的标志性口号。我之所以用"明白如晦暗"描述西方的某些文字，也是谨守老子"知其白守其黑"的教诲，还有"黑格尔胡话"一类反讽的提醒："纯粹的光明如同纯粹的黑暗什么也看不见"。换句话说，你要有穿透它翻转它的本领！没有，对不起，那你就一百年一百年地跟随"西化"吧——"阿喀琉斯永远追不上龟"！

苏格拉底承前启后。苏格拉底之死，意味着希腊精神智慧之"体"已死。

"早期希腊"与"中期希腊"即"古希腊"的区别。

"早期希腊"在公元前五世纪之前，即所谓"前苏格拉底"时代，属"荷马神话"时期与"希腊悲剧"时期之间的过渡时期，以雅典东西外围的埃利亚、米利都、伊奥尼亚、爱非斯等地的哲学家为代表，如阿那克西曼德、赫拉克利特、毕达哥拉斯、巴门尼德等。他们深受埃及、西亚乃至东方萨满教、神秘主义的影响。

"古希腊"在公元前五世纪之后，地点中心雅典，伯利克里时代为顶峰，人物中心苏格拉底、柏拉图、亚里士多德，哲学集中体现为"爱智"。可是，"爱智"在早期希腊和古希腊这两个不同时期其表现是不同的。也就是说，它们有一个演变分化的过程：

（1）"爱智"主内，重点在灵魂转向冥府守其根源（早期希腊）

"爱智"主外，重点在灵魂转向太阳展其表现（古希腊）

（2）"爱智"如何从"德性的智慧冥想"变成"爱智能的争论与论证"？

"爱智"如何从"爱智慧"变成"爱智能"？

最终完成"知识逻辑化"以及"善的功能化"。内心不断被外在的替代物填充更换以取胜。于是人在变动中惶惶不可终日。

雅典人在古希腊世界就被看作"不安分的人"。

如今天世界然。

2. 本土形而上学定义的六个否定式"命题"

"西方哲学史"基本可以表述为"西方（本土）形而上学史"。按理想，形而上学是关于"本体论同一"的哲学，总幻想"一统摄多"，但事实上，形而上学家奠基的那个"一"没有不被后人推翻而陷入虚无主义的。如此反复轮回，形而上学便与虚无主义结伴同行，形成形而上学与虚无主义"两极摇摆"的奇怪现象。结果，反促成作为方法论建构手段的"技术理性"取代一切,于是"以用代体"地建立起物义论"手段王国"。真应了"螳螂捕蝉黄雀在后"、"鹬蚌相争渔翁得利"的中国成语。我们暂且立此存照。

在进入形而上学具体研究时,不妨先了解哲学史上有关形而上学定义式命题一再出现的警告。

第一个是黑格尔的:形而上学史是堆满头盖骨的战场。

第二个是马克思的:形而上学属意识形态,即,

  把特殊的东西说成是普遍的东西,窃真理性之名;

  再把普遍的东西说成是统治的东西,获权力性之实。

第三个是尼采的:柏拉图主义就是颠倒的虚无主义。

第四个是海德格尔的:形而上学史是遗忘存在的历史。

第五个是维特根斯坦的:(略)

第六个是施特劳斯的:(略)

第一个是黑格尔的,他把西方"形而上学史"叫做"堆满头盖骨的战场"。

意思是说,作为西方哲学主流的形而上学史,从柏拉图、亚里士多德肇始,每一个形而上学家提供的"本体论(同一)"总是不可避免地被后面的形而上学家推翻而重建,以此类推。故而才有黑格尔把形而上学"本体"当作形而上学家的"头颅"不断砍下堆满形而上学"战场"的比喻。奇怪的是,如此明白个中机关的黑格尔居然也照章办理把自己的"头颅"让后人砍下堆放在形而上学"战场"上了。可见其适用性远远超出了黑格尔个人的言说。当然黑格尔会辩证地辩护,"这一点也不妨碍哲学史终究会有'最高的综合'"——"绝对者是精神,这是绝对者的最高定义"——直到20世纪60年代的"语言哲学转向"彻底粉碎了黑格尔的"绝对精神"梦想。

第二个是马克思的,他把黑格尔形而上学干脆叫做"意识形态",并作为"德意志意识形态"的总体涵盖,揭示其两大规定如下:"把特殊的东西说成是普遍的东西,窃真理性之名;再把普遍的东西说成是统治的

东西,获权力性之实"。

事实上,它不仅仅是针对"德意志意识形态"说的,而是针对整个西方思想特别是针对形而上学说的。从古希腊"个别上升普遍"的演绎(柏拉图)与归纳(亚里士多德)至今,西方习惯性地把一个专名(形而上学家)的基础性想法先验化为"普遍者"或"绝对者"成为"真理",然后再让"真理"统摄"真善美"而成为"最高权力者"("强力意志者")。显然,这样便可达到前者"统一思想"(哲学),后者"统一行为"(政治哲学)。

同样反讽的是,马克思一方面这样批判英国政治经济学、法国空想社会主义、德国形而上学,另一方面又论定自己的批判"从空想到科学"而成其为一元论的"历史唯物主义"——照样是"意识形态"——重复了黑格尔可笑的反讽姿态。

第三个是尼采的,他干脆把"柏拉图主义"叫做"颠倒的虚无主义"。

尼采把西方形而上学史整个看作"柏拉图主义",并干脆把"柏拉图主义"叫做"颠倒的虚无主义"。意思是说,柏拉图用伪造的"本相论"给城邦提供道德基础。尼采做了两个评价相反的批判:一是说,柏拉图虚构"造物主—德木格",败坏了希腊悲剧精神对希腊神话启蒙的成果,为后来的基督教出世做了"婢女"式的铺垫;一是说,柏拉图是西方第一个"超人",他用"强力意志"塞入"虚无"又从"虚无"中取出"重估价值"的价值尺度,从此让后世如法炮制地"永恒轮回"。正是柏拉图最早在虚无之上跳起的"超人之舞"——"强力意志",才使得"柏拉图主义"成了"颠倒的虚无主义"之"始作俑者"。底牌亮出来了:"强力意志就是主人道德"。

第四个是海德格尔的,他把西方"形而上学史"叫做"遗忘存在的历史"。

意思是说,西方形而上学史始终关注的是"存在者"的历史,确切地说,是执着于"存在者底存在"(Das Sein des Seienden)或"存在着的存在者"(seiendes Seiend),甚至把这样的"存在者表述"当成"存在表述",以致根本还未涉及真正的"存在问题"。故而海德格尔把这样的西方哲学史当然看作"遗忘存在的历史"。"存在者底存在"和"存在着的存在者"这两个短语中的"底"或"的"在德文中都是"des",海德格尔把它叫做"魔鬼第二格"。前一个"底"表示的是"主语第二格",即中心词是专属于作为"主语"的第二格修饰词"存在者（底）";而后一个"的"表示的是"宾语第二格",即修诗中心词的宾语第二格仅作形容词"存在着（的）"（"存在者"乃"存在"的动词分词,作形容词用）。"des"翻译成现代汉语都简化为"的"（即"底"、"的"不分）,同样显示不出来"主语第二格"和"宾语第二格"的差别。我恢复汉语简化前的用字"底"与"的"才能区别开来。

试比较一下：

马克思说的现象最露骨,即把形而上学过程——手段与目的——直接端出来了。以致端出到这样的程度,自己也落入其"手段葬送目的"的结果中。

黑格尔说的现象最悲情,即把形而上学过程——成功与失败——描述成希腊悲剧式的,并期待"历史理性"最终给出"绝对精神"的最高综合。

尼采简直把马克思的意图用自己的铁血语言重述了一遍,突出了与虚无—超人相对的五个环节：虚无—超人—强力意志—重估价值—永恒轮回。

他们三者共同说出了一个西方谋求的"真相"：

终有一死的人建立的人世,根本不可能有永恒的标尺、真理,有的只是如何面对虚无,唯有超人才能用强力意志先把需要的标尺塞进虚无然后再从虚无中取出来重估价值而重新安排世界,如此永恒轮回。其中,"超人"之"取出—塞入",非"强力意志"所不能为,其强力表现为三：(1)对历史契机之攫取、(2)对异己意志之排除、(3)对主人道德自我证成之发挥。

因而三人都没能逃脱自己命题的反讽。

唯独海德格尔多少算是一个例外。

第一,走出了形而上学本体论同一,但只是从西方哲学的内部"把形而上学带到其边缘状态"。并没有真正地超出。

第二,把"看"转向了"听",听黑暗、听半夜、听深渊,还原了"光"的黑暗来源,从而指出形而上学之"光"本身必然是"显即隐"的"双重遮蔽"(形而上学地把"显"当作显而遮蔽显自身的隐,即把遮蔽遮蔽着,谓之"双重遮蔽")。

第三,给"裂隙"、"暗夜"(包括生活节奏中的"间歇")恢复了别开生面的地位——地平线下的"另类开端"(完全二重的时空形式);墓碑上的一颗星——象征着暗夜乃黎明期待的源泉。习常人们津津乐道的只是"中期希腊",也就是人们含糊称呼的"古希腊"(目的在于掩盖源头),正是希腊的巅峰,即雅典帝国伯利克里时代。正如阿波罗太阳神战车经过苍穹之顶的张扬,恰恰掩盖了同一的出发点与归宿——哈德斯"冥府"及其近旁的"夜宫"这黑暗之地。静观世界的理念(本相)哪里是在太阳神如日中天的白昼("纯粹的光明如同纯粹的黑暗什么也看不见"),而是出发与归宿的生死之界。

第四,"追问技术",对西方世界的科学技术道路发出警戒的信号("技术存在"取代"自然存在",正如"制造即仿造"排除了"生长和生殖")——"只还有一个神能救渡我们"。

即便如此,仍迷恋西方的"强力意志"而遗忘苦难,尤其没有进入非智能性的"德性知识",因而习惯性的把"强力意志"看作西方"最后一个形而上学根据"——仍应了黑格尔的名言"在假象本质的批判中承认假象本质"!

第五,打开了东西方对话的可能,并期待对话时日的到来,墓碑上的一颗星——至少在形式上指向了"东方的黎明"与"对话时期尚未到来"的期待。

我承认,海德格尔哲学是我进入西方哲学史的一根"拐杖"。除了上述理由,更重要的是他的哲学气质保留了早期希腊即"前苏格拉底"的遗风——"知其是守其在",与我不幸遭遇的"知其白守其黑"之命途不期而遇。

讲了四个形而上学哲学史"否定式命题"后，必须做两个补全与揭示，因为上述四个命题其实都是欧陆哲学的，应该补全一个英美哲学的视角才算公平。

第五个是维特根斯坦的划界：逻辑与罪

（略）

《论确实性》的最后笔记写于"4月27日"，离死亡只有48个小时，或不如说，就在这48小时的死亡进行时中，维特根斯坦还一如既往地记述思考的问题："我能列举各种不同类型的事例，但却不能指出任何共同的特征"，"即使在这些事例上我不可能弄错，难道我不可能受了麻醉药的作用吗？"，"我不可能真正认为我此刻正在做梦"，即使我做着梦说"我在做梦"（2—109、110）……"永远保持沉默"的死亡随时在下一刻，由此所"显示"的的确是"说"不出来也不能"说"的！

至少有些具有经验形式的命题，和逻辑语法一样，属于"我们的参照系"、属于"周围的信念（情境）"、"属于我们思想的框架"、"属于一切思想（语言）运作的基础"——既是语境，又是语法，都属显示层——它本身是无须论证也不能论证的，日常语言习惯了它，或不如说，和它融为一体，成为自然语言的一部分。只有那些看起来清醒其实是在做梦的哲学家企图用这种方式来为他们的"我知道"、"我认为"、"我看来"一类的主观命题转变为似乎被验证程序证明了的客观命题（知识论的）时，才应当头棒喝："你什么都不知道"。比如那些形而上学家"看来是真理"的"本体"。

日常中我们经常随口说出"我知道"："我知道我坐在一把椅子上"，"我知道门后有一把刀"，"我知道明天太阳照样从东方升起"……但要知道这些话"在其语言游戏中不是贸然说出的"，而且它只能存在于具体的语境内，且应用十分有限，"一旦我脱离当时的情境来说出这个句子，就看不清其真正面貌了。因为这时看来就好像是我坚持认为存在我所知道的东西。关于这些东西上帝本人也不能对我讲些什么。"（1—105，重点系引者所加；参照2—89）比如，

"我知道在一切现象后面有一个本体"——而且它显然应该以发现

它的人的名字命名。

"我知道在人的意识内在性中有一个超越的纯意识自我主体,它是建构一切外部世界的奠基石。"

"我知道……"

哲学家没有这种权利。没有这种"在我看来它是这样,便能推断它就是这样"的权利。

最后还得提一下施特劳斯的神性审视。他看透了希腊的哲学形而上学的虚无主义本质,根本不指望这只"金苹果"有金子般的内核。

但他又有一个绝妙的比喻:有多少个《哈姆雷特》的研究者就有多少个"哈姆雷特",但不能因此得出虚无主义的结论:没有真正的"哈姆雷特"。施特劳斯用他特有的方式指出,无论有多少个"哈姆雷特",至少他们都在论说着"哈姆雷特",从来不会有一个人从《哈姆雷特》中研究出"堂吉诃德"来(后一句话是我加的)。也就是说,那个特定的"哈姆雷特"是存在的,并非虚无,也不能虚无掉。

作为反证,施特劳斯的犹太同胞马克思,用"从空想到科学"的"历史唯物主义"去逻辑地论证"弥赛亚主义"指日可待的实现。其中历史"唯物"主义"把人归结为生产力",早在上个世纪六十年代就有"西马"捷克人科西克明确指出,它是"最后的人道主义"也是"最初的科学主义",必将把世界"非人化"而使地球沦为"行星工厂"。当前西方科学主义正走在这条路上。

3. 西方哲学史底七次"变形"(略)

(1) 本体论(缪斯说)(诸神谱系乃本体论的神学渊源)

柏拉图的"本相"——"本质主义"(演绎)

亚里士多德的"实体"——科学实体主义(归纳)

(2) 上帝论(上帝说)(亚里士多德的上帝与亚伯拉罕的上帝何干)

犹太教与基督教的差别

(3) 主体论(人说)(含意识哲学与无意识哲学)

(4) 劳动论(物说)(马克思历史唯物主义是人道主义最后一个形式)

以上为古典哲学或新古典哲学，下为现代哲学

（5）存在论（自然说）（"逻各斯"意义上。非"自然理性"）
"逻各斯"与"逻辑斯蒂"不同
显隐二重性/排除隐的显现确定性
（6）语言论（语言说）（欧陆语言哲学，英美语言哲学，偶在论语言哲学）
语言空间
语义上行的语言逻辑表达式————————————英美
社会行为的语言符号结构学————————————法国
历史存在的语言显隐二重性————————————德国
（7）科学论（数说）（"图灵机"之后的"数字与图像"）
"依赖模型实在论"之"自我证成"

呈现"神义论——人义论——物义论"底启蒙即降解过程，使"进化论"与"末世论"同一。

三、西方"本土人类学"底三次启蒙蜕变

引　言

既然用的是"本土人类学"视域，我们且先查看美国犹太人类学家马歇尔·萨林斯（Marshall Sahlins）在《甜蜜的悲哀——西方宇宙观与本土人类学》中是如何描述的。

甲　"西方的文化自觉作为一种整体的系统就在技术的基础上或至少是在功能适应技术的基础上建立起来了。这确实是一种本土人类学。这种人类学从工业资本主义和启蒙哲学把人的肉体需求看成是'唯一激发人的勤奋的东西'（洛克），看成是我们的生产、我们的社会能力以及我们的现实经验感的源泉时起，就一直发挥着支配性的作用。"

乙 "遵照自己的文化理论,中国人则总是要使技术与文明、基础与上层结构分离开来",可用"中体西用"表示"中国文化,西方技术"的关系,为了"以体制用"。

丙 "西方结构功能论"似乎代表了一种更有趣的人类学(按:试应译"更有利益驱动的",意即"西方本土人类学"是"以用代体")。①

萨林斯所有这些论述和论断,我都赞同:特别是他身居美国却没有像东方人那样痴迷地把美国的"种族自我中心主义"(罗蒂语)当作世界的"普世价值"、"普世性";他用人类学眼光惯常关注一种文化或文明与其"土地与血"的渊源关系,故以"本土人类学"命名之。

在接触萨林斯之前,我早就用"文化种性"关注同样的问题,不过,结论却与萨林斯完全不同。不是过去的结论不同,中国被西方打败了,这是事实。我的不同在将来维度上,萨林斯的结论就显得"为时过早"了,而且他还染上了资本"永久乐观"的毛病(日裔美国人弗朗西斯·福山的结论几近诌媚:"历史终结"了,即人类"历史"发展到"美式资本主义的自由精神"就"终结"了,像黑格尔的"绝对精神"走到"普鲁士王国"就终结了一样)。差别的关键在于,萨林斯根本不意识西方本土人类学"结构功能论"甚至"生物本能决定论"之"以用代体"的来龙去脉,特别不意识它的核心要害所向何为!

作为美国人萨林斯,是可以理解的;

但作为犹太人萨林斯,就不可理解了。

萨林斯转述保罗·利科《恶的解释学》对《创世记》的解读,把"原罪"中的人性概括为"痛苦"、"死亡"、"有限性"。(4)

又援引里奥内·罗宾逊(1952):我们被放逐出天堂。我们既无不朽的生命,也不存在无限的满足手段。用以满足重要程度不同的目标之手段的缺乏,几乎成为人类行为无所不在的限制条件。于是,经济科

---

① 马歇尔·萨林斯,《甜蜜的悲哀——西方宇宙观与本土人类学》,北京:三联书店,2000,页131—132。以下凡引此书,只注页码。

学的总体要旨,正在与研究人类对于手段的不足而采取的行动方式。(9)

萨林斯接着说:如果说资产阶级社会把利己的个人从基督教伦理的牢房中解救出来,如果说资本主义社会允许人们在光天化日之下毫不羞愧地标榜自己,如果说资本主义社会通过宣扬个人罪恶即是公共利益巧妙地实现了社会正义,那么,迄今为止西方世界的人性观就尚未发生过根本的变化。现代经济人依然是亚当。

经济学:探明人如何充分利用我们永恒的不足、如何从那些总是无法满足我们需求的手段中获得最大程度的满足。自由意志由此诞生,资产阶级化不过是其中的延伸。这就是《创世记》的经济学。(9)

【问题】

犹太人"创世记"中的"原罪"说怎么突然就变成了西方资本主义的"经济学"?

犹太教——犹太人嫡子/基督教——西方人继子

《创世记》"放逐"神话/天主教会变"原罪"为"人性恶"
犹太人在放逐中获救 嵌入西方人性使其在惩治中救赎

之所以西方人为"继子",因其根在古希腊,骨子里流淌着地中海"希腊理性三要素"的血液。所以,抽掉"基督教"与"古希腊"这两个实际的载体,直接把《创世记》与"经济学"拼接起来,根本无法自圆其说。

1. 古希腊启蒙"发端"——"功能主义"

第一次启蒙:悲剧时代对神话时代的启蒙,结果是悲剧精神与自然理性。

地中海区域的"自然理性"三要素:

(1) 消弭痛苦转变力量并在救赎中对抗神咒底个体"悲剧精神"、

"自由意识"及其"强力意志"——尼采宣称为"主人道德"(注意:希腊民主制是建立在内部奴隶制和外部殖民地之上的,今天西方皆然);

(2)"知识即德性"中,"德性"("善"为"真"所规定)之"功能化、功利化"倾向,进而排除"智能知识"而偏向"智能知识"的单向度发展,致使"功能性"转变为"实体性"成为"结构功能论"(本质上的"生物本能决定论",此乃今天"人是机器论"的直接前身);

(3)最后归结为"自然法"或"自然正当"即"优胜劣汰"亦即"剥夺者被剥夺"的生存竞争丛林法则。

2. 中世纪欧洲启蒙"成型"——"资本主义"

第二次启蒙:技术理性对基督教社会的启蒙,结果是功利主义与资本主义。

承接前述希腊文明三要素,西方文明还加入了"第四要素":

(甲)西亚犹太"一神教"经罗马"基督教"变形传至西方中世纪一千多年,使西方人深陷基督教教会式"原罪—人性恶"之中。

(乙)直到17世纪英国工业革命真正开启资本主义的世界行程,西方人的"原罪"式"人性恶"才找到资本主义生产方式与生活方式,既获得抗神的力量自信,又实现人性的肉欲快感。

(丙)从此一发不可收拾,以致推向全世界把人类带入"功能实体化"的"生物本能决定论"——"个人单子化—欲望动力化—效应功利化"——直至走向彻底物化为"科学主义物义论"之"机器人"时代。

【评注】

关于(甲)

萨林斯引证了许多西方人的著作以表达西方人对《创世记》"原罪"说的"怨恨"。仅摘两段作为代表:

"人"的第一项图谋是偷食"知识果"犯下"原罪",一方面像神一样地造人,另一方面又"在'神的至善与人的巨恶'之间打开了令人悲伤的

地狱"。(4)

"人"的第二项图谋是企图"像神一样活着",为此必须君临变乱之上,让"社会之间的关系以误解和争斗的巴别塔为标志"。(6)

"希腊技术功能理性"与"基督教原罪人欲"结合起来构成西方"本土人类学"与"本土形而上学"互为表里的"西方资本主义"之核心要害。掩盖这个真相,就根本无法认识"西方本土文明"。

比如,犹太人萨林斯在《甜蜜的悲哀》中就犯了一个不该犯的错误。他直接把《托拉·创世记》中的"原罪"解释成基督教教会式的"原罪—人性恶"同"资本主义"联系起来,以说明西方"本土人类学"之"结构功能论"与"生物本能决定论"。完全抽掉了"希腊自然理性三元素"之根本与"中世纪基督教"之转换。这不仅不符合历史事实,尤其违背了犹太民族的"神性"本位即"以体制用"的本土人类学。

犹太人深谙"资本"的"梦幻本质",但它从来没有接受资本主义式的"启蒙主义"从而把犹太民族的"耶和华"及其"神性"提升的"特选民族"之"体"启蒙掉,相反总是在此"体"下制约"资本"(由此引申的其他问题,本文存而不论)。此其一。其二,整个欧洲乃至西方的民主进程是以"驱赶屠杀犹太人"相伴随的,①它深受西方"自然正当"之"强力意志"的征服所害,根本不会把本民族的《托拉》"创世记"与西方的"结构功能论"与"生物本能决定论"结合起来作为"西方本土人类学"看待。犹太人萨林斯之所以犯了这个根本不该犯的错误,其原因之一就在于知识化技术化地相信了西方人的"解释学"解读了《托拉·创世记》的"原罪"说。我一向认为犹太人是中国人的一面镜子,不管是正面还是反面。因而本文不得不在这个问题上多加指证。

"原罪"究竟指什么?"人"第一次违背"神"的意志?做了叫你不该做的事情,偷吃了"知识树"上的果实吗?这"知识树"又叫"知善恶树",亚当夏娃吃了后之所以非赶出伊甸园不可,赶出了还要把"生命树"用

---

① 转引自雅克·朗西埃,《民主之恨》。纽约:Verso出版,2009。

火封存起来,怕"人"再偷食了,那样,又知善恶又长生不死,"人"和"神"就没有差别了。所以,"人"被赶出伊甸园的真实原因历来被讨论着。

[插语]

　　我要特别强调指出,《托拉·创世记》中的"人",按照本土人类学要求,仅指西亚两河流域中的闪族人。后来经过基督教传入罗马帝国再传入西方,占据整个中世纪被教会统治定性为"人性恶"的西方人也包括进这个"人"中。仅此而已。与印度人、中国人等东方人,毫无关系。

"原罪"究竟是指吃"知善恶果",还是指"偷吃"的"偷"违抗了指令?我们无法猜测"耶和华"的意志,但可以从西方人整个的人生行为这一现象来"现象显示"即"还原追问"原罪"之"原"。由果而因地回溯性理解即"还原解释学"的理解成为必须。当然,还原到什么程度是一回事,必须还原则是另一回事。由不得现代人按"读者中心之接受解释学"想怎么解释就怎么解释的。

人吃了"知识树"上的果实即"知善恶果",照说是应该懂得了善恶的,但为什么迄今的西方人知识很发达而善恶却长期分辨不清呢?

事实上,亚当在伊甸园吃果实之前,已经非常有知识了,能够分辨万物并为万物命名。他们无需懂得善恶,因为还根本用不上善恶知识。连赤身露体的夏娃在旁边都不知道性需要的亚当,他与夏娃两人有什么伦理善恶可言?吃穿不愁,又不生孩子,又没有第三者嫉妒纷争,只需要按照万物的物性分别管理就行了。所以,亚当夏娃有知识,无善恶,也无需把知识当善恶。

一旦吃了呢?不在于违抗指令的形式方面,须知形式方面是必须指引到实质的,实质就是亚当夏娃这两个造物的"人性"在吃了"知善恶果"后才能显示出来:首先是两人有性要求,能生孩子,"第三者"出现了,即"多"出现了。随之而来的食物需求量大了,随之而来的嫉妒纷争也出现了。伊甸园还容得下它们吗?违抗神不在于刚开始的那一个"偷"字,而是由之而造成的无穷后果,"偷"是因其后果才呈现其为"偷"

的。此其一。

其二，亚当夏娃，先在是知识性的，吃了知善恶果，放逐出伊甸园，经罗马基督教向西行，其西方"继子"的"灵魂转向"开始反向，即，不是人的灵魂转向善恶，而是把善恶转向人的知识并固置为"智能"。于是他们把"善恶"变成"功利的最大效应"了。如此改变善恶的"智能属性"而趋向"功利性智能"，才是西方"继子"的"原罪"之原——"橘逾淮北而为枳"。

[插语]

柏拉图在《理想国》六七两章中借苏格拉底之口专门讲到三喻——"日喻"、"线喻"、"洞喻"。在"日喻"中讲到"灵魂转向"。意即，人太聪明太有能力是一回事，能不能做善事则是另一回事。其中关键就在于教育中能否发生灵魂转向，即从黑暗转向光明，转向至善，"太阳是至善的儿子"。否则，能力越强做坏事越恶（按："智力犯罪"是其典型表现）。在"线喻"中，讲到"可见世界"与"可知世界"的区分，而"可知世界"又分两层，下层是智能性的，以"几何学"为代表；上层是智慧性的，它仰望神的智慧。人们似乎只对"洞喻"感兴趣，其中的故事多。可我认为，最具决定性的是"日喻"与"线喻"。它决定着西方人的人性限度及其命运。

把"太阳"与"至善"联系起来就是一个典型的"中期希腊"即今天人们叫做"古希腊"的雅典时期伯利克里时代的信号。它掩盖了"早期希腊"太阳神阿波罗发端于哈德斯"冥府"旁的"夜宫"之行程起讫的黑暗之地，凸显太阳神战车飞向苍穹之顶的威武雄壮。与之伴随的人性方式，也从沉思冥想的内在修为（正心诚意）转变为柏拉图式的喋喋不休论辩。这有当时考古发现的巴门尼德墓碑为证。[1] 真实的巴门尼德与柏拉图的"巴门尼德"判若两人。事实上，真实的苏格拉底与柏拉图的苏格拉底也判若两人。"自然之

---

[1] 参阅彼特·金斯利，《智慧的暗处——一个被遗忘的西方文明之源》，梁永安译，兰州：敦煌文艺出版社，2009。

光"的"双重遮蔽",由此肇始。

"灵魂转向"了"功能性善",奠定了"知识即德性"—"知识即力量"—"知识即功利"的走向。也由此可以解释,为什么希腊人在"线喻"中停滞于"智能"层;对"斯芬克斯之谜"则只看重两脚立地的中年人凸显欲望力量,而根本忽略"智慧"的习得与指引。

其三,最后就是"个体化"、"欲望化"乃至"身体色情化",即性欲独立于生殖成为单子化个人的自我欲望满足。与此相对应的知识也单向度地褊狭为智能性、技术性知识,将善或德性知识、神性知识一概排除在外。正是这一点才构成"原罪",并表现为"知识有限性"。(6—7)

在此背景上,作为"继子"的西方人,对基督教的惩罚——"痛苦"、"死亡"、"有限性"——采取了抗拒性态度(注意,犹太人是"嫡子",无论怎样受难都不会背叛耶和华的,有约伯为证)。

如果"叙利亚神系"中的犹太教"一神"可用来作为古希腊源头开端的"西方文化"的"本土人类学"宇宙观,这就造成两个方面的混淆:

一方面叙利亚区域"诸神谱系"不独"犹太教一神",还有其他的"阿拉伯神谱",而且"伊斯兰教一神"和"犹太教一神"是同源的,他们为什么没有发展成今天西方的宇宙观与人性观?或者说,为什么不能把整个西亚地区也划入"西方的宇宙观和本土人类学"?

另一方面,由此表明,只有"犹太教一神"的"创世记",还不足以说明"西方宇宙观和本土人类学",还必须把"古希腊地域的本土人类学"之基本特征作为基底才能结合"基督教一神"(按:不等于"犹太教一神")解释清楚发展成今天的"西方宇宙观与本土人类学"。

这不能不说是萨林斯论述中的一个严重理论错误,甚至本土人类学混淆。

关于(丙)

已经超出了萨林斯的视野。也由于本文所限,我只能作如此概述:

西方形而上学所谓"本体论同一"像"通天塔"屡建屡塌,导致虚无主义与形而上学两极摇摆。这个可见的消极方面伪装着另一个可见的积极方面,那就是累积下来了"技术—功利—力量"的实体化,即"以用代体"成为主导西方走向"科学主义"的"机器人"时代。

3. 20世纪北美启蒙"物化"——"科学主义"

或,谁来反省科学?

第三次启蒙:科学主义对民主社会的启蒙,结果走向物义论与机器人时代

西方视野下的自然理性"进化论"奠定经验王权:
神学是超验的——"神义论"
哲学是先验的——"人义论"
科学是经验的——"物义论"
科学主义之经验王权的"进化论即末世论"宣言:
经验否定超验——"上帝已死"。
经验否定先验——"哲学已死"。
经验否定经验——"人已死"。

当这种并非结局的结局以危机的形式摆到我们面前时,哲学何为?
或者说,承担西方带来的如此风险的非西方民族该问:智慧何为?

既使敬神以节制人的僭越,又使驭物以抵制人的物化,
使"人"允执厥中而扣两端("神"—"物")地成"中和"之势。
……

2014年10月17日 草稿
2014年12月19日 节选 海甸岛

阿佛洛狄特的缺席

吴雅凌

一

那天,阿佛洛狄特为什么没来?

……

奥林波斯天庭出了大事。传闻伊阿佩托斯之子普罗米修斯接连惹祸。先是在墨科涅让宙斯王当众下不来台,随后还不知悔改,盗火去送人类。恨得宙斯王着人捆了他,用那解不开的镣铐绑在悬岩上,又派一只大鹰,天天飞去啄食他的肝脏。那肝脏本是肉生的,掉一口就能痛死过去半天,何况白天缺了的,夜里又长回来。这样的下场委实生不如死。

但这事没完。宙斯王随即又下达一项重要指示,要求诸神团结合力,造一件礼物送给人类,这礼物据说要让人类"满心欢喜,从此依恋自身的不幸"(劳,行56)。这礼物从前没有过,取名"潘多拉",另有个名称,叫作"女人"(γυναῖκα)。

宙斯王特别点了四位神的名——赫淮斯托斯、雅典娜、阿佛洛狄特和赫耳墨斯。不料消息传开,当天许多神都来了,比预想的还多。奥林波斯山上如此团结,除了大战提坦那次以外,实在少见。诸神纷纷出力,很快把那叫女人的"礼物"造好,送到反贼普罗米修斯的弟弟那个叫厄庇米修斯的家里。人间的那些事儿,从此才渐渐摆平。宙斯王了却一桩心事,在天庭设宴,欢庆表彰种种,不在话下。

读《劳作与时日》这一段,我有很长时间陷进一个疑问里,不能自拔。

赫西俄德说,宙斯总共对四个神下命令:赫淮斯托斯负责"把土掺和水,揉入声音和气力",造出的模样要"看似不死的女神,如惹人怜的美丽少女";雅典娜负责教授"各种编织针线活儿",后来这被称为女人的手艺;阿佛洛狄特负责"倾注魅力、愁煞人的思欲和伤筋骨的烦恼";赫耳墨斯负责安上"无耻之心和诈诡习性"(劳,行 60—68)①。从里到外,神王事无巨细全想到了。再挑剔的心和眼也不得不承认,这个计划周密详尽,万无一失。

到了当天,赫淮斯托斯、雅典娜和赫耳墨斯如约而至,只有阿佛洛狄特不知为什么没有来,临时换成别的一些神完成本该由她主事的工作。除去宙斯王没有点名的魅惑女神、三名美惠女神和三名时序女神以外,本来就在场的神们也临时搭了把手。雅典娜尤其顾全大局。本该传授编织技艺,结果却忙着装扮潘多拉,又是为她"系上轻带",又是"整理全身装扮",为兼顾阿佛洛狄特的事,反耽误了父神交代在自己名分下的本职工作(劳,行 69—82)。

这则神话叙事有一个中心思想,在赫西俄德诗中得到反复强调:"宙斯的意志没有可能逃避"(劳,行 71,行 79,行 99,行 105)。潘多拉诞生事件从头到尾是宙斯王的意愿。阿佛洛狄特的缺席因此是神意的安排。从诸神积极装扮潘多拉来看,神意如此,似乎不是要让潘多拉天生欠缺阿佛洛狄特式的魅力和其他特质,而是有意规避阿佛洛狄特的在场。

阿佛洛狄特的在场与不在场究竟意味着什么?女神在宙斯的王权活动中究竟扮演什么角色?

---

① 文中的赫西俄德诗文引自《神谱笺释》,北京:华夏出版社,2010;《劳作与时日笺释》,北京:华夏出版社,2015。

很长时间里,我只在意一个问题:那天,阿佛洛狄特为什么没来?

二

在《神谱》中,赫西俄德讲阿佛洛狄特的诞生以前,先讲到天地分离神话。

起初,地生天,天与地等大,罩着大地,犹如大地的备份,不分彼此(神,行126—127)。广天不肯与大地分离,为此天地的孩子们一出世就被滞留在受孕的母腹中,没有出路。大地"想出一个凶险的计谋"(神,行160),中断天神永不满足的性欲,世界的形成才得以脱离困境。

于是,在永是漆黑的夜里,小儿子克洛诺斯用一把坚不可摧的镰刀割下父亲的生殖器,往身后一扔(神,行178—181)。天神乌兰诺斯丧失了生殖器,也就丧失了性交和繁衍的能力,不再可能如前地覆盖大地。天地就此分开,原本被压迫的生命,从此得见天日。

天地分离事件也是一起直接影响神族历史的政治事件。随着克洛诺斯的背叛行为,不和、仇恨和暴力出现在世上。乌兰诺斯诅咒自己的孩子(即以克洛诺斯为首的提坦神族,神,行207—210),这个诅咒随着宙斯推翻克洛诺斯王权而得到实现(神,行472)。从儿子背叛父亲的那一刻起,开始了几代神王的政治战争。

> 从中溅出的血滴,四处散落,
> 大地悉数收下,随着时光流逝,
> 生下厄里倪厄斯和癸干忒斯巨人族
> ——他们穿戴闪亮铠甲手执长枪,
> 还有广漠上的自然仙子墨利亚。(神,行183—187)

神受伤流血之处,必有新的生命生成。从乌兰诺斯的血滴生下三类后代:复仇女神厄里倪厄斯、巨人族和自然神女墨利亚。作为克洛诺斯反叛行为的直接产物,他们依次代表仇恨、暴力和战争在世间的显现,并呼应父子王权战争的特质。

与此同时，乌兰诺斯的生殖器漂流在海上（与广天一样，深海同样由大地所生），奇迹从中出现：

> 话说那生殖器由坚不可摧之刃割下，
> 从坚实大地扔到喧嚣不息的大海，
> 随波漂流了很久。一簇白色水沫
> 在这不朽的肉周围漫开。有个少女
> 诞生了……（神，行 188—192）

诗歌从黑暗残酷的复仇场景，突然转入女神出世的动人一幕，让人印象深刻。阿佛洛狄特生在海上，依水而行，婀娜上岸，纤足过处，茵草丛生。爱神爱若斯和愿望神伊墨若斯（Ἵμερος）前来做伴。这个场景给人的第一印象无他，就是美。不但在后世的文人画家如波提切利的画笔下如此，在赫西俄德的诗中也几经强调：阿佛洛狄特"美丽"（καλή，神，行 194）端庄，两个伴从同样有所修饰——爱欲神在众神中"最美"（κάλλιστος，神，行 120），愿望神被形容为"美丽的"（καλός，神，行 201）。整首诗从"最初的神"讲到这里，只出现过三次"美"的说法，全用来定义在这里出场的三位神。这个美的形象如此深入人心，以至于世人后来往往误称阿佛洛狄特为"美神"。我们知道，阿佛洛狄特当然不等同于美的哲学概念，但女神诞生确乎是世界生成以来第一次美的感发。

神话告诉我们，阿佛洛狄特从天神没有得到满足的性欲中生成。从词源上看，Ἀφροδίτη这个名称与诗中的"爱阴茎的"（φιλομμειδής，神，行 200）或动词"性交"（ἀφροδισιάξειν）相连。世人为此也称阿佛洛狄特为"性感神"，说她是性欲和性感的象征。女神的神性职分因而涉及诸种"性事"，或者不如说"情事"——起初也许是不经意的委婉，致使后一个词比前一个词拥有更丰富含蓄的意蕴。女神一出世就有专属的荣誉，"从人类和永生神们那里得到份额"（神，行 204）——这里应该理解为，不管人类还是诸神，但凡关乎"情事"，都听阿佛洛狄特的。

> 少女的絮语、微笑和欺瞒，

享乐、甜蜜的承欢和温情。(神,行205—206)

以上几项是阿佛洛狄特的"份额"(μοῖραν)。女神借助这些"份额"施展力量。这是一些让人误以为与爱有关的"谈情说爱"的小伎俩:絮语、微笑、享乐。这还是一些让人忍不住想到"政治手腕"的小手段:欺瞒、承欢、温情。我们不会忘记,阿佛洛狄特的生成既带有自然因素(天地分离神话),又带有政治因素(神权战争神话)。

从阿佛洛狄特的诞生叙事引出两个让人在意的问题。

首先是阿佛洛狄特与美的关系。阿佛洛狄特不等同于美本身,却是世间第一次美的感发。阿佛洛狄特的美具有这样一些特质:轻盈(水沫所生)、纤美(少女形象)和令人愉悦(絮语、微笑、享乐、承欢、温情)。不但如此,自诞生那一刻起,轻盈甜美、令人愉悦的女神与同时问世的仇恨、暴力和战争相影相随。——事实上,荷马和赫西俄德都以某种方式安排战争神阿瑞斯作她的伴侣。在讲解柏拉图的《会饮》时,施特劳斯列举了几种"可追溯至柏拉图的[美的]观念"。在托马斯·阿奎那或康德的概念里,"美是对令人愉悦的东西的领会",或"美是创造无关利害的喜悦或愉悦的东西"。还有一种相反的观念,比如"司汤达认为,美是对幸福的许诺,这在根本上是霍布斯式的美的观点"。① 从某种程度而言,这几种观念概括了西方传统中有关美的认知的两种路向,大致说来,一种认为美独立于政治共同体的利害关系之外,另一种则认为美直接影响人类公共政治生活的幸福。我们发现,这样两种近乎截然相反的路向,恰恰以奇妙的方式显现在赫西俄德的神话叙事中。

其次是阿佛洛狄特与爱的关系。阿佛洛狄特诞生时,爱神爱若斯主动前来做伴。正如阿佛洛狄特不等同于美,这里的爱若斯也显然不等同于柏拉图对话中的爱欲概念。在古希腊早期文学中,阿佛洛狄特与爱若斯往往不加区分。在柏拉图的《会饮》中,苏格拉底以前的几位讲者就在不同程度上混淆了这两位神,直至苏格拉底重新定义爱欲,这才奠定了两者之间的根本区分。在《神谱》中,爱若斯是最初的神,代表

---

① 施特劳斯著,《论柏拉图的会饮》,邱立波译,华夏出版社,2012,页320。

原初的结合本原,直到天地分离,这才有了阿佛洛狄特所代表的异性相吸原则,或者说,两个个体(两种性别)以繁衍为目的的既彼此差异又相互吸引的关系。①

阿佛洛狄特的形象既不等同为美,也不等同为爱。然而,世人对阿佛洛狄特的纷繁解释往往与美、与爱难分难解,以至于我们今天勉强地认定她的神性职分是性美和性爱。依据学者的考订,阿佛洛狄特女神甚至不是西方的土产,而是希腊古人从近东引进的舶来品。也许出于同样的原因,赫西俄德给予这位形象含糊的女神多种名称:

……阿佛洛狄特,
神和人都这么唤她,因她在水沫中生成;
或库忒瑞娅,因她从库忒拉经过;
或塞浦若格尼娅,因她生于海浪环护的塞浦路斯;
或爱阴茎的,因她从天神的生殖器生成。(神,行195—200)

《创世记》里的神同样给了第一个人"为万物命名"的权力。命名即定义的过程,又被称为"行主人或家长之权"②——赫西俄德看重"为诸神命名"的权力和时机,某种程度上更接近认知的权力。《神谱》在命名方面的努力令人赞叹,不但给九个缪斯命名(神,行77—79),还列出五十个涅柔斯的女儿(神,行240—264)、四十一个大洋女儿(神,行349—361)这样的长名单。不过,给同一位神多种名称,仅此一例。

阿佛洛狄特拥有多种名称,这是因为阿佛洛狄特无法用单一的名称得到定义。在探讨赫西俄德赋予阿佛洛狄特何种指代含义时,含糊性是不容忽视的根本特性。

三

《神谱》中有九处提及阿佛洛狄特。除在序歌中的一处(神,行16)

---

① 参看 Annie Bonnafé, *Théogonie, La naissance des dieux*, Rivages, 1993, 页 14—15。
② 冯象著,《创世记:传说与译注》(修订本),北京:三联书店,2012 年,页 249。

带有明显的荷马神谱传统意味外,其余八处大致可分成三类。

第一类即阿佛洛狄特诞生神话。这段章节占近二十行诗文,在赫西俄德笔下,除宙斯的诞生和潘多拉的诞生以外,再也找不到比这次叙事更有分量的诞生神话。值得一提的是,赫西俄德讲述天庭三代王朝的政治神话,从阿佛洛狄特的诞生讲起,到潘多拉的诞生结束。第一次政治斗争,也就是克洛诺斯反抗父亲乌兰诺斯,直接造成女神诞生;最后一次政治斗争,也就是普罗米修斯反抗宙斯,直接造成最初的女人诞生。从阿佛洛狄特到潘多拉,宙斯是一系列跌宕起伏的政治事件的主角,宙斯的诞生也恰恰处于这两次诞生叙事的中间位置,如此谋篇,不能说不精妙。

作为政治神话的开端和结局,阿佛洛狄特与潘多拉的两次诞生叙事确乎在许多方面彼此呼应,颇有可比性。一次是女神的诞生,一次是女人的诞生,两者均非两性结合的孕生产物(前者从天神的生殖器生成,后者由诸神手造),却都与性息息相关(前者自不必说,后者的家庭角色和繁衍功能,无不暗含性的隐喻)。两者诞生均有诸神群体的参与(前者伴有策反天神的群神暴动,并在出世时有诸神相伴;后者则是诸神合作的结晶),并有诸种消极因素随之问世(前者伴有复仇、夜神家族的邪恶成员等等,后者则有从瓶子飞出的疾病和不幸)。从某种程度而言,这两次诞生叙事互相平行,彼此对应,分别奠定了自然世界的秩序和人类世界的秩序。

第二类出场交代阿佛洛狄特本身的经历。一次提到她有个名为"和谐"(Harmonia)的女儿(神,行975),另一次提到她爱上了黎明之子"光明"(Phaeton),选他作神殿祭司(神,行989—991)。此外还以"库忒瑞娅"(Kythereia)的别名,提及她和阿瑞斯生养三个子女(神,行934—937),和英雄安喀塞斯生下埃涅阿斯(神,行1008—1010)

第三类出场次数最多,罗列了女神发挥司掌力量的五个实例。第一次使该亚和塔耳塔罗斯生下提丰(神,行822);第二次使太阳神赫利俄斯之子埃厄特斯(Aietes)和大洋神女儿伊底伊阿(Idyia)生下美狄娅(神,行958—962);第三次使墨杜萨之子克律萨俄耳(Chrysaor)和大洋女儿卡利若厄(Kallirhoë)生下革律俄涅(Geryon,神,行980);第四次使英雄埃阿科斯（Aiakos）和涅柔斯的女儿普萨玛忒（Psamathe）生下福科斯（Phokos，神，行1005）；第五次使英雄奥德修斯和太阳神赫利俄斯之女基尔克生下特勒戈诺斯（Telegonos）等后代（神，行1014）。

细察这里的五桩"情事"，不难有有趣的发现。

首先，阿佛洛狄特的力量既对最古老的神（如大地该亚和塔耳塔罗斯）有效，也对新神（比如神谱中被排到第五代的革律俄涅）乃至英雄（埃阿科斯、奥德修斯）有效。女神的权力跨越了从老神到新神、从神到英雄半神的时间维度。

其次，除第一例的老神和英雄以外，这里提到的神属于三个家族：大洋家族（两个大洋女儿伊底伊阿和卡利若厄）、许佩里翁家族（赫利俄斯的一对子女埃厄特斯和基尔克）和海神家族（普萨玛忒和克律萨俄耳）。在《神谱》列出的六个提坦家族中，大洋家族有三千大洋女儿和三千河神，许佩里翁家族有太阳、月亮和黎明，黎明又生风神和群星。比起其他提坦家族，尤其连出几代神王的克洛诺斯—宙斯家族，这两个家族的成员叙事关乎流水、星辰、风月，往往被列入宇宙起源神话的范畴，与政治神话没有直接关联。海神家族的多数成员则继承了大海祖先无常、无序的品性，是一些介于永生和有死之间的怪物，最终往往死于英雄手下。不妨说，这里提到的神无不游离于历代王朝的主流政治秩序之外。

再次，这些神们的后代同样暗藏玄机。第一例中的提丰是宙斯王继提坦之后遇到的最强大的挑衅者，他的出现象征混沌和无序的回归，打乱了宙斯刚刚整顿的世界秩序，几乎取代宙斯，"差点儿统治有死的人和不死的神"，宙斯大战提丰是《神谱》的重要篇章（神，行820—880）。第二例中的美狄娅是复仇者，为着与英雄伊阿宋的恩怨情仇，不惜杀死亲身骨肉。第三例中的革律俄涅是三个脑袋的怪兽，最终为英雄赫拉克勒斯所杀。第四例中的福科斯传说死在自家兄弟手上。第五例中的特勒戈诺斯传说错杀了父亲奥德修斯。这些后代要么作为神的世界里的反派，为宙斯或其英雄儿子所征服（提丰，革律俄涅），要么成为人类世界里悖逆人道的暴力事件的主角，具体说来，还分别对应父子关系（特勒戈诺斯）、兄弟关系（福科斯）和夫妻关系（美狄娅）。

阿佛洛狄特用功之处，结果无不与暴力、仇恨相连，这呼应前文所说,女神与同时出世的复仇神、巨人族和自然神女相伴相随。不妨说,在《神谱》中,这些在阿佛洛狄特庇护下生成的后代子女不是别的,就是宙斯王所建立的世界秩序的敌对者乃至破坏者。

还有一点。除了几处例外,阿佛洛狄特的出场几乎全部集中在《神谱》的最后一个篇章,也就是"女神与凡间男子的情事"(神,行963—1018)。十例女神的情事,对应宙斯的十次联姻(神,行881—929)。阿佛洛狄特频频操持女神与凡人的情事,却无从掌控宙斯为巩固王权的政治联姻,两相对比,发人深省。

联系《劳作与时日》,我们会看得更清楚。阿佛洛狄特在《劳作与时日》中只出现两次。一处如前所述,在潘多拉诞生时,女神本该现身却缺席。另一处在诗中第521行,寒冷的冬日,纯真的少女躲在深闺,情窦未开,对阿佛洛狄特的秘密一无所知:

> 肌肤娇嫩的少女倒不怕寒,
> 躲在家中慈爱的母亲身旁,
> 不谙金色的阿佛洛狄特忙活的事。(劳,行519—521)

《神谱》的主题是神的世界,《劳作与时日》则关注人类世界的方方面面,从人类生存状况到公共政治生活的正义,从农耕知识到时日吉凶,无所不谈。在这部探讨人类共同体秩序的叙事诗里,阿佛洛狄特两次被提及,两次的方式都是某种程度的"不在场"。我们有理由相信,这前后两次"不在场",道理其实是相通的。毕竟,最初的女人被造出,是要送到人间,嫁做人妻,主持丈夫的家业(劳,行699,行702),并生养肖似父亲的儿子(劳,行235),继承家产(劳,行376),成就正义城邦的美好秩序。从诗歌叙事角度看,纯真的少女在政治共同体中的未来身份,与潘多拉的使命重合。

四

在宙斯点名的四位神里,赫淮斯托斯和雅典娜是匠神,专司手工技艺,早在《神谱》的同样场合中出现过(神,行571,行573等);赫耳墨斯是宙斯之子、神使,往往还专做宙斯的使者。这三位都是奥林波斯新神,都是神王的心腹干将。相形之下,阿佛洛狄特被点名却值得斟酌。依据赫西俄德的神谱谱系,阿佛洛狄特的辈分比宙斯还高,至少与提坦同辈,不能算作宙斯当政的新神成员——奥林波斯神族一章里讲到阿瑞斯的婚姻,不提阿佛洛狄特的大名,而只叫别名库忒瑞娅(神,行934)。

> 显赫的跛足神立刻用土造出一个
> 含羞少女的模样:克洛诺斯之子的意愿如此;
> 明眸女神雅典娜为她系上轻带,
> 美惠女神和威严的魅惑女神
> 在她颈上戴金链子,一边又有
> 秀发的时序女神为她辫上春花,
> 帕拉斯·雅典娜整理她的全身装扮;
> 弑阿尔戈斯的神使在她胸中
> 造了谎言、巧言令色和诈诡习性。(劳,行70—78)

那天,阿佛洛狄特女神没来,诸神纷纷到场替代她,打扮最初的女人。赫淮斯托斯、雅典娜和赫耳墨斯以外,在场的神里头,有这么几位事先没有被点名,但事后得到了表彰:魅惑女神、三名美惠女神和三名时序女神。诸位女神在雅典娜女神的带领下,勤快而活泼,在现场特别引人瞩目,大出风头。她们忙碌地打扮潘多拉,抢着为她系发带、戴金链、别鲜花。她们目标一致而明确,务必使潘多拉看上去不欠缺本该由阿佛洛狄特赋予的特质。雅典娜女神忙着这些,反顾不上父神交代的任务,也就是传授手艺,仿佛阿佛洛狄特的事比她自己的事更要紧。总之,从那天的现场报道看,在诸神的努力下,阿佛洛狄特缺席这么一件重要的事几乎不为人所觉察。

宙斯原本吩咐阿佛洛狄特使潘多拉生来有"魅力和欲思"($\chi\acute{\alpha}\rho\iota\nu\ \varkappa\alpha\acute{\iota}\ \pi\acute{o}\vartheta o\nu$,劳,行65—66),这两种特质最终化身成临时到场的两类女神,

"美惠女神和媚惑女神"(Χάριτές τε θεαὶ καὶ Πειθώ,劳,行73),直接武装潘多拉。无论从名称的词源看,还是从司掌的力量看,美惠女神和媚惑女神本该足以完成阿佛洛狄特应尽的任务。相形之下,第三类女神也就是时序女神的出场,格外让人在意。

时序女神是宙斯和法义女神忒弥斯的女儿,共有三个。在《神谱》中,赫西俄德为她们一一命名,从名称的词源看,她们分别是法度女神(Eunomia)、正义女神(Diké)与和平女神(Eirene,神,行902)。时序女神首先代表季节,之所以是三个而不是四个,因为希腊古人依据月亮运行规则,将一年大致分为三个季节,一个季节也相应地代表一年的三分之一而不是四分之一时光①。在命名之后,赫西俄德接着说:"她们时时关注有死的人类的劳作"(神,行903)。时序女神既象征生命和生长的节令,又是诸种社会政治气候的化身。因为,人类的劳作与社会的稳定、法则的公正息息相关(劳,行225—247)。这三位女神一同出现在《劳作与时日》所描绘的正义城邦的日常生活场景:一个有法度、正义与和平的城邦,也就是有时序女神庇护的城邦(劳,行225—237)。

在潘多拉的诞生过程中,阿佛洛狄特缺席的原因,与时序女神的到场紧密相关。我们说过,阿佛洛狄特不属于奥林波斯新神,而是与提坦同辈的老神。在传统说法里,这些以提坦为首的老神象征原初的宇宙倾覆力量,具体表现为无度、暴力和非理性,有一个专门名称,叫 hubris,一般译为"肆心"(或"无度")。依据《神谱》的说法,阿佛洛狄特的力量源自天神没有得到满足的性欲,当她发挥力量时,其根本特点就是肆心。首先,这些受女神力量影响的伴侣完全游离于天庭王朝的政治秩序之外;其次,在女神庇护下孕生的子女后代要么作为秩序破坏者为宙斯父子所征服,要么纷纷悖逆父子、兄弟和夫妻的礼法,呼应《劳作与时日》中不义城邦的写照:"婴儿出世时两鬓皆斑白,父不慈幼,子不肖父,兄弟不像从前彼此关爱"(劳,行181—186)。阿佛洛狄特施展力量的后果与宙斯重建世界秩序的理念显得格格不入——宙斯王重建世界

---

① 托名荷马,《德墨特尔颂诗》,399—400。佩尔塞福涅一年有三分之一时间留在哈德斯,另外三分之二时间住在母亲德墨特尔身边。

秩序,某种程度上就是克制和整顿肆心的过程。这在《神谱》中具体表现为神王大战提坦和提丰,派他的英雄儿子去征服神怪等等,在《劳作与时日》中则具体表现为正义——肆心(diké-hubris)这对贯穿全诗的关键命题的多重呈现。

潘多拉诞生时,阿佛洛狄特缺席,而时序女神到场。通过安排新旧两类女神的对峙(也就是正义与肆心的对峙),宙斯王实现了某种奇妙的均衡。潘多拉美轮美奂,好似阿佛洛狄特的翻版,神和人都无法抵挡她的令人愉悦的魅力(神,行588—589)。只是,潘多拉被公开宣扬的美已然屏蔽了阿佛洛狄特所含带的肆心本质,而被塑造成某种时序之美,某种对法则、正义与和平的承诺,或者说,某种对幸福生活的承诺。

五

那天,阿佛洛狄特为什么没来?借助以上行文的努力,我们大概明白了个中原因。然而,在解决这个疑问的同时,我发觉又陷入新的困惑。

既然阿佛洛狄特不会来,宙斯王为什么还要在事先公开点名?

这个点名的小动作,起初被我忽略了,一经察觉,我却再也无法移开关注的目光。乍看之下,这个点名的小动作仿佛是宙斯王完美计划中的一点瑕疵,仿佛他不经意中犯下了一个谬误,仿佛他点错了名或根本不该点名。

这个小细节却集中呈现了神话叙事的微妙之处。正如开篇所言,宙斯王代表不可逃避的神意,这里所说的谬误只能归列为宙斯王意愿中的谬误,更准确地说是宙斯王的佯谬。事实上,早在与普罗米修斯的纷争中,宙斯王就展现过相似的政治技艺。一切表面的谬误无不最终证明,整个潘多拉诞生计划周密详尽,万无一失。

在宙斯王的安排下,正义与肆心在人间的对峙,也就是正义与肆心在人间的完美均衡。尽管自人类种族神话起,有关肆心的言说几乎与恶同名,诗中不厌其烦地强调"正义战胜肆心"的道理,教导世人遵从正义,放弃肆心(劳,行217,行213,等等),但与此同时,从赫西俄德的文字里无时不流露出清醒的认识,也就是作为源自提坦神族的深层人性,肆心从来不曾离开过人类共同政治生活。诗中既没有脱离肆心语境的正义言说,也没有脱离正义语境的肆心言说。有关这一点,我们再怎么强调也不为过。因为,不知从何时起,正义与肆心被分开言说,并分别丧失参照,走向各自的极端。这对对子的张力与均衡本身反倒为共同体中人遗忘,鲜有人说起。

是的,倘若没有宙斯王事先点名这件事,阿佛洛狄特的缺席就不会为人所在意,也就不足以成为值得探究的问题。在某个无与伦比的神话时刻,阿佛洛狄特被公开点名又悄然缺席。叙事游走于言辞的在场(点名)与空间的不在场(缺席)之间的奇妙的张力和均衡,诸种纷繁的启示和思绪从中得到可能。在赫西俄德的神话叙事里,每个引发困惑的细节无不最终指向这样的张力和均衡。

黑衣女神与城邦福祉
——《忒奥格尼斯集》序诗解读

张芳宁

整部《忒奥格尼斯集》的开头是四首祈祷诗,分别献给阿波罗、阿尔忒弥斯、缪斯和美惠女神(行1—4、5—10、11—14、15—18),这部分可看做诗集的"序歌"。在诗作开头赞颂或呼唤神,这是古希腊诗人作诗的程式。但像《忒奥格尼斯集》序诗这样的规模和内容,显得异乎寻常。

荷马的两部叙事诗各以一句对缪斯的呼唤开头:"愤怒呵,女神哦,歌咏……"(《伊利亚特》)①、"这人游历多方,缪斯哦,请为我叙说……"(《奥德赛》)。《伊利亚特》的开头庄严而简洁,似乎此后的叙述皆出于缪斯之口;《奥德赛》中同样请女神叙说,但多了个"为我",作为"仆人"、"信使"或说传言者的诗人身份从隐含中显露出来。赫西俄德的《劳作与时日》开头仍然祈请缪斯来叙说,可是,《神谱》中的序歌则发生了重大变化,第一行起首:"让我们以歌咏赫利孔的缪斯开始吧!"言说的主体不再是缪斯,而是"我们",缪斯变成诗人歌咏的对象。此后,长达115行的序歌说到缪斯赐予诗人月桂杖枝、说到缪

---

① 此处译文见刘小枫,《奥德修斯的名相》,收《昭告幽微》,香港:牛津大学出版社,2009,页80。

斯眷爱国王和歌手,两次叙述恰恰穿插在缪斯的三次歌咏之间,似乎用女神对奥林波斯神义秩序的歌唱来保障诗人与神的关联,从而说清诗人的身份……。①

从篇幅上看,《忒奥格尼斯集》序诗共 18 行,比《劳作与时日》开篇的"宙斯颂"几乎长一倍,《伊利亚特》和《奥德赛》根本没有颂神的序诗——对此虽然有许多解释,但荷马的"神"与赫西俄德及其后诗人的"神"不尽相同也是原因之一。《忒奥格尼斯集》的序诗长度远不及《神谱》,或许是因为,在忒奥格尼斯时代,诗人直接开口言说已是常态,不再需要解释和铺垫。这种臆测从"托名荷马颂诗"(Homeric Hymns)那里能够获得支持:这些据说由荷马所作、实则后人托附的颂诗,均以"我要歌唱(某位神)……"开篇。虽然"颂诗"与"诉歌"种属不同,但由于颂诗所处的时序位置,二者的相似恰恰有助于显示从荷马、赫西俄德的"叙事诗"到忒奥格尼斯"诉歌"之间诗体流变背后隐含的政教秩序之变。

但诗人仍是"缪斯的仆人"(行 769;《神谱》,行 100),二者的关系与其说"附属"不如说"因果",赫西俄德说得清楚:因为缪斯和阿波罗,大地上才有歌手和弹竖琴的人(94—95)。至少,在阿里斯托芬(Aristophanes)的时代之前,这还是一种严肃的信念,诗人们首先都要祈请缪斯赐予灵感。② 因此,《忒奥格尼斯集》序诗最令人惊异之处在于,诗人起首并未呼唤缪斯,而是两次吁请阿波罗:

> 主啊,勒托的儿子,宙斯的孩子,我永远不会
> 在开端或在结尾把你遗忘($λήσομαι$),
> 我会永远在开初、最后、和中间赞颂你;
> 你倾听并赐我以美好($ἐσθλὰ$)。(1—4)

> 福玻斯我主,当女神勒托生产($τέκε$),

---

① 参刘小枫,《诗人的"权杖"》,收《昭告幽微》,前揭,页 97。吴雅凌,《神谱笺释》,北京:华夏出版社,2010,页 163。
② 吴雅凌,《神谱笺释》,前揭,页 188。

> 用纤细的手臂紧紧揽住棕榈树,
> 永生者中最美的(κάλλιστον)你,在那圆湖近旁,
> 整个德罗斯笼罩着
> 神妙的香气,大地(γαῖα)展颜欢笑,
> 泛着白色泡沫的深广大海欢声庆祝。(5—10)

在古希腊的神话谱系中,阿波罗别名福玻斯,是女神勒托(Leto)为宙斯所生的儿子。诗人称他是"勒托的儿子,宙斯的孩子",这种说法并不特别,《伊利亚特》中初次提到这位神明时,就说他"是勒托和宙斯的儿子"(1.9)。这里奇怪的是父母的排序,宙斯是奥林波斯众神之"父",也是奥林波斯神界秩序的确立者,在阿波罗的家庭关系中却只能排在勒托之后,似乎阿波罗首先是勒托的儿子,然后才是宙斯的,换言之,对阿波罗的血脉天性起首要作用的是他的母亲?要搞清这个疑问,我们首先得了解勒托是一位什么样的神。

荷马对勒托的关注甚少,在荷马史诗中女神的寥寥几次出场要么配合儿子阿波罗(《伊利亚特》1.9、1.36;《奥德赛》11.318)、要么配合女儿阿尔忒弥斯(《伊利亚特》5.447、21.497;《奥德赛》6.106)、要么配合丈夫宙斯(《伊利亚特》14.327;《奥德赛》11.580),女神的修饰词则集中于外貌:"美发的"和"光艳照人的"。唯一一次例外,诗人称女神是"宙斯的高贵妻子"(《奥德赛》11.580),却似乎意在说明:提梯奥斯(Tityus)受赫拉撺掇去非礼勒托,其实冒犯的是宙斯的尊严。《荷马颂诗》中没有专门的勒托颂,这位女神仍然寄身献给其子阿波罗的颂歌中。

赫西俄德的做法与通常不同,没有将"出色的子女"作为女神的唯一描述,我们因此得到了有关女神的一些讯息:

> 福柏走近科伊俄斯的爱的婚床,
> 她在他的情爱中受孕生下
> 身着黑衣的勒托,她生性温柔(μείλιχος),
> 对所有人类和永生神们都友善(ἤπιος)。

她生来温柔(μείλιχος)，在奥林波斯最仁慈(ἀγανός)。(《神谱》404—408)①

勒托的母亲福柏(Phoebe)是地母该亚(Gaea)与天神乌兰诺斯(Uranus)所生的提坦神之一，即第一代神王乌兰诺斯的女儿、第二代神王克洛诺斯(Cronus)的姐妹。在《献给阿芙洛狄忒的托名荷马颂诗》中，勒托的父亲是克洛诺斯(62)，而《献给阿波罗的托名荷马颂诗》(Hymn to Apollo)中，德罗斯岛(Delos)称呼勒托为"伟大的科伊俄斯(Coeus)最光辉的女儿(63)"，与赫西俄德一致。科伊俄斯也是一位"提坦"，因此，勒托出身高贵，在《神谱》序歌缪斯第一次咏唱中甚至位列克洛诺斯之前(18)。此处不无对比意味的是，这位家世煊赫的女神却"生性温柔"，因而对永生诸神和所有人类都"友善"，后一点尤其难得——再没有哪位天神获得这种评价。

尽管荷马的神只是"命运"(Moira)的执行者，但他们或严酷、或偏爱、甚或以人类相互厮杀取乐。难怪后世的基督徒克莱门(Clemens)批评希腊人，说他们所崇拜的诸神"残忍而敌视人类"。② 在赫西俄德笔下，人类的生存处境更为艰难，普罗米修斯与宙斯的纷争促成人与神的分离，奥林波斯众神各显其能，为人类装扮出无可拒绝又集灾难于一身的潘多拉——美妙的不幸。面对这样的永生神族，诗人既敬且畏，而于祈请呼唤中又不由流露出内心的渴望——的确，如果想知道那个世代人类"深层的渴望"，还有什么比对神的祈祷更好的材料呢?③

在我们这位诉歌诗人这里，诗神缪斯习惯的位子竟然一再地让给阿波罗，这让我们不禁猜疑：诗人究竟心怀何种迫切的渴望，亟需阿波罗神以大能相慰藉？在诗人对阿波罗的两次呼唤中始终如

---

① 吴雅凌译文，有一处改动，即"缁衣的（黑色的）"，详下文。另以下文本分析参见吴雅凌，《神谱笺释》，前揭，页273—274。
② 程志敏，《荷马史诗导读》，上海：华东师范大学出版社，2007，页171以下。克莱门的这句话转引自页184。
③ 布克哈特，《希腊人和希腊文明》，王大庆译，北京：世纪文景、上海人民出版社，2008，页135。

影随形的勒托,又如何影响着阿波罗的气息、乃至应和着诗人的渴望?——这并非只是一种臆想。在第一首祈祷诗中,父神宙斯排在勒托之后,在第二首祈祷诗中则干脆没有出现。如果说,第一首祈祷诗中追溯身世暗示着阿波罗的血脉天性,那么第二首祈祷诗则清楚表明:勒托是阿波罗得以"产生(τίκτω,5)"的必要条件,只有"当(ὅτε μέν,5)"她在圆湖旁经历了分娩的阵痛,才赋生了这位最美(κάλλιστον,7)的神。

事实上,《忒奥格尼斯集》中这两首阿波罗祈祷诗与《献给阿波罗的托名荷马颂诗》颇有渊源。《献给阿波罗的托名荷马颂诗》这样开头:"我会记住远射神阿波罗,不会遗忘。"①《忒奥格尼斯集》的第一首祈祷诗看起来就是对这一行的扩充。而第二首祈祷诗中,勒托在阵痛中用手臂揽住棕榈树等情形在颂诗中也如是描绘(行115—119)。两个文本的近似显示出忒奥格尼斯对荷马颂诗的追随,或者说,诗人谙熟荷马颂诗中的诗句,后者构成了对《忒奥格尼斯集》的隐含注解。

《献给阿波罗的托名荷马颂诗》在第一行之后,忽然开始讲述一个"故事":

> 我会记住远射神阿波罗,不会遗忘。
> 当他穿过宙斯的屋宇,
> 众神在他面前颤抖,当他行过近旁
> 纷纷从自己的座位上弹跳而起,
> 当他弯曲他那闪亮的弓箭。
> 唯独勒托呆在喜发雷霆的宙斯旁边,
> 她解下他的弓,合上他的箭筒,
> 双手从他强壮的肩头把弓箭拿下,
> 悬挂在他父亲房柱的金钉上。

---

① 无名氏,《荷马颂诗及荷马诗》(*The Homeric Hymns and Homerica*),Hugh G. Evelyn-White 英译,《荷马颂诗》(*Homeric Hymns*),Cambridge, MA., Harvard University Press,1914。网络资源:http://www.perseus.tufts.edu/hopper/

随后她引他来到座位，让他安坐。(1—10)

作为儿子和臣属，阿波罗力量再大，毕竟无法逾越众神之父宙斯，可是，他一弯弓却使众神不能安坐，几乎动摇了奥林波斯的稳定。这种紧张状态被勒托所化解，她使他的弓矢松弛下来，并将其悬挂在属于宙斯的金钉上，最后，她引领阿波罗找到了自己的位置。阿波罗固然巨力非凡，但若没有勒托引导他将弓矢（力量）悬挂（约束）在宙斯的金钉（秩序）之下，他的力量便只会引起混乱。同时，我们注意到，在走向阿波罗之前，"最仁慈的"勒托呆在"喜发雷霆的"宙斯旁边，很可能是最高决策者宙斯授意勒托去"驯服"阿波罗——如果宙斯自己以强力威慑阿波罗，谁知道他这个非凡的儿子会不会马上臣服？而由"生性温柔"的勒托出面，却可以结束已经引起的混乱、避免可能出现的另一重混乱，并将阿波罗这个新诞生的强大的弓箭手归入奥林波斯现有的秩序之中。一直到这时，父神宙斯才将金樽玉液递给阿波罗，欢迎自己这个强大的儿子(《献给阿波罗的托名荷马颂诗》，行11)。

　　这个故事展示了两对几乎神秘的并置：勒托与阿波罗、勒托与宙斯。其神秘之处在于，勒托这位"生性温柔"的"奥林波斯最仁慈的"神，难道仅凭她的"温柔"就能与阿波罗和宙斯这样强有力的神并肩么？这仅是一个"以柔克刚"的故事？我们必须小心，不要一下子拥抱一个浪漫主义的结论。

　　重新回到赫西俄德，诗人在三行诗(406—408)中连续使用了三个形容词($μείλιχος$、$ἤπιος$、$ἀγανός$)来说明勒托的天性，这三个词涵义极为接近，都表示"温和、温柔、友善、善良、仁慈"。其中，$μείλιχος$的两次使用都伴随着时间性的限定：$ἀεί$[始终、永远](406)和$ἐξ\ ἀρχῆς$[从开始](408)，《神谱》序歌中，缪斯的第二次咏唱就用到了$ἐξ\ ἀρχῆς$[从开始]：

　　　　最先歌咏那可敬的神们的种族，
　　　　从起初($ἐξ\ ἀρχῆς$)说起：大地和广天所生的孩子们(44—45)

缪斯的第三次咏唱仍用这个词(行114),这一次更向前追溯,从混沌和大地的出生开始,而大地是"所有永生者永远(ἀεί)牢靠的根基(行116)"。可以看出,诗人为勒托的天性所使用的两个词都与神族秩序的起始与永固这一重大主题相关,于是,μείλιχος[温柔]仿佛超逾勒托自身,附带着亘古永恒的神性。

然而,这位温柔的女神却"身着黑衣(κυανόπεπλος)",① 后来的《俄耳甫斯教祷歌》(Les Hymnes Orphiques)②亦称她"黑衣勒托"(35,1)。黑色通常是哀悼的颜色,女神忒提斯为儿子阿喀琉斯必死的命运痛苦,就带上一条黑色面纱(《伊利亚特》24.93—94)。在诗人们笔下,"黑衣"也常与夜神、死神关联,可以想象,漆黑的织物令有死之人联想起黑夜和她恐怖的子女:厄运、横死、死亡、痛苦和悲哀……(《神谱》211—214)。勒托为什么"身着黑衣"?女神的黑衣预示着什么?

三个形容词中的ἀγανός既位于最后,又呈现为最高级形式,暗示着它特殊的重要性。该词有一个非常特别的含义,指由阿波罗和阿尔忒弥斯的弓箭所带来的轻松、快速的死亡。在《奥德赛》(3.280)中,墨涅拉俄斯(Menelaus)的舵手弗隆提斯(Phrontis)——整个人类中最善于在暴风雨中执掌船只的优秀舵手,就被阿波罗用令人速死的箭矢"轻柔地(ἀγανός)"射死。这种"轻柔的(ἀγανός)"死亡令人想到黄金种族,"他们的死亡就像熟睡一样安详"(《劳作与时日》116③)。

如此一来,勒托的"黑衣"就像是对"死亡"的提示,而她的"仁慈(ἀγανός)"由于暗含着令人速死的意味,更像是一种"悲悯"或"慈悲"。最为轻松"幸福"的死亡由阿波罗及其胞妹的箭矢来执行,这或许是勒托之天性遗入阿波罗血脉中的一抹痕迹。无论我们如何忖度,诗人忒奥格尼斯没有遗忘阿波罗,也没有遗忘勒托。诗人向阿波罗祈求的

---

① 以下文献参引详见吴雅凌,《神谱笺释》,前揭,页274。
② 吴雅凌编译,《俄耳甫斯教祷歌》,北京:华夏出版社,2006,页72。以下涉及《俄耳甫斯教祷歌》仅列出编码,出处同此。
③ 张竹明、蒋平译文,下同。

ἐσθλά[美好]①(行4),正是黄金种族所拥有的ἐσθλά[美好](《劳作与时日》116②),而勒托女神的在场,使诗人的祈求像黄金种族一样,以ἀγανός[轻柔或仁慈]的死亡为界限,保持虔敬,免于无度。

柏拉图在《克拉提洛斯》(旧译《克拉底鲁》)中说到勒托,说她之所以叫这个名字,是因为"这个女神的温顺(πραότητος),因为她顺从所有人的要求",而外邦人对她的称呼"勒忒奥(Ληθώ)",则"冲着她性情既不坚强又温顺软弱(ἥμερόν τε καὶ λεῖον)"(406b,刘振译文,下同)。有趣的是,这位最随和的女神却生出两个出色得毫不随和的子女:令众神心生畏惧的弓箭神阿波罗和纯粹的处女神、女弓箭神阿尔忒弥斯。阿尔忒弥斯在女神中显得很特殊,《伊利亚特》中,天后赫拉说宙斯让她"成为女人的母狮"(21.484),后来的《俄耳甫斯教祷歌》则称她为"圣洁绝对的后"(36,11),可见这位女神的性情。在《伊利亚特》上述场景中,面对赫拉、波塞冬这样显赫的天神,阿波罗都已经韬晦退却,他这位姊妹却执意对战,结果被赫拉抓住双手、用她自己的弓箭批打面颊,不得不弃弓而走。紧接着,母亲勒托的出场与上文所引的故事场景(《献给阿波罗的托名荷马颂诗》,1—10)何其相似:

这时弑阿尔戈斯的引路神③对勒托这样说:

---

① 从词义上看,ἐσθλός与ἀγαθός非常接近,二者都是"好",都有道德意味,甚全都与财富和出身有关,反义词也同为κακός[坏],格林伯格《忒奥格尼斯的语言、格律与意义:agathos的角色》("Language, Meter, and Sense in Theognis: The Role of agathos"),载费格拉、纳吉编,《麦加拉的忒奥格尼斯——诗歌与城邦》(*Theognis of Megara, Poetry and the Polis*), The Johns Hopkins University Press, 1985,页257—258)从获得使用的角度区分二者,发现荷马和赫西俄德更多使用前者(对后者的使用集中于描述性的"好、善于"),而诉歌诗人则在平均每16行诗中就使用一个ἀγαθός或其变体(在荷马那里这个频率是每190行),似乎,"社会分层正是荷马和赫西俄德感到陌生的",换言之,ἀγαθός的含义更侧重与其反面的区分。从忒奥格尼斯诉歌来看,这种倾向非常明显,ἀγαθός与κακός常常成对出现。在本文中,ἀγαθός译为"好"或"高贵",为示区分——同时,也因为ἐσθλός是人世之最理想的黄金世代所拥有的理想赐物,所以用汉语中颇具理想与赞叹的词"美好"来对译。这样一来,καλός虽然意谓既美又好,也只取其核心意义"美"来对译,究其根本,καλός之"好"是因"美"而来。

② 行110原文如下:"他们的死亡就像熟睡一样安详,他们拥有一切ἐσθλά[美好的东西]。"——安详的死亡本身似乎也是凡人能拥有的美好之一。

③ 指赫尔墨斯。

> "勒托女神啊,我怎么也不会和你交手,
> ……
> 他这样说完,勒托去捡那张弯弓
> 和散落满地溅起滚滚尘埃的箭矢,
> 捡完女儿的弓矢便转身返回天庭。(21.497—504)

像对儿子那样,这位女神又一次默默无言地拿起弓箭——这一次是女儿的武器,将女儿藉以展示力量同时又因过度炫武而遭其反噬的利器收归宙斯的天庭。同样地,父神宙斯又在这时出场,对明显已经受到教训的女儿发出戏谑似的笑声(21.508)……。

在我们所讨论的这部诗集中,第三首祈祷诗恰恰献给阿尔忒弥斯,这或许只是后来编辑的巧合,但也可能出于诗人的深思熟虑——如此,在阿波罗、宙斯和阿尔忒弥斯的力量与光芒环绕中,黑衣而沉默的勒托愈显神秘。在光耀无比的宙斯身旁,她仿佛一道无声的暗影,但正是这道暗影,却收束着阿波罗与阿尔忒弥斯四溢的力量,也令赫尔墨斯却步(见上引文)。看起来,勒托的黑衣不仅向有死之人提示着死亡,亦向永生神族显示着永在的黑暗之域,犹如囚禁提坦的幽暗所在,"连永生神们也吃不消"(《神谱》743)。幽暗的塔尔塔罗斯与黑色的死亡之城,虽然它们之间"距离之远,有如天在大地之上"(《伊利亚特》,8.15—16),但前者作为宙斯对犯错神族的严惩、后者作为凡人挑战神权的苦果,显然都是"宙斯的意愿"给神和人设置的界限。

或许,还不止如此。像柏拉图所揭示的(《克拉提洛斯》405b、406b),阿波罗是一位"净化和清洗(ἀπολούων)之神",他所掌管的医术和预言术净化人的身体和灵魂,而阿尔忒弥斯特别地欲求纯净(παρθενίας),以至于拒斥男女的混杂,她的名字似乎就是完整(ἀρτεμές)和秩序(κόσμιον),或者,是通晓德性(ἀρετῆς ἵστορα)——祛除杂质方能显露的最佳本性。这两位明晰纯净的神祇却共同诞生于沉默得如一片混沌暗影的黑衣勒托,勒托黑衣的混沌中透射出一种强大而纯粹的生命力,与同样黑色的、孕生诸神与凡人的大地(γαῖα,行 9)相似。在后来的俄耳甫斯教诗歌中,阿尔忒弥斯与赫卡忒(《神谱》411)形象重叠,同为宙斯

和德墨忒尔的女儿(OF41—42①),由于自身的特点,阿尔忒弥斯又始终是勒托的女儿(OF188),新柏拉图主义哲人普罗克洛(Proclus)解释说,这是因为勒托与丰产女神德墨忒尔的形象暗合。② 在《俄耳甫斯教祷歌》中被称为"万物之母"的德墨忒尔与勒托一样,对凡人温和仁慈,但在痛失爱女的伤心之下,亦能令田园荒芜、万物凋零。勒托的温和同样如此,既蕴含着生机,又展演着死亡。

在诗人的祈祷中,黑衣的母亲依然沉默,她出色的子女将给人世带来何种恩赐?

诗人赞颂阿波罗,说他是"永生者中最美的($κάλλιστον$)"一位(行7),希腊语$καλός$[美]一词涵义极丰,融合着美、好、公正、高尚、正确等各种"美好"的意味,诗人在此使用该词侧重何种意味、抑或属意其整体,此处暂不详述——无疑地,正是由于阿波罗具备这种品质,才能慰藉诗人对$ἐσϑλά$[美好]的祈求。在《忒奥格尼斯集》中,还有一处也提到这种品质:

最美($κάλλιστον$)就是最正义($δικαιότατον$);最好的是健全;
而最快乐的事莫过于得到我心所爱。(255—256)③

据亚里士多德说,这两行诗曾被镌刻在阿波罗的出生地——德罗斯岛的勒托神庙门楣上,这一微妙的呼应似乎证实阿波罗的确是一位最美的神。同时,行255让我们看到$καλός$[美]与$δίκαιος$[正义]的对等关系,而它的后半句连同行266则表明,从$καλός$[美]到$δίκαιος$[正义]乃是从

---

① 德国古典学家Otto Kern编辑了俄耳甫斯辑语的古希腊文辑本 *Orphicorum Fragmenta* (Dublin/Zürich,Weidmann,1972年再版),其中的"俄耳甫斯教义辑语"(Fragments Orphiques)简称OF,参吴雅凌,《俄耳甫斯教辑语》,北京:华夏出版社,2006,页8.
② 吕达尔(Jean Rudhardt),《思考俄耳甫斯教祷歌》,载吴雅凌编译,《俄耳甫斯教祷歌》附录,前揭,页170.
③ 亚里士多德在《尼各马可伦理学》(1099a)中征引这两行诗,作为"德罗斯的铭体诗"($τὸ Δηλιακὸν ἐπίγραμμα$),另在《欧台谟伦理学》(*Ethica Eudemia*,1214a)中,说它们被镌刻于德罗斯的勒托神庙。布克哈特也曾提到这点(《希腊人和希腊文明》,前揭,页136),另外,他还说这两行诗所代表的"人生最需要之物的清单"在索福克勒斯那里(《残篇》,329 Nauck(克瑞乌萨),转引自是页注80)被完整抄录。

神界到人世的一次下降,因为神必然"健全",只有注定欠缺的凡人才会祈求健全,同样,也只有人终日忧其所失、乐其所得,神却明了:得失皆出于"命份"。神性之美是人世正义的来源与保证,在这个意义上,最美即最正义。① 如此一来,经由人世正义的过渡,神的καλός[美](行7)与人的ἐσϑλὰ[美好](行4)直接相关:唯有秉承神义的正义的城邦才能"拥有一切ἐσϑλὰ[美好的东西]"(《劳作与时日》,行225以下)。

然而,城邦政制的现实与黄金时代相去已远,在第3首祈祷诗中,诗人对航海者保护神阿尔忒弥斯的呼唤已经暗示出人类境遇的落差与置换:

> 阿尔忒弥斯,野兽的屠宰者,宙斯的女儿,阿伽门农(Ἀγαμέμνων)
> 为她建起神庙,当他准备驾快船启航特洛伊,
> 听我祈祷,抵挡那些丑恶的(κακὰς)祸胎(κῆρας);
> 这对你,女神,微小轻飘,对我却至关重要。(11—14)

要知道,黄金时代的土地"自动慷慨地出产吃不完的果实(《劳作与时日》,118)",人类根本无需到莫测的海上去谋生。但这种幸福的境遇并非只能追忆,另有一类现实的城邦——即正义者的城邦也"不需要驾船出海,因为丰产的土地为他们出产果实(236—237)"。

此外,诗人对航海者保护神的呼唤,也提示着麦加拉在海上的强大力量,考虑到诗人对ἐσϑλὰ[美好]的祈求,这种提示更像一种警示:假如以力量取代正义,如同赫西俄德所说的不义城邦,就会遭到宙斯的惩罚,城墙毁坏、船舰沉没(《劳作与时日》189、240—247)。而诗人在此处向阿尔忒弥斯请求的,也正是抵挡那些κακὰς[丑恶]——与ἐσϑλὰ相反——的东西,因为它们极可能成为腐蚀城邦的κῆρας[祸胎]。诗人在这里提及阿伽门农及特洛伊远征,或许意在追溯麦加拉与英雄历史的

---

① 阿波罗与正义的关联还可以追溯到他的出生,他出生时并不是由母亲勒托喂哺,而是由女神忒弥斯(Θέμιν)用她"神圣的双手"喂养(《献给阿波罗的托名荷马颂诗》,124)。忒弥斯之名意为"法则、秩序",她掌管正义或神义,更生有女儿Δίκη[正义](《神谱》,16、902)。

关联——在当地传说中,特洛伊远征正是从麦加拉出发的,诗人冀望英雄时代的高贵精神在现实的麦加拉城邦得到延续。①

在序歌即将结束、诗章主体即将开始的第 4 首祈祷诗中,诗人说到了一次"真实"的下降,众神莅临忒拜建城者卡德摩斯(Kadmos)的婚礼:

> 缪斯和卡里忒斯(Χάριτες),宙斯的女儿们,曾经
> 来到卡德摩斯的婚礼,唱着美妙的(καλόν)歌儿:
> "凡美(καλόν)者皆可爱(φίλον),不美者不可爱";
> 从你们不朽的唇间吐露这些诗句。(15—18)

在众神之中,诗人仅仅提到缪斯与卡里忒斯,或许因为只有她们留下了歌声。还有一位神虽然隐而未提,却必然在场,即为卡德摩斯指明建城地点并为忒拜命名的阿波罗。那么,这也是阿波罗的第二次"下降",此处的καλόν[美]由缪斯们的歌声所负载,再一次强调了美的神圣来源。而卡里忒斯——美惠女神,赫西俄德说过,她们是缪斯的邻居(《神谱》64),说明这些女神性情相和,同时,她们也是美的化身,俄耳甫斯教祷歌说她们的"美有千种颜色,如花开永不败,凡人皆爱恋"(60、4—5)。②

缪斯之歌在此处唱起,如纳吉所说,既开启了忒拜城邦,奠定了忒拜城邦政制的神性根基;又开启了整部《忒奥格尼斯集》,为诗集奠定了神圣秩序的基调。在缪斯之歌中,καλόν[美]等于φίλον[可爱的、友爱的]——既然καλόν[美]也是δίκαιος[正义],那么φίλον与δίκαιος也直接关联起来。事实上,在古希腊政制与伦理中,φίλον[可爱的、友爱的]的确是一个重要的词汇,除去私人情感层面的意义,它还代表着将城邦联结为一体的政制与伦理上的纽带,换言之,这个词汇关乎城邦的统一。③对于拥有众多城邦和部族、苦于内战而最终也亡于内耗的希腊半岛来

---

① 对行 11—14 的分析参纳吉,《忒奥格尼斯与麦加拉:诗人眼中的母邦》,载费格拉、纳吉编,《麦加拉的忒奥格尼斯——诗歌与城邦》,前揭,页 03,注 51n2。
② 转引自吴雅凌,《神谱笺释》,前揭,页 363。
③ 纳吉,《忒奥格尼斯与麦加拉:诗人眼中的母邦》,前揭,页 28。

说,"城邦统一"这一主题极为惹人关注。在诗人的母邦麦加拉,各阶层与各派系之间的权力争夺也是城邦政制最主要的祸患,在另一处向阿波罗的祈祷中,诗人直言:

> 因为我实在担忧,当我眼看着
> 希腊人毫无理智、毁灭性的στάσιν[内部纷争]。可是你,福玻斯哦,
> 仁慈地护佑我们这座城邦吧。(780-782)

名词στάσις既指政党、集团、阶层,又指它们之间的倾轧、争斗乃至由它们煽动而起的民乱,它还有一个稍微抽象的意义,指关系的"不一致、不调和",以及专门就音乐而言的"不谐和(discord)"。诗人吁请阿波罗护佑,以抵御这种毁灭性的祸患,就如同吁请阿尔忒弥斯抵御那些"丑恶的(κακὰς)祸胎"。

很可能,在忒拜城邦奠基之初,宙斯已经预见到στάσις[不谐和]将给人世秩序带来的危害,因此,他赐予卡德摩斯的妻子名字正是Ἁρμονία[哈摩妮亚](《神谱》,行 937、975)——与这个名字对应的抽象名词ἁρμονία,英文译为 harmony,汉译则为"和谐"。该词的词根ἁρμ-原义为"接头、榫头、衔接",指的是木匠活儿中使不同部分紧密地结合为一体的那种技艺。① 这样看来,"和谐"颇能代表ἁρμονία涵义的精髓。同时,"和谐"亦是该词在音乐上的引申义,向音乐上的这一延伸令人不能不想起音乐之神阿波罗,柏拉图在《克拉提洛斯》中说到,"这个神掌管ἁρμονίαν[和谐](405d)"。

在古希腊传统教育中,教育的目的之一就是用音乐术来照料人的灵魂(《王制》,410c2-3),这是由于好的音乐能使人获得"和谐"的感觉,从而具备和谐的精神气质,使和谐稳固的城邦政制成为可能。在《王制》中(402b9-c8),苏格拉底用音乐术作比,说明无论是城邦的立法者还是城邦卫士,若不具备"音乐家"般的质素,就无法从纷杂的城邦事物

---

① 见王扬,《〈理想国〉汉译辨正》,上海:华东师范大学出版社,2014,页 6。

中分辨节制、勇敢、自由、慷慨诸美德及其相关和相反的东西——就像音乐家区分和协调各种音符、音程、音阶和调式，使之组成和谐优美的乐音那样。

和谐不只需要区分的能力，它的存在还意味着不同的部分各安其位、各行其是。无论是个人灵魂的三部分：理性、血气、欲望，还是城邦三个组成部分：参议阶层、辅助阶层、工商阶层，只有各部分互不干扰地做好自己的事，如同安排得当的高、低、中三个音程，才能形成一个和谐的整体，苏格拉底指出，在这样的灵魂和这样的城邦中，才能产生正义（《王制》443d1-e2）。相反，假如灵魂中本性低劣、本该做奴仆的部分起来造反，企图统治它根本无能统治的领域，就会导致三个部分的混乱和离异，这种灵魂中就产生"非正义、放纵、怯懦、无知，简言之，纯粹的低劣"（444b1-9）。① 这样看来，和谐可说是灵魂与城邦正义的前提。

同时，Ἁϱμονία[哈摩妮亚]作为建城者的伴侣，意味着"和谐"处于城邦根基的位置，换言之，神意赋予人世的第一个秩序是"和谐"。在此之后，缪斯之歌教导了实现人世正义的现实路径：φίλον[友爱]。希腊人的φίλον[友爱]首先与各种共同体相关，它总在或大或小的特定范围中，和谐的前提"区分"亦是友爱的前提。这一点在随后的整部《忒奥格尼斯集》中得到反复强调。

在对众神的呼唤与祈祷中，诗人以阿波罗、缪斯和美惠女神的神性之美昭示出城邦政制和谐、友爱与正义的优良秩序，以阿尔忒弥斯令航海者既热望又恐惧的神力②警示凡人僭越的恶果，而黑衣幽深的勒托，带着无语的慈悲谛视这一切，或许，谁能注目这一瞥，谁才可能分享黄金时代的ἐσθλά[美好]——而这一古希腊政治与伦理的重要词汇，直接将诗人与城邦关联，换言之，在诗人朝向神性的祈祷中，已经包含着诗人对自己身位的认定。

---

① 王扬，《柏拉图〈理想国〉中的"和谐"》，载《古典研究》（18期），（香港）古典教育基金，2014夏季卷，页59—65。
② 不要忘记，阿伽门农为这位女神献祭了自己的女儿。

一个故事三种讲法

——读欧里庇得斯笔下的酒神出生神话

罗 峰

在《酒神的伴侣》(*Bacchae*)中,关于酒神狄俄尼索斯出身的神话一再出现。剧本一开场,酒神、吕底亚狂女歌队和忒拜盲先知忒瑞西阿斯(Tiresias)分别讲述了关于酒神出生的故事。乍看上去,三种说法互为补充、连贯一致,俨然构成了酒神出身的全部真相。然而,这每种说法背后还隐约透出一种针锋相对的声音。狄俄尼索斯自述身世,其实是一场自我辩护,直接针对"我母亲的姐妹们",即忒拜公主们对其神子身份的质疑。狂女歌队在进场歌中颂唱酒神出生神话,也是针对忒拜人对狂欢教仪的抵制。同样,忒拜盲先知为了驳斥忒拜现任国王彭透斯(Pentheus)对酒神身份的质疑,试图凭其得意的编织技艺,重新谱写一曲"酒神颂"。欧里庇得斯笔下关于酒神出生的三个故事,含有浓郁的修辞(诡辩)意味。① 欧里庇得斯有意凸显酒神出身的含混,以此掩饰在忒拜推行狂欢教仪的真实意图,并试图用新神取代宙斯为人间重新立法,而为酒神精神变成普世精神奠定基础。

---

① 关于修辞与诡辩的区别,亚里士多德《修辞学》(1355b 以下)做了区分,中译本参罗念生译,收于《罗念生全集》(卷一),上海:上海人民出版社,2007。

一、狄俄尼索斯的显与隐

在开场白中,狄俄尼索斯一上场便提到他与忒拜非同寻常的关系:他的母亲塞墨勒(Semele)是忒拜创建人卡德摩斯(Kadmus)之女,却惨遭霹雳身亡。这种说法给人一种印象,塞墨勒之死是一起"天灾"。其间,狄俄尼索斯提及自己的第一次出生,"塞墨勒借着霹雳火诞下了我"(行3)。这是剧中首次出现关于狄俄尼索斯出生的说法,却只是一笔带过。不过,看戏的观众对整个故事的梗概可能并不陌生,因为古希腊肃剧诗人惯于从人们熟知的神话传说中取材——肃剧创作就是编故事。但即便就同一题材进行编故事,肃剧诗人也有足够的空间发挥,而且讲法形同天壤,譬如索福克勒斯和欧里庇得斯创作的同名戏剧《厄勒克特拉》(Electra)。换言之,为了传达自己的观点,戏剧诗人大可有意"隐(藏)"和"(凸)显"事实,甚至编造一些"事实"。

在狄俄尼索斯关于自己第一次出生的说法中,他就有意隐瞒了母亲塞墨勒死亡的真相。这起貌似"天灾"的事件,其实是"人祸"——塞墨勒不顾自己的凡人身份,妄图见宙斯的真身(霹雳),由此招来杀身之祸。狄俄尼索斯却把肆心罪名归至赫拉名下。通过凸显天后对凡人塞墨勒的肆心,狄俄尼索斯把自己打造成一位正义者。可以说,这种意图支配着他在开场白中的整个说辞。狄俄尼索斯开场便谈及自己的非正常出生,一方面是引发同情,另一方面是为他隐藏在忒拜传教的真实目的。数行之后,他还提及忒拜人对他的"不义"。这些人不是别人,正是他的亲人。由蛮邦吕底亚不远千里来到忒拜传教的狄俄尼索斯遭到城邦抵制,从他的语气来看,这种结果似乎令他始料未及。忒拜之所以抵制他和他的教仪,盖因塞墨勒的姐妹们造谣生谤:

> 由于我母亲的姐妹们——她们最不该中伤我,
> 说我狄俄尼索斯不是宙斯所生,
> 还说塞墨勒同某个凡人有了私情,
> 却把这失身的罪过推给宙斯——

出自卡德摩斯的诡计；她们夸口说

宙斯为此杀死了她，因为塞墨勒在姻缘上撒了谎。（行 26—31）①

赫西俄德在《神谱》中提到，卡德摩斯生有四女：伊诺（Ino）、塞墨勒、阿高厄（Agaue）和奥托诺厄（Autonoe）。② 狄俄尼索斯强调，"我母亲的姐妹们"不仅怀疑他的出身不纯——不是宙斯之子，而是塞墨勒跟凡人所生，还指出卡德摩斯在其中扮演的角色。鉴于Κάδμου σοφίσμαϑ'[出自卡德摩斯的诡计]所处的位置，既可是ἔφασκον[说，行 28]的同位语，也可是Σεμέλην… ἀναφέρειν[塞墨勒……推给，行 28—29]的同位语，整个"诡计"的具体内容，由此呈现出两种可能。③ 从文脉来看，后一种可能性更大，即卡德摩斯为了家族荣誉，不惜编出宙斯跟塞墨勒的姻缘，来掩饰她的丑事。这也跟剧中卡德摩斯一以贯之的家族族长形象若合符节（比较行 10—11、尤其是行 182—183）。由于他对属于自己之物天生好发怜悯心，在面对酒神这位外来的"自家"之物时，卡德摩斯不仅没有政治审慎，甚至不惜为了家族荣耀置城邦共同体利益于不顾（行 333—336）。在整个忒拜家族中，狄俄尼索斯唯独对卡德摩斯青睐有加，正因他身上这种对家族成员怜悯的自然天性。前一种解释，即卡德摩斯想出了这种诡计，口授众位女儿，再借由她们把"谣言"散播出去，虽不符合卡德摩斯的天性，却提醒了真正的王者在面对一种外来宗教时，应有的审慎态度。

狄俄尼索斯谴责母亲的姐妹们时，诉诸了最自然不过的家族感情，"她们最不该中伤我"（行 26）。他基于亲情，在家族内部划分敌友：卡德摩斯顾念亲情，因此被视为盟友，而塞墨勒的姐妹们冷漠无情，从而

---

① 所有引文均为笔者据希腊文译出，下文随文注行码。
② 见《神谱》，行 975—977，中译参吴雅凌，北京：华夏出版社，2010。
③ Wilamowitz, Deichgräber 以及 Kitto 均认为，该短语是ἔφασκον的同位语，由此，众位女儿的说辞出自卡德摩斯的计谋。Dodds 则指出，该短语是应为Σεμέλην… ἀναφέρειν的同位宾语，由此，关于该短语产生的歧义，具体参见 E. R. Dodds,《欧里庇得斯：〈酒神的伴侣〉》(*Euripides: Bacchae*), Oxford: At the Clarendon Press, 1944/1953/1960/1963/1966/1970/1974, 页 67。

由亲人变为敌人。在说到塞墨勒的姐妹们时,狄俄尼索斯显得是在复述她们的"谣言",不过,整个说法仅出自狄俄尼索斯之口,剧中再无旁证表明它的真实性。很有可能,这个"诡计"的真正策划者,是狄俄尼索斯本人,而塞墨勒的姐妹们只是充当了口实。毕竟,在古希腊诗文中,说塞墨勒姐妹们造谣,源头就是欧里庇得斯笔下的狄俄尼索斯;此外,这种说法还跟伊诺曾是狄俄尼索斯乳母的说法互生龃龉。① 通过"嫁祸"忒拜公主,狄俄尼索斯的确可以为进入忒拜找到绝好的借口——"最不该中伤"自己的亲人,忒拜王族竟质疑他的出身,也就是先对他行不义,因此,他对忒拜进行惩罚也就名正言顺了。但狄俄尼索斯不经意间透露,他强迫忒拜接受狂欢教仪,以惩罚忒拜。莫非狄俄尼索斯心知肚明,倘若忒拜接受他的教仪,对这座古老的城邦而言就是一场"祸事"? 狄俄尼索斯随后的声称,令他的真实意图昭然若揭。他最初表示要报复卡德摩斯的女儿们,却殃及"卡德墨俄族的全体女后裔,所有女子,我都使她们发狂,离家出走"(行 35—36),最终直指整座城邦。

不难发现,在狄俄尼索斯的自述中,有关其出生只是轻描淡写,却通过编造并凸显忒拜公主的诽谤,试图隐藏自己的真实目的。狄俄尼索斯没有明言,忒拜抵制他,是因为他欲在此传播狂欢教仪。倘若如此,他要入主忒拜就不可能具有任何正当性。狄俄尼索斯宣称,忒拜人不念骨肉亲情,先向他行不义。由此,狄俄尼索斯凸显了无关紧要的出身问题,却巧妙隐瞒了忒拜之行的真实目的。一旦把问题的实质转换成他的身份之谜,事情显然要好解决得多:只需证明他是"宙斯之子",以及他跟忒拜这座古老城邦清白的血缘关系("替母亲辩护"),就能为他进入忒拜提供充足的正当性。在《修辞学》中,亚里士多德明确指出,诗歌的开场白与修辞术的序论目的一致,均旨在为下文做铺垫(1414b 以下)。狄俄尼索斯在开场白中诡辩地谈及自己的出生,其实为歌队和忒瑞西阿斯重述酒神出生的故事,为他进入忒拜铺平了道路。

---

① 参见 Timothy Gamtz,《早期希腊神话》(*Early Greek Myth: a Guide to Literary and Artistic Sources*), Baltimore & London: The Johns Hopkins University Press, 1993, 页 478、482。

二、模仿宙斯立法

歌队的进场歌紧随狄俄尼索斯的开场白,首度完整呈现了酒神的两次出生。整个画面极具动感,宙斯的霹雳和闪电先声夺人,狄俄尼索斯被迫(ἀνάγκαισι)早产:

> 母亲在怀他时,
> 宙斯的闪电如飞而至,
> 阵痛中,她被迫提前分娩,自己却在雷电的
> 打击下丧了性命。
> 克洛诺斯之子宙斯
> 将他放入一个孕育的腔体,
> 藏入大腿深处,
> 再用金针缝合,
> 这才瞒过了赫拉。
> 待到命运女神使他发育足月。(行89—94)

早前,狄俄尼索斯一再强调他是宙斯之子,对自己的"尴尬"出身却轻描淡写,[1]歌队用颂歌的形式对此进行了补充。有关狄俄尼索斯的第二次出生,最早见诸《荷马颂歌之一》(*Homeric Hymn* 1)。诗中提到,宙斯瞒着妻子赫拉"生下了"狄俄尼索斯。希罗多德的《原史》进一步谈及,宙斯把狄俄尼索斯"缝入大腿"(II. 146)。[2] 由此看来,歌队总体依循了传统的说法。不过,这并不表示她们如实呈现了这个神话传说。讲故事是古希腊人擅长的叙述方式,古希腊最优秀的诗作就是叙事诗。有抱负的诗人往往通过改编故事,各传心声。

在进场歌中,开场中提到的主角(塞墨勒、宙斯、赫拉)悉数亮相。

---

[1] 参见 Jeanne Roux,《欧里庇得斯〈酒神的伴侣〉》(*Euripides: Les Bacchantes*),卷二,Paris: Les Belles Lettres,1970—1972,页 278。
[2] 中译本见希罗多德著,王以铸译,《原史》,北京:商务印书馆,2007。

歌队还暗示,赫拉迫害了狄俄尼索斯。的确,在欧里庇得斯的《圆目巨人》中,塞勒诺斯(Seilenos)一上场就宣称,狄俄尼索斯"被赫拉驱使得发了疯"(行3)。柏拉图《法义》也提到一种"流行的说法和传说":狄俄尼索斯被赫拉"剥夺了心智"(672b)。① 不过,赫拉为何要迫害狄俄尼索斯?在古希腊神话中,被赫拉逼发狂的不止狄俄尼索斯。但在奥林波斯诸神中,唯有狄俄尼索斯受天后赫拉如此"迫害"。② 其实,酒神狄俄尼索斯在奥林波斯处境尴尬,他不仅是一位后来之神,而且在众神中唯独他由凡人母亲所生。③ 赫拉对狄俄尼索斯的迫害,不无捍卫神族纯正血统,亦即维护神人秩序的可能。

狄俄尼索斯的第二次出生,有点类似雅典娜的出生,似乎也代表了"纯然父系遗传的希腊梦"。④ 但有别于雅典娜,狄俄尼索斯同时经过了自然与非自然的孕育过程。因早产而失去母亲子宫的自然庇护后,宙斯的"大腿"成为孕育狄俄尼索斯的第二子宫。⑤ 歌队在叙述这段故事时还提到两个新角色:克洛诺斯和命运女神。克洛诺斯并未直接出现,只是隐含在"克洛诺斯之子"(Κρονίδας)这个称谓中。但克洛诺斯在此处出现,显得颇不寻常。这首先因为,Κρονίδας这个语词鲜见于肃剧。其次,这也很容易让人想起宙斯的两次出生。下一唱段中宙斯的第二次出生,就为狄俄尼索斯的第二次出生埋下了伏笔。换言之,狄俄尼索斯第二次出生,像是在模仿宙斯的出生。⑥ 在赫西俄德笔下的宙斯出生神话中,克洛诺斯出于政治统治的考虑,不惜啖食亲子。瑞亚凭巧计

---

① 《法义》中译参林志猛未刊稿。
② 赫拉同样使伊俄发疯,并令其游走天涯。比较赫拉对赫拉克勒斯的迫害,赫拉试图派大蛇咬死尚在襁褓中的赫拉克勒斯。
③ Timothy Gamtz,《早期希腊神话》,前揭,页112。Otto甚至直接将狄俄尼索斯排除在严格意义上的"奥林波斯神"之外,参见Walter F Otto,《狄俄尼索斯:秘仪与崇拜》(Dionysus: Myth and Cult),Bloomington, London: Indiana University Press,1965,前言,页3。
④ 参见Richard Seaford,《欧里庇得斯〈酒神的伴侣〉》(Euripides: Bacchae),England: Aris & Philips Ltd.,1996,页159—160。
⑤ 歌队强调的显然是宙斯的非自然孕育过程,正如指出的,真正将酒神带入人世的不是母亲塞墨勒,而是父神宙斯。参见Maurice Lacroix,《欧里庇得斯的〈酒神的伴侣〉》(Les Bacchantes d'Euripide),Paris, Les Belles Lettres,1976/1978/1999,页142。
⑥ 这种模仿不仅体现在语词呼应上(洞府[θαλάμευμα],"腔体"[θαλάμαις]),还切实体现在行动上。

将裹好的石块交给克洛诺斯,才保宙斯无虞。① 而在《酒神的伴侣》中,宙斯也凭超凡的智谋,瞒过赫拉,才使狄俄尼索斯安然。剧中宙斯的"瞒天过海"之计,原来是在模仿母亲瑞亚。同样,命运女神的出现也很奇怪,明显是歌队玩弄的"障眼法"。宙斯生下狄俄尼索斯后,将他交给了尼撒(Nysa)山中的山泽女仙抚养。② 歌队却"偷梁换柱",将之替换成与"必然"紧密相关的命运女神。柏拉图提到,命运女神(Μοῖραι)有三位,是"必然"(ἀνάγκης)的女儿(《王制》617c 以下)。在《王制》中,命运女神出现在厄尔"转世"神话中,分别颂唱着过去,现在与将来之歌,共同司掌生命的必然性。结合前文来看,命运女神在这里的出现,的确意味深长。因为数行前,"必然"就出现在塞墨勒的生产中(ἀνάγκαισι,行 91),虽然欧里庇得斯在那里取了ἀνάγκαισι的另一个义项"被迫"。塞墨勒(在宙斯的霹雳催发下)提前产下狄俄尼索斯,并葬身雷下,会不会也出于"必然",而非"被迫"? 欧里庇得斯并未直接呈现"必然"——"必然"在这一唱段中的两次出现都十分隐晦,必然性却隐约支配着整个叙述。"必然"分别出现于狄俄尼索斯的两次出生,中间还极富意味地插入了克洛诺斯和宙斯的故事。克洛诺斯在这里只是间接提到,宙斯的非凡智慧却跃然纸上。据说,"强大的"克洛诺斯吞食亲子,起因于一个"命定的"可怕预言。③ 克洛诺斯吞食宙斯,正是试图对抗一种命定的必然性,却终究难逃被推翻的命运。巧合的是,关于狄俄尼索斯也有一则预言说,他日后将在"全希腊都称得上伟大"(行 308)。④ 看上去,宙斯养育狄俄尼索斯,也是出于某种无法抗拒的必然性。

在多重意义上,欧里庇得斯笔下的酒神出生神话,都像是在改编赫西俄德的普罗米修斯神话。在《神谱》中,赫西俄德在宙斯的出生故事

---

① 参赫西俄德,《神谱》,行 468—491;阿波罗多洛斯,《希腊神话》,1.1.7。
② 《荷马颂歌》(Homeric Hymn 26)明确提到这点。阿波罗多洛斯的说法也证实了这点,见《希腊神话》,3.4.3。宙斯派赫尔墨斯将狄俄尼索斯送到尼萨山(Nysa)上的山泽女仙养育。酒神之所以得名 Dionysus,可能正与这段经历有关(Dio-Nysua);另参欧里庇得斯,《圆目巨人》,行 68。在《神谱》中,赫西俄德还提到,宙斯把抚育青年的人物分派给了山泽女仙、阿波罗和河神(行 346—347)。另参阿里斯托芬,《吕西斯特拉特》,"还有在尼萨山长大的狄俄尼索斯"(行 1282)。
③ 参见赫西俄德,《神谱》,行 457—465。
④ 索福克勒斯证实了这则预言,见《安提戈涅》,行 1256—1257。

之后,还讲述了宙斯如何为神界和人间立法。推翻克洛诺斯的统治后,宙斯统领着天界和凡间,成了神族和人类共同的父亲。① 摆在他面前的任务,不仅要为神族定立秩序,还得为人类制定生活方式。赫西俄德的普罗米修斯神话,讲述的就是宙斯与普罗米修斯智斗,如何为人类立法——通过使人类重新回到没完没了的劳作中,而为人类定立生活方式。② 但在欧里庇得斯看来,让人类终日劳作似乎不切合人性,毕竟,人类充满七情六欲。在后文,欧里庇得斯就借忒瑞西阿斯之口表示,劳作是人类的困苦,唯一的解药就是酒神带给人类的葡萄酒(行 280—283)。欧里庇得斯试图用狂欢取代劳作,为人类重新立法。如此看来,欧里庇得斯笔下的狄俄尼索斯,倒跟普罗米修斯有几分相像,尤其考虑到酒神在进场歌中以"带火把"的形象出现。

就在歌队颂唱完狄俄尼索斯的第二次出生后,画面随之趋于祥和:之前洒满山羊血的地面,现在流着乳汁、琼浆和蜂蜜(行 143)。猎杀暗示着自然的匮乏,这里的自动馈赠则彰示了自然的充盈。在古典诗人笔下,乳汁、琼浆和蜂蜜皆为奠酒仪式的常用饮品。袅袅"乳香烟雾"更令人如临仙境。而在此,乳汁、琼浆和蜂蜜的获得,毫无人工劳作的痕迹。狂女们在山间的生活,俨然古典诗人笔下黄金时代的人类生活。整个场景的设置,很像是在为某位重要角色的出现营造氛围。不出所料,马上就有一位"擎着火把"的巴克科斯神登场(行 145)。擎火的酒神形象,很容易让人忆起为人类盗取天火的普罗米修斯。普罗米修斯因同情人类,将天火盗入凡间。据说,葡萄酒和蜂蜜也本与凡人无缘,这些新鲜事物的出现,全拜酒神狄俄尼索斯所赐。③ 在古希腊奠酒仪式中,乳汁、琼浆和蜂蜜三者齐备,俨然告慰亡魂的祭品。④ 但巴克科

---

① 《荷马颂歌之一》(Homeric Hymn 1);赫西俄德,《神谱》,行 47、457。另参索福克勒斯,《俄狄浦斯王》,在进场歌中,以五十名忒拜长老组成的歌队如是唱到,"ὦ Ζεῦ πάτερ...[我们的父亲宙斯啊……]"(行 201)。
② 参刘小枫,《一个故事两种讲法:读赫西俄德笔下的普罗米修斯神话》,载《中山大学学报》(社会科学版),2010 年第 2 期,页 124。
③ 参 Richard Seaford,《欧里庇得斯的〈酒神的伴侣〉》,前揭,页 165。
④ 参荷马,《奥德赛》10.519,11.26;尤其是欧里庇得斯,《伊菲革涅亚在陶洛人里》,行 163—165。

斯神切实出现在剧中,又何来亡魂之说?那么,"擎火把"的酒神形象,会不会是欧里庇得斯在为曾经"盗火"的普罗米修斯招魂呢?这种猜测并非毫无依据。至少,这两位神不仅都是"男相女人",心性也颇为相似,都对人类怀着一副女人心肠。① 但狄俄尼索斯真的是普罗米修斯转世?问题还没这么简单。只需考虑这个基本事实,即普罗米修斯和狄俄尼索斯对宙斯态度截然相反:普罗米修斯公然与宙斯为敌,狄俄尼索斯却自称宙斯的代表。他们也因此命运悬殊——普罗米修斯因盗火受罚,狄俄尼索斯却最终以宙斯之名"攻城伐地",称主希腊。

欧里庇得斯暗示了狄俄尼索斯与普罗米修斯的联系,却又明确了二者的区别。要弄清二者的确切关系,恐怕还得从宙斯的态度上寻找线索。宙斯为何费尽心机地抚养狄俄尼索斯,却毫不留情地惩罚普罗米修斯?这个问题的回答关系到《酒神的伴侣》的核心,甚至涉及两代肃剧诗人的论争。

在这首酒神颂中,歌队通过让酒神出生模仿宙斯,貌似要为狄俄尼索斯的身世寻找根据,其实是要模仿父神为凡人立法。欧里庇得斯的笔法显得是对赫西俄德笔下普罗米修斯神话的有意改编。欧里庇得斯看到了狄俄尼索斯与人类不寻常的亲和力,这种亲和力确实是统治人间必须仰仗和顾忌的。② 但狄俄尼索斯狂欢教仪的实质,是让人类重新摆脱劳作的"枷锁",重获"神样"的自由和充盈。在赫西俄德神话中,宙斯之所以隐瞒起生活方式,让人类困在没完没了的劳作里,正是看到了人性的弱点和肆心。欧里庇得斯显然不这么看。他通过让笔下的忒瑞西阿斯诉诸理性启蒙,寄望于打造有理智的公民,来为酒神立法奠定理据。③

---

① 歌队在提及擎火把的狄俄尼索斯之后,马上提到他的"柔美发丝"(行 150)。这种描述通常只用在女人身上,男人通常将头发束起。普罗米修斯的"女相",则通过其打阳伞的形象暗示出来。他试图打着阳伞掩盖自己的本相,却恰恰暴露出其天性是"男相女人",页 101。普罗米修斯之罪的根源是"女人式的怜爱之心",参刘小枫,《普罗米修斯之罪》,北京:生活·读书·新知三联书店,2012,页 92。
② 参见赫西俄德,《劳作与时日》。柏拉图也提到,诸神为使劳作的凡人"恢复如初",为人类制定了不同的节日,见《法义》653d-d5。
③ Assaël 认为,欧里庇得斯因其明显的理性主义精神气质,而与埃斯库罗斯等肃剧诗人判然有别。参见 Jacqueline Assaël,《灵感的诗学:从荷马到欧里庇得斯》(*Pour une poétique de l'inspiration, d'Homère à Euripide*),Louvain, Namue, Paris, Dudley, MA: Société des Études,2006,页 253—254。

三、盲先知的酒神颂

在《酒神的伴侣》中,不独歌队依传统吟唱了酒神颂,身为忒拜先知的忒瑞西阿斯也通过编织一则关于酒神出生的"美丽"(καλῶς)故事,谱写了一阕精妙的"酒神颂"。① 从内容上看,忒瑞西阿斯的"酒神颂"和歌队一唱一和,互为补充。歌队简单提及宙斯"瞒过"赫拉,却未言明具体方式。忒瑞西阿斯的叙述重点,正是宙斯如何凭其超凡的智慧,用"隐藏"的手段,使狄俄尼索斯成为神。

忒瑞西阿斯开宗明义,这个故事直指彭透斯对狄俄尼索斯的怀疑,"你嘲笑他曾被缝入宙斯的大腿?我要教你明白,这个故事有多美"(行285—286)。② 他的故事,始于"宙斯一把从霹雳火中夺出胎儿后",随即将之带入神山,"作为一位神祇"(行288—289)。通过直接悬置彭透斯的怀疑,忒瑞西阿斯确立了狄俄尼索斯的神子身份。忒瑞西阿斯采取这种叙述策略再度表明,他关注的不是狄俄尼索斯的神圣出生,而是一场智识较量。忒瑞西阿斯强调,狄俄尼索斯进入奥林波斯神山颇费周折,并非一帆风顺。狄俄尼索斯初入神山,便引发了神界的不和。赫拉欲将胎儿"扔出天庭",亏得宙斯"将计就计","他从环绕大地的埃忒耳(αἰθέρος)上扯下一块,并将此作为'代替'(ὅμηρο)交了出去"(行292—293)。听上去,ὅ-μηρο[代替,直译为"人质"]就是μηρῷ[大腿]。忒瑞西阿斯利用其炉火纯青的语源学知识,完成了从"大腿"到"代替"的转换。而这种转换借以完成的桥梁,是充满自然哲学意味的"αἰθέρος[埃忒耳]"。

---

① 一般认为,酒神颂是古希腊肃剧的前身,最初在祭祀酒神的活动中由合唱歌队吟唱,内容多涉狄俄尼索斯的出生和经历,后演变为一种特定的诗歌类型,荷马、品达和尼采等人均作过酒神颂。关于酒神颂与肃剧的关系,可参 A. W. Pickard-Cambridge,《酒神颂、肃剧与谐剧》(*Dithyramb, Tragedy and Comedy*),Oxford: At the Clarendon Press, 1927,及其《雅典的戏剧节》(*The Dramatic Festivals of Athens*),Oxford: At the Clarendon Press, 1953,页46—47。
② Seaford 把这段说辞说成是"劝谕性道德布道的始祖,将在希腊宣传词中享有盛誉"。参见 Richard Seaford,《欧里庇得斯的〈酒神的伴侣〉》,前揭,页174。

埃忒耳是一个古称,不仅常出现在诗人笔下,也是先哲探讨的对象。①在赫西俄德笔下,埃忒耳是一位神,为厄瑞珀斯(Erebus)和夜神纽克斯(Nyx)所生(《神谱》,行124—125)。从荷马和赫西俄德对该词的运用来看,埃忒耳多作一般性名词,主要指浮于大地上空的一层清气(区别于人类所呼吸的空气),是诸神的居所,一般译作"天庭"或"天宇"。②由于古典诗人呈现的埃忒耳带神圣色彩,后来甚至成为人们控诉不公、吁求正义的对象。不过,在自然哲学的概念中,"埃忒耳"就译作众所周知的"以太"。据亚里士多德推测,阿那克萨戈拉似乎就把"埃忒耳"当成了他所认为的万物的本原火,他的学生阿那克西美尼也可能把它与气混同起来(《天象论》339b20—340a15)。考虑到在讲述这个故事之前,忒瑞西阿斯就神不知鬼不觉地用自然元素"土"(γῆ)替换了"地母神"(Γῆ),此处的埃忒耳很可能就是一种自然元素。如果说忒瑞西阿斯编造的这个故事完成了从"大腿"到"代替"的跳跃,接下来,他又转借"人们"之口,完成了由"代替"到"大腿"的绝妙转换。忒瑞西阿斯声称,是"他们"搞错了,把"大腿"和"代替"混为一谈,才编出了狄俄尼索斯被缝入大腿的故事。忒瑞西阿斯确实是玩弄语词的好手,他再次巧妙地利用语词上的近似,把编造的新故事和旧传闻天衣无缝地融为一体。忒瑞西阿斯完全沉浸在其充满诡辩的文字游戏中,沾沾自喜。③ 他编织的这段故事,与其说意在赞美宙斯的超凡智谋,不如说是为自己智术师式的才智谱写的赞歌。

然而,欧里庇得斯笔下这位聪明的盲先知,却是新神狄俄尼索斯的代言人。为了奠立狄俄尼索斯的正当性,他还预言,这位神将在"德尔斐"分有一席之地。这一预言的确涉及史上的一件大事。据载,狄俄尼索斯日后在德尔斐有自己的地盘。此处所述的"有两个山峰的高原",所指就是酒神在德尔斐的神庙所在地。希腊古典时期前后,酒神成功

---

① 参亚里士多德,《天象论》339b20,吴寿彭译,北京:商务印书馆,2007。
② 参赫西俄德,《神谱》,行697、929以下,《劳作与时日》,行18。
③ 参 R. P. Winnington-Ingram,《欧里庇得斯与狄俄尼索斯:〈酒神的伴侣〉义疏》(*Euripides and Dionysus: an Interpretation of the Bacchae*),London: Gerald Duckworth & Co. Ltd., 1948/1997/2003,页50。

带着他的教仪进入希腊,并最终达成与日神阿波罗的妥协:每年最寒冷的三个月,阿波罗暂离德尔斐,神庙也关闭,为狄俄尼索斯的狂欢仪式留出余地。① 欧里庇得斯利用酒神进入古希腊"万神殿"的预言和传说,试图为自己的政制理想寻找依据。

欧里庇得斯在改写酒神出生的故事时,处处在跟赫西俄德古典诗人暗中竞技。赫西俄德描写了宙斯与普罗米修斯的智斗,欧里庇得斯也借盲先知之口也描写了宙斯与天后的智斗。激发两场智斗的动机,都是神欲为人世定立生活方式。赫西俄德笔下宙斯与普罗米修斯的智斗,是基于宙斯对人性的洞见:人世的正义有赖于劳作。② 而欧里庇得斯笔下的这场智斗,更像是一场针对民众的启蒙——忒瑞西阿斯名为颂扬宙斯的智谋,实则是在用自然哲学和诡辩为新神张目。在赫西俄德的普罗米修斯神话中,普罗米修斯盗火和潘多拉都是宙斯计划的一部分。在《酒神的伴侣》中,欧里庇得斯改写的酒神出生神话,则是他试图让新神取代宙斯,为人间立法的一部分。

在古希腊宗教中,狄俄尼索斯代表着人的无穷的生命力和繁殖力,也是快乐的代表,这些都是人性无法根除的方面。欧里庇得斯很可能也认识到,这是这是人类无法逃脱的"必然性":人性天然地趋向快乐而非痛苦。狄俄尼索斯在奥林波斯众神独一无二之处,就在于他"最接地气":其他的神都是神样,唯独他最有人样,尤其在爱欲上最接近人类,但如何把控并引导好这种爱欲走向,需要智慧。传统神话叙说本为凡胎的狄俄尼索斯经宙斯孕育,并将之领入神界,很可能正是欲借此提升快乐,为人世的快乐定立准则。后世雅典将酒神节纳入法定节日,并设立戏剧节,实际上也是在提升快乐,使之神圣化。欧里庇得斯却让他重新下凡,化作"凡人"。欧里庇得斯对人性显然有着别样的理解。他透过忒瑞西阿斯之口表示,德性(如节制)是天生的,并借此去除了(礼法)

---

① 参 E. R. Dodds,《欧里庇得斯的〈酒神的伴侣〉》,前揭,页 110;另参 G. S. Kirk,《欧里庇得斯的〈酒神的伴侣〉》(*The Bacchae of Euripides*), Cambridge, London, New York, Melbourne, Cambridge University Press, 1979,页 52。
② 详见刘小枫,《一个故事两种讲法:读赫西俄德笔下的普罗米修斯神话》,前揭,页 123—124。

强制的必要。诗人之所以如此认为并不难理解,就在忒瑞西阿斯讲述这个"美丽的"故事前,欧里庇得斯就传达出对一种由"有理智"的"好公民"组成的社会类型的信心和期待。但实际上,忒瑞西阿斯声称酒神带给人类的"诸种好处",很可能跟潘多拉一样,只是一种"美妙的不幸"(《神谱》行585)。神人毕竟有别:化作"凡人"的酒神虽能与信徒打成一片,却注定不可能跟他们一样:神可以整日无忧,而有死的人类,却注定只能借助葡萄酒暂时"忘忧"。这剂据说能医治凡人白天"不幸"的"解药",很可能是"毒药"。

关于酒神出生的这三种讲法首尾相接、环环相扣,但欧里庇得斯仅利用了传统故事的框架,却在"旧瓶"里装入了有毒的"新酒"。欧里庇得斯借狄俄尼索斯出身问题掩盖了酒神进入忒拜的意图,以使酒神精神渗入城邦。歌队的合唱歌则通过模仿宙斯的出生神话,进一步隐藏了酒神取代宙斯,为人类重新立法的真实目的。而忒瑞西阿斯用自然哲人和智术师的思想,编织故事,试图为酒神重新立法奠定理据。欧里庇得斯为了表达其激进的政制理想,不惜改编酒神出生的故事进行启蒙。① 在《论诗术》中,亚里士多德专门谈及作诗与人的榜样人生。诗人通过作诗模仿诗性人生,心性高下立现。② 虽然欧里庇得斯的编织"技艺"别出心裁,但他的故事中并未透显古典诗人的高贵心性。

---

① 欧里庇得斯《酒神的伴侣》中的狄俄尼索斯,几乎消解了古希腊试图划定的一切"社会、时间、空间及其他"界线。参见 Edith Hall, Fiona Macintosh 和 Amanda Wrigley 编,《1969年以来的狄俄尼索斯》(*Dionysus Since 69: Greek Tragedy at the Dawn of the Third Millennium*), Oxford: Oxford University Press, 2004, 页2。
② 关于立言与思想的关系,详见亚里士多德,《论诗术》,中译见刘小枫《〈论诗术〉讲疏》未刊稿。

阿里斯托芬《马蜂》中的父与子

胡 镓

公元前五世纪中期,古希腊文明最辉煌的时代随着雅典的由盛转衰显露出无可奈何的颓势。有人说,两件事造就了这一令人叹息的转折:智术师引入的新式教育在希腊世界的风靡;还有绵延近三十年、将整个希腊世界摧残至分崩离析的伯罗奔半岛战争。①

本属同宗同源的希腊人在这数十年中坚定地视异邦的同胞为仇敌。虽然期间不少卓有见识的政治家曾数次力促雅典与斯巴达及其各自的盟邦达成休战协议,但可惜的是,这些协议无法消弭他们对敌人的仇恨与恐惧——修昔底德在开始自己的记述时就指出,雅典势力的增长引起了斯巴达人的恐惧。正是这种恐惧造成了兄弟盟邦之间的决裂。② 城邦之间的强弱转变自然而然地预示了他们之间统治与被统治关系的变化。也许,这份恐惧不可避免地唤起了一百年前波斯帝国大举入侵给希腊人的土地与心灵上造成的恒久伤痛。自由之民热爱自由,他们害怕沦为奴隶,甚至害怕被统治——不论其统治者是异族抑或同胞。有人机敏地意识到,这种对

---

① 巴里·施特劳斯(Barry S. Strauss),《雅典的父与子》(*Fathers and Sons in Athens*),London: Routledge, 1993, 页 5。
② 修昔底德,《伯罗奔尼撒战争史》, I. 1. 23, 徐松岩译, 上海人民出版社, 2012, 页 51。

自由的向往与由智术师带来的新式教育混合在一起后,统治与被统治之间的矛盾将会溢出它之前所具有的边界。对被统治的恐惧不再局限于来自异族或外邦,这恐惧滋生出的矛盾终将爆发于希腊人的家宅中——阿里斯托芬通过他的谐剧告诉了我们这一非凡认识的现实意义。

一、最初的不平等

也许我们很难想象,在两千多年前的古希腊,曾经存在过如此骇人听闻的风俗:据说,一个婴儿诞生七天后,其父将进行一个被称为 amphidromia 的仪式。简单来说,就是孩子的生父将抱着婴孩在其所属的乡社(deme)奔走,向邻里和族人通报自己家喜添新丁。为了庆祝这一乐事,他们可能会举行相应的祭祀与聚会。美酒佳肴伴随着大家的喜悦一同见证了这个孩子的出世。但令人难以置信的是,这一仪式也可以有截然不同的版本:新得子嗣的父亲亦有可能安静地抱着他的孩子走出家门,将其遗弃在道旁或山间。这种弃婴行为并未逾越当时的律法或礼俗,其父不会因为抛弃自己的孩子而受到任何惩罚。[①] 若这名男婴能顺利长大,当他成为父亲,也要在那一时刻来临时做出自己的选择。父亲的行为显得如此残酷和野蛮。但事实上,即使在当下,类似的行为也并未绝迹,虽然这类行为已被现在的法律与道德风俗严厉禁止。初生婴儿的孱弱造就了父与子之间最初也是最根本的不平等。[②] 这一不平等还将持续很长一段时间,直到婴孩长大成人,具备与其父对抗的能力。我们不禁要问,除了身体这一自然条件,儿子在这一极度不平等的关系中逐渐赢得平等还要凭靠哪些因素?而这一进程对家庭和社会,又意味着什么?

[①] 关于这类事例在文学作品中的记载,参卢奇阿诺斯,《真实的故事》。相关历史研究则可见:加兰德(Robert Garland),《希腊的死亡方式》("The Greek Way of Death"),载《古代的观念》(*From Conception to Old Age*),Ithaca.,1990,页 93—94;哈里森(A. R. W. Harrison),《雅典的法律》(*The Law of Athens*),第一卷,Oxford,1968,页 70—71。

[②] 参巴里·施特劳斯,《雅典人的父与子》,前揭,页 2。

二、父子关系的颠倒

阿里斯托芬在其《云》和《马蜂》两部剧中大胆地为我们展示了与表面上的历史真实大异其趣的图景。这两部创作年代紧密相连的剧看似讲述了两个主题不同的故事。但我们不应忽略这样一个简单的事实：这两个故事中的核心人物都是一对父子。

《云》中的斯特瑞普西阿得斯为了逃避儿子斐狄庇得斯欠下的债务，萌发了让儿子去苏格拉底那里学习诡辩术的念头。但斐狄庇得斯只爱赛马，并不愿去苏格拉底的思想所学习。被逼无奈的老父只得亲自上阵，试图从苏格拉底那儿学到一套说辞，好让自己逃避即将面对的债务。谁曾想，老迈的斯特瑞普西阿得斯记性太差，脑子也不够灵光，学不会那套修辞的技艺。老人不得已再次试图说服自己的儿子去向苏格拉底学习。我们也不能说斯特瑞普西阿得斯从苏格拉底那儿没学到任何东西。因为，他这次居然软磨硬泡地说服了斐狄庇得斯。后者接受了苏格拉底的秘密训练，并最终向我们展示了他的卓越口才与崭新观念。但令人啼笑皆非的事发生了：斯特瑞普西阿得斯仅仅凭借自己从苏格拉底那儿学来的皮毛就成功地赶跑了讨债人，斐狄庇得斯则并未将自己的所学运用到帮助其父讨债这件事上，而是将矛头对准了父亲！斯特瑞普西阿得斯在劝说自己的儿子向苏格拉底求学时曾提到，只要斐狄庇得斯去学诡辩术，就算到时候他不孝敬自己也没关系（860—861）。这老头哪里能想到自己竟然一语成谶。学成归来的儿子真的不再孝敬老父，相反，他还用刚学来的诡辩术证明，儿子殴打父亲也合乎道理。显而易见，《云》中父子关系的变化与苏格拉底的新式教育有着直接的联系。而诱使斐狄庇得斯接受新式教育的，恰恰是他那德性不高的父亲。《云》中父子关系的颠转过程向我们呈现出了一个这样的逻辑：失德的父亲将儿子推向新派哲人的新式教育，然而，这一教育却摧毁了本该恒久稳定的父子关系。众多《云》的研究者一直以来都习惯性地将注意力放在著名的哲人苏格拉底身上——确实，比起苏格拉底，斯特瑞普西阿得斯这个虚构的戏剧角色是如此理所应当地容易被人忽略。但我们是否应该坚持这种忽略？这种忽略——或片面地重视——会否让我们看漏了一些值得重视的东西？

在回答这一问题之前，让我们先花上一点时间处理《马蜂》这部剧。与《云》相比，《马蜂》在人物设置方面最大的特异之处在于，这部剧中既没有哲人，也没有神。① 伴随着这种缺席同样隐匿起来的，还有阿里斯托芬作品中不时出现的自然哲学片段。主角父子——斐罗克勒翁与布得吕克勒翁——从一开始就展示出他们之间颇为与众不同的关系。儿子布得吕克勒翁据说性格高傲(135—136)，他掌握着家中大权，处事坚决果敢，对其父并不畏惧。父亲斐罗克勒翁则显得像个冲动的小年轻。他热衷于参与法庭陪审，并盲目地相信陪审员是权力最大的人，是城邦真正的统治者。斐罗克勒翁对政治的热情与其政治认识的幼稚形成了强烈的反差。柏拉图也曾在其对话作品中为我们描绘过一名类似的角色：《普罗塔戈拉》中的希波克拉底。以希波克拉底为代表的一群雅典小年轻们相信，只要学会普罗塔戈拉的修辞术，他们就能获得名望，成为城邦中有分量的人物(319a1)。斐罗克勒翁与希波克拉底具有类似的政治热情，但凭靠的方式却存在区别：前者认为陪审权是权力的关键，而后者认为精湛修辞术打磨出来的雄辩能让自己引领城邦民的意见。其实两者都没错，法庭审判的过程中离不开修辞术，而修辞术的主要运用范围也正是在公民法庭与公民大会。

不过，我们也看到，两者的结合并不容易。斐罗克勒翁空有对陪审的热情，却丝毫不懂得修辞术，这让他在与其子的对驳中一败涂地。同时，我们也能看到，布得吕克勒翁虽然缺乏对政治的热情，也不愿去参加法庭陪审，却掌握了更好的政治修辞技艺。他能够两次击败斐罗克勒翁，一次凭靠的是言辞，另一次则依靠在政治程序中行骗——布得吕克勒翁欺骗其父将票放入了错误的投票箱。

《马蜂》中的父子争斗让我们将《云》中展现出来的问题看得更清楚：要想在政治生活中取得优势，高超的政治修辞必不可少。而这一技

---

① 吉文(John Given)，《诸神未现：阿里斯托芬作品中的神隐与人为》("When Gods Don't Appear: Divine Absence And Human Agency In Aristophanes")，载 *Classical World*, 102.2, 2009, 页107—127。

艺显然并非与生俱来，而是需要后天的修习。于是，我们看到，谐剧诗人在《云》这部剧中花费了大量笔墨来描述斐狄庇得斯和斯特瑞普西阿得斯接受苏格拉底教育的过程。回到我们之前的问题，在自然造成的父子不平等关系中，儿子凭靠什么逐渐占据了相对优势的地位？阿里斯托芬通过形式戏谑但洞见真实的剧情告诉我们，儿子正是凭靠新派哲人教授的修辞术取胜。我们也不该忽略这一点：正是雅典践行的民主政制使得这场逆转得以成为可能。

然而，阿里斯托芬也告诉我们，修辞术的基础很可能不是别的，正是日趋占据当时智识人头脑的自然哲学。

三、自然哲学与造反的权利

究竟自然知识与政治权力之间存在何种联系？阿里斯托芬通过斯特瑞普西阿得斯的言行展示给我们一个值得注意的线索。

在接受完苏格拉底的教育之后，斯特瑞普西阿得斯和其子都认为自己具备了通过言辞赖账的能力。首先用行动来证明这一点的是父亲斯特瑞普西阿得斯。在第一个讨债人上门时，斯特瑞普西阿得斯首先否认自己欠人钱款。他不惜凭诸神发假誓（1232—1235），因为在他眼里诸神根本不存在。所以，发这样的假誓他毫无愧疚，也毫不恐惧。斯特瑞普西阿得斯之所以敢如此出言狂妄，乃是因为他不再相信传统诸神的存在：他认为人们居然还提这些神的名字，凭宙斯之名来发誓，未免十分滑稽（1240—1241）。斯特瑞普西阿得斯在这儿称自己归为"我们这些有知者"，那么显然，对方在他看来就应该是"无知者"。他们的区别正在于前者——从苏格拉底那里——知道了一些关于自然的知识，后者则依然相信他们从诗人那里得到的东西。

接着，斯特瑞普西阿得斯向来人展示了他新学到的语法知识（1248—1250）。在他看来，来人连名词的阴阳属性都分不清楚，根本不配问他要钱。而这些伎俩，不过是他第一次去苏格拉底的思想所时苏格拉底教给他的（658—680）。斯特瑞普西阿得斯并未真正理解这些知识，他只是机械地照搬苏格拉底对他的揶揄。但不论如何，斯特瑞普西阿得斯在一个问题上体现了苏格拉底的教育成果：智识高的人可以嘲笑智识低一些的人——更高的智识赋予一个人特权。在这个判断中，没有道德的位置。

对另一个索债人，斯特瑞普西阿得斯先问他，天上落下来的雨每次都是新的呢，还是太阳从地上吸过去的旧水。索债人表示自己既不知道，也不关心。索债人的态度表示，在他看来，对自然知识的掌握与否并不影响他合法行使自己的权利，因为欠债还钱这套规矩并不建立在自然知识基础之上。但斯特瑞普西阿得斯却不这样认为。他问讨债人阿米尼阿斯，江河流进了海里，海水并不见增多(1290—1295)。① 人们放债出去，凭什么要求还钱时除了本金，还得加上利息？索债人对此哑口无言。斯特瑞普西阿得斯粗暴地用自然规律置换了世俗约定。他认为自己学到的修辞与自然知识让自己可以超越固守这一习俗的同胞，也超逾了规矩本身。斯特瑞普西阿得斯已经开始迈出十分危险的一步：他仗着自己对哲学家东施效颦的拙劣模仿，妄图僭越城邦律法。

这位愚钝的僭越者不曾想到，自己也将成为被僭越的对象。很快，他那掌握了更多自然哲学知识、习得更高修辞术技巧的儿子斐狄庇得斯将凭借同样的逻辑挑战他父亲的地位。有一部分人终于意识到，父子之间由自然造就的差序，可以由智识上的差异超越。两者之间的强弱反转了过来。

四、阿里斯托芬的预言

在《马蜂》中，我们并未看到父子关系颠倒的具体发生过程。在戏剧一开始的时候，两者强弱攻守之势就已然反转。《云》中的斯特瑞普西阿得斯挨儿子打后还会惊恐地斥责其子大逆不道之举，《马蜂》中的斐罗克勒翁却对此只字未提。《云》中的斐狄庇得斯尚需为自己殴打父亲的举动辩护，反观《马蜂》，布得吕克勒翁从未为自己拘禁、殴打父亲的行为做过辩护。不仅如此，他还赋予了家中奴隶殴打其父的权利。

---

① 亦参卢克莱修，《物性论》，VI. 608—1135，方书春译，南京：译林出版社，2011。

如果说《云》昭示了老一辈雅典公民德性的堕落与苏格拉底的新式教育相结合之后可能出现的恶果,那么《马蜂》相当于冷酷地向我们呈现了这一恶果确实发生之后更加糟糕的局面。

殴打父亲而不被惩罚,终将导致家庭秩序的混乱。若为了改变父亲的毛病,儿子就可以殴打父亲,那么为了改变城邦的老毛病(650),邦民们就有权对城邦进行颠覆。只要城邦不实现完美,颠覆就将一直继续。或者,从另一个角度来思考,我们也可以说,要想终止这种持续的混乱,我们只需将对城邦的期许降低到一个足够不完满的程度。布得吕克勒翁似乎正打算这么做。

为了结束斐罗克勒翁狂热的陪审员生活,布得吕克勒翁为其父设计了一种看似还不错的上流生活方式作为替代(340;504—505;705—713;737—740)。他希望其父不要再关心法庭审判,也不要再关心城邦事务——反正那些事有克勒翁和他的马屁精操持着,自以为在行使权力的老年陪审员也不过是被操纵的傀儡罢了。斐罗克勒翁只需每天喝喝酒、吃吃肉,不时参加一些宴饮,讲上几个机智的小笑话,那才是布得吕克勒翁心中雅典公民应该过的日子。至于各种美酒佳肴,吃穿用度,只需向盟邦征收就好(706—713)。布得吕克勒翁的设计存在着两个致命的缺陷,或许在阿里斯托芬看来,这两个缺陷对雅典城邦而言,同样是致命的。

首先,布得吕克勒翁为其父设计的生活既不追求德性,也不追求荣耀。他理想中的市民生活不过是安逸的享乐与浮夸的风雅:

成功说服其父放弃陪审之后,布得吕克勒翁开始试图从衣着与言行方面来改造其父(1122—1264)。这一努力导致了父子之间产生新的矛盾。布得吕克勒翁想给其父穿上温暖华丽的袍子,而这与斐罗克勒翁一贯以来的简朴不合。斐罗克勒翁不愿脱下那件伴随他顶着凛冽北风抗击过波斯人的旧外套——如果他所言不虚,那么这件外套至少有五十年了。诗人此处的夸张显然也是在搞笑。老人并非舍不得那件外套,他放不下的是自己往昔的荣耀与简朴的生活方式。老人非常恋旧,而且在坚持习俗方面十分固执。这让我们想起他对法庭陪审的执着。斐罗克勒翁并未受过良好教育。他不善言辞,也不懂时髦。他的淳朴与他的残酷一样直接。此处老人的坚持很可能与他对习传生活方式的信仰有关。很显然,这一生活方式在新一代雅典人眼中如同其父的那件旧袍子一般,理应被抛弃。斐罗克勒翁虽然不像斯特瑞普西阿得斯那样背着大笔债务,作者的相关描述也明确地展示出这位老头并不是真正的富人。和其他老年陪审员一样靠每天一个欧波尔的审案津贴过活,吃简单的大麦饼,时而喝上一口酒,这才是让斐罗克勒翁感到心安理得的生活。斐罗克勒翁正是那城邦大多数的缩影,他们并不奢求过贵族般的日子,相反,他们看不起贵族们病快快、软绵绵的生活习气。从《马蜂》的第一插曲次节中,我们也能看出马蜂歌队表达他们对时下浮夸风尚的不满。

布得吕克勒翁想让自己的父亲穿上波斯风情的羊毛大氅和斯巴达式皮鞋。他的举动遭到了斐罗克勒翁的强烈抵触。斐罗克勒翁恨波斯与斯巴达,众多雅典的老一辈同样如此。虽然波斯衣服与斯巴达皮鞋看上去确实比老头身上的破衣烂衫更能保暖,也更让人舒适,但老人淳朴的爱国情怀使他无法接受这些更好用的器物,因为他无法接受这些器物效用之外的东西。在布得吕克勒翁那里,这些效用之外的东西无关紧要,甚至并不存在。但斐罗克勒翁却能感受到布得吕克勒翁看法中的危险:作为器物的服饰不仅仅因其不同来源和做工带给使用者各异功效,也带给使用者不同的生活方式。波斯大氅用料高端,价值不菲,还装饰有华丽的流苏。这明显不是战士们应该配备的穿着。斐罗克勒翁与其他老人一样,始终将自己看作战士。战士的身份是他们塑造自我认同的重要因素,也是热爱城邦的体现。穿上波斯大氅意味着脱下战士旧袍,意味着老人要彻底放下自己曾经荣耀的生活,转而接受新生代的生活旨趣:华丽、舒适、奢侈,也即是接受波斯人的德性。

见老人死活不愿换上波斯衣服,布得吕克勒翁转而试图说服他换双鞋子。可这双鞋子却是斯巴达式的。在布得吕克勒翁那里,波斯衣服、斯巴达鞋子与雅典衣物本质上是一样的东西。他们看到的是器物在本质上的一致性。布得吕克勒翁的双眼已经新式教育漂洗。斐罗克勒翁不同,他通过城邦的政治生活、习传宗法和诸神信仰来观看事物,他能看到这些本质上一致的事物之间,存在着属人的差异。

斐罗克勒翁实在拗不过儿子的软磨硬泡,不得不接受新着装。接下来,布得吕克勒翁开始和他排练会饮时的礼仪与谈吐。斐罗克勒翁的谈吐依然粗鄙,且充满攻击性。布得吕克勒翁却不以为意。最终我们也会看到,斐罗克勒翁在宴饮中大放厥词,激起了诸多矛盾,令布得吕克勒翁头疼不已。而这样的结局也暗示着布得吕克勒翁设计的失败。

布得吕克勒翁犯下的另一个错误与他对雅典公民生活的想象有关。

在计算雅典的岁入时,布得吕克勒翁表示,盟邦的进贡足够支撑两万公民天天"吃兔肉"、"戴着各色花冠"、"喝牛初乳"(709—710)。然而实际情况并非如布得吕克勒翁所想的那样乐观。当时的雅典公民中有相当一部分人生活并不富庶。贫穷的公民往往只得通过手中的选票和陪审权来牟利。他们要么在公民大会上反复提请加重对富人的罚款,要么干脆提出将犯罪的富人财产充公。穷人还利用手中的选举权要求取消债务,增加富人对城邦公共事务的支出——比如节日庆典或公餐花费。① 马蜂们的谋生之道凸显出当时雅典民主制度的一个严重问题:公民们因为拥有选举和陪审权,而被认为是自由人。但同样为自由人,雅典贵族的后裔一般家有祖产。他们拥有发财致富的资本。正是因为富有,他们自身不用劳作,所有的劳动都由奴隶完成。所以他们能够有闲暇学习,参与音乐比赛、体育竞技,以及各种政治活动。贫穷的公民,比如那些原来在山里务农的阿提卡山民。他们放弃了家里的农事来到城里生活,主要靠城邦供养,并为城邦提供相应的政治服务。他们羡慕贵族的生活,因而不愿从事主要由奴隶承担的手工劳动。当他们意识到,能够用手中的选举权和判决权来合法地从富人口袋里抢夺财富时,民主政制进入了另一种堕落的形式。尤其是当城邦的主执政官倾向于贫民时,富人无疑生活在多数人的暴政之下。穷人因为现实生活的急迫要求,往往不会太重视运用政治权利时是否有违正义与德性。他们心中强烈的不满因为妒羡之火燃烧得更加旺盛,而且似乎永

---

① 库朗热,《古代城邦》,谭立铸等译,上海:华东师大出版社,2006,页 313—315;另见费格拉(Thomas J. Figueria)、纳吉(Gregory Nagy)主编,《麦加拉的泰奥格尼斯:诗歌与城邦》(*Theognis of Megara: Poetry and the Polis*),The Johns Hopkins University Press,1985,页 112—140。

远无法熄灭。富人不可能坐以待毙,他们也会组织成政治势力与贫民博弈。如此使得城邦内耗,国无宁日。

另一方面,布得吕克勒翁为其父许诺了奢华精致且不需劳动的生活。这样的生活必然基于对他人的压榨。布得吕克勒翁的愿景暗示了雅典作为一个帝国,称霸希腊世界的野心。他的这番话让我们想起修昔底德笔下的阿尔喀比亚德。修昔底德冷峻地指出,阿尔喀比亚德之所以强烈且坚定地倡议发动对西西里和迦太基的远征,除了渴望军事上的成功和个人荣誉,还与他奢侈的生活方式脱不开干系。唯有在军事上取得巨大成功,他才能获得相应巨大的财富。而"为了保持他在公众心目中的崇高地位",阿尔喀比亚德沉溺于赛马和其他各种奢华消费——"他的奢侈生活已经超过了他的财产所能供给,这与后来雅典的崩溃有着很大的关系"。① 雅典新一代政治领袖追求的功勋与奢华推动着这个城邦对其盟邦进一步的剥削,进而也引发了其周边城邦对这一日趋强大且横征暴敛的邻居心生恐惧。阿尔喀比亚德将自己在奥林匹克赛会上展示的豪奢与城邦的强大联系在一起,并认为这种豪奢本身就是城邦力量的体现。他甚至露骨地表示,"一个人应该接受成功者的傲慢"(VI.18.16)。不可否认,阿尔喀比亚德拥有卓越的战争才华。他或许真的能带领雅典人走出战争的泥淖,将雅典的强大推上一个新的高度。但他的狂肆也必然激化雅典与其他城邦之间的矛盾。战斗的胜利并不必然带来城邦的繁荣。那些惧怕雅典的城邦迟早有一天会站起来反抗它的压迫。这样一来,不论是布得吕克勒翁期待的奢靡生活,抑或阿尔喀比亚德追求的巨大事功与财富,都将迎来更加危险的时刻。到那时,像斐罗克勒翁这样生活简朴、热爱城邦并勇于战斗的老人恐怕再也无力创造曾经的奇迹,这群马蜂们的蜂房将不再稳固。

五、结　　语

行文至此,我们之前提出的问题得到了这样的回应:雅典的父子关

---

① 修昔底德,《原史》,前揭,VI.18.15。

系从最开始父亲的绝对强势,到逐渐被儿子逆转,除了两者年龄、身体等自然条件的变化,其精神层面的攻守易势同样不容忽视。我们看到,从苏格拉底那里学会自然哲学与修辞术的斐狄庇得斯不再尊敬其父。他尊敬苏格拉底更甚尊敬斯特瑞普西阿得斯。新的智识阶层将自己归入了"有知者"和"成功者"范畴。他们认为愚钝无知的人理应接受"成功者"的"高傲"。《云》对苏格拉底提出的指控或警告绝非因为苏格拉底教坏了一名青年。在阿里斯托芬看来,苏格拉底潜在的威胁是颠覆整个城邦的传统道德与信仰,也就是教坏所有青年。当城邦中斐狄庇得斯这样的青年成为大多数,所有的父亲都难免成为斯特瑞普西阿得斯,并分享同样的遭遇。他们的习惯在儿子眼中将会变得可笑、怪异且愚昧。他们的权力也会受到限制,行动会受到拘束。儿子们会因自觉在智性和见识上的优越而赋予自身颠覆性统治的合理性,如同阿尔喀比亚德认为自己的战略和雄心比其他雅典人优越,从而产生无视民众和民主制度的僭越之心。[①]《马蜂》中的布得吕克勒翁显得比《云》中的斐狄庇得斯更加激进。他不单夺过了治家的权威,还要改变其父的生活方式。只是,布得吕克勒翁崇尚的生活看起来精致奢华,却不可避免地显得浅薄、单调。这种仅仅满足于消费和娱乐的生活并未将斐罗克勒翁造就为一名绅士,反而让他品性中低劣的那一部分肆无忌惮地在政治生活中显露出来:

在戏剧的后半段,斐罗克勒翁从法庭内的野兽变成了法庭外的野兽。他辱骂宴饮中的宾客,追打自家奴隶,还肆意攻击城中小贩与路人(1292—1470)。这位老年陪审员之所以变得如此放浪形骸、寡廉鲜耻,乃是因为他不再敬畏城邦律法,也不再惧怕受到惩罚。教会他逃避惩罚、摒弃敬畏之心的,正是其子布得吕克勒翁。布得吕克勒翁使斐罗克勒翁相信,只要巧舌如簧,善于通过巧妙的说辞来颠倒黑白,或者会说俏皮话讨他人欢心,即使犯了事儿,也能免受法律的制裁(1255—1265)。当然,也许布得吕克勒翁的这套伎俩并非在任何一个城邦都通用。我们在看待这个问题时,也必须考虑到当时雅典的政治状态。唯

[①] 参福特,《统治的热望》,未已等译,吴用校,北京:华夏出版社,2010,引言部分和第四章。

有在那种公民大会制的民主制度下,个人的政治修辞对城邦法律才能有如此强烈的对抗效果。但我们也不能忽略,布得吕克勒翁的这套逻辑若运用到家庭中,则即使在不同的政治制度中,也能发挥显著效果。斐狄庇得斯殴打其父后也正是通过相同的方式使斯特瑞普西阿得斯同意儿子打老子有道理。不过,当斐狄庇得斯提出还要殴打母亲时,斯特瑞普西阿得斯突然醒悟——若再让儿子这样肆无忌惮地破坏既有秩序与礼法,家庭和城邦都将走向崩溃。斐罗克勒翁在《马蜂》的结尾似乎返老还童,变成了儿子。布得吕克勒翁则因为其父的失控手忙脚乱、疲于奔命,俨然一位管不住儿子的父亲。本已不算太平的城邦因斐罗克勒翁的进一步疯狂显得更加混乱。阿里斯托芬用一出闹剧结束了《马蜂》中这对父子的故事。诗人向我们展示了雅典的老人与青年们各自的问题与相互之间的矛盾,却并未给出任何有效的解决方案。也许这也超出了一位谐剧诗人的能力——毕竟,"想医治城邦天生的老毛病,需要比谐剧演员高明得多的才智"(650—651)。

孝义与治道

——柏拉图《克力同》50c4-51c4 训读札记

程志敏

苏格拉底面对老友克力同似乎合情合理的逃亡劝说,先以纯粹的正义金规则来回应,继而假借雅典法律的名义说明:既然城邦养育了你,你就是城邦的子孙和奴隶,在正义或法律上即处于不平等的地位,因而不仅不能报复,哪怕面临灭顶之灾,甚至必须执行城邦的任何命令,即便要因此捐躯,亦必须坚守岗位。祖国有如父亲,甚至比父母更庄严肃穆和神圣纯洁,对祖国动粗使暴堪称不虔敬之尤。苏格拉底的理由对克力同来说,丝毫不难理解,而让受自由、平等和民主思想熏习了几百年且尚未从新近历史伤痛中恢复过来的现代人感到恐惧,视之为国家至上主义和权威主义乃至集权主义。如果我们回到当时的文明形态中便容易看到,苏格拉底的论证不过是古代常见的"崇孝"之劝勉:孝慈则忠,不犯上作乱,而能维护城邦(《克力同》50b1-5,《论语》"学而"和"为政"),故作为个体伦理要求的"孝",本身就是"为政"。[①] 苏格拉底力图表明"孝"的绝对性,也就是要让当时早已礼崩乐坏的伦常关系

[①] 另参亚里士多德在《尼各马可伦理学》(以下简称《尼伦》)和《政治学》(以及《论诗术》)的关系。当亚里士多德在《尼伦》中谈完公止(卷五)、理智(卷六)、自制(卷七)、友爱(卷八九)时,他就已经获得了快乐和幸福的"个人"(卷十),而这种社会意义上的"个人"就已经是《政治学》的"质料因"了。

回复到传统的秩序上,以此治疗时代精神的错乱(参修昔底德《战争志》6.14)。

原 孝 第 一

父母(以及城邦)生下、抚养和教育了我们,不仅无可指责(50d6),反倒恩重如山,"敬畏、顺从和抚慰"并且执行其合理的命令,是为"正义之举"(51b7),即"孝"。① "孝"乃"人义"(《礼记·礼运》)。

父母"把每个人的 physis[本生]带到光明之中"(《法义》869c2),是我们存在于宇宙中的原因,对我们有着"无"中生"有"的引入之恩,我们必须顺应宇宙法则(cosmos)而维持这种"本生"。色诺芬笔下的苏格拉底直接教诲曰:父母从孕育到抚养和教育孩子的漫长时间中,日夜操劳,殚精竭虑,无私无悔。没有谁所受的恩惠(euērgetēmenous)能比孩子从父母那里所得的更多:父母让他们从"无"变成了"有"(ouk onton epoiesan einai),让他们看到了许多高贵的东西,并且分享到神明为凡人提供的那么多美好事物。② 这不是如第俄提玛所谓"出于理智的考虑"(《会饮》207b6-7,《法义》931e8),也不仅仅是渴求不死的徒劳欲求使然,而是一种"自然"(《法义》932a1)或"天性"(《孝经·圣治章》)。

父母是(自己)存在的原因(tois aitiois tou einai,《尼伦》1165a23),仅此即可与神明同列:父母乃家中至宝(keimelioi),甚至是比神龛更具权威性(kyrion)的造像(agalma,《法义》931a5 和 d6),即"活佛"或健在的"肉身菩萨"。孝敬父母,不是来而不往的算计,而是天命的召唤。父母既然是神明赐予的绝佳礼物,侍奉父母便是礼敬神明,这比敬拜任何神像更能为神所喜,我们便会获得天眷和福报(《法义》718a3-6,931a3-4,d6-e6)。《诗》云"孝孙有庆,报以介福,万寿无疆"(《小雅·楚茨》),"孝

---

① 古希腊语中似乎没有与"孝"对应的词,而以"正义"和"虔敬"代指,英语译作 filial piety,即"儿子的虔敬",filial 来自拉丁语 filius[儿子]。希腊语的 philopator[爱父者],多含贬义(《尼伦》1148a34)。

② 《往事录》2.2.3,另参柏拉图《克力同》51c9-d1,《会饮》207b4-6,《墨涅克塞罗斯》237b。

子不匮,永锡尔类"(《大雅·既醉》),便在于孝乃"基德"(《左传·文公十八年》)。故孝乎惟孝,"通于神明"(《孝经·感应章》),希腊人谓之"敬神"(《尤提弗伦》4d9-e3),而《书》曰"恪慎克孝,肃恭神人"(《微子之命》)。反之,则必遭天谴。① 孝就"意味着保持了有如直接从神明传下来的宗教规则",② 是故"君子反古复始,不忘其所由生也。是以致其敬,发其情,竭力从事,以报其亲,不敢弗尽也"(《礼记·祭义》)。

尊荣神明、礼敬英雄(即先祖)、侍奉父母,方为正道(orthotata,《法义》717a5)。我们"奉先思孝"(《尚书·太甲中》),就是回报自己最初也最大的一笔"债",这是超越于任何事情之上的义务(xreos)。我们要想到,自己所有的一切都应归功于生养自己的父母,所以,我们必须竭尽全力以物质(ousia)和身心去供养恩人:不恶言相向,反倒要抚慰盛怒之下的父母(另参《克力同》51b2-3),以关心和辛劳来偿还父母的"借贷"(daneisma)。亚里士多德曰:"欠债者必须偿还,但儿子无论怎么做都不足以偿还自己所得到的,所以,他永远都在亏欠中"。③ 生,事之礼,死,葬之以礼,祭之以礼(《法义》717d-e,《论语·为政》),报父母恩德于万一,这才是"天经地义之道"或"神法"(themis,717b6)。否则,作为正义之神信使的报应神(Nemesis)便会插手(717d2-3),在古希腊肃剧中,忤逆之徒最终都会在自己的儿子身上遭报应,毕竟,神明才是万物的尺度。孝"顺天之意",乃"天德"也(《墨子·天志》),"仁人之事亲也如事天,事天如事亲,是故孝子成身"(《礼记·哀公问》)。

永远都在亏欠中的我们,如何可以须臾不孝?虽不能完全报恩,若能"永言孝思,孝思维则"(《诗经·大雅·下武》),戮力回报,也算得体合宜以及公道高尚的好人(epieikes,《尼伦》1163b17-18),足可称义,因为尽最大限度回报最爱我们的人,乃是首要的义务(西塞罗《论义务》1.47,1.160)。孝之为德,即义也,是君子的自我成就之门:"生活的全

---

① 《王制》615c以下,《克力同》54c6-7,《伊利亚特》16.385-388,《劳作与时日》275-281。埃斯库罗斯《复仇神》(*Eumenides*)全剧证此。
② 《论法律》2.27;另参"圣经"《出埃及记》20:12=《中命记》5:16,《马可福音》7:13。
③ 《尼伦》1163b15-21,1164b31-33,1165a3-24。另参柏拉图《王制》331e3-4,西塞罗《论义务》1.56-58。

部高尚寓于对义务的重视,生活的耻辱在于对义务的疏忽"。① 只有承认道德的高尚性是唯一值得追求的对象这一前提下,我们才能领会"孝"乃是"坚定不移的、不可动摇的、与自然相符合的教诲"(《论义务》1.6)。子曰"立身有义矣,而孝为本"(《孔子家语·六本》)。反之,在"能够回报恩情的时候不予回报",这种忘恩负义乃是绝对的不义(eilikrines adikia,《往事录》2.2.1)。

孝道背后有着神明的眷顾与惩罚、人世的荣耀以及朋友的信任。悖弑父母,有如抢夺神庙或圣物,形同叛国,其行当诛,罪不容恕。肆心不孝者,当施以鞭刑、监禁、罚款甚至流放,剥夺公民权利(atimos,玷污祖先名声),逐出宗族,不得为"人"。② 不孝乃是"刑兹无赦"的"元恶大憝"(《尚书·康诰》),故"刑三百,罪莫重于不孝"(《吕氏春秋·孝行览》,另《孝经·五刑章》)。从根本上说,"五刑以弼五教"(《尚书·大禹谟》,另参《礼记·王制》),便是对"孝"的维护和宣谕。仁、礼、义、信、强,皆归乎孝,是为本教,"乐自顺此生,刑自反此作"(《礼记·祭义》)。

孝即仁,仁善为万有之目标,③ 当然就是人生活的准则(《王制》352d,《尼伦》1098a16-17),也是人近于神的桥梁、世间幸福的源泉(《论法律》1.25;天人合一于善,而非"存在")。《大学》第三章解释"至善"曰"为人君,止于仁;为人臣,止于敬;为人子,止于孝;为人父,止于慈;与国人交,止于信"。《孝经》"开宗明义章"载"夫孝始于事亲,中于事君,终于立身"。可以说,孝乃是普遍的善:"居处不庄,非孝也。事君不忠,非孝也。莅官不敬,非孝也。朋友不信,非孝也。战陈无勇,非孝也。五者不遂,灾及于亲,敢不敬乎"(《礼记·祭义》,《吕氏春秋·孝行览》)?

---

① 《论义务》1.4(西塞罗的中文著作采王焕生先生译文,不再一一注明),《论法律》1.37, 1.41,1.48,《论善恶的目的》2.45;另参亚里士多德《修辞术》1366a-b。《王制》全书都在证明"正义"的绝对和自洽。

② 《法义》854e-855a,869a-c,881a 以下,885a 以下,929a;《普罗塔戈拉斯》325c,《尼伦》1180a-b,《雅典政制》56.6,埃斯基涅斯 1.28,吕西阿斯 13.91,德莫斯忒涅斯 24.102-107,36.47,伊赛俄斯 1.39;不孝则玷污父祖的荣誉,应被视为亵渎和犯罪,参《论义务》1.121,《礼记·祭义》谓"弗辱"和"不遗父母恶名"(另《吕氏春秋·孝行览》),《孝经·广扬名章》。另参《奥德赛》24.514-515,希罗多德《原史》6.14,修昔底德《战争志》7.69,欧里庇得斯《伊翁》472-482,《会饮》209d5,《尼伦》1165a21-24。

③ 《高尔吉亚斯》499e8-9,《政治学》1252a1-4,1282b14-15,《尼伦》1094a1-3。

孝本乎天地,合于仁义,古今东西皆然,故曾子曰:"夫孝,置之而塞乎天地,溥之而横乎四海,施诸后世而无朝夕,推而放诸东海而准,推而放诸西海而准,推而放诸南海而准,推而放诸北海而准。《诗》云:'自西自东,自南自北,无思不服。'此之谓也"(《礼记·祭义》)。借用西塞罗对神法和自然法的论述,可以说"孝"就是天地大法,"真正的法律乃是正确的理性,与自然相吻合,适用于所有的人,稳定,恒常,以命令的方式召唤履行义务(officium),以禁止的方式阻止犯罪行为。……企图改变这种法律是亵渎,取消它的某个方面是不被允许的,完全废止它是不可能的。……无需寻找说明者和阐释者,……对于所有的民族,所有的时代,它是唯一的法律,永恒的,不变的法律"(《论共和国》3.33)。呜呼,"孝,至矣乎!一言而该,圣人不加焉"(《法言·孝至》)。

礼 序 第 二

　　既然父母对我们有着养育之恩,因而我们处在永恒的亏欠中,"难道你会认为你与我们在正义(to dikaion)上就平等"(50e2-5)？这种"不平等"(50e7-8)本属自然,当然会体现在法律和政治上。① 智慧者不会忘记,"存在"不是平面的,因为有些东西"拥有更大的份额"(en meizoni moira,"份额"即"命运"),"更受尊重、更庄严肃穆和更神圣纯洁",不惟凡间如此,神界亦然(51a7-b2;《论义务》1.53),是为礼序。"孝"即"顺于道,不逆于伦"(《礼记·祭统》)。

　　正义来自于神明所规制(tithemi)的良法,能够产生良序,最终集成为 Eunomia[法则],因而会带来鲜花盛开的和平。作为天地大法(Themis)女儿的良法良序、正义与和平,共同构筑了自然秩序(Horai),而这种礼序亦是凡人的命运之源,也是富饶和丰收的保证。② 明

---

① 苏格拉底借拟人化的雅典法律所说的"正义"(to dikaion),意带双关,既指"正道"(即 dike 的古意),也有法律和政治的含意,故英文多译作 right(权利,正确),德文则译作 Recht(权利,法律)。而 to dikaion 本来也有"法律"之义。
② 赫西俄德《神谱》901-906,另参《伊利亚特》15.485-487,《奥德赛》22.35-41,《劳作与时日》238-247,梭伦 4.30-39,《治邦者》273b 和 309e,《法义》713d6-e3,《政治学》1326a29-31,1293b42-1294a7。《尚书·汤誓》。

智的人告诉我们,神明创造这个宇宙,就是为了让一切都好,尽可能不坏,于是就把万物从无序(ataksia)引向有序(taksis)。这种秩序就意味着"等级":有理智的就比没有理智的更优秀,而理智在于灵魂,因此,灵魂就是我们优于其他存在物的原因。① 灵魂由"同"、"异"和"在"三者按照不同比例混合而成(《蒂迈欧》37a),所以,"我们每个人天生就与其他人不完全相同,而是天性有别"(《王制》370a8-b1,《往事录》3.9.3),有金质者,有银质者,有铜铁质者(《王制》415a,468e,547a),化用孟子的话即"有天爵者,有人爵者"(《孟子·告子上》)。金质者经受了烈火考验(《王制》413e,503a),并因内在的丰富而品性高洁(《王制》416e-471a,521a,547b,581d,589d)。此外,不相同者才能产生和谐,尽管其最终目的在于"同"(《会饮》187b),故生而有差,自然而然。简言之,秩序乃是神明为了善好的安排或设计。

《易》云"天尊地卑,乾坤定矣。卑高以陈,贵贱位矣"(《系辞上》),天地乾坤和贵贱秩序,都是 kosmos,可谓"天道至教",故而人道本于"体察上天的秩序(caelestium ordinem),在生活中恒常模仿"(西塞罗《论老年》21.77),即董子所谓"承天意以从事"(《汉书·董仲舒传》)或"金天之大经"(《春秋繁露·官制象天》),即"以天之端,正王之政"(《春秋繁露·玉英》)。礼序本为天道,亦是人伦所由:"惟天无亲,克敬惟亲"(《尚书·太甲下》),"皇天无亲,惟德是辅"(《尚书·蔡仲之命》),老子亦云:"天道无亲,常与善人",故"万物莫不尊道而贵德"(《道德经》79 和 51 章)。人世要义,便在于体察恒常的秩序,尊而行之,庶几无咎。

所谓"秩序",就是"把事物安排在适当、合适的位置"(《论义务》1.142;另参《论演说家》2.307),万物各安其位(collocatio)就"井然有序"、"得其所在"并"坚守职责"(eutaksia)。反之,就是无序。有了这种"尺度"(modus),理智才能产生审慎或合宜(moderation),而这就是"正义"的基础:义者,宜也。所以,"只要我们对日常生活中各种事情能

---

① 《蒂迈欧》29e4-30c1,《法义》726a2-3,另参《厄庇诺米斯》983d,《申辩》29e,30b,《克力同》47e,《王制》353e6,444d13-e1。

保持一定的分寸和秩序,我们便能保持道德的高尚和尊严"(《论义务》1.17),故曰"孝,礼之始也"(《左传·文公二年》)。《中庸》载:"仁者,人也,亲亲为大;义者,宜也,尊贤为大;亲亲之杀,尊贤之等,礼所生也"(20章,另参《孟子》的"告子下"和"尽心上")。程子注《论语·阳货》"礼云礼云"章曰:"礼只是一个序,……无序便乖,乖便不和"(见朱子《集注》,另参《克力同》53d3-4)。

人之异于禽兽在于"只有人这一种生物能够感觉什么是秩序,什么为合适和言行应有怎样的分寸"(《论义务》1.14,《墨涅克塞罗斯》237d)。古人云:"男女有别,然后父子亲;父子亲,然后义生;义生然后礼作,礼作然后万物安。无别无义,禽兽之道也"(《礼记·郊特牲》),因为"禽兽有父子而无父子之亲,有牝牡而无男女之别,故人道莫不有辨。辨莫大于分,分莫大于礼"(《荀子·非相》),又曰:"人之生,不能无群,群而无分则争,争则乱,乱则穷矣。故无分者,人之大害也;有分者,天下之本利也"(《富国》)。要之,"礼莫大于分"(《资治通鉴》卷一)。所以,灵魂统治肉体、主人统治奴隶、理性统治欲望,①乃是"常道",必定"自然而有益"(kata physin kai sumpheron)。如果这些方面完全"平等"甚至"反动",则害莫大焉,因为人天性上有高低之分(《政治学》1254b4-14)。一般来说,父亲胜于儿子、主人优于奴隶,乃是正道,否则就是"背道而驰"。②

礼序与平等并不相悖,反倒相辅相成。亚里士多德也说,相互的平等对于城邦的保存而言,可谓至关重要(《政治学》1261a30-33)。但何谓"平等"?平等不关乎数量,而在于比例。正义是平等者之间的平等以及不平等之间的不平等(《政治学》1280a11-13,《尼伦》1131a29,1163b32)。只有尽可能平等地根据分寸或比例上的不平等来取予,方能避免纷争(《法义》744c2-4)。"按比例"(analogos)本指"按照道理来

---

① 古之所谓"理性",非后世宣扬的理智的放纵,而是审慎的克制。此为"古今之争"之枢机。
② 《政治学》1325b5以下,1259b10-17,另参《法义》690b4-5,726a6-727a2,《论共和国》3.36—37,奥古斯丁《上帝之城》19.21和14.23。父母甚至是智慧的化身,参《论法律》1.62,1.122,2.46;另参《法义》887d,色诺芬《往事录》1.7.1。父母代表着"古"或"老",而"古老"就意味着"好"和"正义",因为最古老的存在者就是"神"。

说",因此,这种比例上而非数量上的平等或看似不平等的平等才"符合道理"(ana-logos)。——所谓"人人生而平等",即亚里士多德"自然的平等"(《政治学》1261b1),无非说"性相近"而已。朱子注《孟子·尽心上》"亲亲"章引程子"统而言之则皆仁,分而言之则有序",并引杨时"其分不同,故所施不能无差等,所谓理一而分殊者也",即此之谓。故礼序合"理",乃真正的"平等"。

反之,自以为是,缺乏敬畏之心,不尊重比自己高明的人,不孝敬父母(《礼记》开篇即"毋不敬"),厚颜无耻,乃是"过度自由"的产物,会导致无法无天、邪恶横行(《法义》701a3-e3)。在这种所谓的"极端自由"中,父子逆伦,子孙不孝,父母害怕儿子,儿子理直气壮地殴打老子。① 柏拉图看得很清楚,这种无节制的自由乃是受欲望左右的一种牲畜般的生活样态(《王制》563c-d)。因为当人完全受欲望的控制,则不区分高尚与低劣,随波逐流,既不讲秩序(taksis),也不尊奉必然,反倒把这种"随心所欲"的生活视为快乐、自由和有福气(《王制》561b-e)。

可见,不义的最大渊薮即在于"欲望"(epithymia),它发疯地统治着人的灵魂(参柏拉图《法义》870a,《王制》359c2-6)。父亲所代表的秩序以及法律等等,在这些不肖子孙面前会形同虚设而失去范导能力,不孝子最终会蜕变为国贼(《王制》573e-575d),故曰:"夫礼,禁乱之所由生,犹坊止水之所自来也。……故礼之教化也微,其止邪也于未形,使人日徙善远罪而不自知也,是以先王隆之也。《易》曰:'君子慎始,差若毫牦,谬以千里。'此之谓也"(《礼记·经解》)。礼法虽并举而实在有别,便在于"礼禁未然之前,法施已然之后"(《史记·太史公自序》,另《汉书·贾谊传》)。②

质言之,孝就是对欲望的克制,故曰"百善孝为先,万恶淫为首"。柏拉图《王制》之要旨就在于驯服欲望,以回归礼序规范和仁道,即所谓

---

① 《王制》562e-563b,574b-c,《尤提弗伦》4a-e,阿里斯托芬《云》1321以下,《鸟》755—758,1349—1350,《蛙》145—151,色诺芬《居鲁士的教育》3.1.39。
② 儒法之争,本为治道两极,非先秦两汉所独有,至今亦然。另参《论语·为政》和《礼记·缁衣》。

"克己复礼"(《论语·颜渊》),因为高尚"蕴含于一切行为和言论的秩序和分寸,这里包含克制和克己"(《论义务》1.15)——这才是真正的"自由"。① 荀子曰:"礼起于何也? 曰:人生而有欲,欲而不得,则不能无求;求而无度量分界,则不能不争;争则乱,乱则穷。先王恶其乱也,故制礼义以分之,以养人之欲,给人之求,使欲必不穷乎物,物必不屈于欲,两者相持而长,是礼之所起也。故礼者,养也。……君子既得其养,又好其别。曷谓别? 曰:贵贱有等,长幼有差,贫富轻重皆有称者也"(《礼论》)。

治 道 第 三

感怀养育恩德,敬重圣洁情谊,则由孝及忠:接受城邦的合理判决,以维护生活共同体的持续存在,而不是试图毁家灭国(50a9-b5,《安提戈涅》行 672—674)。所以,忠诚于远胜父亲的祖国,执行祖国的命令,不计生死,守死善道(51b-c),方为忠孝。苏格拉底此前长篇大论的铺垫最终就是为了得出这样的结论:对父母使用暴力已殊为不孝(ouch hosion,虔敬),对更神圣的祖国动粗使暴则远胜于此,可谓不孝之尤(51c2-3)。孝即治道之首义:"惟孝友于兄弟,克施有政"(《尚书·君陈》)。子曰:"《书》云:'孝乎惟孝,友于兄弟。'施于有政,是亦为政,奚其为为政"(《论语·为政》)?

作为礼序的孝关乎"政治哲学"(philosophian politiken,《政治学》1282b23),因为对平等的人施以不平等,有违自然,既绝对算不得高尚(《政治学》1325b7-1325b10),也破坏比例之"道",会导致天下大乱,可至江山易主(《政治学》1302b33-34)。先秦史籍《逸周书》开篇即曰:"天生民而制其度,度小大以正,权轻重以极,明本末以立中。立中以补损,

---

① "自由"本指灵魂不受欲望的控制,平和淡泊,无所粘滞(参《王制》329c),在世俗礼法中,便是"自制"。摆脱了欲望的束缚,大行善事,慷慨助人,才是真正的自由(《尼伦》1120a22-27)——古希腊语的"自由"和"慷慨"是同一个词! 自由之为高尚德性,不在于获得外在的东西(如权利),而在于内心的宁静和无私的给予。自由,即"不役"(参《荀子·修身》)。

补损以知足。爵以明等极,极以正民,正中外以成命。正上下以顺政"(《度训解》)。墨子曰:"无君臣上下长幼之节,父子兄弟之礼,是以天下乱焉"(《尚同》),"礼义之谓治,非礼义之谓乱也"(《荀子·不苟》)。故"圣人南面而治天下,必自人道始矣"(《礼记·大传》),而孝即为"人道"正义,亦是治世砥柱。故"凡治人之道,莫急于礼"(《礼记·祭统》),便在于"礼之于正国也,犹衡之于轻重也,绳墨之于曲直也,规矩之于方圜也。……故以奉宗庙则敬,以入朝廷则贵贱有位,以处家室则父子亲、兄弟和,以处乡里则长幼有序。孔子曰:'安上治民,莫善于礼。'此之谓也"(《礼记·经解》)。

"孝"既然是家庭和宗族的基础,当然也就是国家或政治的根本。孝既是人伦,亦为天法:"人之行莫大于孝,孝莫大于严父,严父莫大于配天"(《孝经·圣治章》)。《孟子·离娄上》例证了"孝"作为普遍的绝对命令所具有的治理之功:"舜尽事亲之道而瞽瞍厎豫,瞽瞍厎豫而天下化,瞽瞍厎豫而天下之为父子者定,此之谓大孝"。"孝"通过笃于亲而民兴仁即"己欲立而立人,己欲达而达人"的范导而达到天下大治。孟子曰:"孝子之至,莫大乎尊亲;尊亲之至,莫大乎以天下养。为天子父,尊之至也;以天下养,养之至也。《诗》曰:'永言孝思,孝思维则。'此之谓也"(《孟子·万章上》)。厚本、尊上、立民纪、上下不悖逆、去争,合此五者以治天下之礼也(《礼记·祭义》)。

何以"孝"能"养天下"?亚里士多德曰:"我们千万不能忘记,我们所要寻求的既是单纯的正义,也是政治性的正义。它是为了自足的共同生活"(《尼伦》1134a24-27),因而作为治国齐家的正义,乃是"最重要、最美的睿哲"(《会饮》209a5-8)。在共同生活中,一切都和谐一致,则堪称美妙(《论义务》1.144),即"彝伦攸叙"(《尚书·洪范》)是也。但没有正义和政治德性,城邦无法得到治理:没有前者,城邦无法存在;没有后者,城邦治理不好(《政治学》1283a19-22)。而孝恰恰属于甚至高于后者,它不仅仅是"公民德性",还是"人"之为人的基本德性,没有它,家国均不齐整。

君子怀德养民,便在于能够认识到,人的不能自足之本性使之必须共同生活,否则非神即兽(《王制》369b6-7,《政治学》1253a26-29)。城邦比家庭和个人更能自足,当然更可取(《政治学》1261b10-15),因为城邦或政治的目的就是能够"自足而共同地生活"(《尼伦》1134a26-27),这种"自足的共同生活"也就是"幸福而高贵的生活"(《政治学》1281a1-2)而"城邦乃是自然的且在'自然'上先于个人"的原因恰好就在于"个体的分离使之不能自足",城邦高于家庭和个人,因为全体在本性上高于部分(《政治学》1253a18-20),而且指称这个有机整体的每个部分(《形而上学》1023b26-31),部分的逻各斯不能决定整体的逻各斯(《物理学》186b23-25),相反,作为绝对同一的整体决定着事物的本性(207a13-14)。

所以,孩子与其说属于生育者,不如说属于城邦(《法义》804d5-6),城邦乃是我们"共同的父亲"(koinoi goneis),我们不能因为自己成年后父亲不再抚养我们就反过来认为自己也就没有义务赡养父亲(德莫斯忒涅斯10.41,比较《克力同》51d)。人们渴望获得的智慧和德性中,就包括管理家国、侍奉父母和接人待物(《美诺》91a2-6,伊索克拉底1.16),因为"在所有的社会关系中没有哪一种比我们每个人同国家的关系更重要,更亲切。父母亲切,儿女亲切,亲人亲切,朋友亲切,然而一个祖国便囊括了所有这些亲切感;只要对祖国有利,有哪个高尚的人会犹豫为祖国而献身呢?……但是如果需要进行某种争论和比较,最应该对谁尽义务,那么首先应该是对祖国和父母,我们得到他们的恩惠最大"(《论义务》1.56—58)。

柏拉图说:"我们每个人都不是为自己而生,而是说,我们活着,一部分是为了自己的祖国,一部分是为了自己的父母,一部分是为了朋友,而很大一部分则是为了那掌控着我们生命的恰当时机。当祖国命令我们从事公共事务时,不予顺从,也许就太荒唐了"(《书简九》358a2-b1)。为国尽力,是崇高心灵的义务(《论义务》1.72)。"要知道,人类的德性在任何事情中都不及在建立新国家或者保卫已经建立的国家中更接近神意"(《论共和国》1.12)。德莫斯特涅斯《金冠辞》亦云:在祖先那里,人的出生不仅仅是为父母,也是为了城邦,所以我们在需要的时候必须毫不惜命(18.205),因为祖国才是真正的父母(18.50—59,另参《克力同》51e5的"生身父母")——为国尽忠乃是孝道的最高体现。①

相反,暴力恣肆,邪欲当道,则必定不孝;一个人如果对父母忘恩负义,则必然不会敬拜神明、抚助朋友、保家卫国,②不仁不义,自然不能见容于世。子曰:"五刑之属三千,而罪莫大于不孝。要君者无上,非圣人者无法,非孝者无亲。此大乱之道也"(《孝经·五刑章》)。君、圣、亲都是秩序的代表或化身,孝就是对秩序的遵守,推而广之,身、家、国贯通之中,上下相亲,驯智有加,和谐美满可致,③此即"君子之事亲孝,故忠可移于君"(《孝经·广扬名章》)之旨,而在古希腊语中,"祖国"、"先王之法"、"祖制"以及各种神圣的遗存(遗产)都从"父"而来(以"父"为词根)。故"孝以事亲,顺以听命,错诸天下,无所不行"(《礼记·祭义》,《孔子家语·哀公问政》),即《大学》所谓"齐家治国平天下"之道也。

"孝"(以及与之相似的"慈"、"义"、"悌"和"忠"等)让每个阶层的人各安其位(《王制》443d-e,591d),"亲亲"便是人子的尺度,由此推导,能亲亲者则必能尊贤、守法、利国,秩序礼制由是而生,人类就会获至"达道"和"达德"(《中庸》20章)。《论语》开篇紧接着"学而时习之"后面的便是"孝道"的弘扬:"其为人也孝弟,而好犯上者,鲜矣;不好犯上,而好作乱者,未之有也。君子务本,本立而道生。孝弟也者,其为仁之本与?"《大学》开篇亦曰"物有本末,事有始终,知所先后,则近道矣",孝弟者敬爱亲上,则自然不会悖逆作乱,故仁义之道实为治道之本也。《孝经》首篇"开宗明义章"即云"夫孝,德之本也,教之所由生也"。所以,孝为治道之本:"凡为天下,治国家,必务本而后末。……务本莫贵于孝。人主孝,则名章荣,下服听,天下誉;人臣孝,则事君忠,处官廉,临难死;士民孝,则耕芸疾,守战固,不罢北。夫孝,三皇五帝之本务,而万事之纪也"(《吕氏春秋·孝行览》)。昔者明王以孝治天下,方有三代之美。

---

① 《战争志》2.35-46中伯里克勒斯的"葬礼演说",吕库戈斯《驳勒俄克拉底》20和53,伊索克拉底18.60,吕西阿斯2.70,31.7。临大节而不可夺乃至杀身成仁(《论语》),"临难毋苟免"(《礼记·曲礼上》),都是为国而弘毅。

② 《往事录》2.2.13-14,2.6.19,4.4.24,《居鲁士的教育》1.2.7;亚里士多德《雅典政制》55.3(不孝者不得担任公职,如《礼记·王制》所谓"不孝者,君绌以爵")。

③ 《王制》431e7-8,442a1-2,《蒂迈欧》47d,《法义》879b9-c2,《厄庇诺米斯》991b4。

谏 诤 第 四

孝虽忠顺,却非愚蒙,而且父母和祖国也不会要求我们盲从,恰恰相反,为了他们自身的"利益"(也就是能够更好地抚育我们),他们需要甚至"命令"我们谏诤。拟人化的雅典法律在孝道礼序的陈情之后,紧接着就提出:"要么说服,要么执行祖国之所命"(51b3-4)。所谓"说服",即"谏诤"是也。语序上"说服"在"执行命令"之前,虽不能说明谏诤高于服从,但两者并列,就已表明"孝"不是简单的"顺",还包括另外一个十分重要的维度。雅典法律进一步明确地说道:"在任何地方都应该做城邦和祖国所命令的事情,要么则应该以那自然就是正义的东西来劝说祖国"(51b9-c1),这里所谓"自然就是正义的东西"(to dikaion pephyke),即"自然正当",因而谏诤就是自然正义的。

既不服从,也不谏诤,就行了三重不义:"不把我们当成生身父母来服从,不服从我们这些抚育者,虽然向我们同意了要服从我们,却既不服从我们,也不说服我们,如果我们有什么做得不好的话。我们提供了选择,并没有野蛮地强制他去做我们所命令的事情,而是允许他二者选一:要么说服我们,要么按我们说的做"(51e5-52a3)。"同意"即"忠信","郭店楚简"载七十子语录曰:"忠,仁之实也。信,义之期也"(《忠信之道》),而"孝慈则忠"(《论语·为政》),反之亦然。所以,谏诤也是在执行命令,"尽忠纳诚"(《白虎通义·谏诤》)是真正的"服从",二者均是孝道。

孝道的要求并非野蛮的强制,国家和法律提供可自由选择的权利,因此孝与集权、专制和奴化毫无关系:谏诤,连同自由迁徙甚或放弃国籍,加入其他城邦,都是祖国赋予每个公民的权利(eksousia,51d2)。孝虽无违,并非愚忠,子女也并没有因此而被剥夺其"自然的权利"。大而言之,"天地之性人为贵,人皆天所生也,托父母气而生耳。王者以养长而教之,故父不得专也"(《白虎通义·诛伐》)。但权利不是孤立自洽或无条件的,恰恰相反,正是因为子女孝顺才会由此而具有谏诤的权利:权利有着自身的存在论基础,那就是完全而同一的存在者。如果不是以"道"为基础而提出的要求，就不能叫做权利，更谈不上是自然权利，而只能是僭越。反过来说，作为孝的谏诤同时也是一种义务。雅典法律说："如果我们有什么做得不好的话"，公民就要"说服我们"(51e7)。可见谏诤首先不是一种应然的权利，而是子女或公民的义务。古代的权利义务观的内涵与今天多不相同，有时恰恰相反，而且也并非泾渭分明。

《白虎通义》以"五行"说论证到："臣之谏君何取法？法金正木也。子之谏父，法火以揉木也。臣谏君以义，故折正之也。子谏父以恩，故但揉之也，木无毁伤也"（《谏诤》）。谏诤以正君之失，故为义，报父之恩，当然为孝。谏诤不是要毁伤对方，苏格拉底对城邦的叮刺，亦复如此：激发、劝说甚至责备，其实都是为了城邦的利益（《申辩》30e-31b）。他因"天命"而以死相谏，发愿医治城邦（参《斐多》118a7-8），义同古人所谓"尸谏"（《孔子家语·困誓》），乃是仁德之举。讽谏为智，孔子和苏格拉底均采此道（另《孔子家语·辩政》），后者处处"装样子"(irony)讽谏胞民，劝人向善，终有智者之名（《申辩》20d7)，亦其入圣之道也。

谏诤远远不是消极的"言论自由"(parrhesia)，更不是普普通通的劝说修辞，而是奉孝尽忠的积极参与。"谏者何？谏者，闻也，更也。是非相闻，革更其行也"（《白虎通义·谏诤》）。郑玄注《周礼·地官》之"司谏"曰："谏，犹正也。以道正人行"。在上者若能从谏弗咈，在下者则敢于直谏，上下相顺而君正臣从，天下大治："惟木从绳则正，后从谏则圣。后克圣，臣不命其承，畴敢不祗若王之休命"（《尚书·说命上》）？而"贼虐谏辅"（《尚书·泰誓中》），取死之道也。纳谏兼听是统治者的义务和求治之道："明王所以立谏诤者，皆为重民而求己之失也。《礼·保傅》曰：'于是立进善之旌，悬诽谤之木，建招谏之鼓'"（《白虎通义·谏诤》）。西塞罗曰："如果有人虽然可能，却不回击、不对抗不公正行为，其错误在于有如他抛弃双亲、朋友或者祖国"（《论义务》1.24）。谏诤对于父母、朋友和祖国都是必要的义举。

为政如此，齐家亦然。既然"父子一体而分"，那么，"父母有过，谏而不逆"（《礼记·祭义》），不仅不是冒犯和大逆不道，反而因正行而合于孝道："孝子不谀其亲，忠臣不谄其君"（《庄子·天地》），"孝子不顺情以危亲"(《孔子家语·曲礼子夏问》),赵岐注《孟子·离娄上》"不孝"章曰:"阿意曲从,陷亲不义"。礼序虽然要求"不显谏"即"微谏"或"柔声以谏",但也有"三谏"之义(《礼记·曲礼下》),因为最低限度而言,"与其得罪于乡党州间,宁孰谏"(《礼记·内则》),所以,"事父母几谏。见志不从,又敬不违,劳而不怨"(《论语·里仁》)。孝乃人义,不得放弃,亦包括谏诤,"逃之"和"号泣而随之"(《礼记·曲礼下》),宁非可取。即便"直谏"甚或"极谏",虽不得已而为之,亦不无可取之处。

《孝经·谏诤章》载孔子言于曾子曰:"昔者,天子有争臣七人,虽无道,不失其天下;诸侯有争臣五人,虽无道,不失其国;大夫有争臣三人,虽无道,不失其家;士有争友,则身不离于令名;父有争子,则身不陷于不义。故当不义,则子不可以不争于父,臣不可不争于君,故当不义则争之。从父之令,又焉得为孝乎"!这段话很可能来自荀子《子道》所记孔子对子贡的教导,但不管如何,谏诤之义对天子以至于庶人而言,可以做到"主无过举,封疆不销,社稷不危,宗庙不毁,禄位不替,不行无礼,不为不义",其中的关键便在于"审其所以从之"(另《孔子家语·三恕》)。故抽象的"子从父命"难以言孝,不足为训。

在柏拉图笔下,儿子有权利更有义务纠正父亲的过失,如果儿子认为父亲自私贪婪、举止失当因而不能正确地齐家,就可以向"法律护卫者"中最年长的人申述,后者在经过充分调查后,可以建议儿子正式起诉,如果胜诉,父亲就被完全剥夺处置任何财产的最高权力(akuros),余生将被当成孩子一样对待(《法义》929d-e)。在西塞罗看来,子女在父亲犯罪时应为父亲辩护(另《论语·子路》"亲亲相隐"说),①或问曰:"这就是说,在履行各种义务时,国家并不处于优先地位"?答曰:国家无疑应该处于优先地位,但是孝敬父母于国家有利。但"如果父亲企图实行暴政(tyrannidem),企图出卖国家,儿子也要沉默"?答曰:儿子应该恳求父亲,要他不这样做;如果恳求达不到任何效果,那他应该

---

① 聚讼不休的"亲亲相隐"之说,后世多认为这是以父慈子孝之人伦大义来破坏社会规范,谬矣:孔子岂会主张以此义而害彼义?尽管秩序价值有大小高低之分,然不可彼此相害也。流俗之说未见其中颇为关键的"劝诫",即未经谏诤而证,非孝也,更非直也,"不如无直焉"(《中论·贵言》)。另参《尤提弗伦》4a7以下,以及孟德斯鸠《论法的精神》26.4。

指责父亲,甚至威胁父亲;最后,如果事情关系到国家安危,那他就应该把国家的安全置于父亲的安全之上。言下之意,父亲即便犯下抢劫神庙和偷窃国库的大罪,儿子尚可以孝道待之,但如果危及国家安全,这时就要"大义灭亲"(3.90;或"大义灭子",见 3.112 和《论共和国》2.60)。

儿子或公民不是一味的愚忠而置家国利益不顾。此时,孝与忠合,或忠高于孝,为孝之至也,故"闻诛一夫纣矣,未闻弑君也"(《孟子·梁惠王下》)。孝如友,杀死朋友虽可恶至极,然而,"如果杀死的是一个暴君,尽管那也是自己的朋友,难道这也会使人被罪行玷污吗?……不,完全不是,是利益服从于高尚"(《论义务》3.19)。荀子亦曰:"入孝出弟,人之小行也;上顺下笃,人之中行也;从道不从君,从义不从父,人之大行也。……明于从不从之义,而能致恭敬、忠信、端悫以慎行之,则可谓大孝矣"(《子道》)。谏诤从道,是为大孝。

仁 爱 第 五

孝本乎天地,合于礼序,自然根植于人心。作为"自然法"的孝"无需寻找说明者和阐释者",因为"事实上,没有一个人,即使是最卑微、最贫穷的人,也不可能不感受到正义"(《论共和国》3.11),此即孟子所谓"非由外铄我也,我固有之也"(《孟子·告子章句上》)。所谓"孝",无非"发明本心":王阳明曰:"心即理也。此心无私欲之蔽,即是天理。不顶外面添一分。以此纯乎天理之心,发之事父便是孝。发之事君便是忠。发之交友治民便是信与仁。只在此心去人欲存天理上用功便是"(《传习录》卷上)。孝之为德,理所固有,势所必然。所谓"孝",不过是在"回忆"本身就具有的道理,①它"既不是基于实践,也不是基于理性"(《论友谊》15)。

西塞罗说:"对于凡是应该按习俗和公民规则进行的事情,无需做

---

① 柏拉图《美诺》80d 以下,《斐多》72e 以下,《斐德若》247d 以下,《治邦者》273b1-2,《王制》540b,亚里士多德《修辞学》1389b36-1390a1。

任何规定。要知道,那些习俗和规则本身便是规定。……我们应该尊重、保护、维持整个人类的共同的团结和友好关系"(《论义务》1.148—149)。孝就是正义的习俗和规则(mores institutisque ciuilibus),而且它维护着人类的共同友好关系。因此,孝的本质不是"尽义务",而是源自人性深处的"爱","没有什么东西比友爱更符合人的天性,于人也最相适宜"(《论友谊》17),因为它是"宇宙中的太阳"(《论友谊》47)。这种"爱"正是人之为人的标志,也是社会安定和谐的基础,所谓"克谐以孝"(《尚书·尧典》)是也。要之,"事长则顺,立爱则孝"(《左传·文公六年》),《礼记·文王世子》亦"孝爱"并举,反之,孝子自有深爱。苟相爱,仁孝不远矣。

孝非外在的强迫,而是内心的发动,就在于"人类天生就有友爱,因为他们共同劳作,彼此需要,相互悯恤,互惠互利,明白这一点之后,他们就会互相感恩施惠。……因此,仁德君子(kaloi kagathoi)不仅无害,而且相互扶助,共襄政治荣誉,岂非合理"(《往事录》2.6.21—24)? 故曰"仁者爱人",①人伦之爱本是天性,动物尚有跪乳反哺之爱,何况人乎? 所以"我们尤其称赞爱人者"(《尼伦》1155a20—21)。这里所谓"爱人者",即后世所谓"博爱"或"慈善"——家国一体,端赖"博爱"(philanthropia)维系。② 西塞罗曰:"我们降生于世,相互便处于一种联系之中,并且彼此愈接近,这种关系愈密切"(《论友谊》19),我们在世的"相互"(mitsein)根本上就是"仁爱",否则,如果没有这种相互仁善(mutua benevolentia)的友爱,生活又怎么是值得一过的呢(《论友谊》22,比较《申辩》38a5—6)?③

亚里士多德在《尼伦》卷八开篇论及"友爱"的本质时说,友爱把城邦连接了起来,也就是说,友爱凭借其德性和情感把城邦中的个体联系

---

① 《论语·颜渊》,《韩非·解老》,《大戴礼记·王言》,韩愈《原道》开篇,比较《近思录》卷一;《礼记·乐记》"仁以爱之",《礼记·丧服四制》"仁者可以观其爱焉"。另参《马太福音》5:38—48,《路加福音》6:27—38,《哥林多前书》13:4—7。
② 德莫斯忒涅斯25.88,柏拉图《法义》713d,色诺芬《往事录》4.3.6—7。在philanthropy本指神明对凡人的关爱。
③ 与中国传统相比,西方的"孝文化"远不那么发达,盖由于西人已把孝融入博爱、理性和自然法中,日用不知,不言而喻,不必挂在口头上。

了起来。所以,古代立法者重视友爱胜过公正!这是因为城邦的"和谐"或"统一"(homonoia)与"友爱"相似,这就是城邦能够达到其设计目标即美好生活的正途——友爱带来的这种境况,本身就是城邦或政治生活所追求的目标,根本用不着再回过头去利用法律、道德和宗教等手段来造就这种结果(《尼伦》1155a22-31)。孔子曰:"古之为政,爱人为大。所以治爱人,礼为大。所以治礼,敬为大。……弗爱不亲,弗敬不正,爱与敬,其政之本与"(《礼记·哀公问》)?亲为人之本,根本既伤,枝干不存,则无以为人世矣。

故而"对于城邦而言,友爱乃是诸善之中最伟大者,因为在友爱之中,城邦最不可能产生内乱"(《政治学》1262b7-9),最低限度而言,"在家中良善者,在城邦里才会是正义的人"(《安提戈涅》661—662)。《孝经》"天子章"记孔子所谓"爱亲者,不敢恶于人。敬亲者,不敢慢于人。爱敬近于事亲,而德教加于百姓,刑于四海",可见,孝当然不仅仅是个人的道德修养,爱亲者亦可"保社稷,守宗庙,和民人"。事亲与事君,爱敬之理相同相通。修身之道,孝以为先,治国之道,亦复如此。因此,"孝"具有政治哲学的功能,"夫孝,天之经也,地之义也,民之行也。天地之经,而民是则之。则天之民,因地之利,以顺天下。是以其教不肃而成,其政不严而治。是故先之以博爱,而民莫遗其亲;陈之于德义,而民兴行;先之以敬让,而民不争;导之以礼乐,而民和睦;示之以好恶,而民知禁"(《孝经·三才章》,另《春秋繁露·五行对》对"夫孝,天之经,地之义"的五行阐释)。归根结底,"是故夫政必本于天,殽以降命。命降于社之谓殽地,降于祖庙之谓仁义,降于山川之谓兴作,降于五祀之谓制度。……故圣人参于天地,并于鬼神,以治政也"(《礼记·礼运》)。

西塞罗亦曰:"如果每个人都能对他人保持最亲密的感情,其他人对他同样也表现出巨大的亲切之情,那么,人类社会和联盟在这种情况下便可能得到最好的维护"(《论义务》1.50),即如墨子曰:"若使天下兼相爱,爱人若爱其身,犹有不孝者乎?视父兄与君若其身,恶施不孝?犹有不慈者乎?视弟子与臣若其身,恶施不慈?故不孝不慈亡有,犹有盗贼乎"(《兼爱》)?孝义与兼爱,圣王之道,万民之大利也。这是古已有之的教导,也是人兽分别的界限:人类才具有理性。① 而人类正是凭借着自己独有的理性,认识到事物的原因、进程以及"为维持生活准备必需的一切",从而依靠天性中的理性力量形成共同的生活,首先是"赋予人们对后代某种特别的爱"(《论义务》1.12),促使这种合群的生活更加幸福(另参《吕西斯》207d)。

只有真实、单纯和真诚的人类天性才能感觉并形成真正的"秩序"(ordo)和"分寸"(modus),达到"优美和协调一致",从而实现"道德的高尚性"(《论义务》1.13—14)。"六逆"与"六顺",乃祸福之因由(《左传·隐公三年》),不难理解的是,《左传》后半部分几乎已不见"孝"的踪影! 父母之爱和子民的忠孝,与其说是理性思考的产物,不如说是"自然"甚至"前自然"的方式。从根本上说,孝与任何"理性"、"计算"、"法律"和"自然权利"都无关,它是前哲学的自然之"道",循之便"德",老子曰:"道生之,德畜之,物形之,势成之"(51章),王弼注曰"道者,物之所由也;德者,物之所得也,由之乃得"。

作为仁孝根基的"礼"远高于"理",因为"夫礼,必本于大一,分而为天地,转而为阴阳,变而为四时,列而为鬼神。其降曰命,其官于天也"(《礼记·礼运》)。礼序仁爱,兼道兼德,孝亦如是,皆本天道也。子曰:"夫礼,先王以承天之道,以治人之情,故失之者死,得之者生。《诗》曰:'相鼠有体,人而无礼。人而无礼,胡不遄死?'是故夫礼必本于天,殽于地,列于鬼神,……故圣人以礼示之,故天下国家可得而正也"(《礼记·礼运》)。苟能循乎天地之大道,持守人伦之大端,爱敬恭谨,讲信修睦,立达与共,"大同"、"太平"其尤乌托之邦哉?②

---

① 另参 1.105—107;比较 1.81(智慧、野蛮与刚毅)。另参西塞罗《论法律》1.22,柏拉图《法义》963e,《普罗塔戈拉斯》322b,亚里士多德《政治学》1253a9 以下,1332b3-5。不义者就像狮子一样互相攻击,无法成为朋友,而正义则能够驯化欲望,使之照顾好全体利益,参《王制》588e-589b。

② 柏拉图《王制》所谓"理想国"虽不存在地上,却是天国的"范式"(592b),洵为世间法。

苏格拉底与政治哲学的诞生
——论柏拉图《克力同》中的正义

王江涛

> 可是,我了不起的朋友啊,我觉得我们刚才说过的话现在还照样有效。请看一看,我们是不是还主张:我们应当认为最重要的并不是活着,而是活得好。
>
> ——《克力同》48b①

一、政治哲学与《克力同》

据说,政治哲学是特定历史时期的特定产物,而苏格拉底是第一位政治哲人。

无论这一说法会引起多大的争议,至少,它揭示出两个关键性要点:第一,并非所有的政治思想都是政治哲学。自有政治以来,就有政治思想的存在,却很难说,有政治就有政治哲学的存在。政治思想是对政治活动,以及指导政治活动的政治理论的研究,它可以来自某种意见。相比之下,政治哲学绝对不可能直接从意见中产生。毋宁说,只有

---

① 柏拉图,《柏拉图对话集》,王太庆译,北京:商务印书馆,2004,页56—71。

与意见发生彻底的决裂,才有可能产生政治哲学。① 政治哲学有其明确的开端,而这个开端,是苏格拉底。第二,产生出政治哲学的那种决裂不单指与意见的决裂,同样指跟政治哲学诞生以前的自然哲学的决裂。在苏格拉底之前,哲人们关心的是"万物的数量、运动、本源以及目的",苏格拉底把哲学从天上引入城邦,从对自然物的探究转变为对政治事物的自然、尤其是对善和正义的自然的探究。在苏格拉底的持续努力下,善与正义成为哲学的全新主题,哲学成为政治哲学。②

哲学到底应该关心什么?是存在本身,还是善?更确切地说,是存在优先于善,还是善优先于存在?这绝非一个无关紧要的问题。它关系到哲学的品质、旨趣和取向,甚至直接关系到如何回答"究竟纯粹哲学还是政治哲学才是第一哲学的问题"。

存在与善之争,一定程度上可以还原为更富有时代特征的海德格尔与施特劳斯之争。"存在"毫无疑问在海德格尔的哲学中占据着中心地位,是"惟一值得严肃对待的所思之物"。海德格尔曾毫不留情地批判整个"形而上学史是存在的遗忘史"。施特劳斯(Leo Strauss)显然不同意他昔日的老师。他在《海德格尔式存在主义导言》一文中开门见山地警告海德格尔:"如果思想着的存在者、思想着的个体遗忘了作为他所是的他自身,那么思想便不完全,并有缺陷"。施特劳斯似乎把海德格尔比作《泰阿泰德》中的数学家忒奥多洛斯(Theodorus),"这个纯然客观的人完全迷失于他所沉思的数学当中;对于同伴和他自己,特别是自己的缺陷,则一无所知"。③ 言下之意,海德格尔已经迷失在对存在的追思当中,对于追思存在这一行为本身,缺乏必要的认识和反思。

想要彻底解决存在与善的优先性问题,必须全盘理解这两位20世纪最伟大的哲人之间的争论。反之,全盘理解施特劳斯与海德格尔的紧张关系,也必须严肃对待存在与善的优先性问题。无论前者还是后

---

① 参见《王制》卷七的洞喻,514a—517a。中译本参见《理想国》,顾寿观译,吴天岳校注,长沙:岳麓书社,2010。
② Cicero, *Tusculan Disputation* Trans. King J. E. Cambridge Ma.: Harvard University Press, 1996, V4.
③ 施特劳斯,《古典政治理性主义的重生》,郭振华译,北京:华夏出版社,2011,页72—94。

者,恐怕都不是一个小问题。不过,如果从二位哲人的某位后辈学人的治学经历出发,我们或许可以收获有益的思考。

特拉夫尼(Peter Trawny)是德国乌泊塔大学海德格尔研究所主任,也是《海德格尔全集》的编者之一。他研究海德格尔起家,却在不惑之年,转向政治哲学研究,出版专著《苏格拉底或政治哲学的诞生》。一位海德格尔专家怎么突然投入施特劳斯的怀抱?特拉夫尼自有其独到的解释:

> 我想要指出同自己相关的事情……我首先致力于海德格尔对荷尔德林所谓的"祖国之折返"(vaterländische Umkehr)的阐释。按照这个阐释,哲学的哲学性传统在希腊人那里的"第一开端"以及海德格尔本人那里的"另一开端"的张力中展开。对城邦的追问以及对我所称的"命运政治"(Politik des Geschicks)的追问在此具有不可小觑的作用……就我将"苏格拉底"理解为一个相较于前苏格拉底思想家那里的开端占有优势地位的开端而言,实际上我凭眼下这部著作跟随着"祖国之折返"的运动。如果有朝一日我能写一部对施特劳斯与海德格尔之间极为有趣的关系进行较为详细研究的著作,这将是极好的事。因为当施特劳斯要求"古代与现代的争执必须得到更新——相比于17、18世纪的作为,它必须以更多的公正和更多的知识来得到重申"时,他指的是一种与"祖国之折返"具有亲缘关系的思想,这大概是毫无疑问的……而当我将"苏格拉底"视为一个"开端"时,这并不意味着,我们与这一"开端"处于一种不可动摇的关系中。①

尽管特拉夫尼的行文拗口,但从字里行间中却不难看出,与其说他的政治哲学转向是对海德格尔的"背叛",不如说是海德格尔对他的激发。在特拉夫尼的思的道路上,他首先追随海德格尔阐释荷尔德林

---

① 特拉夫尼,《苏格拉底或政治哲学的诞生》,张振华译,上海:华东师范大学出版社,2014,页40—41,注释2。

的"祖国之折返",进而追随海德格尔的开端思想。在这里,他与海德格尔"分道扬镳",他认为苏格拉底作为开端比前苏格拉底哲人作为开端更为根本,也更符合荷尔德林的"祖国之折返"。在与海德格尔分道扬镳之后,特拉夫尼遇上了施特劳斯。从《苏格拉底或政治哲学的诞生》一书的结构布局不难看出施特劳斯对特拉夫尼的影响:导论是对韦伯(Max Weber)的演讲"科学作为职业"的细致分析,主体部分是对《苏格拉底的申辩》(以下简称《申辩》)和《克力同》的文本解读,结论部分是对当今政治哲学的一次自我反思。这难道不是在摹仿《自然权利与历史》?

除了"形似",更多的是"神似"。特拉夫尼在解读《申辩》和《克力同》时给予文本极大的关注,① 并且充分考虑到了政治与哲学的张力,并且将这种考虑融汇到他的分析当中。"哲人决意承认城邦的法庭是一种哲学所不能凌驾于其上的真理,政治哲学的可能性与此联系在一起"。② 然而,特拉夫尼这种施特劳斯式的路数同时也是海德格尔式的,他对文本的关注又常常超越文本,表现为对《申辩》和《克力同》所呈现出的"生活世界"的关注。这种奇妙的统一,被特拉夫尼运用在对"位置"概念富有创造力的阐释上。

位置是特拉夫尼解读柏拉图的关键词。它不仅是一个空间概念,更是一个政治概念。"位置总是首先指一个生活世界中的具体位置。各种要求,有时是法的要求,总是与一个位置联系在一起"。③ 哲学本来就是超越政治、超越城邦的。哲人的归属在洞穴之外,而在洞穴中,哲人无家可归。④ 哲学想要成为政治哲学,必须在城邦中找到属于它的位置,政治哲人必须在城邦中占据一席之地。

---

① 需要说明的是,特拉夫尼的解读基于柏拉图的文本,而仅仅将色诺芬的文本当作必要的"附释"。我的解读将对柏拉图与色诺芬的文本视为具有同等效力著作,它们都是苏格拉底式政治哲学的宝贵遗产。
② 特拉夫尼,《苏格拉底或政治哲学的诞生》,前揭,页152。
③ 同上,页8。
④ 柏拉图在《会饮》中曾如此描述爱若斯:"爱若斯粗鲁、不修边幅,打赤脚,居无住所,总是随便躺在地上,什么也不盖,睡在人家门阶或干脆露天睡在路边"(203d)。如果说哲学就是热爱智慧,那爱若斯无疑是对哲人的最好诠释。中译文参见,刘小枫译,《柏拉图的〈会饮〉》,北京:华夏出版社,2003。

苏格拉底虽然自称"没有位置"(*atopon*)，①但他的所有言行必须从雅典这个特殊的位置出发才能得到理解。特拉夫尼就认为，政治哲人虽然必然被呈现为一个没有位置的人，但他的"没有位置"不同于自然哲人的无家可归或智术师的四海为家，只可能理解为"不在其位"。而政治哲人的"不在其位"，必须首先从他的"在其位"获得意义，必须从他应当所处的位置获得意义。于是，在海德格尔式"拓扑学"(Topology)和施特劳斯式政治哲学的相互关照下，《克力同》有机会从《申辩》和《斐多》的夹缝中破土而出，获得全新的诠释。

二、克力同的正义

自从被雅典法庭宣判死刑之后(《申辩》38c)，苏格拉底便彻底离开了他所熟悉的位置——无论是市场还是体育馆。在公共层面上讲，苏格拉底已经"死"了，只不过开往德罗斯岛(Delos)祭祀的船已于审判前一天出发，出于城邦的某种集体虔敬，苏格拉底才得以"续命"(《斐多》58a以下)。《克力同》中的苏格拉底即处于这样一种生死边缘的"临界状态"中。临界状态关乎生死，它是衡量诸种正义观最佳尺度，政治哲学也将在这一尺度的逼问之下现身。

《克力同》是以苏格拉底的对话者命名的演示型对话，克力同是苏格拉底在这篇对话中惟一的对话人物。在苏格拉底饮鸩而死的前一天，一个伸手不见五指的夜晚，克力同探监苏格拉底，试图说服苏格拉底越狱，可惜，他并未成功，反倒让苏格拉底成功说服他打消了念头。对话明显可以分成三部分：1.克力同与苏格拉底的对话(43a-50a)；2.苏格拉底虚拟的他与雅典法律的对话(50a-54d)；3.苏格拉底与克力同的对话(54e)。苏格拉底与雅典法律的对话被他与克力同的对话夹在中间。

克力同是苏格拉底的朋友。他与苏格拉底岁数相当，是位家境殷实的富人，也是传统意义上的希腊贤人(*kalos kagathos*)。② 苏格拉底

---

① 柏拉图，《苏格拉底的申辩》，吴飞译，北京：华夏出版社，2007，31d。
② 《斐多》和《欧蒂德谟》曾记载过他的言行，色诺芬在其回忆苏格拉底的著作中，对其亦有记载。

死的那天,他为苏格拉底忙前忙后,照顾妻子,侍奉苏格拉底洗澡、安排后事等等。但是这位克力同与苏格拉底的其他朋友不同,他对哲学不感兴趣,他与苏格拉底的友谊完全建立在日常生活的交往之中。某种程度上说,克力同是离苏格拉底身体最近、灵魂最远的朋友。

对话以苏格拉底的梦开始。苏格拉底梦见一位白衣女子,告诉他"第三天即可到达那富饶的弗提亚"(44b)。这个梦来自《伊利亚特》,① 却又混淆了《伊利亚特》的情节。当然,梦境混淆现实并不奇怪。苏格拉底根据他刚才的梦推断,船今天不会到,明天才到,相应地,他明天才会去弗提亚,所以他明天才会死。② 显然,苏格拉底把自己比作阿喀琉斯,把弗提亚比作冥府,他要在第三天才会到达冥府。弗提亚是阿喀琉斯的家园,苏格拉底似乎在暗示,冥府是哲人的家园。这一暗示的全部意涵,只有在相信灵魂不死的《斐多》中才能得到恰切的理解。克力同对苏格拉底的梦不感兴趣,他匆匆忙忙地建议苏格拉底越狱,必要的话,甚至可以流亡忒萨利(Thessaly)。实际上,忒萨利与弗提亚是同一个地方,克力同的建议与白衣女子的建议不谋而合。我们不知道,若克力同严肃对待苏格拉底的梦,并以此为论据,能否说服苏格拉底。惟一可知的是,克力同对梦境、预言一类事物不感兴趣,他是个现实的人。他说服苏格拉底的理由同样基于现实的考虑。

克力同劝苏格拉底越狱,理由有三点:第一,苏格拉底之死会让克力同失去一位朋友(*epitedeios*),同时,还会让他背负重财轻友的恶名(*doxa*),③民众虽然投票判处苏格拉底死刑,但他们似乎倾向于认为,苏格拉底的朋友有义务替苏格拉底花钱消灾,使其避免死亡。如果他们没这样做,便是重财轻友之人。第二,克力同向苏格拉底保证,他以及苏格拉底的其他朋友有充裕的钱财,足以打点越狱的诸多事宜。他不厌其烦地声称,搭救苏格拉底不会花费许多钱,就算苏格拉底不愿用克力同的钱,还有许多其他朋友愿意出钱搭救苏格拉底,比如忒拜城的西米阿斯(Simmias)和克贝斯(Cebes)。金钱再次发挥了政治的效用。

---

① 荷马,《伊利亚特》,罗念生译,北京:人民文学出版社,2001,9.363,18.94。
② 弗提亚(*phthia*)与死亡(*phthinein*)的发音相近。
③ 希腊文 doxa 兼有"名声"与"意见"两种含义。

我们记得，克力同之所以能在这个时间点探监，是因为他事先拿钱买通了监狱看守。第三，如果苏格拉底不愿越狱，甘愿受死，无异于遗弃他的子女，对他子女的不负责任，这是最偷懒的养育子女的办法，绝非正义之举，也辜负了他一生推崇的美德(45c-e)。

克力同说服苏格拉底的这三条理由绝非如特拉夫尼所说，是无关紧要的、无用的、却善意的诡辩。① 克力同会给出如此理由绝非偶然，这完全是由他的灵魂类型所决定的。支撑这三个理由的，也是这种灵魂类型所持有的特殊正义观。

首先，克力同说，他不愿意失去像苏格拉底这样的朋友，这说明克力同是一个注重友情之人。但要注意的是，克力同所谓的朋友，意为那些有用处、对自己有好处的朋友。色诺芬在《回忆苏格拉底》中曾记载过这么一则轶事：②克力同向苏格拉底抱怨，他常常受一些无赖骚扰，苏格拉底建议，他应该养一条狗防止豺狼进入到他的羊群中来，于是便把阿基达姆斯(Archidamus)推荐给克力同，阿基达姆斯可以帮助克力同在法律上对付那些流氓无赖，保护克力同的家产。于是克力同就把阿基达姆斯当作朋友。这则轶事反映出克力同对朋友的特殊理解：朋友是对自己有用的人。无论人们对苏格拉底的理解有多大争议，至少有一点绝对不会产生分歧——苏格拉底不会把朋友界定为有用之人。其次，克力同习惯于用金钱解决问题，他也非常擅长此道。他之所以能够在监狱这个封闭的"临界"场所中来去自如，靠的无非是用钱贿赂看守。他也似乎理所当然地认为，金钱能够解决生死问题，买通监狱看守和告发者们"不需要用很多钱"。他请求苏格拉底不要在意会有人找他的麻烦，因为这样做对克力同以及其他苏格拉底的同伴们来说是正义的，帮朋友脱离危险是正义的事情，即便因为这样做而惹祸上身也在所不辞，所以金钱原则背后体现的其实是正义原则。首先提出正义的是克力同而不是苏格拉底(45a-b)。不过，金钱背后的正义毕竟还是克力同站在自己立场上的考虑，当克力同将正义当作一个明确的理由提出

---

① 特拉夫尼，《苏格拉底或政治哲学的诞生》，前揭，页157。
② 色诺芬，《回忆苏格拉底》，吴永泉译，北京：商务印书馆，2010，Ilix。

来时,他必须从苏格拉底的立场出发指责苏格拉底的不义,因为他忽略了对家庭的照顾,尤其是对子女的照顾。苏格拉底的"不义"仅限于他对自己的家庭"不义",但苏格拉底的位置是城邦,而非家庭。若要证明苏格拉底的不义,至少要证明他在城邦层面的不义。可惜,这样的论证并未得到充分展开。或许是因为克力同自己作为父亲也不够称职,① 或许是因为时间紧迫,他们必须立刻动身准备越狱。

克力同的言行体现出某种特殊的正义观:正义就是保存自己,使自己免遭不义的侵害。凡是有利于保存自己的,趋利避害的,就是正义,反之,则是不义。这种观点很容易混淆生活本身与好的生活两者之间的区别,甚至有可能直接将两者划上等号。持有这种观点的不只是克力同一人,据说,《高尔吉亚》中的卡里克勒斯(Callicles)更加极端,他甚至认为,一个人为了保存自己,甚至可以公开行不义。除此之外,在《申辩》中,苏格拉底在反驳完毕第二拨指控者的指控后,构想出一个匿名者(someone)攻击他自己,因为哲学而招来杀身之祸,苏格拉底应当感到羞愧(《申辩》,28b)。言下之意,招来杀身之祸是可耻的,反之,保存性命才是高贵的、正义的。克力同与卡里克勒斯以及这位匿名者都是普通的雅典公民,倘若对他们的观点概括准确,我们或可以将这种强调自我保存的正当性的观点称之为"普通人的正义观"。② 后面我们将看到,建立在个体生命之上的贤人正义观有其天然的局限性:它把灵魂排除在正义的考虑范围之外,不可能真正地理解正义。尽管他们与苏格拉底一样,都生活在雅典城邦里,但他们很少在市场或体育馆等公共场所打发时间,普通人的位置很少与公共政治空间发生联系,他们更多地呆在家里,或工作岗位上。

---

① 无论是在柏拉图还是在色诺芬的著作中,我们皆未发现克力同教育他的儿子克利托布勒斯的情形,反倒发现苏格拉底替克力同教育他的儿子。这也间接证明,苏格拉底对克力同来说是 *epitedeios*。参见色诺芬,《齐家》;《回忆苏格拉底》,Iiii8—15;IIvi。

② 施特劳斯生前编选最后一部文集《柏拉图式的政治哲学》时,原本打算收录三篇论柏拉图的文章:"论柏拉图的《苏格拉底的申辩》和《克力同》","论《欧蒂德谟》","论柏拉图的《高尔吉亚》"。可惜还没来得及完成最后一篇文章,施特劳斯就去世了。《申辩》、《克力同》、《欧蒂德谟》与《高尔吉亚》这四篇对话有一个共同点:它们都记叙了苏柏拉底与普通雅典民众的对话。参见氏著,《柏拉图式政治哲学研究》,张缨等译,北京:华夏出版社,2012,"中译本说明"。

三、苏格拉底的正义

在克力同说服苏格拉底的三个理由中,意见是克力同立论的前提,金钱在他的论证中占据着中心位置,对正义的考虑排在金钱之后。

苏格拉底对克力同的反驳一上来就表明,只有正义才是他唯一关注的理由。不过他首先谈论的是意见问题。之前,苏格拉底曾简单提及意见,这时重提,是因为意见是克力同发言的基本前提,只有瓦解这个前提才能彻底驳倒克力同。

在前面的简要论述中,苏格拉底表示没必要在意大众的意见,因为大众既不能行大善,也无法做大恶(44d),虽然苏格拉底并不否认,大众也能够做恶。在这段详细论述中,苏格拉底的态度有所让步,比之前显得更温和、更委婉。他说他只遵从论证(logos, logoi),凡是经过论证,有道理的,他才会接受,没有道理的,绝不接受。苏格拉底在《申辩》中曾说,他只遵从精灵(daimon)的建议。这一次,苏格拉底丝毫未提精灵的事,他心里清楚,克力同非常现实,不会相信精灵一类的事物。[①]反驳克力同的惟一办法就是跟他讲道理,而且所讲的道理还必须在他能够理解的范围之内。苏格拉底没有说这些道理是他自己的意见,他把他要讲的道理归咎于那些"思想严谨的人"(46e),那些人说,有些意见要重视,有些则不必重视。克力同不得不同意这一点,如果大众的所有意见都需要尊重,那么克力同也必须尊重大众判处苏格拉底死刑这一意见,也就不能策划越狱事宜。他的行为恰恰证明了,有些意见则不必重视。

苏格拉底接着论证,重视与否的标准在于意见是否有用,为了让克力同理解,苏格拉底举了一个身体方面的例子。关于身体方面的建议,我们应该听医生或健身教练的意见还是听大众的?苏格拉底在这里把意见分成两类,一类是专家的意见,一类是大众的意见。通常来讲,专

---

① 施特劳斯在解读《克力同》时提醒读者,克力同是清醒的人,或毋宁说是缺乏想象的从而视野狭隘的人,因而对超越他的领域和他的经验之外的事物毫无兴趣。参见氏著,《柏拉图式政治哲学研究》,前揭,页 81。

家的意见背后是知识;而大众的意见就是纯粹的意见,要么是道听途说,要么是从经验样本中总结得来。这类意见背后没有知识,只有记忆,所以它们有可能正确,也有可能错误。通常来说,这两类意见并非绝然对立,因为大众的意见有可能来自专家。不过在这段论述中,苏格拉底刻意把大众的意见与专家的意见对立起来,在《克力同》的语境中,大众的意见大致等同于错误的意见,或无用的(ponēras)意见。

克力同完全明白苏格拉底的意思,所以苏格拉底没有"一一枚举",他直接从身体转向正义与不义、美丑、好坏等事物,他问克力同,在这方面我们同样应该听从专家的意见？正义与不义、美丑、好坏等事物显然是指与灵魂相关的事物。苏格拉底如此大费周章,刻意避免"灵魂"一词,以暗示克力同特有的局限:克力同清醒而现实,对灵魂不感兴趣。当苏格拉底在《斐多》中大谈灵魂不死时,克力同关心的还是如何埋葬苏格拉底的身体。

问题在于,即便克力同同意,在关于正义的问题,我们应当听从正义的专家的意见,但谁才是这方面的专家呢？诗人？智术师？还是哲人？克力同没问,苏格拉底也没说。实际上,苏格拉底曾在《王制》中表示过,哲人才是正义问题的专家。但在《王制》中,正义问题首先与灵魂问题联系在一起,克力同对灵魂问题并不感兴趣,苏格拉底只好保持沉默。不仅"灵魂"一词没有在《克力同》中出现,"知识"与"哲学"同样没有出现。

既然克力同与苏格拉底找不到关于正义问题的专家,于是他们便从对专家意见的服从过渡到对一致意见的服从。这一过渡的标志是苏格拉底称呼克力同的那四个亲昵的呼格。① 一旦取消了专家的权威,苏格拉底马上占据了对话的主动权。他一连提了七个问题,与开篇形成呼应。不同的是,开场时苏格拉底的六七个问题都在寻求克力同的回答,这里苏格拉底提问的方式更急促,根本不给克力同反应的时间。其实,这七个问题全是修辞性提问,它们根本用不着回答,自动指向一

---

① 这四个呼格分别为:48a,最好的人呵;48b,你这个了不起的人呵;48d,我的好人呵;48e,福佑的人呵。

个普遍性原则:一个人在任何情况下都不能行不义。在这七个问题中,处于中间位置的是第四个问题:我们老头子之间的严肃交谈,难道真的与孩子们的谈话没有区别吗?苏格拉底告诫克力同,一旦同意的意见,必须坚持到底,不能像小孩一样出尔反尔。①

克力同不假思索地同意了这一普遍性原则,他似乎没有注意到,这一原则与他的要求违法的正义原则之间存在着冲突。当苏格拉底进一步加强这一原则时——即使当一个人遭受不义时,他也不得报之以不义——克力同才发现不对劲,因为正义的最初含义是惩罚,当一个人遭受侵害时,他有权对伤害他的人施行不义,所谓以血还血、以恶报恶。这里的恶,是一种惩罚,恰恰是正义的表现。这一普遍原则的特例违背正义的原初含义,所以克力同才同意得很勉强。

苏格拉底曾说服过格劳孔(Glaucon),使他相信,行不义比遭受不义更坏,因为行不义意味着灵魂的败坏。然而,灵魂与哲学对克力同不起作用,苏格拉底不可能像说服格劳孔那样说服克力同。于是,摆在苏格拉底面前的问题变得愈发棘手,他必须让克力同相信,越狱是不义的行为,会伤害到别人。

囿于克力同特有的局限性,苏格拉底无法在这篇对话中完全展示哲人的正义观,因此,哲人的正义观在《克力同》中隐而未发。但是,苏格拉底还是坚持着哲人的底线——任何时候都不能行不义,因为自己遭受痛苦并不构成让别人遭受痛苦的理由。显然,哲人的正义原则不可能建立在共同意见的基础上,如上所述,普通民众不会认为行不义比遭受不义更坏。既然哲人的正义不是来自意见或建立在意见之上的法律,那么,哲人的正义必定是自然产生的,只可惜,它说服不了克力同。这也从侧面说明,政治哲学有其自然的界限。

四、"雅典法律"的正义

柏拉图留给后人三十多篇对话,尽管每篇的主题不同,但最后都殊

---

① 施特劳斯,《柏拉图式政治哲学研究》,前揭,页83。

途同归地指向哲学。《克力同》是个例外。克力同偏偏不关心哲学,这意味着苏格拉底不太可能用哲学说服克力同,这是摆在苏格拉底面前最大的困难。

苏格拉底试图让克力同明白,越狱也是在行不义,违背了任何情况下都不得行不义的原则。但克力同却说他不明白。仿佛在他看来,只有伤害具体的人才叫行不义,而越狱并不会伤害他人——监狱看守非但不会受到伤害,反倒会得到好处(受贿)。况且,苏格拉底会因此获救,这符合克力同的正义,克力同帮助了朋友,这符合玻勒马霍斯的正义,所以克力同才不明白,明明如此正义的行为为何会被苏格拉底看作不义之举。克力同从未考虑过如下可能性:越狱可能会对城邦或法律造成损害。理由在于,克力同不是一个政治人。色诺芬的故事早已告诉我们,克力同自己对付不了那些寻衅挑事的无赖,他必须依靠阿基达姆斯的帮助。按照克力同自己的说法,"一个安分守己的人生活在雅典是很困难的"。可见,克力同虽然擅长生活的技艺,但他并不擅长政治生活的技艺。

为了让克力同明白,违反法律也是一种不义,苏格拉底只好把雅典法律拟人化,想象雅典法律挡在他们面前,阻止他们越狱。法律既然成了人,也就可能成为行不义的对象。苏格拉底此举还有另一层隐秘的意图:既然法律取代正义的专家和关于正义的一致意见成为新的权威,那么苏格拉底和克力同就应当听从法律的意见,难道判处苏格拉底死刑的雅典法律会赞同苏格拉底越狱吗?显然不会。所以,当法律出场时,无论他会说些什么,苏格拉底已经成功了一半——我们应当服从法律。

法律对苏格拉底的第一个质疑是:为何不服从法庭的判决?这一质疑本身也需要质疑。诚然,法庭是正义的化身,但这也意味着法庭不等于正义本身,法庭与正义之间存在着断裂的可能,法庭的判决完全有可能歪曲正义。如果城邦对苏格拉底行不义在先,把案子判得不公正,难道他就不能破坏法律了吗(50c)?这一回答不仅再现了"恶法非法"这一西方法学史上的经典命题,而且还对法庭的权威构成了最大的挑战:为何法律不能把不义的法庭判决取消掉?

雅典法律并未直接回应苏格拉底与克力同的质疑。法律的言说方式是规管和命令，它不与个体对话。法律不需要协商、辩论，法律只需要遵守。①

从形式上看，法律的第一段发言呈现出严格的三段论式结构。第一，法律自称生育了苏格拉底，②这无异于说法律之于公民的关系是父亲与儿子的关系。色诺芬曾将美德比作一位白衣女子。在开场，苏格拉底的梦中也曾出现过一位白衣女子，那可能是拟人化的美德。如果雅典法律说，他是与阿蕾忒（Arete）结合生育了雅典公民，这无疑是最令苏格拉底满意的答案。但法律并没有这样说，法律似乎是单独生育了公民。这暗示，法律所生育的所有公民，都低于法律本身，因为没有其他高于法律的存在参与到生育的行为当中。这也决定了法律之于公民的家长地位。第二，法律说抚养、教育了苏格拉底，给他提供了音乐和体育教育。音乐教育和体育教育是最基本的公民教育，却不足以将苏格拉底培养成哲人。前两点相当于三段论中的前提，第三点是结论："对于父邦，必须尊敬、服从、谦逊，有过于对待父亲，如果不能说服，就只有唯命是从，叫吃苦就吃苦，毫无怨言。至于鞭打、监禁，或者率领出征、致伤、致死，都必须全部执行，这是正当的，不能规避，不许出走，不得弃职"（51b-c）。

这一三段论的逻辑是这样的：因为我生了你，养了你，给你提供教育，所以你就是我的儿子和奴隶，所以我可以按照我自己的意志对待你、处置你。一个城邦的法律就是其城邦公民的父亲和主人。况且，法律自称其地位高于父亲和主人，既然儿子不能反抗父亲，奴隶不能反抗主人，苏格拉底就没有理由反抗法律了。

法律这套说辞的正当性建立在父亲统治儿子的正当权威之上，但

---

① 即使在民主时代，公民有权利修改、制定、甚至废除法律，但作为个人，他依然没有资格跟法律协商、辩论的平等权利。遵守法律，意味着服从高于自己权威，听任其安排自己的生活。

② 施特劳斯曾在1966年未出版的讲稿中提示学生，必须将拟人化的雅典法律想象成一个活生生的人，因为他已经实实在在地站在苏格拉底和克力同面前。那他是一个什么样的人呢？首先，他肯定是个男人，因为法律（nomos）是阳性的，其次，雅典法律是一位老人，因为法律在本质上是保守的。

是，父子关系不仅仅是一种统治关系，更是一种教育关系。《克力同》抽离了灵魂的因素，分离雅典法律与美德，父子之间的道德教化关系就被忽略了。

儿子不服从、甚至反对父亲，有两个著名的例子。第一个是阿里斯托芬的《云》。儿子一开始就不听父亲的话，他没有像父亲期望的那样好好种田，或者找份工作干，而是成天跟人赛马。在经过思想所的苏格拉底的教育后，儿子性情大变，但依然不听父亲的话，而且他不听话得理直气壮，他说他比父亲更聪明，因而更有资格教育、甚至教训父亲，所以儿子打父亲是正义的。这一说法看似诡辩，其背后的理据是，作为自然的聪明优先于作为法律的人际关系。第二个例子是宙斯。宙斯本身不是一个好儿子，他的全部正当性奠基在推翻他的父亲克罗洛斯的行动上。

可见，在希腊人看来，儿子服从父亲从来都不是无条件的。但即便如此，法律的这番言辞还是得到了克力同的认可，因为克力同本人就是一位父亲。

法律的第二段发言与第一段的逻辑完全不同，它展现出另外一番法与人的关系。前一段法与人的关系是父子关系，这里法与人的关系是基于同意的契约关系，这可以视作对前一段的补充。父子之间的统治关系并不构成无条件服从的充分条件，在这段论述中，法律说明了无条件服从的两个前提条件：第一，成为哪一个共同体的一分子，是你无法选择的，只要你出生在哪个共同体，你就是哪个共同体的一分子。这样，这个共同体就会抚养你，给你提供必要的教育。第二，城邦不会强迫你成为城邦的一员，如果你对城邦不满意，你可以带着自己的财物，去任何你喜欢的地方。换言之，你有退出共同体的权利。但如果你选择不退出，这意味着你认可该共同体及其法律，你愿意受到这个共同体的法律约束，并愿意接受违法的惩罚。第一个条件延续的是上一段论述，它使人成为法律的奴隶，第二个条件体现了一种崭新的关系——法与人是平等的，法使人成为自由人。按照现代契约论的说法，自由人通过让渡自己的自由，获得法律的庇护，同时也受法律所节制，他必须与法律达成一致这样一种关系。这说明，无条件服从法律需要将强制和同意结合起来。如果苏格拉底越狱,他将同时违背法律对他的强制以及自由选择的意志。

诉诸于自由选择的论述具有极强的说服力。首先,苏格拉底从来没有离开过雅典;其次,苏格拉底按照雅典城邦的规定娶妻生子,据说,苏格拉底娶妻生子,很大程度上是为了履行公民义务;最后,在申辩时,苏格拉底没有提出流放其他城邦的惩罚,法律完全允许他这样做。法律说,如果他们达成一致的东西在苏格拉底看来是不正义的,他就会离开雅典而去。法律没有说自己是正义的,也没有说苏格拉底正义,他只说他们同意的东西符合正义,因为这是双方在不受任何强制的情况下,自由缔结的约定。换句话说,正义的约定不是正义的人与正义的人,或者正义的人与正义的法律之间缔结的约定,正义的约定意味着缔结的方式是正义的,即双方出于自愿,不受任何强制。既然苏格拉底留在雅典是其自由选择的结果,他就必须为他的选择负责。

在对话结尾,苏格拉底自称完全被雅典法律说服了:

> 这些东西,亲爱的伙伴克力同呵,你清楚地知道,看上去就是我所听到的,仿佛科鲁班特人听笛子一般,这些言辞在我耳中嗡嗡作响,使我听不进其他言辞。而你知道,如今在我看来,这些事情就是如此,你若唱反调,说了也白说,若你认为你还有所作为,那就说吧(54d)。

雅典法律的发言比较长,直接把握有一定难度,因此,我们需要细节的指引,帮助我们从总体上理解雅典法律的意图。而苏格拉底这里打的比喻,或许是理解雅典法律的关键线索。科鲁班特的笛声,是一个意味深长的比喻。据考证,*nomos* 不仅表示法律,也有歌谣之义,但笛声与歌谣还是不一样,笛声没有歌词,歌谣有歌词。一般的法律是包含 *logos* 的,但苏格拉底虚拟的雅典法律则是没有 *logos* 的曲子。在开始法律讲辞之前,克力同完成他的论证之后,苏格拉底就明确表示,他奉行的一贯原则是听从 *logos*,听从在推理方面无懈可击的 *logos*(46b-c)。尽管 *logos* 可以理解为言辞、论证、道理等等,但无论如何,都不至于理解成笛声,理解成没有言辞的曲子。这时便出现一个矛盾,要么苏格拉底的一贯原则不是听从 logos,要么法律没有说服苏格拉底。但是《克力同》中的苏格拉底确实自始至终都听从 logos,而他最后也没有违反法律越狱逃跑。如何理解这个显而易见的矛盾?惟一合理的解释便是,苏格拉底听从的那个 logos 不等于法律的言辞,因为法律的言辞已经被等同于没有 logos 的笛声,只不过听从 logos 的结果与听从笛声的结果恰好一致。从表面上看,雅典法律成功说服了苏格拉底,实际上,苏格拉底设计这出对话,为的是打消克力同劝其越狱的念头,归根结底,雅典法律说服的是克力同。至于苏格拉底被说服没有,则是另一回事。

如果雅典法律的 logos 不同于苏格拉底听从的 logos,那雅典法律的正义自然也不同于苏格拉底的正义。问题在于,什么才是雅典法律的正义?

雅典法律的正义在于统治他的公民,从公民的角度来看,正义就是遵守法律。然而,法律能够让公民遵守,凭借的既非说理,也非强力,它的权威来自人与人之间缔结的约定。法律本质上是由人创造的,雅典的法律自然是雅典民众创造的,因为雅典是民主制的城邦。雅典民众并非雅典法律的子女,雅典法律才是雅典民众的子女,因为雅典民众才是雅典法律的立法者。而在《克力同》的语境中,民众的意见总是与专家的意见相对立,是无用的意见。这无异于是对法律的一种否定或批评。当然,苏格拉底没有直接作出这种批评,他声称自己要服从法律,即使在《申辩》中,苏格拉底也是以虚拟语气说,假如法律不让他从事哲学思考,他就不服从法律。实际上,雅典是个民主制城邦,民主制的特点是允许各种各样的生活方式存在,其中包括哲人的生活方式,雅典法律并不会禁止苏格拉底从事哲学思考,所以苏格拉底也不会在言辞或行动上直接批评雅典法律。批评必须建立在一定距离的位置之上,柏拉图把批评法律的任务分配给两位没有名字的异邦人,一个是《治邦者》中的爱利亚异邦人,一位是《法义》中的雅典异邦人。异邦人"不在其位"的疏离性反而有利于担当法律的批判者。

五、政治哲学的诞生

《克力同》的全部问题可以归结为是否越狱的问题。关于这个问题，克力同坚持越狱，以保存苏格拉底的性命。雅典法律反对越狱，一方面越狱会破坏法律，另一方面，越狱固然能避免一死，但待苏格拉底死后，冥府的法律也会惩罚他越狱的行为。这二者对待越狱的态度和理由都旗帜鲜明，唯独苏格拉底，他明明知道法庭的判决不公正，却为何不愿意越狱，甘愿赴死？

苏格拉底并不是雅典审判的第一位哲人，在他之前，还有阿那克萨戈拉与普罗塔戈拉。但苏格拉底毕竟不同于前两者，当雅典审判他们时，他们尽可以一走了之。自然哲人和智术师都不需要城邦，政治哲人却做不到这一点。然而，政治哲人又不像普通人那样依赖城邦。苏格拉底在申辩时将政治哲人比作牛虻，将城邦比作一匹大而高贵的马。马因为大，就很懒，需要牛虻来惊醒(30e)。马只有在懒惰时才需要牛虻，理论上讲，一匹勤快的马不需要牛虻。相反，牛虻在任何时候都需要马，因为它的天职就是惊醒马，如果没有马，牛虻也将不成其为牛虻。这无异于说，政治哲人的存在，必须以城邦的存在为前提，城邦之中的位置是政治哲学的必要条件。相比之下，自然哲人的位置在天上，所以他的目光总是向上；智术师的位置游离于城邦与城邦之间，他寻求的是掌声，而非城邦内的一席之地。惟有政治哲人，汲汲于城邦之中的位置。惟有置于城墙与法律维系起来的城邦之中，即人之为人存在的根基之中，哲人的思考才称得上自我反思。只有这种自我反思得以可能，政治哲学才得以可能。

"知识"与灵魂之"美"
——柏拉图《泰阿泰德》要义发微

贾冬阳

> 故君子尊德性而道问学,致广大而尽精微,极高明而道中庸。
> ——《中庸·第二十七章》

> 哲学或科学,作为人的最高级活动,试图用关于"万物"的知识取代关于"万物"的意见,但意见是社会的基本要素。因此,哲学或科学的努力会瓦解社会所赖以生存的基本要素,于是便危及到了社会。所以,哲学或科学必须保持在极少数人手中,哲人或科学家们必须尊重社会所依赖的种种意见。尊重意见完全不同于把那些意见当作对的而加以接受。
> ——施特劳斯

西方思想始终迷恋"知识"——从荷马诗篇中"神与自然"的区分、帕默尼德笔下"真理之路"与"意见之路"的划界,经城邦民主时代对"知识"及其"类型"的探究,穿过"中世纪"名实之辩进入"认识论转向"后"欧陆理性"与"经验主义"的纷争,直到康德的"哥白尼革命"、现象学的"本质直观"并最终成为分析哲学的核心题域,可以说,"知识问题"贯穿了西方思想史古今。

但，就在这样一条绵延不绝的问题史中，或者说在"知识"的光照下（对观《王制》"三喻"，尤见"日喻"），自始至终潜随着一个断然区分"知识取向"之古今变迁的"阴影"——哲学让位于科学，科学让位于技术，技术理性只关心"琐碎事物最确定的知识"；而"灵魂"，这一古典政治哲学的核心议题，则几乎完全消解在"心理学"的技术分析之中，遑论其和谐的"秩序"。① 对"灵魂"的遗忘，使西方思想呈现出一个重要特征或"危机形式"：对"知识"的理解不断下行，"知识"不再与"灵魂"及其"德性"相关，②而是日益走上"知识即力量"（手段）和"知识即功利"（目的）的技术理性之路。③ 在这条"下行之路"上，"启蒙智识人"不断凭靠新的哲学/知识观念来重新解释人性，终于在今天的技术时代呈现为"新三位一体人义论"：个人主义—工具理性主义—自由主义。结果：人的单子化；"终点"：没有主体的主体——"人是机器"。④

在此意义上，为了理解伴随"技术"与"资本"而席卷全球的灾难性危机，我们必须探查西方"知识取向"的古今之变。而重返将"知识"与"灵魂"结合在一起的苏格拉底及其开创的古典政治哲学，则是这一探查的地基与出发点。

一、苏格拉底的"灵魂学"

据说，哲学是"对普遍知识的探求，对整全知识的探求"，⑤那么，探

---

① 参施特劳斯，《我们时代的危机》，李永晶译，载《苏格拉底问题与现代性——施特劳斯讲演与论文集：卷二》，刘小枫编，彭磊、丁耘等译，北京：华夏出版社，2008，尤其页10以下。
② 参施特劳斯，《什么是政治哲学》，见氏著《什么是政治哲学》，李士祥等译，北京：华夏出版社，2011，页15以下。对观《美诺》81d、86c、87d、88c-d、89a，《王制》591e、608b-c，《斐多》69c、83a、98c-e。
③ 参张志扬，《"光"与"死"——两希精神的原始意象》，见氏著《偶在论谱系——西方哲学史的"阴影之谷"》，上海：复旦大学出版社，2010，页89。另参施特劳斯，《政治哲学的危机》，李永晶译，载《苏格拉底问题与现代性——施特劳斯讲演与论文集：卷二》，前揭，页20。
④ 参张志扬，《"是什么"——希腊理性的"善"、"技艺"与现代科技的逻辑根源》，见氏著《偶在论谱系——西方哲学史的"阴影之谷"》，前揭，页124。
⑤ 参见施特劳斯，《什么是政治哲学》，前揭，页2。柏拉图作品中关于"知识"的说法，主要见《美诺》99a-c，《卡尔米德》170e-171a，《泰阿泰德》197a-210d，《王制》521b-533d，《斐勒布》55d-59d。

寻知识的"哲学"与属人的"灵魂"何干?

　　修习过西学的人应该都知道,哲学(φιλοσοφία)一词的希腊文原义是"爱智慧"。那些亲自观察"自然"并将观察经验上升为抽象理论之人也因此被称为"爱智之人"。但西方思想史表明,"爱智之人"不只一类,有耽于纯粹静观探究自然的自然学家,有意欲改变世界移风易俗的智术之师,当然还有"知—无知"的苏格拉底式的中道政治哲人,如何理解此间差异?换一种问法,什么样的"哲学"与"哲人"关心"灵魂"?

　　关注"数字和运动,探究事物来自何处、去向何方"(西塞罗语)的自然学家虽然探问"知识",却不关心"灵魂"(《斐多》99e)①;新派启蒙智术师看上去是在与"灵魂"打交道,但在柏拉图眼中,这号人与其说是"关心灵魂"不如说是"败坏灵魂",因为他们不过是"贩卖滋养灵魂的东西的大贩和小贩"而已(《普罗塔戈拉》313c;对观《智术师》231d-e)。总而言之,无论是"云上"的自然学家,还是"地下"的智术之师,这两类"爱智者"要么"遗忘灵魂",要么"败坏灵魂",二者的结合——根据自然学原则讲授修辞术②——必将点燃"启蒙之火"。③ "启蒙之火"扫荡一切,它"给过去黑暗的地方带去光明",用"有关自然的科学知识取代原有的想法,即迷信"④——它焚毁了祖传的礼法与风俗,摧毁了政治秩序与人心秩序,"礼崩乐坏,狂狡有作,自己制则,而事不稽古"(章炳麟语)——

---

① 参施特劳斯,《什么是政治哲学》,前揭,页30。
② 参施特劳斯,《苏格拉底与阿里斯托芬》,李小均译,北京:华夏出版社,2011,页20。
③ 对观赫西俄德和埃斯库罗斯笔下的"普罗米修斯"形象以及柏拉图笔下普罗塔戈拉的"新神话"(《普罗塔戈拉》320d-322d)。关于古希腊智术师启蒙,可参 John Burnet,《古希腊哲学,卷一:从泰勒斯到柏拉图》(*Greek Philosophy, Part I: Thales to Plato*),London,1928,页109;柯费尔德,《智者运动》,刘开会、徐名驹译,兰州大学出版社,1996。公元前5世纪席卷整个雅典的智术师启蒙运动与肇端于18世纪的近代启蒙运动尽管存在诸多差异,但本质上一以贯之——都是"宗教和道德的颠覆者,自由思想的捍卫者"(伯内特语);处处"鼓励'哲学'精神,要求打破因循守旧和成见,把人们从旧制度下解放出来。"见米盖尔,《法国史》,蔡鸿滨等译,北京:商务印书馆,1985,页244—245。关于智术师运动的破坏性后果,参桂志敏,《论智术师运动的破坏性》,载《古典研究》,2013年夏季卷,总第14期。
④ 参布卢姆,《美国精神的封闭》,战旭英译,南京:译林出版社,2007,页211。

> 我们的城邦不再受祖传的风俗和习惯治理，……成文的立法和风俗受到败坏，其败坏的程度令人惊讶……，现今所有的城邦都承受着恶的统治——它们礼法的状况近乎无可救药，……我不得不说：要赞颂真正的哲学，藉由真正的哲学，才能看清城邦的正义和一切个人的正义何谓。（柏拉图《书简七》325d-326a，彭磊译文）

东西方思想史都昭示，"礼崩乐坏"之世，恰是哲人出现之时。正如"天下有道，丘不与易也"（《论语·微子》），苏格拉底扭转"爱欲的朝向"，同样源于对"雅典"之"礼崩乐坏"这一特定的"历史/政治处境"的震惊与关切——旧的风俗、礼法在"自然学"和"诡辩术"的联手冲击下土崩瓦解，已然无法支撑城邦政制之根基。因此，柏拉图挑明，为了看清"城邦的正义和一切个人的正义何谓"，必须"藉由真正的哲学"。这无异于尖锐宣告，不关注"城邦"与"个人"正义的哲学不是"真正的哲学"！换言之，真正的哲学与哲人必须从"城邦"以及"灵魂"的"现实处境"出发，追根溯源，以探问"灵魂秩序"与"政治秩序"真正的根基何在。① 在这个意义上，当苏格拉底把哲学从"天上"降至"大地"并置于"属人的城邦"，从而把哲学变成了"政治的哲学"之后，"哲学"即事关被生死善恶围困的人事/世。② 因此，无论苏格拉底是在监狱中把哲学看成践行生死之举，还是在悲剧诗人家里把哲学等同于"爱欲"，都是这一"转向"的结果——从"自然"转向"人世"，转向人类生活的目的。③ 虽然探究的"方向"改变了，但探究的"目光"，仍然来自一双"自然之眼"。④

---

① 参张爽，《苏格拉底的"王者"面相——柏拉图〈治邦者〉义疏》，博士论文（未刊稿），页5。
② 在施特劳斯看来，苏格拉底的"第二次起航"开创了对自然事物的新的研究。在这种研究中，"诸如正义的自然或理式，或者说自然的正义，以及人或人的灵魂的自然，是比诸如太阳的自然更为重要的。"见施特劳斯、克罗波西主编，《政治哲学史》，前揭，页5。另参施特劳斯，《苏格拉底与政治学问的起源》，肖涧译，载《苏格拉底问题与现代性——施特劳斯讲演与论文集：卷二》，前揭，页265。
③ 参伯纳德特，《柏拉图的〈会饮〉义疏》，何子健译，载《柏拉图的〈会饮〉》，刘小枫译，北京：华夏出版社，2003，页241。
④ 参施特劳斯，《致克吕格》，载《回归古典政治哲学——施特劳斯通信集》，朱雁冰、何鸿藻译，北京：华夏出版社，2006，页42。

"这哲学"致力于"引导人们理解人的灵魂"。① 通过探究灵魂的"自然",苏格拉底让世人看到,什么是灵魂的美与丑、善与恶、幸与不幸,归根结底,什么是灵魂的正义与不义。

苏格拉底对"灵魂"的关切与探测、分析与塑造,在他之前从未有过。正是"对灵魂问题的关切,使得苏格拉底与他的前人——无论古老的'宗法诗人'、'自然哲人'抑或与其同时代的'智术之师'——区别开来"。②

二、"美"与"苏格拉底的转向"

柏拉图和色诺芬的写作让我们看到,不写作的苏格拉底关切这样的人世问题:"节制是什么?"、"勇敢是什么?"、"正义是什么?"、"虔敬是什么?"、"德性是什么?",诸如此类。③

"X是什么?",这是典型的古希腊哲学的提问方式,它探究事物的"本质"或者说"自然"。因此,所有诸如此类的探究,"知识"问题都暗含其中。因此,哲学的事情就是探寻"知识"。④ 不过,与独断形上本体的自然学家和鼓吹相对主义的新派智术师不同,苏格拉底在"是"与"不是"之间恪守"知—无知"的界限:他以"X是什么?"发问,却从未给出过任何确定性的回答,反而在问答辩驳中以"反讽"或"否证"的方式检审那些所谓的"知识"即意见性的"是什么"——无论这个"什么"是"信"以为"是"的神学信仰,"约"定为"真"的政治律法,抑或现时代日益昌明的"科学技术"之不证自明的逻辑前提——皆使其要么落入自身的反讽:"X'不是'什么";要么因否证而走出纷纭意见,朝向真知。⑤ 苏格拉底告诫雅典人——"唯有神真有智慧","属人的理智"(humanly intellect)实在不算

---

① 施特劳斯,《苏格拉底问题五讲·最后一讲》,见《古典政治理性主义的重生——施特劳斯思想入门》,潘戈编,郭振华等译,北京:华夏出版社,2011,页249。
② 见布鲁姆,《人应该如何生活——柏拉图〈王制〉释义》,刘晨光译,北京:华夏出版社,2009,页182。详参张文涛,《哲学之诗:柏拉图〈王制〉卷十义疏》,前揭,页11—12。
③ 参色诺芬,《回忆苏格拉底》,吴永泉译,北京:商务印书馆,1984,I.1.16。另参施特劳斯,《论柏拉图的〈会饮〉》,邱立波译,北京:华夏出版社,2012,页251。
④ 参《王制》376b;《泰阿泰德》145e;《会饮》210d、211d;《斐德若》230d;《斐多》82c。
⑤ 参张志扬,《"是什么"——希腊理性的"善"、"技艺"与现代科技的逻辑根源》,前揭,页125—127。

什么(《申辩》23a-b;《会饮》204a)①,单凭爱智的热情就想僭越至属神之地并把握最高知识(《王制》505a-b、506d-e),迟早弄瞎灵魂的眼睛(《斐多》99d-100a)！由此,苏格拉底开启了第二次起航(《斐多》99d1)——如同不渴求伊塔卡的奥德修斯,永世漂泊的哲人只在无"家"可归中以说"不"的方式"知向"而非"知得"绝对真理！② 正如施特劳斯所说——

> 哲学这一名字——追求智慧,爱智慧——本身就表明,严格意义的智慧人不能企及。换言之,哲学与其说是完整的体系,不如说是有关无知的知识。……柏拉图本人既不是一个独断论者,也不是一个怀疑论者,但他的后继者不能保持在这个度上。帕斯卡尔有句名言:我们知道得太少而不能成为独断论者,又知道得太多而不能成为怀疑论者。这句话优美地说明了柏拉图通过其对话所传达给我们的东西。③

在《会饮》中,柏拉图让我们看到,在异乡女先知的引导下,苏格拉底认清了自己的"命相"——作为城邦神与城邦人的子嗣,"爱若斯"虽然相貌丑陋且总与贫乏为伴,但却天性爱"美"。伯纳德特深刻的发现,"美"与"苏格拉底的转向"相伴而生,这种伴生不是偶然性的,而是本质性的属于这一"转向"。苏格拉底转向人类事务,是"从美之诗人们那里的一次艰难远离,是把它作为哲学问题的一次建立"。④ 在这个意义上,如果说"低的"和"丑的"是哲学上升的开端("拯救现象"),那么,"美"则显示为哲学上升的动力(爱欲的本性)、方法(在美中孕育)与路向(朝向至善)……

---

① 虽然"灵魂像神,像不朽的东西"(《斐多》80a-b),但终究非神。另参《阿尔喀比亚德》134d;《泰阿泰德》176b。
② 参张志扬,《让审美回到审理值得过的人生——一段并不遥远的美学个案》,载《文艺研究》,2003(1)。另参伯纳德特,《柏拉图的〈会饮〉义疏》,前揭,页256;施特劳斯,《论柏拉图的〈会饮〉》,前揭,页262。
③ 参施特劳斯,《论柏拉图的〈会饮〉》,前揭,页5,译文有改动。
④ Seth Benardete,《美之存在:柏拉图的〈泰阿泰德〉、〈智术师〉与〈治邦者〉》(*The Being of the Beautiful: Plato's Theaetetus, Sophist, and Statesman*), *The Being of the Beautiful: Plato's Theaetetus, Sophist, and Statesman*, Chicago, 1984,页 XIX。

问题依然是,"知识"与灵魂之"美"究竟何干?
施特劳斯以其深邃的洞见为我们思索这一问题开辟了道路——

哲学努力追求整全的知识。整全是部分的总体。我们看不到整全但知道部分:我们拥有关于部分的片面知识。我们所拥有的知识具有一种从未被克服的深刻的二元论特征。在一端,我们发现了关于同质性的知识:这种知识主要存在于算术中,还有数学的其他分支,以及所有从数学衍生而来的生产性技艺或手艺中。在另一端,我们发现了关于异质性的知识,尤其是关于多种多样的目的的知识;这种知识的最高形式是政治家和教育者的技艺。因此,后一种知识优于前一种。关于人类生活目的的知识,是使人类生活完满或整全的知识;因此也就是关于整全的知识。关于人之诸目的的知识,意味着关于人的灵魂的知识;而人的灵魂是整全之中唯一向整全开放的部分,因而比其他事物更类似整全。但这种知识——最高意义上的政治技艺,并非关于整全的知识。关于整全的知识,需要设法把最高意义上的政治知识和关于同质性的知识结合起来。但这种结合并不受我们支配。因此,人们总是不断渴望通过把一(unity)强加到现象上,也通过把同质性的知识或关于诸目的的知识绝对化来强行解决这一问题。人们总是不断地被两种相反的魔力所引诱和欺骗:一种是由数学以及一切类似数学的东西产生的能力之魔力;一种是由对人类灵魂及其经验的沉思所产生的谦卑的敬畏之魔力。哲学之特征就在于即便坚定但却温和地拒绝屈从于任何一种魔力。这是勇敢和节制最高形式的结合。不管哲学多么崇高或高贵,一旦把它的成就与它的目标相对比,它就显得是徒劳的或丑陋的。然而,哲学必然为爱欲(eros)所伴随、鼓舞和提升。它为自然之美所美化(it is graced by nature's grace)。①

这一"洞见"或者说"路标",将我们引向《泰阿泰德》,引向在"同一"

---

① 见施特劳斯,《什么是政治哲学》,前揭,页30,译文有改动。

与"差异"之间思索知识与灵魂问题的苏格拉底式的"临界之思"。

《泰阿泰德》的议题是:"什么是知识?"。这意味着苏格拉底和泰阿泰德试图探究知识的本性——所谓的知识论或认识论问题。但《泰阿泰德》的诸多情节特征表明,这个主题很可能只是表面议题。换言之,苏格拉底没让"哲学"和"泰阿泰德"仅仅停留在试图发现"知识"是"什么";而是暗中让泰阿泰德在朝向知识,朝向那超越一切既得知识的超越者(《厄庇诺米斯》974d)的途中领悟:为何求知(Why knowledge)?①

三、注意《泰阿泰德》的谋篇

基于两个情节要点,历史考证派语文学家认为,较之柏拉图其他对话,《泰阿泰德》的写作年代与对话发生的具体时间,都能更精确的加以确定。② 在对话"结尾",与泰阿泰德谈完话后,苏格拉底随即前往王者门廊应对梅雷图斯(Meletus)的控告(《泰阿泰德》210d),这让我们得以确认苏格拉底与泰阿泰德的对话发生在公元前399年,即苏格拉底慨然赴死前不久。那时的泰阿泰德还是一个少年,或者说是个"尚未成年的毛头小子"(《泰阿泰德》142c6,143e5)。③ 而在对话的"开篇"或者说"序幕"中,泰阿泰德已经成长为城邦栋梁,因在战斗中身负重伤并感染疟疾而被人从科林斯的军营抬回雅典。泰阿泰德在战斗中的杰出表现,赢得欧几里德(Euclides)和忒赫珀希翁(Terpsion)的交口称赞,称他是个"真正的君子",或者说"既高贵又善良"(《泰阿泰德》142b7)④。

---

① 参施特劳斯,《论柏拉图的〈会饮〉》,前揭,页79。
② 泰勒,《柏拉图——生平及其著作》,谢随知等译,济南:山东人民出版社,1996,页454。另见汪子嵩等,《希腊哲学史》(第二卷),北京:人民出版社,1993,页915以下。
③ M. F. Burnyeat猜测,泰阿泰德与苏格拉底交谈时,"只是个十六岁的少年甚至更小"(《泰阿泰德数学的哲学意义》,"The Philosophical Sense of Theaetetus's Mathematics", *Isis* 19,1978,页489)。
④ 本文所引《泰阿泰德》主要依据 Joe Sachs(*Plato: Theaetetus*, St. John's College, Annapolis, 2004), Harold N. Fowler(*Theaetetus Sophist*, London and Cambridge. Mass., 1962)以及 Seth Benardete (*The Being of the Beautiful: Plato's Theaetetus, Sophist, and Statesman*, Chicago, 1984)的英译本,同时参考了严群先生的中译本(《泰阿泰德 智术之师》,北京:商务印书馆,1963)。

历史上,有关的科林斯战役有两次,一次发生在公元前394年,一次发生在公元前369年。按照欧几里德的说法,与苏格拉底交谈时的泰阿泰德尚未成年(《泰阿泰德》142c)。根据这一情节,古典语文学家们推测,柏拉图的写作时间应该在公元前369年以后不久,以纪念泰阿泰德之死。①

我们惊讶地发现,让我们得以确定对话时间和写作时间的这两个情节要点,一个在"结尾",一个在"开篇"。一个暗示了苏格拉底的审判与赴死,一个描绘了泰阿泰德阵亡前奄奄一息时的情状,也就是说,柏拉图用泰阿泰德和苏格拉底一前一后两个人的政治性"死亡"框住了整部对话。柏拉图无异于是在提示他的读者,要想恰切理解苏格拉底与泰阿泰德对知识本性的理论探究,必须将之与对话的政治语境结合起来。忽视这一点而单单抽取所谓的"知识论",很可能意味着,我们一上手就踏上了歧路。②

这是《泰阿泰德》的谋篇与政治面相,它寓于柏拉图著作群中一个更深广细密的织体内。

在《泰阿泰德》结尾,苏格拉底提到,他要去王者门廊应对梅雷图斯的控告,并与忒奥多洛斯(Theodorus)约定,"明早此地再会"(《泰阿泰德》210d)。这一情节提示我们,《泰阿泰德》之后,亦即苏格拉底踏上通往王者门廊之路后,紧接着发生的是《游叙弗伦》和《克拉底鲁》。第二天早上,苏格拉底与忒奥多洛斯、泰阿泰德等人如约会面,于是在一天的时间里接连发生《智术师》与《治邦者》中所述的两场对话。在听取埃利亚异乡人的谈话之后,苏格拉底走上了法庭,第一次也是最后一次面对雅典人进行自辩,于是有《苏格拉底的申辩》以及紧随其后的《克力同》和《斐多》。可以说,这八篇对话的主题具有一个共同的政治背景,那就是"苏格拉底之死"这一思想/政治事件。尽管柏拉图的所有对话

---

① 参泰勒,《柏拉图——生平及其著作》,前揭,页454、455;汪子嵩等,《希腊哲学史》(第二卷),前揭,页915—916;克莱因也赞同此说,见氏著,《柏拉图的三部曲:〈泰阿泰德〉、〈智者〉与〈政治家〉》,成官泯译,上海:华东师范大学出版社,2009,页92。

② 参Paul Stern,《柏拉图〈泰阿泰德〉中的知识与政治》(Knowledge and Politics in Plato's Theaetetus),Cambridge,2008,页1。

作品都是以"苏格拉底之死"为背景展开的,但这八部对话——根据戏剧时间排列依次是:《泰阿泰德》、《游叙弗伦》、《克拉底鲁》、《智术师》、《治邦者》、《苏格拉底的申辩》、《克力同》、《斐多》——因其内在的直接性与一致性而显得尤为突出。前面已经阐明,《泰阿泰德》一头一尾的"政治性死亡"将整部对话框在了中间。这部"八联剧"(Octology)同样以泰阿泰德奄奄一息开头,以苏格拉底慷慨赴死收尾,亦即整部八联剧同样被"政治性死亡"框在了中间——我们不仅要问,柏拉图为何要以这篇探究知识本性的对话引发一系列事关苏格拉底之死的对话?按照历史考据派的考据,这八篇对话是柏拉图不同时期写就的,那就更说明:柏拉图的写作具有内在的统一性与整体性,柏拉图一生都在思考并回应"苏格拉底之死"这一思想/政治事件。①

除开上述大的政治性语境和结构,《泰阿泰德》的独特之处还在于它拥有一个奇怪的"开篇"或者说"序幕"。表面看来,这个"开篇"与"正文"相分离,只是为了交代一场交谈如何开始。但事实上,这个"开篇"或者说"序幕"非常丰富,充满意味深长的暗示,不仅引出整部《泰阿泰德》,而且还带出苏格拉底的审判,以及诸如预言、记忆与回忆、书写与阅读、还乡与放逐、熟识与陌生等诸多紧密交织在一起的主题。② 而如上所有主题,都与一个更为根本的戏剧主题相关,即泰阿泰德的"灵魂状况"。《泰阿泰德》刚刚拉开"序幕"中,柏拉图就将这一主题深植其中——

作为一个毕达哥拉斯主义者,泰阿泰德以无理数理论和正多面体理论为自己赢得了不朽的荣誉。③ 在逍遥学派的欧德穆斯(Eudemus)看来,泰阿泰德堪称公元前五世纪最伟大的几何学家之一。④ 传诸后世的《几何原本》汇集了许多前人的成就,其中就包括泰阿泰德的无理

---

① 重点参考郝岚,《政治哲学的悖论——苏格拉底的哲学审判》,戚仁译,北京:华夏出版社,2012,页2—3、28。另参张爽,《苏格拉底的"爱"与"罪"——〈泰阿泰德〉的戏剧脉络》,萌萌学术工作室编,北京:三联书店,2010,页326。
② 参郝岚,《政治哲学的悖论——苏格拉底的哲学审判》,前揭,页26。
③ 萨顿,《希腊黄金时代的古代科学》,鲁旭东译,郑州:大象出版社,2010,页544—548。
④ 参泰勒,《柏拉图——生平及其著作》,前揭,页457—458。另见 Thomas Heath,《希腊数学史》(*A History of Greek Mathematics*), Oxford: Oxford University Press, 1921,页209—212。

数定理。① 但在《泰阿泰德》的"序幕"中,让欧几里德和忒赫珀希翁② 赞叹不已的,并非其"数理成就",而是其"卓著军功"(142b7)——

> 忒赫珀希翁:斯人竟遭此难!
> 欧几里德:一个既美又好的人($καλόν\ τε\ καὶ\ ἀγαϑόν$),忒赫珀希翁,事实上就在刚才,我还听到不少人盛赞他在战斗中的表现。
> 忒赫珀希翁:毫不奇怪,若不如此,那才稀奇呢。

欧几里德将"美"和"好"并举,以此赞扬泰阿泰德。这是《泰阿泰德》中第一次出现$καλός$[美]这个词,也是第一次出现$αγαϑός$[好]这个词。③ 在古希腊文法传统中,二词并置,往往用来形容完美或完整意义上的"君子"、"好人"或"大丈夫"。这种人不满足于一己之私,渴望超越属于有限个体的东西。④ 因此,二词并用,体现了为共同体所钦佩的美德,尤其是对共同体无私的贡献。⑤

---

① 参克莱因,《古今数学思想》,张理京、张锦炎译,上海科学技术出版社,1985,页65—66。
② 欧几里德的名字$Εὐκλείδης$意谓着"声誉",忒赫珀希翁$Τερψίων$则意谓着"乐趣"——这两个名字对应着灵魂中的两个较低的动力:"爱荣誉"和"爱快乐"。参见Kenneth dorter,《〈泰阿泰德〉中知识的阶梯》("Levels of Knowledge in the 'Theaetetus'"),*The Review of Metaphysics*, Vol. 44, No. 2(Dec., 1990),页343。
③ 在古典希腊文中,$καλός$的基本含义为漂亮、英俊、迷人,反义词为$αἰσχρος$[丑]。$καλός$[美]的含义后来扩展至道德方面,有别于$αγαϑός$[好、善、优秀],指身体的美、漂亮,心灵或行为的高贵——无论外貌还是灵魂的可爱,都是美的,因而该词不仅指外貌美,还有"值得赞赏的"、"可信赖的"、"名声好的"等道德含义,以至于在晚期希腊文中,$καλός$取代了$αγαϑός$。在古希腊时代,"美"带有道德性质,超出了"服从"和"责任",因而高于正义。见柏拉图,《柏拉图的〈会饮〉》,前揭,页8,注释30。
④ 在《克拉底鲁》中,苏格拉底用"既好又美"形容赫西俄德笔下的"黄金种族"。他认为,赫西俄德笔下的"黄金种族",说的"不是黄金人族是从黄金而生,而是既好又美"(《克拉底鲁》398a)。柏拉图也曾用以描述帕默尼德的"君子之貌"(《帕默尼德》127b)和城邦护卫者的德行(《王制》376c)。但在《申辩》中,在与某位治邦者交谈后,苏格拉底说,"也许我俩都不知道美($καλόν$)和好($ἀγαϑόν$),但是那个人认为自己知道他不知道的事,而我既然不知道,也就不认为我知道"(《申辩》21d2-d6,吴飞译文)。
⑤ Paul Stern,《柏拉图〈泰阿泰德〉中的知识与政治》(*Knowledge and Politics in Plato's Theaetetus*),前揭,页24—25。另参Mark Lutz,《苏格拉底的德行教育:学习高贵之爱》(*Socrates' Education to Virtue: Learning the Love of the Noble*), New York: State University of New York Press, 1998,页92—110。

这一细节表明,在欧几里德看来,泰阿泰德之"美",首先是一种政治伦理性的"德性之美"。① 在"序幕"中,柏拉图让我们看到,泰阿泰德是一位骁勇的战士,充满拳拳爱邦之情,为雅典而战,甚至在奄奄一息之际,宁愿冒着加速死亡的危险,也不愿应欧几里德之邀中途逗留,希望尽快返回雅典,以便魂归故土(142b5-c5)。正是泰阿泰德这种勇于为城邦献身的政治美德之"美",或者说实践智慧($\varphi\rho\delta\nu\eta\sigma\iota\varsigma$)②之"美",让欧几里德突然想起了苏格拉底,想起了他谈到泰阿泰德时预言般的说法并为之惊讶不已(142c)……

　　与苏格拉底交谈时的泰阿泰德还是一个少年,或者说是个"尚未成年的毛头小子"(142c6、143e5)。而在"序幕"中,三十年过去了,泰阿泰德已经成长为城邦栋梁,并因其显赫军功而赢得欧几里德和忒赫珀希翁的交口称赞。这一情节,让欧几里德显得非常"政治"——懂得识别政治德行之美并称赞这种"美"。与之形成鲜明对照的是,借欧几里德之口,柏拉图展示了苏格拉底宗教先知般的预言能力③——虽然泰阿泰德尚未成年,亦未充分实现其天资禀赋,但凭借交谈,苏格拉底首先赞颂的是泰阿泰德的"言辞之美"——

　　　　因为你美($\kappa\alpha\lambda\delta\varsigma$),泰阿泰德,并非如忒奥多洛斯所说的丑($\alpha\iota\sigma\chi\rho\delta\varsigma$),说得美($\kappa\alpha\lambda\tilde{\omega}\varsigma$)的人既美($\kappa\alpha\lambda\delta\varsigma$)又好($\dot{\alpha}\gamma\alpha\vartheta\delta\varsigma$)。(185e)

---

① "勇敢"美德几乎贯穿了整部《泰阿泰德》(142b5-c、146c、148d、151d、151d-e、157d、166a-b、177d、187b、197a)。这里的"勇敢",既包括哲学探索的勇敢即"理智之勇",也包括为母邦献身的勇敢即"政治之勇",二者混合、交织在一起。

② 或译"睿哲",对观《会饮》209a 以下。对观亚里士多德在《尼各马可伦理学》第六卷对"明智"即"实践智能"与"智能本身"的区分,见氏著《尼各马可伦理学》,廖申白译,北京:商务印书馆,2004,页 165—190。

③ 这与苏格拉底的自我理解是一致的。因为在《申辩》中,苏格拉底说自己之所以"到处巡游",检察自己,检察他人,谆劝雅典民众"修身进德"乃是受神谕的差遣(《申辩》,30b),也就是说他爱智的生活是神赋予他的,"明知会结怨,满腔苦恼、恐惧",但"必须把神的差事放在首要地位"(《申辩》,21d)。在《会饮》中,柏拉图又让我们看到,苏格拉底的老师就是一位女先知。难道,柏拉图在暗示,扭转爱欲的朝向后,苏格拉底的哲学与宗教有某种内在的"相关性",而非像古老的"自然哲学"或现代"启蒙哲学"那样与宗教的关系如此紧张?

换句话说,三十年前,还是个毛头小子的泰阿泰德,凭其"天资"和数学上的非凡成就而赢获美名,这种美名不同于"军功",不是一种政治性之美,而是"数理之美"。这一区分激发我们思索这样的问题,从一个数学天才到城邦的护卫者,泰阿泰德是如何实现其灵魂之潜能的?

事实上,柏拉图的读者有充足的理由相信,柏拉图让欧几里德来赞扬泰阿泰德的"军功",是在故意搞笑或反讽。为什么这么说?因为雅典曾与麦加拉交恶,并给麦加拉人带去了深重的苦难,读读阿里斯托芬的《阿卡奈人》便知。赞颂与母邦有宿怨的敌国公民的军功,表明欧几里德要么没有政治头脑,要么根本不关心政治,总之,是一种"非—政治"的生存身姿或者说灵魂状况。还有一个例证。据说,即便在麦加拉与雅典高度敌对时期,欧几里德也常常"穿着女人的衣服潜往雅典",为了能见到苏格拉底,听他谈话。① 这则"逸闻"加深了我们前面的判断——作为一个数理人,欧几里德乃非—政治性的人,或者说他对政治事物没有生命热情……

柏拉图如此笔法有何深意?

我们已经看到,柏拉图用泰阿泰德和苏格拉底两个人的政治性"死亡"框住了整部对话——这让《泰阿泰德》的"序幕"笼罩在肃剧的气氛之中——但,让我们惊讶的是,泰阿泰德和苏格拉底两人一生之行止,都被称颂为"既美又好",但他们的政治性之死却截然对立。泰阿泰德为之献出生命的城邦,同样也是处死苏格拉底的城邦。通过思索这种并置,我们或可得以领会,柏拉图为何如此鲜明地突出"序幕"中的"政治处境"。② 更重要的是,通过该处境,我们将被引向对话的主题——知识的本性——这似乎远离任何政治关怀。

四、谁是泰阿泰德的"灵魂托管人"?

与纯理论性的几何学家和纯政治性的智术师不同,苏格拉底不关

---

① 黑格尔,《哲学史讲演录》(卷二),贺麟、王太庆译,北京:商务印书馆,1997,页116。
② 参 Paul Stern,《柏拉图〈泰阿泰德〉中的知识与政治》,前揭,页26。

心异邦的人和事儿,不关心异邦青年有谁致力于"几何或其他种类的哲学"。与昔兰尼相比,苏格拉底更爱雅典,更急于想知道,在雅典青年中,谁将来能实现灵魂的潜能从而与其天资相配。换言之,苏格拉底关心的不是诸如赛马或吹箫这样的事情,也不是普遍的人性或自然,他关心的是具体政治制度中的特殊的灵魂。因此,苏格拉底才竭力探察,向那些雅典青年喜欢结交的人打听消息——忒奥多洛斯正是这样一位深受雅典向学青年喜爱的教师。

对于苏格拉底的关切与问询,忒奥多洛斯给出了一个冗长的"回答",篇幅大概是苏格拉底"提问"的两倍。他对苏格拉底说,自己的确碰到过一个这样的年轻人——此时他尚未提及泰阿泰德的"名字"——"相当值得我一说,也值得你一听"(143e5)。但忒奥多洛斯没有马上接着说,何以这个年轻人值得称道,而是话锋一转,突然说起他的"样子",一下子将我们的注意力引向了泰阿泰德的相貌之"丑"上——

> 要是他长得漂亮(χαλός),我就不敢过多谈论,以免有人疑心我迷上了他。可事实上——别见怪啊——他长得不漂亮,反而像你一样,塌鼻子、凸眼睛,不过比你的特征要柔和。

前面说过,χαλός这个词,既可以用来形容身体的迷人、漂亮,也可以用来形容灵魂的美和高贵。除此之外,这个词还往往带有诱发性欲的意味。① 忒奥多洛斯急于谈论泰阿泰德的相貌之"丑",显然是为了表明自己的清白——他夸赞泰阿泰德,绝非因为贪恋男色。事实上,他进一步强调说,泰阿泰德非但不"美",反而像苏格拉底一样"丑",只是不及苏格拉底显眼而已。言下之意,他没有搞男童恋,亦即没有败坏青年。

把苏格拉底和忒奥多洛斯的开场讲辞对照起来看,有两点特别值得我们注意:首先,作为一个外邦人,忒奥多洛斯显得相当熟悉或者说

---

① 对观《普罗塔戈拉》开篇第一句话:"打哪儿来,苏格拉底,瞧你那副神色,不明摆着刚追过阿尔喀比亚德的花貌来么? 其实,前不久我还见过他,的确显得像个美男……"(《普罗塔戈拉》309a,刘小枫译文)。

关心雅典的向学青年,这与苏格拉底不关心异邦人而更爱雅典人的说法形成了鲜明对照。第二,在夸赞泰阿泰德之前,忒奥多洛斯先为自己没有败坏青年辩白,显得自己相当看重公共意见遵守礼法,这又与苏格拉底"败坏青年"的罪名形成鲜明对照。柏拉图如此笔法无异于提示我们,读《泰阿泰德》,要将苏格拉底与忒奥多洛斯并置对观,或者说将哲学与几何学、哲人与数理人并置对观。进而言之,苏格拉底之所以挑选忒奥多洛斯来谈论灵魂问题,无异于暗中发动了一场"哲学"与"数学",或者说"哲人"与"数理人"之间的"竞赛",究竟谁能更好地理解知识并以此教导泰阿泰德的灵魂?①

虽然泰阿泰德尚未"出场",柏拉图就已经让我们看到,泰阿泰德如何置身于美—丑之间。这难免让我们想起《会饮》中第俄提玛对爱若斯的描述——相貌丑陋且总与贫乏为伴,但却天性爱美,总在图谋美的和好的东西(《会饮》203c-d)。柏拉图精妙的笔法也许是在暗示我们,少年泰阿泰德可能与苏格拉底有着相似的"天性"或"命相"。若想恰切理解哲人苏格拉底对少年泰阿泰德的教导,要从女先知第俄提玛对青年苏格拉底的教导来理解。换言之,搞不懂第俄提玛的教诲,恐怕也很难搞懂苏格拉底的教诲。这是后话。

自我辩白之后,忒奥多洛斯以"我从没见过哪一个天资好得如此惊人"开始了对泰阿泰德的赞美。忒奥多洛斯称他的这个弟子温良敦敏、博闻强记、勇敢刚毅,②门下弟子无出其右者。可是,虽然忒奥多洛斯如此盛赞泰阿泰德,但却始终未提及他的"名字"。听了忒奥多洛斯的夸赞,苏格拉底也没急于问这个如此出众的年轻人姓甚名谁,而是首先问"他是哪一位邦民的儿子?"也就是说,苏格拉底的第一个问题是个政治性的问题:他的父亲是谁? 忒奥多洛斯回答说,曾听过他父亲的名字,但却完全不记得了。显然,柏拉图的这一笔法暗示,在几何学家眼中,泰阿泰德的"卓异天资"与其"家世"或"母邦"似乎没有关系,他只凭

---

① 见《泰阿泰德》144d-145b。对观 144d 9-10、148d 6-10、150c 4-d 6、172a-177d 9。参 Joan C. Harrison,《柏拉图的序幕:〈泰阿泰德〉142a-143c》("Plato's Prologue: Theaetetus 142a-143c"),前揭,页 114。

② 对观苏格拉底在《王制》中对哲人天性的描述,486d-487a。

其在学习几何知识时的表现,就能"认识"其内在的天资。而苏格拉底的言辞则表明,与忒奥多洛斯相比,他更关注具体政治制度中的共同体生活的细节,而这些细节似乎是这位几何学家视而不见的。①

刚好这时,泰阿泰德和一群同伴从外面抹完油走进运动场,忒奥多洛斯指给苏格拉底看:"他就在朝我们走过来的这群人中,居中的那位(ὁ ἐν τῷ μέσῳ)"(144c)。柏拉图让忒奥多洛斯用μέσος[居中的]这个词描述泰阿泰德,既在表面上指出泰阿泰德的身体位置,亦通过它与τὸ μέτριον[中道]一词的亲缘关系而暗示着他的灵魂位置。如果我们结合忒奥多洛斯对泰阿泰德"表里不一"的描述方式来看,这一细节很可能意味着,作为忒奥多洛斯的学生,泰阿泰德的灵魂此刻并未切中"中道",恰恰相反,很可能正处在某种危险的极端之中。

正如在卡利阿斯"冥府"般的家中轻易便认出众多本邦或异乡青年的姓名家世一样(《普罗塔戈拉》314e 以下),苏格拉底一眼就认出泰阿泰德乃何人之子。由此可见苏格拉底对雅典有志青年的熟知程度,柏拉图以此暗中指向"题外话"中连邻居是人是兽都不知道的所谓"哲学家"。言下之意,无论是生活在"云端"的自然学家,还是坠入"冥府"的智术师,他们都遗忘了属人的居中之所——大地。柏拉图将不断提醒我们回到这一点。

虽然苏格拉底非常熟悉泰阿泰德的父亲,但他却似乎故意说,"可我不知道这个年轻人的名字"。从苏格拉底在柏拉图其他作品中对雅典青年的熟悉程度来看,②他不可能不认识天资如此卓异的泰阿泰德。倘若如此,那么,苏格拉底说自己"不知道这个年轻人的名字",就无异于是明知故问,忒奥多洛斯哦,你是否真的知道"泰阿泰德是谁?"进而言之,作为一个几何学家,忒奥多洛斯拥有识人之智和自知之明吗? 在苏格拉底的引导下,忒奥多洛斯几乎不假思索的脱口而出这个出类拔萃的弟子的名字:Θεαίτητος[泰阿泰德](对观 207a-b)。

柏拉图这一笔法有何深意?

---

① 《王制》,页 45。
② 如《王制》327c、328a;《普罗塔戈拉》314e 以下。

Θεαίτητος这个词在希腊文里有"得自于神"的意思。从苏格拉底对泰阿泰德父亲与家乡的强调来看,这里的"神",指的当然是雅典的"城邦神",也可以说是"祖传的礼法"。① 在这个意义上,苏格拉底让忒奥多洛斯道出泰阿泰德之名,无异于以反讽的方式提醒——作为一个几何学家,忒奥多洛斯显然已经遗忘或者说根本不懂"命名活动"究竟意味着什么;不懂"名字"与"神"、与"祖传礼法"或者说与"土地与血"有何内在关联。② 这让忒奥多洛斯显得相当"无知"或者"抽象"。柏拉图马上就让我们看到,忒奥多洛斯显得完全没能理解苏格拉底的反讽,他没在泰阿泰德的"名字"上稍加停留,一经说出,就转而谈起"财产"——

> 忒奥多洛斯:泰阿泰德,苏格拉底啊,这是他的名字,可那份儿财产,我看似乎被托管人中的哪一个给抛费完了。但就算如此,他在财物上的慷慨还是惊人,苏格拉底啊。(144d)

我们已经知道,泰阿泰德父亲亡故,给他留下了一大笔οὐσίαν。苏格拉底在"天性"和"财物"的双关性上使用οὐσίαν一词。柏拉图的笔法让我们看到,苏格拉底和忒奥多洛斯一前一后都提到了οὐσίαν一词,中间夹着泰阿泰德的名字。或者换句话说,泰阿泰德的名字被οὐσίαν框在了中间。但是,苏格拉底的用法,衔接的是泰阿泰德父亲好的天性与名声,也就是说,苏格拉底侧重于οὐσίαν一词的"天性"意义;而忒奥多洛斯的用法衔接的则是泰阿泰德的托管人对这份οὐσίαν的抛费,紧接着他又用泰阿泰德的慷慨(ἐλευθεριότητα)强化了这一点。可以说,他完全是在"财物"的意思上使用οὐσίαν一词的。直观起见,我们以简单图示表现这一结构——

---

① 参希罗多德,《历史》,王以铸译,北京:商务印书馆,1997,页134—135。
② 对观《治邦者》257d-258a。苏格拉底说,泰阿泰德与小苏格拉底,一个在容貌本性上与自己相似,另一个的名字则与自己相同,而"命名"提供了某种同源关系,而我们"当然总是渴望由言辞来结识亲人(συγγενεῖς)"。我们不能忘记,泰阿泰德与小苏格拉底都是搞数学的,忒奥多洛斯是他们共同的老师(《治邦者》,266a)。

苏格拉底：父亲—天性—*οὐσίαν*→灵魂托管人—"守护"

↑
Θεαίτητος
↓

忒奥多洛斯：*οὐσίαν*—财物→财物托管人—"败坏"

如图所示，苏格拉底对*οὐσίαν*的使用，连着的泰阿泰德的"土地与血"并指向这样一个问题：谁是泰阿泰德的灵魂托管人？而忒奥多洛斯的用法则表明，泰阿泰德正在遭受"双重剥夺"——既在"金钱"的意义上，亦在"天性"的意义上。这就要求我们悉心探查，究竟是什么人，一边掏空他的口袋，一边败坏其"天性"进而剥夺其灵魂的潜在可能性？

因为忒奥多洛斯说他们长得几乎一样"丑"，苏格拉底请泰阿泰德千万坐在自己身边，以便他能从泰阿泰德脸上照见自己面貌如何。紧接着，苏格拉底以七弦琴调音师和画家，或者说以音律术与绘画术为例，提示泰阿泰德，虽然无论天文、数学还是音乐，①凡学者所通，忒奥多洛斯无不精通，但他并不懂绘画（对勘《王制》401a，《普罗塔戈拉》312c-d、318c）。既然如此，苏格拉底引导泰阿泰德，就没必要在意忒奥多洛斯如何评价他们的"身体"，而是通过假设忒奥多洛斯称道灵魂上的德性与智慧，引导泰阿泰德转向了"灵魂"，进而挑明，他与泰阿泰德交谈的真正目的，是为了让泰阿泰德袒露灵魂而受其审查（145b6-7）。至此，柏拉图让我们看到，在苏格拉底那里，"灵魂问题"引导出"知识问题"。或者换句话说，"探究知识"归根结底为了"探究灵魂"。

苏格拉底引导泰阿泰德思索"知识"的本性。泰阿泰德先后给出四种关于知识的定义②，但都被苏格拉底的助产术净化掉了。这个朝向真知的净化过程，无异于是在净化泰阿泰德被纷纭意见裹挟的灵魂。

---

① 在《普罗塔戈拉》中，柏拉图告诉我们，算术、天文、几何以及音乐这些涉及自然和高的学问都是老派智术师希庇阿斯擅长教授的技术学科。在这个意义上，忒奥多洛斯更像是个老派智术师！参《普罗塔戈拉》315c，318e。
② 通常认为，《泰阿泰德》中有三种知识的定义。但实际上，泰阿泰德一共给出了四种：一、凡从忒奥多洛斯所学即知识，如几何学、制鞋术及其他类似制作技艺；二、知识即感知；三、知识是真实的意见；四、知识是正确的意见加以合理的解说。

裹挟泰阿泰德的意见主要来自两方面,一方面来自于他的老师,搞纯粹理论的几何学家,泰阿泰德对知识的第一个定义即来自此人的技艺;另一方面,随着第二个定义的出场,逝去多年的普罗塔戈拉也随之出场了。换句话说,探究知识的过程与灵魂的净化过程交织在一起,并最终展现为以不同方式"在场"的三个人——哲人苏格拉底、数学家忒奥多洛斯以及智术师普罗塔戈拉之间展开的一场竞赛——谁才真正是泰阿泰德的"灵魂托管人"? 或者说,谁才能给泰阿泰德以最好的德性教育?①

此时普罗塔戈拉已经死去多年,但苏格拉底却通过"模仿"普罗塔戈拉的逻辑与言辞,使他参与了这场"教育法权之争"。这难免使苏格拉底看上去像个智术师——雅典人,包括阿里斯托芬在内,有能力辨别苏格拉底反讽般的模仿术与智术师的修辞术之间的区分吗? 或者说,诗人有能力看清反讽中的哲人面相吗? 起码忒奥多洛斯就看走了眼,他把苏格拉底和普罗塔戈拉看成了一号人,即沉溺于玄谈(bare speeches)之人,他则自称自己很早就放弃这种玄谈而转向了几何学(165a)。同样,在与苏格拉底交锋时,"无法感觉的数字与无处不保持同一的图形"即纯粹数理学问似乎也不在智术大师普罗塔戈拉的视野之内(166a-168c)。但当苏格拉底称普罗塔戈拉是忒奥多洛斯的"同道"和"老师"时,忒奥多洛斯却并未拒绝,于是,苏格拉底便巧妙地把数学家与智术师连接在了一起(164e4-5)。柏拉图微妙的笔法让我们看到,表面上,数学家与智术师之间互不搭界、相距遥远,一个在天上,一个在地上;一个是抽象的理论生活的典范,一个是显赫的政治生活的高手——分居两个极端。但恰恰在"智能"与"智术"这两个极端之间,存在着某种内在的隐秘关联。正是这两个极端,为我们测度苏格拉底的助产术所隐喻着的"居中之路"或者说"临界之思"提供了参照系。② 这一"两极测度"在"题外话"中达至顶点。

苏格拉底在"题外话"中描述了两类人——拥有"闲暇"的自由人与

---

① 参郝岚,《政治哲学的悖论——苏格拉底的哲学审判》,前揭,页 47。
② 同上,页 54。

为法庭"滴漏"所限的演说家。为了获得对"存在"的认识,前者不计时间,自由的谈论,"只要他们能够切中要点发现真理"(172d9)。后者则不然,处处为时间所限,且仰法官和雇主鼻息行止。在郝岚看来,这段题外话绝非无关紧要的插语,实乃苏格拉底"针对这两类人在生活与灵魂上的差异的精心之作。"①

这两类人,不能不让我们想到阿里斯托芬的《云》。不要忘记,"云上"的苏格拉底与"地上"的苏格拉底是同一个苏格拉底。前者穷究天上和地下的奥秘,后者则授人修辞术,二者之间有一种"内在的同一性",即苏格拉底必然依据自然学传授修辞学。② 这与《泰阿泰德》"题外话"中的景象有着惊人的相似。柏拉图让苏格拉底重构这两种人意欲何为?沉湎于抽象理论的自由人在哲学上消磨了大量时间,他们自幼不知法庭、议会或其他公共场所之所在,轻视权力、财富、荣誉以及肉体的欢娱,"仰观天象、俯察地理,遍究一切物性、而求其真其全,从不肯屈尊俯就近旁琐事",甚至连邻居是人与否都不分晓(173c以下)。③ 这类人在谈论哲学、几何学、天象学时游刃有余,一旦进入公共生活谈论俗世俗务则捉襟见肘,荒唐可笑,难免成为婢女的笑料和喜剧诗人的自然主题。④ 忒奥多洛斯承认苏格拉底所言不虚,全是事实(174c、175c)。反之,混迹市井、逗留于法庭之上的演说家则巧舌如簧强词夺理,把错的说成对的,把弱的变成强的,而一旦把问题提升至诸如正义与不正义的本质,幸福与苦难,以及一般而言"人是什么,其本性何以在行动上与其他物性相区别"等等这类问题(175b-c、174b3-6),事态便倏然翻转,头昏脑胀、口舌拙笨、言语呐呐(175d)。

"题外话"中这两种人所具有的生活方式和灵魂特征,与阿里斯托芬对苏格拉底的原初指控几乎别无二致。虽然,《云》中的苏格拉底是

---

① 参郝岚,《政治哲学的悖论——苏格拉底的哲学审判》,前揭,页57。另见是书页297,注释7。
② 参施特劳斯,《苏格拉底与阿里斯托芬》,前揭,页20。
③ 参《政治哲学的悖论——苏格拉底的哲学审判》,前揭,页58。
④ 参施特劳斯,《苏格拉底与阿里斯托芬》,前揭,页4。

一个更纯粹的自然学家,而"题外话"中的"哲人"则更关心伦理问题,但二者内在的一致性使得这一区分不致被过分夸大,即他们都是用抽象的"同一性原则"来审度人世而忽略了人与人之间灵魂上的"差异性"。① 智术师似乎知晓这种差异性,但却因标榜"人是万物的尺度"而丧失了一切尺度,流于虚无。

柏拉图的笔法显明,无论是《申辩》中自我辩护的苏格拉底,还是《泰阿泰德》"题外话"中的苏格拉底,都不属于天上地下这两类人中的任何一类。这两类人,无论搞"纯理论"的自然学家还是搞"纯政治"的智术师,都没能看到自身的限度所在,既抵挡不住苏格拉底的"无知之问",更无法看清属人灵魂的真正面相。因此,苏格拉底不得不在"本质主义"和"虚无主义"之间两面作战。但,正是这两类人所开启的极端向度,才映现出哲人的"居中身姿"。② 也正是在此"绝对"与"虚无"或"同一"与"差异"之间,柏拉图笔下恪守"知—无知"的苏格拉底哲思让我们看到,作为"爱智能"之结果的"本体论同一"与"爱智术"之结果的"虚无主义"并不构成真正的两极,二者恰恰是一体两面,互为因果(164e4-5)。真正叩两端而执中庸对其构成哲学审断的,乃"知—无知"的苏格拉底式的"临界之思"……

五、大地上真正美的是什么?

苏格拉底对泰阿泰德引导——既走出纷纭意见朝向真知,又不独断真知而恪守中道——激发我们回想《会饮》中第俄提玛对苏格拉底的教诲。

第俄提玛从爱若斯是谁谈起,以引领青年苏格拉底通过认识"命神"进而看清自己的"命相":居于有死的与不死者之间——沟通天人(《会饮》202e以下)。正是因为这种命神在身的居间者,神人之间才有了交通往来。随后,就像询问泰阿泰德的父亲是谁一样,苏格拉底询问

---

① 参施特劳斯,《苏格拉底与阿里斯托芬》,前揭,页50。
② 参郝岚,《政治哲学的悖论——苏格拉底的哲学审判》,前揭,页30—31。

爱若斯的身世——询问他的"土地与血"。第俄提玛于是讲述了爱若斯的诞生神话《会饮》203b以下），让青年苏格拉底认识到，爱若斯与阿佛洛狄特之间有一种"亲密的区分"——既不能离开阿佛洛狄特来理解爱若斯，也不能将二者同一。看清了这一点，爱欲的上升才有了根基与边界……

　　作为丰盈与贫乏之子，爱若斯虽然相貌丑陋且总与贫乏为伴，但却天性爱美。而"智慧"就是最美的东西之一，因此爱若斯必定爱智慧。第俄提玛的教诲让苏格拉底认识到，作为对智慧的爱，哲学虽然总在追求美的和高贵的东西，但却必须从认识低的和丑的事物开始，并将之作为通往美和高贵的必由之路（《会饮》203c-204b）。换言之，为了"美本身"，爱智的有情人必须从那些具体的感官现象出发，沿着爱欲的阶梯，从一个身体、两个身体到所有美的身体，进而发现灵魂之美。要是遇到一个人有值得让人爱的灵魂，即便他的身体丑陋不堪——比如泰阿泰德——这有情人也会爱恋他、呵护他，通过美好的言辞，使这少年变得更美、更高贵（《会饮》210a-210c），于是需要走向操持与礼法之美。

　　令人惊讶的是，柏拉图让我们看到一个奇异的变换，为了教导情伴，有情人自己必须首先去关注操持与礼法之美。在这个地方，教育与受教育交织在一起。经过这些操持，有情人就被领至各种知识面前，得以领略美的沧海，直至最终瞥见美本身（《会饮》210c-d）。但，柏拉图以极其隐微的笔法暗示，一旦跨越了任何具体之物而谈论绝对抽象之美，静观就取代了爱欲。或者换句话说，静观熄灭了爱欲之火。① 吹熄了爱欲之火的纯粹静观，还是"知—无知"的苏格拉底式的"爱智慧"？我们可以假设，倘若在苏格拉底的引导下，泰阿泰德最终找到了所谓的"纯粹知识"，那无异于说爱智慧者最终更换或抛弃了自己的"命神"——爱若斯挣脱、抛弃了大地上的母亲而飞越至父亲的居所——神的领地。② 于是，柏拉图让我们看到，第俄提玛话锋一转，把对美本身

---

① 参施特劳斯，《论柏拉图的〈会饮〉》，前揭，页315—316。
② 正如第二天，柏拉图就在《智术师》中，将"智慧"对于人是不可能的作为了对话的前提（《智术师》232e6-233a7）。参 Benardete, "Plato's 'Theaetetus': On the Way of the Logos", *The Review of Metaphysics*, Vol. 51, No. 1(Sep., 1997)，页53。

的追求转换为对一种美好生活方式的追求,追求"美本身",归根结底为了"生育、抚养真实的美德"(《会饮》212a以下)。换言之,大地上这热爱美与善的生活方式,才是属人的爱欲真正能够追求的。正如苏格拉底临刑前对一群热爱哲学的青年所强调的,人世间的或者说大地上的美才真正色彩缤纷、美不胜收……(《斐多》110b-d)

我们已经知道,《泰阿泰德》有一个极具政治意味的框架结构。柏拉图在"序幕"中描绘了泰阿泰德阵亡前的情形;在结尾,又暗示了苏格拉底的受审与赴死。换言之,一前一后,柏拉图用泰阿泰德和苏格拉底两个人的政治性"死亡"框住了整部对话。如此谋篇,柏拉图无异于是在提示他的读者,要想恰切理解苏格拉底与泰阿泰德对知识本性的理论探究,必须将之与对话的政治语境结合起来。也就是说,在思考"知识"与"灵魂之美"的关系问题时,我们不能被所谓纯粹的知识论所囿。正如苏格拉底反复提醒泰阿泰德回到"开端"一样,我们不能忘记,知识问题是如何开端的——在问"什么是知识"之前,苏格拉底首先询问的是"泰阿泰德是谁",而对泰阿泰德身份的询问,首先是为了满足苏格拉底对自我认识(self—knowledge)的渴望。

通过与几何学家和智术师的搏斗,柏拉图让我们看到苏格拉底与二者既区分又相似的含混身姿。如果说,遗忘大地(人世)的几何学家与遗忘天空(神与自然)的智术师共同揭示了遗忘属人的居中之域意味着什么,那么,苏格拉底与这两种灵魂类型既区分又相似的含混身姿就意味着,"居中之道"之为"居中",取决于"恰当的行动",它要求凭借良好的判断力与phronêsis[睿智],预先认识到哪种爱智生活恰当。柏拉图的写作让我们认识到,无论是几何学家的数理知识,还是智术师的"智术",都不能替代睿智,"中道"与"睿智"只能在执两端而叩中庸的哲人上下贯通的爱智生活中"生成"。[1] 基于这一底色,我们就能更好地理解,借助对知识本性的探究,苏格拉底净化掉泰阿泰德灵魂中由几何学家和智术师共同刻下的纷然印痕,最终将泰阿泰德引回对自我灵魂的探究,让他学会如何避免在各个方面过度,不管是在当下的生活中,

---

[1] 参郝岚,《政治哲学的悖论——苏格拉底的哲学审判》,前揭,页60。

还是在所有接下来的生活中(《王制》618c-619b)——

> 由于今日的检验,泰阿泰德哦,你所怀的将都是更好的东西;假使你无所孕育,你对你周围的人也会少些跋扈、更为温和,有所节制而不会以为自己知道那些你不知道的东西。我的技艺所能做的一类事情仅止于此,凡现在和过去伟大而令人惊奇之人物,他们知道的我一无所知。但我和我母亲是从神那里、作为我们的命数分得助产这门技艺,她施之于女人,[210d]我则施之于年轻而天性良好的人,他们多么美($\varkappa\alpha\lambda o i$)。

如果说各种各样的"无知"状况尤其"灵魂的无知"是丑陋的(《智术师》228e,《王制》506c),那么,对这种"无知"的自我认识以及对灵魂"自然正当"的探求,则昭示着灵魂之美!这种对"无知之知"的探求,既不盲从数学式的同质性知识的召唤,亦不沉湎于政治化的异质性知识的蛊惑,而是恪守"属人的中道"!苏格拉底的教诲让泰阿泰德以及后世读者得以领略:当"灵魂"被"无知之知"引领至属人的"中道"时,[1]会闪现出怎样惊人的"美"——灵魂的和谐秩序之"美"与值得过的生活方式之"美"!

于是我们看到,在苏格拉底死后三十年,泰阿泰德不仅以其数理成就名世,大地上还流传着他为城邦英勇献身的不朽的政治美名……

---

[1] 参亚里士多德,《尼各马可伦理学》,前揭,页45—57。另参慈照,《〈尼各马可伦理学〉中的尺度、正中和德行》,载《古典研究》,2013冬季卷。

灵魂的染色

——论柏拉图《吕西斯》中的白发喻

黄 群

> ἐσϑλῶν μὲν γὰϱ ἄπ' ἐσϑλὰ διδάξεαι: ἢν δὲ κακοῖσι
> συμμίσγῃς, ἀπολεῖς καὶ τὸν ἐόντα νόον.
> 你会从高贵者那里习得高贵;若与坏人
> 厮混,你就会丧失已有的心智。
> ——Xen. Mem. 1.2.20

在《吕西斯》①这篇讨论何为友爱的短制对话中,柏拉图笔下的苏格拉底面对两个葱茏茂盛的美少年——吕西斯与墨涅克塞罗斯,他举了一个白铅染发的例子(217c-218c),不妨称之为"白发喻",苏格拉底要这两位少年思考这样一个问题:头发表面的白与自身显现的白是否品质相同? 借着白发喻,苏格拉底与少年们的讨论也悄然转向:从追问

---

① 本文凡引《吕西斯》皆由笔者译自希腊文,拙译依据 Burnet 校勘本(*Platonis opera*, Oxford: Clarendon Press, 1909),参考 David Bolotin 英译注疏本(*Plato's Dialogue on Friendship*, Cornell University Press, 1979),简称 B 本;Terry Penner, Christopher Rowe, 英译注疏本(*Plato's Lysis*, Cambridge University Press, 2005),简称 P.R 本;Louis—André Dorion 法译本(*Charmide, Lysis*, Paris: GF—Flammarion, 2004)简称 D 本;戴子钦先生中译本(《柏拉图〈对话〉七篇》,辽宁教育出版社,1996)。

谁是"好"的友伴转向如何看待灵魂的内在差异。

在柏拉图的对话作品中,头发与热爱智慧[哲学]有着某种奇特的内在联系,颜色也常常用来比喻灵魂的品质。从灵魂染色角度,我们发现白发喻与《王制》里的羊毛染色喻,《会饮》中的摩吕草隐喻,《斐德若》的双马喻以及《美诺》中颜色与形状的问题结为一个织体,均涉及灵魂染色或教育青年问题。借用《吕西斯》开篇两次出现的"εὐθυ[直接]"一词,①我们或可说,倘若循经《吕西斯》的"白发喻"的引示,我们兴许能直接前往由《王制》、《斐德若》、《会饮》、《美诺》和《吕西斯》共同编织的友爱灵魂学的密室,一窥堂奥,进而理解这样一些时时困惑我们的问题:灵魂类型与德性问题相关吗?灵魂的内外差异能通过热爱智慧之人的教育形成统一吗?如何理解热爱智慧之人的自我教育与城邦教育?谁才是青年教育的主导者?苏格拉底式教育的本质是什么?

白发喻的语境

苏格拉底提出白发喻之前,已分别与吕西斯进行了两次谈话,与墨涅克塞罗斯进行了一次。② 在此前的谈话中,苏格拉底让两个少年承认:相似者之间,对立者之间皆不会产生友爱。于是,苏格拉底与男孩们关于友爱的探问陷入死胡同,"朋友"——这只猎物再次逃匿,追捕者似乎全都陷入茫然。为重振这些年轻猎手的勇气,老练的猎手苏格拉底宽慰他的青年伙伴们,鼓励他们再度展开新的猎捕。年长的苏格拉底则再次担起了引路人职责,为少年们另辟蹊径,指引出一个讨论新方向:兴许"既不坏也不好"是"好"的友伴。

对于苏格拉底的新方向,墨涅克塞罗斯显得很困惑,他率先质询苏格拉底的说法到底是什么意思。苏格拉底承认自己并不知道新方向能

---

① 参见《吕西斯》203a,204b。
② 苏格拉底与吕西斯的两场谈话见 207b8—210d8 和 213d1—216b,与墨涅克塞罗斯的第一场谈话见 211d6—213d,而本文分析的"白发喻"则处于苏格拉底与墨涅克塞罗斯第二次谈话的中心(216c1—222b2)。从文本形式上看,苏格拉底与这两位少年交叉进行对话,犹如驾驭着灵魂的黑马和白马。

否觅见猎物的踪影,他狼狈地说,自己也被论证的死胡同弄得晕头转向。苏格拉底为自己的失败找了个借口,他引用了"美是朋友"这句古谚,甚至还讲了一个雅典人熟知的荤段子①来说明追捕失败的原因(216c6-d2)。苏格拉底似乎在尽量消散因前几次猎捕失败带来的沮丧。这一次,苏格拉底把"好"定义为"美",似乎缩小了猎捕的包围圈,他提醒听众们:

> 那么,我说——我在这里的发言如同一个说预言的(ἀπομαντευόμενος)——美且好(τοῦ καλοῦ τε καὶ ἀγαθοῦ)的朋友是既不坏也不好;至于我预言说的东西(δὲ λέγων μαντεύομαι),我会跟你说它们是什么。在我看来,似乎有三类事物:好,坏,既不坏也不好,你怎么看?(216d4-8)

苏格拉底在此特意强调,自己发言如同一个先知(ἀπομαντευόμενος),这让人想起《会饮》中来自曼提尼阿(Μαντινικῆς)的女先知——第俄提玛,Μαντινικῆς这个地名与希腊文的"预言者"(μάντις)一词有相同词干。②柏拉图利用ἀπομαντευόμενος这个词巧妙地将《吕西斯》这场谈话与《会饮》里第俄提玛的爱欲教诲联系起来,③暗示他的读者《吕西斯》与《会饮》之间有一种平行对应关系。正如伯纳德特调侃的那样:苏格拉底在《吕西斯》的开场显得庸俗不堪,居然充当了希波塔勒斯的皮条客,承诺去勾引美少年吕西斯。④《吕西斯》的开场充满爱欲。

---

① 关于苏格拉底的性比喻的分析,参见 David K. Glidden, "The *Lysis* on Loving One's Own", *The Classical Quarterly*, New Series, Vol. 31. No. 1(1981), pp. 39—59. 不过,B本、P.R本、D本都没有相同看法。
② 参见《会饮》,刘小枫译注本,注 233,北京:华夏出版社,2003 年,页 71。
③ 在《会饮》(210a6-e3)中,第俄提玛向苏格拉底透露了爱欲的奥秘:凡是想正确欲求美的人,如果要找真正的引路人,就会从爱慕一个美的身体上升到爱慕形而上的美,爱灵魂的美胜过爱身体的美,最终他会看到知识的美,这是一切美中最美的事物。最终,这个人通过孕育美好的言辞直至通晓美的知识。第俄提玛提到,正派的男童恋是美的阶梯的起点,通过美的阶梯最终找到美的知识,这种美是恒在的,不生不灭、不增不减。她告诫苏格拉底,这样的人生才值得过。
④ Seth Benardete, *The Argument of the Action: Essays on Greek Poetry and Philosophy*, The University of Chicago Press, 2000, p220.

然而，当苏格拉底与希波塔勒斯一伙人进入体育场后，爱欲便随之消隐——前面四场谈话，苏格拉底绝口不提爱欲，直至第五场谈话开始，爱欲问题显得重新回到谈话中。爱欲的回归与灵魂的生育有关。苏格拉底要说的三类事物："好"、"坏"和"既不坏也不好"恰好对应三类灵魂。①

接下来苏格拉底提出的论证是：1. 由于相似者之间不会产生友爱，因而"好"不会亲近"好的"，"坏"也不会亲近"坏的"；②2. 由于"坏"没有友伴，因而"既不坏也不好"只能成为"好"的友伴；3. 由于"既不坏也不好"不是相似者的友伴，它只能成为"好"之友伴；4. 由于"美"是"好"的友伴，"既不坏也不好"也是"美且好"的友伴（216d9-217a3）。

"好"与"坏"皆不是"美且好"的友伴——苏格拉底的结论难免让在场听众沮丧。在古希腊人看来，能否拥有朋友是一个人的德性善标志，而朋友的数量更与个人荣誉息息相关，③起码，美少年吕西斯与墨涅克塞罗斯就为彼此结友而相当自豪。然而，当苏格拉底指出纯粹的好人或坏人皆不欲求"美且好"时，则间接摧毁了两人对友爱的自信和得意。不过，我们即便能够接受坏人不会欲爱"美且好"的论断，仍对好人也不是"美且好"的友伴感到难以释怀。苏格拉底的推论迫使那些自称追求"美且好"的人面临这样的尴尬：假如他们自认是"美且好"的友伴，就得先承认自身不拥有"好"，至多处于"既不坏也不好"的居间状态而已。不过，让我们稍感安慰的是，在《会饮》中，苏格拉底曾把追求智慧的人比作处于居间状态的爱若斯。④ 此刻，苏格拉底正引导青年伙伴们认识

---

① 在《尼可马各伦理学》(1160a31-b30)，亚里士多德先谈论友爱与公正、共同体三者之间的关系，接下来就谈到三种政体（君主制、贵族制、共和制）及三种变体（僭主制、寡头制、民主制），三类友爱与三种政体形成某种对应关系。在拥有最多友爱的共同体中，对公正的要求也最强烈，而它所犯的不公正，其后果也最严重。

② 亚里士多德在《尼各马可伦理学》(1157a16-24)中反驳了《吕西斯》关于相似者或对立者之间不会产生友爱的说法，他从苏格拉底所抛弃的前提——对任何人而言，属于自身的都是某种善或对他显得善（而不是坏）的事物——出发。在他看来，问题并不在于友爱是存在于相似者还是对立者之间，而在于对何种人显得善好的事物是更真实的善好。

③ David Bolotin, *Plato's Dialogue on Friendship*, 前揭，页134。

④ 对观《会饮》(204b)：智慧是最美的东西之一，爱若斯就是对美的爱欲，所以，爱若斯必定是爱智慧的人（哲人），爱智慧的人处于有智慧和不明事理之间。

到自身在智慧和道德上存在双重欠缺,要看清灵魂的本色,唯此才有可能循着阶梯往上攀升。然而,就城邦而言,纯粹的好人与坏人总是少数,大多数人处于"既不坏也不好"的居间状态。那么,对于大多数灵魂而言,如何才能引导他们趋向"美且好"呢?或者说,"既不坏也不好"的灵魂趋向"美且好"的动力因是什么?这是苏格拉底接下来要追问的:"既不坏也不好"成为"好"友伴,是因为"坏"的出现吗?为了回答这个问题,苏格拉底连用两个比喻:治病的隐喻①和白发喻。前者似乎是针对在场的所有听众,后者则是点名要吕西斯和墨涅克塞罗斯考虑。

苏格拉底首先提请在场听众考虑:由于疾病的缘故,病人才去亲近医生。身体就自身而言,无所谓好或坏,唯有疾病这种"坏"出现了,才迫使身体去亲近医术。苏格拉底由此推论:"既不坏也不好"与"好"交友,是由于"坏"的出现(217b1-5)。这个结论同样让人难以接受,倘若"坏"是人们爱"好"的动力因,意味着"坏"的存在是"好"值得欲爱的必要条件。苏格拉底进一步指出:"既不坏也不好"的灵魂亲近"好",与"坏"出现的程度相关,一旦"既不坏也不好"中的"坏"到了一定程度,处居间状态的灵魂就会完全变"坏",不再可能亲近"好",因为此前论证过"坏"不可能是"好"的友伴。

随之而来的问题是,我们如何判断灵魂身上的"坏"只是表象而非本质?正是为了应对表象与本质的问题,苏格拉底提出了白发之喻,并且点名要吕西斯和墨涅克塞罗斯思考这个问题:

> 你们现在仔细审视(σκέψασϑε)我的话。我说,一些事物就是这种,自身正如表现的[那样]。而另一些事物则不是[这种]。就好比,如果有人想用某一种颜色去涂抹什么,任何用来涂抹的颜色(τῷ ἀλειφϑέντι),我想,就会显现在被染物(τὸ ἐπαλειφϑέν)上。(217c3-7)

---

① 关于病人与医术的隐喻,还参见《王制》332c-332d;405d,408e,604c,苏格拉底在《王制》中以医生与病人的关系来比拟城邦教育者与城邦的关系,他严厉批评荷马不是好医生,因为从没有一个城邦靠荷马的教育而治理得更好(599c-600e5)。由此可见,病人与医术的比喻等同于立法者与治邦术的关系。

苏格拉底第一次严肃地对两个少年发出指令,正如他不久前宣称的那样:"如同一个说预言的(ἀπομαντευόμενος)"在发言,化身"说预言的"苏格拉底的吁求净化了体育场里这个热爱智慧之人共同体的密室——这也是热爱智慧之人柏拉图对读者发出的吁求:你们现在仔细"审视",要尖起眼来看接下来的话,因为它们很可能与某些重大而严肃的话题相关。

对于苏格拉底的问题,墨涅克塞罗斯首次承认自己的无知。苏格拉底很耐心,他换了一种诗意的方式提问:

> 要不然这样,我说,倘若有人涂抹你的头发——它原本是金色的——用白铅,那时[头发]是变白,还是显得白?(217d3)

乍一看,从疾病之喻转到白发喻显得相当突兀。疾病喻中,驱使病人亲近医术并最终欲求健康的动力因是疾病(坏),因为病的出现,凡人意识到生命之有限,继而意识到健康之可贵,不可恒久持有,从而亲近宣称能掌控健康的医术(智术)。因而,青年人很容易被智术师所吸引,把技术视为智慧;从而如何区分表面的智慧与真正的智慧就是苏格拉底白发喻的实质,亦是"白的"和"白色"的真正所指。不过,在白发喻中,苏格拉底两次不同方式的提问暗示了两层意涵:在第一层意涵中,白指向衰老的"坏"。因为,对少年人来说,美丽的金发才是青春,生机蓬勃的表征;而满头白发则意味着可能面临衰老、病痛的人生暮年。可见,白发是美少年的对立物,即便是人为染色,少年白头多少也令人动容,顿生青春短暂,韶华易逝的悲叹与惆怅。就此而言,白发对于金发少年无疑是"坏",是人人避之不及的衰老预兆。所以,白发的出现,让少年人意识到生命之短促,不可贪恋年少之欢愉,警醒青年人把握有限的生命,转向欲求无限的智慧。因此,白发喻的第一层意思符合苏格拉底此前的逻辑:坏是好的动力因,白发的提前出现可能会让少年人萌发对智慧的欲求。然而,苏格拉底接下来的提问则暗自转换了问题的方向,引出白发喻的第二层意涵:白色指好的天性,理解这层意思则要借道《王制》中苏格拉底为格劳孔讲的羊毛染色喻。

在转向考察《王制》中的羊毛染色喻之前,值得提到柏拉图笔下出现多次的头发,对我们理解接下来的探讨当不无启发。比如,柏拉图笔下的帕默尼得曾对苏格拉底说,"苏格拉底呵!因为你还年轻,哲学尚未紧抓着你,像它——如我所见——仍要在将来紧抓着你的,那时你将不轻视它们中间的任何一个了。现在因为你的年龄尚顾虑人们的意见"(《帕默尼得》,130e)。这句话被某些注疏家用来解释《斐多》中的那个著名细节(89b-89c5):①斐多说,苏格拉底喜欢把玩他的美发,到了生命的尽头,苏格拉底惋惜斐多将因自己的死而失去美发。其实,苏格拉底是在担心,斐多这个性情柔弱的少年尚未完成热爱智慧的教育,少年灵魂的染色还不牢靠。如果说《斐多》中的这个细节与青年教育问题相关,那么《吕西斯》中金发染白的例子则将我们带到《王制》的羊毛染色喻的语境。于是,青年教育与灵魂染色——柏拉图对话中两个重要的问题经由"白发喻"在《吕西斯》中结合在一起。

羊毛染色喻:如何拣选灵魂

在《王制》第五卷中,苏格拉底讲了一个羊毛染色的比喻——通过拣选质地最洁白的羊毛进行人为染色比喻哲人要对天素优良的青年施行教育。当时,苏格拉底正在向格劳孔解释如何使城邦战士秉持凭靠法律建立起来的信念。②

> 当染布的工人打算把羊毛染成紫红色,他们首先从有许多颜色的羊毛中挑选出天然洁白的那种,然后对它们进行加工,通过比较全面的加工,把它们处理得最容易接受色彩的光泽,这时,他们才给它们染色。凡是用这种方法染出的东西,[染上的]颜料不会褪色,不管怎么洗,不用肥皂也好,用肥皂也好,都不能从它们身上夺走色彩的光泽;否则的话,你知道它们会变成什么样子,当某人

---

① 参见刘小枫,《〈斐多〉译注》(未刊稿)相关注释。
② 柏拉图在《美诺》中专门讨论过颜色与形状的关系。

直接把它们染成或是这种或是其他什么颜色,事先不作任何准备。(《王制》429d5-e5)①

显然,羊毛染色喻中,白色指天素优良的心性,指"好"。但是拥有好天性的少年天素,既可能染上尊贵的紫红色,也可能染成难看的黑色,或其他什么颜色——染成什么颜色端赖于什么人在染色,简言之,天性良好的青年能否成为灵魂高贵的人,依赖于教育者是谁。

倘若把"白发喻"与"羊毛染色喻"结合起来,很容易看出白色是两个比喻共同的颜色,从而这两个比喻有内在联系。或许我们可大胆推想:柏拉图在《王制》与《吕西斯》中呈现了灵魂染色的完整过程。首先,从各色"羊毛中挑拣出天然洁白";其次,对挑选出来的羊毛进行全面处理,以便易于上色;最后则对那些色质并不天然洁白的进行染色加工,使之变成白色,然后再重复头两道工序,最终完成灵魂染色。经过三道工序,城邦中的灵魂就会依照热爱智慧之人的设计,按其天性的类别所属,各归其位,最终在言辞的城邦内部形成有序与和谐。无疑地,如此理想状态接近热爱智慧之人的最佳城邦。

然而,柏拉图—苏格拉底马上面临两个棘手的难题:一是灵魂外部的染色与内在自然色如何达成统一?二是如何确保附着在灵魂外部的颜色永不褪色?这两个问题正是《吕西斯》中苏格拉底质询两个少年的问题。

回到《吕西斯》暂时中断的具体语境中,墨涅克塞罗斯肯定地回答了苏格拉底的问题,白铅涂抹在金发的表面,会使头发暂时隐藏其天然的金色而显得白。苏格拉底立刻追问:

那么,白色($λευκότης$)就真的②从它自身兴许会显出来($παρείη$)啦!(217d4)

---

① 译文采用王扬译本,柏拉图,《理想国》,北京:华夏出版社,2013年。
② 柏拉图用$μήν……γ$来强调白色在金发显现的程度和结果。

在这段问话中,苏格拉底通过反复强调 παρείη[显出]与 εἰσιν[是]这两个动词,以此突显灵魂染色后导致的内外差异。不过,年轻的墨涅克塞罗斯没能洞穿 εἰσιν 与 παρείη 的差异,对于苏格拉底的追问再次给出了肯定的答复,显示了这位自视甚高的少年其实尚不具备反思的能力。耐心的苏格拉底又换了一种问法,但追问的仍是外在与质地的关系问题:

> 然而,那会儿的头发仍然不会是(εἶεν)比染色之前更白(λευκαί)哦,也许此时显现(παρούσης)白色(λευκότητος),但是你的头发压根儿不是(εἰσιν)白的(λευκαί)或者黑的(μέλαιναί)。(217d5-8)

苏格拉底提醒墨涅克塞罗斯注意头发在染色前后的色差对比,实际在帮助少年回忆起灵魂染色之前的颜色,回忆灵魂本来的面相。似乎,我们听到苏格拉底忍不住要提醒墨涅克塞罗斯:孩子呵,你的本质并非白,亦非黑,而是介于白与黑之间……

值得留心的是,苏格拉底刚才的提问有细微变化:他在头发的天然色上悄然加入了第三种颜色:黑色。人的头发有三种基本色:白色、金色、黑色,白与黑形成强烈的对比。三种本质色让我们想到《王制》中的苏格拉底区分的三种灵魂类型。这提示我们,苏格拉底的白发喻很可能在讨论如何看待灵魂的类型问题。他首先引导两个男孩考虑灵魂的表相与本质关系:头发被人染成白色之后,表面的白与内在的黑色依然存在质地上的差异,涂抹在黑色(本质)之上的白色(表相)并没有真正合二为一。换言之,对灵魂施行的教育犹如给灵魂染色,表面上似乎已然合乎教育者的目的:灵魂已被塑造成教育者设计的样子。但灵魂只不过是披上一件假象的外套,外套下面仍然是灵魂本身的颜色。所以,苏格拉底提出,染色之后的头发并不比此前更白,换言之,这种表面的教育并没有真正改变灵魂的本色,是虚假的教育,其结果并不比受到教育之前的更好。

在苏格拉底的帮助下,墨涅克塞罗斯仿若恍然,惊呼一声:"真的

呔!"(217d7)

正如美诺无法理解意见与知识的差别,无法辨识颜色与形状的界限,①两个涉世未深的少年同样很难把握灵魂的外表与内在的差异:透过灵魂的παϱείη辨识它的εἰσιν。然而,这种眼力又实在重要,背后带出的问题实在重大。《王制》的开篇讨论从何为正义起步,可是,苏格拉底首先处理的问题是:谁是真正的朋友,谁是表面的朋友,认清谁是朋友就能认清谁是敌人,正义就是扶友损敌,这是正义城邦的基础。从而,辨识朋友真假的问题的重要性就在于它迫使我们切近城邦和灵魂最紧要的时刻……

摩吕草之喻:如何辨识灵魂

《吕西斯》开场时,希波塔勒斯曾随口提及"今儿又是赫耳墨阿节"(206d),柏拉图借此点明对话的戏剧时间和具体场景。柏拉图对话中的场景总是别具深意,往往与对话的主旨相互发明。② 赫耳墨阿节是古希腊人向酒神狄俄尼索斯和引路神赫耳墨斯神献祭的日子,通常安排在花月节的第三天,庆祝仪式安排在雅典摔跤场。③ 柏拉图的戏剧场景提示我们,《吕西斯》的这场谈话有两位神隐匿在场:酒神和引路神。类似的戏剧场景让我们想起《会饮》中最后以酒神面目出场的阿尔喀比亚德。前文已经提到,柏拉图有意让《会饮》与《吕西斯》形成某种内在呼应。况且,白发喻就是戴着"说预言的"面具的苏格拉底所讲述。

---

① 见《美诺》74b—75c,苏格拉底帮助美诺辨识了颜色与形状,意见与知识的差异,从而回到德性与知识的关系的问题上。
② 关于柏拉图对话背景的情景化设置,参见 Christopher Planeaux, "Socrates, an Unreliable Narrator? The Dramatic Setting of the 'Lysis'", *Classical Philology*, Vol. 96, No. 1. (Jan., 2001), pp. 60—68。
③ 花月节是一个特别重要的庆祝节日——集体狂欢,同时躲避亡魂。花月节的主要特色是簇拥着酒神狄奥尼索斯游行。此神乘着双轮战车进入城里,后面跟着一长列吹着箫的萨图尔们以及准备献祭的青年男子。花月节的第一天,儿童们会收到小酒罐,第二天有狂欢和饮酒大赛,第三天,赫耳墨斯会出现。因此,花月节实际上是一个成年仪式。赫尔墨斯现身的目的是要清理一个"被玷污的日子",即躲开恶的日子。参 H. W. Parke, *The Festivals of the Athenians*, Ithaca, 1977, pp. 107—120。

苏格拉底此刻俨然在行使《会饮》中第俄提玛的职分,如同第俄提玛教诲年轻的苏格拉底那样,他也在教育少年吕西斯和墨涅克塞罗斯:要辨识谁是真正的良友,就得先认清自身的爱欲取向。让人难堪的是,我们也如墨涅克塞罗斯和吕西斯那样,即便能看清"白"与"显得白",也难以辨认灵魂中真正的好与表面的好。

正如,柏拉图曾借《奥德赛》的诗句,以"摩吕草喻"巧妙地把《普罗塔戈拉》和《会饮》联系起来,①白发喻则将《吕西斯》与《会饮》联结,并且通过分有共同的黑白二色,摩吕草喻与白发喻结成友伴。不妨大胆地推测:柏拉图借两个相关的比喻把《吕西斯》中没有处理的问题(如何辨识灵魂的底色,从而辨识真正的良伴)放在写作时间紧随其后的《会饮》来处理,他要进一步教诲我们如何认识灵魂的自然,如何辨识灵魂的外在与内在的巨大差异。

摩吕草($μῶλυ$)典出荷马史诗《奥德赛》。其时奥德修斯在返程中与同伴们历经磨难,几度陷入生死危难之境。在"会说人语的,可怖的神女"(卷十 136)基尔克居住的艾艾埃(Aeaea)岛。由于奥德修斯派去探路的同伴们冒失且鲁莽,饮用女神基尔克的迷药,"迅速把故乡遗忘"(卷十 236)。为了搭救陷入生死困境的同伴,勇敢的奥德修斯亲涉险境,明知无制胜把握仍然前往基尔克的宫殿。危难时刻,路人的良友——引路神赫尔墨斯现身了:

> [他]从地上拔起药草交给我,告诉我它的性质($φύσιν$)。那药草根呈黑色,花的颜色如奶液。神明们称这种草为摩吕,有死的凡人很难挖到它,因为神明们无所不能。(卷十 302—306)②

摩吕草的最主要特征是,奶白色的花冠与黑色的根茎形成鲜明反

---

① 关于《普罗塔戈拉》和《会饮》中"摩吕草隐喻"的详细分析见拙文《苏格拉底与摩吕草——柏拉图《普罗塔戈拉》引荷马史诗考》(刊于《哲学与文化月刊》,台北:辅仁大学出版,2013年11期。)笔者认为,在这两部相关对话中,柏拉图借引用《奥德赛》的诗句,将阿尔喀比亚德比做受赠与赫尔墨斯的摩吕草,苏格拉底则是深入冥府探问先知忒瑞西阿斯的奥德修斯。

② 所引《奥德赛》引文出自王焕生先生译本,北京:人民文学出版社,2003年。

差,品相与本质表里不一。赫尔墨斯不但赠予奥德修斯神奇的摩吕草,还教给他认识神草的性质。① 可以说,奥德修斯要破除基尔克的蛊惑,还需要有辨识"性质"或"天性"的能力。这意味着,赫尔墨斯要把奥德修斯调教成一个热爱智慧之人,或者说,奥德修斯要敌过女神基尔克,首先要具有认识天性的智慧和能力。正如吕西斯和墨涅克塞罗斯要想认清谁是"美且好"的友伴,首先要识别自然,有看清表相与本相的能力。对于场外的读者,柏拉图就借白发喻将我们引到《会饮》中,通过见识两位内在灵魂与外表形成巨大反差的人:苏格拉底与阿尔喀比亚德,来学习这种必要的辨识力。

在《会饮》中,阿尔喀比亚德俊美的外貌与低劣的灵魂之间反差极大。赫尔墨斯赠予摩吕草最重要的提示是认识自然或本质,苏格拉底正是借助年轻时在第俄提玛那里领受的教诲,得以透过阿尔喀比亚德的外表看到他的本质;而我们则借阿尔喀比亚德的讲辞认识到,苏格拉底本人也外表与内在反差极大:相貌的丑陋与灵魂的纯美。② 可见,白发喻所暗示的内在灵魂与外在形貌的对立性存在几乎是人世间的常态。但是,对于城邦的教育者而言,更重要的辨识力在于看清爱欲与天性之间的巨大反差。比如《普罗塔戈拉》中资质平平的爱智青年希珀克拉底,他跟吕西斯、墨涅克塞罗斯这类天素优良的少年一样,对智慧的名称怀有狂热的爱欲,却缺乏判别真假智慧的能力。这类青年很容易受到启蒙智术师的蛊惑,把技术等同于智慧本身。这些抱有政治热情的少年以为跟随智术师就能学到真正的治邦术,建立事功。所以,少年吕西斯天真地以为,只要他拥有治邦术,他的父亲和邻人,乃至整个城邦都能交到他手上治理。因此,苏格拉底面对两类天素不同的少年,他施行教育的方式也不一样。对于前者(既不坏也不好),苏格拉底尽可

---

① 施特劳斯提醒我们,在荷马史诗中,φύσιν["性质"、"天性"或"自然"]这个古希腊哲学中最重要的语词之一仅仅出现在这里。见施特劳斯,《论柏拉图的〈会饮〉》,伯纳德特编,邱立波译,北京:华夏出版社,2010,页372。
② "正如阿尔喀比亚德至少曾经一度清晰地看到的那样——当时他正处于一个疯狂的洞见时刻,且不区分审慎与节制。"克莱因(Jacob Klein)提示我们比较《会饮》(216d1-7)和《斐德若》(279b8-9),克莱因,《柏拉图〈美诺〉疏证》,郭振华译,北京:华夏出版社,2011,页247。

能去呵护,抚平这类灵魂中不应有的血气,教育他不要模仿自身没有的激情;对于后者(好的)①则是尽可能把血气引向符合其天素的方向。然则,从白发喻的角度,意味着两类灵魂都要认清自身的底色,然后才能染上相宜的颜色。

由此,当我们再次回想《吕西斯》此前的论题(相似者之间不能成为朋友,对立者之间也不能结为朋友)时,我们似乎能感受到柏拉图—苏格拉底的问题所在:如果灵魂的外在与内在不一致,我们是否还能成为自我的友伴。倘若按苏格拉底的问题进路,答案似乎是只有让坏转向好,我们才有可能与自我结成真正的良伴——这种友爱才是合乎正义的城邦标准。

但是,另一个无法回避的现实则是,苏格拉底对阿尔喀比亚德这类天素极高,灵魂品质低劣之人教育的失败。在《美诺》中,苏格拉底承认,德性如果是知识的话,德性是可教的,否则就不可教。倘若德性是知识,它又是哪一类知识呢？仍然借助白发喻的小径,柏拉图引我们来到苏格拉底在《斐德若》中的教诲。

黑白双马喻:如何给灵魂染色

苏格拉底在《王制》第九卷(581c3)讨论非正义的主题时曾将灵魂分为三类:热爱智慧型($φιλόσοφον$),热爱胜利型($φιλόνικον$),热爱利益型($φιλοκερδές$),这三类灵魂基于苏格拉底在第四卷如何培养城邦卫士时提出的灵魂的三个分法:理性($λογιστικόν$)、血气($θυμοειδές$)和欲望($ἐπιθυμητικόν$)。这让我们想到《斐德若》中的苏格拉底所借赋诗讲了的黑白马喻(243e9-257b6):

---

① 《吕西斯》中,吕西斯是唯一被苏格拉底用"美且好"($καλός\ τε\ κἀγαθός$)来形容的人,而苏格拉底通常用这个词来形容神。他认为只有神才配得上既美且好,这似乎意味着,在与苏格拉底交谈的青年中,吕西斯属于天性较高的人,他的品貌接近神。在《会饮》(202c-202d)中,第俄提玛用这个词来形容神,只有神配得上用$καλός\ τε\ κἀγαθός$,诸神既美且好。不过在201e8处,第俄提玛说,爱若斯既不美也不好,因而不能算作神,只能是精灵。

正如在这个故事开始时,我们把每个灵魂划分为三部分,其中两个是马形的某种形相,第三种是御马者形相,现在我们仍然让这些划分保留下来吧。那么,关于这些马哩,我们说过,一匹好(ἀγαθός),一匹则不好。不过,好马的德性或劣马的劣性究竟是什么(ἀρετὴ δὲ τίς τοῦ ἀγαθοῦ ἢ κακοῦ κακία),我们并没细说,现在必须得说说。那么,就这两匹马本身来说,一匹站在更美的位置(ἐν τῇ καλλίονι στάσει),形相端直,[肢体]舒展,高脖子,鼻子略钩,看上去洁白(λευκὸς ἰδεῖν),黑眼睛,对荣誉有爱欲(τιμῆς ἐραστής)但带有节制和羞耻,与真实名声为伴,无需鞭策,仅仅靠言辞[发出的]命令就能驾驭。而另一匹哩,歪歪扭扭,[肢体]臃肿得像是胡乱凑在一起的,脖子又粗又短,扁平鼻,黑皮肤,灰眼睛,呈血红色,与肆意和吹嘘为伴,耳朵四周有浓密的毛,又聋,只屈从于鞭子加马刺(《斐德若》253c7-253e4,刘小枫译文)

按苏格拉底在《王制》灵魂三分的说法,《斐德若》中的白马指向血气、黑马指向欲望,①居中的理性是驾驭血气和欲望的驭者,与此相应的是描述三类灵魂:爱智慧的,爱胜利的,以及爱利益的。倘若如此,那么我们属于哪类灵魂的底色就端赖于灵魂的马车由谁来主宰。以驭者(理性)为主的,使欲望与血气达致平衡,不偏不倚,稳健上升,能见识到美的沧海的则是热爱智慧之人的灵魂;以白马(血气)为首,理性与欲望不时被拉着跑的是治邦者的灵魂;以黑马(欲望)为首的,理性和血气不得不拖着走的则是常人的灵魂。我们看到,三类灵魂有一种等级上的降序排列:理性—血气—欲望。除了理性为主的热爱智慧之人灵魂类型符合正义之外,其他两类灵魂都有僭越之嫌——无论白马抑或黑马为首,都迫使驭者丧失权位,其灵魂必然欠缺正义。按《斐德若》中的说法,如此灵魂的马车走得歪歪扭扭,难以攀升。

---

① 伯格的解读令人惊讶,她提出"傲慢、矮粗、塌鼻子的黑马,看起来简直就像苏格拉底本人",而苏格拉底之所以要把黑马描摹成自己的样子,意味着他以全体灵魂的一部分来揭示自我的认知。Ronna Burger, *Plato's Phaedrus*, the University of Alabama press. 1980, p65。

而苏格拉底式的教育则是针对灵魂的三个不同部分或三类不同的灵魂施行三种教育,如此才能把符合城邦正义的观念楔入卫士的灵魂之中,针对后两类灵魂,尤其是爱利益者的灵魂(他们居于城邦大多数),苏格拉底在《王制》中提出的教育方法是音乐和体育:

> 当我们在选拔未来的战士,用音乐和体育开化他们;我们设法做到的不是别的,而是让他们最坚定地信服并且接受我们的法律,如同接受染料,从而,关于什么是可畏的事物或关于其他事物的观念就会在他们灵魂中永不褪色,因为他们拥有合适的本性和教养,并且,那些洗涤剂也无法把这一颜色从他们身上洗去,把什么东西可畏这一观点冲走,即使它是欢乐,干此事它比任何碱水和去污粉都厉害,或是痛苦、恐惧和欲望,它们超过任何肥皂。(429d9-430b1,王扬译文)

这些被苏格拉底称之为未来卫士的灵魂需要用音乐和体育来染色,才能使他们最为坚定地持守城邦的正义。然而,这种染色面临的挑战来自灵魂中的痛苦、恐惧和欲望,苏格拉底称之为最厉害的祛色剂。音乐与体育中的法度、秩序和规则,主要净化的是痛苦、恐惧和欲望——人性中强有力的东西。古典的热爱智慧之人认为,这些人性的成分不应成为政治共同体的基石。相反,近代的霍布斯则把政治原则建立在恐惧之上——古今政治原则的差异正是基于对人性自然的不同认识。

限于篇幅,本文不再详述苏格拉底式乐育对于灵魂教育的重要性,仅需指出,音乐与灵魂均属不可见的视域,无法用眼睛感知。眼睛之不可靠,有助于我们理解白发喻中显现的"白"与自身的"白色"之间的差异。

对勘《吕西斯》中的白发喻,我们可以说,苏格拉底只有在辨识吕西斯和墨涅克塞罗斯这两个经他精心挑选的质地最白的灵魂类型后,他才能着于染色。苏格拉底对这两位少年人的染色,凭靠的并不是音乐和体育,而是要把这两人带离在体育场上施教的智术师,通过交谈以助产术式的辩证法引导青年人找到自己的本相,洁净灵魂中的欲望,与自身达成真正的友爱。

老年与智慧

不过,在提醒墨涅克塞罗斯和吕西斯两人区分"白的"与"白色"后,苏格拉底的白色喻并没有抵达意义的终点,他随之引入关于老年的观念:

> 然而,我的朋友啊,当老年(τὸ γῆρας)为它送来同一种颜色时,那时候它就会变成了(ἐγένοντο)与自身显出的颜色一样,白色(λευκοῦ)因[头发]变白(λευκαί)而显出(παρουσία)。(217d8-217e)

面对两个葱茏少年的稚气和真挚,苏格拉底禁不住轻唤"我的朋友",这是整篇对话第三次呼唤。① 他向少年友伴指出:经过岁月浸染,等到老年的时光来临时,头发的表相与本质就会合二为一:由于白色从黑色中现身,黑发完全变成白发。

让人意外的是,苏格拉底在此提出了一个与人为教育相对的概念:自然教育。苏格拉底的话似乎意味着随时间与阅历的增加,必然会带来智慧的增长,正如老年人的白发是自然而然由自身显露出来,而非少年黑发人为染成白色,外在的白与内里的白色自然合一。但是,我们应该记得《王制》的老人克法诺斯,他曾向苏格拉底叹息,大多数人的老年时光难熬,而他凭靠财富和正直能够度过老年岁月:

> 从此,他不仅经常从梦中惊醒,像孩子一样,满心恐惧,而且一直生活在不祥的期待中。相反,对于一个知道自己没有做过任何坏事的人,甜蜜的希望永远伴随着他,当他慈善的伴侣,正如品达

---

① 苏格拉底头两次呼唤ὦ φίλε,分别是呼喊希波塔勒斯(206a)和吕西斯(210a10),从文本次序看,吕西斯恰好居于希波塔勒斯与墨涅克塞罗斯之间。

说的那样。(《王制》330a)

从克法罗斯身上,我们看到时间并没有给这类φιλοχερδές型的老年人带来智慧,至多是世情阅历和财富的积累而已。与少年相比,老人仅仅是摆脱了情欲和血气的支配,灵魂里的黑马被时间消磨而非理性掌控,若年轻时没有受过热爱智慧的训练,那么,等到迈入《王制》结束时讲的那个厄尔神话时,他们抽取的命运签牌必然不是幸福。按照厄尔神话,此世的好生活要与下辈子的坏生活对换,唯有每次都"全心全意追求智慧"的灵魂,才能升入广阔的天空,永享幸福(619e)。① 从对话形式上看,《王制》开场的老年话题与结束时的厄尔神话首尾呼应,夹在中间的是何谓最佳生活方式这一重大问题。回头再看《吕西斯》的白发喻,苏格拉底引入老年恰恰说明,就教育这些资质优良少年而言,热爱智慧才是最重要的教育方式,而音乐和体育则是配合热爱智慧的两个驭者,他们共同驾驭灵魂中的黑白双马,直至生命尾声的重大选择。有一个细节值得关注:祭祀迫使克法罗诺中断与苏格拉底的谈话,同样的情形也发生在墨涅克塞罗斯与苏格拉底之间。这个细节提醒我们,克法诺斯与墨涅克塞罗斯之间的相关性。

总之,借白发喻,苏格拉底向少年们揭示了两种不同的教育方式:表面教育和本质教育。对于大多数处于居间状态(不坏不好)的人而言,对灵魂施行教育意味着要从根本上改变灵魂属性。问题在于,并非每一个居间的灵魂都可能并愿意接受苏格拉底式的热爱智慧的教育。苏格拉底从这些大多数人中挑选出天性最好的灵魂,在他们尚处于人生之初灵魂质地洁白、未被坏染黑的重要时刻,及时给予合乎天素的教育,引导他们走向热爱智慧的道路。这样的灵魂染色与其本质相一致,有如漫漫岁月对人性的改变:到暮年时,白发成霜。在苏格拉底看来,青年时的教育非常迫切:

---

① 苏格拉底在《斐德若》(249a2)中,也提到诚实地过着热爱智慧生活的人、把青年教育与热爱智慧联在一起的人才会长出灵魂的翅膀。

那么，只要它还不是坏，尽管某种坏已经显出，(这种)显出使它欲求(ἐπιθυμεῖν)好。但是，[坏的]显出如果已经使它变坏，就会令其丧失对好的渴求及与好的友爱。因为，它不再是既不坏也不好，而是坏。如我们所说，坏不可能是好的朋友。(217e8-218a2)

苏格拉底得出的结论是：充满智慧的诸神或人族都不会热爱智慧；无知及劣性的人也不会热爱智慧，只有那些居于中间状态，懂得自身欠缺，多少敏于德的人才是爱智者。苏格拉底的这个结论与他之前(216d3)自称"说预言的"要说的话结合起来，便是《会饮》中第俄提玛描述的爱欲奥秘之所在。不过，这次充当先知的是苏格拉底。表面上，他并没有明确提到爱欲奥秘中的灵魂生育法，实际上，这次谈话就是苏格拉底的一次灵魂生育行动：苏格拉底的言辞和行动结合起来，就是女先知第俄提玛讲述的爱欲奥秘。

谈话进行到这里，似乎已抵达茫茫大海的彼岸，苏格拉底向吕西斯和墨涅克塞罗斯宣布，猎捕行动成功：

我们已然绝对而全面地发现了朋友是什么和不是什么。因为对于心灵和肉体，或者别的什么东西，我们承认由于坏的出现，只要是"不坏不好"的皆是好的朋友。(218b9-c2)

这场关于什么是朋友的谈话似乎可以告一段落了，苏格拉底和少年们都一致同意，他们找到了答案。然而，苏格拉底的精灵再次现身——苏格拉底再次推翻了结论，重新开始猎捕行动。他不安地喊道：

呜呼(βαβαῖ)！吕西斯和墨涅克塞罗斯，看来我们拥有的只是一个梦影(ὄναρ)啊。(218c10)

当众人还没来得及为胜利欢呼，苏格拉底却说他自己对这个结论并不全然相信，因为这个论证尚不完善，并非是他想要的结果。由此，借《吕西斯》的白发喻,柏拉图向我们充分展示了他最尊敬的老师——苏格拉底作为热爱智慧之人的形象:总是处于欲求智慧的行动中,如同爱若斯永远感到欠缺和不足。柏拉图笔下的老师并非是个通观的智者,或者全能的教师。相反,在他笔下,苏格拉底能坦然面对追求智慧过程中的种种失败,并对任何成功总是抱有疑虑。

显然,在柏拉图看来,苏格拉底才是智慧的真正友伴,是那些灵魂处于居间状态的青年所能见到的最佳典范,跟随苏格拉底未必一定能抵达智慧的彼岸,却一定是行进在欲爱智慧的路上——这实在是一个热爱智慧的灵魂的最好姿态……

被迫的哲学家

李 猛

一、争 论

很少有一场学术争论,意义如此重大,范围如此广泛,言辞如此激切,但最终全部争论的焦点却凝聚在对一位作家的一部作品,一个段落,甚至是一句话的理解上,仿佛这句话就是检验灵魂的试金石(*Grg.* 486d)。

1985 年 5 月 30 日,在《纽约书评》杂志上,研究古代哲学的著名学者 Myles Burnyeat 发表了一篇措辞相当激烈的批评文章,"没有秘密的斯芬克斯"。① 在罗列了施特劳斯著作中种种背离学界行规和常识的怪异之处后,Burnyeat 指出,既然施特劳斯及其门徒将整个政治思想史视为是柏拉图式的政治哲学的历史,那么,"如果施特劳斯对柏拉图的解释是错的,整个大厦就全盘坍塌"。具体而言,如果与施特劳斯的解释相反,柏拉图确实像学界通常认为的那样是一个"激进乌托邦派分子",施特劳斯学派苦心树立的"经典"或"大书"也就不再只属于保守

---

① Myles Burnyeat, "Sphinx without a Secret", *New York Review of Books*, May 30, 1985, pp. 30—36.

主义的隐秘智慧,而马基雅维利与霍布斯造成的古代智慧的丧失这一现代性的灾难也就无从谈起了,施特劳斯"贯穿整个西方文史大脉络"的图景就成了空中楼阁。

虽然 Burnyeat 打算表明,"施特劳斯有关柏拉图的解释彻头彻尾都是错的",但实际上要在短短几页的报刊评论的篇幅中证明这一点多少有些困难。Burnyeat 挑选了施特劳斯理解《理想国》[①]的一条核心主张作为彻底否定施特劳斯建立的关于柏拉图乃至整个西方思想的图景的关键,"哲学家不可能被说服,他们只能被迫去统治城邦"(The Philosophers cannot be persuaded, they can only be compelled to rule the cities)。[②] 在 Burnyeat 看来,这一主张是对《理想国》完全的曲解,其中的前半句话和后半句中的"只"(only)都是施特劳斯自己的捏造(sheer invention)。[③]

Burnyeat 犀利的评论立即引起了轩然大波。《纽约书评》在 10 月号刊发了 Joseph Cropsey, Harry V. Jaffa, Allan Bloom, Ernest Weintrib, Thomas Pangle 和 Clifford Orwin 等人的来信,这些反击的辛辣和刻薄与 Burnyeat 评论中的嘲弄和讽刺难分伯仲。[④] 而 Burnye-

---

[①] 本文引用的《理想国》文本及编码依据 S. R. Slings 编订的文本(Oxford: Clarendon Press, 2003),中译文主要依据王杨译注《理想国》(北京:华夏出版社,2012,译文据希腊文有改动)。对有关段落的理解和翻译参考了以下英译本和注释:James Adam (Cambridge: The University Press, 1938); Paul Shorey (Cambridge: Harvard University Press, 1938); Allan Bloom (New York: Basic Books, 1991); R. E. Allen (New Haven: Yale University Press, 2006)。

[②] Leo Strauss, *The City and Man*, Chicago: The University of Chicago Press, 1978, p. 124.

[③] Paul Sunstein 怀疑仅凭对《理想国》中这一段落的解释是否足以撼动施特劳斯十四本著作构成的整个思想格局(其中只有两本明确以柏拉图为题)。但 Burnyeat 回应说,施特劳斯对现代性的批评需要以过去为立足点,而他有关过去的看法要成立,他有关柏拉图的解释一定要站得住脚,否则现代相对于古代的沉沦就无从谈起。因此,"如果《理想国》确实是致力于以理想主义的方式追求正义(the idealistic pursuit of justice),施特劳斯有关过去的整个途径就都是错误的,他也就丧失了谴责现代性的基础"(*New York Review of Books*, April 24, 1986)。虽然,施特劳斯究竟如何理解"古今之争",远非这里能够检讨的复杂问题,但 Burnyeat 对柏拉图《理想国》这一关键段落解释重要性的强调,确实抓住了施特劳斯思想的关键。

[④] David Lawrence Levine, "Without Malice but with Forethought: A Response to Burnyeat", *The Review of Politics*, Vol. 53, no. 1 (1991), pp. 200—218.

at 则在次年得到了美国古代哲学研究领域的权威学者 Gregory Vlastos 的拔刀相助。年届八十的 Vlastos 虽然为他一生最后的研究计划珍惜自己每一盎司的精力,但面对施特劳斯弟子喷发的"毒素",还是毅然撰文支持 Burnyeat,称美他的评论文章对施特劳斯奇谈怪论的批判锐利而不失公正,在学术上无懈可击。

我们这里并不关心 Burnyeat 的评论是否像反对者认为的那样体现了所谓"主流学界"的"傲慢"和"偏见",①或施特劳斯学派的回应是否恰恰佐证了 Burnyeat 对其狭隘和盲信的指控,我们甚至也不打算讨论其后态度更加持平的古典学者对施特劳斯的柏拉图解释的严肃重构,②我们关心的是这一争论中的实质问题:是什么迫使哲学家回到了他曾离开的洞穴?对这一问题的回答,不仅是理解柏拉图哲学乃至西方思想的关键,而且也事关哲学这一人类生活方式的可能性。

二、欲　　望

争论双方,至少在一个至关重要的地方是一致的,Burnyeat 同意

---

① Burnyeat 并不吝于承认他与施特劳斯派学者在某些观点上的一致(Myles Burnyeat, "Utopia and Fantasy: The Practicability of Plato's Ideally Just City", 1992, rep. in *Plato 2: Ethics, Politics, Religion, and the Soul*, ed. by Gail Fine, Oxford: Oxford University Press, 1999, p. 305n. 15。这篇文章是《纽约书评》争论的一个继续),争论的激烈源于更为根本的分歧。这场争论可以说重演了近十年前 Dale Hall 批评施特劳斯和布鲁姆对《理想国》的解释引发的争论,许多主题的交锋都在那场影响较少的争论中演习过了(Dale Hall, "The Republic and the 'Limits of Politics'", *Political Theory*, Vol. 5, no. 3, 1977, pp. 293—313; Allan Bloom, "Response to Hall", *Political Theory*, Vol. 5, no. 3, 1977, pp. 315—330)。而在《纽约书评》争论之后出现的一些有关施特劳斯的评论有助于揭示这场争论隐含的政治立场,只不过政治立场并非本文关注的焦点:Stephen Holmes, "Truths for Philosophers Alone?" *Times Literary Supplement*, Dec. 1—7, 1989, 1319—1324, rep. in his *The Anatomy of Antiliberalism*, Cambridge: Harvard University Press, 1993, pp. 61—87; Charles Larmore, "The Secrets of Philosophy", *The New Republic*, July 3, 1989, 30—35, rep. as "The Secret Philosophy of Leo Strauss", in *The Morals of Modernity*, Cambridge: Cambridge University Press, 1996, pp. 65—76。

② G. R. F. Ferrarri, "Strauss's Plato", *Arion*, Third Series, Vol. 5, No. 2 (1997), pp. 36—65; but see Adrian Blau, "Anti—Strauss", *The Journal of Politics*, Vol. 74, no. 1 (2012), pp. 142—155。

施特劳斯的观点,"苏格拉底确实主张,正义的城邦之所以可能,是因为哲学家不愿意统治"。我们都知道,在《理想国》第一卷中,色拉叙马霍斯曾指出,正义不过是强者的利益,统治者制定法律是为了谋求自身的利益。在第一卷对这一挑战的不充分回应之后,面对格劳孔依据更为清晰的逻辑对色拉叙马霍斯原则的重述,苏格拉底提议,通过建立可见的城邦来考察正义在不可见的灵魂中的力量。然而,经过男女平等和取消家庭的两波浪潮,当苏格拉底和格劳孔建立的正义城邦接近完成时,格劳孔察觉到苏格拉底在有意地逃避"这一政体是否有可能生成,以及以何种方式可能"的问题(Resp. 471c)。①

哲学家在《理想国》中的出现,是为了通过最微小的变动(这对于苏格拉底意味着只需要在数量和"权力"上经历最小的变化),使现在坏的城邦接近他们刚刚在道理中建立的政体(473b)。也就是说,《理想国》中苏格拉底和格劳孔建立的第三个城邦,哲学家成为统治者的"美好城邦"(527c2),最初是为了解决在道理中建立的"第二个城邦"的政体如何可能生成的问题。因此,哲学家成为王,政治权力与哲学结合在一起,不是建立道理中的正义城邦必不可少的,而是使"我们业已在道理中充分考察过的政体成为可能,见诸天日"的关键

---

① 虽然苏格拉底马上向格劳孔指出,"是否可能生成"这个问题本来就不是讨论原定的内容,他们关注的焦点是"正义是什么",也就是找到正义的"样板",看它在道理中(λόγῳ)是否符合自然,考察其"在道理中的生成",而非方方面面都要付诸实事(ἔργῳ)(472b-3b, cf. 368e7-369a8, 420b7-c1),但格劳孔却坚持要立即讨论"政体是否可能生成"的问题,而不再纠缠其他问题。格劳孔的要求无疑来自他从生成角度理解存在的固有倾向(这是格劳孔重述色拉叙马霍斯挑战的出发点,358e),但也是苏格拉底在与他的对话中有意引导的结果。在《理想国》第五卷开始的讨论中,苏格拉底刻意强调了,儿童妇女的共有及相关问题,是否"可能"如道理所言,人们或许不会相信(450c8,452d6, 452e4, 456c5, 456c1, 458a1-b5)。但道理中的可能(是否合乎自然)与现实中的可能(是否能成为安排人生活的法律或习俗)至少在表面上是两个不同的问题(参见下注)。经过《理想国》从城邦到灵魂的教育(尤为重要的是对败坏政体及其灵魂的描述,而不仅仅是第五到七卷有关哲学家及美好城邦的讨论),格劳孔最终才放弃了从生成角度理解正义城邦的要求("我明白了,你指的是,我们刚刚建立的城邦,它位于道理中,我相信它不在地上的任何地方"。592a9-10, comp. 541a8-b1)。cf. Strauss, *The City and Man*, pp. 92—93;从接近 Burnyeat 的立场对《理想国》中"道理"与"实事"关系的讨论,参见 John R. Wallach, *The Platonic Political Art: A Study of Critical Reason and Democracy*, University Park: The Pennsylvania State University Press, 2001, pp. 309—314.

(473d6-e1)。①

但为什么哲学家更适合充当城邦的统治者呢？苏格拉底的回答是，除了经验和德性的要求外，哲学家"始终热爱学习，这种学习向他们展示始终如一，不受生成和毁灭的影响而动荡的存在"，这种对"存在本身"的热爱，使他们的灵魂中拥有高贵、正义和善的清晰样板，可以据此制定和守护法律（485a10-b3，484c4-d2）。当哲学家将欲望都倾注到智慧上，"对于其他事情的欲望就会因此减弱"；在他们看来，"人的生活就不是什么大事"；荣誉和金钱，在这些"存在与真理的情人"看来，都不过是些幻影（485d3-7，486a5-6，485b8，d10-e5，496b3-5，501d1-2，520c6-d2）。哲学家在知识上的能力与欲望上的不情愿，是其适合统治的双重标志。②

至此，苏格拉底在论证如何使道理的城邦"可能生成"的同时，也找到了回应色拉叙马霍斯挑战，并回答格劳孔兄弟问题的答案："我的伙伴！如果你为那些将要统治的人找到一种比统治更好的生活，一个治理优良的城邦就有可能生成"（520e4-521a2）；换句话说，"在一个城邦中，那

---

① Strauss, *The City and Man*, pp. 125—126; André Laks, "Legislation and Demiurgy: On the Relationship between Plato's *Republic* and *Laws*", *Classical Antiquity*, Vol. 9, no. 2 (1990), pp. 214—217.

② 这两点其实并不完全一致，后者只要求哲学家是热爱智慧的人，"愿意品尝每一种学问，乐于去学习，学而不厌"（475c），而无需"能抓住永远保持同一本性同一方式的存在"（484b），甚至看到善本身（541a）。苏格拉底虽然称自己是哲学家（496c），但却似乎也未能做到这一点（506c-e，533a）。如果爱智慧与智慧之间的距离，即使对于苏格拉底来说，也是穷尽一生无法跨越的鸿沟，那么哲学家统治的不可能性似乎增加了一个新的理由（Leo Strauss, "Liberal Education and Responsibility", in his *Liberalism Ancient and Modern*, Ithaca: Cornell University Press, 1968, p. 14）。有关哲学家统治的问题，特别在洞穴形象中，似乎极不严格地从爱智慧者的统治转向了智慧者的统治。柏拉图的这一有意的含混提示了，整个第六、七卷对有关问题的讨论或许在哲学基础上就有待进一步的澄清，而人与存在本身的关系的系统澄清，以及在此基础上对人的知识性质的严格规定，似乎超出了《理想国》讨论的视野（尽管《理想国》提供了思考这一问题的重要线索，cf. David Sedley, "Philosophers, Forms, and the Art of Ruling", in *The Cambridge Companion to Plato's Republic*, ed. by G. Ferrari, Cambridge: Cambridge University Press, 2007, pp. 259—261, 270—271）。对哲学家统治的讨论，正如苏格拉底在一开始就提醒我们的，基于对存在本身的形象或"产物"，因此发生在洞穴内，而不是在洞穴外（comp. Donald R. Morrison, "The Utopian Character of Plato's Ideal City", in *The Cambridge Companion to Plato's Republic*, pp. 235—241）。

些将要统治的人极不愿意统治,这一城邦必然会被治理得最好,最没有内乱的可能"(520d2-5)。哲学家"极不愿意统治",是整个《理想国》的枢纽。哲学家缺乏统治的欲望,最有力地证明了哲学家找到了"一种比统治更好的生活",这也表明哲学家的灵魂中具有通向更高存在的视野,而与第二个城邦中保守信念的统治者相比,哲学家正是因为这种与存在本身(而不是信念)的关系,才具备了充当统治者的资格(536c7-d2)。

这一多少有些悖谬的结论——最适合统治的人,必定最不愿意统治,而因此是最好统治的前提——令许多学者不安,他们察觉到,这一主张在回应了色拉叙马霍斯和格劳孔的挑战的同时,也将使《理想国》对正义的探究不可避免地得出一些令人困惑的结论:在一个好的城邦中,其中的某些人(尤其是使这一城邦能成为最好城邦的人)并没有过上最好的生活,城邦的幸福与个人的幸福之间无法建立完全的一致;这等于说,一个正义的城邦,会对其中的一些人加诸了某种不正义(519d8-520a4);①而这也表明,城邦的正义无法与个人灵魂的正义完全匹配,城邦层次的正义,对于一个人来说,并非总是善的,一个遵照政治正义的标准生活的人并非总是生活得最好;这不啻于承认,色拉叙马霍斯在某种意义上是对的,正义不过是他人的好处。②

为了消除哲学家不愿统治对《理想国》"主旨"带来的一系列困难,一些学者试图证明,城邦的幸福对于个人的幸福而言是必不可少的,一

---

① 阿德曼托斯针对第二个城邦的统治者曾经有过类似的疑虑,苏格拉底的回应是,这不仅破坏了城邦政体的幸福,而且如果让护卫者利用城邦的好处,追求个人的所谓"幸福",将使其不适合做一个统治者,而且最终从第八卷到第十卷的讨论看,这样的生活也并不意味着更加幸福的生活(419a1-421c5,465e5-466c2,548a-c,550d-551b,618c-e);而在哲学家成为统治者时情况恰恰相反,哲学家不顾城邦政治而去追求个人的善,正是其作为统治者的一个重要资格,因此苏格拉底在回应格劳孔的类似抱怨时,只强调了整体善的理由,而并没有否定统治将使他们失去更好的生活。A. W. H. Adkins, *Merits and Responsibility: a Study in Greek Values*, Oxford: Clarendon Press, 1960, pp. 290—292; Nicholas White, *A Companion to Plato's Republic*, Indianapolis: Hackett, 1979, pp. 191—193; Idem, "The Rulers' Choice", *Archiv für Geschichte der Philosophie*, Vol. 68 (1986), p. 27; comp. C. D. C. Reeve, *Philosopher—Kings: The Argument of Plato's Republic*, Indianapolis: Hackett, 1988, pp. 100—201.

② Cf. Robert Heinaman, "Why Justice Does not Pay in Plato's 'Republic'", *The Classical Quarterly*, New Series, Vol. 54, no. 2 (2004), pp. 379—393.

且哲学家不愿统治,"第三个城邦将因内乱而分崩离析。而没有这样的城邦,甚至哲学家一生也不能享有稳定的(个人)幸福"。① 姑且不论,哲学家不愿统治,是否就意味着因合适统治者的缺乏而导致第三个城邦的崩溃,②但至少从《理想国》的论述看,哲学家可以在不正义的城邦中生活,并不出来统治,而是满足于只求自己的生活"不沾染不正义和不圣洁的行为",苏格拉底自己就是这样的例子(496a11-e2)。而且,如果城邦幸福是个人幸福生活不可或缺的条件,那么这一点无论对于在好城邦的法律和教育下成为哲学家的人,还是自发生成的哲学家,都没有差别,但苏格拉底事实上只向格劳孔提议要"逼迫"前者来担任统治者,而却听任后者不出来统治。至于这些学者进一步主张,如果哲学家不统治,第三个城邦就不可能建立,哲学家自己也因此丧失了"美好城邦"提供给他的把握真理的机会,从而不可能达致最高的智慧,也就没有获得最高的幸福,③大概并没有严肃对待苏格拉底的断言,哲学家不愿意为城邦做事,是因为"他们认为自己在活着的时候就已经迁往了至福之岛"(519c4-6, comp. 540b6-7)。这一派的解释等于否定了哲学家在美好城邦之外自发出现的可能。

也有的学者断定,《理想国》中并没有决定性的证据表明哲学家从事统治与其自身的善存在冲突,相反,苏格拉底倒是明确提出,那些观瞻永恒存在的哲学家,"会模仿它们,使自己尽可能像它们",这样就产生某种"必然性",使他要将他在那里看到的带入人的生活习俗中,不只塑造他自己,而且也成为公共德性的工匠(500c3-d9)。这一主张将哲学家对样

---

① Reeve, *Philosopher—Kings*, p. 202.
② 我们认为,苏格拉底提到的可能,潜在的统治者是"一群哲学家",每个人轮流统治(540b1, 520c1),并非考虑这一问题的关键。哲学家不愿意统治,并不意味着最后没有接受统治的工作。Richard Kraut, "Egoism, Love, and Political Office in Plato", *Philosophical Review*, Vol. 82 (1973), pp. 332—333; White, "The Rulers' Choice", p. 25.
③ C. D. C. Reeve, *Blindness and Reorientation: Problems in Plato's Republic*, Oxford: Oxford University Press, 2013, pp. 183—186. Reeve 的结论在很大程度上依赖对 473e4-5 的解读(除非哲学家成为统治者,"在另一种政体中,都不可能获得幸福,无论是个人,还是公共的")。但即使我们拒绝追随 Monac 和 Shorey 等人对手稿的订正,我们仍然不能依据这一句话得出结论,除非哲学家充当正义城邦的统治者,不可能保证个人的幸福。参见 E. Brown, "Justice and Compulsion for Plato's Philosopher—Rulers", *Ancient Philosophy*, Vol. 20 (2000), p. 4n. 9 对有关文本细节的讨论。

式的观看(哲学生活),在个人灵魂中模仿这一样式(伦理生活),并进而在城邦政治中引入这一样式(政治生活),看作是相互关联的活动。因此,哲学家观瞻样式的所谓哲学生活不一定与其"表现其有关正义知识"的实践生活不相容。① 但仔细考察文本,我们会发现,苏格拉底的主张只是说,如果"产生某种必然性",哲学家要凭借他观瞻样式获得的知识,"将他在那里看到的带入人的生活习俗中",他会如何做。观看样式是模仿的前提,而不是相反。而且在政治中模仿样式的活动正是必然性逼迫的结果。《理想国》第十卷对"模仿"的批判,并没有将"政体的画家"完全豁免在外。或许他能比诗人做得更好,但对存在本身的模仿仍然低于存在本身(501c5-9,599d2-3,510a5-10,514b9-515a1),哲学家对后者拥有真正的爱欲,而对前者只是出于情势所迫。而且在"某种必然性"出现之前,哲学家显然只是想在自己的灵魂中模仿他所看到的样式,而并没有意愿或欲望将这一模仿延伸到整个政治生活中(500c6-d3,592b1-4)。即使最好的城邦,其正义也不过是正义的某种"幻象"(εἰδωλόν τι τῆς δικαιοσύνης. 443c4-5),而与此相比,通过哲学生活,正义的人可以"最接近正义是什么,最大程度分有正义的样式"(472c1-2)。

---

① Richard Kraut,"Return to the Cave: Republic 519—521", in *Plato 2: Ethics, Politics, Religion, and the Soul*, pp. 235—254(这是他发表在 *Proceedings of the Boston Area Colloquium in Ancient Philosophy*, Vol. 7,1991 同题文章的修订版);从 Terence Irwin 类似的观点可以看出,这实际上是在援用《会饮》中狄奥提玛讲辞中立法者生育了正义与节制的德性的表述(*Sym.* 209a-b)来解释《理想国》中哲学家统治的欲望(*Plato's Moral Theory*, Oxford: Clarendon Press, pp. 236—237; Idem, *Plato's Ethics*, Oxford: Oxford University Press, 1995, pp. 299—301, 313—316; cf. Timothy Mahoney 对这一狄奥提玛思路的批评,"Do Plato's Philosopher—Rulers Sacrifice Self—Interest to Justice?", *Phronesis*, Vol. 37, no. 2, 1992, pp. 266—7n. 1)。当然在一定程度上,这一思路也可以说是借用了《理想国》第九卷对灵魂各个部分的欲望或动机机制的分析(John Cooper, "Plato's Theory of Human Motivation", in his *Reason and Emotion: Essays on Ancient Moral Psychology and Ethical Theory*, Princeton: Princeton University Press, 1999, p. 122)。但《理想国》不仅与《会饮》对欲爱的理解不尽相同(但我们并不同意,《理想国》的主要特征是抽去了欲爱的作用,哪怕是 qualified abstraction。Strauss, *The City and Man*, pp. 99—100, 101—102, 109, 111—112, 128, but see pp. 137—138; cf. Leo Strauss, "The Origins of Political Science and the Problem of Socrates", *Interpretation*, Vol. 23, no. 2, 1996, pp. 158, 164—168),而且《理想国》不同卷对欲望的不同分析并不能脱离对话脉络孤立地理解或者简单地归纳成一个体系。或许更值得思考的一个问题是,柏拉图在《理想国》中为什么没有为哲学家提供《会饮》这样的统治理由呢?

和主张哲学家的幸福必定包含或预设了城邦的幸福的解释一样,将哲学家对样式的观看,及其在灵魂中的模仿与政治模仿不加区分地联系一起,这些抹平《理想国》中论证"褶皱"的努力,①都混淆了哲学家是否愿意统治的欲望与说服不愿统治的哲学家去统治的理由。② 无论将个人灵魂的模仿(这是哲学家适合统治的原因)转变为城邦层面的模仿,还是让哲学家考虑城邦政治可能对个人幸福的影响,在《理想国》有关哲学家统治的对话中,都被看作是立法者在哲学家在不愿统治的前提下说服或强迫其统治的理由,这些理由,即使成立,也并没有改变一个最基本的存在事实,对于哲学家来说,仅仅过哲学的生活是最好的选择。而且,用苏格拉底的话说,《理想国》论证的关键就是发现"比统治更好的生活"(520e4—521a1,521b9)。这一"更好的生活",实际上是《理想国》核心卷(第五—七卷)最重要的发现,为了论证哲学家的统治欲望,而抹煞这一点,是买椟还珠的解释。

三、被　　迫

如果我们承认哲学家并不愿意统治,那么关键的问题就成了,如何使不愿统治的哲学家回到洞穴中。《理想国》在发现了"比统治更好的生活"

---

① Ferrarri, "Strauss's Plato", p. 63。不过我们并不同意,施特劳斯,尤其是柏拉图,并不将论证作为哲学的关键,关键问题是论证的形态和功能。论证的"褶皱"或困难,ἀπορία,恰恰是哲学活动最根本的特征,这是苏格拉底所谓"假设方法"的关键,是通过对意见的考察向本原前进的方式(510b4-8, cf. *Phd.* 99d4-100a7)。通过对意见论证的考察,清理或消除意见在论证上的技术性困难,最终目的是为了揭示论证赖以进行的假设面临的原则性困难,暴露假设背后隐含的信念,从而开启通向本原的存在视野。以为可以像科学一样根据确定的方法逐渐消除论证中所有困难,从而在假设的前提下通过推理性论证解决一切问题,建立完美的论证,这一做法拒绝从"存在的梦想"(ὡς ὀνειρώττουσι … περὶ τὸ ὄν)中醒来,反而堵塞了从"线段喻"的次高区域向最高存在区域前进的可能,实质上是在向信念的区域倒退,将信念的假设误当做哲学的最终根据,这在根本原则上是反哲学的(533c1, 476c-d, 520c6-d1, 534c5-d1, esp. 533d5-6 对"论证性思想"的定位, cf. Richard Robinson, *Plato's Earlier Dialectic*, Oxford: Clarendon Press, 1953, pp. 147—156)。Comp. Leo Strauss, *On Tyranny*, Chicago: The University of Chicago Press, 2000, p. 196。

② Eric Brown, "Minding the Gap in Plato's 'Republic'", *Philosophical Studies*, Vol. 117, no. 1/2 (2004), pp. 277—283; Damian Caluori, "Reason and Necessity: the Descent of the Philosopher—King", *Oxford Studies in Ancient Philosophy*, Vol. XL (2011), pp. 11—13.

的同时,恰恰称哲学家为"将要统治的人"(τοῖς μέλλουσιν ἄρξειν)。虽然苏格拉底反复强调哲学家不愿统治,但却不愿承认,哲学家成为统治者绝对不可能,在道理中建立的美好城邦虽然很难实现,但并非不可能:"我们都同意,我们这些有关城邦和政体的论述并非全然是祈祷,相反,尽管困难,但却以某种方式是可能的"(540d1-3;cf. 499c,502a-c,592a)。① 但如

---

① 引文中的"祈祷"(εὐχή)恰切地表达了道理中的城邦与现实的关系,尽管它并非不可能,但能否可能却并非人力所及(450d1,456c1,but see 499c4,comp. Aristotle,*Pol.* 1288b23,1325b36)。Burnyeat 对施特劳斯有关柏拉图《理想国》解释不满的焦点就是他对"理想城邦"实现可能性的否定:"哲学家不愿统治,正义的城邦因此是不可能的"(Strauss,*The City and Man*,p. 124)。有的学者指出,施特劳斯在他较早的许多著作中不仅没有否认这一可能性,而且将之视为古典政治哲学的标志性主张,与马基雅维利和霍布斯等现代哲学家倡导的所谓"现实主义政治学"形成了鲜明的对比:"The law of the ideal state compels the philosophers to take thought for other men and to watch over them and not 'to turn whither each will'. Because the pursuit of philosophy as a human undertaking is under a higher order, justice, with regard to men, stands higher than wisdom" (*The Political Philosophy of Hobbes: Its Basis and Its Genesis*, Chicago: The University of Chicago Press, 1936/1952, p. 148); "But the best regime, as the classics understand it, is not only most desirable; it is also meant to be feasible or possible, i. e., possible on earth. It is both desirable and possible because it is according to nature... Yet, while the best regime is possible, its actualization is by no means necessary. Its actualization is very difficult, hence improbable, even extreme improbable. For man does not control the conditions under which it could become actual. Its actualization depends on chance. The best regime, which is according to nature, was perhaps never actual..." (*Natural Right and History*, Chicago: The University of Chicago Press, 1950/1953, p. 139); "Classical Political Philosophy had taught that the salvation of the cities depends on the coincidence of philosophy and political power which is truly a coincidence-something for which one wish or hope but which one cannot bring about" (*Thoughts on Machiavelli*, Chicago: The University of Chicago Press, 1958, p. 173)。上述这些段落和《城邦与人》的有关论述存在着值得深入探讨的分歧:(1)就符合人的自然本性而言,最佳政体不仅是最好,而且是"可能的"(但《理想国》中经过"三次浪潮"建立的城邦是否真的符合人性,或者说,就人性而言是可能呢?);(2)就实现的可能而言,最佳城邦究竟是不大可能(improbable),还是绝不可能(impossible)呢?(3)哲学与政治权力的"机缘巧合"究竟在何种意义上是一种"偶然"呢(*The City and Man*, pp. 122—128)?而问题的关键在于,对(3)和(2)的回答,能否告诉我们有关(1)的答案呢(参见上文注 8)?对这些问题的准确回答,是我们最终理解施特劳斯有关古今政治哲学差异的主张的关键(comp. Melissa Lane, "Plato, Popper, Strauss and Utopianism: Open Secret?", *History of Philosophy Quarterly*, Vol. 16, no. 2, 1999, pp. 122—129, esp. at p. 129)。而在准确回答这些问题之前,我们至少要理解施特劳斯究竟是在何种意义上理解《理想国》中的"不可能性"问题,以及在何种意义上"正义城邦的可能性是一个虚构"(the fiction of the possibility of the just city):"Each dialogue... abstracts from something that is most important to the subject matter of the dialogue. If this is so, the subject matter as presented in the dialogue is strictly impossible. But the impossible-or a certain kind of the impossible-if treated as possible is in the highest sense ridiculous or... comical". *The City and Man*, pp. 62, 128—129; cf. Laks, "Legislation and Demiurgy", pp. 214—217.

何让不愿统治的人,作为最适合统治的人,成为将要统治的人,甚至最终接受必然性的要求,"愿意去统治"呢(347b-c, 520e)?① Burnyeat 认为,柏拉图的《理想国》"持续地展示了说服的力量"(sustained exhibition of the power of persuasion)。② 而在《理想国》中,说服的力量最重要的展示,似乎就是说服缺乏统治欲望的哲学家统治。

如果我们把整个《理想国》看作是找到比统治更好的生活,但又要说服能够有机会过这样生活的人放弃这一机会的持续努力的话,我们会发现,《理想国》的说服方式相当奇怪,这一说服从头到尾都在向"将要统治的人"显示,统治即使可能,也只是一件迫不得已的事情,无论在存在的视野,灵魂的欲望,还是德性的纯正上,都无法与更好的生活相提并论。一句话,说服哲学家回到洞穴的方式就是"必然性"。

在《理想国》第一卷与色拉叙马霍斯的对话中,苏格拉底就指出,对于"那些将要愿意统治的人"(τοῖς μέλλουσιν ἐθελήσειν ἄρξειν)要支付酬劳(μισθόν),"或给金钱,或给荣誉,或给惩罚,如果有谁不去统治的话"。苏格拉底进一步向格劳孔解释了"惩罚"的意涵:

> 这些最好的人去统治,不是为了财物,也不是为了荣誉。因为,他们做事既不愿意公开地为了统治的酬劳而被人称为是雇工,也不愿意暗中从统治中获取酬劳,被人称为小偷。再说,他们也不是为了荣誉而统治,因为他们并不爱荣誉。因此,如果他们愿意统治,他们面前必定出现了某种必然性和惩罚。而这也许说明为什么,自愿去统治,而非受必然性所迫,可能会被视为丢脸的做法。但受一个比自己差的人统治乃是最大的惩罚,如果他自己不愿意统治。在我看来,适合统治的人,当他们统治,是因为害怕这一点,他们才统治。他们走向统治,并非像走向某种善好,也不是他们会乐在其中,而是像走向必然的东西……(347b6-d1)。

---

① White, "The Rulers' Choice", p. 27.
② Burnyeat, "Sphinx without a Secret".

不同的人想要统治的欲望不同,有人将之视为攫取金钱的机会,有人则将政治视为荣誉,而对于最适合统治的人来说,统治不是"某种善好"(ἀγαθόν τι),而是"必然的东西"(ἀναγκαῖον)。在这个意义上,说服他们去统治,哪怕让他们"愿意统治",必定要给他们提供"某种必然性或惩罚"。《理想国》中有关哲学家统治的主题,不惮繁复地一再强调这一点:①

> 除非哲学家在城邦中作王,或那些当今被称为王或当权者的人们真正充分地做哲学,而政治权力和哲学结合在一起,而许多天性现在只求一边而不顾另一边,**出于必然性将被排除在外**……(473c11-d5)。

> ……受真理所迫,我们仍要说,任何一个城邦和政体,人也同样,在任何时候都不能变得完善,除非出于命运的某种必然性,将这些数量不多,并不低劣、当今被人称为无用的哲学家困住,不管他们是否愿意,迫使他们照管城邦,并且迫使城邦服从……(499b2-7)

> 如果某种必然性迫使那些处于哲学之巅的人照管城邦……(499c7)

> 如果产生某种必然性,哲学家要将他在那里看到的带入人的生活习俗中……(500d5-6)

> 作为城邦的创立者,我们的工作就是**迫使天性最好的人走向**我们在前面所说的那种最重大的学习,看到善,登上那条向上的路,而当他们登上那里,看够了(该看的东西),我们**不会让他们**……停留在那个地方,不愿意再走下来,重新回到那些被锁链锁住的人中,分享那些人的辛劳和荣誉,无论是低劣的,还是严肃的(519c8-d6)。

> 法律关心的不是城邦的任何一类人过上与众不同的幸福生活,而是如何设法让整个城邦成为幸福的,用**说服或强迫的方式使**公民们和谐共处……(519e1-4)。

> 我们并不会对这些在我们这里产生的哲学家做不正义的事,

---

① Brown, "Justice and Compulsion for Plato's Philosopher—Rulers", pp. 5—6.

当我们迫使他们去照管和护卫他人，我们对他们提出的要求是正义的……(520a8-9)。

我们会对正义的人发布正义的命令，而他们每个人都会去统治，将之视为**必然的东西**……(格劳孔。520e1-2)。

你会迫使其他人去护卫城邦的岗位，而不迫使这些……人？(521b7-8)。

五年后，你要让他们重新走下洞穴，**迫使**他们去统治……(539e3-5)。

当轮到他们，他们每个人都必须为了公民同伴来承担政治的**辛劳**，为了城邦而统治，不是作为高贵，而是作为**必然的东西**而做事(540b2-5)。

所有这些段落，都印证了第一卷中苏格拉底"预告"的立场，好人或者哲学家即使接受统治的工作（"辛劳"），也只会将之视为"某种必然的东西"，而不是善好或者高贵。也就是说，统治的工作，正义城邦最终完成的关键，对于哲学家——最正义的人——来说，属于"辛苦但却有益"的善，而非就自身而言的善(357c8-d1, comp. 347b1, 540b4)。①

Burnyeat认为，当施特劳斯断定，"哲学家不可能被说服，他们只能被迫去统治城邦"时，他有意篡改了苏格拉底的观点，掩盖了《理想国》在这里恰恰是在采用说服的方式来劝告哲学家统治。如果Burnyeat的主张就是，这里所谓的"迫使"主要是与"必然性"的概念联系在一起，并不一定意味着暴力的强迫，那么Burnyeat的看法在这一点上与施特劳斯的观察并没有真正的分歧——"这里并没有将强迫与说服对立起来"。② 只不

---

① Strauss, *The City and Man*, p. 128; Mahoney, "Do Plato's Philosopher—Rulers Sacrifice Self—Interest to Justice?", pp. 269—70.

② 许多学者将施特劳斯与布鲁姆的解释（*The Republic of Plato*, pp. 407—9）与持有这一观点的W. Guthrie(*A History of Greek Philosophy*, Vol. IV. Cambridge: Cambridge University Press, p. 502)相提并论，使整个讨论错失了焦点。参见White对Guthrie主张的批评，"The Rulers' Choice", pp. 24—5n. 6. Reeve曾引用《法律》中的相关段落(741a4-5 et al)证明，在柏拉图看来，即使对于法律来说，强迫也并不一定意味着暴力强迫(*Blindness and Reorientation*, p. 192)。

过,Burnyeat 又进一步将这一"强迫"与说服的混合,理解为理性的必然性;"苏格拉底谈及的强迫必须被理解为是说服,因为二者指的都是从理想城邦赖以建立的正义原则出发的人不得不同意的论证(compelling argument)。① 但如果说 519e 的关键段落("法律……用说服或强迫的方式使公民们和谐共处")中的"强迫"应该理解为说服,那么值得进一步探究的问题恰恰是,为什么苏格拉底会将这一说服描述为某种"强迫"(499b-c,500d5-6,520a-d,521b7-8,539e3-5),会以"必然性"作为说服的理由,②甚至将哲学家接受统治的必然性描述为某种类似"惩罚"的辛苦?柏拉图的这一说法的真正意涵是什么呢?

值得注意的是,苏格拉底是在以"美好城邦"的立法者的口吻回应格劳孔的疑问(是否迫使哲学家统治是在对他们施加不正义)时才同时提及"说服"与"强迫",二者结合的前提是,"当我们迫使他们去照管和护卫他人,我们对他们提出的要求是正义的"。然而苏格拉底接下来论证这一"强迫"的正当性,采取的理由并不是哲学家对整个城邦幸福的贡献,而是这些哲学家是城邦培养和教育的结果,因此他们"欠"城邦的(520b5)。"欠债必还"是《理想国》第一个出现的正义定义,克法洛斯或西蒙尼德对正义的理解: τὸ τὰ ὀφειλόμενα ἑκάστῳ ἀποδιδόναι δίκαιόν ἐστι (331b2, e3)。由此可见,如果说哲学家不愿统治的困难表明,道理的城邦要在生成上可能,最终会导致一人一事的正义原则在(哲学家)灵魂层面与城邦层面之间的冲突,③那么说服哲学家接受美好城邦要求

---

① Burnyeat, "Sphinx without a Secret", and further reply to Paul Sunstein's letter in *New York Review of Books*, Apr. 24, 1986。在某种意义上,施特劳斯在解释《理想国》有关段落时提及康德的"自我强迫"与"义务",可以看作是对 Burnyeat 的答复。Ferrari "Strauss's Plato", pp. 48ff; contra. Larmore, *The Morals of Modernity*, pp. 71—73; Robert Pippin, "The Modern World of Leo Strauss", *Political Theory*, Vol. 20, no. 3 (1992), pp. 448—472, esp. at pp. 457—458.

② 施特劳斯援引这些段落用来支持"哲学家只能被迫去统治城邦"的主张。Strauss, *The City and Man*, p. 124; cf. Ferrari, "Strauss's Plato", pp. 39 以下对 Strauss 论证思路的澄清。

③ Strauss, "The Origins of Political Science and the Problem of Socrates", p. 187. Gregory Vlastos, "Justice and Happiness in the *Republic*", in *Plato II: a Collection of Critical Essays*, ed. by Gregory Vlastos, Notre Dame: The University of Notre Dame, 1978, pp. 68—82.

的理由,却是退回到前哲学的层面,接受诗人和传统对正义的理解("欠债必还")。① 这一前哲学的理由仍然是政治的理由。事实上,当真正的哲学家最终接受统治的负担,尽管他将其他人在现实中追求的荣誉视若无物,但却赋予为城邦服务的正当和荣誉以最大的重要性,将这种正义视为"最大和最必需的"(μέγιστον ... καὶ ἀναγκαιότατον. 540d5-e1)。② 哲学家的统治是"为了城邦的缘故",而不是为了自己灵魂的缘故(540b4)。③ 当格劳孔被苏格拉底的理由暂时说服,承认作为立法者要求哲学家统治时,"我们对正义的人发布正义的命令",他恐怕并没有意识到"正义的人"与"正义的命令"之间不可克服的冲突给这句话带来的反讽意味。④

---

① 在《理想国》第一卷中,"欠债必还"这一观念受到的挑战是有可能"还"无益于人(331c)。而从"第二次浪潮"起,苏格拉底颠倒了之前的讨论次序,先分析是否有利,然后再论述是否可能的做法,使"欠债必还"的传统观念得以在"思想的节日"中获得了道理的支持(comp. 458a-b, 456c)。
② 这是政治意义上的伟大和紧迫性或必需,而非存在意义上的大。在《理想国》中,城邦之大与灵魂之小随着对话存在视野的变化,发生了关键性的颠倒,在核心卷中,无论是线段喻,还是洞穴形象,都将灵魂可能进入的天地看得要比城邦的洞穴大得多,这是哲学家思想之大(μεγαλοπρέπεια)与"斗筲之论"(σμικρολογία)差别的关键(486a4-10)。
③ 因此,认为当哲学家在"美好城邦"中受过教育,就摆脱了自身的善与他人的善的冲突,从而把统治看作是"善本身"的要求,而追求善本身就意味着对自己的好(White, *A Companion to Plato's Republic*, pp. 193—194),无疑忽视了在《理想国》中,个人灵魂的"政体"比城邦的政体,离善本身更近一些。或者说,在存在上,个人灵魂接近善的程度,要高于城邦(或他人的善)接近善的程度。
④ 这一点与所谓"城邦与灵魂的类比"问题有关。这表明并不能简单用"整体—部分规则"(the whole—part rule)或"主导部分规则"(the predominant rule)来说明个人德性与城邦德性的关系,因为个人使城邦勇敢或正义的方式,并不足以使其自身具有真正的勇敢和正义。Vlastos, "Justice and Happiness in the *Republic*", pp. 82—87; Bernard Williams, "The Analogy of City and Soul in Plato's Republic", in E. Lee, A. Mourelatos and R. Rorty ed. *Exegesis and Argument: Studies in Greek Philosophy Presented to Gregory Vlastos*, Assen: Van Gorcum & Comp. 1973, pp. 196—206; comp. Strauss, *The City and Man*, pp. 91—93, 100—101, 108—109, 138; John Cooper, "The Psychology of Justice in Plato", in his *Reason and Emotion*, pp. 138—149, esp. 140—141 (不过,我们不同意 Cooper 没有引用任何文本证据得出的莱布尼茨式的结论,正义的人要在世界上最大程度地实现善, pp. 145—146; cf. Brown, "Minding the Gap in Plato's 'Republic'", pp. 277—279)。事实上,这一问题在古代柏拉图学派传统中就已经受到了相当的重视,并由此建立了对"大众或政治德性"与真正德性之间较为严格的区分。值得注意的是,部分正是出于这一理由,施特劳斯和布鲁姆反对对《理想国》的亚里士多德式的道德解释。参见 Lloyd Gerson, *From Plato to Platonism*, Ithaca: Cornell (转下页注)

因此，如果说立法者迫使哲学家去统治是说服的话，这一说服并没有完全依据苏格拉底和他的对话伙伴建城的正义原则，它反而揭示了这一建城原则，在开启了比信念更高的存在视野后，在城邦与灵魂的对应关系上面临着难以克服的张力和困难。因此，哲学家被迫回到洞穴表明，《理想国》中建立在道理上的城邦面临的是困难恰恰是"形而上学"层次的，而不是"经验"或"历史"层次的。①

然而，如果这一困难是根本原则性质的，那么要理解为什么苏格拉底以"强迫"或"必然性"作为说服的理由，就需要突破整个争论的修辞和意气的层面，揭示出这种"必然性"在《理想国》中的真正意涵，从而才能更准确地判定哲学与政治生活的关系。

四、洞　穴

在《理想国》中，哲学家被迫统治，被比喻为哲学家要从向上去观瞻样式的道路折返，回到洞穴之中（519c-d，516c-517a，539e）②那么，返回洞穴，对于哲学家究竟意味着什么，与洞穴的意涵有关。

"洞穴"的政治意涵当然非常明显，③但"洞穴"的意涵却并不仅限

（接上页注）University Press, 2013, pp. 296—7；comp. Leo Strauss, "Farabi's Plato", in *Louis Ginzberg*：*Jubilee Volume*, ed. Saul Lieberman et al, New York：American Academy for Jewish Research, 1945, pp. 361, 378—9, 385—9; Bloom, "Response to Hall" ("The Republic is not the *Ethics*, there is no moral virtues in it"), p. 319; comp. Julia Annas, *Platonic Ethics*, *Old and New*, Ithaca：Cornell University Press, 1999, pp. 72—95.

① Burnyeat, "Utopia and Fantasy", p. 297.

② 施特劳斯列举了以下段落支持他的主张，"哲学家知道，不全心致力于哲学的生活，哪怕是最好意义上的政治生活，也是类似在洞穴中的生活，其相似程度就与城邦等同于洞穴的程度相仿"：485b, 486a-b, 496c6, 499c1, 501d1-5, 519c2-d7, 539e（Strauss, *The City and Man*, p. 125n. 47）。

③ 总的来说，布鲁姆认为洞穴喻乃至之前的线段喻都是在处理"哲学灵魂与城邦的关系"，而即使美好城邦，也像一个洞穴，而其中的幸福公民，也是洞穴中多少有些可笑的囚徒（*The Republic of Plato*, pp. 402—8）。在一篇讨论洞穴比喻的经典文章中，A. S. Ferguson认为，这一比喻是用政治寓言代替了之前的认识阶梯，因此，洞穴喻与线段喻根本不具有对应关系："Plato's Simile of Light. Part II. The Allegory of the Cave (continued)", *The Classical Quarterly*, Vol. 16, no. 1 (1922), pp. 15—28.

于政治。洞穴的形象与之前的太阳喻和线段喻,都是苏格拉底试图用来向格劳孔解释"善是什么"的方便法门(506d—507a)。太阳喻将可见的(τὸ ὁρατόν)与可思想的(τὸ νοητόν)划分为两种东西,而线段喻则用一条连续的线段,"依据它们各自拥有的清晰或模糊的程度",将人的灵魂对这两类东西的认识放在了同一组形象中(509d1—10, 511d—e)。① 而"洞穴"则将太阳喻的断裂图景与线段喻的连续形象用"一条向上的道路"(514b5)结合在了一起。

当然,"洞穴"与太阳喻和线段喻的用意不尽相同,并不容易建立简单的对应关系。② 但苏格拉底提醒我们要将这一形象与前面的说法结合在一起(517a—b),洞穴的形象包含了前两个比喻的一些基本要素:绝大多数"像我们一样"的人终其一生,受锁链的束缚,他们看到的不过是墙壁上的"阴影",并把他们当做真理(线段中最低的部分,515a7, c2, d1, 510a)。当他转过身来,会看到矮墙上的"各种器具……包括人的雕像和其他用石头或木头做的动物,以及各种人工制品"(线段的次低区域,514b9—515a2, 515c6—7),矮墙上活动的东西,以及阴影的光源——火光(音乐教育,522a2—10, 397a—b, 399a—c, 400d—e, 401b—402a)。而根据第七卷描述的教育计划,被缚的囚徒得到释放后,经过"崎岖而陡峭的上行之路",他所经历的就是"灵魂向可思想区域的上升之路"(线段上半部分的区域和数学教育,515e5—6, 517b3, 523a1, 524d1—526b3, 529c6—530c2, 532a1—e3)。

但在这里,两组比喻与洞穴形象之间的潜在张力浮现了出来。太阳喻和线段喻强调的是感官可见性与道理或理智的可思想性在"自然"上的分离,而洞穴形象强调的真理教育则直接与哲学家的现

---

① Julia Annas, *An Introduction to Plato's Republic*, Oxford: Clarendon Press, 1981, p. 249. Kenneth Dorter, *The Transformation of Plato's Republic*, Lanham: Rowman & Littlefield, 2006, pp. 202—203.

② 我们认为 Reeve 基于亚里士多德形而上学概念框架建立的对应关系完全是错误的(*Philosopher—Kings*, pp. 50ff,以及扉页的图表)。我们这里简单的重构更接近传统的理解。cf. John Malcolm, "The Line and the Cave", *Phronesis*, vol. 7, no. 1 (1962), p. 38; White, *A Companion to Plato's Republic*, pp. 184—186; Sedley, "Philosophers, Forms, and the Art of Ruling", p. 264.

实政治处境有关。从前者的角度看,洞穴是自然的可见世界,而从后者的角度看,洞穴是城邦的意见或信念世界。① 苏格拉底对洞穴中的描述,有些令我们想起《理想国》第二至四卷对城邦信念世界的描述,有些则类似线段喻或太阳喻中对可见世界结构的勾画。② 但无论将洞穴理解为自然的可见世界,还是从政治的视角出发将洞穴解释为人的城邦,支配这一形象的关键都是"像"与存在本身的模仿关系。从线段喻的结构来看,苏格拉底的"比喻"始终强调的是,除了最高的区域外,线段喻中较低的区域是较高区域的模仿或者"像",而后者则是前者的原型(510b4-5,510d5-511a2,511a7-9),③因此,灵魂的转向或者教育的目的都在于揭示出这一模仿关系,让灵魂利用前者从"像"转向"本身"。虽然在存在层次上,事物高于影像,正如数学对象高于自然可见物一样,但向可思想区域的上升,正要借助像,"召唤推理($\delta\iota\alpha\nuo\iota\alpha$)",才能最终接近理智。在面对太阳本身之前,先看的是"它在水面上或其他平面上的形象"(516b4-6,516a5-b1)。④ 为了

---

① Dorter, *The Transformation of Plato's Republic*, pp. 203—205.
② 这不仅涉及对矮墙部分的描述(自然解释倾向于将之等同于自然造物,比如动物,或自然造物的共同特征;而政治解释则倾向于视为是诗人的创造或立法者的信念),还涉及到如何定位洞穴墙壁上的幻影(自然解释并不能将之与线段喻最低的部分对应起来,而政治解释则认为这就是线段喻中描述的各种"幻影"。有必要指出的是,苏格拉底强调,洞穴的囚徒,不仅"像我们一样",而且他们对自身和彼此的了解,始终局限于"那些被火光投射到他们对面墙壁上的影子"。城邦的"大字"及其政体也是这些影子的一部分。515a5-8)。J. S. Morrison, "Two Unresolved Difficulties in the Line and Cave", *Phronesis*, vol. 22, no. 3 (1977), pp. 222—223, 227; Malcolm, "The Line and the Cave", pp. 42—44; R. G. Tanner, "ΔIANOIA and Plato's Cave", *The Classical Quarterly*, New Series, Vol. 20, no. 1 (1970), p. 86. 对有关问题及文献的讨论, cf. James Wilberding, "Prisoners and Puppeteers in the Cave", *Oxford Studies in Ancient Philosophy*, Vol. XXVII (2004), pp. 117—139.
③ Annas, *An Introduction to Plato's Republic*, p. 249; Neil Cooper, "The Importance of ΔIANOIA in Plato's Theory of Forms", *The Classical Quarterly*, New Series, Vol. 16, no. 1 (1966), pp. 65—69.
④ 虽然苏格拉底坚持,辩证法必须要摆脱假设和形象,但似乎仍然需要"被迫"借助某种神圣的形象来超越形象的世界(510b4-8)。"道理中的城邦"是正义在水中的倒影吗(443c4-5)? Giovanni Casertano, "La caverne: entre analogie, image, connaissance et praxis", in *Études sur la République de Platon*, ed. Monique Dixsaut, Paris: Vrin, Vol. 2, 2005, pp. 42—46; Sedley, "Philosophers, Forms, and the Art of Ruling", p. 267.

说明善的真理,苏格拉底先后使用太阳、线段和洞穴的"像",正是这一做法的绝佳例证(506e,533a)。

但我们或许不该忘记,在洞穴这个形象中,"人"同样是一个"像",或者说喻体。"人"的本体并不难找到,苏格拉底几乎明白地告诉格劳孔,要将人走出洞穴及其在洞外的经历看作"灵魂向可思想区域的上升之路"(τὴν εἰς τὸν νοητὸν τόπον τῆς ψυχῆς ἄνοδον),洞穴中的人被解开束缚,掉转过头,被称为"灵魂的转向"(ψυχῆς περιαγωγή)。洞穴形象中的"人"指的其实只是人的灵魂(517b3,521c6,cf. 517d1,518a4,b9,c5-8)。如若如此,最初将人的灵魂牢牢地桎梏于洞穴的"锁链"就是人们从小就与身体相连的诸种欲望和感官快乐(514a5-b3,519a7-b3)。

如果说苏格拉底用洞穴的形象来描述我们的人性因为是否受过真正的教育而具有的不同状态,那么人性的洞穴形象,就既包含可见世界与可思想世界之间的自然关系,也涉及哲学与统治的政治关系,而二者汇聚的焦点,就是人的本性中灵魂与身体的关系。身体与城邦一样,处于可见的世界,而只有借助上下往来于可见世界与不可见的存在区域的灵魂,在太阳喻中幽明永隔的两个区域,才得以连通。灵魂不为不可能之事,政治的可能之事也不可能。

如果从灵魂的人性处境考虑洞穴的形象的话,那么我们会对哲学家的被迫有更深的理解。值得注意的是,《理想国》除了在谈及哲学家的统治之外,"强迫"的表达另一处密集出现的地方就是洞穴中的教育:

> 如果这种情形自然地降临到他们头上。当某人被松了绑,被**逼迫**突然站立起来……他很痛苦地作着这一切……(515c5-8)。
>
> 当指给他看每一个过往的东西,**逼迫**他回答,那些是什么?(515d4-6)。
>
> 如果有人**逼迫**他看光亮本身,他的眼睛会感到疼痛……(515d9)。
>
> 如果有人用**强力**把他从那里拖出来,经过崎岖陡峭的上行之路,一直不松手,直到把他拉出黑暗,见到了太阳的光,难道他不会

感到痛苦,对自己被人这么拖拉而感到恼怒……(515e5-516a1)。

在这些段落中,洞穴形象描述的是人性所经历的指向存在本身的教育,这些描述同样刻意强调了其中的"强迫"一面。教育对于人的灵魂而言,同样是一种"痛苦"的经历,必须"用强力"(βίᾳ)才能使其挣脱业已习惯的生活方式。教育中的"强迫"和"痛苦"揭示了人的灵魂在教育前的处境与教育开启的视野之间在存在上的根本歧异和冲突。苏格拉底在"美好城邦"中提出的教育哲学家的规划,采用的表述与洞穴形象中对灵魂经历的描述毫无二致:

它把灵魂有力地引向上方,逼迫灵魂讨论这些数字本身……(525d5-6)

你看,似乎这门学问确实对我们是必要的(τὸ νοητόν),因为它逼迫灵魂使用理智本身趋向真理本身?(526a8-b3)。

我们说,凡是逼迫灵魂转向那个区域(存在中最幸福的所在,而灵魂必须以一切方式去看它)的一切都向那里伸展(526e3-5)。

如果几何学逼迫灵魂去观瞻在体,它就适合我们……(526e7)

每个人都很清楚,天文学逼迫灵魂向上看,把灵魂从这里引向那里(529a1-2)。

美好城邦的教育纲领就是通过各门学科的安排,"逼迫"灵魂向上。这当然并不意味着,在苏格拉底眼中,灵魂的自然倾向应该向下,教育中必需的"逼迫"只是意味着,灵魂需要某种"强迫",才能脱离她习惯的处境,特别是脱离为身体所限制甚至桎梏的状态。这种"强迫",并非肉体的强迫或奴隶般的强制,①而是一种存在的"逼迫",或者说"真理的强迫"(ὑπὸ τἀληθοῦς ἠναγκασμένοι. 499b2-3)。灵魂在存在上向上的努力,

---

① 苏格拉底曾告诫他的对话伙伴,教育不能用强迫的方式,强迫灌输的知识不能久留于灵魂中(536d6-e3),但这只是意味着,在途径上,教育要开启的存在视野,无法通过将知识作为信念灌输给另一个灵魂来实现,哪怕是在别人的手拖拽下,灵魂也必须自己痛苦地走过崎岖陡峭的隧道,而不能像奴隶一样在洞穴中坐等墙壁表面上演洞外的风景。

无论是凭借自身的欲爱,还是借助外在的力量,都意味着要改变其习以为常的存在处境,"将灵魂中自然上负责思想的部分从无用造就为有用"(530c1-2)。教育中这种存在或真理的逼迫,在许多时候正是借助教育的"引导"或"激发"实现的(532c)。因此,在人性的教育处境中,在存在上对灵魂的逼迫与灵魂本身渴望向上的欲爱并不矛盾,可以同时存在在一个人身上。而且,无论是对灵魂的强迫,还是引导或激发,甚至可以同样出于同一人自身之中,属于其自然本性的力量(518c-519b)。正是基于这一考虑,苏格拉底在描述洞穴时才强调,困于洞穴中的灵魂的被迫上升,是灵魂同时经历的"逼迫"与"解脱"(λυϑείη καὶ ἀναγκάζοιτο… 515c6),而这一被迫松绑,是自然降临在灵魂上的事件(515c5)。

从哲学教育中经历的"逼迫"回头看哲学家将要统治面临的"逼迫",我们会发现,在后一种情形中,灵魂几乎经受了与前者同样的处境(πάϑος, 514a1)。灵魂向上时经历的痛苦、艰难和困惑,在向下的时候,会再次遭遇(518a-b)。只不过,灵魂向上的痛苦是从存在的阴影区域前进到存在的白日,而灵魂向下的被迫则是从更加明亮的生活下降到不再熟悉的昏暗甚至蒙昧。即使哲学家愿意统治,从哲学的生活回到洞穴中,仍然意味着对曾经看到过存在本身的灵魂的逼迫。只不过,这种来自必然性的"逼迫",不是存在或真理对"存在和真理的爱人"的逼迫,而是对存在本身不值一提的人事(496b4-5)对"存在和真理的爱人"的逼迫。哲学家统治欲望的缺乏,凸显了向下的逼迫,作为来自必然性的逼迫,与人性的内在动力之间的根本冲突。① 任何灵魂只要在人世中生活,就仍然是属人的,"出于必然性",仍然要回到人的身体中,② 面临这一存在视野的黯淡带来的困惑和强迫。哲学家回到洞穴时经历的

---

① 苏格拉底在《理想国》建立的第一个城邦,作为护卫者的信念城邦与哲学家作王的"美好城邦"的共同基础,是源于人的自然需要,由"必然性"主宰的城邦(369b8, 373a5)。在这一城邦中,既不需要护卫者,也无哲学家的可能,人的生活不具有超出身体健康的存在视野和灵魂欲望(372d3)。
② 苏格拉底区分了几何的必然性和(肉体交合意义上的)欲爱的必然性(ἐρωτικαῖς ἀνάγκαις),将后者视为"说服和引导大部分人"的有力方式(458d1-7)。

向下的逼迫,首先是人事的必然性对灵魂的逼迫,①

但在《理想国》哲学家是否统治的问题中,我们还看到这一自然的逼迫在政治上的体现。如果说,在城邦中自发出现的哲学家,不仅不愿统治,而且也不会去统治,因为没有足够朋友的支持,他无法独力在败坏的城邦中来救助正义,只能选择安宁的生活,做自己的事(496c-e)。而一旦他碰巧遇上合适的政体,他就不仅在做自己的事,还被迫照看城邦的事情,那么就可以将公共的事情连同自己的事情一并拯救,做到最大的事(497a1-5)。就像在《理想国》中,苏格拉底本来"想要看看"比雷埃夫斯港朝拜女神的节庆,却在看完回城的半道被迫留下,进行了一场关于正义的彻夜长谈(327a3,327c8-328b3)。②

如果说在存在的意义上,做事并不高贵和美好,不过是出于情势所迫(540b2-5),甚至在好人的城邦中,也不过是某种惩罚意义上的必然性(347b7-c1),那么哲学生活在何种意义上是在"为己之事"呢?而在政治的意义上,如果说哲学家在美好城邦中可以做到最大的事,那么是否他真的能在做好公共之事的同时,又做了自己的事呢?对哲学家在美好城邦中的统治,苏格拉底在《理想国》中的行动无疑提供了最直接的线索。对于哲学家的统治,《理想国》并没有给出一个存在意义上的理由(在存在上,统治仍然是必然性的逼迫),但却通过苏格拉底的行动,显示了政治上的理由。在建立道理的城邦中,立法者的工作似乎就是将向上与向下这两种"逼迫"结合在一起:

作为城邦的创立者,我们的工作就是**迫使天性最好的人走向**

---

① 新柏拉图主义由此发展出来了对这一问题的形而上学解释(尤见 Plotinus. *Enn.* IV. 8,"论灵魂至身体的下降之路")。在普罗提诺看来,哲学家之所以回到洞穴,是因为随着人的理智能力的衰弱,使其灵魂无力再看的时候,不能用理智来看的人,就被迫做事,尽可能在做事上做到他所看到的。制造与做事,在普罗提诺笔下,不过是灵魂以理智观看的无力或后果(*Enn.* III. 8. 4. 28—47, cf. VI. 9)。Dominic J. O'Meara, *Platonopolis: Platonic Political Philosophy in Late Antiquity*, Oxford: Clarendon Press, 2003, ch. 7, "Philosopher—Kings and Queens", pp. 73—76; Caluori, "Reason and Necessity", pp. 19—22.

② 刘小枫,"柏拉图笔下的佩莱坞港——《王制》开场绎读",《社会科学研究》2010 年第 2 期,第 16—24 页。

> 我们在前面所说的那种最重大的学习，看到善，登上那条向上的路，而当他们登上那里，看够了（该看的东西），我们**不会让他们……停留在那个地方**(519c8-d6)。

向上的道路和向下的道路唯一相遇的地方，就是哲学家对青年的教育。只有在这一教育中，哲学家在守护城邦正义的同时，也在做自己的事。在《理想国》实事的层面上，哲学家才在建立正义城邦的同时成为一个正义的人。

但哲学家的教育，正是"美好城邦"政治的核心，或者说"美好城邦"唯一的政治活动。在这一城邦中，人事的"强迫"具体体现在法律的规定中。① 苏格拉底和格劳孔，作为"美好城邦"的立法者，将哲学家回到洞穴与青年的遭遇规定为"美好城邦"的生活方式。如果说，灵魂被迫回到身体的可见世界，是哲学成为一种生活可能性的存在前提，那么，"美好城邦"在立法上对哲学家回到洞穴的"强迫"，则是这一生活成为可能的政治前提：

> ……而到了五十岁，当那些在实事和知识中都经受了考验，证明自己方方面面都是最好的人，必须要被带到了终点。要迫使他们（ἀναγκαστέον）将灵魂的光芒向上提升，凝视给万有以光的存在。而当他们看到善本身，将之用作样板，尽其余生安排城邦、个人和他们自己……(540a4-b1)

这里的逼迫，不是来自存在本身的逼迫，而是美好城邦的立法逼迫，这一逼迫要将城邦秩序、个体青年的教育与自己的哲学安排成为一种共同的生活。只有在这里，说服与强迫才真正混合在一起，立法者才可以说是"对正义的发布正义的命令"。这就是哲学家自身城邦的

---

① 在《理想国》第三卷中就曾通过立法"迫使"（προσαναγκάζω）诗人在作品中塑造好的性情形象(401b2)。除了我们这里提到的两处关键段落，《理想国》尚有多处谈及"必然性"和"强迫"指的是"美好城邦"中规定生活方式的立法强迫(520a8, 521b7, 539e3), cf. Brown, "Justice and Compulsion for Plato's Philosopher—Rulers", pp. 8—9.

正义。①

五、教师的手

据说,索福克勒斯的悲剧《俄狄浦斯王》讲述的就是哲学家统治的故事。能够凭借个人智慧破解斯芬克斯谜语的俄狄浦斯,却认不出自己的父亲和母亲,不知道自己是谁,或许正是这一点使下到洞穴的俄狄浦斯给城邦带来了可怕的瘟疫。② 哲学家的统治,即使在自身的城邦中(591e1),如何避免从王变成僭主,恐怕要知道的也不仅仅是存在本身,而且是人的事情。

布鲁姆认为,《理想国》告诉我们,一个人要在教育中脱离桎梏,不能仅靠个人的努力,而只能指望有一位教师,逼迫他转向光。③ 教师的手紧紧抓住了正在上升的灵魂:"用强力把他从那里拖出来,经过崎岖陡峭的上行之路,一直不松手,直到把他拉出黑暗"(515e5-7)。④ 但据说施特劳斯却经常对学生引述尼采的一句话,一个学生对老师能做的最好的事情,就是斩断师生的脐带。在尼采看来,宣称独立和自由的大学,其实是一部巨大的教育机器(Bildungsmaschine der Universität),这部机器就是通过"口耳相传"(akroamatisch)的途径安装在教师的嘴和学生记笔记的手之间的"脐带"。然而,"在这样的年龄,人会看到他的经历仿佛被形而上学的彩虹围绕着,这时最需要一只引导他的手,因为他突然地,几乎本能地相信了此在的歧义性,失去了迄今为止怀有的传统见解的坚实土地",这种被尼采称为"自然产生的最高的匮乏状态",正是哲学意义上的匮乏,所有虚假的独立和自由的死敌。我们需要的手,

---

① Burnyeat, "Sphinx without a Secret", p. 31; Leo Strauss, *Persecution and the Art of Writing*, Chicago: The University of Chicago Press, 1988, p. 36; Idem, "What is Liberal Education?", in his *Liberalism Ancient and Modern*, p. 1; cf. Bloom, *The Republic of Plato*, p. 411—412.
② 刘小枫,"哲人王俄狄浦斯",《中国图书评论》,2008 年,第 8—9 期。后收入《昭告幽微》,牛津大学出版社,2009 年。
③ Bloom, *The Republic of Plato*, p. 406.
④ Martin Heidegger, *The Essence of Truth: On Plato's Cave Allegory and Theaetetus* (GA 34), London: Continuum, 2002, p. 62.

能够将我们带向自然的匮乏逼迫我们面对的"包围着人的最严肃、最困难的问题"。① 一个伟大的教师,就是这样"一只引导的手",不是教育我们朝向教师自己,而是朝向存在本身。王尔德或许是对的。教师虽然将人引向了存在的奥秘,但教师本身并没有任何秘密。对秘密的激情(a mania for mystery),点燃了我们对教师的爱,而我们的激情最终仍然要返回到"最严肃、最困难的问题"。真正的问题不是在那一瞬间包裹在层层秘密背后,因此而惊心动魄的美,而就是那个执着地想要揭开谜底的人。这或许才是斯芬克斯仍未被解开的秘密。

---

① Stanley Rosen, "Leo Strauss in Chicago", *Daedalus*, Vol. 135, no. 3 (2006), p. 109;尼采,《我们教育制度的未来》,周国平译,南京:译林出版社,2012年,第五讲,"衡量大学教育的三个尺度"。

柏拉图《王制》的心灵

谭立铸

一、隐秘的心灵

克吕格在《王制》要义中说:"人的隐蔽、感性而非直观的内在心灵,是从苏格拉底开始才成为希腊哲学的主要研究任务,它还只是某种刚刚发现的东西。"①克吕格这话的第一层意思不难理解,因为苏格拉底前的哲人大都是些自然哲学家,他们思考自然的问题,注视外在于人的宇宙现象,苏格拉底则将眼光转向人,把"认识自己"作为哲学的要务。与之比较,克吕格话中的第二层意思则令人匪夷所思,感到意外:人的"心灵"怎么可能是某种刚刚发现的东西呢?苏格拉底以前的希腊人难道都是一些没有"心灵"的人,没有体验过"心灵"的存在或者说谈论过"心灵"吗?回答当然是否定的。苏格拉底以前的希腊人当然有他们自己的"心灵",他们当然感觉到"心灵"并描述过自己的"心灵"现象。因此,苏格拉底"刚刚发现的",一定不是一种作为现象的"心灵",而是"心灵"的本质和它的真正的秘密。克吕格说苏格拉底的发现是"刚刚",他

---

① 克吕格,《〈王制〉要义》,见《〈王制〉要义》,刘小枫选编,张映伟译,北京:华夏出版社,2006,页6。

的意思无非是说,苏格拉底发现的"心灵"此前并未为希腊人体会到或者正面地描述过。苏格拉底"刚刚发现"的"心灵"对于他之前的希腊人来说是全新的、陌生的。

如果这一断言不假,那么柏拉图《王制》中的苏格拉底仅凭这点就当是一座里程碑了:以苏格拉底为标志,他的前后可分成两个不同的时代。这就像人们发现"电"一样,电一直在自然界中存在着,但只有人们发现电流的真正性质和原理后,电才给人类世界带来巨大的、可说是翻天覆地的变化,才将之前和之后的时代截然分开。

如果"心灵"在苏格拉底那里是一个新的重大发现,那么《王制》里的一切谈论和描述就自然而然地关涉到人的这种"心灵"实在,无论正义也好,理想的城邦制度也好,人的真正幸福也好,都或直接或间接地不能出乎苏格拉底的"心灵"观。克吕格因此有理由认为,在柏拉图的《王制》中,最为关键的不是某种政治制度,而是个人的内心活动或心灵状态;①在这种意义上,政治心理学应讨论的不是它的后果,而是它的基础,政治事务的问题因此首先是涉及人的自觉和自我节制的内在秩序的问题;②到头来,城邦所以应由哲人掌握,那是因为他们把握到了人的内在正义并忠于这种正义。③ 如此看来,与苏格拉底在《王制》中鼓吹的共产主义制度相比,柏拉图的苏格拉底走的却是一条"私(个)人化"的路线。为了了解这一路线,我们得踏上苏格拉底在《王制》中的"心路历程"。

与雅典相比,海港比雷埃夫斯是一座喧哗、张扬、功利的城市,它代表着远离"存在"的"生灭"界。④ 苏格拉底一行下到比港,参加宗教活动和看完赛会后要回雅典城,但返回雅典的行程却被玻勒马霍斯等人给中断了,于是有了一场发生在克法洛斯家中的不知疲倦的夜谈。夜谈代替了或者说置换了返回雅典的归程,这场发生在比港的会谈因此不就成了一次言谈上的返回雅典的"归程"了吗?不就成了一次苏格拉

---

① 参《王制》要义,页6。
② 同上,页11。
③ 同上,页7。
④ 参普罗克洛斯,《柏拉图〈王制〉疏解》(*Commentaire sur La République*), A. J. Festugière 译并注, Librairie Philosophique J. Varin, Paris, 1970, 卷一,页32—33。

底在《王制》结束时说的走"向上的路"（621C）了吗？苏格拉底一行回雅典的路给中断了，但通过言谈并走"向上的路"，苏格拉底以另一种方式回到了他心目中的"雅典"。苏格拉底心目中的"雅典"其实是一种"心灵"状态，这由下面的一些事实暴露出来。

玻勒马霍斯截住苏格拉底，他们人多势众，二话不说就要通过强力留下苏格拉底，面对这种情形，苏格拉底告诉他们，还有一种力量叫"说服"，他们可以运用"说服"的力量而不是身体的力量来留住苏格拉底，但玻勒马霍斯根本"不愿意"（参 327C）。的确，比起运用身体的强力来，"说服"的过程将会更加曲折、更加漫长、更加需要耐心和智慧。玻勒马霍斯要的是结果，他们"愿意"采取的是达到结果的最经济的手段。"说服"指向"心灵"，强力关联身体，苏格拉底在《王制》一开篇便显出了与智术师之流玻勒马霍斯的根本区别。

第一个跟苏格拉底会谈的是克洛法斯。克洛法斯是一个进入了"老年之门"的人（328E），他逐渐地从"肉体上的享受"（328D）转向追求心灵的宁静（329C）。一个离死期不远的人，他最大的希望是"问心无愧"（331A），既不亏欠神的祭品也不留下人的债务（331B）。作为一个感觉死亡临近的人，克洛法斯虽因自己的知识水平无法胜任哲学的论辩，不得不离席而去，但他转向心灵的生活态度却为真正正义的出现指明了方向。① 在苏格拉底那里，尽管正义要经过理性和哲学的考验和论证，但它终究是一种属于心灵的或者说个人灵魂的现实。关于这点，《王制》卷二那个"古各斯戒指"的故事以及卷十的那个"厄洛斯神话"提供了最明显的证据。

卷二继续有关正义的讨论，格劳孔的第一句问话就指出了真诚的问题：苏格拉底的说服努力是真心的呢还是假装的（357B）。格劳孔其实是在问，苏格拉底是否也像智术师那样，只要最后的结果，只运用获得最后结果所要求的最功利和最经济的方法和途径，如果是那样，那么"貌似"必定远胜"真是"（365C）。这正是苏格拉底绝不能同意智术师

---

① "正义是心灵的德性"（353E），见柏拉图，《理想国》，郭斌和、张竹明译，商务印书馆，2012，页 42。本文相关的《王制》译文均引自此书。

的地方。古各斯戒指代表着某类人或某类生活方式,在苏格拉底看来,智术师不但是这类人,而且四处兜售这种生活方式。他们教人以修辞来隐藏自己,使人具有古各斯戒指的魔力,以便通过"外表"来获得成功,来挣得"名和利"(358A)。幸福便是成功,成功的秘诀并非在于真正的正义,而在于"貌似"的正义,装出来的正义。苏格拉底若要推翻智术师的正义观,破除古各斯戒指的魔力,说明"不正义是心灵本身最大的丑恶,正义是最大的美德"(367A),他必须走一条不同于智术师的漫漫长路:论证正义存在的事实,即正义本身。只有论证了正义本身,它才能摆脱所有的"外表",远离人的种种"表演"。正义如果存在,如果有正义本身这回事,那么与之相应的人的态度就不当是"装样子",而应是内心的自觉:"每个人就都是自己最好的护卫者"(367A),"不管神与人是否觉察"(367E),因为"心灵和神性都和虚伪无缘"(382E)。

《王制》在它的最后,即卷十的厄洛斯神话上重新回到克洛法斯关心的问题上,回到个人的心灵或者说灵魂上。神使告诉人们一个道理:"不是神决定你们的命运,是你们自己选择命运……。美德任人自取。每个人将来有多少美德,全看他对它重视到什么程度。过错由选择者负责,与神无涉"(617E)。① "不幸是自己的过错,他怪命运和神等等,就是不怨自己"(619C)。② 就这样,柏拉图的《王制》以正义的谈论开始,以个人的责任心和自觉结束,这难道不足以表明,一种真正的正义,正义本身不可能片刻脱离个人的内心自觉:正义既涉及人对自身心灵的觉知,也是一种人心的自觉和自决。

通过内心的自觉,柏拉图的苏格拉底发现了人的真正自由,同时也发现了人的真正责任、真正道德的基础。他是第一个冲破命运罗网以及与之相关的外在神的人,他向人指明了一种新的实在:心神。

二、真实的道路

《王制》的上升之路,即是个人的心灵之路,也是探索本真的哲学之

---

① 柏拉图,《理想国》,前揭,页425。
② 同上,页427。

路。个人的心灵之路与探索本真的哲学之路在《王制》中互相交织,彼此不可分离,它们共同构成了柏拉图思想的底蕴。

《王制》中的苏格拉底探索本真的道路即是一条默观之路,也是一条斗争之路。前者表现为柏拉图对哲学及哲人的内省,后者体现在他对智术师及诗人的拒绝和反驳中。柏拉图对哲学,即对智慧之学的看法无疑承袭自他的老师苏格拉底,而苏格拉底的思想又源自自然哲学及巴门尼德有关存在的哲学直观。没有对存在的直观和信念,苏格拉底以及他的继承者柏拉图的哲学以及与哲学有关的思想就不可能。因为正是在对存在与本质的直观中,哲人才真正地听到了本真的召唤,走上了真实之路。①

苏格拉底一行下到比港,原本只是享受一场视觉的盛宴:"观看赛会"(327A),但接着暗夜中在克洛法斯家里开始的,却是一场哲学的精神会饮。夜里视力变得无力,但理智却活跃起来。柏拉图在《王制》的卷七告诉我们,哲人正是在洞穴的幽暗中偶然地走到可理知的世界,即阳光下的。比港的白日维护和加强的是日常生活及与之相关的意见,只有到了黄昏时分,哲学的猫头鹰才会起飞。在比港克洛法斯家的黑暗深处,哲人的智慧之眼开始变得光亮起来,世界的本真借着苏格拉底的言谈漫漫地显露出来。

哪些人才是真正的哲人?"那些眼睛盯着真理的人"(475E),"专心致志于每样东西的存在的人"(480A),"能把握永恒不变事物的人"(484B)。真正的哲人必须是求真的,务实的,来不得半点虚假:"他们永远不愿苟同一个'假'字,他们憎恶假,他们爱真"(485C),"真正的爱知者应该从小时起就一直追求全部真理"(485D)。

真理尽管与直接显现给感官印象的表面存在着某种关系,但真理绝对不同于直接的表象,希腊人的哲学正是在对直接表象的怀疑和否定中觉醒的:肉体性的给与物,即事物的外表,它与人的欲望一样,是一种低级的存在物,具有欺骗性和假象物质,偏离了存在的本身。为此,

---

① 克吕格认为,"柏拉图的苏格拉底首先是在'所是的东西'(Wasseins),'本质'或'实质'(Essenz)的意义上来思考'存在'的,而存在的'方式','此在'或'生存'(Existenz),还处于从属地位,完全没有得到明确的强调。"见克吕格,《〈王制〉要义》,前揭,页23。

求真知的人一方面要远离肉欲的快乐(参485D),一方面要远离纷杂的事物表象:"追求真实存在是真正爱知者的天性,他不会停留在意见所能达到的多样的个别事物上"(490B)。意见追逐事物的外表,关注事物中人人都看得见的方面,意见就是大众的常识,就是人云亦云的东西。但在苏格拉底看来,表象这些感官的直接给与物并不是最后的事实,①最后的事实只显现给思想:"作为多个的东西,是看见的对象,不是思想的对象,理念则是思想的对象,不是看见的对象"(507B)。真理是人以他的最高能力与某种趋于一致性的存在,即普遍的本质发生接触的成果,而意见则是人以他的较低能力接触事物的多样性的结果。

哲人与智术师的最大不同在于,前者并不把"貌似"作为真正的知识,作为最终的真实,他们对日常生活的常识充满怀疑,不与众人的意见看齐,而总是出乎众人的意见之外。智术师却不理会事物表象的真假,他们以众人的所是为是,以众人的意见为自己论证的前提,因为他们的工作只需获得众人的同意便可。智术师是一些诡辩家,而诡辩"没有任何真实的、配得上或接近真知的东西"(496A)。智术师的目的是为了更快地挣钱,如果"假知"经他们的辩术后令众人自以为看到了"真知",他们又为何要去攀登那真知的崎岖而又危险的山路呢?如果"成功学"要求的是装饰成正义的不正义,而非真正的正义,那他们又何必要去寻找那个真正的正义呢?

求真的意志同样使苏格拉底无法容忍作为众人教育者的诗人。诗人既是众生常识的总结人和汇集者,也是以意见来引导众生的神学家。他们的诗句具有不容怀疑的权威(参331E),但哲人却不会善罢罢休,他们无法容忍那些"既没有充分证明,也未经充分反驳"(344D)的事物。智术师也好,诗人也好,若要证明自己是对的,是真知,那么必须过苏格拉底的辩证关。凡是不经过辩证,绕着辩证法走的,都值得存疑:"只有辩证法有能力让人看到实在"(533A)。苏格拉底对诗人的责难不但针对诗作为模仿、与真实隔了两层的情形,而且针对模仿性的表

---

① 将显现与存在等同起来的经验主义观点,其经典表达可参《泰阿泰德》,152A,对这种观点的怀疑和拒绝使苏格拉底确定了思想的本质,明确了哲学的目标。

演,这种表演仅追求"貌似"的外表,表演者完全可以没有个人性的参与,演员只需装着哭、笑、受苦、快乐等等就可以。正是在这种意义上,苏格拉底分别了模仿诗(悲剧与喜剧)与抒情诗(参 394C),分别了模仿与叙述(参 392D-393C)。当然,苏格拉底对诗人的指责还涉及道德和政治上的理由。在他看来,诗人由于以取悦众人为目的,因此"从事模仿的诗人本质上不是模仿心灵的这个善的部分的,他的技巧也不是为了让这个部分高兴的,如果他要赢得广大观众好评的话"(605A)。这样,诗人通过制造远离真实的影像,就在"每个人的心灵里建立起一个恶习的政治制度"(605B)。

柏拉图的苏格拉底难道不懂得诗也是一种类似音乐的艺术吗?看来他是懂得的,因为他承认,诗人"模仿的东西对一无所知的群众来说还是显得美的"(602B)。可苏格拉底对音乐推崇备至,为何却对诗百般刁难呢?这其中的理由只能是,诗虽也能像音乐那样调养人的性情、培养人的审美精神,但又不止于此,诗还要求一个世界观、一个对自然世界的真相的发言权,正是在这种意义上,在诗人被视为人类的教育者和神学家这点上,作为哲人的苏格拉底予以拒绝。苏格拉底相信,如果诗人拥有真知,那么他必会放弃作诗的乐趣,转而投身于使他获得更纯粹快乐的哲学(参 599B)。

只有辩证法以及建立在辩证法之上的哲学才给人以真知,由此,柏拉图的苏格拉底让西方人的心灵生活建立在知识之上。与之相比,智术师之流以及像荷马这样的诗人都不能使人的心灵具有知识、成为有知识的心灵。在这种意义上,柏拉图的苏格拉底是第一个知识心灵的自觉者,也是第一个自觉开创西方心灵的哲人。

三、哲人的心智

苏格拉底与克洛法斯的谈话(卷一)、古各斯的戒指(卷二)、厄洛斯神话(卷十)突出个人心灵的自觉,而在《王制》的其他地方,则随处可见哲学以及理智的出击和胜利。在柏拉图的苏格拉底那里,个人心灵的觉醒与知识的发现和成就紧密相关、不可分离。心灵的最隐秘处、最深处正是知识的高峰,没有知识的心灵是一个沉睡的心灵、一个散失于事物的外表和多样性中的心灵,只有在知识中,心灵才回到自身,进入到它的最深处,才是自觉的心灵,人此时才成为自己的主人。柏拉图在《王制》中首先拓展的是一个属于心智的制度,这个制度既存在于个体的灵魂内,也存在于城邦的政治生活内。在这种意义上,我们或许就能真正明白了苏格拉底为什么说,一种不经过反思的生活是不值得过的。在苏格拉底那里,智慧不但是德性中的一种,同时也是其他德性的前提。柏拉图的苏格拉底不但发现了"心之官则思",更证明了"心即是思"这一事实。

感性与理性的冲突甚至对立催生出哲学。那种与感知相区别的能力,在苏格拉底那里有时称为"理智",有时称为"理性",有时称为心灵中"最崇高的部分",它的事实或许可追溯至赫拉克利特的"逻各斯"和巴门尼德的"心智"。因此,理性思考这种心灵现象或许不能归为苏格拉底及柏拉图的发现,但这种心灵现象只有借助柏拉图在《王制》一类著作中的论述,以及后来在亚里士多德那里的分析才变得完全清晰和固定下来。也只有通过他们,理性的力量才决定性地取代了神话和诗,取代了作为生活世界之基础的习传意见,成为新的自然学和世界观的权威,从此以后,人们决定性地以理性的眼光来审视一切,来判断和构建个人生活及社会政治的方方面面。

由于感知本身不可避免的矛盾及给人带来的困惑,另一种知识能力被分别出来。人们在早上通过眼睛感知的太阳较中午的大,太阳是同一个,因此一定是由于感知的低能和欠缺,这时候就需要理性的思考了:"把那些同时给感官以相反刺激的事物定义为要求思考的事物,把那些不同时造成相反刺激的事物定义为不要求理性思考的事物"(524D)。柏拉图的哲学要发扬光大的,或者说柏拉图要为自己的哲学立下根基的,正是这种理性思考的力量:"真实者是仅能被理性和思考所把握,用眼睛是看不见的"(529D)。[1]

---

[1] 参 532A:"当一个人企图靠辩证法通过推理而不管感官的知觉,以求达到每一事物的本质,并且一直坚持到靠思想本身理解到善者的本原者,他就达到了可理知事物的顶峰了"。柏拉图,《理想国》,前揭,页301。

柏拉图要求人们对智术师和诗人保持警惕,为的是要求人们去做"自己的主人"(430E,431A),"自己主宰自己"(443D),而只有哲学才能够让人做到这点,在这种意义上,苏格拉底的确是一位启蒙的导师。在《王制》卷四中,苏格拉底告诉我们,人的灵魂由低级的欲望部分与高级的理性部分以及处于两者之间的激情组成,只有人以高级的理性部分来统治低级的欲望部分时,人才成为自己的主人。当人的心灵受它低级的非理性的欲望部分主导时,人就成了自己的奴隶,而处于一种低劣的生存状态中。在苏格拉底那里,心灵的自主或者说自觉和自由恰恰不是随心所欲,而是听命于自身内较高的能力和品质,即理性。个人心灵的自觉和自由涉及某种高尚的现实,且通过与自身内低俗的倾向作斗争实现。简言之,只有在理性内,在知识内,在思想内,人的心灵才达到它的最终真实、最终自主,进入到它最隐秘和最本质的实在中。

　　在《王制》卷六和卷七谈到哲人和哲学时,心灵与理智或理性的关系变得更加显然。众生大都生活于肉欲之中,他们受欲望冲动的驱使,以建立在俗世意见上的权威为观瞻,像克洛法斯这样喜欢"谈心"的人,也往往是由于年老体衰,慢慢从肉体的享受中解脱出来的缘故(参328D)。但真正的哲人却不同,他们通过知识与真实存在的接触使他们一开始就无法满足于肉体的享受,而进入到一种属灵的快乐中,在苏格拉底那里,追求知识和真理的人必定是一些心灵化的人:"当一个人的欲望被引导流向知识及一切这类事情上去时,我认为,他就会参与自身心灵的快乐,不去注意肉体的快乐,如果他不是一个冒牌的而是一个真正的哲学家的话"(485D)。自身心灵的快乐是一种自足的快乐,因为心灵是一种自足的实在,心灵本身即快乐和满足,不假外求,与之相比,肉体的快乐必假借外物和手段不可,肉体的快乐必通过外在的刺激才行。因此,获得心灵快乐的哲人更喜欢独善其身,"所以哲学家都保持沉默,只注意自己的事情……,但求自己得能终生不沾上不正义和罪恶,最后怀着善良的愿望和美好的期待而逝世,也就心满意足了"(498E)。①处

---

① 参519C:"知识分子又不能自愿地做任何实际的事情,而是在自己还活着的时候就想象自己已离开这个世界进入乐园了"。柏拉图,《理想国》,前揭,页282。

于心灵生活中的哲人按他们的私心并不愿意参与城邦的政治事务,要他们参与政治事务,对他们来说是一种牺牲,非用强制或其他手段不行(参520A)。

《王制》卷一苏格拉底与克洛法斯的交谈指明了"心灵"的方向,但当苏格拉底提出"什么是"的哲学之问后(参331C),克洛法斯不再具备与苏格拉底再往前探讨的能力,他只好告辞了。随后苏格拉底展开的理性之路和辩证法,以及对知识的孜孜探索,不过是苏格拉底与克洛法斯"心路历程"的延续,它意在告诉人们,心灵最真实最宝贵的存在乃是它的求知能力和品质:"通过这个部分与事物真实的接近、交合,生出了理性和真理,他才有了真知,才真实地活着成长着"(490B)。心灵必须摆脱意见的世界,进入到理性的认识中,思想和理智才是心灵的最后着落处,也是心灵获得最后实现,变得自觉和自由的地方,心灵的本质是一种心智,它指向哲学:"心灵从朦胧的黎明转到真正的大白天,上升到我们称之为真正哲学的实在"(521D)。

四、神学的心神

苏格拉底一行到比港参加色雷斯人的宗教庆典,他对当地宗教和神灵的态度我们却不得而知。我们知道的是,这只是一个引子,引出了一场哲学的大讨论。如果苏格拉底进行的哲学大讨论是这场宗教庆典的继续甚至代替,而且这场讨论又是在这样的场景中展开的,那么比港的哲学会谈就具有了某种宗教性,只是在他们的讨论中,神灵的问题变成了"善"的问题、"理念"的问题、"正义"的问题等等。通观《王制》,我们同样难以直接看出苏格拉底对希腊的城邦宗教,对希腊人的传统诸神的态度,如果作为神学家的希腊古诗人写的书就是希腊宗教的经书,他们对诸神的描写就是希腊人的传统信仰,那么这无疑意味着,苏格拉底对古代诗人的批判也就意味着他对传统城邦宗教的批判,对诗人神观的指责也意味着他对希腊神灵的否定。在苏格拉底的心目中,雅典城邦应是一个由智慧统治着的城邦:"如果说有什么国家应被称为自己快乐和欲望的主人,即自己是自己的主人的话,那它就必定是我们这个国家了"(431D)。诗人捕捉影子,没有智慧,他们不应留在这样的国度,就此而言,不应留下的难道不还有他们的宗教态度和神灵观吗?如果真是这样,那么苏格拉底在受审时被指责伤风败俗,引新神到城邦内,①那也就成真的了。

哲人苏格拉底如何引入新神?苏格拉底的"神"新在哪里?回答这个问题的关键当然在于苏格拉底作为哲人这个身份以及他从事的哲学工作:在苏格拉底那里,哲学同样是一门神学,作为哲人的苏格拉同样是一位神学家。

卷二古各斯的故事把心灵的探问与神学的问题关联起来:人心的自觉和自足,即每个人都应是自己最好的护卫者(参367A),不但应抛弃别人的评头品足,而且应不管诗人眼中的诸神的知与不知(参366E,367E)。通过古各斯故事,苏格拉底告诉我们,人的自觉和自足的心灵本身就是一种至高的品质,它本身就是神圣高尚的,不必人与神的知与不知,不必他们的判断,因为心灵本身即真实的见证:"心灵和神性和虚伪无缘"(382E)。苏格拉底拒绝诗人的宗教和他们的诸神观:"不能接受荷马或其他诗人关于诸神的那种错误说法了"(379C),因为在他看来,"神是善的原因"(380C),"好事物的原因只能是神"(379C),但诗人们却将伟大的神描写得丑恶不堪(378A),把他们看作是罪恶的根源。

在这里值得关注的是,苏格拉底凭什么推翻诗人们的诸神传统,将神与善或者善的原因内在地联系起来?诗人的诸神被超越了,但是在哪里被超越的呢?我们必须与新柏拉图派一样承认,在柏拉图那里有一门叫做知识的神学,或者说理性神学,这门神学属于柏拉图自己的。② 在《王制》中,柏拉图的理性神学表现在"神之所以为神,即神的本质"(379A)之上。在这里,神不再是诗人在作品中的叙述对象,不再是拟人化的、生活在人类历史舞台上的诸神,而是一种本质,一种可以问"神是什么"这样问题的存在。在苏格拉底那里,诸神从诗人的感性描写中超越出来,进入了思想的普遍特征内,进入到纯粹的理念内。神

---

① 参《苏格拉底的申辩》,24B。
② 普罗克洛斯,《柏拉图的神学》(*Théologie platonicienne*),H. D. Saffrey 及 L. G. Westerink 编并译,Les Belles Lettres,卷 I,Paris,2003,页 20。

奇的不再是生活在天空中的、时不时地与人纠缠在一起的诸神，而是理性的力量，正是理性的力量触碰到了真神，见证到神的本质："哲学确实是神物"（497B），到洞穴外直观太阳则是"神圣的观察"（517D），而搞哲学的人也使自己与神相似（参500D），其实，在柏拉图那里，与神相似才是哲学真正的目标。

希腊古诗人的诸神进入了思想，人格化的存在变成了本质，在苏格拉底那里，诸神的舞台化或者戏剧化正在消失，与人比肩而立的诸神的光辉转化为神圣的地平线，而人的心灵就位于这一地平线上。心灵的最高秘密既然是理性的思想，那么心灵本身就是神圣的了："心灵的优点似乎确实有比较神圣的性质，是一种永远不会丧失能力的东西"（518E）。在诗人那里，神是外在的，对人具有压倒性的力量，人在这些神面前显得无能为力，但在苏格拉底的神学中，神在很大程度上转向了人的内心，成为某种神圣的东西。但与此同时，我们或许不可肯定地说，苏格拉底的神就是一个完全内在化、心灵化的神。在某些地方，苏格拉底的神似乎还保留着某种超越的特征："一个愿意并且热切地追求正义的人，在人力所及的范围内实践神一般的美德，这样的人是神一定永远不会忽视的"（613B）。神在苏格拉底那里到底超越到什么程度，多大程度上保留了神的人格特征，这实在是一件难以辨明的事，起码在《王制》中我们难以弄清这点，但无论如何，在哲人苏格拉底那里，诸神的去人格化和心灵化显而易见，面对苏格拉底的神，人不再无力，不再完全盲目，不再被动了："不是神决定你们的命运，是你们自己选择命运"（617E）。

个人的心灵若没有完全代替神的位置，它起码参与了神圣，人的心灵于是是一种心神，就像它是心智那样。作为心神，人不再首先通过祈祷或祭祀来恳求诸神，而首先通过美德的修习和内心的正义来见证神。苏格拉底的神不但不阻碍和嫉妒心灵的自觉和自由、相反却大大地促成之。人的内心越是自觉和自足、越是高涨，神就越对他显示出来、越临在于他的生活中，某种意义上这难道不是孔子所说的"如在"的神吗？一个不理会外在的人和外在的神知与不知他行的正义，这样的人获得了自己心神的见证，这样的人的心灵本身就是神了。

《王制》努力证明,到底是正义的人幸福还是不正义的人幸福。若没有苏格拉底对人的心神的发现,那么正义之人的幸福就难以成立。《王制》卷十的结论,也可看作全书的结论,那就是:正义与幸福的关系只有在心灵的自觉和自足中才真实相关,正义是心灵自觉和自足的要求,也是它的结果。

神还是人立法

——柏拉图《法义》开场绎读

林志猛

柏拉图《法义》(Νόμοι)①这部探讨"政制和礼法"的长篇对话,发生在一位匿名的雅典哲人与两位来自克里特和斯巴达的立法者之间。在对话中,这位雅典异方人(Ἀθηναῖος Ξένος)担任了立法者之师的角色,可谓是戴着面具的立法哲人。柏拉图别出心裁地将θεός[神]作为对话的首个语词,追问立法起源于神抑或人。不过,柏拉图笔下的"神"非常含混,显得与灵魂密不可分,神—人(智慧之人)似乎可合为一体。在《法义》开场,柏拉图就向我们呈现了这一含混性。通过思索立法的起源问题,我们可以看到,柏拉图如何暗中将哲学引入实际的政治行动(立法)中,以带来"德政的立法"②。

---

① 文中的《法义》引文皆为笔者根据希腊原文译出,随文注编码。原文校勘本参 J. Burnet,《柏拉图全集》(*Platonis Opera*) Tom. V, Oxford: Clarendon Press, 1907;英译本参 T. Pangle 译/疏,《柏拉图的〈法义〉》(*The Laws of Plato*), New York: Basic Books, 1980;笺注本参 K. Schöpsdau 译/笺,《柏拉图的〈法义〉》(*Platon Nomoi [Gesetze]*) Buch I—III, Göttingen: Vandenhoeck & Ruprecht, 1994; Buch IV—VII, Göttingen: Vandenhoeck & Ruprecht, 2003; Buch VIII—XII, Göttingen: Vandenhoeck & Ruprecht, 2011; E. England 编/注,《柏拉图的〈法义〉》(*The Laws of Plato*), New York: Manchester University Press, 1921。关于篇名*Νόμοι*的翻译,参布舒奇,《〈法义〉导读》"中译本说明"(刘小枫),谭立铸译,北京:华夏出版社,2006,页2。
② 参刘小枫,《王有所成——思考柏拉图 *Politeia* 的汉译书名》,载于《哲学与文化》(台湾) 2013年第11期,页15。

一

《法义》以考察立法的起源入手,开篇就问,"神(θεός)还是某个人(τις ἀνθρώπων),对你们而言,异方人呵,可归为制定礼法的起因(αἰτίαν)?"雅典异方人的这一提问与《米诺斯》开篇苏格拉底的提问形成了鲜明的对照:"法(νόμος)是什么,对我们而言?"《米诺斯》被视为《法义》的导言,主题是讨论法是什么。自然而然,在完成这一探究后,接下来《法义》就可以思考谁是立法者的问题了。《米诺斯》的第一个语词是单数主格的νόμος[法],《法义》的首个语词则是单数主格的θεός[神]。两部对话的提问似乎在暗示,要真正弄清立法的起源,也应该追问"神是什么"。但这样提问会显得很不虔敬,对于这一问题,《法义》经过漫长的讨论后,直到卷十才隐蔽地作出回答。

与θεός[神]构成并列选择的是τις ἀνθρώπων[某个人]。柏拉图没有在θεός之前加不定代词τις[某个],而是加在复数属格的ἀνθρώπων[人们]之前。如果使用单数主格的ἄνθρωπος[人],岂不同θεός[神]更为对称?加上τις[某个]不显得更累赘吗?或许,这样的表达一方面是为了显示出虔敬的姿态:凡人们永远无法与神平起平坐;另一方面则强调,如果立法归因于人,那也是来自某个人,而非某些人或多数人——民主制并非立法的源头。①立法的真正源头,需要追溯到一位神或芸芸众生中独一无二的那一个人。

在《米诺斯》中,苏格拉底问"对我们而言"(ἡμῖν)法是什么。而在《法义》里,问题变成了"对你们而言"(ὑμῖν)谁负责制定礼法(νόμων)。《法义》用"你们"取代了"我们",单数的"法"(νόμος)也变为复数的"礼法"(νόμων)。"你们"明显是指克里特人和斯巴达人,考察"你们"克里特和斯巴达的礼法看似转向了实践问题,而非像《米诺斯》那样鲜明地导向理论。②不过,

---

① 对于现代民主制而言,政制权威的根源在于个体的自由选择而非神。参 A. Whitaker,《柏拉图政治之旅:柏拉图的〈法义〉》(*A Journey into Platonic Politics: Plato's Laws*),University Press of America,2004,页 17。
② 《米诺斯》中的"我们"可能指苏格拉底及其同伴,或"我们雅典人",抑或克里特人、斯巴达人等等。参林德伯格(Tod Lindberg),《最古老的法律——重新发现〈米诺斯〉》,收于林志猛《〈米诺斯〉译/疏》,北京:华夏出版社,2010,页 238。

《法义》探究立法的起因(αἰτίαν)，这种追根溯源的讨论显然也包含着理论思考。① 确实，《法义》不同于柏拉图其他探讨"是什么"的哲学性对话，它是一种亚哲学的对话，②哲学隐匿于对话深处，并非一目了然。

对于雅典异方人的提问，克里特的立法者克勒尼阿斯(Κλεινίας)不容置疑地回答，"神，异方人噢，神，这样说最恰当(δικαιότατον)不过"(624a3)。之前，雅典异方人也称呼两位对话者为异方人(ξένοι)，复数的ξένοι放在"你们"和"人们"(ἀνθρώπων)之后，像是在暗示两位年老的立法者处于凡人之列。克勒尼阿斯将单数的ξένε[异方人]置于两个单数的θεός[神]之间，看似在突显雅典异方人的神圣性——莫非他就是一位神样的人？克勒尼阿斯的回答直截了当，甚至称之为"最恰当"(δικαιότατον)。如此肯定的口吻似乎表明，雅典异方人问题的答案众所周知，或许不值一问。倘若如此，这种显而易见的问题为何要放在对话开篇这一显赫的位置呢？有可能，克勒尼阿斯隐隐察觉到，雅典异方人会对此给出不同于克里特人的回答，③这个回答将危及克里特法律的神圣根基。因此，他用最高级的δικαιότατον[最恰当的]来捍卫法的神圣起源。δικαιότατον也意为"最正义的"——身为立法者的克勒尼阿斯看起来更关注法与正义的关系。

克勒尼阿斯不仅道出了负责为"我们"克里特立法的神是宙斯，而且直接替斯巴达的立法者墨吉罗斯(Μέγιλλος)道出，在拉刻岱蒙（斯巴达）是阿波罗负责。但克勒尼阿斯这个自认为最恰当的回答就一定真实可靠吗？克里特人是出了名的爱撒谎者，克勒尼阿斯将立法的起源归于最高神宙斯，会不会出于虚荣或其他原因？在《法义》卷一随后的对话中，雅典异方人在批评克里特的同性恋时说，"既然克里特的法律

---

① αἰτίαν也有功劳、荣誉、归咎、罪责、控告等含义，其形容词形式αἴτιος意为有责任的、有罪责的。因此，εἴληφε τὴν αἰτίαν也可译为"负责"。谁负责制定礼法的问题，看起来更像是实践问题。

② 参施特劳斯，《柏拉图〈法义〉的论辩与情节》，程志敏等译，北京：华夏出版社，2011，页19。

③ 参 Seth Benardete,《柏拉图的〈法义〉：发现存在》(Plato's "Laws": The Discovery of Being)，Chicago: The University of Chicago Press, 2000，页 5。

据说来自宙斯",他们就杜撰了宙斯与美少年伽倪墨得斯(Ganymede)有断袖之举的神话,以替自己的行为辩护(636c7)。① 在雅典异方人的阐述中,宙斯作为立法的起源只是一种假设或传闻("据说"),未必是事实。除了在《法义》出现过这种说法外,希腊人明显认为,宙斯的代言人阿波罗而非宙斯本身才是立法者。② 倘若克勒尼阿斯关于立法的神圣起源的看法有问题,就有必要进一步检审,以找到立法的真正起源。

至于斯巴达法律源于阿波罗,这是个较为常见的说法。③ 不过,柏拉图在《米诺斯》中指出,斯巴达的法律来自米诺斯制定的最古老法律——克里特法,这也是斯巴达人获得幸福的根源(318c1-d4,320b4-6)。④ 克勒尼阿斯并未采用此说,而是认可斯巴达法律起源于德尔斐。但从起源上看,出自最高神宙斯的克里特法明显高于出自阿波罗的斯巴达法。阿波罗身为宙斯之子,是否暗示斯巴达法来自克里特法?无论如何,克勒尼阿斯隐约道出了两个城邦礼法的亲缘关系。这也可能透露,克勒尼阿斯在立法中更注重血缘关系。然而,由此引出的问题是,虽然神是立法的起因,但不同的神为不同的城邦立法,他们的礼法会不会在某些方面相互冲突或需要相互补充呢?立法的起因最终应该归于宙斯还是阿波罗?克勒尼阿斯斩钉截铁地说是"一位神",为何旋即道出了两位神,立法的起因到底是一还是多?《米诺斯》对各种不同的法律并未分门别类,而直接追问法"整体而言"是什么。与此相应,我们是否可以说,就神作为立法的起因来看,没有这神与那神之分,而应归于那唯一的"真神"?可是,神就"整体而言"是什么?或许,对于探究"起因"这类哲学性问题,传统观点无法给出恰切的回答。

---

① 在卷一中,雅典异方人还有一次谈到克里特的法律"据说来自宙斯"(632d2-3)。在这样说后不久,墨吉罗斯随即表示,要先"检验"克勒尼阿斯这位"宙斯的赞美者"(633a1-2)。在662c,雅典异方人提到,"假定我们可以问这些神灵[即宙斯和阿波罗]谁是你们的立法者"。对比634a1-2。
② 参Glenn Morrow,《柏拉图的克里特城邦:对〈法义〉的历史解释》(*Plato's Cretan City: A Historical Interpretation of the Laws*),Princeton,1993,页437注释132。
③ 参希罗多德,《原史》卷一65;提尔泰俄斯(Tyrtaios)残篇4,收于 *Elegy and Iambus I*, J. M. Edmonds译,London: Harvard University Press,1931,页65;普鲁塔克,《吕库古》5—6,收于《希腊罗马名人传》(上),席代岳译,长春:吉林出版集团有限责任公司,2009。
④ 亦参希罗多德,《原史》卷一65;亚里士多德,《政治学》1271b20-31。

二

斯巴达立法者墨吉罗斯同样站在传统的立场上,他赞同克勒尼阿斯有关其母邦法律起源的说法。对此,雅典异方人根据最古老、最权威的诗人荷马提出了另一个看法:米诺斯每隔九年去造访父亲宙斯,并按照宙斯的神谕为克里特城邦立法(624a7-b3)。① 在这里,米诺斯这一神与人的中介成了立法的起因。根据苏格拉底在《米诺斯》中的解释,米诺斯之所以是神圣的立法者,而非残酷野蛮之人,是因为他能洞彻治理城邦的真相,在与宙斯相会时受过"德性教育"(320e3-321b4)。换言之,如何理解真正的立法者,不同的人会有不同的解释。实际上,荷马没有明确提及米诺斯受教于宙斯,并根据他的神谕立法。相反,米诺斯与宙斯的相会有可能是出于玩乐的目的。② 但苏格拉底扭转了这一低俗的看法,重新塑造了米诺斯的高贵形象。这意味着,关于立法的起源,如何解释是个至关重要的问题。既然雅典异方人能给出不同于两位对话者的答案,那就显明,他对立法的起因已有自己的理解。

克勒尼阿斯承认雅典异方人的说法,但兴许是考虑到米诺斯的不义,他随即引入了米诺斯的兄弟剌达曼堤斯(Rhadamanthus),③说他"最公正"(δικαιότατον)。剌达曼堤斯获得这个称赞是因为,他在"那些年代正确管理了审判(δίκας)事务"(624b4-625a3)。在开篇两次简短的对话中,克勒尼阿斯就接连两次提到δικαιότατον[最恰当、最公正、最正义]。第一次他说神是立法的起因"最恰当",第二次则赞赏神子剌达曼堤斯"最公正"。如果说立法需要神义来支撑,立法者首先关注的就应该是正义或公正吗?奇怪的是,克勒尼阿斯谈的不是立法者,而是"正确"(ὀρθῶς)掌管审判事务的法官剌达曼堤斯。他有意使用

---

① 参荷马,《奥德赛》卷 19,178—179 行,亦参埃福罗斯(Ephoros),《希腊史家残篇》70 F 147。
② 参《米诺斯》319e5-6,对比《奥德赛》卷 19,180 行。
③ 剌达曼堤斯和米诺斯都是宙斯与欧罗巴的儿子。参荷马,《伊利亚特》,罗念生、王焕生译,上海:上海人民出版社,2004,卷 14,322 行。

τὸν ἔπαινον εἰληφέναι[赢得了这个称颂]，以回应雅典异方人所用的 εἴληφε τὴν αἰτίαν[归为……的起因，负责]。①

克勒尼阿斯意识到，如果将不义的米诺斯当作立法的起因，克里特法的正当性就可能受到质疑。因此，他需要"最公正"、"最正义"的剌达曼堤斯来掩盖米诺斯的不义。但是，克勒尼阿斯用ἔπαινον[称颂]代替了αἰτίαν[起因]，他对好名声的关切使他模糊了问题的核心所在——若不透彻理解立法的"起因"，真正的正义或正确也会无从知晓。在《米诺斯》中，剌达曼堤斯是因受教于米诺斯而成为好人和好法官，但米诺斯没有传授给他"完整的统治术"，他只拥有主持法庭、辅佐王者的技艺（320b8-c4）。② 可见，即便剌达曼堤斯能正确管理审判事务，他也未必能治理好城邦。审判、司法的技艺只是暂时性（"那些年代"）的技艺，受制于特定的时间和空间，不能等同于立法术和统治术这些永恒的技艺——剌达曼堤斯再怎么公正也只能辅佐王者。好的立法者也要是个好的分配者、治邦者甚至王者，对最重要的人类事务有完整的理解。尽管克勒尼阿斯表面上极度关注正义，但他用法官代替立法者，会使他无法看清正义的本质。

看起来，雅典异方人有意将立法的起源归于"某个人"。这个人很可能是米诺斯这类"神样的人"，受过最高神宙斯的德性教育，而使子民获得永世的幸福。柏拉图特别强调，正确的"王法"出自那些在如何统治城邦上有知识的人。但是，凡夫之子无法正确地谈论这样的好立法者和神样的人，正如他们无法正确谈论和对待诸神（《米诺斯》318e6-319b）。或许，克勒尼阿斯作为凡俗的立法者，也未能正确谈论像米诺斯这种神样的人。在《法义》中，雅典异方人没有再进一步深究米诺斯与剌达曼堤斯的关系，他仅仅承认，剌达曼堤斯拥有与他作为宙斯之子十分相称的好名声。有可能，米诺斯的名声不如剌达曼堤斯好，他甚至声名狼藉。但值得立法者关心的并非名声（诗人们才热衷于名声），而是恰切的立法和统治。

---

① 两个表达的主动词都是 λαμβάνω[获得，拿到，拥有]，再加四格宾语。
② 柏拉图作品中提到米诺斯和剌达曼堤斯的地方，米诺斯都高于剌达曼堤斯。参《高尔吉亚》524a,《苏格拉底的申辩》40e-41a。

雅典异方人谈及神子米诺斯作为立法的中介，并未否定克里特法的神圣起源，而是使立法跟神与人同时关联起来。他期望，两位对话者既然都"在这些合法的习俗下成长"（ἐν τοιούτοις ἤθεσι τέθραφθε νομικοῖς），在从克诺索斯到宙斯神社（"洞府和神庙"）的这段朝圣之旅上，他们会乐意"边走边讨论政制（πολιτείας）和礼法，且说且听"，以惬意地消磨时光（625a5-b2）。神法形成了合法的习俗（ἤθεσι νομικοῖς），ἤθεσι 也有性情、习惯的含义，这就透露，神法也培育了合法的"性情"。从后面的对话可以看到，立者需要密切关注公民们的性情，尤其是快乐、痛苦和欲望（631e3-632a2），这也是绝大部分法律探究要涉及到的（636d5-6）。符合礼法的性情意味着，人要有正确的苦乐感，从而获得灵魂的和谐，喜欢他视为高贵和好的东西，并厌恶邪恶和不义的东西，而非相反。① 此外，τέθραφθε[成长、培育]一词也显示，礼法关乎性情的培育，好的法律旨在培育好的性情。

雅典异方人一开始问的是立法的起源问题，到此为止，三位对话者并未达成共识。但在触及神法的语境下，雅典异方人道出了对话的主题：政制和礼法。我们感到纳闷，为何在此突然引入了政制问题？政制与立法的起源有关吗？② 确实，所有的法律都是在某种政制下制定的，贵族制、君主制、民主制等都各有各的法律。要探讨立法的起源，必然涉及政制。可以发现，《法义》卷三专门考察了政制的起源，尤其是现实中可行的最佳政制——混合政制。在此之后，具体的立法工作才正式展开。这意味着，谈论立法不应从司法这类具体事务入手，大立法者应首先关注政制的优异与否。在任何时代，政制和立法的权威都应具有神圣性和优异性。神圣性是其保持稳定的依据，哲人式的优异则是其始终指向德性而不断获得完善的根基。贤人政制以神制为底色，人法以神法为基础，方能确保城邦的稳固和兴盛。

---

① 参《法义》689a5-6，653b1-6，700d4-5，751c9-d2，788a1-b4 等。
② 要同时探讨并把握住"政制和礼法"这两个主题，兴许比单独探讨政制问题更难。这也是《法义》与《王制》的一个不同之处。参 Eric Salem，《漫长蜿蜒的旅程：〈法义〉卷一中探究的障碍》（"The Long and Winding Road: Impediments to Inquiry in Book 1 of the Laws"），收于 Plato's Laws: Force and Truth in Politics，G. Recco 和 E. Sanday 编，Indiana University Press，2013，页 49。

三

在三位对话者上升到最高神宙斯神社的旅程中,关于政制和礼法的讨论被视为一种"消遣"(διατριβήν)。διατριβήν也意指讨论、研究、消磨、娱乐,在这段也是米诺斯王每隔九年的朝圣之旅上,雅典异方人打算用这样的对话消磨路上漫长的时光。① 无疑,探讨这些话题能带来理智的愉悦,可谓最高级的消遣。但考虑到这种对话的难度,雅典异方人期望两位年老的对话者能从容面对理智上的挑战,"不会不乐意"(οὐκ ἂν ἀηδῶς)进行探究(625a6)。

在《苏格拉底的申辩》中,苏格拉底也两次使用了这一表达方式。② 他先是在申辩没有败坏青年时谈到,有人喜欢跟他长时间来往是因为,"他们喜欢听(ἀκούοντες)我省察那些自以为智慧、其实不智慧的人。这不是不愉快(οὐκ ἀηδές)的事"。苏格拉底还声称,这是神派他做的,通过"神谕"等方式告知他。③ 这些说法都与《法义》有相似之处。雅典异方人也表示,要"且说且听(ἀκούοντας)"。当然,在整个对话中主要都是他在说,两位立法者在听。同样,雅典异方人也要"省察"那些自以为智慧的观点——关于立法的目的,他马上就会检审克勒尼阿斯自认为天然正确的看法。不过,雅典异方人的检审可能会让人不快,因此有必要先营造精神上的愉悦。此外,正如米诺斯根据神谕立法,而苏格拉底也把检审各种貌似有智慧的人归于神谕的指示——雅典异方人关于政制和礼法的谈话,会不会像苏格拉底那样是神谕的指示,而两位实际立法者将依据这样的谈话("神谕")进行立法?看起来,宙斯之于米诺斯,恰如雅典异方人之于两位立法者。在《法义》中,神法的背后蕴含着理智的目的。④

---

① 这段旅程象征着闲暇和自由的空间,可暂时摆脱日常生活的束缚,自由而从容地探讨带有紧迫性的法律。参 A. Laks,《法义》("The Laws"),收于 *Cambridge History of Greek and Roman Political Thought*, C. Rowe 和 M. Schofield 编, Cambridge University Press, 2000,页 261。
② 参 T. Pangle 译/疏,《柏拉图〈法义〉》(*The Laws of Plato*),前揭,页 513 注释 8。
③ 参《苏格拉底的申辩》,吴飞译/疏,北京:华夏出版社,2007,33c2-7。
④ 参 M. Lutz,《柏拉图〈法义〉中的神法与政治哲学》(*Divine Law and Political Philosophy in Plato's Laws*), Dekalb: Northern Illinois University Press, 2012,页 38。

苏格拉底在证明死亡并非坏事时,第二次谈到了"不会不乐意"(οὐκ ἂν ἀηδὲς)。他认为,死后到了冥府的人,能从那些"真正的审判者"中得到解脱,头两位便是米诺斯和剌达曼堤斯这些"公正的半神"(ἡμιθέων δίκαιοι)。而且,死后还能与俄耳甫斯、荷马等人在一起,这不会让人不愉快。其中最大的好事是,在冥府里也能像活着那样,省察和探询谁有智慧,谁自认为有而其实没有,比如奥德修斯、西西弗斯。但在冥府里,人不会因为这样的省察而被处死(《苏格拉底的申辩》40e4-41c7)。《苏格拉底的申辩》的两处表达都显明,检审谁真正有智慧,求问真知,是件令人愉悦的事。兴许,雅典异方人对政制和礼法的探讨及检审,如同苏格拉底那样是对智慧和真知的求索。在对话中,他们也会省察谁是真正的审判者和立法者,甚至检审神子米诺斯制定的克里特法律。在外邦克里特走向最高神的旅途而非在冥府中,雅典异方人也将扮演苏格拉底的角色,从雅典的民主审判中获得解脱。在检审过立法的根根底底之后,他将创制出最高贵的法律,并证实自己是出类拔萃的立法者之师,可引导城邦走向德性和真正的幸福。由此,雅典异方人将为苏格拉底完成最后的申辩,尤其是在卷十论证诸神存在之后。①

在炎热的夏至日,雅典异方人将引领两位同伴,从城邦(克诺索斯)的洞穴(ἄντρον)上升到最高神宙斯的神社。② 但他清楚,这段漫长的旅程需要克服种种艰辛:闷热的天气(外在环境)、年迈的身体以及智性的挑战。尽管如此,雅典异方人也力图让整个旅程变得"轻松":高树下的"荫凉"(σκιαραί)可应对外在环境的恶劣,沿途的休憩之地可缓解身体的疲劳,互相激励(παραμυθουμένους)的言语能使精神愉悦。雅典异方人展望的这些前景让克勒尼阿斯倍感欣慰,他甚至附和说,沿途"柏树丛丛,高得惊人,美得出奇,还有片片绿茵可供我们休憩,消磨时光"(625b1-c2)。在关于立法起源的问题上,三位对话者尚未达成一致。

---

① 在苏格拉底讲过上述那些话后,《苏格拉底的申辩》便以"神"一词作结:"我们所做的哪个事更好,谁也不知道,除非是神"(42a4-5)。《法义》以"神"一词开篇,卷十还专门讨论了神学,看起来像是在呼应《苏格拉底的申辩》,为被控渎神的苏格拉底辩护。

② 关于夏至象征的转折意义,参 Eric Voegelin,《柏拉图》(Plato), University of Missouri Press,1957,页 229。

但对于即将谈论的话题,他们对外在环境的共识使他们"乐意"展开。

正如"洞穴"一词提示了对话的政治语境,天气的"闷热"可能象征着赤裸裸的法律惩罚令人窒息,因此需要有"荫凉"来调解。什么是法律的"荫凉"呢?或许,那就是激励、鼓励(παραμυθουμένους)的话语。《法义》卷四将引入置于法规之前的"法律序曲",它们用于劝谕而非命令人接受和认可法律,并教育人从善(722d1-723b2)。παραμυθουμένους[激励]包含μῦθος[言辞、神话、故事]一词,法律的"荫凉"就是首先通过言辞甚至故事来劝导人,引人向善、预防作恶。雅典异方人打算用λόγοις[言语、道理、论证]相互激励,这种精神上的激励能使身体的行动变得"轻松"。恰如宙斯的话语启示了米诺斯,雅典异方人在对话中呈现的道理(λόγος)、神话(μῦθος)将给两位立法者带来极大的智识启发,使他们从城邦的洞穴转向神圣的洞穴。λέγοντάς[说]、ἀκούοντας[听]和ποιήσασθαι[做]三个语词的并列显示,在这一转向中,言辞与行动融为一体。

显然,对于这一旅程,雅典异方人已有所了解(625b2 ἀκούομεν[我们听说]),他之前虽未亲自走过,但他晓得路程的漫长,而且沿途有休憩之地和高高的大树。更主要的是,他谙知米诺斯走过这段路的神话以及克里特法律。雅典异方人显得有备而来。在克勒尼阿斯进一步的确证中,他重复了雅典异方人使用的三个语词:ὕψη[高度]、ἀναπαυόμενοι[休息]和διατρίβοιμεν[消磨],而且特别点出了柏树(κυπαρίττων)和绿茵(λειμῶνες,草地)。这些场景描述与《斐德若》的场景极为相似。《斐德若》开篇提到,在盛夏时分,苏格拉底和斐德若打算赤脚跨过一条小溪,到一片草地上歇脚,谈论"情爱"。那片草地在一棵高大的梧桐(πλάτανον)①下,荫凉怡人、风色轻柔、繁花盛开、泉水清澈,还伴有阵阵蝉鸣。奇特的是,当来到这样的地方后,苏格拉底称赞斐德若是异方人"最好的向导",好像他自己不知道有这个地方。因此,斐德若称他像"由人带路的异方人而不像本地人"。其间,斐德若谈及,作情赋的吕西阿斯住在善骗的厄庇克拉特处,离奥林匹亚神庙不远。② 苏格拉底则

---

① 这个名称与柏拉图的姓名Πλάτων相近,梧桐树暗指柏拉图,柏树则暗指雅典异方人。
② 对比《法义》中善说谎的克里特人及三位对话者前往宙斯神社。

说到北风神掠走少女、吐火女妖、双翼飞马等等神话。但他表明，自己没工夫去探究这些东西，因为他都还没法"按德尔斐神示"做到认识他自己(229a1-230d1)。

在《斐德若》中，苏格拉底在自己的母邦却显得像个异方人，他会不会是《法义》中的雅典异方人呢？灵魂问题是《斐德若》的核心问题，苏格拉底构造了灵魂马车这一独特的形象，并将灵魂定义为"自己让自己动起来的东西"(245d6-7)。同样，作为《法义》对话顶峰的卷十也这样定义灵魂，并借此证明诸神存在，将诸神定义为有完整德性的诸灵魂(896a6-7，899b6-7)。《法义》中的灵魂学可谓浓缩了《斐德若》的论证，① 雅典异方人还通过灵魂神话证明了诸神关心人类。两部对话都有意改编了传统神话，《斐德若》中的苏格拉底借灵魂神话教导斐德若认识灵魂的样式，《法义》中的雅典异方人则由此教育两位对话者去认识何谓立法者本身，立法者的最高思想是什么。

克勒尼阿斯对沿途美景（"美得出奇"）的喷喷称赞表明，他极有意愿展开这种话题的讨论，并试图激励甚至诱引雅典异方人深入探讨。雅典异方人称克勒斯阿斯的说法"正确"，② 好像他已经走过这条路，或至少非常熟悉——雅典的异方人在克里特显得像个本地人。当然，雅典异方人的回答也可理解为，在风景如此优美的旅程上消磨时光，确实值得。作为本地人的克勒尼阿斯已十分了解这个旅程，雅典异方人用不着借美景来吸引他。很可能，他们对沿途风景的描述，意在吸引另一个沉默的对话者——斯巴达立法者墨吉罗斯。

克勒尼阿斯表示，他们看到后会更加确信他所言不虚。但他提议继续往前走，并祝愿有"好运"（ἀγαθὴ τύχη）相随(625c4-5)。眼见为实，耳听为虚，这不愧为立法者克勒尼阿斯的本色。显然，克勒尼阿斯对这一旅程充满期待，他不仅乐于上路，而且希望能在这对话之旅中获得"好运"。的确，好的政制、好的立法需要"机运"——哲人与王的结合有赖于机运。在这场立法哲人与实际立法者的对话中，这种千载难逢的

---

① 参 Seth Benardete,《柏拉图的〈法义〉：发现存在》，前揭，页 293。
② 正如克勒尼阿斯重复了他的语词，他也似乎有意借用克勒尼阿斯不久前使用的"正确"一词；剌达曼堤斯"正确"(625a2)管理了审判事务。

机运能出现吗？借克勒尼阿斯之口，柏拉图在《法义》开篇提出了种种哲学性议题：正义、正确、美、善、机运，紧接着还有"自然"。尽管克勒尼阿斯对这些问题的理解是表面性的，但在这个朝圣之旅中，雅典异方人会引导他上升到一个更高的理解。克勒尼阿斯着实有好运。

神圣的立法者问题

——柏拉图《米诺斯》381b1-d5 译疏

肖有志

[318b]苏：说得好。① 回过头来，你能否②说说③，谁④是⑤古

---

① 说得好：Καλῶς τοίνυν λέγεις，苏格拉底再次赞扬同伴的答话。苏格拉底对同伴提问，同伴回答。尽管问题的线索和题旨主要由苏格拉底提供，因为同伴一路推进问答的进程，并且逐步取得共识；尽管同伴仅仅是简单地认同苏格拉底的问题，还是得到苏格拉底的赞扬。同伴的答话和认同，表明了其心灵的自觉，并且这个时候已经达到较高的程度；再者与苏格拉底一起达致较高程度的共识。苏格拉底的赞扬，似乎是在生活感觉和理解层面上加强这份共识，稳固生活的共同基础；也肯定同伴已达致灵魂自觉的水平。同伴先自我肯定，随之苏格拉底肯定其肯定，双重肯定——人的理解水平在问答中体现出来。

② 你能否：ἔχοις ἄν，现在时祈愿语气二单，参 317d3，διαθεώμεθα，现在时虚拟语气。这是个新起点，苏格拉底的语气又改变了，体会其戏剧感觉，即生活感觉。接下来谈论都是神圣的事物，所以苏格拉底这里运用祈愿语气。313a4、315e2、316c4 的命令语气某种意义上包含着劝说的意味，法的定义恰如法的品性，即劝说、劝导。如此，苏格拉底与同伴关于法所达成的共同看法——法是存在的发现——也并非纯粹哲学的自由探讨，这个看似很哲学式的定义某种程度上是劝导性的。它过渡到 317d3 的虚拟语气，随即降低其哲学品味，富含更多的政治意味，即分配问题；当然也可能隐含更深的哲学含义，即认识每个人、每类人的灵魂品性的可能性，穷尽人事万物。这里的祈愿语气使得苏格拉底关于法的定义变得含混了，因为接下来的主题是立法者，而其中的中心主题是神圣事物，如何理解苏格拉底关于法的定义与神圣事物的联接呢？法的定义的哲学含义如何遭遇神学问题？注意吹箫术是其中的联结线索。

③ 说说：εἰπεῖν，注意苏格拉底不再要求同伴探究，而是说说，为什么吗？难道第三部分都不再探究问题吗，关于法是什么的谈论已经结束了吗？

④ 谁：τίς ... ἀγαθὸς γέγονεν ... νομοθέτης，直接提问谁是好立法者，立法者问题紧（转下页注）

人中⑥有关吹箫术法律的好立法者?⑦ 或许,⑧你想不起来,⑨那么,你愿意我提醒你吗?⑩

(接上页注)跟着法的分配问题,是否暗含着好的立法者是好的分配者;当然还可以这么理解,立法者问题紧接的是法是存在的发现这个问题;进而得注意这两个问题的关系,其中实质的联结线索是人的灵魂问题。

⑤ 是:γέγονεν,注意用的不是εἶναι,参 313a1,315a3,315a4,315a7,316b3,317d2,为什么吗? 法是什么与立法者是谁,the eidetic 与 the genetic,一个探究事物的样子、形式、特征和理念,一个阐明事物的起源和品性;一个像是哲学方式,一个则像是诗歌方式;而理解两个东西如何结合起来是个难题。这个动词既有系词又有实义动词的性质,它的基本意思是:生、出生、诞生;是、成为;发生、出现;变成。参伯纳德特《希腊、罗马与海上的陌生人》"对人类精神的考古是古代诗歌的一项专有事业。它尝试以人们对最初事物的现时体验为前提去考究那些事物的原始起源。把起源与现时并列、把生根与花开对观,这将揭露出'合法性'的不法出身,亦即其罪恶出身。"接下来,整个对话似乎转向诗歌方式。参 318c2,又参 315b3,317c2,320d3,321d1,这个动词在这几处文本位置都含有变化的意思,如此 the eidetic 更类似于不变的东西,而 the genetic 则可能变化的,变与不变结合。

⑥ 古人中:τῶν παλαιῶν,为什么是古人? 可能包含诗歌与人类灵魂的历史时间品性问题。一副古希腊雕塑中,有四层雕像,宙斯居于最上层,斜躺着,旁边站着记忆女神,中间两层是阿波罗与记忆女神的女儿们缪斯,最下层主角是坐着的荷马,荷马正接受一群人的崇拜,荷马背后是时间χρόνος 与 οἰκουμένη[暗含 γη],这引人联想到海德格尔的《存在与时间》以及其诗歌阐释。

⑦ 有关吹箫术法律的好立法者:ἀγαθὸς νομοθέτης,之前出现好人、好分配者,参 317a8-b1,317d6,317d8,317e6,好人—好分配者—好立法者,注意其间的论证情节上的联系。还得留意 γέγονεν 与 ἀγαθὸς 的紧密连接,法的目的论与立法者是谁息息相关,说得更明白些与立法者的德性或者灵魂品性相关。另外,νομοθέτης 这个词仍然是法的词源变化,从前头的分配、饲养含义转变到立法者,从人的行动、事情(参 314b5)转到人的类型,哪类人做哪类事。参亚里士多德《论诗术》1448a1-5,"既然那些摹仿者所摹仿的是行为着的人(πράττοντας,对观《王制》603c4),那么,这些人必然要么高尚,要么鄙屑,因为性情总是在这种或那种情形中显露出来,所有人的性情都在善与恶上见出差别——因此,被摹仿的行为者比我们要么更好、要么更坏,要么像我们如此这般。"悲剧模仿不同人的品性,等于模仿其行动,反之亦然。注意接下来米诺斯形象的悲剧意味。

⑧ ἴσως 与 ἄν 为关联小品词。

⑨ 你想不起来:或译为你想想,包含思考、理解的意思;ἐννοεῖς,参 318c3,又参 316c1,ἐννοήσω……μετατιθέμενοι,注意 μετατιθέμενοι 与这里 νομοθέτης,在词源(相同的动词词干)与义理上的关联,同伴想到法律被不断地变来变去,苏格拉底似乎对应地在论证情节上把同伴引向对立法者的思考,思考法律被不断修改的根本缘由——立法者;又参 316c3,ἐννοεῖς,在那里苏格拉底第一次辩护后,同伴没被说服,苏格拉底提醒同伴对比玩跳棋游戏,跳棋变来变去,万变不离其宗,万事万物再怎么变化仍有不变的东西。接下去苏格拉底与同伴探讨著作、有技艺的人、有知识的人与法律,法律包含的固定不变的知识品性。这里苏格拉底将提醒同伴记起最古老最神圣最好的法律。注意这两次论证情节上(316c3)的对应与连接,包括语义的联接。

伴：务必[提醒]。⑪

苏：这样地，⑫有人说⑬[是]马尔苏亚⑭[b5]还有他的情伴⑮弗里吉亚人[Φρύξ]奥林普斯[Ὄλυμπος]？

伴：你说得对。⑯

苏：确实，他们的箫曲最神圣，⑰唯有⑱这些曲调促动⑲并显

---

⑩ 你愿意我提醒你吗：ὑπομνήσω，使记起，使想起，提醒；暗示，启发；ἐγὼ βούλει σε ὑπομνήσω，首先留意βούλει，参 315e2-4，那里苏格拉底试图改变谈论的方式，把同伴的长篇言说改为问答，苏格拉底问他愿答还是问；这里苏格拉底再次让同伴表达意愿，但是某种意义上没有选择的意味。再者，ὑπομνήσω，得参考 315d6-7，"这真一点儿也不奇怪，最亲爱的朋友，如果你说得对（注意假设从句），那就是我的疏忽（ἐμὲ δὲ τοῦτο λέληθεν，它没被我注意到，我没有注意到它）。"ὑπομνήσω这个动词对应的就是λέληθεν（遗忘、忘记）这个词。在那儿苏格拉底用的是假设从句，等于同伴讲述人祭和葬仪，苏格拉底自己并没有遗忘。所以在情节线索上，接下来的联接的就是上头的这个地方。

⑪ 务必[提醒]：Πάνυ μὲν οὖν，同伴似乎乐于知道苏格拉底所给的提醒。

⑫ 这样地：Ἆρ᾽ οὖν，注意ἂν οὖν、Πάνυ μὲν οὖν与Ἆρ᾽ οὖν中οὖν的三次连接，一直在加强语气，以确信神话的确定性。

⑬ 有人说：λέγεται，据说、据称、听说，这是苏格拉底听来的，也可能是希腊人所知道的传说，所以接下来的故事看来都不是探讨得来的知识，而是听来的传闻。其实，苏格拉底可能在改编已有的神话故事，就如其在《蒲法伊东》中所言，即作诗。所以，说是听来的，其实包含自己的编造，表面看来，苏格拉底乐于接受神话故事，其实表面的表面是苏格拉底在装样子——苏格拉底不随意破坏神话故事，又有意地破坏神话故事（参柏拉图《会饮》苏格拉底转述第俄提玛的故事）。参 315c2，ἀκήκοας，315c6，ἀκούων，听说、听来，同伴认为自己讲述的关于人祭和葬礼的故事，苏格拉底也该知道。

⑭ 马尔苏亚：Μαρσύας，参柏拉图《法义》677d，克里特长老认为马尔苏亚和奥林普斯记住大洪水过后一两千年与音乐相关的事物；马尔苏亚与阿波罗音乐竞赛的最出名，参希罗多德《原史》7.26.3，色诺芬《上行记》卷一第二章。

⑮ 还有他的情伴：παιδικά，注意这个词很重要，随后苏格拉底处理米诺斯与宙斯的关系时是个重要语词。参柏拉图《会饮》215c，阿尔喀比亚德"奥林普斯常吹的那些乐曲，我都算作马尔苏亚的——马尔苏亚是他的老师（τούτου διδάξαντος）"。阿尔喀比亚德没说马尔苏亚与奥林普斯是情人关系。

⑯ 你说得对：Ἀληθῆ λέγεις，同伴肯定苏格拉底听来的说法，或许意味着恢复记忆。参 317b1，苏格拉底"因此，这些治邦的著作，便是人们所谓的法律，亦即君王和好人的著作"。在此处，同伴肯定苏格拉底的说法，肯定君王、好人关于治邦的著作、法律，肯定一种不变的知识。而这里同伴肯定的是苏格拉底关于传说的说法。同伴似乎无法区分其中的差别，都认为是真实的。柏拉图笔法有意混同真假吗？

⑰ 他们的箫曲[αὐλήματα]最神圣[θειότατά]：第一次出现"最神圣"一词，形容词最高级，前头出现最多的是"最好"这个词；但这里关于箫曲没提到下头关于克里特的法律"最好"、"最古老"的特性，似乎最神圣是马尔苏亚与奥林普斯箫曲最重要的特性——而克里特的法律是神圣的，没提到最神圣的。

明⑳那些需要㉑诸神㉒的存在㉓；[318c]并且唯有它们迄今还保留着[λοιπά，或译为是存留物]，因为它们是神圣的存在㉔。

伴：是[这样的]存在。㉕

苏：而㉖古代王者中㉗，谁据说[λέγεται]是[γεγονέναι，参318b2]好立法者，并且其法律因为是神圣的存在迄今仍保留㉘？

伴：我想不起来。㉙

苏：你不知道㉚希腊人谁使用最古老的法律？

---

⑱ 唯有：μόνα，这里连续两次用到这个词，强调马尔苏亚与奥林普斯箫曲的独特性。
⑲ 这些曲调促动：κινεῖ，使移动，推动，促动；发动，肇始，激发，激起。参柏拉图《斐德若》灵魂与运动的关系，证明灵魂的自然性质，凡灵魂都是不死的。"也就是说，唯有那自己动的，由于它不会舍弃自身，因而才永动不止；毋宁说，这才是其他一切动的东西动起来的本源和初始"；"倘若那自己动起来的动者确实不是别的而就是灵魂，结论必然是，灵魂既不生而不死。"这里的难题是灵魂运动的动力是自然还是来自诸神。另参柏拉图《法义》卷十，对比柏拉图《蒂迈欧》35a-b；又参亚里士多德《论灵魂》卷一第三章；又参西塞罗《论共和国》卷六太阳—心智 mens，其中包含太阳与诸神的隐秘关系。
⑳ 显明：ἐκφαίνει和κινεῖ，这两个词整个对话就出现这一次，正好对应于μοηι（唯一的）这个词，参 316b6 7。因为诸神被促动而显明吗？反之，有没有不被他们的箫曲促动和显明的存在物或人呢？
㉑ 那些需要：ἐν χρείᾳ，需要，匮乏，缺少，因为有需要而提出的要求，需要帮助；应用，使用；人与人之间的交往，交道，亲密。参 318c4、318d3d，χρῶνται，应用、使用法律。
㉒ 诸神：τῶν θεῶν，诸神第二次出现，第一次与占卜术相关，第二次与吹箫术相关，似乎确定了吹箫术是一门技艺，一门与诸神有关的技艺；参 314b4-5，苏格拉底"通过占卜术，恰如占卜者所说的，发现诸神想什么？"吹箫术与占卜术有关系吗？至少都与诸神相关，但有差别：占卜术知道诸神的想法，吹箫术似乎知道的是需要诸神的人，即知道的是人的想法，吹箫手知道哪些人需要诸神呢？参柏拉图《会饮》215c，阿尔喀比亚德"只要能吹奥林普斯的乐曲，就能让人着迷，而且透露出哪些人在求神求签，因为，这些乐曲本身是通神灵的"。
㉓ 存在：或存在物，人，复数，这个词让我们想起苏格拉底的定义，法是存在的发现。
㉔ 神圣的存在：θεῖα ὄντα，同样注意这个词与苏格拉底定义——法是存在的发现——的关系，发现神圣的存在、神圣事物吗？
㉕ 同伴肯定似乎是箫曲是神圣的存在，注意"Ἐστι、ὄντα这两个词的词源关联。
㉖ δὲ，承接的含义，既可能是论证情节意义上，也可能是义理性的。
㉗ τῶν παλαιῶν βασιλέων，提问的不是古人而是古人中的王者。
㉘ 保留：μένει，参赫拉克利特：πάντα χωρεῖ καὶ οὐδὲν μένει（柏拉图《克拉提洛斯》502a）
㉙ 我想不起来：Οὐκ ἐννοῶ，参 318b3，前头是苏格拉底的提醒；这里是同伴自己不知道、记不得，但也是某种自觉，像是自知其无知。这种自觉可能源自前头苏格拉底的提醒。
㉚ 你不知道：οἶσθα，接下来苏格拉底连续问了三次"你知道吗"——谁使用最古老的法，最好的法来自何处，谁是好君王，接起来的线索似乎是最古老最好的法来自好君王。

[c5]伴：难道你说的㉛是说拉刻岱蒙人[Λακεδαιμονίους，与克里特人一样是雅典人的敌人]和立法者吕库古㉜吗？

苏：可[Ἀλλὰ]这些无论如何[ταῦτα，指拉刻岱蒙人和吕库古吗？]兴许还没三百年或者只是多一点点[从苏格拉底的时代看，可能是晚于荷马、赫西俄德]。而㉝这些最好的法律㉞[318d]来自何处？你知道吗？

伴：据说[Φασί，用的不是λέγεται]来自克里特㉟。

苏：希腊人中难道不正是他们使用㊱最古老的法律㊲？

[d5]伴：正是。㊳

苏：那么，你知道谁是㊴他们的好君王㊵吗？——米诺斯和剌达曼提斯，㊶宙斯和欧罗巴[Εὐρώπης]的儿子们，他们的[法律]正是这些法律。

㉛ 难道你说的：λέγεται变成了λέγεις，柏拉图的细腻笔法当真有意在混淆听来的（即古代神话）与苏格拉底自己说的。

㉜ 立法者吕库古：Λυκοῦργο，而吕库古与米诺斯不同，柏拉图笔下的苏格拉底在其他对话中多次赞美吕库古，且多次与雅典的立法者梭伦并提，甚而吕库古、梭伦的立法者高于荷马这样的诗人，参柏拉图《王制》599d-e，柏拉图《法义》858e；又参荷马、赫西俄德与吕库古、梭伦并列，都得到赞美；另参柏拉图《斐德若》258b，278c。

㉝ 而：ἀλλά，苏格拉底用了两次转折，否定了拉刻岱蒙人和吕库古。

㉞ 来自何处：πόθεν，前头是时间，这儿转向问空间。

㉟ 来自克里特：ἐκ Κρήτης，同伴似乎先记得最好，遗忘了最古老的，或者说在他看来，最古老的和最好的有差别。

㊱ 希腊人中难道不正是他们使用：参 318b7 ἐν χρείᾳ，不知道克里特是不是最早需要诸神的人。

㊲ 最古老的：παλαιοτάτοις，最古老的和最好的结合在克里特人的法律上。

㊳ 正是：Ναί，至此同伴记起并联接最古老的和最好的。

㊴ 你知道谁是：ἦσαν，系动词过去时，参 318b2，γέγονεν，318c2，γεγονέναι，两个完成时动词问的都是好立法者，这里问的是好君王，其中有差别。

㊵ 他们的好君王：ἀγαθοὶ βασιλῆς，复数，前头问谁是古代君王中的好立法者，这里变成了好君王。另外，参 317a8-9，君王和好人的著作，当时把君王和好人分开，这里变成好君王，君王就是好人吗，好君王结合君王与好人吗？另外，当时的君王和好人是著作家，而米诺斯是著作家吗？吕库古、梭伦是，米诺斯好像不是。君王和好人拥有立法技艺，米诺斯也拥有技艺吗？这里又是一处出入，即如果法是存在发现，法是著作中固定不变的知识，是成文法，而米诺斯的法律好像是不成文法，米诺斯的法可变吗？如果说米诺斯的法是最好的法，即最好的法是可变的。

㊶ 米诺斯和剌达曼堤斯：这里把米诺斯与剌达曼提斯并称，接下来要分开，即做出区分，也是法的原义之一。

这似乎是关于记忆或回忆的一段对话,苏格拉底和同伴一同记忆或回忆起古老、神圣、善的事物。同伴能记得最古老的神,但他似乎认为它并不好。苏格拉底提醒同伴注意联结事物的古老、神圣与善三种品性。同伴认同现在的雅典,他像是当时城邦的大多数被启蒙者,业已遗忘神圣的事物。他无法理解现在雅典的法律变来变去的原因。㊷ 而苏格拉底的做法似乎意在摹仿肃剧诗人的做法,恢复诸神的面貌和品性,即宗教启蒙,甚而是哲学的宗教启蒙——两种启蒙——νόμος 与 φύσις,似乎是为了恢复自然与神圣事物的原初冲突。

　　苏格拉底三次赞扬同伴,第一次是同伴给出了关于法的第二个定义被苏格拉底修改后,两人一起认同法是政治意见。第二次是苏格拉底关于其定义的第二次辩护,同伴认同关于同一事物希腊人和外邦人的认识同一,苏格拉底赞扬他。这是苏格拉底的第三次赞扬,同伴认同对于人的灵魂来说,王法是最好的。赞扬包含肯定。首先,苏格拉底三次肯定的内容都与城邦有关,即法是城邦的事物,为什么苏格拉底有意在这样的语境或主旨中赞扬同伴呢?有可能跟苏格拉底的第一次提问有关,即与"法对于我们来说是什么"中的"我们"有关,亦即法是属于我们的事物、属人的事物,法是城邦的事物、政治事物。再者,其暗含了古典政治见解——人是政治动物,即"我们"是政治动物。又,恰恰因为法是政治事物,所以必然充满争议,也必得在共同提问中达致共同的认识。当然,恰好也可以联想到法是政治意见与王法是最好的法的关系,王法有可能是著作中的稳固不变的知识;还有可能因为法为了给予每个灵魂最有益的东西,而得不断地改变自己,变成各种各样流变不已的政治意见。如此,苏格拉底反过来某种程度上肯定了同伴的第二次定义(参 314c4,316d7)。

　　第三次辩护时苏格拉底提到吹箫术,为什么回头说起这个话题呢,并且有可能意味着本来该把吹箫术的话题继续下去的,却在中间插入了其他话题,插入的话题包括训练师、牧羊人、牧牛人和可能是君王的

㊷ 参索福克勒斯《俄狄浦斯王》第二肃立歌对神法的唱颂;又参《安提戈涅》克瑞翁修改法律,以及《俄狄浦斯在科罗诺斯》俄狄浦斯看似为雅典而死以成就永恒法之存在。

王法。接下来,我们知道吹箫术与人的灵魂及诸神相关。而插入的话题从人的身体、羊群、牛群过渡到人的灵魂,似乎无法直接谈论灵魂,就像灵魂是看不见的,得有身体与灵魂的比较才能显露灵魂;并且得与羊群、牛群的比较,才能显露人的身体与灵魂的对比,以及人的灵魂的性质。显然,吹箫术直接诉诸人的灵魂,而似乎无法直接谈论灵魂。㊸

苏格拉底提醒同伴的恰恰可能是同伴遗忘的,他遗忘什么呢?苏格拉底没有遗忘的与同伴遗忘的联接在一起——有关诸神的事情。如此,苏格拉底一番哲学式的讨论过后又回到神圣事物,为什么?接下来,苏格拉底就几乎是在摹仿同伴的言说,为什么又回过头来采用同伴的言说方式呢?再者,注意这里的ἐγώ和σε,苏格拉底强调我和你。在记忆中(即时间,缪斯的母亲,记忆女神,参赫西俄德《神谱》)我们拥有身位,在神圣事物中我们拥有身位,或者反过来说明,我们的身位只有在时间中才可能显现,在神圣事物中显现——我们共同的记忆,即政治共同体共同的源头与面貌。而哲学的方式却可能使我们模糊甚至丧失自己的身位(参看阿里斯托芬《云》的苏格拉底)。但柏拉图的对话采用问答方式却可能在哲学中保留我们的身位(即政治特性)。

如果说,苏格拉底并没有遗忘同伴所讲述的故事;而这里,苏格拉底提醒同伴记起古老的故事,苏格拉底似乎处身于完整的故事、完整的时间中;同伴则有些记住,有些遗忘,同伴的记忆是片段或者破碎的,苏格拉底的记忆却可能是完整的,柏拉图的苏格拉底似乎在摹仿完整的人世时间,甚至宇宙时间。苏格拉底提醒同伴,苏格拉底看起来像是缪斯(参柏拉图《斐德若》蝉的故事与忒伍特的文字故事)。

而在柏拉图《王制》中苏格拉底建立城邦时谈论音调时选择阿波罗的七弦琴,放弃马尔苏亚的吹箫术,苏格拉底似乎更倾向于阿波罗的音乐(参柏拉图《苏格拉底的申辩》和《蒲法伊东》)而这里苏格拉底却在谈论法律的时候赞美马尔苏亚,两个对话存在矛盾,要么《王制》赞同阿波

㊸ 参柏拉图《斐德若》246a3以下,苏格拉底"关于灵魂不死,说这些就够了。接下来得说说灵魂的样子。不过,[要说]灵魂是什么样的,只得靠神力之助,而且描述起来会很长;好在描述一下灵魂与什么相似,人还是力所能及,而且几句话就可以说完。我们不妨就用后一种方式来说"。

罗是假，要么《米诺斯》赞美马尔苏亚是假，当然也有可能都是假的。在柏拉图《会饮》中阿尔喀比亚德却把苏格拉底比喻为马尔苏亚，说苏格拉底也是吹箫手，而且比马尔苏亚高明。如此，苏格拉底与马尔苏亚的关系含混不清。苏格拉底既靠近阿波罗，又靠近阿波罗的敌手——马尔苏亚。苏格拉底像马尔苏亚一样被阿波罗打败，被撕了皮，挂在树上？还是因为苏格拉底比马尔苏亚高明，跟阿波罗有得一拼，不会栽倒，甚至胜过阿波罗，都不得而知（参施特劳斯《〈会饮〉讲疏》）。不管怎样，苏格拉底在这里讲述马尔苏亚的故事，似乎意在赞美他，但是我们一定得注意其含混性。

这里，苏格拉底提到的马尔苏亚与奥林普斯的情人关系。我们可以想到《会饮》中（217b 以下）后来阿尔喀比亚德认为自己与苏格拉底是有情人与情伴的关系，把自己勾引苏格拉底的私密之事公开。218c，苏格拉底是有情人，阿尔喀比亚德是情伴。219d，父亲或哥哥。另外，"在他们面前，他装扮成有情人，带头来总是由有情人反过来成为情伴（222b）。"阿尔喀比亚德这些讲法的线索是老师与学生、教育与情爱的关系问题，其中的要害是美德问题。阿尔喀比亚德对苏格拉底说，"因为对我来说，最重要的事情莫过于尽可能让自己变得优秀：依我看，除了你，没有谁能胜任在这方面帮我"；苏格拉底则说，"你不就是想用仅仅看起来美的东西换取实实在在美的东西（218e）。"㊹而参考《米诺斯》320b3-4，苏格拉底提到米诺斯与宙斯的相会，"相反，如我所言，这是个通过讨论进行美德教育的相会。"如此，因为法是存在的发现，是人的灵魂的发现，最好的法的目的似乎意在使得灵魂完善，如此宙斯与米诺斯的关系似乎相应于哲人对于美德的思考，即宙斯与米诺斯的法是否果真使得人的灵魂完善？又参考《法义》677d，Kleinias 也提到马尔苏亚和奥林普斯，但没说明他们的关系；提到他俩把过去一两千年与音乐相关的事物显现出来，而在之前几千年的许多事物人们已经无法认识；Kleinias 把他们的音乐看成一种技艺，区别于俄尔甫斯的。

㊹ 参色诺芬《回忆苏格拉底》第三卷第十一章苏格拉底与美女特娥朵忒，亦即苏格拉底与美德的故事，或者哲人与美德的复杂关系——知识与德性，道与德问题。

苏格拉底提及马尔苏亚与奥林普斯的关系意在连接宙斯与米诺斯的关系。我们先留意其中的对比,马尔苏亚即宙斯,奥林普斯即米诺斯,其中马尔苏亚被阿波罗打败,宙斯也被阿波罗打败吗;还得想到马尔苏亚、阿波罗与苏格拉底的复杂关系,在多重隐喻线索中隐藏的似乎主要是苏格拉底与宙斯的关系。如此,不仅对话中的问答方式是柏拉图的辩证法,苏格拉底讲故事采用重言、寓言方式,同样也可能隐藏柏拉图的辩证法,并且可能更费解更隐秘。我们得小心辨析下头苏格拉底如何讲述宙斯与米诺斯的故事。

从马尔苏亚与奥林普斯的箫曲来看,有些存在或存在物与诸神相关,这些存在或存在物看来是有需要、匮乏的存在或存在物。哪些是需要诸神的存在物呢,动物抑或植物,想必是人(参阿里斯托芬《鸟》动物、人与诸神的关系)。进而,哪些人需要诸神,说得更明白些哪些人是有需要的、匮乏的人?当然还得想想,苏格拉底的定义——法是存在的发现,如果说存在指的就是人、人的灵魂;灵魂是自然物抑或神圣事物;如果灵魂是自然物,它还需要诸神吗?或者还可以问,为什么有些灵魂需要诸神,有些灵魂可能不要。㊺ 总之,法看来与诸神相关联。

许多事物已经在历史时间中丧失,惟有马尔苏亚与奥林普斯的箫曲还保留着,因为其神圣品质,因为是神圣的存在,神圣的存在看起来是永恒的并且可能是此时此刻的存在,那么是否非神圣的事物就是非永恒的呢?不管如何,这些箫曲似乎显明的是宗教形而上学问题。苏格拉底直面这个问题,或者说这个问题对于苏格拉底来说是条通道,甚至唯一的通道,即 νόμος 与 φύσις 的问题。㊻

㊺ 参柏拉图《会饮》爱若斯的出身,丰盈与贫乏之子,是之间者,居于诸神和会死的人之间。"他的[天性]既非不死的那类,也非会死的那类";"所以,爱若斯必定是爱智慧的人。"爱若斯若是哲人,哲人是有需要、匮乏的人,是需要神的人?又参《庄子·大宗师》,"子舆与子桑友,而霖雨十日,子舆曰:'子桑殆病矣!'裹饭而往食之。至子桑之门,则若歌若哭,鼓琴曰:'父邪!母邪!天乎!人乎!'有不任其声而趋举其诗焉。子舆入,曰:'子之歌诗,何故若是?'曰:'吾思夫使我至此极者而弗得也。父母岂欲吾贫哉?天无私覆,地无私载,天地岂私贫我哉?求其为之者而不得也。然而至此极者,命也夫!'"

㊻ 参施特劳斯给洛维特 1967 年 1 月 6 日、1970 年 3 月 12 日的信,包含海德格尔存在论的宗教形而上学问题,施特劳斯等,《回归古典政治哲学——施特劳斯通信集》,朱雁冰、何鸿藻译,北京:华夏出版社,2006。

不管怎样，这两样东西同伴似乎都忘记了——谁是古人中有关吹箫术的好立法者和古代王者中谁据说是好立法者，并且都是神圣的存在。参考 315b8 以下，同伴似乎并没有忘记神圣的事物——克洛诺斯与人祭，但是他分离神圣与善，并且可能认为古老的就是不好的、不善的——Κρόνος（克洛诺斯）与χρόνος（时间）谐音。苏格拉底的提醒似乎意在指明古老与善、古老与神圣的联接，神圣是古老的原因，古老与善的关系似乎是想当然的，而神圣与善似乎没有联系，但是又有些含混，古老似乎是其中含混的线索。

在这个对话中，立法者吕库古被降低位置甚至被忽略；而米诺斯的地位被提升到最高，他得到荷马、赫西俄德的赞美，这显得特殊甚至可疑。拉刻岱蒙人的法律与阿波罗相关（参柏拉图《法义》624a），显得阿波罗地位当然没宙斯高。同伴并列了城邦民、城邦与立法者。

时空的焦点最后聚合于米诺斯与宙斯，即诸神无所不在的永恒品性，宙斯包含了时间、空间的最高品性，即法的来源和品性，他似乎看不见也无法认知。如果说宙斯是荷马、赫西俄德的灵魂学或灵魂之相，如此法的时空品性就与灵魂学联系在一起（参《易经》先天图）。

苏格拉底把最古老、最好法律的提问局限在希腊人中（参 315b9-c5），同伴认为雅典人的法最特殊，可能也最好，异邦包括其他希腊城邦的法都可能低于雅典人的法。另外，参考 316a2-b4，希腊人和异邦人对世俗之物看法一致；316d3-6，希腊人和异邦人对著作中不变知识看法一致。这些比较使得苏格拉底这里的问题显得奇异，使得追问法是什么和追问最好的法两个问题有差异。如果说希腊人最好的法律来自米诺斯、来自宙斯，它是否是希腊人和异邦人中最古老最好的法律；还有可能的问题是，苏格拉底故意使得最好的法看来局限于特定的时空，等于不同地方有不同的最好的法，如此法是可变的；还有可能希腊人最好最古老的法律来自宙斯，而异邦人可能有不同于希腊人的诸神，他们最高的神并不是宙斯，等于暗示最好的法不是普遍的，源自宙斯的法律可能不是最好的（参希罗多德《原史》不同部族不同的神祇，不同的习俗和生活习惯）。

作为宙斯与欧罗巴的儿子们，表明了米诺斯出身的神圣特性，即米诺斯的神人双重特性——米诺斯是个特殊的存在，分有神性和人性。这并且暗含米诺斯法律的神圣源头和特性。㊼ 另外，关于米诺斯和剌达曼提斯的法律重要特点是最古老，而马尔苏亚与奥林普斯的箫曲重要特点是最神圣。这里提到宙斯，不知道是否意在补充米诺斯与剌达曼提斯法律的最神圣特性，苏格拉底并没有直接指明。

㊼ 比较柏拉图《会饮》202d-e 中第俄提玛的爱若斯的双重特性，既非不死的也非会死的，即精灵，居于神和人之间，沟通神和人，"居于两者之间，精灵正好填充间隔，于是，整体自身自己就连成一气。"又参考柏拉图《斐德若》的两次祈祷——爱神和潘神；又参考阿里斯托芬《鸟》中聪明的雅典人，《俄狄浦斯王》、《安提戈涅》等悲剧中的先知。另，参《庄子·天下篇》"以天为宗，以德为本，以道为门，兆于变化，谓之圣人。"还可以想想摩西、耶稣基督的身位。

柏拉图《书简二》读解

彭 磊

柏拉图传世的书简共十三封,其中有四封写给叙拉古僭主狄奥尼修斯。这四封信从不同角度展示了哲人与僭主之间的关系。《书简一》中的柏拉图忿然与狄奥尼修斯决裂,《书简二》中的柏拉图则努力修补与狄奥尼修斯的关系,《书简三》中的柏拉图反驳狄奥尼修斯的诽谤,《书简十三》中的柏拉图则与狄奥尼修斯情谊融融。《书简二》的主题是"我和你应该如何对待彼此"(310d7,312b3-4,313c7)——狄奥尼修斯来信向柏拉图提出了这一问题,《书简二》便是柏拉图的解答。两人的关系出现了裂痕,但柏拉图力图抓住这一契机,教育狄奥尼修斯,匡正两人的关系:"多亏神呵,如果我俩之前的交往中发生过什么不愉快,我俩还有可能通过行动和言辞来加以矫正。"(311d)

要确定《书简二》的写作时间或场景并非易事。信中不乏对柏拉图第二次西西里之行的影射,譬如开篇提到的奥林匹亚赛会(310d,比较《书简七》350b),"花园中的月桂树下"的交谈(313a,比较《书简七》345a,348c),信中声称"如果当初我这样管住其他人以及你和狄翁的话,那对我们所有人和其他希腊人会更好的多",似乎是在影射柏拉图第二次西西里之行的彻底失败(310c,比较《书简七》335d)。照此来看,《书简二》的场景很可能设置在柏拉图第二次西西里之行结束后不久,约在公元前 360 年,即柏拉图离开西西里、与狄翁在奥林匹亚相会后不久(《书简七》350b)。但是,很难想象柏拉图与狄奥尼修斯彻底决裂之后还会再通信。既然柏拉图已经审查了狄奥尼修斯所谓对哲学的爱欲(《书简七》345d),而且两人已经因为狄翁的财产、赫拉克雷德斯而交恶,柏拉图怎么可能再写信挽回两人的关系,并在信中给予狄奥尼修斯哲学教诲呢? 另一方意见认为,《书简二》提到的奥林匹亚很可能不是公元前 360 年的赛会,而是公元前 364 年的赛会(尽管没有任何证据表明柏拉图参加了当年的赛会),《书简二》应该是写于柏拉图两次西西里之行之间的某个时段,即公元前 364—361 年间。但《书简七》并未提到柏拉图与狄奥尼修斯在此期间有这样的通信,而且柏拉图在《书简七》中明确说,狄奥尼修斯在他第一次到西西里期间拒绝接受他的任何哲学教诲(330b,338d,e),唯有在他第二次到西西里期间,他跟狄奥尼修斯才"仅有一次谈话"(μία συνουσία,345a1)。倘若《书简二》写于柏拉图第二次到西西里之前,信中所涉及的哲学内容(312d)以及"花园中的月桂树下"的谈话(313a)就不可思议了。①

我们无法断定《书简二》的场景究竟在第二次西西里之行结束后,还是在第一次西西里之行结束后。将其设定在任何一个时间,都会出现与《书简七》等相矛盾的反证。因此,《书简二》也常被断定是伪作。粗心的"伪作者"没有注意《书简七》中清晰的时间线索,结果编造得漏洞百出。或者说,"伪作者"完全不关心这些时间线索,也不关心那些历史细节:信中说到柏拉图"来到西西里的时候"(311e-312a),根本没交代柏拉图是第一次还是第二次来。《书简二》不是历史的,而是诗的,或

---

① 两种意见分别参看 J. Harward, "The Date of the Second Platonic Epistle", *The Classical Review*, Vol. 40. 6, 1926, pp. 186—188; L. A. Post, "The Date of the Second Platonic Epistle", *The Classical Review*, Vol. 41. 2, 1927, pp. 58—59。Harward 持第一种意见,他辩护说,即便柏拉图在公元前 360 年与狄奥尼修斯关系破裂,柏拉图依然相信狄奥尼修斯有可能转向哲学生活,而且柏拉图对狄奥尼修斯本人并无敌意(参《书简七》350c-d);"他(柏拉图)认为哲学对于无论任何人都是最重要的……如果他看到有可能帮助狄奥尼修斯研究哲学思考必须的基础,他会抓住这一可能……柏拉图不愿错失拯救一个灵魂的任何机会"。Post 持第二种意见,他认为"花园中的桂树下"的谈话并非哲学谈话,而且《书简七》338d-e 表明,在邀请柏拉图第二次到西西里之前,狄奥尼修斯已经展现出对哲学的兴趣,已经得到其他人的教导。

说是对历史的诗之模仿。为了说明"睿智和强权"的亲缘关系,《书简二》的作者举出了两方面例证:一方面是人们在"私人谈话"中谈论的那些历史人物,另一方面是诗人们在"诗歌"中谈论的那些传说中的人物,但诗人们是模仿(ταῦτα μιμούμενοι,311a7)那些人所共知的历史人物创作了传说中的人物。按亚里士多德《诗学》的经典表述:历史讲述已发生的事,诗讲述可能发生的事,因此诗比历史更富于哲学意味,也更为严肃。但是,诗与历史真的能截然二分吗? 亚氏称诗描述普遍的事,历史叙述个别的事。但诗如果只关心普遍,那就与哲学无二致了,同样,历史如果只关注个别,那就与流水账没什么分别。诗与哲学的区分说明,诗追求普遍,但不能离开个别,诗要把可能发生的事与已发生的事结合起来,从而把普遍寓于个别、以个别呈现普遍。《书简二》称诗模仿历史,其实,诗模仿的是那些历史人物之间的关系共有的普遍性,即"睿智和强权"的亲缘关系,而且诗通过模仿个别人物在个别情形下的言行表达了这种普遍性:"诗人们咏唱这些人,说他们有些彼此争执,有些彼此结下友谊,还有些这时结下友谊而那时陷入争执,在这些问题上一致而在那些问题上不和"(参 311b)。借此观照《书简二》,它不就是通过模仿历史上的柏拉图和狄奥尼修斯的关系,表达了哲人与僭主或睿智与强权的关系这一普遍主题吗?《书简二》可说是极富哲学意味的无韵诗,它的意蕴并不局限于哪一个特定的时空,而是有更普遍的时空意义——其鲜明的文本特征之一是,反复说到"今后"(τὸ λοιπόν)和"将来"(εἰς τὸν ἔπειτα)。① 《书简二》面朝未来,面对"可能或必然"(τὸ εἰκὸς ἢ τὸ ἀναγκαῖον,《诗学》1451b9),它着眼的是未来的柏拉图与未来的狄奥尼修斯之间的关系,"我和你应该如何对待彼此"其实是"我和你将来应该如何对待彼此"。"伪作者"打破历史的逻辑,创造了一个超时空的场域,展现了一个在与狄奥尼修斯交往中的柏拉图:柏拉图如何

---

① 在《书简二》中,εἰς τὸν ἔπειτα χρόνον见于 310e2,311c3-4,c6;τὸ λοιπόν见于 310d4,313d4;μετὰ ταῦτα 见于 312b1. 相比之下,其他书简出现以上词组的频率少得多. εἰς τὸν ἔπειτα χρόνον见于《书简七》334b1,334d3-4(εἰς τὸν ἔπειτα καιρὸν),《书简八》356c4-5(εἰς τε τὸν ἔπειτα χρόνον καὶ τὸν νῦν χρόνον);τὸ λοιπόν见于《书简一》309b7,《书简三》316d8,《书简九》358b4(εἰς τὸν λοιπὸν χρόνον),《书简十一》359b3.

修补、矫正两人的关系,如何给予对方教导,以此昭示未来的哲人和僭主如何相处。《书简二》很可能是伪作,但绝对是篇立意深远的伪作,伪作者甚至可能不是别人,而是柏拉图,是柏拉图的为后世之作。

《书简二》的开头的确像是在接续《书简七》的结尾。信使阿基德莫斯(Archedemus)是柏拉图第二次西西里之行期间的关键人物,狄奥尼修斯最初派他去请柏拉图重回叙拉古,柏拉图则在被逐出卫城后住到他的家中(《书简七》339a-b,349d,另见《书简三》319a)。阿基德莫斯是柏拉图最看重的西西里人,是阿尔基塔斯的一位弟子。《书简二》以他作为信使再合适不过了,因为重建两人的关系首先取决于两人之间是否有某个相通的通道。开篇说到的"奥林匹亚"似乎也指向柏拉图与狄翁在奥林匹亚的相会(《书简七》350b-c),只不过主角不是狄翁:柏拉图和他的朋友们①去参加奥林匹亚赛会,大概有些人说了几句狄奥尼修斯的坏话,结果被随行的克拉提斯托鲁斯(Cratistolus)和波吕克赛努斯(Polyxenus)听到,于是就向狄奥尼修斯打了小报告。狄奥尼修斯这次派阿基德莫斯前来,就首先要求柏拉图管束自己和他的朋友们,不要做或说任何损害狄奥尼修斯的事或话。此外,"你只把狄翁排除在外"——排除在什么之外?② 这句话是对狄奥尼修斯原话的概括,还是对其行动的描述?作者通过动词 ποιῇ[做](310c1,与c4的ἡγῇ[认为]相对)强调了后一种可能,由此可以推测,狄奥尼修斯的口信仅涉及柏拉图和柏拉图的朋友们,并不涉及狄翁——狄奥尼修斯并没要求柏拉图管束狄翁的言行,因为已经管不住。"你只把狄翁排除在外"随即变成了"'狄翁除外'这句话"(οὗτος ὁ λόγος),而作者对自己的这句话解释说,这句话恰恰表示"我并不统治我的朋友们":即便他们讥诮你,那责任也不在我,因为我并不是他们的主人,不应为他们的言行负责(何况我在

---

① 作者并没以通常用的 φίλος 一词表示"朋友",而是代之以形容词 ἐπιτήδειος:"合适的"、"有用的,必需的"或"怀好意的、有用的朋友"。《书简十三》同样也以 ἐπιτήδειος 表示"朋友"(361c4-5,d4,362c1,363c6),除此之外,《书简十三》还和《书简二》一样,结尾都涉及对某些人物的评价或建议。

② 几乎所有研究者都对这句话语焉不详,这使得狄翁在《书简二》中的出现变得晦暗不明。唯独 R. S. Bluck 注意到,这句话可能影射狄翁正在筹划征讨狄奥尼修斯。参见 R. S. Bluck,"The Second Platonic Epistles",*Phronesis* 5, 1960, p. 141.

奥林匹亚并没听到他们这么说)。狄奥尼修斯的行动已经反驳了自己的言辞。正如柏拉图并不统治狄翁一样,他也并不统治他的朋友们。作者说,柏拉图当初也并未统治其他人以及狄奥尼修斯和狄翁,他如今只统治自己,"让我自己遵行我的教诲。"柏拉图对狄奥尼修斯和狄翁的教育均告失败。《书简二》以第二次西西里之行的失败为背景,其时狄翁恐已与狄奥尼修斯交恶,发动对狄奥尼修斯的远征。根据《书简七》,狄翁曾在奥林匹亚号召柏拉图以及柏拉图的家人和朋友们报复狄奥尼修斯,奥林匹亚之会标志着狄翁与狄奥尼修斯的彻底决裂。假如《书简二》承续的是第二次西西里之行的终点,那它朝向的将是第三次西西里之行。

《书简二》的开头显示出两人的关系出现了裂隙,但这一裂隙似乎是出于外因即由诽谤导致的,并不是什么大问题。柏拉图嘱咐狄奥尼修斯,今后如果再有人离间两人的关系,他应该送信前来向柏拉图询问。柏拉图转而开始谈论"你我彼此之间的关系"现在是怎样的。没有一个希腊人不知道我俩,而且我俩的交往($\sigma\upsilon\nu o\upsilon\sigma\acute{\iota}\alpha$)也不是什么秘密;一位是希腊世界最著名的哲人,一位是西西里最强大的僭主,所有希腊人都在谈论我俩的关系,将来还会继续谈论,但我俩现在的关系并不完全和谐。为此柏拉图"从头开始讲起",引出了整部书简的题眼:"依据自然($\pi\acute{\epsilon}\varphi\upsilon\kappa\epsilon$),睿智和强权($\varphi\rho\acute{o}\nu\eta\sigma\acute{\iota}\varsigma\ \tau\epsilon\ \kappa\alpha\grave{\iota}\ \delta\acute{\upsilon}\nu\alpha\mu\iota\varsigma\ \mu\epsilon\gamma\acute{\alpha}\lambda\eta$)要结合为一,两者永远在相互追逐、相互寻求和相互聚合。"在柏拉图作品中,这是对哲学与政治之关系最直白也最形象的表述。哲学与政治犹如被爱欲推动的阴阳两极,永远在寻求结合但永远结合不了——若没有永远的相互排斥,也就没有永远的相互追逐,反之亦然。作者紧接着回到人们的谈论:人们既乐于自己谈论它们,也乐于听别人在私人谈话($\iota\delta\acute{\iota}\alpha\iota\varsigma$ $\sigma\upsilon\nu o\upsilon\sigma\acute{\iota}\alpha\iota\varsigma$)或诗歌($\pi o\iota\acute{\eta}\sigma\epsilon\sigma\iota\nu$)中谈论它们。作者举出了四组历史人物:希耶罗和拉克岱蒙的泡桑尼阿斯与西蒙尼德斯,科林斯的佩利安德斯与米利都的泰勒斯,伯里克勒斯和阿纳克萨戈拉,智慧者科洛伊苏斯、梭伦与掌权者居鲁士。接下来又提到诗人们的颂唱,涉及三组人物:克瑞昂与忒瑞西阿斯,波吕艾都斯与米诺斯,阿迦门农与涅斯托尔、奥德修斯、帕拉默德斯。最后则提出"原初的人们"所创造的普罗米修斯和宙斯神话。作者共列举了十个历史人物、八个传说中的人物、两个神，从"近代"推进到"古代"再上推"元古"，如此大的时间跨度无非揭示出，睿智与强权自古及今永远在相互追逐，甚至开天辟地之初就是如此。但这些例证"太过冗长"，"看上去像是一个学童急切地想要引用他所能引用的一切例证"，① 而且大多不能证明作者的论题。西蒙尼德斯是诗人，虽然常被称赞为"智慧"，但他的贪婪也是全希腊闻名，他与希耶罗和泡桑尼阿斯的交往更可能是为了钱；② 泰勒斯是第一位伊奥尼亚哲人，佩利安德斯是科林斯僭主，两人同是古希腊七贤（《王制》336a），但并没有任何文献表明两人有交往；克洛伊索斯的确曾向居鲁士谏言（参见希罗多德《原史》I. 155—157, III. 36），但是，并没有证据表明梭伦与居鲁士见过面。唯独伯里克勒斯和阿纳克萨格拉确乎有某种友谊（《斐德若》270a），而这对儿人物也是距我们最近的例证。常人们的谈论远离真实，那些越久远的事例在常人们的谈论中越远离真实（从时间顺序上说，这四个例证由古及今依次是佩利安德斯—泰勒斯，科洛伊苏斯、梭伦—居鲁士，希耶罗、泡桑尼阿斯—西蒙尼德斯，伯里克勒斯—阿那克萨戈拉）。诗人们则能把谎话说得像真实一般（赫西俄德，《神谱》行27—28），无论是悲剧诗人还是更古老的荷马，他们为了展现智慧与强权的亲缘关系而创造了他们笔下的角色，当然，原初的神话也是诗人的创造。普罗米修斯代表神界的智者，宙斯代表神界的王者，普罗米修斯曾以自己的计谋扶助宙斯推翻克洛诺斯获得神界的王位，但又因盗火给人类而遭到宙斯的惩罚（埃斯库罗斯，《被缚的普罗米修斯》行199—225）。③ 与私人谈话不同，诗人的颂唱是多元性的，诗人对于智慧和强权的关系的理解更为完整，他们既看到两者之间的和谐，也看到两者之间的冲突，所以在诗人们的颂唱中，说他们有些彼此争执，有些彼此结下友谊，还有些这时结下友谊而那时陷入争执（譬如宙斯与普罗米修

---

① R. Hackforth, *The Authorship of the Platonic Epistles*, Manchester, 1913, 页51.
② 西蒙尼德的智慧，参见柏拉图，《王制》331e，《普罗塔戈拉》343c。西蒙尼德的贪财，参见阿里斯托芬，《和平》行698—699；亚里士多德，《修辞学》1391a8-11, 1405b24-28。亦见柏拉图《希普帕库斯》228c。
③ 参见刘小枫，《普罗米修斯之罪》，北京：三联书店，2012。

斯),在这些问题上一致而在那些问题上不和。

作者所举出的这些例证都是过去的人物,不管他们离去了多么久,他们都永久地留驻于人们的言辞中,被人们反复谈论。无疑,人们将来也会继续谈论西西里的狄奥尼修斯与雅典的柏拉图,"在我们死后,那些关于我们本人的言谈(λόγοι)并不会止息。"但为什么要在意死后人们如何议论自己呢?作者诉诸人的某种自然:最具奴性的人完全不考虑将来,他们沉溺于奴性的、身体性的快乐(《书简七》335b),认为死后万事皆空,何必为了死后的名声而放弃当下的快乐(比较《申辩》40c);最端正的人所做的一切都是为了将来会受人称颂,为了百世流芳。狄奥尼修斯可能因为与柏拉图的"友谊"在后世收获莫大的声誉,但对于柏拉图而言,与僭主的友谊将会是他哲人之名的瑕疵,柏拉图现在所做的并不是为了自己将来受人称颂。最端正的人未必是最好的灵魂,最好的灵魂是那些属神的男人,他们能预见未来,他们预见到即便在自己死后也会对世上的事有某种知觉(αἴσθησις)。死者对世上的事有某种知觉,我们要为将来(死后)操心,所以我们应该矫正我们的交往,以便人们在我们死后更好地谈论我们——经过这样一段简单而含糊的论证,柏拉图说明了矫正两人之关系的必要性。比前人幸运的是,他们还能够矫正两人的交往,毕竟两人都还活着。当十三封书简第一次提到"哲学"(311d8)时,作者说,"如果我们自身是端正的,关于哲学的真实意见和言辞将会更好"。因此,柏拉图现在做的是为了今后人们会更好地看待和谈论哲学,换言之,为了哲学在大众中的声誉,让大众相信哲学不仅不会危害城邦,而且还有益于城邦,哲学与政治是有可能结合的(比较《书简七》328e)。柏拉图甚至把这一点抬高到虔敬的地步:关心哲学的声誉是最虔敬的事。我们可以设想,在柏拉图的两次西西里之行失败后,尤其在狄翁被杀、西西里陷入内乱之后,哲学的声誉降到了极点,大众对哲学定然充满了轻蔑甚至是厌恶,大众会认为哲学无法教化僭主,在政治上亦毫无用处,一旦插足政治就会弄出大灾难。《书简二》所做的,就是通过修复柏拉图与狄奥尼修斯的关系,改变大众对于哲学的看法。

应该如何矫正两人的关系?为了回答这一问题,作者突然讲起柏拉图来到西西里的意图和遭遇。在来到西西里之前，柏拉图在那些从事哲学的人里面（τῶν ἐν φιλοσοφίᾳ）享有极高的名望，他之所以到叙拉古，是想以狄奥尼修斯作为共同的见证人（συμμάρτυς），亦即让狄奥尼修斯和其他哲人一样见证自己的智慧，如此"哲学可以因我在大多数人（πλῆθος）那里得到荣耀"。柏拉图的西西里之行，是为了让哲学走向大多数人，在大众中获得声誉，而僭主就是柏拉图与大众之间的纽带。但这一意图失败了。个中原因并不像大多数人所说的那样，不是因为狄奥尼修斯瞧不起柏拉图，而是因为狄奥尼修斯并不信任柏拉图。对照开头来看，柏拉图与狄奥尼修斯关系的裂隙陡然加深，原来两者的冲突并非起于外部的诽谤，而是有着根深蒂固的内因，即狄奥尼修斯的不信任。但是，既然狄奥尼修斯不信任柏拉图，设法把柏拉图打发走，为什么现在又向柏拉图求问"球"的问题，并希望柏拉图阐明比"球"更为神圣也更有价值的问题？如果他现在信任柏拉图，为什么不请柏拉图重返西西里？《书简二》内部矛盾重重，不过是对哲人与僭主"这时结下友谊而那时陷入争执，在这些问题上一致而在那些问题上不和"的模仿。

话题再次回到"我和你应当怎样对待彼此"，但意蕴已有所变化。狄奥尼修斯可能完全瞧不起哲学，也可能热衷于哲学；他可能热衷于其他人的学说，或者他自己发现了某些学说，或者他热衷于柏拉图的学说。① 若是前两种情形，柏拉图要求狄奥尼修斯荣耀那些学说，若是后一情形，柏拉图则要求狄奥尼修斯荣耀他自己，给予他最大的荣誉。就荣誉而言，柏拉图与其他哲人有着竞争关系，虽然狄奥尼修斯已聆听过柏拉图的学说，但他出于对柏拉图的不信任（未必是不满意）撵走柏拉图，把其他人请过来，又聆听其他人的学说，同时还将柏拉图的学说与其他人的学说进行比对（312c3-4，313c8-9）。狄奥尼修斯无疑喜欢哲学，但他尚不能判定是柏拉图的哲学还是其他人的哲学更好。"如果我们的学说令你满意，你就应该最为荣耀我"——《书简二》看上去足够惊世骇俗，因为它公然向僭主讨要荣誉，在哲人与僭主的关系上赤裸裸

---

① 这里区分了狄奥尼修斯接受哲学的三种途径：听柏拉图讲，听其他人讲，或是自己发现。参见《书简三》313a-b，《书简七》341c，345b。

哲人要从僭主那里寻求荣誉，不能主动去荣耀僭主，否则会被认为是贪慕钱财的谄媚者；哲人只能劝导僭主首先荣耀自己，然后他再去荣耀僭主。更宽泛些说，虽然哲学与权力相互寻求，但哲人要劝导僭主首先亲近自己，只有僭主首先亲近了哲人，哲人才能够亲近僭主。哲人如何劝导僭主首先亲近自己？只能诉诸荣誉：如果僭主亲近哲人，在大众眼中，僭主就成了哲人，享有智慧者的好名声。哲人这么做并不是为了个人的荣誉——柏拉图说，若他没有受到荣耀，他并不会为此怨怨艾艾——而是为了哲学的荣誉，哲学由此将"在大多数人那里得到荣耀"。

接下来进入极其隐晦的哲学讨论。狄奥尼修斯变身为一位初入门的新哲人，向柏拉图求问那个"比这个[球]更有价值也更神圣的问题"，柏拉图则用"谜语"解答，以便其他人读到也明白不了。柏拉图的解答主要涉及"第一者"(τὸ πρῶτον)的性质，他称之为"万物之王"："万物都与万物之王有关，万物都是因为它[而存在]，而且它是所有美的事物的原因。"他还说到，"'第二者'(δεύτερον)是关于第二等东西的，'第三者'(τρίτον)是关于第三等东西的"。这一段落虽然晦涩难解，但在柏拉图经学史上颇有影响。新柏拉图主义者认为它包含着"柏拉图的神学"，① 经由新柏拉图主义者的阐发，这一段落又被转化为对基督教三位一体说的论证，被早期的希腊教父吸收。这一小段内容因而被称为"三位一体的形而上学"(trinitarian metaphysics)。②

如何理解"第一者"？新柏拉图主义者提供了线索。③"第一者"与"第二者"、"第三者"并非并列关系，因为"第一者"是关于万物的"万物

---

① 晚期新柏拉图主义者普洛克罗(Proclus)系统阐发了柏拉图的神学，他将涉及柏拉图神学的作品分为三个层级：位于第一层级的是那些通篇讨论柏拉图的神圣学问的对话，如《斐多》《斐德若》《会饮》《斐勒布》《智术师》《治邦者》《克拉底鲁》《蒂迈欧》；位于第二层级的是《高尔吉亚》和《普罗塔戈拉》中的神话、《法义》中关于神意的论述以及《王制》卷十；位于第三层级的则是柏拉图的书信，因为它们谈到了三个王，还有许多其他与柏拉图的学说相匹配的神圣教义。普洛克罗，《柏拉图的神学》，石敏敏译，中国社会科学出版社，2007，页 14；Proclus, *The Theology of Plato*, Thomas Taylor 译, Prometheus Trust, 1995，页 63。
② Paul Friedländ, *Plato*, Hans Meyerhoff 译, New York, 卷一, 1958, 页 245。
③ 普洛克罗，《柏拉图的神学》，前揭，页 109—115；Proclus, *The Theology of Plato*, 前揭，页 158—164。

之王",但"第二者"只是关于第二等事物的,正如"第三者"只是关于第三等事物的。"第一者"完全超越于所有事物之上,它包含了"第二者""第三者",所以柏拉图只把"第一者"称为王,也只有"第一者"带有定冠词τὸ。"万物都是因为它[而存在]",则说明"第一者"是所有事物共同的唯一目的,是一切原因中的最终因。"所有美的事物的原因"显然次于最终因,"第一者"是美的源泉,虽然它也包含了丑。"第一者"具有不可言说、绝对超越的特征,它不可能通过语言阐明,也不可能加以认识,不管我们如何谈论它,都像是在谈论某个事物,谈论"关于"它的东西,而不是在谈论它。但我们可以谈论和认识"第二者"和"第三者","人的灵魂渴望学习它们是什么样的",但"王以及我说到的这些,则完全不是这样的"。假如灵魂去追问"第一者"是什么样的,这一追问就成了所有恶的事物的原因。所有的恶都产生于这一追问,因为不可能回答这一问题。柏拉图以这样的方式向狄奥尼修斯说明了"第一者"的性质,而他的目的在于促使狄奥尼修斯不再追问"第一者"是什么样的。因为这一问题会在灵魂中产生阵痛,而只有摆脱这一阵痛,才能达致真理。也就是说,对第一者的认识不能够从第一者本身入手,而只能从第二者和第三者入手,绕道去认识第一者。

　　鉴于"第一者"的性质,狄奥尼修斯的"哲学"不攻自破了。狄奥尼修斯曾向柏拉图声称,自己已经想明白了这个问题,而且是他自己做出的发现。但柏拉图说,他从未遇到过发现这一问题的答案的人,甚至他自己付出那么多努力也没找到答案。狄奥尼修斯现在以为自己已经变得智慧,从而放弃了对自己的"智慧"的检审。这不过是初次听柏拉图讲的人的普遍情形,他们实际刚刚踏上智慧之路,却自以为已经到达智慧之路的终点(比较《书简七》340c)。柏拉图强调说,他的话不是听一次两次就能明白的,要"经过经常言说和反复倾听,经过许多年,在付出许多努力之后",这些话的价值才会显现出来,"像金子一样艰难地得到纯化"(314a)。之所以需要这么多时间的磨练,就是因为柏拉图所言并非抽象的理论,而是一种生活方式:听者需要在生活中不断践行并反复检审,从而不停地修正自己,当柏拉图的话像金子一样得到纯化时,听者的灵魂也就变得像金子一样。柏拉图的"灵魂炼金术"只针对那些禀赋好的人(εὐφυεῖς)，他那些修成正果的听众"善于学习，也善于记忆，能够在各方面彻底地检验以做出判断"，这些人天赋如此之高，却也在听了不下三十年之后才悟到："那些曾经被认为最不可信的，现在却显得最可信和最清楚，而那些曾经被认为最可信的，现在却显得恰恰相反"(314b)。这一说法像是对《王制》洞穴喻的说明。洞穴中的人以为阴影就是真实，当他最开始看到光的时候，他并不会认为光比阴影更真实，而且他会逃回阴影，除非有人硬拉他走出洞穴，并让他逐渐习惯于直视太阳本身，他才会明白他之前所看到的一切都源于太阳，他先前一直生活在虚假之中(《王制》514a-516e)。走出洞穴的人如果再度回到洞穴，则会成为洞穴中的囚徒嘲笑的对象；如果他试图释放这些囚徒并带他们走出洞穴，则会被他们逮住处死(《王制》517a)。必须要小心洞穴内外的区分："对于多数人而言，几乎听到的没什么比这些话更荒唐可笑了"，所以，柏拉图要以谜语来解释"第一者"的性质，以免多数人误听到他的话。柏拉图还告诫狄奥尼修斯，将来不要因为"现在不当地流传的东西"(τῶν νῦν ἀναξίως ἐκπεσόντων)懊悔(314b6-7)。"现在不当地流传的东西"似影射《书简七》中所批判的狄奥尼修斯式的哲学写作(341b, 344d-e)。如果《书简七》的批判属实，《书简二》对于哲学写作的告诫就具有事后弥补的性质了。可以猜想，藉由狄奥尼修斯，"柏拉图的哲学"流传到大多数人中间，遂使大多数人对"柏拉图的哲学"以及"第一者"的性质形成极大误解，他们要么认为柏拉图的哲学只是在讨论"第一者"，要么认为"第一者"有着清楚明白的答案。所以，柏拉图一方面要以"谜语"来解释"第一者"，揭示"第一者"的绝对超越和不可言说，另一方面又要对自己的哲学正本清源：

> 我本人从未就这些内容写过什么。没有柏拉图的著作(σύγγραμμα)，也根本不会有，现在那些所谓的[柏拉图的著作]属于变得美和年轻的苏格拉底。(314c1-4)

柏拉图没有就"第一者"这样的内容写过任何著作，因为这些内容不可言说也不应言说，而且一旦写下就不可避免地会流传出去，传到不适宜的耳朵之中(对比《书简七》341c);但这并不意味着柏拉图没有写任何东西,柏拉图所写的是那位"变得美和年轻的苏格拉底",对苏格拉底的塑造才是柏拉图的哲学。这段话提示我们如何理解柏拉图对话中的形而上学内容。与亚里士多德不同,柏拉图写的不是形而上学论文,而是戏剧性的对话,理解在对话中出现的形而上学讨论,必须要从对话的戏剧行动出发,必须要思考对话者为什么这时以及向这个人谈论形而上学、这样的谈论最终有什么结果。如果将形而上学内容从对话中单独抽离出来,那就会出现狄奥尼修斯式的哲学论文,而不是"柏拉图的著作"了。

柏拉图讲这些同样是在回答"我们应该如何对待彼此"的问题。柏拉图先后三次回答这一问题,逐渐将两人的关系推进到最理想的境地。他首先指出矫正两人关系的必要性,然后说明狄奥尼修斯应该首先荣耀自己,最后说明两人在哲学上应该如何交往。柏拉图要求狄奥尼修斯检验($\beta\alpha\sigma\alpha\nu\acute{\iota}\zeta\epsilon\iota\varsigma$)自己的学说,让他跟其他人交往,将自己的学说与其他人的学说相对照,并考察自己的学说本身的内容。如果狄奥尼修斯实实在在地做到了这些,柏拉图的学说就会"生长"($\pi\rho\sigma\sigma\varphi\acute{\upsilon}\sigma\epsilon\tau\alpha\iota$)在他身上——不再是外在的一套说辞,而是内化为生命的一部分——由此狄奥尼修斯就会融入柏拉图的学说所构建的精神团契,与柏拉图以及柏拉图的朋友们亲如家人。为了实现这一最理想不过的状态,狄奥尼修斯应该怎么做?今后,他应该像他现在所做的那样,一旦碰到其他困惑,就要再次派阿基德莫斯前来向柏拉图请教,而阿基德莫斯会带着柏拉图的话回到他那里,就像一个往返于雅典与西西里的商贩。① 经过这么两三次,如果狄奥尼修斯充分检验了柏拉图送去的话,当前令他困惑的东西将会变得跟现在截然不同。狄奥尼修斯将感受到灵魂的蜕变,正如那些跟从柏拉图三十多年的人一样,以全新的灵魂过着全新的生活,"变得美和年轻"。

《书简二》期待着哲人与僭主最为理想的关系,预示着两者从分离

---

① 柏拉图并未嘱托狄奥尼修斯去读"柏拉图的著作"(比较《书简十二》;《书简十三》360b,363a)。

走向结合。面对着柏拉图两次西西里之行结束后的处境,《书简二》努力挽回哲学在大众心中的形象,并补救狄奥尼修斯的写作造成的问题,同时向未来的哲人与僭主指出两者应该有怎样的关系。《书简二》朝向柏拉图的第三次西西里之行,因为在几次派阿基德莫斯到柏拉图那里后,狄奥尼修斯很可能会邀请柏拉图重返西西里。

当哲人遇上智术师

——色诺芬《回忆录》选解

罗晓颖

在人们的印象中,苏格拉底似乎总是在市场中拦下各色人等,并与他们谈论各种话题。但这种印象实在是莫大的误解。事实上,纵观记述苏格拉底言与行的那些作品,①苏格拉底倒是经常陷入被动的"对话",他的谈话人也仅限于某几种类型。② 色诺芬的《回忆录》为我们呈现了极其丰富的苏格拉底的对话场景。虽然在气质和笔法上色诺芬均异于柏拉图,但他为老师辩护的宗旨、深爱老师的情感,以及所塑造的苏格拉底的政治哲人形象,却与柏拉图有着高度的一致性。③ 不消说,针对苏格拉底受到的指控,色诺芬同样要为苏格拉底的正义、虔敬、未败坏青年等进行辩护。同样,政治家、诗人、智术师,以及各类"问题"青

---

① 施特劳斯曾说,了解苏格拉底思想的资料来源有四种,按时间顺序,即阿里斯托芬《云》;色诺芬的四部苏格拉底作品,《回忆录》、《齐家》、《会饮》和《苏格拉底的申辩》;柏拉图对话;亚里士多德的一些记述。参见《苏格拉底问题六讲——政治学问的起源与苏格拉底问题》,载于《经典与解释 苏格拉底问题》,刘小枫、陈少明主编,北京:华夏出版社,2005,页2—85。
② 施特劳斯:"柏拉图笔下苏格拉底对和什么人谈话实际上极端挑剔,他与有志青年交谈,与智术师、修辞学者、游吟诗人、占卜者交谈,很少与退休的将军和政客交谈,与普通公民交谈的情况就更少了"。参见施特劳斯,《苏格拉底问题六讲——政治学问的起源与苏格拉底问题》,前揭,页60。
③ 参见施特劳斯,《苏格拉底问题六讲——政治学问的起源与苏格拉底问题》,前揭,页73。

年也会出现在苏格拉底的谈话中。本文拟选取《回忆录》中的几段对话,分析色诺芬笔下苏格拉底与智术师的交锋、苏格拉底对(政治)青年的教导,以及由此所彰显的哲人与智术师在某些重大问题上的深刻差异。

在《回忆录》的四卷三十九章中,仅第一卷的前两章直接反驳控告:苏格拉底不敬神和败坏青年。后面三十七章则通过各种不同场景的对话,展示苏格拉底如何用他的言与行施惠于他的同伴。其中有两章(I.6 和 IV.4)是"唯一两场苏格拉底与智术师之间的谈话",尤其 I.6"是色诺芬称其中一个人物为智术师的唯一一场谈话"。① 当哲人遇上智术师,他们会谈论什么? 这两场对话有一些不可忽视的特别之处,如它们如何开始、两场对话所处的位置、谈话的内容等。当然,要弄清楚它们论及的问题,我们还需关注另外几场主题相关的对话。

一、遇上安提丰

智术师安提丰②接近苏格拉底的意图,色诺芬明确告诉我们,是要把苏格拉底的同伴从他身边赶走,或者我们不妨说是要"偷走"追随苏格拉底的人。于是,当着这些"同伴"的面安提丰开始质问苏格拉底。色诺芬记述的这三场对话,就是安提丰对苏格拉底的三个批评:贫穷的生活方式;授人智慧却不收学费;对待从政的态度。

在第一场谈话中,安提丰讥讽苏格拉底贫穷和不幸。在他看来,研究哲学的人应当比别人更幸福,也就是说"研究哲学"应该带来"幸福"。可他在苏格拉底身上只看到相反的结果,因而说苏格拉底是教授"不幸"的人。那么,什么是安提丰眼中的幸福与不幸? 他提到三个方面,吃喝、衣物和金钱。智术师教人智慧并收学费尽人皆知,苏格拉底教学

---

① 施特劳斯,《色诺芬的苏格拉底》,高挪英译,上海:华东师范大学出版社,2011,页 27、98。下引此书皆随文作注。
② 安提丰(Antiphon),公元前五世纪希腊智术师群体中的一员,雅典著名演说家,曾参与公元前 411 年雅典寡头革命和四百人议事会的建立,事败后受审,曾发表精彩演说为自己辩护。

生却分文不取,因而过得十分贫穷,安提丰认为这是连奴隶都不愿继续与他的主人过下去的生活(I. 6. 2—3)。① 考虑到与苏格拉底交游的人可能会模仿他的生活方式,安提丰说苏格拉底简直就是在教授"不幸"。

这个批评直指苏格拉底的生活方式。"安提丰用以支持其论断的种种事实,完全可以归结为苏格拉底异乎寻常的强大自制力和忍耐力"(《色诺芬的苏格拉底》页27)。确实,自制是色诺芬在《回忆录》中着墨最多的苏格拉底的品质之一。本章的前面一章谈的就是苏格拉底如何劝人自制,末了,色诺芬说:

> 他的实际行动比他的言辞更好地证明他是一个自制的人。他不仅制服了身体的私欲,而且战胜了与金钱有关的一切事情。他认为一个从任何人那里收取金钱的人就是给自己树立了一个主人,并使自己处于最卑鄙的奴隶地位。(I. 5. 6)

而此处苏格拉底回答安提丰时首先谈的就是金钱。收人费用就要为人服务,苏格拉底不收学费就没有义务向不喜欢的人讲授什么。可见,苏格拉底要区分喜欢与不喜欢的人,他对谈话人是有选择的,对钱却漠不关心,智术师则刚刚相反。接下来,苏格拉底说到饮食和衣物,甚至由穿衣谈到应锻炼而使身体强健,因为一个安于粗茶淡饭,且因强健而能够耐受疲劳和恶劣天气的人,在朋友和城邦需要帮助的时候,最有可能提供帮助。何况,在苏格拉底眼里,有比口腹之欲和其他情欲更能吸引他的快乐,如干一番事业、修德日进、获得更多有价值的朋友等(I. 5. 7—9)。苏格拉底探究了他与安提丰之间差异的根源:安提丰把奢华宴乐视为幸福,苏格拉底则以为"所求愈少也就愈接近于神,神性最强大"。这显然是两种截然不同的幸福观念,而对应的两种生活方式哪种更有益于城邦和朋友已不言而喻。

在第二场谈话中,安提丰对苏格拉底说,不向与他交游的人收费,

---

① 下引《回忆录》均随文夹注,注明卷、章和段落号,如 I. 6. 2—3。中译参见色诺芬,《回忆苏格拉底》,吴永泉译,商务印书馆,2010。

意味着苏格拉底认为自己谈论的东西分文不值,因为知识若有价值,就应该像出卖衣服和房子一样,而非白白送人。所以,虽然安提丰承认苏格拉底正义,却认为他绝不明智。

苏格拉底从大家共同的看法谈起,即,对于美貌和智慧的处理方式有光彩与不光彩之分,因而区分出了如下类型:

> 如果一个人把他的美貌出卖给任何愿意购买的人,人们称他为娈童($πόρνον$);而若一个人与懂得美好且高贵的可爱事物之人做朋友,我们认为他是明智之人($σώφρονα$);同样,人们把一些为金钱出卖自己智慧的人称作智术师($σοφιστὰς$)[好似娈童];而若一个人与他所知的天性优良之人交朋友,且把自己拥有的好东西教给他,我们就认为他所做的无愧为一个良好而高贵的邦民(I. 6. 13)。①

将出卖智慧的智术师比作娈童,而娈童与妓女同属出卖美貌或肉体的一类人。苏格拉底无疑是说,哲人(明智之人)与智术师的区别如同一位可爱的朋友与妓女之别。② 这个类比不可谓不恶毒,然而,比较色诺芬的记述以及苏格拉底与智术师的所言所行,这个类比亦不可谓不精准。紧接着这段引文,苏格拉底再次明确指出,比起别人喜欢好马好狗,他更喜欢高贵的朋友($φίλοις ἀγαθοῖς$),而选择朋友的标准至少是两个: 一是天性优良,一是懂得美好且高贵的可爱事物。而如何对待朋友?苏格拉底强调对美好事物的共同分享,如传授美好之事、引介有助德行的老师、共读圣贤书等。在这段谈话结束后,色诺芬少有地现身说,自己曾亲耳聆听了苏格拉底的这番话,因而认为,苏格拉底不仅本人是有福的($μακάριος$),还把那些听他谈话的人引向美好和高贵。

我们注意到,苏格拉底其实并未直接回答安提丰他的知识是否分文不值,他甚至根本就没说自己拥有知识或智慧;他说的是拥有或知道美好事物,而这些东西是要与高贵的朋友分享,而非出售。从这两场谈

---

① 此段译文参考吴永泉中译,部分字句尤其关键词对照希腊原文进行了修订。
② 施特劳斯,《色诺芬的苏格拉底》,前揭,第79页。施特劳斯在讨论卷三第十一章中的妓女忒奥多特时提醒我们注意这一点。

话看得出，是否收取学费不过是苏格拉底与智术师之间最表面的分歧，他们实际上在许多根本问题上格格不入，譬如幸福、美德、自制、名誉、知识等。领受德尔斐神谕的苏格拉底并不看重人的智慧，甚至也不认为自己有智慧，他当然也不在乎名誉。但智术师不同，他们为了让人辨识并承认自己的聪明，觉得只说明自己知道别人不知道的东西还不够，还必须证明其知识的价值。① 可见智术师更在意名声，尤其在意拥有超过旁人的聪明，这种近乎偏执的好胜心使得他们关心费用，却妨碍了他们关心美德。若此，苏格拉底近乎禁欲的生活方式当然完全不会为智术师所理解，更遑论效仿。

有趣的是，我们其实可以找到苏格拉底式生活方式的漫画（《色诺芬的苏格拉底》页79）。色诺芬在《回忆录》(III. 11)中曾提到一个叫忒奥多特($Θεοδότη$)的女人，一个算不上良家妇人的交际花。苏格拉底听同伴说她美得无法用言语形容，就说我们必须去看她一眼，"因为言语无法形容的美绝不可能单凭传闻来领会"。他们去后看到正在为画家做模特的忒奥多特，然后苏格拉底问，观看者与被看者，谁更应当感激对方？观看者欣赏了美，被看者得到了赞扬，且她很可能因观看者的宣扬而获得更多的崇拜者。这对忒奥多特自然不失为好处，而她也心存感激。那么苏格拉底呢？或许对探究美本身的哲人来说，这样的观看不过是探究美的起点。况且，苏格拉底的访问确实让忒奥多特受益良多，而苏格拉底与忒奥多特探讨猎获或保住朋友之道，从某种意义上不也是对其自身朋友之道的检审？

苏格拉底注意到忒奥多特奢华的生活，但其生活的来源却并非田产、房租等，而是来自于成为她朋友的人。苏格拉底的生活除了不如她奢华外，获得生活来源的方式似乎与她并无不同。然后苏格拉底问她如何获得朋友？是凭运气等待苍蝇飞到跟前，还是像蜘蛛那样织一张

---

① 参见 Kenneth C. Blanchard, "The Middle Road of Classical Political Philosophy: Socrates' Dialogues with Aristippus in Xenophon's Memorabilia", in *The Review of Politics*, vol. 56, No. 4 (Autumn, 1994), pp671—696. Blanchard 还进一步谈到智术师如何败坏哲学的名声，因为他们宣称哲人探究法与道德的来源只是为了摆脱这些原则。

网网住经过的猎物？苏格拉底提醒忒奥多特她的网就是她的身体以及身体中的灵魂。忒奥多特并不懂得这些计谋，或许也不懂得如何保住朋友。苏格拉底建议她要给予朋友关怀，且分享朋友做了高贵事情后的快乐。至于爱情的技艺则贵在把握时机。忒奥多特希望苏格拉底与她一起猎取朋友，苏格拉底则要求忒奥多特先说服他。有意思的是，谁要和忒奥多特发生关系，也得先说服她。施特劳斯提醒我们，忒奥多特肯定不是妓女，而是交际花，因为与什么人交朋友是有选择的。如此说来，智术师连忒奥多特这样的交际花都比不上？拥有美貌和爱情技艺的忒奥多特感到了自己的欠缺——欠缺言辞技艺。可以说，苏格拉底成功地使与他同有爱欲的忒奥多特"热切地渴望跟他一起待在言辞之中"（《色诺芬的苏格拉底》页81）。

第三场谈话在篇幅上要简短许多，主题却是哲人与政治这个重大问题。安提丰问得简洁，即使苏格拉底精通政治，但他既然不参政，如何能够引导其他人成为政治家呢。苏格拉底的答语却是个选择反问句：我独自参与政事，还是我用心使尽可能多的人参政，使我在政治上有更大作为？对于苏格拉底是否从政及如何从政，色诺芬的关注绝不亚于柏拉图。与阿里斯托芬非政治、非爱欲和非缪斯的苏格拉底相反，色诺芬和柏拉图笔下的苏格拉底是政治的和爱欲的（《色诺芬的苏格拉底》页79）。色诺芬必定也确实花费了大量笔墨描述苏格拉底"政治的"一面。事实上，后文许多章节都记述了苏格拉底如何以各种方式、从不同角度或隐或显地涉及或教导政治事务，或许我们可将这些谈话视作对这个选择反问句的回答。我们将在第三部分详细讨论这个问题。

二、遇上希琵阿斯

色诺芬在最后一卷大概中间部分（IV.4）记述了苏格拉底与另一位智术师希琵阿斯的谈话，此前的第二第三章，以及此后的第五第六章均为苏格拉底与欧蒂德谟的谈话。年轻的欧蒂德谟对自己的智慧颇为自满，认为已不必学习了。在苏格拉底教育欧蒂德谟的这四章中间，苏格拉底与希琵阿斯谈论正义和守法问题。这场谈话进一步呈现了苏格拉底与智术师在心性和观念上的深刻差异。对话的结果如色诺芬处处强调的，"苏格拉底通过言辞和实践，使那些到他跟前的人变得比较正义了"（IV.4.25）。据柏拉图，希琵阿斯也是一个非常自负和傲慢的人，①且"以藐视法律而臭名远扬"，那么，向这样一个人"证明正义即守法，岂不比向欧蒂德谟证明这个论点，是更伟大的功绩，也更有说服力"（《色诺芬的苏格拉底》页98）？

的确，热爱言辞的苏格拉底常常不只通过言辞更通过行动表明自己的看法，这也是色诺芬本章要强调说明的。苏格拉底是正义行为的榜样。他在私人生活方面严守法律并热情助人；在公众生活方面则服从领袖的合法命令。此处色诺芬所记苏格拉底参政期间的几个事件与柏拉图《申辩》中的记述正可对勘互证（《回忆录》IV.4.2—4，《苏格拉底的申辩》32a5-e）。可以说，苏格拉底的守法甚至到了不顾惜生命的程度。譬如，他不愿像别的被告那样在法庭上祈求法官，

> 苏格拉底在受审的时候却绝不肯做任何违法的事情，尽管如果他稍微适当地从俗一点，就可以被法官释放，但他却宁愿守法而死，也不愿违法偷生。（IV.4.4）

远游后重返雅典的希琵阿斯碰到苏格拉底正在对人说，一个人要学鞋匠、木匠、马术等都不难找到地方去学，却不知把儿子或家奴送到哪里去学正义。希琵阿斯于是嘲讽苏格拉底还在讲他老早就听过的老一套。谈话就这样开始了，这显然又是一场智术师主动挑起的谈话。苏格拉底毫不讳言自己就在讲老一套；而博学的希琵阿斯则不会重复同一个题目。如大多智术师一样，希琵阿斯自以为高明地说自己总是企图讲点儿新鲜东西，却又不得不承认对二五得十这样的问题也只能说相同的东西。那么这次他的新东西是什么？这就是任何人都无法反

---

① 我们对希琵阿斯的了解主要来自柏拉图的对话《希琵阿斯前篇》和《希琵阿斯后篇》。《前篇》关注美的问题，并故意将希琵阿斯的知识和假定置于荒唐境地，《后篇》则讨论我们知识的欠缺，刻画希琵阿斯自负傲慢的性格。

驳的正义。苏格拉底大赞获得这种正义后的美好前景,渴望听他讲。没想到,熟悉苏格拉底谈话风格的希琵阿斯,却反激苏格拉底先讲出自己对正义的看法,以免陷入被苏格拉底诘问的被动局面(尽管他还是不知不觉陷于被动)。苏格拉底故作惊讶地问,难道你没觉察我一直在躬行正义? 行为岂不比言论更可信?

希琵阿斯同意"躬行正义者不可能是不义之人",却不满意苏格拉底仅罗列他未行的不义之事就说明什么是正义的做法,况且"不愿行不义"并不必然确保正义。于是,苏格拉底提出"守法就是正义"。按施特劳斯的分析,苏格拉底的本意可能是,"所有合法的东西都是正义的,但并非所有正义的事情都合法(由法律规定)"(《色诺芬的苏格拉底》页100—101)。希琵阿斯却要求苏格拉底解释"什么是守法($\dot{o}\pi o \tilde{i} o \nu\ \nu \acute{o}\mu\iota\mu o\nu$)"以及"什么是正义($\pi o \tilde{i} o \nu\ \delta \acute{i} \kappa \alpha \iota o \nu$)"。苏格拉底引入城邦法律($\nu \acute{o}\mu o \upsilon \varsigma\ \pi \acute{o}\lambda \epsilon \omega \varsigma$)。希琵阿斯承认城邦法律乃"城邦民的一致协议",规定他们应做与不应做之事,那么,按照法律行事为人就是守法,否则就是违法;因而,守法的人就是行正义,违法的人就是行不义,进而,行正义的人就是正义,行不义的人就是不义;如此,守法的人就是正义,违法的人就是不义。

很明显,苏格拉底的论证未定义"什么是正义",直接由"按照城邦法律行事即为守法"推导出"守法的人就是行正义"。希琵阿斯没有提出质疑。直到最后一步才反问说,既然制定法律者常常废弃或修改法律,法律和守法还怎么能得到尊重? 苏格拉底说,即便法律可能遭废弃也不能轻视守法的人。他以战争后常常缔结和平为例,说明和平的来临并不能否定战时的英勇行为,尤其人们从不会谴责战时为保卫城邦而战斗的人。希琵阿斯显然不敢说爱国不重要。于是,苏格拉底又说,拉克戴蒙人吕库尔戈斯($\Lambda \upsilon \kappa o \tilde{\upsilon} \rho \gamma o \varsigma$)曾因建立牢固的守法精神而使斯巴达傲视群邦。最好的领袖、最好的城邦、最幸福的个人无不仰赖于宝贵的守法精神……在历数守法给城邦和个人带来的巨大好处后,苏格拉底说"守法与正义是一回事"($\tau \grave{o}\ \alpha \dot{\upsilon} \tau \grave{o}\ \dot{\alpha} \pi o \delta \epsilon \acute{i} \kappa \nu \upsilon \mu \alpha \iota\ \nu \acute{o}\mu \iota \mu \acute{o} \nu\ \tau \epsilon\ \kappa \alpha \grave{\iota}\ \delta \acute{i} \kappa \alpha \iota o \nu\ \epsilon \tilde{\iota} \nu \alpha \iota$)。这次,希琵阿斯没有反对意见,然而,很明显苏格拉底其实仍未证明这一点。接着,似乎是趁希琵阿斯来不及反应,苏格拉底突然转向不成文法(《色诺芬的苏格拉底》页101)。苏格拉底的用意是什么？

关于不成文法，他们很容易就达成了一致：是神明为人类制定了这个到处都共同遵守的法律，人类因语言和地域的限制断然做不到这一点。而两条最大的不成文法就是敬畏诸神和孝敬父母。只是说到"父母与子女不可乱伦"这一条时，希琵阿斯表现出疑虑，理由是曾有人违犯过这条法律。但苏格拉底认为，法律是否为神灵所制定，其判断标准并非有无人违犯过，而是违犯之后是否必定有惩罚。接着他论证了"父母与子女乱伦"以及"不以德报德"必定遭受恶罚，并因而使希琵阿斯承认"凡本身给违犯的人带来刑罚的法律，一定是由比人更好的立法者所制定"。如此，承认"神制定正义的法律"就顺理成章。苏格拉底由此引向他的结论"神喜欢把正义和守法看作同一回事儿"。

不成文法的神圣性或许就这样确保了其正义，或亦可掩饰苏格拉底前述论证的不足之处。这就是苏格拉底引入不成文法的用意？有学者认为，对不成文法的信念，是苏格拉底思想和德行的本体条件。① 无论这个说法是否确切，至少引入不成文法，苏格拉底成功地使希琵阿斯信服了"正义与守法是同一回事儿"。只是，不成文法的神圣性和违犯后必遭恶罚或许能使希琵阿斯敬畏之，但根本上并不能确保他因而也遵守所有由人所订立的成文法。因而苏格拉底虽然在最后说服希琵阿斯相信他的结论，但可能仍无法确保希琵阿斯成为遵纪守法的好邦民。

我们注意到，在这段对话中，苏格拉底说过正义是不做什么，对于"守法就是正义"的命题，他解释了守法，但并未直接阐发"什么是正义"这个苏格拉底式的问题。是因为希琵阿斯达不到哲人的正义，只能退而求其次？如在《克力同》中找不到正义行家的情况下，遵守城邦法律也可在一定程度上保持正义？② 无论如何，参与了这场谈话的希琵阿斯，以及多半在场的欧蒂德谟都必定可以从中受益，明白守法的意义，并因守

---

① 斯塔伍鲁，"苏格拉底与对未成文律法的信念（色诺芬，《回忆苏格拉底》卷四，4. 19—25）——奥托的 Socratica[苏格拉底手稿]发微"，载于纳尔茨、托尔德希拉斯编，《色诺芬与苏格拉底》，冬一等译，华东师范大学出版社，2014。

② 苏格拉底在《克力同》中有两段讲辞，先是用哲人之理答复克力同的越狱请求，未能说服克力同；然后他化身城邦法律，从法律的角度说服了克力同。即便克力同不能明白苏格拉底的正义，但他一定会明白城邦法律的要求。

法而变成比较正义的人。施特劳斯在其解读的末尾提醒我们,将正义等同于合法在理论上可能是错误的,虽然在实践上是一条正确的原则(《色诺芬的苏格拉底》页104)。这个评述至少表明苏格拉底的上述论证存在颇多困难,那么,或许智术师并非容易说服的家伙,而言辞论辩也有难以克服的限度？然而,这两章苏格拉底与智术师的谈话又明显涉及重大论题。对此,施特劳斯在其他地方谈到了某种可能的解释原则,

> 真正处于中间位置的内容都非常重要。这是法庭修辞术的一条原则,即在辩护词的开头和结尾处讨论有力的论点,说服力不强的论点则放在中间,也就是说,在听众最易走神儿的时候。(《色诺芬的苏格拉底》页53)

可见,中间部分的内容有两个特点,一是非常重要,二是可能说服力不强。这是否适合苏格拉底与两位智术师的谈话？我们看一下施特劳斯对这两处谈话所做的结构分析(《色诺芬的苏格拉底》页98)。首先,IV.4位于IV.2—6这个教育欧蒂德谟的一组对话的中间,这是一个对称结构,苏格拉底与智术师的谈话两头是他与非智术师的谈话。前面两章分别与欧蒂德谟谈正义的事物和自我认识,以及审慎和虔敬。中间与希琵阿斯谈论守法和正义,下一章与欧蒂德谟谈自制,最后是与欧蒂德谟定义虔敬、正义、智慧、善与美、勇敢等诸概念。其次,I.6位于I.4—II.1这组刻画苏格拉底其人的对话中间,前两章谈虔敬和自制,中间是安提丰与苏格拉底的三段对话,后两章涉及美德和自制。苏格拉底与安提丰的谈话表明苏格拉底与智术师之间基于天生趣味而无法调和的根本差异;苏格拉底与希琵阿斯的谈话则至少表明正义问题的艰难和言辞的限度。苏格拉底无论多么勉力地从言辞和行动上证明自己的正义,都不那么容易让智术师们真正改变立场。

三、政治教育家苏格拉底

对于安提丰的第三次质疑,苏格拉底的回答极其简略:自个儿从

政，倒不如教导尽可能多的人参政而能在政治上更有作为。不过，这看似简略的回答背后实有无数实际行动提供的活生生例证。可以说，色诺芬《回忆录》的几乎所有章节都在描述苏格拉底如何使接近他的人变得更好，更正义。其中关于从政或政治德性的谈话，更是居于苏格拉底谈话较高甚至核心的位置。在此意义上，我们或者可以说，由于其对政治和政治事务的洞察，以及对未来政治家的教导，苏格拉底是当之无愧的政治教育家。

有论者认为，若此，苏格拉底是走了一条中间道路：介于政治家（担负极大的政治责任）与智术师（拒绝一切政治责任）之间，教育政治人或教导他们从政。至于苏格拉底与安提丰的第三场谈话所体现的政治态度，更是具有再明显不过的中间特征：苏格拉底从不忽视政治，但并不通过竞选或制定政策而直接参政，相反，他藉训练未来政治家而间接地参政。那么，在苏格拉底眼中，政治权利就不比奢侈或金钱更有价值。① 同时，联系柏拉图《申辩》中苏格拉底对不从政的说明，诸如太正派、几次差点丧命等（《申辩》32a—e），是否可以说，不直接参政，苏格拉底就避开了各种不期而至的政治风险，这难道不也是苏格拉底避免直接参政的原因？而色诺芬的理由，"为了在政治上更有作为"则似乎为我们呈现了一个更加积极进取的苏格拉底形象。

在《回忆录》中，苏格拉底与阿里斯提普斯有过两次谈话。② 表面看来，他们的第一场谈话是要劝勉阿里斯提普斯学会自制，而讨论自制的切入点却是如何将年轻人教育得有资格统治，或完全不愿统治。这无疑是一场涉及政治教育谈话。苏格拉底列举七个方面的自制：饥、渴、睡眠、性欲、劳作、制敌之术和耐寒热，能够忍受这些的人"适于统治"。换句话说，在这些方面自制的青年才能成为未来的统治者，相反则不能。苏格拉底问阿里斯提普斯属于哪类？他毫不犹豫地将自己归

---

① Kenneth C. Blanchard, "The Middle Road of Classical Political Philosophy: Socrates' Dialogues with Aristippus in Xenophon's Memorabilia", in *The Review of Politics*, vol. 56, No. 4 (Autumn, 1994), pp671—696.
② 据拉尔修记述，阿里斯提普斯做过智术师，是苏格拉底的众多追随中第一个收学费并送钱给老师的人，但苏格拉底对此很生气。参见《名哲言行录》，徐开来、溥林译，广西师范大学出版社，2010，页197。此处对话中的阿里斯提普斯应当还很年轻。

为不愿统治者之列,但理由并非自己不自制,而是统治他人太过麻烦和辛苦,他只喜欢自由的生活。

那么,统治人的生活与被统治的生活,哪种更幸福?阿里斯提普斯也选择了一条中间道路:既不统治,也不被统治,而是在这两者之外选择享受安逸、自由的幸福之路。但苏格拉底认为,很可惜,阿里斯提普斯的中间道路行不通。因为在人世上,不是统治就是被统治,强而勇者总能使弱而怯者屈服(《回忆录》II.1.12—13),也即,"人类生活必然是政治性的"(《色诺芬的苏格拉底》页32)。而游离于任何共同体之外,到处漫游的客旅生活,苏格拉底说,这是性命全无保障的危险之途,与自由和幸福相距甚远。如此,想要躲避辛劳,贪享逸乐而不愿统治,却又不想受人奴役的阿里斯提普斯,只怕要重新审视自己的选择。

为此,苏格拉底引述普洛狄科讲述的"赫拉克勒斯的选择"。这个著名的故事展示了青春期的赫拉克勒斯选择未来生活道路时的两种可能:美德之路与邪恶之路。对赫拉克勒斯的美德教育也是对阿里斯提普斯的美德教育,但是苏格拉底和色诺芬并未说明这两个青年最终的选择。况且,施特劳斯还提醒我们,在美德与邪恶之间其实还有另一条道路,即在赫拉克勒斯面前,除了美德与邪恶两条岔路,还有第三条岔路,即诸神的道路,既非"美德"(故事中并未明言她是神)的生活方式,亦非"邪恶"(堕落的女神)的生活方式,这也是一条中间道路(《色诺芬的苏格拉底》页33)。令我们稍感迷惑的是,施特劳斯指出,这一普洛狄科对之完全沉默的生活方式,与通向统治术的生活方式一样,它也基于自制。这就是苏格拉底藉以将学识植入灵魂的生活。这莫不是说,苏格拉底式的沉思生活就是诸神的生活?政治教育只是苏格拉底式沉思生活的一个部分?总之,

> 用未来统治者必须自制这样的观点劝勉阿里斯提普斯自制,很难使他践行自制,甚至很难使他有心想要变得自制。若果如此,这场对话就只能对苏格拉底的其他同伴有用,要不然,这场谈话就根本不是劝勉,而是为了阐明政治美德和政治生活(《色诺芬的苏

格拉底》页36)。

在第三卷开头,色诺芬说,"我将说明,苏格拉底如何帮助那些渴望赢得殊荣的人,使他们自己有资格获得他们渴求的荣誉"(《回忆录》III.1)。比起渴求财富和享乐,怀有政治抱负的人则渴求城邦中的高贵职位,等于渴望高贵之物,因为其目标是超越肉体需求的荣誉。不过,苏格拉底并非鼓励政治野心,他恰恰要打掉盲目的政治野心,同时还操心让尽量多的人变得有能力从政(《色诺芬的苏格拉底》页36)。卷三第六、第七章,苏格拉底与格劳孔和卡尔米德的谈话就是最好的例子。

年少的格劳孔艳羡像领袖那样在城邦集会上讲话的荣誉感,却被人从讲坛上拉下而丢丑,亲友无人能劝阻他。苏格拉底因卡尔米德和柏拉图的情面制止并打消了他盲目的政治野心。苏格拉底历数做领袖的好处而诱使格劳孔进入对话。苏格拉底问他准备如何对城邦做有益的事情,正若使家庭兴旺就要让它富裕,那么如何使城邦富裕?关于涉及城邦富裕和安全的诸种事务,如税收——支出、对敌战争、国防、银矿以及粮食产出等,格劳孔一无所知,且感叹任务艰巨。苏格拉底于是劝他从小事做起,欲治国不如先治家,譬如替他舅父卡尔米德管家。格劳孔感到迟疑,因为他不确定能够说服舅父相信自己(可见尚欠缺言辞能力)。若此,他如何劝服包括舅父在内的全体雅典人?末了,苏格拉底告诫格劳孔不要只想出名,要设法先学习有关自己热衷之事的知识,因为受人尊敬和赞扬的都是知识最广博的人,受谴责和轻视的则是最无知的人(III.6)。

与之形成对照的是卡尔米德在从政上的迟疑和怯懦。与劝阻格劳孔相反,苏格拉底鼓励卡尔米德参政,他可能是唯一被苏格拉底鼓励投身政治的人(《色诺芬的苏格拉底》页65)。苏格拉底从卡尔米德与城邦管理者的交往中,观察到他有治理城邦的才能,因为他总是能指出那些人的错误,并给他们很好的忠告。于是,苏格拉底劝他从政,因为一个能管好城邦事务、增进人民福祉的人,却畏缩不前,就与懦夫无异。卡尔米德说,私下谈话与公开谈话不是一回事。苏格拉底则认为,一个会数数的人无论私下还是公开也都会数数。卡尔米德只好说自己天生胆怯。苏格拉底反驳道,在最智慧和强有力的人面前都不感到害怕和羞愧,却畏惧那些愚昧无知和微不足道的人?民主制下的公民大会无非是由各种匠人、农民、批发商和小贩构成,苏格拉底揭示了它的真面目。卡尔米德最后的担心是,正确的言论也会被公民大会嘲笑。苏格拉底说那些嘲笑你的傻瓜也会遭到嘲笑,你既然能使优秀的人出丑,就不难让傻瓜们出丑(《色诺芬的苏格拉底》页66)。末了,苏格拉底劝勉卡尔米德要认识自己,不可轻忽城邦事务。

劝阻参政或鼓励参政,这两场对话可谓苏格拉底因材施教的典范。我们看到,卡尔米德与格劳孔舅甥二人,其性情见识虽相差甚远,但在某种意义上,他们都缺乏自我认识,且层次不同地缺乏对政治事物的洞见。苏格拉底的谈话引导他们一边认识政治事物的本质,一边认识自我。表面上看,他们一个怀揣盲目的政治野心和对荣誉的不当渴望,却不具备从政的基本知识;另一个虽深谙城邦治理却缺乏勇气……细究起来,卡尔米德何尝不也欠缺、至少部分地欠缺从政能力?因为他缺乏勇气,而这种勇气源于对自身能力、政治事务和民众本质的深刻洞察。事实上,卡尔米德的政治才能和知识还需提升,他需要认识自己。格劳孔的自我认识则需要在苏格拉底为雅典政治家罗列的政治知识的范围中起步。

的确,苏格拉底"在教授政治事务",这样的知识与苏格拉底式的知识,"什么是城邦","什么是正义"等并无共同之处(《色诺芬的苏格拉底》页64),因为这里的苏格拉底不是哲人,而是政治教育家?再或者,如有论者所言,有政治野心的人不但关心政治共同体的福祉,也关心他们自己的卓越或美德,因而很容易因苏格拉底式的问题,而被引向政治哲学所寻求的知识,反而放弃政治上的努力。① 因此,苏格拉底对他们避谈苏格拉底式的问题?

与不想统治的阿里斯提普斯不同,欧蒂德谟有从政的强烈愿望;

---

① Benjamin Lorch, "Xenophon's Socrates on Political Ambition and Political Philosophy", in *The Review of Politics* 72 (2010), 189—211.

比起格劳孔盲目的野心，欧蒂德谟更进一步，他自负、浮夸，以为可以无师自通，尤其因为收集了大量诗人和智术师的作品便以为自己超越了同代人的才智，已无需学习。苏格拉底与欧蒂德谟有许多场谈话，但这场尤其引人注目（《回忆录》IV.2）。在这一章，色诺芬花了不小篇幅细致生动地记述苏格拉底教导欧蒂德谟的复杂过程。苏格拉底循循善诱、不厌其烦，且使用多种修辞手法，可谓用心良苦。得知欧蒂德谟的毛病后，苏格拉底甚至开始追踪他，第一次在马具铺碰面后，苏格拉底提出，"价值不大的技艺可无师自通"已属荒谬，"治理城邦这样伟大的技艺也可无师自通"便荒谬绝伦了。第二次碰面时，欧蒂德谟有意躲开。苏格拉底便模仿欧蒂德谟的口吻说：我从未向任何人学习过什么；我不打算拜学识渊博者为师；我一直避免向任何人学习；我避免给人留下任何学习的印象。当把"医术"套进这个句式中时，引起在座者的哄笑。欧蒂德谟对之沉默不语，似乎还是愿意接受苏格拉底教导。

尤其再下一次，欧蒂德谟主动跟随苏格拉底走进马具铺子。苏格拉底告诉他，要精于演讲和政治实践必须刻苦钻研、虚心求教。苏格拉底首先肯定欧蒂德谟追求智慧而非金银，但爱智也可能方法不当。如此，谈话从试探欧蒂德谟的志向开始，最终他表示自己渴望获得"一种治国齐家的本领，既有资格做领袖，又能给自己和别人带来好处"。苏格拉底称之为"伟大的技能、帝王之才"，然而他必须首先考虑正义。注意，苏格拉底没有问"什么是正义"，他只要求欧蒂德谟举出正义和不义的行为。对于归入不义行为的虚伪、欺骗、作恶、奴役他人等，当苏格拉底改变前提条件时，却都反转而变成正义行为。这一切让欧蒂德谟困惑不已，并开始怀疑曾经的自信。苏格拉底顺势请他思考"认识你自己"的含义。什么是"认识你自己"？认识自己的益处是什么？如何认识自己？如此问下去，最后竟连"智慧"和"幸福"也都未必是好事了。欧蒂德谟终于沉默不语，垂头丧气地离开，开始鄙弃自己；并且认为要想做一个值得称道的人，除了尽可能多地与苏格拉底交游，别无他法。或许这意味着，苏格拉底的教育初见成效了。

我们注意到，以上几场谈话都是苏格拉底主动引起的。比起教人诡辩术、颠覆城邦传统、使哲学成为其品行不端之借口的智术师,①这些有政治家潜质和良好禀赋的青年,是更适合的谈话对象。色诺芬在全书一再谈及与苏格拉底交往和言谈的益处,在卷四第一章更是直言苏格拉底如何重视教育,如何因材施教,尤其认为禀赋越好的人越需要受教育,否则就会像桀骜不驯的良种马不经训练反而变成狂暴无用的劣马,禀赋好却不学无术的人极有可能干出许多坏事(《回忆录》IV.1)。可见,与智术师谁给钱就教谁不同的是,苏格拉底教导治理城邦事务的基本都是真正有政治爱欲的人。智术师教人诡辩和修辞的技巧,以便在法庭或政治辩论中胜出;苏格拉底则教人们在投身政治之前首先认识自己,认识各种事物尤其政治事物的本性。如果说对于有政治抱负的青年,智术师的目标仅仅是使之成才和成功,那么苏格拉底则要使之成为够格的政治家,甚至成为好人。

---

① Kenneth C. Blanchard,"The Middle Road of Classical Political Philosophy: Socrates' Dialogues with Aristippus in Xenophon's Memorabilia",前揭。

政制与幸福

——《斯巴达政制》开篇绎读

陈戎女

《斯巴达政制》的标题与开篇词

色诺芬《斯巴达政制》的标题最早见于第欧根尼·拉尔修写的传记《名哲言行录》,① 并且与另一部《雅典政制》并列('Αϑηναίων καὶ Λακεδαιμονίων πολιτείαν),这两部作品同作为色诺芬未刊行的著作被保存下来,但一般流见认为《雅典政制》乃伪作,甚至也有人质疑《斯巴达政制》的真伪。《斯巴达政制》曾流传下来两种书写形式的标题:Λακεδαιμονίων πολιτεία 和 Λακώνων πολιτεία。Λακεδαιμόνιος 与 Λάκων 两个词没有含义上的区别,Λάκων 是 Λακεδαιμόνιος 的口语缩写,最古老的证据是派生词 Λακωνίς 曾出现于荷马的阿波罗颂诗。② 从希腊语词的角度分析,两相比较,Λακεδαιμονίων Πολιτεία 的标题写法似乎更能得到文本的支持,这也是大部分笺注者认可的标题。

纵观整部作品,色诺芬提到斯巴达人时一直用 Λακεδαιμόνιοι,从不用

---

① 第欧根尼·拉尔修(Diogenes Laertius),《名哲言行录》(上),马永翔、赵玉兰、祝和军、张志华译,长春:吉林人民出版社,2003,页 117。
② Stefan Rebenich,《色诺芬的〈斯巴达政制〉》(*Xenophon: Die Verfassung der Spartaner*, Darmstadt: Wissenschaftliche Buchgesellschaft, 1998),页 87。

Λάκωνες一词。Λακεδαιμόνιοι"拉克代蒙人"是希腊语"斯巴达人"的复数专用名，古典时期的历史撰述家们一般用它指称"斯巴达人"，这也是为何坊间大部分英译本和德译本的译名都译为 Spartan。① 色诺芬的著述常用Λακεδαιμονίων及其派生词，当然在色诺芬心目中，拉克代蒙人与斯巴达人是有区别的（下表）。回到标题，从语义看，"斯巴达政制"的标题颇令人讶异，因为就《斯巴达政制》一书的内容而言，πολιτεία只是在非常松散的意义上指"公共事务"。② 故而，有人推测Λακεδαιμονίων Πολιτεία也许并非色诺芬亲撰的标题，而是后来的编纂者所拟。③

　　色诺芬作品的标题与内容不符几乎已是学界公认的事实。他最为著名的军事小说《远征记》名为Ἀνάβασις（Anabasis），其意为"上行记"，指希腊雇佣军从地势低的海边地带向高的山地转移，但从第二卷始，实质上就是Κατάβασις（Katabasis）"下行记"，记叙军队退回到地势低的希腊。"上去"和"下去"不只是记叙的历史史迹，或许还是色诺芬针对柏拉图所涉及的哲学基要主题。④ 而政治教育小说《居鲁士的教育》（Cyropaedia）按内容来看，名为《居鲁士颂》更为恰当。在解经大师列奥·施特劳斯（Leo Strauss）眼里，色诺芬的这些"文不对题"貌似有失稳妥，实则大有深意。用《居鲁士的教育》这样的标题，不如说是把读者的注意力从居鲁士的辉煌成就转移到他的谦逊教育上去，或更确切地说，旨在吸引读者最大限度注意到他相当隐晦的教育。同理，选用《斯巴达政制》的标题，目的是使人觉察斯巴达略显隐晦不明的政体。⑤

---

① 20世纪10—20年代两个英译本较为例外，直译为"拉克代蒙人"：E. C. Matchant,《拉克代蒙人政制》("Constitution of the Lacedaemonians", *Scripta Minora*, London：W. Heinemann；New York：G. P. Putnam's Sons, 1925)和 J. S. Watson,《论拉克代蒙人的统治》("On the Lacedaemonian Government", *Xenophon's Minor Works*, London：G. Bell and Sons, Ltd., 1914)。
② 关于此书中的πολιτεία笔者在论文《从斯巴达到波斯的"异邦"形象》(见陈戎女,《女性与爱欲：古希腊与世界》，上海：复旦大学出版社,2014,页176—178)中已有论述，此不赘述。
③ Michael Lipka,《色诺芬的〈斯巴达政制〉》(*Xenophon's Spartan Constitution*, Berlin：W. de Gruyter, 2002),页97。
④ 刘小枫编修,《凯若斯——古希腊语文教程》，上海：华东师范大学出版社,2005,页281。
⑤ 施特劳斯,《斯巴达精神或色诺芬的品味》,陈戎女译,见刘小枫、陈少明主编,《色诺芬的品味：经典与解释》(第13辑),北京：华夏出版社,2006,页2。

《斯巴达政制》的开篇词即现突兀：ἀλλά[然而……]。色诺芬多部作品开篇即是ἀλλά[然而；但是]，有时，ἀλλά出现在某段落的开头，如《远征记》2.1.10，《苏格拉底的申辩》11，《希腊志》2.3.35。不管怎么说，以一个转折词开篇显得不合常理，即便在古典作家中，这种古怪的文辞现象也不多见——这表明ἀλλά已然是一个典型的色诺芬式开篇词。色诺芬的《会饮》以ἀλλ' ἐμοὶ δοκεῖ…开篇，可与此处的用法对勘，但这两处的含义都不甚明朗。汉译本《会饮》开篇的译文兹录如下：

> 毕竟，在我看来，秉性完美的人值得我们记述的似乎不仅是那些严肃的事情……①

以"毕竟"译ἀλλά可以在某种程度上表达转折之意。然而，若将"毕竟"放在《斯巴达政制》的开篇有些不妥。查看各种西文译本，除了Rebenich的德译本以"Nun, als ich…"、Watson的英译本以"But…"开篇，旨在模拟色诺芬古怪的ἀλλά开头外，多部英译本都把转折词however放在了第二句（Watson的英译虽以But开头，第二句仍加入however才凸显了转折的文意②）。

以ἀλλά开篇并非只有修辞上的转折之意。对于《斯巴达政制》这个典型的色诺芬式起首，古典学研究者已提出一些大致的推想：或者，使用ἀλλά的目的是以含糊其词的口语语气进入一个新话题；③又或者，色诺芬试图运用口语，使得谈论斯巴达的文章一开篇就显得生动；④再

---

① 色诺芬，《会饮》，沈默译笺，见刘小枫编，《色诺芬的〈会饮〉》，北京：华夏出版社，2006，页9—10。特别参看汉译者沈默对使用ἀλλά的笺注，转折副词"毕竟"作开篇旨在说明这个问题有待解决的特征。

② J. S. Watson，《论拉克代蒙人的统治》(On the Lacedaemonian Government)，前揭，页204。

③ J. D. Denniston，《希腊语小品词》(The Greek Particles)，London：Gerald Duckworth，1996，页20以下。

④ 参色诺芬《回忆苏格拉底》1.1与《斯巴达政制》1.1语气类似的开篇："我常常感到奇怪的是，那些控诉苏格拉底的检察官们究竟用了一些什么论证说服了雅典人，使他们认为，他应该由城邦判处死刑"。色诺芬，《回忆苏格拉底》，吴永泉译，北京：商务印书馆，1986，页1。

者，或可说明这部短篇作品是拟构中的某部更长作品的残篇或续作，①但此说无法确证，我们并不知道色诺芬想要在多大程度上统一这部作品。②

而更细致的阐释则说法不一，表现出研究者对于ἀλλά这个典型的色诺芬式开篇词理解和绎读的差异。结合《斯巴达政制》的具体内容，这些阐释可总结为这么几种思路：第一，色诺芬用ἀλλά是要反对某种流布甚广的看法，比如说，反对那种否认斯巴达虽人口少但却名声响亮、国力强大的看法，或反对那种即使承认斯巴达强大，但却不把原因归于吕库古的创制的意见；③第二，色诺芬欲图把《斯巴达政制》与自己的其他作品或与别人的作品前后联结呼应，偺然，ἀλλά必然是对之前某个或真实、或虚构的说法或作品的回应（可比较法庭辩论中使用ἀλλά回应之前的指控），但《斯巴达政制》与哪部作品前后呼应尚不清楚：显然，此作不像色诺芬的《希腊志》那样是早先某部作品的延续。《希腊志》为有史以来唯一一部以"之后……"开篇的作品，常被视为修昔底德《伯罗奔尼撒战争史》的续作（但施特劳斯反对此说法）。之所以说《斯巴达政制》不是色诺芬其他作品续作的理由是，它偶尔有欠周密细致的风格，以及它的主题，都与色诺芬的其他作品判然有别。跟别的作家著作的联系也不太可能，因为在《斯巴达政制》文中色诺芬压根就没提到或暗示过哪个作家，而他的其他著述（如《苏格拉底的申辩》1.1，《回忆苏格拉底》1.1.1）会明确提起其他作家或对手。④ 第三，学者 Denniston 从措辞风格推测，色诺芬以ἀλλά开篇是在表现"率真自然，不管是真的还是假装的（naivete, real or assumed）"。⑤ 但 Denniston 的这个说法遭到德译笺者 Rebenich 和英译笺者 Lipka 的齐声反对。Denniston 以为色诺芬选用ἀλλά作为引导语是随意之举，但色诺芬可能别有用意。Lipka

---

① J. S. Watson，《论拉克代蒙人的统治》，前揭，页 204。
② Stefan Rebenich，《色诺芬的〈斯巴达政制〉》(Xenophon: Die Verfassung der Spartaner)，前揭，页 88—89。
③ 同上，页 88。
④ Michael Lipka，《色诺芬的〈斯巴达政制〉》(Xenophon's Spartan Constitution)，前揭，页 97—98。
⑤ J. D. Denniston，《希腊语小品词》(The Greek Particles)，前揭，页 21。

推测，或许当色诺芬写下ἀλλά这个词，是因为《斯巴达政制》(或起码它的某部分)起初无意刊行，只是为了在某种公共场合(或许是演讲?)中使用。如果是这样，可以假设色诺芬在着手撰写正式书面文本之前，先即兴地使用了"尽管这样，但是……"的引导语，《会饮》开篇的ἀλλά也可能如此。①

施特劳斯对色诺芬如此突兀的开篇语词的阐释没有汇入任何一种推测，因为他斩钉截铁地认为，色诺芬开篇即用ἀλλά表明他异于众人流俗的态度：在色诺芬时代，称颂斯巴达是种时尚，但色诺芬回应了这种时尚，"但是，我……感到奇怪"，色诺芬对斯巴达精神的质疑由此已隐约浮现。施特劳斯还提请读者注意色诺芬行文时人称上的微妙转换，大多数时候他使用第一人称单数"我"，此处亦然，但《斯巴达政制》8.1从"我们所有人"转换到"我"。②

《斯巴达政制》的开篇与色诺芬别的作品的开头有诸多语言上的显着相似处：譬如以第一人称谈到"我自己"(Ἀλλ᾽ἐγώ...)，其他类似的情况有《阿格西劳传》1.1，《雅典的收入》1.1，《论骑术》1.1，《回忆苏格拉底》1.1，《家政学》1.1，《会饮》1.1 等。这种开篇语措辞上的高度雷同给《斯巴达政制》打上了专属"色诺芬"的印章。色诺芬之后，在演说辞和段落开头使用ἀλλά的风气蔓延到罗马帝国时期，通常是效仿色诺芬(如 Aristid 等)。③

斯巴达人和拉克代蒙人

解读完标题，进入《斯巴达政制》第一章 1.1—1.2 的正文。

[1]我曾经想过，斯巴达(ἡ Σπάρτη)虽是人口最为稀疏的城邦之一，却也曾成为希腊最强大、最驰名的城邦，我不禁惊诧这何以可能发生。不过，考察了斯巴达人的政制(τὰ ἐπιτηδεύματα)后，我

---

① Michael Lipka，《色诺芬的〈斯巴达政制〉》，前揭，页98。
② 施特劳斯，《斯巴达精神或色诺芬的品味》，前揭，页26。
③ Michael Lipka，《色诺芬的〈斯巴达政制〉》，前揭，页98。

就不再吃惊了。[2]我实在钦佩吕库古（Λυκοῦργον）——他赐予斯巴达人礼法（τοὺς νόμους），斯巴达人服从（πειϑόμενοι）这些礼法[后]极为荣盛（ηὐδαιμόνησαν）——我认为他在极端做法上十分明智。因为，他不仅不效仿其他城邦，而且采用与多数城邦截然相反的体制使得父邦繁荣昌盛。①

在《斯巴达政制》一书中，色诺芬严格区分Σπάτη"斯巴达"和Λακεδαίμων"拉克代蒙"两词的使用。起初在荷马的《伊利亚特》中，这两地就是分开的。② Σπάτη指城邦和城邦的公民，Λακεδαίμων则指斯巴达的疆域及其自由的居住民，如斯巴达人和皮里阿西人（perioikoi）。厘分了词义，才能清楚这两个词在《斯巴达政制》中的分布状况：Σπάτη只出现在第一到第十章，如 1.1, 1.10, 5.5, 7.1, 8.1, 8.5, 10.4，而Λακεδαίμων和复数λακεδαίμονιοι则全书从头至尾都出现过，不拘于某个部分，如 2.13, 9.4, 11.2, 11.8, 12.5, 12.7, 13.5, 13.8, 14.2, 14.6, 15.9，形容词λακωνιός只出现过两次，2.14 和 11.5。③ 学者 Proietti 也敏锐地观察到，《斯巴达政制》第十章以后色诺芬再也没有提到过斯巴达城邦和斯巴达公民，第十一到十三章的军事事务适用于广义的"拉克代蒙人"，即生活在这片土地上的自由民广称作"拉克代蒙人"。④ Proietti 的意思是，拉克代蒙人与斯巴达人的区分在于，拉克代蒙人是比斯巴达人范围更广的概念。

为什么色诺芬要有所区别且别有用心地使用古典时期一般史家混用的两个语词？学界较为一致的解释，是因为《斯巴达政制》前后两部分内容涉及范围的不同所致。此作第一部分（第一到十章）主要谈教育，是斯巴达的内部事务；第二部分（第十一到十三章）谈军队，军队就涉及到整个拉克代蒙疆域，而且斯巴达军队仅有一部分由斯巴达人组成（其他

---

① 文中所引《斯巴达政制》译文为笔者自译。
② "那些占有多峡谷的洼地拉克得蒙、/法里斯、斯巴达、养鸽的墨塞……"，荷马，《伊利亚特》2.581—582，罗念生、王焕生译，北京：人民文学出版社，1994，页 47。
③ Michael Lipka,《色诺芬的〈斯巴达政制〉》，前揭，页 99。
④ Gerald Proietti,《色诺芬的斯巴达导论》（*Xenophon's Sparta: An Introduction*），Leiden: E. J. Brill, 1987, 页 46。

还有黑劳士、雇佣军等)。考古出土的盾牌上的 Λακεδαίμων 以及这个字眼出现在城邦间缔结的条约中,证明"拉克代蒙人"实际上是在对外关系中指称他们自己。① 不过,恐怕不能在色诺芬著述之外过分强调这两个词的差异并将其普遍化,因为在不少古代文献中,两词的语义部分重合。

色诺芬在《斯巴达政制》一开篇故意将斯巴达"最为稀疏"的人口与城邦国力的强盛放在一起对照,以引起人们瞩目。那么,色诺芬的时代,斯巴达城邦的人口到底有多少,这个问题从古代到现代引起过各种议论。Watson 做了一个辨析,稀疏的人口是指公民数量,而非人口数量。不管是指斯巴达人,还是更大范围的拉克代蒙人,或者范围较小的拥有完全公民权的人,斯巴达公民的数量委实不多,②但 Watson 没有列出明确之数。至于斯巴达确切的人口数量,色诺芬时代的数据提供者有希罗多德和修昔底德,希罗多德《历史》的说法是 8000 成年男性(据说公元前 480—479 年斯巴达有 5000 人与波斯人作战),③到了伯罗奔尼撒战争的公元前 418 年左右减少为 4000 余人。④ 色诺芬则告诉我们,至公元前 371 年斯巴达的战斗力减到 700 人(色诺芬《希腊志》6.4.15)。但不管确切数字为多少,斯巴达人口过于稀少是老生常谈,而且是就它在希腊的重要地位而言,它的人口相对过于稀少了,一些人口多过斯巴达的城邦反倒被它辖制。斯巴达人口的下降有多种原因,如来自土地保有体系的经济压力,过于僵化和排外的寡头政制,战争,地震等等。⑤

色诺芬说斯巴达"人口稀疏",很可能是要与"人口繁庶"的雅典作对照(《希腊志》2.3.24)。⑥ 比如,修昔底德列出公元前 432 年左右的

---

① Gerald Proietti,《色诺芬的斯巴达导论》前揭,页 46。
② J. S. Watson,《论拉克代蒙人的统治》前揭,页 204。
③ 希罗多德,《历史》(8.234),王以铸译,北京:商务印书馆,1978,页 558。
④ 修昔底德,《伯罗奔尼撒战争史》(V, 68, 3),徐松岩、黄贤全译,桂林:广西师范大学出版社,2004,页 304。
⑤ J. M. Moore, "斯巴达政制"("The Politeia of the Spartans", *Aristotle and Xenophon on Democracy and Oligarchy*, Berkeley: University of California Press, 1975),页 93;Stefan Rebenich,《色诺芬的〈斯巴达政制〉》(*Xenophon: Die Verfassung der Spartaner*),前揭,页 88。
⑥ Michael Lipka,《色诺芬的〈斯巴达政制〉》(*Xenophon's Spartan Constitution*),前揭,页 99—100。

雅典有1.3万重甲步兵①,远超斯巴达军队人数。但是,色诺芬从不认为斯巴达稀少的人口威胁到其国力的强盛,按他在《雅典的收入》的说法来看,人口的多寡主要取决于好的经济条件,②而不是法律的状态。是亚里士多德首次提出,斯巴达衰落的主要原因之一是其人口凋敝减少:

> 拉根尼全境原来可以维持一千五百骑兵和三万重装步兵,直到近世,它所有担任战事的公民数已不足一千人了。历史证明了斯巴达财产制度的失当,这个城邦竟然一度战败,不克重振;其衰废的原因就在缺少男子。③

人口稀少的斯巴达成为"希腊最强大、最驰名的城邦之一",这表明斯巴达的人口数量和国力不成正比。柏拉图说过,一个城邦的伟大与否不靠人口数量来评判,"最强大不是指名义上的强大,而是指实际上的强大,即使它只有一千名战士也罢"。④ 亚里士多德甚至提出,人口过于庞大使城邦不可能有繁荣(εὐδαιμονία)和良好的法制(εὐνομία),大小有度的城邦必然才是最优美的城邦。⑤ 所以,斯巴达的衰落或许与人口减少有关,但它强盛之时并不必需众多的人口。

《斯巴达政制》开篇第一句,色诺芬接连用三个最高级形容词形容斯巴达:ὀλιγανδρωποτάτων[人口最为稀疏]、δυνατωτάτη[最强大有力]、ὀνομαστοτάτη[最驰名]。这样的修辞写作习惯并非特例。色诺芬好用一串最高级,在其诸多著述中这样的修辞写作现象起码有十处之多,例如《斯巴达政制》1.3,4.2,4.5,《阿格西劳传》1.3,6.7,《回忆苏格拉底》3.7.5,3.10.3,《雅典的收入》3.10,《居鲁士的教育》1.2.1。而但凡是

---

① 修昔底德,《伯罗奔尼撒战争史》(II,13,6),前揭,页88。
② "如果我们的城市[雅典]得到这些[收入]的好处,它的人口就会特别兴旺。"色诺芬,"雅典的收入"4.49,见《经济论·雅典的收入》,张伯健、陆大年译,北京:商务印书馆,1961,页77。
③ 亚里士多德,《政治学》(II 1270a 33),吴寿彭译,北京:商务印书馆,1965,页86—87。
④ 柏拉图,《理想国》423 A,郭斌和、张竹明译,北京:商务印书馆,1986,页137。
⑤ 亚里士多德,《政治学》(VII 1326a 8—27),前揭,页352—353。

连用最高级的措辞时，似乎语含讥讽，如《居鲁士的教育》云：

[居鲁士]他长得十分标致，内心拥有着三重的爱，最爱人，最爱知识，最爱荣誉（φιλανθρωπότατος καὶ φιλομαθέστατος καὶ φιλοτιμότατος）。①

在色诺芬写作的年代，斯巴达确是希腊最强盛的城邦之一。此处色诺芬连用最高级、以近乎惊羡的口吻提到斯巴达的强大与驰名，施特劳斯推测"指的事件十有八九是斯巴达在伯罗奔尼撒战争中的胜利"。② Watson 则提出，斯巴达的盛极一时尤其是在第93届奥林匹亚竞技会之后，其时堪称希腊之主宰，一直到第102届奥林匹亚竞技会时，历经洛伊克特拉（Leuctra，位于玻奥提亚地区）之战，斯巴达才开始衰落。③ 公元前371年，底比斯（Thebes）军队在伊巴密浓达（Epaminondas）统帅下，在洛伊克特拉击败斯巴达军队。伊巴密浓达在这场著名的战役中有一个战术突破，他冒着风险将最佳兵力放在左翼，达五十列盾牌深度，与斯巴达最精英的右翼搏斗，大败斯巴达。④ 此后，底比斯主导希腊半岛的政局，斯巴达从伯罗奔尼撒战争后的盛极一时走向衰落。

政制与 εὐδαιμονία

在《斯巴达政制》1.1，色诺芬声称他的主要目的是要考察斯巴达人的 ἐπιτηδεύματα[政制]。ἐπιτηδεύματα一词并非作品标题中使用的 πολιτεία "政制或生活方式"，ἐπιτηδεύματα 指一般意义上的国家体制，它也不同于含义更明确的 νόμοι "礼法"，即由习俗规定的生活方式。ἐπιτηδεύματα 单数形式指的是"好的行为"（εὐταξία，《回忆苏格拉底》3.9.14），"好的秩

---

① 色诺芬，《居鲁士的教育》，沈默译笺，北京：华夏出版社，2007，页7。（引文据原文略有改动）
② 施特劳斯，《斯巴达精神或色诺芬的品味》，前揭，页20。
③ J. S. Watson，《论拉克蒙人的统治》前揭，页204。
④ 汉森（Vitcor D. Hanson），《独一无二的战争：雅典人和斯巴达人怎样打伯罗奔尼撒战争》，时殷弘译，上海人民出版社，2013，页161。

序"(εὐθημοσύνη,《居鲁士的教育》8.5.7),特殊情况下指"畜养赛马"(《希耶罗》和《论狩猎》)。ἐπιτηδεύματα 的复数接近于亚里士多德的"政体的习俗"(τὸ ἦθος τῆς πολιτείας):"一个城邦应常常教导公民们使能适应本邦的政治体系[及其生活方式]。"①

色诺芬其他作品细致解释 ἐπιτήδευμα 的关键段落见《回忆苏格拉底》3.9.14,然而却是以纯粹苏格拉底的方式。根据此段内容,应当努力追求把事情做好(εὐπραξία):

　　通过勤学和苦练来做好一桩事情,这才是我所谓的把事情做好……②

所以,ἐπιτήδευμα 指的是之前习得的某种东西的实际运用。它可能是一种技能,如养马、狩猎,也可能是由吕库古创制的律法。③ 对照《斯巴达政制》后面的内容,色诺芬想要考察的 ἐπιτηδεύματα "斯巴达的政制(实践)"仿佛较多地是指第一到第十章"更政治性"的内容,第十一到十二章好像偏离了主题,全部涉及的是战争。④ 然而,在曾当过军人的色诺芬眼里,若战争和军事也是另一种"政制"或政治实践的话,ἐπιτήδευμα 就包括和平和战时两种政制。

接下来的 1.2,色诺芬先是夸赞斯巴达人服从了吕库古的"礼法"后"极为荣盛"(ηὐδαιμόνησαν),接着强调吕库古"不仅不效仿其他城邦,而且采用与多数城邦截然相反的体制使得父邦繁荣昌盛(εὐδαιμονία)。"

εὐδαιμονία 本义为"幸福;幸运;繁荣",但色诺芬非常灵活地使用这个词的名词和动词(εὐδαιμονίζω),不同语境下语义也不尽相同。1.2 一句两次出现了这个词,一次是动词过去式 ηὐδαιμόνησαν,一次是名词 εὐδαιμονία。对此 Proietti 抛出了一连串疑问,这个词到底是指斯巴达城

---

① 亚里士多德,《政治学》(VIII 1337a 14),前揭,页 406。
② 色诺芬,《回忆苏格拉底》,前揭,页 119。
③ Michael Lipka,《色诺芬的〈斯巴达政制〉》(*Xenophon's Spartan Constitution*),前揭,页 98。
④ Gerald Proietti,《色诺芬的斯巴达导论》(*Xenophon's Sparta: An Introduction*),前揭,页 46。

邦的"繁荣",还是别有所指?斯巴达"父邦的繁荣昌盛"与斯巴达人的"幸福"是一回事吗?为什么此处色诺芬使用的是过去时 ηὐδαιμόνησαν,这是不是说斯巴达的"繁荣"不复如是?斯巴达的"繁荣"是先于斯巴达的强大和驰名,还是与其同时发生?① 这些犀利的提问让我们认识到文脉中的这个语词并不简单。

若横向对比,在古希腊任何讨论理想城邦的文献,其重要任务就是勾勒出民众可以达致 εὐδαιμονία [幸福]的政制架构。εὐδαιμονία 似乎是苏格拉底的思想特别关注的术语,而在《斯巴达政制》中这个词也发挥了至关重要的作用:即斯巴达达到了独特的 εὐδαιμονία "繁荣和幸福",它是色诺芬这部作品的出发点。② 色诺芬对斯巴达繁荣的夸赞是一种暗含讥刺的谬赞,不过这并不妨碍他提出的重大政治问题:怎样才能构建城邦的繁荣和民众的幸福。

可是,色诺芬对何谓 εὐδαιμονία 并没有贯彻始终的清晰界定。它大约指对事物的"良好"品味,但色诺芬并没有一以贯之地确定这种品味的状态。色诺芬的"苏格拉底文学"之一《回忆苏格拉底》有几处涉及到该词,在第一卷1.6.10,苏格拉底把他的 εὐδαιμονία "幸福"观与诡辩家安提丰做了对照:

> 安提丰,你好像认为,幸福就在于奢华宴乐;而我则以为,能够一无所求才是像神仙一样,所需求的愈少也就愈接近于神仙;神性就是完善,愈接近于神性也就是愈接近于完善。③

这里苏格拉底突出了他对于个人幸福的理解并非安逸享乐,而是节制。《斯巴达政制》中,斯巴达人的生活似乎对应了苏格拉底对 εὐδαιμονία 即克制的理解:他们在性事上节制有加(1.5,2.14),男童的生活方式非常俭约,他们光脚行走(2.3),一年四季只穿一件外袍(2.4),饮食有度(2.5),年纪大的人也同样如此(5.3—4)。甚至连《斯

---

① Gerald Proietti,《色诺芬的斯巴达导论》前揭,页44—45。
② Michael Lipka,《色诺芬的〈斯巴达政制〉》前揭,页18。
③ 色诺芬,《回忆苏格拉底》,前揭,页36。

巴达政制》中的王权也呼应了《回忆苏格拉底》中的"统治术"（βασιλικὴ τέχνη）的理想：

> 苏格拉底，你好像认为是幸福的那些受了统治术的训练的人……也得甘愿忍受同样的饥饿、寒冷、不眠和其他许多苦楚。①

也许正因为如此，色诺芬才在《斯巴达政制》第十五章不断强调，斯巴达国王们生前的财富和荣誉并没有超过普通平民。

> 这些是国王在世时在自己国家被赋予的荣誉，没有大幅超过给予平民（τῶν ἰδιωτικῶν）的荣誉，因为吕库古不希望在国王们心里培养专制精神，也不希望激发起公民对国王权力的嫉妒（《斯巴达政制》15.8）。

但是，斯巴达国王们死后享受了一种殊荣，"尊拉克代蒙人的国王们为英雄，而非普通人（τοὺς Λακεδαιμονίων βασιλεῖς προτετιμήκασι）"（15.9）。

在色诺芬笔下，斯巴达的εὐδαιμονία［繁荣］和斯巴达人（甚至国王）被描写得像苏格拉底那样以克制为εὐδαιμονία［幸福］，两者之间达成了一种奇妙的对接，对接点就是色诺芬不止在一部作品中观察过的政制（ἐπιτηδεύματα或πολιτεία）。好的城邦制度和政治生活既是城邦繁荣的基础，也是个人幸福的保证。《斯巴达政制》最直接的表现，则是斯巴达人如何过着幸福的生活，即私人和公共领域都保持克制的生活。而城邦的繁荣和个人幸福居然是一回事，即εὐδαιμονία。

---

① 色诺芬，《回忆苏格拉底》，前揭，页 46。

色诺芬《阿格西劳斯颂》中的"虔敬"

高挪英

斯巴达是一座充满神圣意味的城邦。首先,它的国王据说乃赫拉克勒斯的后代,赫拉克勒斯是奥林波斯神族之王宙斯的儿子;①其次,斯巴达人遵循的礼法据说也有神圣的来源,乃远古的立法者吕库古去阿波罗神庙所求。② 斯巴达人相信他们的国王具有赫拉克勒斯的血统,他们奉行的礼法源自阿波罗。生于斯邦,长于斯邦,并且成为斯巴达国王的阿格西劳斯应该是一位虔敬之士,国王还担任城邦主祭。在为离世的阿格西劳斯撰就的颂文中,色诺芬专列一章,赞美了阿格西劳斯的虔敬。以歌颂阿格西劳斯的虔敬为主题的第三章,位置还非常醒

---

① 荷马《奥德赛》卷十一,266—268 行"我见到安菲特律昂之妻阿尔克墨涅,她生了勇猛如狮又坚毅的赫拉克勒斯,由于和伟大的宙斯拥抱结合享欢爱。"王焕生译,北京:人民文学出版社,2003 年,页 204;另参荷马《伊利亚特》卷五,392 行,罗念生、王焕生译,北京:人民文学出版社,2003 年;赫西俄德《神谱》313—316 行,"第三个出生的是只知作恶的许德拉,那勒尔纳的蛇妖——白臂女神赫拉抚养它,只因她对勇敢的赫拉克勒斯愤怒难抑。但宙斯之子用无情的剑杀了它",在《神谱》的 955 行,赫拉克勒斯成为永生的奥林波斯神族中的一员,吴雅凌,《神谱笺释》,北京:华夏出版社,2010 年,页 248—249,页 373;希罗多德《历史》(II. 44),王以铸译,北京:商务印书馆,2005 年,页 130;色诺芬的《阿格西劳斯颂》I. 2 和 VIII. 7,以下无论正文还是注释中再引述颂文时,均省去作品名;色诺芬《斯巴达政制》XV. 2 和 XV. 9;色诺芬《狩猎术》I. 9.

② 《斯巴达政制》VIII. 5.

目,在美德颂部分它排在首位。色诺芬歌颂的第一种阿格西劳斯灵魂中的美德就是虔敬。我们来简要地看一下色诺芬这篇颂文的结构,就会对虔敬颂的位置更清楚一些。《阿格西劳斯颂》的第一、二章构成一个独立的整体,记述阿格西劳斯的行动,更具体来说,是公开的战争行动,阿格西劳斯敬神的事迹掺杂在其中;第三至十章,是美德颂,其中三至九章,分别赞颂美德的一个分项,或是在篇首或是在篇末,作者都会将歌颂的美德明确地点出,然后或是以事例证明之,或是详细阐明美德,我们前面刚说过,第三章的主题是阿格西劳斯的虔敬。第十章为合颂,统而论之,可视为第二部分的结束;第十一章可单独列为一部,重述前文要点,收束全文,关于虔敬,则将看上去关系疏远的前两章中的敬神事件与第三章的美颂勾连起来。

(1)这些就是我谈到的他这个人的行动,这些都是在有最多见证人时做出的,因此,这些行动不再另需确证,单单提及(回忆)就足够,会直接得到信任。现在,我将显明他灵魂中的美德,正是凭美德,他才做出上面的那些行动,并且热爱(ἀρέω)所有的高贵之物,驱逐所有可耻之物。(2)因为阿格西劳斯如此地敬畏(σέβομαι)神圣的事物(τὰ θεῖα),以至于连敌人们都相信(νομίζω)这个人的誓言和这个人的条约,比他们友方的都更加可信(πιστοτέρας);这些与他相互缔约的人,朝他而去时曾畏畏缩缩,后来便将自己托付给了阿格西劳斯。要是有人不信(ἀπιστέω),那我乐意点出这些人中最明显可见之人的名字。(3)波斯人斯皮忒里达特斯(Σπιθριδάτης)获知法尔那巴祖斯(Φαρνάβαζος)正忙于娶国王的女儿,想着与他的女儿脱离婚姻,由于相信(νομίζω)这是冒犯(ὕβρις),他就将自身、妻子、孩子、军队托付给了阿格西劳斯。(4)还有科图斯(Κότυς),帕弗拉戈尼亚人(Παφλαγόνες)的统治者,波斯王派使者要求他伸出右手,他没有听从,由于害怕遭逮捕,或是被罚一大笔财物,或被杀,但是他信任(πιστεύω)与阿格西劳斯定的合约,于是去到阿格西劳斯的营地,使得自己成为阿格西劳斯的盟军后选择与之一起行军,带着一千骑兵和两千轻盾兵。(5)法尔那巴祖斯也曾到阿格西劳斯身边与之商定,如果他没有被任命为全军统帅,他就会离波斯王而去,"然而,如果我成为统帅,"他说,"我将向你开战,阿格西劳斯啊,而且尽我最强的力量!"他说这些的时候是信任(πιστεύω)约定不会遭背弃的。有敬神(τὸ ὅσιόν)和可信(πιστὸν)这些质量,并且还知道他有,对于所有其他人、某个男子汉、尤其一名统帅,是如此伟大而高贵的珍宝。那么,关于虔敬(εὐσεβείας),就是这些(III. 1—5)。①

第三章第一节位于第一、二部分的关联之处,承前启后,既总结了行动部分,又开启了美德颂,还道出两部分之间的关系:阿格西劳斯灵魂中的美德是其行动的内在原因,或者说行动是美德的外在表现。比较美德颂部分的九章文字,我们发现第三章篇幅最短,若除去承上启下的第一节,尤其如此。另外,第三章赞美阿格西劳斯的虔敬,主要使用的是例证法,一共有三则。作者在首尾两端均点出本章赞颂的美德,这在美德颂部分也是独一无二的特征,如此,这一章的主题就明确而无争议。

下面我们就来看看色诺芬如何以例证法赞颂阿格西劳斯的虔敬。作者说,阿格西劳斯特别敬畏神圣的事物,有一个事实可以对此说明:甚至就连敌人都相信他的誓言与合约,他们相信阿格西劳斯的誓言与合约的程度甚至超越他们对自己友人的信任,这些敌人与阿格西劳斯缔约,经历了一百八十度的转变,一开始的时候心怀畏惧,后来以身家性命相托付。这时作者谈到有人可能怀疑他对阿格西劳斯的守信及其化敌为友的效果所下的判词,为了驳倒潜在的不信任意见,作者开始举例,他还说他"乐于"这么做,此处表达出的快乐情绪,于别处未见。作者是为打消"某人"的不信任才实名举例,所以我们特别应该留意,这些名人的事例最后是否足以消除疑虑。作者所举的三则事例,主人公都是富贵显达的蛮族人,名声斐然,两个为波斯权贵,一个为帕弗拉格尼亚的统治者。由于三人的名气,他们的事知道的人自然很多,这会更加

---

① 译文乃笔者在注释和英译本的帮助下从希腊文尝试译出。

具备说服力。

第一则例子的主人公是波斯人斯皮忒里达特斯,他归附于阿格西劳斯,从大体上来看这的确是一则可以说明阿格西劳斯获得敌人信任的事例。细究之后,我们会发现其实也不尽然。斯皮忒里达特斯因为他的女婿法尔那巴祖斯将高攀国王的女儿,抛弃他的女儿,才叛逃至希腊人的阵营,他从波斯国王阵营叛变的理由,作者交代得清楚而又具体,他相信自己受到了肆意的对待,也就是说他在波斯王及其亲信那里遭受了不义。作者举这个例子的出发点是证明阿格西劳斯是一个让敌人都觉得可以信赖的人,文中没有明文谈及斯皮忒里达特斯对阿格西劳斯的信任,也丝毫没有涉及斯皮忒里达特斯与阿格西劳斯之间的誓言和条约。阿格西劳斯出于对全希腊的爱而仇恨波斯王,一心想着用战争颠覆波斯帝国,彼时阿格西劳斯率大军浩浩荡荡前来亚洲,就是为恢复受波斯王奴役的希腊城邦之自由而战,他是波斯王的敌人。波斯人斯皮忒里达特斯也视波斯王为敌人。根据《希腊志》的叙事,斯皮忒里达特斯来归,乃吕赞德($Λύσανδρος$)的功劳,是他获知斯皮忒里达特斯在法尔那巴祖斯处遭受的羞辱,劝说其归附阿格西劳斯(《希腊志》III.4.10)。阿格西劳斯后来还与斯皮忒里达特斯有了另一层关系,他爱上了斯皮忒里达特斯长相俊美的儿子梅嘉巴特斯($Μεγαβάτης$, V.4.6)。斯皮忒里达特斯投奔阿格西劳斯之后没过多长时间就再度改换阵营,原因是在财富的分配上自觉受到羞辱。① 两人的同盟关系可谓是因争利而散。斯皮忒里达特斯的事例,用以证明阿格西劳斯的可信,看来都分量不够。

第二则事例的主人公是帕弗拉格尼亚人的统治者科图斯。此人的经历看上去更加靠近作者的意图。科图斯曾拒绝服从波斯王的统治,由于害怕波斯王的酷烈报复,加之他信任阿格西劳斯的和约,于是来到阿格西劳斯身边。这个例证在字面上涉及到了阿格西劳斯的合约,还有科图斯的信任。我们从《希腊志》获悉,阿格西劳斯是经斯皮忒里达特斯从中引见才与科图斯相识并结盟,阿格西劳斯投桃报李,热情撮

---

① 《希腊志》IV.1.26—28;普鲁塔克《阿格西劳斯》第11章。

合,科图斯娶了斯皮忒里达特斯的女儿(《希腊志》IV. 2. 15)。阿格西劳斯的可信与科图斯对他的信任使得二人结为稳定恒久的盟友了吗?作为科图斯岳父的波斯人斯皮忒里达特斯再次叛离阿格西劳斯,那么科图斯呢?《阿格西劳斯颂》的第二章在赞扬阿格西劳斯即使作为使节也还是能建立将军般的功绩时,我们在所举的事例中发现了科图斯。那时科图斯包围着阿格西劳斯的盟友阿里奥巴尔匝内斯($Ἀριοβαρζάνης$)的领地瑟斯托思($Σηστός$),老迈的阿格西劳斯作为使节前去斡旋,科图斯只是闻听阿格西劳斯到来的风声,就自动解除了包围,仓皇而逃(II. 26)。

最后一则事例的主人公是波斯人法尔那巴祖斯。作者重点记录了二人的约定,这约定出自法尔那巴祖斯之口:如果法尔那巴祖斯未被波斯国王任命为全军统帅,他就会离开波斯王投奔阿格西劳斯,如果他受到任命,就会全力向阿格西劳斯开战。作者说,法尔那巴祖斯信任阿格西劳斯不会背弃约定,这种信念显然偏重指向约定的前半部分内容。阿格西劳斯扫荡法尔那巴祖斯的领地弗里吉亚($ἡ\ Φρυγία$)时,其间双方举行过一次会谈,一见面法尔那巴祖斯就指责阿格西劳斯率兵攻打自己的属地乃忘恩负义之举,他提醒斯巴达人,自己在伯罗奔半岛战争期间曾鼎力援助斯巴达人。斯巴达人听后羞愧难当,阿格西劳斯起身回复,建议法尔那巴祖斯脱离国王,与斯巴达结盟(《希腊志》IV. 1. 31—38),这才有了颂文中法尔那巴祖斯的那番假设性的、有条件的归附之词。通观《阿格西劳斯颂》和《希腊志》,我们没有看到法尔那巴祖斯与阿格西劳斯结盟之事,假设落到了否定的那一面,法尔那巴祖斯受到波斯王的重任。

作者使用这些例证来表现阿格西劳斯的虔敬,他敬畏神圣的事物,誓言与合约都带有神圣性,希腊人发誓与订盟约,都要吁请诸神见证,诸神对于誓言的遵守、合约的实现具有约束力,诸神会惩罚发假誓和违背合约的人,会保佑守信的人。用三名蛮族显贵对阿格西劳斯的信任来证明阿格西劳斯的守信,我们发现,效力都极其微弱,遑论证明阿格西劳斯的虔敬。事例与所要证明的结论之间否隔不通,在色诺芬的作品中并非此处独有。色诺芬在举例证明苏格拉底的虔敬时,为了更加有说服力，他陈述的是一桩人人皆知的城邦公共事务。苏格拉底在担任邦民大会主席期间，曾拒绝把处死阿吉弩斯海战中获胜的将军们的决议付诸表决，因为他担任议事会成员时发过誓，要根据法律进行表决（色诺芬《回忆》I. 1. 18—19）。这件事最直接显明的是苏格拉底坚守法律，因而是苏格拉底的正义；坚守法律的原因是他曾向神发誓守法，这才涉及虔敬之德。

我们还需要问一个问题，即使这三则例证可以证明阿格西劳斯乃守信之人，敌人都信任他，就真的等于证明了阿格西劳斯的虔敬吗？可信这种品质只有虔敬这唯一来源吗？或者，蛮族人信任阿格西劳斯，仅仅因为他是一个虔敬因而可资信任的人？第一章记述阿格西劳斯在亚洲的行动，第三章所举之例又恰好都是异族人的归附，或许我们可以在第一章发现一些理解第三章例证的线索。率军扫荡弗里吉亚，大发战争财的阿格西劳斯中饱友人之囊后，就有人络绎不绝地叛离波斯王的阵营，来到斯巴达王身边，很乐意做向导，带领希腊人一起劫掠财物，阿格西劳斯确实使这些来归之士致富，于是更多的人热恋上阿格西劳斯的友谊，前来归附（I. 19），这些人当中不乏异族人，结果如作者说：阿格西劳斯还成为了许多蛮人的领袖（I. 35），这显然壮大了阿格西劳斯的力量，我们知道科图斯和斯皮忒里达特斯都是带着相当雄厚的兵力前来投奔。我们从第一章的叙事中得知，蛮族人前来与阿格西劳斯缔结友谊的原因，个一定是因为阿格西劳斯的守信或虔敬，还有可能是阿格西劳斯有能力使友人们致富。记述阿格西劳斯的"亚洲行动"的第一章并未举具体事例说明蛮族人投诚，第三章的三则事例于此主题倒是颇为契合，比用以证明阿格西劳斯的虔敬更加直接、更加合适、更加有说服力。科图斯和斯皮忒里达特斯朝秦暮楚，法尔那巴祖斯半心半意，他们在权衡加入哪一方时，首要的考虑并非王者的美德，而是他们自身的利益和权位。第一章的述事，显然冲淡了美德颂部分的严肃性和可信性，构成了文本内部的紧张。第三章的末尾，作者分列敬神与可信，表明它们是两种不同的品质。可以证明阿格西劳斯可信的事例能否直接用来证明其虔敬，有待探讨，尽管敬神的人会遵守对着诸神所发的誓言和订立的条约，获得信赖也可以有属人的凭借，比如利益友人的能力就让阿格西劳斯获得了希腊人、蛮族人的信任,纷纷前来成为他的朋友。

第三章讲述的三则蛮人来归事例,说明了阿格西劳斯的可信,可信的原因则是阿格西劳斯的虔敬。第一章所述阿格西劳斯在亚洲的第一桩行动,则是波斯人偶萨弗雷纳斯(Τισσαφέρνης)决绝的顽抗,作者说,它也同样宣示了阿格西劳斯的可信,恪守誓言与合约从而获得希腊人乃至蛮族人的信任。

> (9)那么,当他获得军队并随之出航以后,一个人如何可以更清楚地呈现他担任统帅的情形,比起记述他的所作所为?(10)所以,下面就是在亚洲发生的第一次行动。偶萨弗雷纳斯向阿格西劳斯发誓,如果阿格西劳斯奠酒立盟,直到他将要派往国王那里的那些信使们回来,他将会亲自促成亚洲那些希腊城邦独立自主。阿格西劳斯不带阴谋地回誓不打破合约,为此事设限三月。(11)然而这个偶萨弗雷纳斯转眼间就以前发过的誓言骗人,他不是缔结和平,相反,他从国王那里请求来一支大军加入自己原先手上的兵力。阿格西劳斯其实清楚这些,但仍旧继续着合约。(12)在我看来,这是他完成的第一件高贵的事,他曝光了偶萨弗雷纳斯发假誓从而使这个人在所有人眼中成了不可信之徒,他自己则相反,首先他展示出自己一向牢守盟誓,其次在协议之事上一向不骗人,从而使得所有人,希腊人还有蛮人,有信心与他订立盟约,如果他在什么事情上愿意的话(I. 9—12)。

事件的主人公波斯人偶萨弗雷纳斯与第三章的三位人物对阿格西劳斯的方式正相反。当斯巴达国王大兵压境时,这位波斯省督使用计谋,假意媾和以为拖延,为自己从波斯王那里求得兵力的援助争取了时间,待援兵到来后,向阿格西劳斯摊牌。阿格西劳斯上当受骗,尽管他后来得知实情。将这桩事件的来龙去脉陈述之后,作者以"我"的名义评价,我们可以感受到强烈的"偏见",尽管阿格西劳斯遭敌人之骗,作者却能够从坏事中洞察积极的意义,阿格西劳斯通过这件事展现出自己是一个值得信赖的人,有利于他获得更多的盟友。色诺芬真是堪称温柔敦厚的乐天派。色诺芬笔下的阿格西劳斯,性情绝非如此。对于遭受敌人欺骗的人,阿格西劳斯会大加指责,关于行骗者,他将骗过不信任自己的人视为智慧之士(XI. 4)。在关于这件事的叙述和评判中,色诺芬止步于信任,未再提及虔敬,尽管誓言与合约都乃神圣之物。阿格西劳斯在亚洲所作的第一件美事,使得第三章由可信而至虔敬的论证理路中的不通之处看上去更为引人注目了。

第三章的论证无法让人满意,作为读者,我们会期待在专门论"虔敬"的章节出现许多阿格西劳斯如何如何敬神的事例,例如献祭、占卜、祈祷、唱赞美诗、发誓等等,第一、二章就有类似的事例,但作者只举了两个半异族人因为信任而投奔阿格西劳斯的例子。还有,第三章的篇幅很短,相信($νομίζω$)一词出现过两次,这提醒我们关涉虔敬的一个最根本的问题:阿格西劳斯相信诸神存在吗?苏格拉底被控告的一种不义之举就是不相信城邦相信的神。① 举例之后,作者匆匆做结。一个人敬神又可信,人们知道他具备敬神、可信的品质,色诺芬写道,是伟大而高贵的珍宝。一个人身上有某种美德与人们知道他有某种美德,两种情况之间还是有区别,这种分别对于颂文中的阿格西劳斯,特别重要。关于阿格西劳斯的虔敬,作者说,他就交代这么多了。第三章至此戛然而止。阿格西劳斯真的虔敬,仅仅是人们知道他虔敬而已?作为读者,我们愈发疑惑,例证与结论之间的隔阂,第三章与第一章相应之处的龃龉,关于阿格西劳斯的虔敬,这些真的就可以充分说明了吗?

许多论者把第十一章当作缺乏逻辑的蹈驳之文,主张删去。的确,第十章看上去已经是全文的结尾,其后的一章乍看上去,难免让人觉得多余。② 然而施奈德(Schneider)稳妥的意见还是具备很强的吸引力,

---

① 参《回忆》I. 1. 1,《申辩》10。
② 诸位校注者均认为第十一章原不属于色诺芬的《阿格西劳斯颂》,是后人,编辑也好,学生也好,在色诺芬死后发现并附在《阿格西劳斯》最后的,从它的内容来看,很可能是色诺芬在写作过程中正在修改某个部分的未竟文字。杰伟特(Jewitt)认可第十一章为后人附于文尾的假设,他也谈了自己的阅读感受,觉得这一章内容凌乱不堪、无法连贯,不像是按照特定的意图写就的文字。所以杰伟特不同意施奈德(Schneider)的解释。施耐德试图理解第十一章在整篇作品中的位置,其前提是认可它为全文的有机部分,他看到这一章出现了很多前面未提及的内容,这些内容可以为解释阿格西劳斯的言行和美德(原则和来源)提供帮助。参 L. F. —W. Jewitt,《色诺芬的阿格西劳斯颂》(转下页)

他认为这一章可以对我们理解阿格西劳斯的美德有新的启发。我们遵循这一指引会发现,第十一章关于虔敬部分,对于我们理解阿格西劳斯的虔敬,确有裨益,它还在一定程度上满足了我们在第三章落空的期待,与前两章的联系也极为明确、紧密。

(1)为了让这番赞美更好记,现在我想就那些最紧要的方面返回到他的美德。阿格西劳斯即使在敌区还是敬畏属神的事物,因为他认为比起在友区,在敌区使诸神成为盟友的必要性,并非更弱。阿格西劳斯不暴虐向诸神祈求援助的仇敌,因为他相信,称那些从神庙中偷盗的人为窃取圣物的人,认为那些从祭坛上将祈援者拉走的人是虔敬的,都不合道理。(2)这个人从未停止过讴歌诸神,认为诸神对于合乎神义的行动感到高兴的程度,比起对于圣洁的祭品,应该不是更差。然而,当他顺遂(εὐτυχέω 直译运气好)时,并未自傲(ὑπερφρονέω)于凡人之上,他知道这是来自诸神的恩惠。并且,他在信心高涨时献祭(θύω)多过在犹疑畏缩时祈祷(εὔχομαι)。他使自己习惯于在畏惧的时候显得欢快,而顺遂的时候是平和的(XI.1—2)。

第十一章在重述阿格西劳斯的虔敬时,概述了阿格西劳斯的敬神行动,还有背后的观点和信念。阿格西劳斯在敌区也敬畏属神的事物,无论敌区还是友区,都有必要争取使诸神成为己方的盟友。背约的佣萨弗雷纳斯派人来下最后通牒,阿格西劳斯如果不离开亚洲就开战,阿格西劳斯请使者传话:阿格西劳斯对他大为感激,因为他发假誓从而已经招致诸神与之为敌,同时也使得诸神成为这些希腊人的盟友(I.13)。

(接上页注)(*Xenophon's Panegyric on Agesilaus with English Notes and an Introduction*),Oxford: Oxford University Press, 1868 年,Introduction,页 XIV,Notes,页 70。沃森(Watson)亦认为全文到第十章就应该结束了,第十一章内容杂乱无章。见 J. S. Watson,《色诺芬短篇作品》(*Xenophon's Minor Works: Comprising the Agesilaus, Hiero, Oeconomicus, Banquet, Apology of Socrates, The Treatises on the Lacedaemonian and Athenian Governments, On Revenues of Athens, On Horsemanship, On the Duties of a Cavalry Officer, and On Hunting*),1857,London,页 3。

之后,阿格西劳斯便准备战争,将攻击的目标公之于众。偪萨弗雷纳斯连忙分派兵力防守卡里亚,那是他的家产所在地。阿格西劳斯声东击西,突然朝弗里吉亚而去,几乎没有碰到抵抗,虏获无数。这样的结果看上去与阿格西劳斯公开对使者讲的话一致,有强大的诸神襄助,虔敬的阿格西劳斯获胜。可是这次战斗的前后,我们都没有看到祭神或其他敬神的仪式。作者用一个无人称句表明阿格西劳斯的这次胜利得益于他的战争技艺或智慧,即欺骗敌人的技艺,"这场胜利看来是阿格西劳斯的将才使然"(I. 17)。受过一次骗的偪萨弗雷纳斯再次受骗,阿格西劳斯公开了攻击的目标萨尔迪斯(Σάρδεις),这个波斯人心系家产,又认定阿格西劳斯会报复自己,又布兵防守如前。结果又是阿格西劳斯在敌人的土地上肆意驰骋。波斯国王归咎于偪萨弗雷纳斯,处之以斩首之刑(I. 25—35)。

阿格西劳斯不对向神求援的敌人施暴,第二章有相应的事例。阿格西劳斯在克罗内亚之战结束后,尽管自己伤痕累累,并没有忘记对神的义务,放走了在神庙中避难的八十名敌军士兵,还派自己的贴身护卫护送至安全地带(II. 13)。阿格西劳斯不认同把那些从神庙中盗东西的人叫作圣物盗窃犯的做法,①乃斯巴达特色的礼法使然。作者接下来说阿格西劳斯从未停止赞美诸神,他认为诸神对于合乎神义的行动的喜悦不会亚于圣洁的祭品。阿格西劳斯显得并不确信诸神是否一定更为喜爱合乎神义的行动。什么样的行动合乎神义?在文本中我们只发现有一处谈及。在战争中,使诈既合乎神义,又合乎人义(I. 17)。这是人们或某个人的看法。后文表明阿格西劳斯也持这样的意见(XI. 4)。除了运用骗术对付波斯人偪萨弗雷纳斯以外,我们在颂文中就找不到阿格西劳斯其他符合神义的行动了。

阿格西劳斯的顺遂或好运,从他的生涯来看,可以等同于打胜仗,他没有贪神功为己有,而是认为胜利是诸神所赐之恩惠,所以他不骄傲。ὑπερφρονέω,从字面上来讲,就是"越过理智",同义表述就是"运气好的时候保持审慎"(XI. 10)。作为一篇旨在赞美逝者德性的颂文,色

---

① 参色诺芬《回忆》I. 2. 62 和《斯巴达政制》II. 6—8。

诺芬的这篇短作不惜夸大其辞地谈论阿格西劳斯的胜利。记述亚洲战事的第一章，几乎都是胜利；第二章近半的篇幅讲述了克罗内亚的胜仗；第二章的十七至二十二节记述阿格西劳斯不断向希腊地区不服从的城邦发动战争且每每取胜的事。在转向斯巴达的战败之前，作者评论说，截至此时，阿格西劳斯和斯巴达，都正走着好运。在胜利接连不断的时候，也就是运气好的时候，阿格西劳斯不停地发动战争，拒绝急切求和的敌人（II.2），直到敌对的城邦屈服成为友邦。《希腊志》（IV.5.6）直接刻画过阿格西劳斯的极其傲慢（μάλα μεγαλοφρόνως）的架势。阿格西劳斯进军科林斯取得佩莱翁（Πείραιον），获得不计其数的俘虏和财富，彼奥俄亚的使者，还有忒拜的使者均前来表达求和的意愿，遭到阿格西劳斯的慢待。这种高傲显然是被胜利或"顺遂"冲昏了头脑。在运气好的时候"不停地发动战争"，导致斯巴达后面经历的一系列灾难，《阿格西劳斯颂》以简单、低调的笔触谈及阿格西劳斯和斯巴达的厄运，忒拜联盟进攻拉栖代蒙，斯巴达邦内又动乱频仍。

色诺芬以比较的方式谈论阿格西劳斯的献祭与祈祷，这个斯巴达人在有信心时的献祭要多过迟疑畏惧时刻的祈祷。凡人有信心的时刻，一般而言是顺遂或运气好的时候。第一章记载的一次献祭，属于信心高涨的时刻。阿格西劳斯率兵袭击萨尔迪斯，与波斯的军队正式交战之前，杀牲献祭，这时候阿格西劳斯的军队已经准备就绪，而波斯军队的步兵还没有到位，此时开战，对于阿格西劳斯来说正是好时机（I.31）。除了战前献祭，阿格西劳斯还按照习俗向神贡献财物，把在亚洲的掠夺的财富的十分之一奉献给德尔斐的神（I.34）。阿格西劳斯为诸神做的事还不止于此。前文曾谈到过阿格西劳斯在克罗内亚之战后，派自己的贴身护卫将八十名在神庙中避难的敌军士兵护送至安全地带（II.13）。在阿格西劳斯看来，克罗内亚之战是胜仗，所以战罢他还命令所有人戴上花环向神致敬，所有的笛手都吹奏起来，向神致谢（II.15）。他还依照礼法参加祖邦斯巴达的优亚肯忒伊亚节（τὰ Ὑακίνθια），并且唱赞美神的颂歌（II.17）。献祭是人为神贡献，祈祷是人有所求于诸神。凡人犹疑畏缩的时候，往往是处于困境之中，这时候向诸神祈祷改变境遇、得到自己认为好的东西。《阿格西劳斯颂》中没有阿格西劳斯祈祷的例子,或许因为这是一篇颂文,谈及祈祷,就不可避免地会涉及到阿格西劳斯的战败。作为熟人,色诺芬观察到阿格西劳斯献祭多于祈祷。阿格西劳斯对于诸神是奉献多,索取少,甚至无所求于诸神。

祈祷事例的阙如提醒我们注意到另一项敬神行动的缺失,占卜。这让我们十分讶异,尤其是参照色诺芬的《希腊志》和《斯巴达政制》时。《希腊志》记叙了阿格西劳斯的六次占卜,①其中四次是按照吕库古的礼法在出征异邦前举行的边境占卜。② 占卜意味着在某件事情上听从神的指示,因为凡人不知道结果是不是对自己有利。苏格拉底说这是超出凡人理智限度、由神掌控的东西(《回忆》I. 1. 6)。

《希腊志》当中另外两则占卜的事例讲述的是阿格西劳斯卜以决疑,当时阿格西劳斯处于困境。在亚洲抢劫时,阿格西劳斯的骑兵曾被法尔那巴祖斯的骑兵打得惨败,于是阿格西劳斯于次日献祭占卜,求问是否应该继续深入敌境。卜问的结果是不利于前行,阿格西劳斯便向海边折返(《希腊志》III. 4. 14—16),然后在以弗所征召、训练骑兵。《阿格西劳斯颂》在谈及这些时,隐去了占卜环节,到以弗所组建新骑兵是阿格西劳斯自己决定。阿格西劳斯清楚法尔那巴祖斯的骑兵强大,若想在这个波斯人的辖地来去无阻,只有在骑兵上占据优势,所以他退回海边,筹建并训练骑兵,否则就只能被法尔那巴祖斯的骑兵追着一路溃逃(I. 23)。颂文略过这次占卜不提,是不是因为占卜的事项并非后果不明朗,因而根本无需向神请示?第二次占卜决疑求问的是攻击曼偶内亚(Μαντινεῖς)城的事,预兆吉利(VI. 5. 18)。此前阿格西劳斯已经坐失战机,让重装步兵强大的阿卡狄亚人与曼偶内亚人会师,根本就没有争取在敌人汇合之前各个击破。根据作者的上下文叙事,阿格西劳斯这时放弃作战计划最为明智。既然预兆吉利,阿格西劳斯进军曼偶内亚城,夜晚扎营时又犯兵家大忌,将营地安在逼仄的山谷中,第二天又狼狈撤出。这次占卜前后,阿格西劳斯的昏庸无能完全坦露。强大

---

① 见《希腊志》III. 4. 3;III. 4. 15;V. 1. 33;V. 4. 37;VI. 5. 12;VI. 5. 17。
② 见《希腊志》出征亚洲前献祭、占卜(III. 4. 3);出兵特杰亚(Τεγέα)前边境献祭(V. 1. 33);出兵忒拜前边境献祭(V. 4. 37);出兵阿卡狄亚前边境献祭(VI. 5. 12)。关于出征前边境献祭占卜的仪式,另参色诺芬《斯巴达政制》XIII. 2—5。

的忒拜军队正在奔赴曼倜内亚的路上,因此曼倜内亚人及其盟友就在城内坚守不出。由于此前的愚蠢决策,阿格西劳斯当下十分被动,若再拖延至忒拜大军到来,后果必是全军覆没,但马上逃走,又担心沦为敌人眼中的胆小鬼,因此阿格西劳斯又装模作样地在曼倜内亚城外驻扎了三日,然后着急忙慌地撤走。不久之后,忒拜联军入侵拉栖代蒙,斯巴达城里的女人也前所未有地看到了敌人在斯巴达的土地上燃起的战火(《希腊志》VI. 5. 16—28)。

哲人色诺芬在《斯巴达政制》中将吕库古立法中关于战前祭祀和占卜的仪式归结为战争技艺的一部分:

> 当你看到这些场景,就会认为别的人在军事上不过是生手,唯有拉栖代蒙人才是战争技艺的行家(《斯巴达政制》XIII. 5)。

阿格西劳斯与作者色诺芬在对待希腊宗教时有相像之处,他们都不怎么虔敬。然而,阿格西劳斯显然并非一个娴熟掌握军事技艺的将领,与《居鲁士上行记》中精明的希腊万人军将领色诺芬之间有天渊之别。献给阿格西劳斯的颂文若不舍去所有的占卜事件,阿格西劳斯的智力缺陷将毫无余地地暴露。避而不谈阿格西劳斯的占卜,反倒可以暗示出作者自己对他的虔敬的看法。阿格西劳斯是一个没什么神圣观念的人,比如,他对自然界异常现象的反应并不像虔敬的雅典将军尼齐亚斯一般。阿格西劳斯的骑兵击败了忒萨利亚($\Theta\epsilon\tau\tau\alpha\lambda\iota\alpha$)人的骑兵,即将进入彼奥倜亚时,发生了日偏食,人们看到太阳变成了新月形,这时他得知拉栖戴蒙人在海战中惨败的消息。但阿格西劳斯公布拉栖戴蒙人在海战中获胜,并且为这次"胜利"献祭,并将祭品分发给大家(《希腊志》IV. 3. 10—14)。

阿格西劳斯使自己习惯于在畏惧的时候显得欢快,运气好的时候显得平和。背约的倜萨弗雷纳斯派人来下最后通牒,斯巴达人及其盟军听了使者的警告后,陷入恐惧之中,因为他们相信己方的兵力更弱。作者没有告诉我们阿格西劳斯是否恐惧。阿格西劳斯的表现,与他人迥异,他的脸上光辉闪耀,呈现出欢快的神色,并且答复使者,请他们传话给倜萨弗雷纳斯:阿格西劳斯会对他大为感激,因为他发假誓从而已经招致诸神与之为敌,同时也使得诸神成为这些希腊人的盟友(I.13)。阿格西劳斯脸上明亮的光泽和铿锵有力的言辞,都有益于减轻斯巴达人及其盟军的畏惧。阿格西劳斯知道诸神在大多数人心目中的力量。诸神的庇佑是凡人功成愿遂的前提,诸神是希望的来源(I.27)。这应该是阿格西劳斯敬神如仪的原因。关于希望,阿格西劳斯有自己的见解:对于士兵们来说,最大的希望是致富(II.8)。作为读者,我们没有找到阿格西劳斯在运气好的时候使自己显得平和的具体事例,正如我们找不到例子佐证阿格西劳斯在运气好的时候不自傲一样。

  第三章的虔敬论证疲软无力,现在变得可以理解一些了,要证明一个不虔敬之人的虔敬,必然会漏洞百出。细读第一、二章的虔敬行动与第十一章的虔敬重述,让我们在一定程度上领会到色诺芬对阿格西劳斯虔敬的真实看法。阿格西劳斯非虔敬之人,可悲的是,作为政治领袖,他缺乏《居鲁士上行记》中的色诺芬与《居鲁士的教育》中的居鲁士的聪明,更加可悲的是他还很傲慢和自以为是。我们阅读《希腊志》会有这样的体会,阿格西劳斯缺乏道德感,只是漫无节制地开战,对波斯也好,对希腊也好。肆无忌惮的根源是不虔敬。受制于写作目的,《阿格西劳斯颂》只是隐晦地暗示了阿格西劳斯的"缺德"及其缘由。

亚里士多德对修辞术的定义和定位

——《修辞学》1.1—1.4 简释①

黄汉林

亚里士多德把知识或科学分为三类：(1)静观性的知识，即纯理方面的知识，包括数学、物理学和神学，神学被后人名为形而上学；(2)实践性的知识，包括伦理学和政治学；(3)制作性的知识，包括各种实用性技艺以及如今所谓的艺术，如建筑术、音乐、绘画等。还有一种作为方法和工具的知识，即逻辑学；这门知识本身没有任何特定的对象，而是适用于所有研究，因而似乎难以归入上述三类知识的任何一类。修辞学是关于修辞术的知识或科学，过去曾被认为是工具性的知识，如今一般和诗学一起被列入制作性的知识。亚里士多德本人对修辞术的理解似乎有点令人难以捉摸，要想搞清楚他把修辞术划入何类知识，尤其需要细究《修辞学》开篇的说法。

---

① 本文部分内容曾以"介乎知与行之间"为题发表于《求是学刊》(2013 年第 2 期)，因限于版面而不及本文一半篇幅，今修订敷衍完整。本文主要参考《修辞学》的如下版本：(1) *The Art of Rhetoric*, trans. J. H. Freese, Cambridge: Harvard University Press, 1926；(2) *Aristotle on Rhetoric: A Theory of Civic Discourse*, trans. George A. Kennedy, Oxford University Press, 1991；(3)《修辞学》，罗念生译，上海：上海人民出版社，2005；(4)《修辞术》，颜一译，见苗立田主编，《亚里士多德全集(卷九)》，北京：中国人民大学出版社，1994。本文的写作亦参考了施特劳斯的《修辞学讲疏》(1964 年春在芝加哥大学开设课程的讲课稿)。文中分析的《修辞学》引文多为笔者所译，仅标示 Bekker 全集版的标准编码。本文承蒙黄薇薇同志分析好些晦涩的希腊原文，特致谢忱。

《修辞学》抄件原文的标题是 τέχνη ῥητορική（Art Rhetorical or Art of Rhetoric），直译应为《修辞的技艺》或《修辞术技艺》。在《论诗术》第十九章中（1456a35），亚里士多德称这部关于修辞术的论著为 περὶ ῥητορικῆς，当译作《论修辞术》。作为标题，《修辞的技艺》或《修辞术技艺》听起来像当时希腊修辞术教师编写的畅销修辞技法速成手册，不过亚里士多德显然不认为自己的这部论著属于此类手册，因为他批评的正是当时修辞术编撰者的做法，认为那些人并没有涉及这门技艺的核心。在亚里士多德看来，尽管希腊的修辞学家已经积累了丰富的修辞术实践，但他们并没有理解修辞术本质。亚里士多德尝试科学地分析修辞术，为理解修辞技艺的一般性质确立一个哲学或科学的框架。就此而言，《论修辞术》也可以翻译为《修辞学》，即关于修辞术或修辞技艺的学说或理论。《修辞学》是第一部关于修辞术的哲学论著或科学论著，行文是典型的亚里士多德风格，干巴枯燥，但严谨精确。现存《修辞学》分为三卷：卷一主要论修辞术的定义和种类；卷二论修辞术的三种说服方式；卷三则论修辞术的辞采风格和布局安排。这里尝试从修辞术与辩证术的关系出发，分析《修辞学》卷一前四章（1.1—4）中论及修辞术定义和定位的内容。

《修辞学》开篇就把修辞术与辩证术结合起来论述：

> 修辞术是辩证术的对应物（ἀντίστροφος）。因为两者涉及的东西都通过某种共通的方式为所有人所认知，并且两者都不限于任何一门科学；故所有人都通过某种方式分有两者，因为所有人都尝试批评或坚持某一论证，为自己辩护或控告［他人］。（1354a1-4）

亚里士多德一开始并未直接给出修辞术和辩证术的定义，① 却解释

---

① Kennedy 认为，《修辞学》的某些部分似乎首先讲给哲学学生听，例如，卷一显然是讲给已经学过辩证术而又不甚熟悉修辞术的学生听，尽管学生们可能已对坊间流行的修辞术手册略有所闻，参 Kennedy 的英译本卷 1.1—3 的导言，前揭，页 26。关于修辞术与辩证术的关系，可参罗念生先生简要的译注，前揭，页 21，注 2。

了修辞术为什么对应于辩证术:两者都是普遍的,不限于任何特定的范围。① 在这段话中,"所有人"出现了三次,第一次用了 ἁπάντων(前面的 ἁ 表示强调),其余两次为 πάντες。亚里士多德意在表明,认知的主体是普遍的,亦即运用修辞术和辩证术的主体是普遍的;"两者都不限于任何一门科学",是指两者关注的对象或主题是普遍的。既然修辞术与辩证术的主体与主题都是普遍的,自然就可以得出"所有人都以某种方式分有两者"。"认知"(γνωρίζειν)是指主体具有理智认识的能力,所有正常人都有这种能力,尽管在不同人之中这种能力的高低有所不同。"以某种共通的(κοινὰ)方式"有点令人费解,但要害在于何谓"共通的";希腊文 κοινὰ 的含意是"共同的、公共的、普通的、普遍的",因此这里同样强调修辞术与辩证术的普遍性,即凭靠某种普遍的方式而为人所共知。至于这种方式是什么,亚里士多德这里还没有说明。"所有人都尝试批评或坚持某一论证"似乎更多是在说辩证术,"为自己辩护或控告[他人]"则似乎是指修辞术,尤其是法庭修辞术;但既然两者都是普遍的,坚持或批评某一论证可以而且经常出现在修辞术中,反过来,自我辩护或控告他人亦会用到辩证术。

虽然人人都尝试以某种方式运用辩证术和修辞术,但亚里士多德接下来说,有些人这样做是出于偶然(εἰκῇ),有些人则凭靠熟习(συνήθειαν);因此,我们可以理出一条道路(ὁδῷ,或译"方式"),从而发现何以有些人凭靠熟习而另一些人自主地(τοῦ αὐτομάτου,对应前面的"出于偶然")运用两者(1354a5-11)。为什么有了基于偶然和基于熟习的运用,就可以发现有条有理、有着系统方法的自主运用?亚里士多德的意思是,既然出于偶然的运用是可能的,而基于熟习的运用是一种发展或进步,那么在此基础上我们还有可能发现一种自觉而完备的运用方式。这里的关键词是"发现",希腊原文为 θεωρεῖν,指"观看"、"静观",含有探究之意,其名词形式 θεωρία 就是如今的 theory(理论)。这个词暗示

---

① Kennedy 认为,辩证术与修辞术都不预设任何涉及技术性主题的知识,而是基于一切能推理者(reasonable)所相信的东西,前揭,页 28,注 1。在 1355b8,亚里士多德明确说,"显然,修辞术不限于任何确定种类的事物,而是像辩证术一样";在 1355b31-34,亚里士多德说,修辞术似乎能在任意给定的范围内发现说服的方式,因此修辞术不限于任何一种特定类型的事物。在 1356a30-33,亚里士多德重申修辞术与辩证术都不限于任何专门的科学,两者都是某种提出推理的能力(δυνάμεις τινὲς τοῦ πορίσαι λόγους)。

出,《修辞学》才是研究修辞术的理论或科学论著。

> 今天,编撰演说技艺的人仅仅论及这门技艺的一小部分;因为只有说服论证(πίστεις)才在技术范围之内(ἔντεχνον),其余都是附属的。关于作为说服论证之主体的修辞推理(ἐνθυμημάτων),他们只字不提。(1354a12-15)

亚里士多德批判了流行的演说技艺编撰者,然后提出两个关键术语:说服论证和修辞推理。这两个术语留待下文分析,我们先看亚里士多德明确给出的修辞术定义:

> 姑且认为修辞术是就每一种情形而发现可行的说服方式的能力(1355b26)。①

"姑且"(原文ἔστω表示虚拟语气,相当于英文的 let...be...)表明,亚里士多德似乎认为这个定义并未完整;或者说,亚里士多德只把这个定义视为临时性或假设性的,即便定义了修辞术,也只不过是一种较为接近真理的意见而已,不一定就是真理。"就每一种情形"(περὶ ἕκαστον)表明修辞术的适用范围具有普遍性,与前面的分析一致。"发现"(θεωρῆσαι)与上文的"发现、静观、理论"是同一个词,这里是不定过去时的不定式。"可行的说服方式"(τὸ ἐνδεχόμενον πιθανόν)就是内在地和潜在地可令人信服、可被人承认的东西。修辞术是发现这种东西的能力(δύναμις)。尼采解释这句话时说,"修辞术既不是[科学意义上的]知识(ἐπιστήμη),也不是技艺(τέχνη),而是能力,然而这种能力可以上升为某种技艺"。② 亚里士多德的行文客观而冷静,力求科学地分

---

① 在卷一第一章接近结尾处(1355b9-10),亚里士多德已经给出类似的定义,用词相差无几:修辞术的功能(ἔργον)不是说服,而是洞悉存在于每一种情形中的说服方式。"洞悉"原文为ἰδεῖν,意为"观看、洞察",与正式定义中的θεωρῆσαι(发现)是同义词。
② 尼采,《古修辞学描述》,屠友祥译,上海人民出版社,2001,页 8;引文据英译文而略有改动,见 *Friedrich Nietzsche on Rhetoric and Language*, Sander L. Gilman, Carole Blair, David J. Parent ed. and trans., New York:Oxford University Press,1989,页 9。

析修辞术的实质。从这个临时性或假设性的定义来看,修辞术作为一种能力,只是对可行的说服方式的发现,但不是技艺。这点非常关键,涉及亚里士多德与其他修辞术教师或智术师对修辞术的不同理解。技艺既包含知识的因素,同时还是一种制作,是"使既可以存在也可以不存在的事物生成的方法"(《尼各马可伦理学》1140a10-11)。

　　这个定义中所谓"可行的说服方式",即内在地和潜在地可令人信服、可被人承认的东西,究竟指什么?这就是前面提及的两个关键术语之一:说服论证(πίστις)。亚里士多德把说服论证分为非技术的说服论证与技术的说服论证(1355b35-40):非技术的说服论证是指不由演说者提供而预先存在的论证,如证人、拷问奴隶得来的证词、契约等等,这些都是可以现成地运用的东西,可理解为外在的各种证据。技术的说服论证是指演说者凭靠方法和努力而达成的说服论证,有待演说者发现或觅出(εὑρεῖν)。① 凭靠言辞(διὰ τοῦ λόγου)而产生的说服论证属于技术范围的说服论证,②有三种形式:

　　　　有些[说服论证]在于演说者的品格(ἐν τῷ ἤθει τοῦ λέγοντος);有些则在于以某种方式调动听者(ἐν τῷ τὸν ἀκροατὴν διαθεῖναί πως);有些则在于理性本身(ἐν αὐτῷ τῷ λόγῳ),通过展示或表象的展示。③ (1356a1-3)

　　亚里士多德分别解释了三种形式的说服论证(1356a4-20):第一种

---

① εὑρεῖν即"找出",相应的拉丁文为 invenio,英文译作"invent";西塞罗著有 *De Inventione*,一般译为《论开题》或《论取材觅材》,颇令人费解。在古罗马的修辞学中,"inventio"被视为修辞术的五个部分或步骤之一。Inventio 承袭了εὑρεῖν的意义,亦即指从每一情形中发现可以令人信服的东西,从而确立修辞术的论证;因此笔者建议,inventio 不妨译作"立论"。

② 属格的τοῦ λόγου在这里应理解为"言辞[推理]",统括三种形式的说服论证。

③ 与格的ἐν αὐτῷ τῷ λόγῳ应理解为"凭靠理性(或论理、推理)本身"。亚里士多德这里没有提到不凭靠言辞推理而产生的说服论证。某些动作有时也会令人信服,此谓演说术之"演"的一面;昆体良举例说,安东尼乌斯(Antonius)在为阿奎利乌斯(Manius Aquilius)辩护时,撕开阿奎利乌斯的外衣,露出与祖国的敌人作战时光荣负伤的疤痕,深深打动了罗马人,阿奎利乌斯最终被判无罪。见《善说术原理》2.15.7。

凭靠演说者的品格或性情(ἦθος, ethos)而使听众觉得演说可信；第二种在于通过引发听者的激情或情感(πάθος, pathos)而使听众信服；第三种通过理性(λόγος, logos)本身来说服听众，亦即直接向听众指明和展示真实或表象(ἀληθὲς ἢ φαινόμενον δείξωμεν)。出于方便，这三种说服论证的形式可以概括为：品格－情感－理性(ethos-pathos-logos)的说服方式。三者都是凭靠言辞而产生说服论证的方式。

虽然区分了三种形式的说服论证(πίστις)，但说服论证本身的性质究竟是什么，尚未清楚。亚里士多德前文已经说过，流行的修辞术编撰者"仅仅论及这门技艺的一小部分，只有说服论证才在技术范围之内，其余都是附属的"。换言之，说服论证才是修辞术的技术核心；流行的修辞术编撰者只谈激发偏见、怜悯、愤怒等情感方面的外在之事(τῶν ἔξω τοῦ πράγματος)，因而只涉及修辞术的一小部分。但亚里士多德不是也认为激发听众情感是说服论证的形式之一吗？当亚里士多德说"只有说服论证才在技术范围之内"，他的意思是，流行的修辞术编撰者所谈论的调动情感还不是技术范围的说服论证；亚里士多德则把调动情感纳入了说服论证的技术范围。此外，修辞术编撰者也不认为演说者的公道品格(ἐπιείκειαν)有助于增强说服力，亚里士多德则同样把演说者的品格或性情纳入了说服论证的技术范围。

关键在于如何理解说服论证。"说服论证"原文为 πίστις（复数 πίστεις），有说服、相信、信服等意思。① 中文之所以译作"说服论证"，是因为在亚里士多德的使用当中，πίστις 含有论证(argument)的因素。至于通过理性本身而产生的说服，即第三种形式的说服论证，本身就包含论证、推理、论理等意思。究竟而言，三种形式的说服论证由于共通的"论证"因素而成为亚里士多德所谓技术范围内的说服论证。那么，这种因素是什么？就是前面提到的另一个关键术语：修辞推理。亚里士多德批评说，"关于作为说服论证之主体的修辞推理，他们[指修辞术编撰者]只字不提"。修辞推理是说服论证的主体，② 希腊原文是

---

① 参 Kennedy 对 πίστις 的译注，前揭，页 30，注 9。
② "主体"(σῶμα)与上文的"外在之事"(τῶν ἔξω τοῦ πράγματος)相对。

ἐνθύμημα，现代西方语言的译本可以直接转写为 enthymema，也可意译为 rhetorical argument；中文则音译为"恩梯墨玛"或意译为"修辞推理"。从词源上来看，ἐνθύμημα 由介词 ἐν 加 θυμός 构成，字面意思为"在心之中"。θυμός 亦即《王制》中的"血气"，但在古希腊语中，θυμός 有更宽泛的意义，可以指心、灵魂、呼吸、生命气息等伴随在人之中的东西。修辞推理是否跟人心或人性的东西相关？亚里士多德似乎认为，ἐνθύμημα 是一种不完整的三段论，后来有解释者理解为"省略式三段论"，亦即没有明白说出某个前提的三段论。这种三段论是一种或然性推理，其结论只具有可能性，不同于必然有效的证明式推理（ἀπόδειξις）。在修辞三段论中，某种东西仍然留存在心中，没有宣示或公布出来，却默认其为真。默认为真的东西很可能涉及人的品格和情感。① 我们最好通过亚里士多德自己举出的一个例子来理解这种三段论：

> 一个有头脑的人绝不应当
> 把自己的子女调教得太过聪明

亚里士多德说，这是一句格言，添上理由和原因之后，就成为一个修辞式推理：

---

① 据 Kennedy 译注，在亚里士多德之前，阿尔喀达马斯（Alcidamas）和伊索克拉底（Isocrates）曾用 ἐνθύμημα 来指代一篇演说所表达的"观念"。在《前分析篇》（2.27），ἐνθύμημα 被定义为"从可能性（εἰκός）和表证（σημεῖον）而来的三段论"。亚里士多德有时以 συλλογισμός 宽泛地表示"推理"，以 ἐνθύμημα 表示被置于任何形式之中的因素。在技术的意义上，一个有效的三段论具有逻辑的确定性和真实性。典型的例子是，"所有人都终有一死，苏格拉底是人，所以苏格拉底终有一死"。在 1.2.14(1357a23)，亚里士多德说，ἐνθύμημα 的少数前提是必然为真的；在 1.2.13(1357a15-18) 和 2.22.3(1395b25-26)，亚里士多德说，ἐνθύμημα 无需说出其所有前提，因为倘若某一前提是众所周知的，就无须提及，听者自己会添上去。亚里士多德对三段论与 ἐνθύμημα 的区分似乎很大程度上依语境而定：三段论要求严格推理的哲学论辩；在公共演说或写作中，ἐνθύμημα 表达的推理得出不严格的结果。公开发言中的推理即便不是绝对有效，仍然值得考虑。一个典型的 ἐνθύμημα 是，"因为苏格拉底有智慧，所以苏格拉底是有德性的"。这个例子省略了大前提："所有有智慧的人都是有德性的"，这个前提只具有可能性，并非必然有效。前揭，页33，注23。亦参罗念生先生的译注，前揭，页21，注7。

> 因为他们不但会得到呆气的骂名,
> 还会招来城中邦民的嫉妒和恶意。①

明确给出的前提是:太过聪明的人不但会有呆气的骂名,还会招来嫉妒和恶意;没有明确说出或暗含的前提是:被骂呆气、招人嫉妒和恶意是不好的;结论:有头脑者不应该把子女调教的太过聪明。很明显,这个结论并没有必然性,因为虽然暗含的前提可以说是人人心里默认为正确的,但明确给出的前提却没有必然性。修辞三段论如果要转化为证明的三段论,不仅要考察明确给出的条件和前提,而且要考察论证过程中省略或默认的东西。

亚里士多德稍后(1355a4-17)讨论了说服论证、修辞推理以及真实($ἀληθές$,亦可译作真相、真理)的关系:

> 既然技术范围内的方法明显与说服论证相关,[既然]说服论证是某种证明([$ἀπόδειξις$]因为我们认为,某事得以证明之时我们便最大程度地信以为真),[既然]修辞的证明($ἀπόδειξις\ ῥητορική$)就是修辞推理([$ἐνθύμημα$]一般而言,修辞的证明是最有力的说服论证),[既然]修辞推理是某种三段论([$συλλογισμός$]整个辩证术或辩证术的一部分②就是以同样的方式洞悉[$ἰδεῖν$]所有三段论);那么,很明显,最有能力看清楚($θεωρεῖν$)三段论从何以及如何产生的人,就会最善于修辞推理,倘若这人也把握了修辞推理关注何种事物以及修辞推理与逻辑三段论($λογικοὺς\ συλλογισμούς$,即逻辑推理)有何区别的话。因为真实($ἀληθές$)与类似真实的东西凭靠同一种能力来洞悉($ἰδεῖν$)。同时,人天然地能够趋向真实,而且在许多事情上碰巧达到了真实,因而能够窥探[普遍的]意见($ἔνδοξα$)的人,

---

① 《修辞学》1394a29-35。这是亚里士多德给出的第一个修辞三段论的例子,出自欧里庇得斯,《美狄亚》294—297。
② Freese译注谓:这里的"辩证术"显然包括广义的逻辑,"辩证术的一部分"或是指讨论三段论的《前分析篇》,或是指讨论谬误的《辩谬篇》。

也就能够窥探真实。①

这段话逻辑缜密，层层推进，亚里士多德思路之严谨和清晰于此可见一斑。前一句可分为两部分：前面的"既然……"分句部分与后面的"那么……"分句部分；"既然"分句由四个并列小分句构成，辨析说服论证、证明、修辞推理、三段论和辩证术等术语及其相互关系；"那么"分句内含条件从句，表明怎样的人才是最善于修辞推理（即或然性推理）的行家。

先看前面的四个"既然……"分句。首先，修辞术的技术核心或方法与说服论证相关。其次，说服论证是某种证明（$ἀπόδειξις$），当我们认为某事得以证明之时我们就最大程度地信以为真。某种证明是指什么证明？应该就是指第三个分句中的"修辞的证明"。② 第三，修辞的证明是一种修辞推理，而且一般而言是最有力的说服论证，因而使人最大程度地信以为真；但是最有力的说服论证并不意味着是必然的证明，尽管有些修辞的证明同时也是必然有效的证明。③ 第四，修辞的推理是某种三段论，而辩证术或辩证术的一部分研究所有三段论，当然也研究修辞三段论（修辞推理）。

再看后面的"那么……"分句。这是一个条件从句，要想成为最善于修辞推理的人，需要同时满足三个条件：第一，最能看清楚（$θεωρεῖν$，静观、发现）三段论从何以及如何产生；第二，把握住修辞推理关注何种事物；第三，把握住修辞推理与逻辑三段论（逻辑推理）有何区别。满足第二个条件的人究竟是什么人，这里还无法得知。满足第一和第三个条件的人其实就是精通辩证术的辩证学家；为什么？因为第四个"既

---

① 据Kennedy，圆括号"（）"的内容表示亚里士多德插入的按语。本段中译依照Kennedy的这种标点法，方括号"[ ]"的内容为本文据语境而酌情添加，以疏通句意。此外，本文亦以圆括号或方括号附上关键词的希腊原文。
② 通常，亚里士多德单独使用$ἀπόδειξις$一词表示必然有效的证明；此外还有一种只具有或然性的证明，如修辞的证明。
③ 在1357a23-30，亚里士多德说，"修辞三段论的前提很少是必然的……修辞推理所依据的东西有一些是必然的，但大多数只是经常发生的"。如果修辞三段论（即修辞推理）的前提是必然的，这个修辞推理的结论也就是必然的。

然……"分句已经提到,辩证术或辩证术的一部分以同样的方式洞悉所有三段论,因此自然清楚三段论从何以及如何产生,也会明白修辞推理(修辞三段论)与逻辑三段论的区别。

"因为真实与类似真实的东西凭靠同一种能力来洞悉",这句话似乎对应于修辞推理与逻辑推理(逻辑三段论)的区别:真实的东西对应于逻辑推理得出的东西,类似真实的东西对应于修辞推理得出的东西;所谓"凭靠同一种能力"其实就是广义的推理能力,包括修辞推理与逻辑推理的能力——我们可以统称为辩证术的能力。亚里士多德对修辞术的看法基于柏拉图,认为真正的修辞学家以及完美的修辞术教师应该是柏拉图或苏格拉底意义上的辩证术家——能够明白所有类型的三段论,能够洞悉真实与类似真实。① 因此,在亚里士多德看来,流行的演说家或名嘴不过是凭靠熟习或经验而成功运用了修辞术而已,他们只知其然而不知其所以然;流行的修辞术编撰者或修辞术教师也没有真正懂得如何教授修辞术。②

亚里士多德接着说,"同时,人天然地能够趋向真实,而且在许多事情上碰巧达到了真实;因而能够窥探普遍意见的人,③ 同样也能窥探真实"。"人天然地能够趋向真实",也就是《形而上学》第一句话(980a24)所表达的意思:所有人都有求知的天性($φύσει$);"在许多事情

---

① 参《斐德若》259e4-260a4:

　　苏格拉底:要把事情说得妥帖、说得好,至少说话人的心里得清楚知道他要说的东西的真实($τὸ\ ἀληθές$)。

　　斐德若:这一点么,亲爱的苏格拉底,我倒听过这样的说法:对于想当修辞家的人来说,其实没必要去了解正确实际上是什么,只需了解在那些会下判断的多数人看来是正确的就可以了;不需要了解实际的善和美,而是显得如此($δόξει$)就行。因为,说服($τὸ\ πείθειν$)靠的是这,而非真实($τῆς\ ἀληθείας$)。(刘小枫译文,未刊稿)

　　斐德若听来的说法,正是亚里士多德所批评的修辞技法编撰者的观点。$δόξει$(显得如此)与$δόξα$(意见)词干相同。

② 《辩谬篇》183b38-184a6;修辞术教师和智术师只是教人背记演说辞和固定的辩驳程式,并没有教人制作演说辞的技艺,有如鞋匠只是向人展示各种制成的鞋,却不教人如何制鞋。

③ "窥探"的原文是$στοχαστικῶς$,意为"善于瞄准的、能够击中的、猜测忖度的"。

上碰巧达到了真实"指的是，人天然的求知意向在许多方面已经取得真实之知，但并非一帆风顺，有时还得看运气。"能够窥探普遍意见的人，同样也能窥探真实"这句话很可能涉及上述三个条件中的第二个：最善于修辞推理的人需要知道修辞推理关注何种事物。兴许普遍意见就是修辞推理需要关注的事物，而满足这个条件的人就是能够窥探普遍意见的人？关键词是"普遍意见"，从字面意思来看，希腊文 ἔνδοξα 是指"在意见之中"，引申为普遍认可和接受的观点或看法，英文译为 generally accepted opinion，可以对应于上文"类似真实的东西"。普遍意见（或类似真实的东西）与真实有什么关系？为什么能够窥探普遍意见的人，同样能够窥探真实？问题仍然与辩证术有关。我们还是得先搞清楚什么是辩证术。为此我们需要转向《论题篇》，这篇讲义的主题是"研究辩证的推理"(100a24)。

《论题篇》卷一第一章区分了必然的推理与辩证的推理（100a25-b20）：从真实和原初的东西出发而进行的推理就是证明（ἀπόδειξις，指狭义的证明，其结论在逻辑上必然有效）的推理；从普遍意见（ἔνδοξα）出发而进行的推理属于辩证的推理，或者说是辩证术。所谓"真实和原初的东西"，是指凭靠自身而具有说服力的东西，因为科学的各种第一原则无需回答为什么的问题，而是在其自身之中和因其自身之故而使人信服，例如数学和物理学的公理和定理。真实和原初的东西如何得来？最高的前提和第一原则如何得来？在亚里士多德看来（101a32-b2），任何科学都无法证明其自身的第一原则。科学的第一原则或最高前提不可能从某种更高的东西得出，而是很可能来自"普遍意见"。所谓"普遍意见"，是指"对所有人，或对多数人，或对智慧者——所有智慧者或大多数智慧者或最知名的智慧者——而言正确的和普遍接受的东西"。亚里士多德的定义一如既往地严谨和精确。对"所有人"而言正确的和普遍接受的东西也许就是人人都懂得的真实（真理），对"多数人"而言正确的和普遍接受的东西也许是类似真实的东西（可能对也可能错的东西），而对"智慧者"而言正确的和普遍接受的东西也许是只有智慧者才懂得的真实（真理）。我们必须通过普遍意见得出真实，从而走向第一原则，走向"真实和原初的东西"。人有天然的求知倾向，而求知的出发点"在意见之中"（ἔνδοξα），即普遍意见。意见虽然不见得就是真实，①但包裹着真实，或者说从普遍的意见可以通向发现真实之路，而且人们在许多事情上已经达到真实。② 从意见走向真实的过程是一种向更高事物的上升。"辩证术是探究性的（ἐξεταστικός），内含通往一切探索方法之本原的道路"（101b3-4）。辩证的探究一方面低于科学和真理（低于必然的东西），因为它的起点是普遍意见；另一方面又高于科学和真理，因为它是通向最高原则的道路或方法。因此，《修辞学》这里的"窥探"意见与真实，意思是指能够不断从普遍接受的意见当中分辨出或上升到真实的部分。这种不断朝向真实（真理）的上升就是辩证术；"能够窥探普遍意见的人，也就能够窥探真实"，这种人就是辩证术家。

修辞术作为辩证术的对应物，同样从普遍的意见出发，因为修辞推理的前提同样来自普遍的意见。例如，"有智慧的人是有德性的"、"招人嫉妒和讨厌是不好的"、"应该理性地讨论问题"等都来自城邦民普遍认可的意见，虽然不一定都是正确的。但是，普遍的意见又从何而来？来自人们共同的城邦生活，确切地说，来自特定政治共同体的生活方式。由此我们可以更好地理解《修辞学》开篇的话：修辞术与辩证术"涉及的东西都通过某种共通的方式为所有人所认知……所有人都通过某种方式分有两者"，所谓两者都涉及的东西就是普遍的意见，"某种共通的方式"和"某种方式"都是指某种共同的、公共的生活方式。"批评或坚持某一论证，为自己辩护或控告[他人]"都发生于共同体的生活之中。

那么，修辞术与辩证术的关系和区别是什么？亚里士多德说：

> 修辞术就像是辩证术和伦理研究的分支，而伦理学可以恰当地称之为政治学；修辞术也装扮成政治学的样子，有如那些宣称掌

---

① 即黑格尔所谓的"熟知非真知"。
② 亚里士多德对真实或真理的看然仍然基于一个柏拉图式的主张：没有任何意见是完全错误或低下的，任何意见都是真理的一个片段。仔细考察每一种意见，就可以修复出某种整全或得出某个整体的一个部分。例如，即便"地球是方的"这个说法，也暗含正确的东西，亦即承认"有地球存在"。

握了修辞术的人，要么出于缺乏教育，要么出于自夸，要么出于人的其他弱点。(1356a25-30)

前面说过，属于修辞术的技术范围内的说服论证有三种形式：品格－情感－理性(ethos-pathos-logos)的说服方式。既然说服论证凭靠这些方式产生，那么，修辞家要想掌握这些形式，就要研究人的品格、情感以及理性。这三者似乎分别涉及两门相应的科学：品格和情感似乎对应于伦理学，所以修辞术像伦理学的分支；理性(或论理)似乎对应于辩证术，所以修辞术像辩证术的分支。在三种形式的说服论证当中，最重要的是第三种，即通过理性或论理(logos)来说服人。况且，按照前文的分析，三种说服论证形式所运用的推理是广义的三段论推理或逻辑推理，其中包括修辞推理(ἐνθύμημα)和证明式推理(ἀπόδειξις)。证明式推理是一种必然性推理，只要前提为真，其结论也就必然为真，例如数学和物理学方面的公式定理等；修辞推理则是一种或然性推理，其结论得出类似真实和可能为真的东西。修辞推理是修辞术说服论证的主体。辩证术研究包括修辞推理和证明式推理在内的所有三段论推理(1355a10)，而且最善于修辞推理的人所需的三个条件，辩证术家都能满足，因此修辞术当然就像是辩证术的分支。

另一方面，伦理学研究人的德性，德性出于人的活动或行为实践，而品格(性情)、情感(激情)和理性都是影响人的活动或行为实践的重要因素。修辞术由于需要研究品格、情感和理性，所以也就像是伦理学的分支。伦理学可以恰当地称之为政治学，因为在亚里士多德对知识的划分当中，伦理学与政治学是一体的，两者都是研究人的行为实践方面的知识，《尼各马可伦理学》的结尾正好是《政治学》的开头。

亚里士多德并没有说有人把修辞术当成辩证术，似乎修辞术与辩证术还算比较容易区分。亚里士多德只是说，"修辞术装扮成(ὑποδύεται)政治学的样子"。ὑποδύεται有"穿进(外袍)里面"、"从底下溜进去、潜入"、"把脸放到面具下面、扮演"等意思；这个词含有戏谑或民主谐剧的味道，表明亚里士多德并不认为修辞术就是政治学或政治术，但有些人把两者等同起来——"那些宣称掌握了修辞术的人"。那些人是谁？很可能就是亚里士多德所批评的坊间修辞术编撰者，包括某些智术师。① 这号人自以为懂得修辞术，其实只不过貌似掌握了修辞术而已，他们有三点不足："要么出于缺乏教育，要么出于自夸，要么出于人的其他弱点"，恰好对应于三种形式的说服论证："缺乏教育"可能指这号人理性能力没有得到很好的培养；"自夸"表明这号人品格不好；"出于人的其他弱点"可能指这号人的其他弱点，更可能是针对听众而言，因为听众容易受各种情感支配，正好被善于激发情感的修辞家或智术师利用。

接下来亚里士多德进一步说明辩证术、修辞术针对的对象：

> ……辩证术的推理并不是来自随机偶然的东西（ἐξ ὧν ἔτυχεν）——显然，胡言乱语者也能说上一通——而是来自需要论证的东西（τῶν λόγου δεομένων），修辞术[的推理]则来自那些已经常常被人计议的东西（ἐκ τῶν ἤδη βουλεύεσθαι εἰωθότων）。(1356b35-7)

修辞术与辩证术虽然都是普遍的，但两者的普遍性同时意味着主题的不确定性。在实际情形中，两者的主题都并非随意的，而是有轻重主次之分。亚里士多德这段话缩减了辩证术与修辞术的范围，并非要否认两者的普遍性，而是集中关注有意义和重要的主题。虽然修辞术与辩证术可以就任何主题而进行推理，但显然并非所有主题都具有同等的意义和重要性。辩证术的推理"来自需要论证的东西"，所谓"需要论证的东西"其实是对论证者、亦即对辩证术家而言需要论证的东西，涉及辩证术家的个人性情和喜好。修辞术则主要针对经常需要计议的东西，"处理那些我们计议但又缺乏技艺的事物"（1357a1）。"计议"的希腊文是 βουλευόμεθα，意思为就某事而"审度、商讨、商议"，与 συμβουλευτικόν[议事的修辞术]词源相同。只能计议的事物属于政治的

---

① 在《尼各马可伦理学》结尾处（1180b34-1181b23），亚里士多德扎评说，那些声称教授政治学的智术师根本不知道政治学是什么以及关于什么，他们把政治学视为修辞学，以为立法就好比把各种好法律汇编在一起那么容易。

领域,这个领域缺乏相应的技艺。按照前面的修辞术定义,修辞术只是发现可行的说服方式的能力而已。倘若如此,修辞术就谈不上是处理政治事物的技艺了?这就否定了许多修辞术教师和智术师的看法,他们把修辞术直接简单等同于政治术或政治技艺。

与上面两段引文对应的是《修辞学》卷一第四章里面的一段话:

> 因而此前所说的恰好是真的:修辞术结合了分析科学($τῆς\ ἀναλυτικῆς\ ἐπιστήμης$)和关涉伦理方面的政治科学($τῆς\ περὶ\ τὰ\ ἤδη\ πολιτικῆς$),它一方面像辩证[的推理],另一方面像智术的推理($τοῖς\ σοφιστικοῖς\ λόγοις$)。(1359b8-10)

"此前所说的"就是指上面分析过的引文:"修辞术就像是辩证术和伦理研究的分支,而伦理学可以恰当地称之为政治科学"。"分析科学"确切而言是指具有必然性的推理科学,但这里是指作为广义的推理科学的辩证术,包括修辞推理与证明式推理,甚至包括智术或诡辩术推理。"关涉伦理方面的政治学"是指包括伦理学在内的政治科学。因此,修辞术是分析科学与政治科学的结合。就其具有分析科学的成分而言,修辞术"一方面像辩证的推理",就其关涉"伦理方面的政治科学"而言,修辞术又"像智术的推理"——亦即既像辩证术又像智术。我们可以说分析科学(辩证术)对应于"辩证的推理",但为什么关涉伦理方面的政治科学对应于"智术的推理"?要看亚里士多德接着怎么说,

> 但是,某种人越是设法不把辩证术或修辞术($ἢ\ τὴν\ διαλεκτικὴν\ ἢ\ ταύτην$)仅仅当作某种能力($δυνάμεις$),而是当作科学($ἐπιστήμας$),这种人就无意中越是改变和模糊了它们的性质,把它们改造成某种基于行为实践($πραγμάτων$)而不是仅仅基于言辞推理($λόγων$)的科学。尽管如此,让我们现在提及一下值得讨论的东西,但全面的考察要留给政治科学(1359b11-18)。

按照亚里士多德的临时定义,修辞术是一种发现可行的说服方式

的能力,而不是技艺或科学。在1356a30-33,亚里士多德重申修辞术与辩证术都是某种提出推理的能力($δυνάμεις\ τινὲς\ τοῦ\ πορίσαι\ λόγους$)。但"某种人"并非这样认为。什么人不把辩证术或修辞术看作某种能力,而是当成知识或科学($ἐπιστήμας$为复数)?当成什么知识或科学?第二个问题可以先回答:当成处理人的行为实践的伦理学和政治学。理由有三。首先,前文说过,修辞术"关涉伦理方面的政治科学",因而有可能被当作伦理学和政治学;再者,这里说修辞术与辩证术被"改造成某种基于行为实践的"科学,而研究行为实践的科学就是伦理学和政治学;第三,根据这段话的最后一句,所谓"全面的考察"就是对行为实践的全面考察,此即政治科学的任务。那么,什么人把修辞术和辩证术当成伦理学和政治学?按照上文的分析,这种人应该就是雅典的一干修辞术教师和演说名嘴等,但亚里士多德心里想的更多是区别于一般修辞家的智术师,因为正是智术师运用"智术的推理",宣称可以传授德性和教人政治技艺,把修辞术和辩证术改造成基于"行为实践而不是言辞推理的科学",即改造为政治科学。亚里士多德说修辞术像"智术的推理",完全是针对智术师,智术师把修辞术等同于政治术。

然而,亚里士多德似乎也不认为修辞术仅仅涉及言辞推理($λόγων$),而是的确涉及政治上的重大主题,因此,他仍然要"提及一下值得讨论的东西",讨论议事修辞术应如何处理五方面最重要的政治议题,尽管"全面的考察要留给政治科学"。

经过前面的细致分析,我们可以总结如下。修辞术对应于辩证术,两者的主体和主题都是普遍的,都是从普遍意见出发而进行论证或推理。修辞术是一种发现可行的说服方式的能力。可行的说服方式是指说服论证,技术范围内的说服论证有三种形式,可统称为"品格-情感-理性"的说服论证。说服论证的核心是修辞推理,修辞推理并非必然有效的逻辑推理。修辞术像是辩证术的分支,因为辩证术研究包括修辞推理在内的所有推理,最精通修辞推理的人是辩证术家。另一方面,修辞术又像是政治科学的分支,因为修辞术不仅涉及人的品格和情感,而且修辞术的推理主要针对需要商讨计议的领域,亦即政治事物。概言之,修辞术一只脚踏在辩证术的领域,另一只脚踏在政治的领域。修辞术这种"一脚踏两船"的含糊地位含义何在?

修辞术与政治事物相关,但政治事物又缺乏相应的技艺。修辞术显得是处理政治事物的技艺,或者说显得是政治技艺。但在亚里士多德看来并非如此,只不过有许多修辞家和智术师把政治科学视为可传授的政治技艺、再把政治技艺视为修辞术而已。对亚里士多德而言,政治技艺或政治科学与修辞术都不同于百工意义上的、具体的制作技艺。修辞术或修辞技艺主要涉及的是需要计议的政治领域。其他技艺当然也会有某种计议,如建筑术也会计议如何建造一栋房子;不过,这只是商讨如何将建筑技艺应用于具体的操作,建筑师有没有好的修辞才能只是偶然的事情。政治属于实践的领域,实践的领域不是技艺的对象。技艺与制作相关,实践不同于制作,"实践理性的品质不同于制作理性的品质"(《尼各马可伦理学》1140a3)。实践也不是科学(这里指纯理方面的知识)的对象,科学并不处理行动,科学处理的对象是由于必然性而存在的东西(《尼各马可伦理学》1139b21),是依照法则和规律而变化的东西,而实践属于难以预料的可变领域,"并不包含什么确定不变的东西"(《尼各马可伦理学》1104a5)。在亚里士多德看来,指引实践的东西并非科学与技艺,而是明智或审慎($\varphi\rho\acute{o}\nu\eta\sigma\iota\varsigma$),或曰实践智慧。实践智慧关注"对于一种好生活总体上有益"的善(《尼各马可伦理学》1140a29),从而指引人应该如何选择和行动。最高形式的实践智慧高于只关注个人之善的实践智慧,因为最高形式的实践智慧关注整个政治共同体的福祉。实践智慧最突出地体现在伟大治邦者或政治家身上,这种人对伦理和政治有着比一般人更高的理解和更广阔的视野。实践智慧因此也可以理解为政治智慧或政治技艺,但决非百工制作意义上的技艺。① 我们可以称修辞术为技艺,但就其涉足政治事物而言,修辞术是一门特殊而困难的技艺,因为它要处理和应对从根本上来说无技艺可言的领域。涉足政治事物的修辞

---

① 在《普罗塔戈拉》中(320c7-323a4),普罗塔戈拉的创世神话解释了人类社会的出现和产生,其中说到:普罗米修斯从赫斐斯托和雅典娜那里为人类偷得带火的技术和其他技术,但偷不了政治术或政治技艺,因为这东西由宙斯掌管着。由于没有政治技艺,人们相互残害,逐渐灭亡;宙斯于是派赫尔墨斯给每个人都送去羞耻感和正义观。如此一来,普罗塔戈拉得出结论:人人都具有民主地商议政治美德的基础。柏拉图表明,修辞术的兴起与民主政治息息相关。

家或演说家同时也是政治人,他们本人并非具体技艺的专家,但在计议商讨政治事物的时候,需要修辞术表述各种技艺专家的看法,展示各种技艺的成果,为自己的提议和目的论证。修辞术可以而且应该成为立法者或是政治家的辅助技艺。换言之,修辞术应该从属于政治学。因此,亚里士多德批评那些流行的修辞术教师和智术师,因为他们把政治学等同于修辞学,把修辞术等同于可以传授的技艺,把政治学等同于法律条文的汇编。亚里士多德多次强调,修辞术是发现可行的说服方式的能力,而不是技艺或科学。

另一方面,修辞术又因其运用的推理论证而像是辩证术的分支。但是修辞术与辩证术的不同之处在于,辩证术严格来说并没有一种实践上的目的。从外在形式来看,辩证术只是两个或少数几个人之间的相互交谈、一来一往、有问有答,而且经常回溯之前交谈过的东西。严格而言,辩证术的交谈没有最后期限。苏格拉底式的辩证术是真正意义上的辩证术;对苏格拉底来说,辩证术的最终期限是《斐多》中的对话,至死方休。就此而言,辩证术就是爱智慧,就是哲学,就是对真理的不断探究和永恒追求。修辞术却不能如此。修辞术是面对一群听众的演说,有特定的时限,有开场和结尾,最终要得出结论,而且要交由听者作出判决或决定。修辞术的演说由三种成分构成:演说者、演说主题和演说对象(听众)。根据不同的主题和听众,亚里士多德把修辞术分为三种($γενή$,1358a36-b6):议事体($συμβουλευτικόν$),诉讼体($δικανικόν$)和炫示体($ἐπιδεικτικόν$)。议事的修辞术是指在公民大会或元老院上的演说,主题一般涉及城邦未来的公共事务,比如立法、战争、赋税等等;议事演说的听众是议员或元老,他们对演说者提议的未来之事下决定,例如宣战抑或媾和。法庭修辞术是在法庭上就过去发生的事情而演说,或是控告或是辩护,听众是法官和陪审员,他们对已经发生的行为作判决:正义抑或不义。炫示的演说意在颂扬或谴责,表明某个人或某件事的高贵或可卑,听众是城邦民,他们对演说者的能力和水平评头品足:好还是不好。修辞术从意见出发,通过修辞推理而得出某个结论,最终导致听者作出某种实践上的决断。修辞术的结论虽然有可能为真,但仍在意见的范围之内,没有超出意见。辩证的推理则不仅超出意见,而且不断超出此前所得出的、可能已经被认为属于真理的东西,因而是一种永无止境的上升,永远朝向最高的真理。哲学或辩证术这种追求对修辞术的结论是一种潜在的破坏和颠覆。这就是哲学与修辞术的冲突。这种冲突的背后是哲学与政治或哲学与城邦的冲突,因为修辞术的出发点和归宿都需要基于既定城邦的法律和习俗,基于城邦的正义,基于城邦的福祉。因此,修辞术一只脚踏在政治的领域,另一只脚踏在形式科学(辩证术或哲学)的领域。虽然与哲学存在冲突,但修辞术的微妙地位在于,它又可以成为沟通哲学与政治(城邦)之间的桥梁。如何理解作为桥梁的修辞术?这个问题可以概要回答如下。

亚里士多德对人的理解基于一种自然的目的论,人的目的可以通过对自然的认识而得知。人的目的可在最佳政制中得到完美实现,因此,亚里士多德政治学的主题是最佳政制。政治学是一种关于行动或实践的知识,以所有人的幸福为最高善。最佳政制基于人的幸福或人的自然的完美实现,因而必然要求智慧来发号施令。只有智慧才知道什么是人的最高幸福或人性(人的自然)的完美实现。但现实中的政制都是不完美的政制,都是基于某种有限的智慧,亦即基于智慧与同意或意见的某种结合——智慧指引着对人的目的的理解,同意或意见则是某个既定城邦或政治共同体所接受的东西。有限的智慧是一种实践智慧,是智慧对意见的妥协和承认。例如,我们经常听到这样的说法,"虽然某个主张很好,但共同体尚未足够成熟,因而目前不适合实施",这就是对意见的让步。智慧之见需要向城邦意见低头,但城邦意见又需要智慧之见的指引。修辞术就是沟通智慧与意见的桥梁。因此,在亚里士多德对知识的划分当中,修辞术虽然被划入制作的知识,但其位置处于静观的知识(哲学、物理学、形而上学)与实践的知识(伦理学、政治学)之间。

究竟而言,辩证术从根本上来说是哲学,哲学并非技艺,哲学的目的在自身之中。修辞术可以理解为一门非常特殊的技艺,与行动或实践的知识相关的技艺。修辞技艺虽然也可以有其自身的目的,但终究指向某种超出自身的、更高的目的,受更高目的的指引和限定。这种更高的目的是政治学追求的东西,修辞术指向或从属于追求最大之善的政治学(《尼各马可伦理学》1094b3)。

罗马的"开端"

吴明波

如何叙述"开端",是基本的哲学问题。叙述世界或者人的起源是个神学上的重大问题,叙述具体城邦的开端则是重要的政治哲学问题。① 在哲人笔下,可以讨论一个并不存在的城邦的形成,但是在纪事家笔下,则是一个个具体的城邦。如何叙述具体城邦的"开端",奠定了该作品的基调,并且体现出纪事家对城邦本性的理解。② 本文尝试结合几位罗马作家的作品,探讨撒路斯特笔下对罗马"开端"的描述。本文将主要集中于罗马建城以及罗马壮大这两部分内容,并以此为基础简要讨论撒路斯特笔下"开端与德性"之间的关系。

罗 马 建 城

城邦的建立也是其文明的开始,而城邦的建立方式部分决定了城邦的性质。③ 在此,如何叙述罗马建城也在罗马史中占据了非常重要

---

① 参施特劳斯,《论〈创世记〉的解释》,见刘小枫编,《犹太哲人与启蒙》,张缨等译,北京:华夏出版社,2009。
② 李维,《建城以来史》1.4.1.但依我看,如此伟人的城市的起源和仅次于神力的伟大统治的开端应归于命运。
③ 参柏拉图《王制》卷二以及《法义》中对建城的讨论。

的位置。在诗人维吉尔的《埃涅阿斯纪》中,埃涅阿斯出于神都无法更改的命运安排,带领特洛亚的遗民来到拉丁姆,将建立一个伟大的国家。《埃涅阿斯纪》没有叙述到罗马的建城,只是叙述了罗马建立前与拉丁人的战争。但是在第六卷,埃涅阿斯在冥府见到其父安奇塞司,并在其指引下,看到了罗马的未来,并且得到了罗马未来的使命:

> 但是,罗马人,你记住,你应当用你的威权统治万国,这将是你的专长,你应当确立和平的秩序,对臣服的人要宽大,对傲慢的人,通过战争征服他们。(851—853,杨周翰译文)

在罗马纪事家笔下,他们极力摒除了神话因素。我们先来看看撒路斯特笔下的罗马建城历史:

> 罗马城,就我认为,最初由特洛伊人建立和居住。这些流亡者,在埃涅阿斯带领下,没有固定住所。他和阿波里吉涅斯人走到了一起。这些人是农业民族,没有法律,没有统治,自由而又散漫。他们种族不同,语言不同,彼此以不同方式生活,当他们聚集在同一面城墙之后,人们不可思议地追忆他们多么容易就结合在一起:因此,在短期内,这些各不相同和居无定所的人群因为和谐形成了城邦。(BC 6.1-6.2)①

撒路斯特以"就我认为"开始,表明这个说法出自他的理解。一般认为,罗马建城有两个传说,一是来自特洛伊的埃涅阿斯,二是来自罗慕卢斯,撒路斯特主要采纳了前者的说法,给出他所理解的罗马起源。② 罗马城邦源自特洛伊,特洛伊的故事主要出自希腊诗人荷马的《伊利亚特》。撒路斯特和维吉尔接着《伊利亚特》叙述罗马的故事,既

---

① 选文主要出自笔者的翻译,与王以铸中译本略有不同,文中以 BC 指代《喀提林阴谋》。
② 兰姆齐认为撒路斯特可能借鉴了老卡图的《始源》。但是,老卡图整合了两种传说,并且得到维吉尔的继承。参 Ramsey,《撒路斯特的〈喀提林阴谋〉》(*Sallust's Bellum Catilinae, Edited, with Introduction and Commentary*),Oxford,2007。

建立两个城邦之间关系，又勾连了希腊与罗马作家。①

撒路斯特首先陈述罗马建城前的条件，他特别注重民众的构成。罗马建城的民众主要是两类人，一是相对文明的特洛伊人，另一类是未开化的阿波里吉涅斯人。特洛伊遗民有文化，却无固定住所。我们知道，特洛伊为希腊人所灭，剩下这些人脱离了城邦和原先的生活方式。而后者，撒路斯特这样形容："这些人是农业民族，没有法律，没有统治，自由而又散漫"。此处的"自由和散漫"对峙"法律和统治"。前者国破家亡，流离失所，后者则没有发展出完整的城邦形态。这两类人正是罗马城邦形成的"质料"。在撒路斯特笔下，罗马这个新城邦并非沿袭特洛亚城邦，而是个"全新"的城邦，结合了原有的特洛伊文化以及土著民族的特点。② 他突出这两类人之间重大的差异："种族不同，语言不同，生活方式也不同"。

这两类人虽然有如此巨大的不同，他们结合在一起，却能在一面城墙之后形成了城邦。以此来看，城邦结合并不在于"语言"、"种族"乃至"生活方式"的相同，而是"和谐"（concordia）。在此，"和谐"是罗马城邦能够建立和发展的重要原因。但是，"和谐"指什么呢，撒路斯特没有明说。③ 他在文中仅有两处提到这个词，另一处则在《喀提林阴谋》9.1，他提到"和谐最大的地方，贪婪最少"。和谐与贪婪是此消彼长的关系，后者正是罗马堕落的重要原因，也是影响城邦的两种邪恶之一（BC 5.8）。④ 在此，撒路斯特叙述罗马城邦形成的历史，同时也追问罗马堕落的因由。他重新追溯历史来寻找答案，这是他的理解方式。撒路斯特将"是什么"（being）的问题归之于"来源"（coming—to—being）。撒路斯特在一开始展示出他心目中原初的罗马，简单素朴的

---

① 维吉尔明显有这个意图，《埃涅阿斯纪》模仿了《荷马史诗》的《奥德赛》(前六卷)和《伊利亚特》(后六卷)。在 BC 8.1-5，撒路斯特专门比较了希腊和罗马作家。

② 在《埃涅阿斯纪》中，特洛伊人和拉丁人的结合是以天后尤诺向朱比特请求而获得，见卷十二 791—842。

③ 参麦克奎因，《撒路斯特政治纪事中的王制》，见《撒路斯特与政治史学》，北京：华夏出版社，2011年，页125—126。另外，《朱古达战争》10.6 中，老王米奇普撒在死前告诫三个儿子：和谐可以使小国成为大国，内部的倾轧却会削弱最强大的国家。李维在《建城以来史》中也突出"和谐"，国家会因和谐而团结 (1.11.2)。

④ 李维也认为"奢侈"和"贪婪"是罗马堕落的两个重要原因(《建城以来史》序11)。

罗马。撒路斯特在罗马建城中首先提到了民众的构成,而没有提到任何有关领土以及政制的选择问题。但很快,领土和政制问题就成为罗马的重要问题。罗马的政制和领土问题并没有"选择"的问题,而是出于自保,抵御别国发动的战争。

罗 马 壮 大

撒路斯特接下来提到,在城邦建立之后,随着他们的城民、风气和土地的增加,他们变得富有和强大。正是得益于城邦的建立,才有这三者的增加,罗马才变得富有和强大。因为罗马的建城,特洛亚人和阿波里吉涅斯人都成了新城邦民,成了罗马人,才形成了罗马的风气,增加了土地。一般认为,民众、风气和领土这三者代表了罗马最初三个王(罗慕卢斯、努马和霍斯提利乌斯)给罗马带来的贡献,但撒路斯特却将这段历史浓缩在很短的时间内。① 撒路斯特将"风气"(mos,或者译为"品格",与人物的"性格"是同一个词)置于中间位置,风气是撒路斯特在后面重点提及的内容,将在接下来的叙述中得到体现。

在建城之后到来的是战争。"由富足中产生了妒忌",邻国发动了战争。撒路斯特在此插入了一个说法:"如同大部分人间事务",对应之前提到过"世人的巨大争论"(BC 1.5)。人间事务总是处于不断变化和争执当中。战争就是正常人间事务的争执。战争与文明密不可分,也对文明造成巨大威胁。在撒路斯特笔下,罗马以战立国,却非穷兵黩武。战争并非由罗马人挑起,而是出于其他城邦的"妒忌"。在全书的"序言"部分,撒路斯特曾提到亚洲的居鲁士,希腊的拉克戴蒙人和雅典人将"统治的热望"当成战争的理由(BC 2.2)。但是,罗马人与他们截然不同,他突出罗马人非同一般的品质。撒路斯特绝口不提罗马早期的攻城略地、掠夺以及各种不义行为。② 罗马的建国和发展与"战争"不可分割。城邦有身体性的一面,它需要战争,它的目标是更多的土

---

① 李维在《建城以来史》卷一对罗马早期几个王的贡献有比较详细的论述。
② 可以参看西塞罗的《论共和国》卷二,他就提到罗马早期的诸多不义行为。李维在《建城以来史》卷一既强调了罗马早期的自卫战争,但也提到罗马多次不义的对外战争。

地、民众以及"钱财"。但是,撒路斯特一再强调罗马的自卫战争,突出了罗马"正义"的一面。罗马的民众和土地扩张并非由战争掠夺,别的国家却眼红罗马的富足。撒路斯特极力避免提及早期罗马的不义战争,而是强调战争砥砺了早期罗马人的"德性"。撒路斯特强调了罗马的"富足"而非"缺乏",出于"自保"而非"贪婪"才进行战争,这也为之后的历史叙事理下伏笔。由此,撒路斯特后来能够将城邦的堕落主要归因于罗马人德性的堕落,而非其他外在的因素。

在邻国发起的多次战争中,罗马人的"德性"在自卫战争中展现。当时的罗马人,拿起武器保卫自己的自由、祖国与父母,这与邻国出于"因富足产生的嫉妒"发动战争迥然不同。为了强调这个看法,他提到罗马对同盟与友邦的帮助,他们以"给予"而非"获得"好处来缔结友谊(BC 6.5)。撒路斯特展示出特别的城邦关系:敌邦为了金钱发动战争,友邦出于恐惧而不援助罗马。但是,罗马人却相反,他们以"正义"为原则处理城邦关系,协助友邦,抗击敌人。罗马在不断的战争中成长,撒路斯特强调罗马人在国内和行军的品质:迅猛反应,积极准备,彼此鼓励,出面迎敌,以武器保卫自由、祖国和父母(BC 6.5)。在此,"武器"受到强调,这是罗马立国的特色,这将在后面一直得到强调,并在《喀提林阴谋》的结尾得到回响。① 但"武器"或者说其背后的"武德"并非撒路斯特的重点,罗马人拿起"武器"从事战争,只是为了保卫"自由、祖国和父母",这点在罗马堕落以后却发生了颠倒。这里首先是"自由",这是罗马城邦最高的追求。罗马人首先强调了公共精神,其次是祖国,最后才到自己的家庭。早期的罗马人献身于一种更高的善,这点与前面的"和谐"相应。"自由"高于城邦本身,也是前面提到城邦迅速发展的因由。撒路斯特此处提到的"自由",与未开化的文明无关,与阿波里吉涅斯源初的"自由"并不相同。

经历了长期战争过后,撒路斯特才开始叙述罗马的政制,政制最突出反映了城邦的追求和取向:"统治依法建立,这种统治的名字是王政。选出的人,身体因为年纪而衰弱,才智中的智慧却稳固……"这是罗马

---

① 参看喀提林的第二演说以及罗马将领的演说(BC 58.8,59.5)。

最早的政体,主导的原则是"智慧"。另外,这种统治是按照"法律"建立。我们知道,阿波里吉涅斯人没有法律,也没有统治,他们的法律和统治可能来自特洛伊人,甚至沿袭了特洛伊的王政。但是,这种政体也可能是合乎自然的政制,或者说符合当时罗马经常战争的具体历史条件。① 这是由智慧者统治的政体,但是这种政体的稳固依赖于难得的幸运。撒路斯特将这些疑问都省略了,直接给出罗马最早的政体。他虽然没有提到"法律"的具体内容,却暗示了王政建立的缘由,在于"保护自由和壮大国家"。这两者作为罗马的伟大目标。后来,当这种政制不适应这两点时,政体就产生了更替,这也是撒路斯特解释罗马由王政进入共和制的原因(BC 6.7)。

撒路斯特在此不惜笔墨描述罗马建城的条件以及过程,尤其是罗马与敌国的战争、与友邦的关系,凸现出罗马人的德性,最后才出现了罗马的政制问题。政制问题略迟于罗马"风气",甚至由罗马风气改变。可以说,撒路斯特最看重的就是罗马的"风气"问题。罗马的"风气"在不断的对外战争中塑造,而且这种对外战争的品性也决定了罗马城邦的品性。这些战争的原因和其中体现出来的德性与后来的战争形成了鲜明对照,由此也就形成了一种批评的视角。撒路斯特在历史叙述中,既突出了政治的基本原则,也试图探求政治的本性。他将重点放在城邦的"风气"形成上,也就是他前面所谓的讲述罗马建城的原因:

> 因为有机会提及城邦的风气,事情本身似乎本身促使我回到从前,简短探究祖先在国内和行军时的制度,以何种方式治理国家并且留下如此强大的国家,又如何逐渐变化,从最美(和最强大)变得最坏以及最残暴。(BC 5.9)

从撒路斯特对罗马开端的叙述中可以看出,他强调罗马建城乃至成为一个伟大国家的原因不在于语言、种族和生活方式的相同,而是因

---

① 李维对此有不同看法,他认为所有人甘心为王统治,因为他们未尝到自由的甜头(1.17.3)。

为"和谐"。罗马城邦一开始追求的是自由以及公共的福祉,不像其他城邦一样为着掠夺和嫉妒发动战争。罗马出于自卫进行战争并由此砥砺出德性。对比其他作家的描述,我们可以发现,撒路斯特描述的早期罗马历史并不符合当时的情况。他只是为了解释早期罗马人如何养成的德性——主要在战争的砥砺中培养出来,当然这也是后来维持罗马繁荣和富强的重要原因。但是,从这种叙述中也可以发现,这种德性的养成和维持也与战争相关,也是其内在缺陷,这种缺陷也预示了罗马后来的衰落。在此,罗马早期的建城和壮大的历史就为撒路斯特后来对当时政治现状进行批评的比照,并且提供了思考的基础。

开端与德性

在柏拉图的《王制》中,苏格拉底将城邦比作大写的字,而由此可以来看小写的字,也就是人的灵魂状况(《王制》卷二)。撒路斯特描述城邦的建立和壮大,也可以由此来看待城邦民的灵魂的状况,也就是罗马人的"德性"问题。纪事家叙述"开端"其中的重要目的在于突出城邦的"风气"问题,包括城邦特性以及邦民特性。在不同作家笔下,叙述罗马早期历史也会呈现出不同的"开端",叙述这些开端都服务于不同的叙述目的。

撒路斯特的这个开端,最起码突出了:首先,罗马的形成是来自至少两种不同的群体,是一种新的文明形态,而这种形态并不依靠于语言、种族和生活方式的相同,而是通过一种"和谐"的共处而形成的;其次,罗马的壮大经历了多次的对外战争,战争以及由此培养出来的战争德性是罗马人源初德性,也就是追求自由、维护罗马的公共福祉。撒路斯特在叙述中将早期历史美化,并不是要发掘新的罗马历史,而是由此出发探讨政治事务的本性,这也是他为什么在叙述开始就使用了"探究"(disserere)这个哲学用词的原因。

撒路斯特主要从"战争"这个线索来思考罗马的德性养成和堕落。战争时期培养出来的德性缺陷,在和平时期就容易产生问题。我们如果观察撒路斯特后期描述的"转折",就会发现,其中最重要的转折在于

"战争"对罗马高压的失效,尤其是"外敌"消失引起的政治困境。撒路斯特"战争"叙述的重要特点在于他对罗马转折点的界定。他将罗马的历史转折点划在公元前 146 年,也就是伽太基灭亡的那一年。在这个时候,罗马被认为是征服了所有的敌人,

> 当共和国因为辛劳和公道成长,伟大的君王们在战争中被击败,野蛮的部落和强大的民众被武力征服,伽太基,罗马统治的宿敌,已经根除,整个海洋和大地都畅通无阻。(BC10.1)

这也被认为是撒路斯特划定的罗马堕落的开始。在不同纪事家笔下,出于不同的原因,对罗马的历史转折的理解不尽相同。①

因为伽太基的灭亡,罗马进入了一个新时期,也就是罗马的德性遭遇到重大调整的时候。当外敌消失的时候,罗马原初坚持的德性遇到挑战,这个国家就开始发生巨大的变化。撒路斯特认为"恐惧外敌"(metushostis)是维持罗马德性的重要因由(《纪事》1.11)。当然,撒路斯特的意思并不是说公元前 146 年以后,罗马就没有外敌了,我们也知道罗马仍然有非常多的征战,包括后来凯撒对高卢人的征战。而是说,在 146 年以后,罗马已经没有实际意义上的危险敌人了,由此,战争的品质已经发生了根本的变化。撒路斯特也以公元前 146 为界来说明,再凶狠的敌人都无法打败罗马,罗马却是毁于自己之手。在公元前 146 年之后,罗马的对外战争已经不再可以砥砺德性,而变成满足个人的贪婪和欲望的工具。撒路斯特是个道德型的纪事家,他所叙述的城邦历史,充满了道德感,在这个历史当中探究城邦民各种坏习性如何产生。他在城邦早期历史的叙述中,探讨罗马德性堕落的原因和过程。当然,我们也可以思考,撒路斯特在此是否也想揭示出,罗马的德性背后涉及到的重大缺陷,这种缺陷与生俱来,作为纪事家的撒路斯特也是由此对政治事务进行严肃思考。罗马从战争中培养出来的德性,无法

---

① 纪事家笔下罗马不同的转折点也体现出他们不同的理解方式。李维将其划定在公元前 187 年,波里比阿则划定在公元前 168 年。

在外敌消失后的和平时代继续践行。当罗马扩张的欲望无法再进行时,维持罗马公民之间的纽带,很快就分崩离析,罗马也就开始了堕落。当然,这也是历史的教训。政治需要什么来维持、如何生存,这也是永恒的话题。

在文章最后,我们可以思考一下撒路斯特叙述这段罗马早期历史的位置,他将此置于哲学的"序言"和"喀提林阴谋"这个政治事件之间。他既说明了罗马德性的生成及其缺陷,也解释了罗马堕落的因由,以及"喀提林阴谋"产生的历史和思想根源。撒路斯特的叙述特点也体现在他的《朱古达战争》中。撒路斯特在写作中呈现出道德化的历史视角,由此来批判和思考他当前的政治。撒路斯特思考罗马的"开端"问题,更多的是思考他所处的现实。

维吉尔的"幻梦之门"

王承教

《埃涅阿斯纪》卷六中的"睡梦之门"(6.893—899,即象牙门和牛角门情节)一直都是令古今维吉尔研究者困惑不已的问题。① 但睡梦之门是埃涅阿斯从埃吕西乌姆(Elysium,即"福田")走出并得以重新进入人间世界的地方,那么,埃涅阿斯一定还经过了一个门或者某种类似门的地方。他需要经由这个地方从我们所在的阳世进入灵魂的居所哈德斯(Hades,即冥府)。因为只有在这一进一出之间,冥府的全部故事才得以有展开的空间和时间。

卷六第272—296行描述的冥府入口正是这样一个地方——埃涅阿斯和西比尔循此门进入冥府,从而展开整个冥府叙事。与冥府出口即睡梦之门广受瞩目的情况相反,关于冥府入口的这段诗歌较少被人重视。②

---

① 关于"睡梦之门"的解释传统,及其与卢克莱修《物性论》之间的指涉关系,可参王承教,睡梦之门的文本传统与现当代解释传统[J],载《外国文学评论》,2013年第2期,页202—214。
② 明确论及这段诗歌的文献主要有:M. E. Hirst, "The Gates of Virgil's Underworld: A Reminiscence of Lucretius"[J], *The Classical Review*, Vol. 26, No. 3 (May, 1912), pp. 82—83;Charles Paul Segal, "Aeternum Per Saecula Nomen: The Golden Bough and the Tragedy of History II"[J], *Arion*, Vol. 5, No. 1 (Spring, 1966), pp. 34—72;Gordon Williams, *Technique and Ideas in the Aeneid*[M], New Haven and (转下页注)

但就冥府结构而言,此冥府入口却正是睡梦之门的对应物。而且,这段诗歌意涵丰富,充分展现了维吉尔杰出的诗艺,就其诗学地位而言也完全可与睡梦之门相提并论。 更重要的是,和睡梦之门一样,冥府入口的这段诗歌也广泛地指涉卢克莱修的《物性论》。① 根据卢克莱修对梦境和冥府怪兽的哲学解释,维吉尔关于冥府入口的这段诗歌所涉及的事物都充满了幻梦的色彩,或者说都是幻梦的内容,因此,该冥府入口或可被称为"幻梦之门"。

本文在总结既有文献资料的基础上,进一步揭示冥府入口与卢克莱修《物性论》之间隐秘的指涉关系,以坐实幻梦之门的称谓,并尝试解释维吉尔冥府入口即幻梦之门的诗学建构及其诗学意图。

一、冥 府 入 口

在吁请"统辖魂灵世界的诸神,沉默的魂影们、混沌神以及弗列格通河,还有夜色下幽暗宁静的旷域"允许他讲出冥府见闻之后,史诗叙述者维吉尔开始描述埃涅阿斯和西比尔进入冥府的过程:

> 他们穿过孤寂的夜的黑影,走入幽暗,经过冥神狄斯空空的居所和荒凉的王国,就如尤庇特将天空隐入幽暗、黑夜为万物蒙上阴暗的色彩后,在时隐时没的月亮的吝啬光照下穿行于森林中一般。(《埃涅阿斯纪》6.268—272)②

(接上页注) London: Yale University Press, 1983, see pp. 46—58; Agnes Kirsopp Michels, "Lucretius and the sixth book of the *Aeneid*" [J], *The American Journal of Philology*, Vol. 65, No. 2 (1944), pp. 135—148; Clifford Webber, "The Allegory of the Golden Bough" [J], *Vergilius* (1959—), Vol. 41, (1995), pp. 3—34 等。上述文献的作者们都注意到了这段诗歌对卢克莱修《物性论》的引用情况,但未将这段诗歌提升到与睡梦之门同等的地位上。而且,他们都过于重视卢克莱修对冥府故事的消解作用,但却忽视了冥府故事框架对卢克莱修哲学理论包容和覆盖的反向效果。

① 参见上一页注释①。
② 本文所引《埃涅阿斯纪》之引文均出自维吉尔《埃涅阿斯纪》,杨周翰译,人民文学出版社,2000,后文出自同一著作的引文,将随文标出该名称首字、卷次和诗行数,不再另注。

"他们穿过孤寂的夜的暗影,走入幽暗/经过冥神空空的居所和荒凉的王国(Ībantobscūrīsōlā sub nocte per umbram/ perquedomōs Ditisvacuās et ināniarēgna)",这两行诗歌的韵律一直受到普遍的关注。特别是其开头两个词 Ībantobscūrī 接连使用了两个扬扬格(——|——|),韵律悠长舒缓,宛如悦耳的催眠曲,①然而,就在这种如梦似幻的感受中,读者们突然发现,自己一下子就随着埃涅阿斯和西比尔来到了冥府幽暗的边缘。而且,这种悠长舒缓的韵律似乎还突出了冥府的荒凉与幽暗。②

米歇尔斯(Agnes Kirsopp Michels)分析这段诗歌的语词时,曾敏锐地指出,它们与卢克莱修《物性论》中的语词颇有相关之处。米歇尔斯认为,vacuās et inānia[空空的和荒凉的]这两个词很容易让人想起伊壁鸠鲁主义哲学的概念 vacuas inane[虚空]。③ 而且,"尤庇特将天空隐入幽暗、黑夜为万物蒙上阴暗的色彩"这句话似乎也是对卢克莱修《物性论》卷二第 795—798 行"此外,既然没有光就没有颜色,最初的物质(指原子)又不是在光里产生的,你可以确定没有颜色覆盖着它们——在彻底的黑暗里怎会有什么颜色?"的诗意地改写。④ 米歇尔斯的说法并非捕风捉影之辞,接下来还有更多的诗行可以证明这一点。

埃涅阿斯和西比尔来到冥府的入口处,他们在那里碰到了十四种可怕的事物:

> 悲伤和复仇心切的焦虑在这里下榻,在这里还住着苍白的各种病疾、忧伤的暮年、恐惧、教唆邪门歪道的饥馑、丢脸降格的贫穷等各种不忍直视的东西,还有**死亡**、苦辛、与死亡相联的**睡眠**、心存不良的欢娱、跨在门槛的两侧带来死亡的**战争**,以及复仇女神的铁

---

① J. W. Machail edited, *The Aeneid* [M], Oxford At the Clarendon Press, 1930, p223.
② Sir Frank Fletcher, *Virgil Aeneid VI* [M], Oxford At the Clarendon Press, 1941, p53.
③ 卢克莱修认为,宇宙世界由虚空和在虚空中运动的原子所形塑成的物体构成,因此,虚空是伊壁鸠鲁主义哲学中一个极其重要的概念。参卢克莱修《物性论》,方书春译,人民文学出版社,1997,页 22—34。
④ Agnes Kirsopp Michels, Lucretius and the Sixth Book of the *Aeneid* [J], *The American Journal of Philology*, Vol. 65, No. 2. (1944), p136.

室、用一条沾满血迹的带子束起蛇发的疯狂的不和女神。(《埃》6.273—281)

奥斯汀在注疏中讲,维吉尔对这些人间苦难的提法与卢克莱修颇有类似之处。① 卢克莱修曾这样说:

> ……对阿刻戎的恐惧,正是它从根底搅扰了我们的生命,……更害怕疾病和耻辱的生活……贪婪和对荣誉的盲目追求,这些东西迫使可怜虫们干违法的勾当,并且常常变成罪恶的帮凶和工具……因为凶暴的贫困和丑恶的耻辱……它们正像在死亡门口悉索抖擞着的形骸……(对阿刻戎的)恐惧正是一切忧苦的来源,这个恐惧对廉耻之心是一个瘟疫……叫人破坏朋友之间的联结,总之叫人把一切诚敬都推翻而加以残杀……能驱散这种恐惧、这心灵黑暗的……是自然的面貌及其规律。(《物性论》3.65—93)②

在这两段引文中,卢克莱修所描述的内容在性质上与维吉尔基本相似。维吉尔用拟人化的手法提及悲伤、焦虑、病疾、暮年、恐惧、饥馑、贫穷、死亡、苦辛、睡眠、欢娱、战争、复仇女神以及不和女神等人间苦难,卢克莱修也提到恐惧、疾病、贫困、忧苦、朋友间的不和以及战争所意味着的残杀等。而且,在他们眼里,这些事物都属于冥府或具有冥府的性质,都会扰乱人们的生活。

当然,维吉尔的是使用拟人修辞的诗歌,而卢克莱修的则是具有诗歌外表的哲学论文。即使如此,在卢克莱修笔下,人类诸多的苦难同样也"在死亡门口悉索抖擞"。卢克莱修列举的种类虽然要少些,且没有维吉尔列举的那样整齐,也达不到维吉尔诗歌表现出来的那种强烈的

---

① R. G. Austin, *P. Vergili Maronis Aeneidos: Liber Sextus* [M] Oxford: Clarendon Press, 1977, p118.
② 本文所引《物性论》之引文均出自卢克莱修《物性论》,方书春译,人民文学出版社,1997年,后文出同一著作的引文,将随文标出该著名称首字、卷次和诗行数,不再另注。

视觉效果,但二者之间的亲缘关系却毋庸置疑①——这样的印象似乎正好印证了米歇尔斯的判断:维吉尔在冥府入口的诗歌中利用了卢克莱修的理论资源。

二、幻梦与怪兽

史诗叙述者维吉尔转而描述冥府入口的中央部分时说:

> 中央(in medio)是一棵大榆树,老干纵横,浓荫四布,据说此乃幻梦群集的居处,它们分别挂在每片树叶之下。此外,还有各类怪兽(multaque praeterea variarum monstra ferarum),有一群肯陶尔在大门里(in foribus),还有两形混杂的斯库拉、有一百只手的布里阿留斯、发出可怖的嘶嘶声的莱尔那和以火为武器的奇迈拉,还有些果尔刚、哈尔皮以及三身形的魂影格吕翁。(《埃》6.282—289)

大榆树老干纵横,浓荫四部——此极言大榆树枝叶繁多;幻梦都如蝙蝠一样,挂在每一片树叶之下:故幻梦之数如枝叶之数,数不胜数——此极言幻梦之多。因此,人们大多都为幻梦所迷。威廉斯(R. D. Williams)说,这些幻梦就是第 896 行所言的 falsa insomnia(幻梦),它们通过象牙门窜入阳世,误导睡梦中的凡夫俗子。②

幻梦之外,还有各类怪兽——诗人关于冥府入口的描述涉及很多

---

① 博雅学院 10 级学生宋洁在其课程论文中发现,维吉尔这段诗歌共 9 行,最中间的那行即第 5 行描述的正好是死亡。她认为维吉尔这样的位置安排可能是为了顺应卢克莱修把死亡视作人类核心恐惧的做法。

② R. D. Williams, *The Aeneid of Virgil*: *Books* 1—6 [M], Macmillan St Martin's Press, 1972, pp. 476—477. 或许他的说法是对的,但值得注意的是,威廉斯并未暗示说此门便是象牙门,因为威廉斯当然明白,史诗叙述者维吉尔从未暗示说,埃涅阿斯和西比尔是从原路返回的,他更没有说这个门就是象牙门。但也有人认为,埃涅阿斯进入冥府的大门即是他走出冥府的大门,比如 Ernest Leslie Highbarger, *The Gates of Dreams*: *An Archaeological Examination of Vergil*, *Aeneid VI*, 893—899, Baltimore: The Johns Hopkins Press, 1940. 关于该著作的内容,可参王承教,《睡梦之门的前世今生:读海巴杰的〈睡梦之门〉》,载《古典研究》(Spring 2014/No. 17),页 126—130。但海巴杰的这一观点鲜少为人接受。

事物。除前面已论及的十四种以拟人化方式表达出来的人间苦难之外,此处又有挂满幻梦的大榆树(我们或可称之为"幻梦之树"),再加上肯陶尔、斯库拉、布里阿留斯、莱尔那、奇迈拉、果尔刚、哈尔皮以及格吕翁等各类怪兽。它们有的心急如焚,有的悲伤欲绝,有的心怀鬼胎,有的卑劣低下,有的严酷无情;有的奇形怪状,有的嘶嘶作响。虽则就维吉尔描述的每一种单独的事物而言,我们都能得到深刻鲜明的印象,但总体画面却过于纷繁复杂,需要我们进一步想象组合加以厘清。

显然,整个画面的中心部分是大榆树所在的位置,也就是说,幻梦之树占据了中央的位置。因为史诗叙述者描述完栖居于冥府入口处的十四种拟人化的人间苦难之后,接下来便说"中央(in medio)是一棵大榆树……",或许,这里的中央是相对于前面提到的这十四种人间苦难所在的地方而言的中央,也就是说,这十四种人间苦难当以大榆树为中心。所以,我们可以把整个画面设想成一个以挂满幻梦的大榆树为中心的圆平面结构,该圆平面与冥府门槛相切,带来死亡的战争因此可以"跨在门槛的两侧"。① 此外"还有各类怪兽",它们是肯陶尔、斯库拉、布里阿留斯、莱尔那、奇迈拉、果尔刚、哈尔皮以及格吕翁。这些怪兽当四散在各处,但至少那群肯陶尔是在大门之内。

悲伤、焦虑、病疾、暮年、恐惧、饥馑、贫穷、死亡、苦辛、睡眠、欢娱、战争、复仇女神以及不和女神,所有这十四种事物几乎已经囊括了人类所面临的全部苦难,另有数不清的幻梦让我们去做各种无谓的行动,还有肯陶尔、斯库拉、布里阿留斯、莱尔那、奇迈拉、果尔刚、哈尔皮以及格吕翁等八种怪物,这些已足够让人胆战心惊了,因此

> 埃涅阿斯突然间恐惧得发抖,他攥住宝剑,如果它们靠近,他就将白刃相迎。(《埃》6.290—294)。

"埃涅阿斯突然间(subita)恐惧得发抖"——通过这个"突然间",史诗

---

① 或与雅努斯之门有关? Janus(雅努斯)为古意大利的神,其名据说来自古拉丁语的 Janua(门),是古罗马的门神和战神。战端一起,则打开战神之门,兵戈消弭则关闭之。参《埃涅阿斯纪》,杨周翰译,人民文学出版社,2000,页187。

叙述者把对冥府入口处的这段长长的叙述缩短为埃涅阿斯眼前的一瞬间所看到的景象。也就是说，埃涅阿斯和西比尔来到冥府入口处，一下子便看到了十四种人间苦难、一棵挂满幻梦的大榆树和八种面目狰狞的怪物。诗人为这一瞬间的遭遇和观感花费了二十多行笔墨，再加上叙述的事物又多，难免显得冗长。然而，诗人只用"突然间"这个词将叙述的密度瞬间化解于无形之间，诗歌因此显得紧凑有力。

综上所述，冥府入口是一个以幻梦之树为核心且布满各种苦难和怪物的地方。史诗叙述者对冥府入口的描写极其用心。这不仅表现在对诗歌韵律和遣词造句的功夫上，即便是就篇幅长短而言，与本卷末第893—899行所描写的冥府出口即广为人知的睡梦之门相比，此处的二十多个诗行也是冥府出口所用笔墨的三倍之多。这一部分中出场的事物达到了二十三种，另加难以数计的幻梦，叙述密度相当惊人。但这一部分诗歌引起的关注反而较少，不能不让人感到奇怪。

三、冥府入口的结构

冥府入口处的众多事物被分成了三类：第一类为十四种人类生活中所遭遇到的苦难，包括悲伤、焦虑、病疾、暮年、恐惧、饥馑、贫穷、死亡、苦辛、睡眠、欢娱、战争、复仇女神以及不和女神；第二类为挂满整整一颗大榆树的难以数计的幻梦；第三类是八种面目狰狞的怪物，包括肯陶尔、斯库拉、布里阿留斯、莱尔那、奇迈拉、果尔刚、哈尔皮以及格吕翁。

它们的位置关系由两个参照物来决定。一个是中央的大榆树，另一个为冥府入口的大门。幻梦挂在每片树叶之下，离树干最近，以树干为中心轴形成第一个圆平面结构，十四种人间苦难离树干较远，以树干为中心轴构成第二个圆平面结构，而且，此圆平面结构在靠近冥府入口的地方与冥府大门相切，以至于在本圆平面上的"战争"这一人间苦难同时也可以跨在冥府大门门槛之上。如此说来，则冥府入口处的大榆树、幻梦和十四种人间苦难构成了某种同轴的双圆平面结构。

第三类事物的位置难以确切地加以说明。原因在于，史诗叙述者用"此外，还有各类怪兽（multaque praeterea variarum monstra ferarum)"这句话表明他所叙述的内容已经由第二类事物过渡到了第三种事物。但 praeterea[此外]一词中的"此"到底指什么却比较模糊:是指除前面所有描述的事物,即十四种苦难和所有幻梦之外吗?抑或仅指幻梦之外?如果采取前一种理解,则这八种怪物中,除了肯陶尔在冥府大门之内,其他当散处在幻梦圆平面和十四种人间苦难构成的圆平面之外。或者还可以将"大门之内(in foribus)"这个地点状语的修饰范围理解得更宽泛些,这样,则所有八种怪物都当在冥府大门之内。如果认为"除此之外"的"此"仅指挂在每片树叶之下的幻梦,则整个文本可以被理解为:大榆树上挂满了幻梦,除幻梦之外,还挂有八种成群的怪物,其中一种怪物甚至还在大门之内。

实在难以理解:难道这八种成群的怪物也如幻梦一样挂在大榆树上么?难道这大榆树如此之大,以至于覆盖了整个大门,或至少有一根树枝伸进了冥府大门以内的范围,为那群肯陶尔提供了悬挂的地方?若果真如此,则冥府入口的整体画面可描述如下:一棵大榆树的树冠覆盖了所有的事物,包括冥府入口的大门,从而使得冥府入口变得更加幽暗无边;以大榆树的树干为中心,构成一大一小两个圆平面;大圆平面在与大榆树树冠等高的空中,由树冠、树叶下的幻梦和八种怪物构成;小圆平面在以树干为中心的地面上,分布着十四种人类苦难;大圆平面延伸至冥府入口的大门之内,其冥府大门方向的最外层为肯陶尔的居所,小圆平面与冥府入口大门相切,相切点即为"带来死亡的战争"所居之地。这样一来,则肯陶尔等八种怪物与挂在树叶之下的难以数计的幻梦同属一个圆平面。但这难道是说,肯陶尔、斯库拉、布里阿留斯、莱尔那、奇迈拉、果尔刚、哈尔皮以及格吕翁也可以加入幻梦的序列,成为幻梦中的事物吗?或者他们本身就具有幻梦的特征,是幻梦的产物?

这些怪物到底是些什么样的东西呢?据希腊神话传说,肯陶尔是一种半人半马的怪物;斯库拉长着女人的脑袋和肩膀,但其腰身周围却长满了狗头,在《奥德赛》卷十二中出现时曾经吃掉了奥德修斯的几个同伴。[①] 怪物布里阿留斯长着五十个脑袋和一百只手;莱尔那指的就

---

① 参荷马,《奥德赛》卷十二第 85—100 行,王焕生译,人民文学出版社,2008,页 223。

是被赫拉克勒斯杀死的九头蛇许德拉；奇迈拉是一种吐火的怪物，长着一个狮子的脑袋，山羊的身躯，和蛇一样的尾巴；果尔刚有三姐妹，其中一个便是被珀尔修斯所杀的墨杜萨（Medusa），她们面部像狮子，獠牙外露，还长着蛇一样的头发；哈尔皮曾经在《埃涅阿斯纪》卷三中出现，她们一半是女人，一半是鸟；格吕翁是一种有三个身躯的怪物。

维吉尔注疏家德国人诺顿（Norden）考察了所有这些怪物在古典文献中出现的情况，发现除肯陶尔外，其他的七种怪物在维吉尔之前就已经被视为冥府里的房客了。诺顿猜想，维吉尔一定是依照某种已不为我们所知的文献才将肯陶尔划归冥府。但他也曾指出，肯陶尔和复数形式的斯库拉并列出现的情况在卢克莱修《物性论》中有过两次，可惜未对此做出进一步分析。米歇尔斯接过诺顿的提示，走出了这关键的一步。她认为，卢克莱修在《物性论》卷四第722行以下所涉及的内容可以与维吉尔在此处的叙述构成参照。①

在《物性论》卷四中，卢克莱修解释说，思维图景的非实在性可以证明，人类具有通过想象构造出不存在的或者已不再存在的事物的能力，其结果便是——除非我们通过理性予以拒绝——人们便以为自己看见了他们通过想象构造出来的那些东西。根据卢克莱修建立在原子论基础上的说法，有各种细微的形象四处飘荡，它们相互混合，并可以在人的脑子里栩栩如生地呈现为各种混合物，肯陶尔和斯库拉便是混合出来的产物：

> 我首先要说，各式各样无物的细弱的形象四处游荡，他们很容易在空中相遇，如同蛛丝和金箔，较之那些冲击我们眼睛并唤起我们想象的构物还要细微得多。他们穿透身体的躯壳，搅动心灵中那些微细的物质，唤起我们的感官。因此我们看见了肯陶尔和斯库拉的肢体，看见了刻尔勃路斯的多张狗脸，和已经死去的人们的形象，因为各种形象四处飘荡。（《物》4.724—735）

---

① Agnes Kirsopp Michels, "Lucretius and the Sixth Book of the *Aeneid*" [J], *The American Journal of Philology*, Vol. 65, No. 2. (1944), pp. 137—138, P. 137, P. 138.

在这里,卢克莱修把肯陶尔和斯库拉并列起来,认为它们是各种形象的组合在人们心灵里面呈现出来的结果。并把它们与"已经死去的人们的形象"同举,从而"非常肯定地将这些想象中的怪兽的形象与冥府联系起来了"。① 米歇尔斯接下来说:"伊壁鸠鲁主义者并不否认我们有可能见到已去世的亲人的形象,但认为它们不过是已过世的亲人的影像而已。他们确实否认这些已过世的亲人依然存在,认为这些影像不过如神话中的怪兽一样。"总而言之,在卢克莱修看来,肯陶尔和斯库拉这些怪物不过是各种形象的结合在头脑中呈现出来的非实在的东西。在《物性论》卷五中,卢克莱修再次论证说肯陶尔、斯库拉都不可能实际存在,他认为,"任何时候也不能够有什么双重本性和两种身体的生物(行 879—890)",因为这些肢体器官不能相合。接下来,他也提到了奇迈拉(行 904—905)和巨人(行 912—913)等,认为它们也不可能存在。而奇迈拉也是维吉尔笔下与幻梦相近的怪物之一。

因此,米歇尔斯得出结论说:

> 在维吉尔作品中,编者们通常将这些怪物与栖居于大榆树上的幻梦分别开来,但是,鉴于卢克莱修始终将它们和睡梦相关联,将这两组事物分开,然后来解释肯陶尔及其他怪物的为什么会出现在这里,似乎显得难以理解。②

米歇尔斯认为,这些怪物和大榆树上的幻梦实为一组事物,它们都具有虚幻不实的品质。因此,肯陶尔、斯库拉、布里阿留斯、莱尔那、奇迈拉、果尔刚、哈尔皮和格吕翁这八种怪物更靠近挂在空中的幻梦而不是那十四种人间苦难,并因此分享了虚幻如梦这种特征。所以,我们似乎可以肯定地说:冥府入口处的肯陶尔等八种怪物与挂在树叶之下的难以数计的幻梦同属一组,共同表现了《埃涅阿斯纪》卷六中冥府入口处的幻梦色彩。

---

① Agnes Kirsopp Michels, "Lucretius and the Sixth Book of the *Aeneid*" [J], *The American Journal of Philology*, Vol. 65, No. 2. (1944), p. 137.
② 同上,页 138。

而且，首先提到的那十四种人间苦难虽然是人类生活的实然物，但在维吉尔的笔下，也因为拟人修辞的应用而被涂上了幻象的特征。也就是说，这些实然之事也被诗人虚构化了。当我们读到"悲伤和复仇心切的焦虑在这里下榻，在这里还住着苍白的各种病疾、忧伤的暮年、恐惧、教唆邪门歪道的饥馑、丢脸降格的贫穷等各种不忍直视的东西，还有死亡、苦辛、与死亡相联的睡眠、心存不良的欢娱、跨在门槛的两侧带来死亡的战争，以及复仇女神的铁室、用一条沾满血迹的带子束起蛇发的疯狂的不和女神"等诗行时，这些苦难的形象不也栩栩如生呼之欲出了么？尤其是蠢蠢欲动的焦虑、苍白的疾病、满脸阴笑的饥馑和欢娱、可怜兮兮满脸堆笑的贫困，还有面目狰狞的战争与不和，它们不也呈现出某种和肯陶尔等怪物相似的形象么？归根到底，这些诗行里所反映出来的人间苦难的具体形象也是虚构和想象的结果，因而也都享有了幻梦的性质。

如此说来，这冥府入口处的整体景象岂不都变成了想象的和虚构的产物，具有幻梦的性质？那么，这冥府入口的大门岂不是一座幻梦之门？

四、幻 梦 之 门

做出上述的判断并不需要我们冒太大的风险，史诗叙述者维吉尔本人已经通过西比尔之口暗示这一点了。埃涅阿斯在冥府入口一下子撞见这二十多种可怖的事物，惊慌失措之下拔剑相迎。诗人写道：

> 若非博识的女同伴提醒他，它们是没有躯体（corpore）徒具形状（formae）的飘荡（volitare）的细微的（tenuis）形象（imagine），他早就冲上去用剑徒劳地劈开这些魂影了。（《埃》6.290—294）

原来这些可怖的事物不过是一些没有躯体徒具形式的鬼魂和四处飘荡的幻影而已。代森（Julia T. Dyson）曾经指出，此处对幻影的描述很容易让人想起卢克莱修对幻象的描述，尤其是"细微的"、"飘荡"、"形象"、

"形状、形式"和"躯体"等语词的用法更加坐实了这一联系。① 因为卢克莱修也曾反复用这些语词来揭示魂魄和冥间怪物的本质,比如他说:

> 有我们称之为物的肖像(simulacra,与 imagine 意义近似)存在着,这些东西像从物的躯体(corpore)剥出来的薄膜,它们在空中来来往往飞动(volitant=volitare),恐吓我们心智的正就是它们……它们在我们醒着或睡着时碰上我们,于是我们就常常看见形貌可怖的东西,和已经被剥夺了阳光的人的肖像(simulacra),它们常常惊动了我们,当我们正在酣睡的时候,有时竟使我们以为,有灵魂从冥府逃出来,或者以为有鬼在活人中间到处飘荡(volitare)……因此,我说有物的肖像(simulacra)和细微的(tenuis)形状(figuras,与 formae 意义近似)从物放出来,从物最表面的躯体(corpore)被送出来,它们像一些薄膜,或可称为一层皮,因为这种肖像和那把它投出来,使它到处飞动的物体之间,有着一种相同的形象(imago=imagine)和形式(formam=formae)……一定也有薄薄的(tenuis)肖像(imago)从物被放出,从物的躯体(corpore)散发出来……(《物》4.30—64)。②

西比尔称,冥府入口处那二十三种吓人的事物不过是些没有实体、徒具形状、四处飘荡的细微的幻象。卢克莱修在论述事物之幻象时,也同样强调了这些方面的特征。而且,他们所使用的语词惊人的一致。这些证据都足以证明,维吉尔在描述这二十三种怪物时心中念念不忘的正是卢克莱修关于事物之幻象的论述。

不惟如此,冥府入口前的吁神辞或许也是对这种情况的一次提醒。在《埃涅阿斯纪》卷六第 264 行,埃涅阿斯在西比尔的引导下进入冥府。

---

① Julia T. Dyson, "Fluctus Irarum, Fluctus Curarum: Luctretian Religio in the *Aeneid*" [J], *The American Journal of Philology*, Vol. 118, No. 3(Autumn 1997), pp. 453—454.
② 《物性论》卷四涉及物的形象的讨论,此类语词以及类似语词的出现不可胜数,限于篇幅,此处仅举一小段诗歌略作说明。参卢克莱修,《物性论》,方书春译,人民文学出版社,1997,页 190—201。

在他们踏足冥府之前，诗人维吉尔有这样一段吁神辞：

> 统辖魂灵世界的诸神啊，沉默的魂影们、混沌神以及弗列格通河，还有夜色下幽暗宁静的旷域，让我有权讲述我所听闻的一切，让我在你们的授权下，把深埋于幽暗和地下的事物公之于世吧。
> （《埃》6.264—267）

"一般而言，到叙述的关键时刻，诗人便会重新吁告神灵"，① 因此，"这段新的吁神辞特别强调了将要描述的事物的重要性"。② 而且，诗人所吁告之神并非缪斯，而是神秘的冥府众神等事物——或者，果如注疏者曾经提到的那样，由于埃涅阿斯和西比尔将要进入的是下界冥府，而该世界是上界的缪斯女神所不能言明的事物，因此，冥府众神等事物才会成为诗人的呼告对象？③ 但这一解释似乎并不确切，史诗传统中没有这样明确的先例，至少，同样描述过冥府之行的《奥德赛》就没有特别做出这样的区分，荷马仅在缪斯的启示下吟唱奥德修斯的故事。但维吉尔的呼告却明确表明，缪斯女神的辖区到此为止，缪斯所讲述的事物也暂告中断，接下来的叙述内容并非受缪斯的启示，而是源自"统辖魂灵世界的诸神，沉默的魂影们、混沌神以及弗列格通河，还有夜色下幽暗宁静的旷域"的授权。

诗人请求说，"让我有权讲述我所听闻的一切，让我在你们的授权下，把深埋于幽暗和地下的事物公之于世吧"，这里的"我"当然是诗人叙述者维吉尔，但与前面的那个史诗叙述者维吉尔已经有所不同了：此前的他是受缪斯（Musa, 1.8）启发歌唱战争和英雄的诗人，但从冥府入口处的这段吁神辞开始，直到第七卷重新回到对缪斯姐妹（Erato, 7.37）的吁求为止，史诗叙述之合法性的授权者却是"统辖魂灵世界的诸神，沉默的魂影们、混沌神以及弗列格通河，还有夜色下幽暗宁静的

---

① Mac Lennan, *Virgil Aeneid VI*[M], Bristol Classical Press, 2003, pp. 108—109.
② R. D. Williams, *The Aeneid of Virgil: Books 1—6*[M], Macmillan St Martin's Press, 1972, p. 475.
③ Mac Lennan, *Virgil Aeneid VI*[M], Bristol Classical Press, 2003, pp. 108—109.

旷域"。诗人请求他们让他有权讲述"所听闻的一切",可能恰恰是因为他所写下的一切截然不同于缪斯吟唱的内容。

较之荷马笔下奥德修斯的冥府故事,维吉尔笔下冥府入口的描述隐隐地充满了卢克莱修的科学精神。或许,把致力于消除冥府和死亡恐惧的卢克莱修的思想资源囊括进埃涅阿斯的冥府之旅中,让这两种截然相反的文学源泉汇流成一个杰出的冥府故事,正是这个得到"统辖魂灵世界的诸神,沉默的魂影们、混沌神以及弗列格通河,还有夜色下幽暗宁静的旷域"授权的诗人的真正意图所在。而冥府入口前这段奇特的呼神辞也许是要提请我们注意,接下来的冥府故事是在缪斯女神启示给诗人的传统冥府故事的基础上掺入卢克莱修哲学启蒙思想的结果,在某种程度上超越了缪斯女神的启示,是一种崭新的诗学尝试。

在卢克莱修哲学思想的观照下,维吉尔关于冥府入口的描述只是一个幻梦的世界。在这个世界里,所有的一切事物都只是想象性的存在,都是幻梦的内容。因此,这个冥府入口是个货真价实的"幻梦之门"。维吉尔让埃涅阿斯从幻梦之门进入冥府,从睡梦之门离开冥府,让埃涅阿斯的冥府之旅故事在这样的一进一出间赢得了全面展开的时间与空间,因而具有极其重要的诗学意义,完全值得和作为冥府出口的睡梦之门相提并论。

五、维吉尔的诤引

维吉尔为冥府故事的开端安上一座幻梦之门,在冥府故事甫一开始就如此大规模地悄悄引入卢克莱修反冥府的哲学理论,意图何为?或者说,在冥府故事的框架下广泛引述卢克莱修的"唯物"论,有可能造成什么样的阅读效果呢?

对文本的引述通常会有两种方式:1. 一致引述,即用传统文本中的观点来支持自己的论述;2. 悖反引述,即对传统文本的引述只是为了提醒读者,自己正在对该文本被引述的部分进行修正,即所谓"诤引(polemical allusion)"。据说,维吉尔对文本的引述采用的往往是诤引的方式。也就是说,他引用别人的作品并非仅仅为了证明自己正在叙述的内容与别人的意见一致,从而使自己的说法得到权威的支持。维吉尔的做法往往反其道而行之:通过引述他人的作品提请他的读者们注意,他与别人的观点相左。而且,当维吉尔这样做的时候,用的每每还是别人的修辞方式。也就是说,维吉尔常常使用其对手的修辞来提请他自己的读者们注意,他正在修正被引述者的观点。①

使用悖反引述即诤引可能出现两种效果:一方面可能加深读者对被引述的文本的印象,另一方面也可能使作者提出的与被引述文本意见相悖反的观点得到关注。但更多的时候,我们要么同意被引述者的意见,要么同意引述者也就是后来的修正者的意见。因此,悖反引述的情况就会导致这样的社会效果:针对一部分读者来说,他们读到的还都是以往的文本中的内容,在现实社会中,这一部分人往往是多数,因为大多数人往往倾向于理解自己已知的东西;对另一部分读者来说,他们可以读到新的内容,这部分人往往是少数,它们不仅可以理解自己已知的东西,还对新的知识有足够的敏感度和理解力,而且,更重要的是,他们对新知识的出现有足够的敏感度。

如果作者本人已非常明确地意识到这种引用的效果,并有意地利用它来创作的话,该作者的作品就变得异常复杂和晦涩难懂。如刚刚论及的那样,西比尔对幻梦之门处的那二十多种怪物的说法就明确地引用了卢克莱修关于形象的说法:它们都只不过是些没有实体、徒具形状、四处飘荡的细微的幻象。卢克莱修这样解释是为了说明这些事物的非真实性,从而破除人们对这些事物的恐惧,并最终解除人们对死亡和冥府的恐惧。维吉尔用卢克莱修式的语言描述冥府入口的这些怪物,可能表达了和卢克莱修同样的目的,但却也可能同时加强了人们对传说中的冥府的恐惧,削弱了卢克莱修哲学理论的影响——看着这二十多种可怕的事物,埃涅阿斯不已经"恐惧得发抖"了吗?即便西比尔揭穿冥府事物的本质是虚无之后,埃涅阿斯又何曾对随后在冥府中见到的形象(比如狄多和安奇塞斯的魂影)表示过怀疑与不屑?这样一

---

① B. Farrington, "Polemical Allusions to the *De Rerum Natura* of Lucretius in the Works of Vergil" [A], *Virgil: Critical Assessments of Classical Authors* [C], Ed. by Philip Hardie, *Vol. I: General Articles and the Eclogues*, Routledge, 1999, pp. 18—26.

来,卢克莱修的那些理论就似乎已经被埃涅阿斯的冥府见闻证伪了。故此,维吉尔的诤引实际上可以达到第三种效果,即让被引用的各类相反的思想资源相互攻讦和证伪,而作者本人反而因此获得了超然的地位,一如在奥林波斯山顶上安排并坐观特洛亚人与希腊人相互厮杀的宙斯一样。①

卢克莱修在抨击人类的愚蠢时,曾将愚昧无知的成年人比成害怕黑暗的小孩,称太阳的光芒无法驱散恐惧的阴魂,惟有关于自然的真理可以奏效。阳光"劈开"气流(diverberat undas:《物性论》2.152),正如埃涅阿斯意图用长剑劈开魂影(diverberet umbras)。但如同阳光不能驱散迷信的阴影一样,埃涅阿斯的剑也无法驱开冥府入口的那些怪物。卢克莱修引入伊壁鸠鲁的原子论来驱散愚昧的人们对死亡的恐惧,维吉尔用幻梦之门的诗学机关将幽暗冥府中的重重鬼影贬为虚妄——维吉尔悄悄地引用卢克莱修的意象,把埃涅阿斯比喻成了害怕黑暗的小孩和愚昧无知的成人! 代森(Julia T. Dyson)评论说,"维吉尔通过描述自己的英雄如卢克莱修所言的大部分人一样,面对虚幻的恐惧惊慌失措,从而部分地肯定了卢克莱修关于人类心理的意见。"②

但并非每个读者都熟悉伊壁鸠鲁的哲学,也未必每个人都愿意且有能力去理解卢克莱修,故此,必然有人会忽视这层微妙的质疑的凉雾,如埃涅阿斯一样被幽暗冥府中的森森幻象所惊吓。但维吉尔终究不是卢克莱修,他并未和卢克莱修一样,意图祭起哲人之剑,驱散宗教的阴影,为普天之下的人们提供一个彻底的疗治。在维吉尔的笔下,树还是会流出黑血(《埃涅阿斯纪》卷三,行 29—30),贫困依然在冥府门口逡巡,灵魂依旧不朽(因而需要在死后受罚)。他接下去还是要描述塔尔塔罗斯的惩罚和忘川河畔等待转世的罗马英雄。或许,异象、灵魂、冥府怪物、塔尔塔罗斯的惩罚、埃吕西乌姆(即福林)的奖赏,还有忘川等等这一切才是罗马人在《埃涅阿斯纪》中读到的故事,即便是所有这些死后的赏罚都已经被笼罩在一片质疑的浓雾之中。

---

① 参荷马,《伊利亚特》卷八第 41—52 行,王焕生译,人民文学出版社,2008 年,页 185。
② Julia T. Dyson, Fluctus Irarum, Fluctus Curarum: Luctretian Religio in the *Aeneid* [J], *The American Journal of Philology*, Vol. 118, No. 3(Autumn 1997), pp. 453—454.

通过幻梦之门，维吉尔以一种超然的姿态同时向诗学传统和哲学传统发出了呼告，为秉性相反的两拨读者提供了一个共同的出发点。从幻梦之门出发，他们都将在《埃涅阿斯纪》里获得自我的教育和肯定，从而走向各自的埃涅阿斯之旅。因此，我们很难弄清楚维吉尔本人到底支持诗学传统还是哲学思辨，而这正是维吉尔诗歌的复杂和高妙之处，是维吉尔注疏者必须时刻保持清醒的地方。

结　　论

同睡梦之门一样，《埃涅阿斯纪》卷六第272—296行的幻梦之门也是维吉尔诗学技艺的一次绝佳的展示，是维吉尔诗学特征的集中表达，尤其体现了维吉尔对传统思想资源的巧妙化用和架构的技巧。在冥府之旅的传统诗学框架中，大量引入反冥府的哲学要素，维吉尔的这种做法所达成的客观效果并不仅仅是单向的：当卢克莱修的哲学论述撕开冥府叙述的同时，也被包裹进冥府之旅甚至《埃涅阿斯纪》的总体叙述框架之中了。因此，在具有哲学倾向的读者那里，卢克莱修的理论将消解埃涅阿斯冥府之旅的故事，但在传统的诗歌读者那里，冥府故事却终将覆盖并抹去卢克莱修的哲学探讨。维吉尔的史诗在向新锐的哲学思考保持开放态度的同时，也最大限度地保守了传统诗歌的形式，而最后的价值选择终将由读者自己来完成，或许，维吉尔设计幻梦之门和睡梦之门的目的正在于此。

世之贤人君子的德性高度

——浅议塔西佗《阿古利可拉传》的笔法

叶 然

"塔西佗"(Tacitus)字义是沉默,这至少是古罗马据说最伟大的史家塔西佗最令人着迷的品性:他最沉郁也最凝练地写作,没有修昔底德自称"万世瑰宝"的张扬,也没有珀律比奥(Πολύβιος)纵论混合政制的学究气;但他的沉默中有修昔底德的遗世独立,也有珀律比奥的古道热肠。如果一定要说他是朴实意义上的爱智者(哲人),或可有些武断地说他是苏格拉底的一个小学生。

还是由于他的沉默,历代学者对他进行理论定性的努力,[①]其意义往往有待进一步考虑,而非一目了然,正如诸公之于苏格拉底。比如施特劳斯(Leo Strauss)后学里克(James C. Leake)在《塔西佗的教诲》这部力作中基于踏实地解读文本,进行如下理论定性:

> 虽然塔西佗与**古典政治哲学**分有对有德性的政治行动的关注,但他实际上又强调睿智之人(prudent man)必须高贵地行事时

[①] 英语学界权威论著为 Syme, R., *Tacitus*, 2 vols., Oxford:1958. 依笔者寡见,汉语学界只有三部研究性论著或译著:褚新国,《帝国的沉沦与救赎:塔西佗和他的历史世界》,北京:人民出版社,2008;里克,《塔西佗的教诲:与自由在罗马的衰落》,肖涧译,上海:华东师范大学出版社,2011;曾维术编,《塔西佗的政治史学》,曾维术、李静译,北京:华夏出版社,2013。

所处的严酷或不正派的环境,因此和这一传统分离。我们相信,这是他不带幻想地拒绝撰写乌托邦论文(treatises)而倾向于历史的意义所在。但是塔西佗并没有因此放弃节制(moderation),以及一种具有道德目的的睿智所左右的导向。他在强调道德遭遇的困境和危险时坚持了道德。他用一种有限的方式预期了**马基雅维利与古典政治哲学的决裂**。他似乎在说,马基雅维利在这方面是正确的:在历史进程中,道德目的所左右的政治导向极少实现。但这一点强加了他致力于品格和有能力的善的决心。塔西佗认为教育个人是对好人很少施行统治这一政治问题的最深刻回应,在这一点上他赞同的不是马基雅维利而是柏拉图。①

问题在于我们很难发掘出所谓塔西佗政治哲学,更难发掘出所谓古典政治哲学本身,某种意义上因为古典政治哲学两大权威柏拉图和亚里士多德各有统系。施特劳斯在其雄文"什么是政治哲学"中使用过"古典政治哲学"一词,②但在那里施特劳斯的立言有其针对性,③而非意在一般性地启蒙古典政治哲学。古典政治哲学何其精微,恐怕无法让我们这样的初学者当作一把好用的尺子,评判一个我们在精神上相当陌生、几乎不从事论文体写作的大思想家。要想走近塔西佗,只有把里克前期所走的路走得更远一些:更悉心、更具体地阅读文本。

一、塔西佗和《阿古利可拉传》

塔西佗传世作品有五部,按时间排列为:
《关于演说家的对话》(*Dialogus de Oratoribus*),④简称《对话》,西塞罗式文风,⑤异于其他四部,故推定为最早的现存著作;

---

① 前揭中译本,页 26、27。笔者对译文有所改动,并增加了楷体强调。
② 施特劳斯,《什么是政治哲学》,李世祥等译,北京:华夏出版社,2011,页 19。
③ 针对在圣城耶路撒冷听(雅典)哲学讲座的知识大众。
④ 中文节译本:塔西佗,《关于雄辩术的对话》,见昆体良,《教育论著选》,任钟印选译,北京:人民教育出版社,2001,页 234—242。
⑤ 年轻的塔西佗也曾像西塞罗一样追慕过苏格拉底文学?

《关于尤利乌斯·阿古利可拉的生平和品德》(*De Vita et Moribus Iulii Agricolae*),①简称《阿古利可拉传》(*Agricola*),约作于公元98年;

《关于日耳曼尼亚人的兴起与处境》(*De Origine et Situ Germanorum*),②简称《日耳曼尼亚志》(*Germania*),约作于98年;

《史记》(*Historiae*),③约作于104—109年;

《神主奥古斯都驾崩以来编年》(*Annales ab Excessu Diui Augusti*),④称简《编年》,塔西佗117年左右去世也未完成。

前三篇为短篇,后两篇为长篇。后两篇塔西佗花费精力最多,对我们理解塔西佗的至关重要性不言而喻。从书名来看,Historiae有两个主要义项,首先是探究,其次是讲究笔法地记史。塔氏《史记》讲史,书名自然取后一义项。但这两个义项亦可统一在后一义项中,因为记史无疑也是为了某种探究。孔子作《春秋》是为了"拨乱世,反诸正"(《春秋公羊传·哀公十四年》),司马迁述《史记》是为了"究天人之际,通古今之变,成一家之言"(《史记·太史公自序》)。那么塔氏《史记》探究什么呢?书中记述了伽尔巴(Galba)朝到多弥提雅努斯(Domitianus)朝的帝国史(69—96年,东汉明帝永平十二年至和帝永元八年)。塔西佗生于约55年(东汉光武帝建武三十一年),卒于117年(东汉安帝元初四年)之后,因此《史记》是塔西佗的当代史,但更严格意义上的当代史(97年至杀青时的109年[东汉和帝永元九年至安帝永初三年],公认的恢复政治清明的时期)塔西佗恰好没写:他只写公认的十五年暴政⑤——多弥提雅努斯朝——及其之前。可见塔西佗的写作有所顾忌。但哪怕是记述更少敏感性的过去,他也似乎没有在书中显著的地方讲明自己到底要探究什么。

也许我们可从另一部长篇《神主奥古斯都驾崩以来编年》的书名中

---

① 塔西佗,《阿古利可拉传/日耳曼尼亚志》,马雍、傅正元译,北京:商务印书馆,1959。
② 中译本见前注。Germanorum是Germania的形容词化,旧译作"日耳曼人",但不利于与"日耳曼尼亚"构成关联。
③ 塔西佗,《历史》,王以铸、崔妙因译,北京:商务印书馆,1981。
④ 塔西佗,《编年史》,王以铸、崔妙因译,北京:商务印书馆,1981。
⑤ 参塔西佗《阿古利可拉传》段3。

有所发现。"编年"一词原文相对简单,仅指纪年。但体裁上大抵仍属于 Historiae,因为这本书接着《史记》往前写,即从提比略(Tiberius)朝到尼禄(Nero)朝(14—68年,新朝天凤元年至东汉明帝永平十一年)。书名中的奥古斯都是罗马君主政制(principatus)的创立者,因此"奥古斯都驾崩以来"意即"君主政制创立以来"。但名副其实的"君主政制创立以来"应该是"奥古斯都登基以来",但塔西佗偏要写"奥古斯都驾崩以来"。① "奥古斯都驾崩以来"等于"提比略登基以来",然而塔西佗为何要突出"奥古斯都"和"驾崩"? 一方面当然因为奥古斯都比提比略卓越得多,这从奥古斯都的同位语"神主"②可以看出;另一方面也许因为塔西佗要追问:奥古斯都这个作为神的凡人死后,他的政制会一并崩溃吗? 毕竟后代帝王都不如奥古斯都卓越。

综合两部巨制的书名,似乎塔西佗倾其一生记史是想探究奥古斯都这样的个人(王者—政治家)的德性与政制之间的关系。这可以从三部短篇的书名中得到佐证。最早的《关于演说家的对话》书名突出的"演说家"在罗马等于"政治演说家",几乎是"政治家"的同义词,且是复数,也就是指政治家这一类人。《关于尤利乌斯·阿古利可拉的生平和品德》书名表示,这本书专门描写那个时代一位优秀政治家的生平,而这又是为了铭记他的品德;"品德"一词是复数,即具体各种品德,指向更抽象的德性。《关于日耳曼尼亚人的兴起与处境》书名则表明,这本书专门描写日耳曼尼亚人群体(政治家这类人)③的兴起及其所处环境(包括政制)。

一种古老的学习方法是从一位大作家的短篇来学习长篇。《对话》类似清谈,《日耳曼尼亚志》具体一些,却具体到了异族。只有《阿古利可拉传》像两部长篇一样讨论罗马,且在书名中出现了奥古斯都之外的另一个人名。值得注意的是《编年》并没专门写奥古斯都,而《阿古利可

---

① 一种说法是塔西佗如果更长寿,他会另写一本涉及奥古斯都皇朝的书。但这不妨碍我们分析目前这本书的名字的深意。
② 拉丁文本义即"神",系当时对先帝的惯称,但此词当然也可以起独立的界定作用,因为塔西佗不会把它用在暴君身上。
③ 塔西佗显然不是一般性地概论日耳曼尼亚民族,而是描写日耳曼尼亚人的核心部分——王者、酋帅、侍从,即广义的政治家。

拉传》却专门写阿古利可拉。此外，《阿古利可拉传》内容的时间跨度是从 40 年到 98 年（东汉光武帝建武十六年至和帝永元十年，参段 3、段 4），覆盖两部长篇著作内容的绝大部分时间跨度（14—96 年，新朝天凤元年至东汉和帝永元八年）。因此，可以说《阿古利可拉传》是理解塔西佗的门径。

不过《阿古利可拉传》侧重个体德性，而未及讨论政制。三部短篇中只有《日耳曼尼亚志》隐约涉及政制，却是异族政制。同时，这两书的书名全称在措辞上严格对应，段落数（通行编码，意味着"意群"数）也完全相等。这引发我们猜测，首先，《阿古利可拉传》对个体德性的讨论是理解德性与政制关系的引子；其次，要增进对德性与政制关系的理解，应该在阅读《阿古利可拉传》时参照《日耳曼尼亚志》。

虽然奥古斯都和阿古利可拉同属政治家，但前者为帝王，后者仅仅是将相。二者区别在于，帝王与政制变更之联系天然更为紧密，因而是最严格意义上的政治家。如果圣王明主是政治家的典范，那么阿古利可拉这样一位以修身和军功彪炳史册的政治家显然够不上典范。至于奥古斯都算不算典范，塔西佗（有意？）没有深究。但通过公正评判阿古利可拉的得失，无疑有助于让我们更接近政治家的典范，同时又避免不接地气。

《阿古利可拉传》自然而然分为六节：

第一节：为什么为阿古利可拉立传（段 1—3）；

第二节：总督不列颠之前的阿古利可拉：40—78 年（段 4—9）；

第三节：阿古利可拉上任之前的不列颠：40—78 年（段 10—17）；

第四节：阿古利可拉总督不列颠：78—85 年（段 18—38）；

第五节：阿古利可拉卸任直至逝世：85—93 年（段 39—43）；

第六节：缅怀阿古利可拉（段 44—46）。

除去第一节和最后一节作为导言和结语以外，第二节和第三节所涉时间完全重合，意在烘托出所有六节中篇幅最长的第四节，而第五节是第四节的余绪。所以第四节的主题总督不列颠是阿古利可拉一生事业的主体和巅峰。书名所谓"品德"应当也主要体现于总督不列颠这一事件。

然而，罗马对不列颠与其说是"经略"，①不如说是"侵略"，与明代以来日本对中国费时经年的侵略有着完全相同的本质，尽管时势不同。塔西佗在书中明白地告诉我们："不列颠出产金、银及其他金属，赢得它的价值（pretium uictoriae）就在于此"（段 12）。② 他用了两个最俗的词："赢得"和"价值"（本义为价钱）。如果因为侵略不列颠成了罗马既定国策（参段 13），塔西佗不便褒贬，那么我们可以从《日耳曼尼亚志》中考察他对侵略的态度，因为这本书描写异族政制，令塔西佗处于相对超然的地位。他在此书一个显著地方③说道：

> 当任何一个种族④强大起来（eualuerat），要去霸占并彻底改变一些尚未为诸王国强权所瓜分的、未经识别的地盘⑤时，连河流也无法完全阻止他们。

在稍后相对隐蔽的第 35 段，描写考契人（Chauci）部族时，塔西佗话锋一转：

> 日耳曼尼亚人中，他们是最高贵的一族，人人都选择以正义来维持自身的伟大。他们绝不贪婪，也绝非没有权力，他们保持和平，独立自主，从不挑起战争，也从不被任何掠夺和强占行径所侵扰。他们之行事崇高（superiores agant），并不通过行不义，这足以证明其德性和诸多强势；此外，他们人人兵器不离手，一旦有事，大队人马顷刻便可赴战；而在和平时期，其声威亦不稍衰。

---

① 中译者在第 44 页用了这个词，相信这也是千百年来许多西方读者和现代亲西方的中国读者赞同的措辞。

② 本文所引《阿古利可拉传》和《日耳曼尼亚志》译文均依据中译本，笔者据拉丁文有所修订，并加了楷体强调。拉丁文校勘本：Tacitus, *Opera Minora*, ed. Furneaux, H., Oxford, 1900.

③ 这本书结构简单：第 1—27 段总述日耳曼尼亚人，第 28—46 段分述日耳曼尼亚人各族群。笔者所指的"地方"在第 28 段一开始。

④ 稍前举的例子是高卢人。

⑤ 稍前举的例子是日耳曼尼亚人的家园，而非无主地。

可见塔西佗心中有一杆衡量最高贵、正义、伟大、崇高、德性、强势的秤,一杆中国人能够理解的秤:人不犯我,我不犯人,人若犯我,我必犯人。在这杆秤上,阿古利可拉不过是个战犯,而且比日本战犯更可恨,因为阿古利可拉不仅令卑贱、不义、渺小、低下、缺德、虚弱的罗马得偿宿愿,强占了不列颠,而且在不列颠施"仁政",腐化其刚毅的民族精神——用塔西佗自己的话说,这根本就是奴役(段21)。塔西佗之所以把《日耳曼尼亚志》当作《阿古利可拉传》的姊妹篇,深意似乎正在于,与不列颠人相比,日耳曼尼亚人的民族精神毫无疑问更纯正强硬,更自由自在,是罗马最最可畏的对手。① 塔西佗身后的历史佐证了这一点:罗马帝国476年(南朝宋后废帝元徽四年)为日耳曼尼亚人所灭。② 试问,如果阿古利可拉面对的是日耳曼尼亚人,或者说最高贵的、理想化了的日耳曼尼亚人,那么他那得到塔西佗赞颂的诸多品德会不会自惭形秽呢?

阿古利可拉到底何来德性呢? 有人说,从罗马出发,阿古利可拉不失为极有德性。那么,我们要正告这样的人:这等于荒诞地主张,从日本出发,其战犯们也极有德性,或者说赴靖国神社拜鬼是正当的。这是一个令我们沮丧到义愤的结论,而我们从前习惯了把罗马比作大汉朝,把阿古利可拉比作卫青,可现在这位卫青有点过分:霸占别人的家国。然而,阿古利可拉难道不正是以节制(modum)——过分的反面——著称吗(《阿古利可拉传》段4)? 也许我们的确不应该把他和赤裸裸地过分的日本战犯直接划等号,尽管他仍然难逃"野蛮侵略者"的指控。那么,到底是什么令一个节制的卫青变成了一个过分的卫青? 是对民族精神之败坏——首先败坏成侵略者,然后败坏成卑贱、不义、渺小、低下、缺德、虚弱——痛心疾首却仍在有限意义上随波逐流。所谓民族精神,无非古典意义上的政制(πολιτεία)。易言之,阿古利可拉大有修身齐家之德,③却够不上治国平天下之德。如果可以说塔西佗悄然展示了这一点,那么他当然是在为一位完美化了的神主奥古斯都招魂,令其

---

① 对比《阿古利可拉传》段11,12和《日耳曼尼亚志》段1、4、37。
② 当然,日耳曼尼亚人因此也走上了罗马对付不列颠的那条不归路。
③ 关于齐家,参段19。

在未知的将来某时再度君临天下。① 这个意义上,塔西佗的史书和大汉朝太史公书一样在辅经,辅弼西方古典政治哲学至上经典——柏拉图的《王制》(Πολιτεία),因为圣王(哲人王)只在《王制》中登场。②

二、为什么为阿古利可拉立传

现在我们进入《阿古利可拉传》文本脉络,看看塔西佗是否真如我们所推断的这样。第一节(段 1—3)一开始,塔西佗就提出古今之变:古代(antiquitus)容易产生德性,我们的时代(nostris temporibus)则否。但当代到底还有些有德之人令世风为之屈服,相应地,当代也不应该缺少记述这些有德之人的人。由于当代不容易产生德性,与当代有德之人一样,当代记述有德之人也会遭到敌视。

由于塔西佗举了两个能够自由记述有德之人(他俩自己)的古代作家,以及两个因记述有德之人(他人)而身罹极刑的当代作家,而两个古代作家处于共和政制时期,两个当代作家则处于君主政制时期,故人们会认为,他所谓"古代"指共和政制时期("古代"本可宽泛译作"前代"),因此塔西佗心仪何种政制、反对何种政制一目了然。但吊诡的是,这两个古代作家中的茹提里乌斯(Publius Rutilius Rufus)一生重大事件之一就是因自身刚正品行而被赶出罗马。③ 同时,两个当代作家受到的迫害仅来自同一个皇帝多弥提雅努斯,而在第 3 段塔西佗对君主政制时期一分为二地看待:控诉多弥提雅努斯朝十五年暴政(81—96 年),至于此后更严格意义上的当代,即纳尔瓦(Nerua)朝(96—98 年)和特拉雅努斯(Traianus,旧译"图拉真")朝(98 年之后),则称之为"幸福时代的开端"。这岂不是与开篇所说的"我们的时代"相矛盾了吗?事实上,正如过去中国好古的读书人一样,塔西佗使"古代"泛指容易产生德

---

① 许多人说塔西佗是共和派,不会幻想圣王。但事实上,塔西佗反对的不过是暴君和僭政,同时对罗马共和国的混合政制,塔西佗并未表现出推崇(参前揭里克书第二章)。《阿古利可拉传》第 3 段对新王的赞美,未必完全是装样子。好的君主制理所当然是最佳政制,这在古代从柏拉图到西塞罗,一直是常识。

② 若然,塔西佗何曾须臾疏远柏拉图? 对观前揭里克书,页 26、27。

③ 参中译本注。后引史料多取自中译本注,不再注明。

性的时代,"今世"泛指容易丧失德性的时代。

至于什么样的政制容易产生德性,塔西佗首先指出,"正如过去的(uetus)年代见证了什么是自由之极端,我们则[见证了什么是]奴役之[极端]"(段2)。然后,他称赞纳尔瓦和特拉雅努斯相继致力于结合难以结合的威权(principatum)和自由,从而开启了幸福时代(段3)。"威权"一词与"君主"同源,又译"君权"。这固然是在劝诫君主,但我们当然也可以说,塔西佗所谓容易产生德性的政制——"古代"政制——以结合威权和自由为特征,而不具体到共和政制或君主政制。

那么,容易丧失德性的政制——"今世"政制——就是无法结合威权和自由的政制,具有历史真实性的极端自由的共和政制和极端奴性的君主政制都属于这种政制。纳尔瓦和特拉雅努斯的"幸福开端"是否属于这种政制,则很暧昧,因为塔西佗为"幸福"加上了"开端"一词(即国朝所谓"初级阶段")。塔西佗显然期望把这个相当脆弱的幸福开端从"今世"领向真正幸福的"古代"。正因如此,他从未狷狂地鄙视今世,否则他不会在第1段请求世人宽恕他的写作。

由此,我们发现了塔西佗对"最佳(古代)政制"的关切。然而,此刻值得立即思索,塔西佗谈到的有德之人关切政制吗?塔西佗只说这些人的德性令世风屈服(段1),还说他们有的被暴君迫害,有的则侥幸得到善终(段3)。对于他们的德性高度(高至塑造政制),塔西佗是否保持沉默呢?

他说,之所以记述阿古利可拉,一方面因为阿古利可拉在暴政之下立德立功而不立言(像古代作家一样写自传),故塔西佗要代阿古利可拉立言(立传),从而证实"我们时代的幸福";另一方面因为他要通过为岳父阿古利可拉辩护,尽自身的孝道(段3)。塔西佗以这两个理由大度声称自身德性高度在阿古利可拉之下。此外,两个理由各自的落脚点都是维系十分朴实的德性:忠(于今上)和孝,而没有上升到改制。其实,塔西佗还隐藏了一个写作理由,即阿古利可拉属于得到善终的有德之人,① 所

---

① 第2段所说的两位今世作家被迫害致死的年份与阿古利可拉得到善终的年份就在一两年之间(93—94年)。

以阿古利可拉能教我们如何在暴政下结合"温顺节制"(obsequiumque ac modestiam)和"有为奋发"(industria ac uigor,段42)。这三个理由,尤其最后一个,对于世之贤人君子极有吸引力,这也正是塔西佗想达到的基本教化效果。毕竟世之贤人君子多无奥古斯都式改制之才。

然而,为什么最后一个理由最有吸引力却反而没被明列为写作理由?在笔者看来,这是《阿古利可拉传》的至深秘密之一。我们注意到,忠孝可小可大(中国人最懂这一点),大忠大孝无疑要求完善政制,从而"推进"而非仅仅"证实""我们时代的幸福"。然而,阿古利可拉结合"温顺节制"和"有为奋发"的落脚点只是一己善终,终究缺少大忠大孝的恢宏气象。塔西佗本人记史,便像他笔下的古今伟大作家一样具有大忠大孝,由此超越了自己的传主即世之贤人君子的德性高度。同时,采用史传的形式,塔西佗能在一定程度上避免遭到迫害——一己善终在服务于大德的意义上仍然重要。

三、总督不列颠之前的阿古利可拉

从第二节开始,塔西佗正式开始记述阿古利可拉的生平和品德。阿古利可拉的一生(40—93年,东汉光武帝建武十六年至和帝永元五年)经历卡里古拉(Caligula,37—41年在位)、①克劳狄乌斯(Claudius,41—54年在位)、尼禄(54—68年在位)、伽尔巴(68—69年在位)、鄂托(Otho,69年在位)、维泰里乌斯(Vitellius,69年在位)、魏斯巴斯雅努斯(Vespasianus,69—79年在位)、提图斯(Titus,79—81年在位)、多弥提雅努斯(81—96年在位)九帝。公认的暴君尼禄(参段6、45)死后罗马深陷内战,其间历伽尔巴、鄂托、维提尼乌斯三帝,从魏斯巴斯雅努斯开始中兴,但多弥提雅努斯又是一位公认的暴君(参段3、42、43)。多氏亡后罗马才走向我们在开篇看到的"幸福的开端"。阿古利可拉初入政坛时(58年,参段5)正值尼禄当国,逝世时则值多弥提雅努斯执政,换句话说,阿古利可拉一生事业的一头一尾都是暴君。不仅如此,

---

① 即段4的盖尤斯·凯撒(Gaius Caesar)。

卡里古拉和鄂托两位庸主也是阿古利可拉直接或间接的杀父杀母仇人，而阿古利可拉的父母均被公认为高风亮节的尊长（参段 4、7）。可见于国于家，于忠于孝，阿古利可拉都有理由从政干一番大事，因为对于好人，"最大的惩罚是被更坏的人（πονηϱοτέϱου）统治，自己却不愿意去统治"（柏拉图《王制》347c）。①

第二节（段 4—9）主题是总督不列颠之前的阿古利可拉。第 4 段讲他的出身以及品德的最初养成。第 5 段讲 58 年（18 岁）他在不列颠参军。第 6 段讲约 61 年（21 岁）他回罗马城任邑宰（magister），63 年（23 岁）任亚细亚行省财政官（quaestor），66 年（26 岁）任保民官（tribunus plebis），67 年（27 岁）任大法官（iuridicus）。第 7 段讲 69 年（29 岁）他再赴不列颠任第二十军团统帅。第 8 段讲 69—72 年（29—32 岁）他在不列颠的军事成就。第 9 段讲 74 年（34 岁）他任阿奎达尼亚（Aquitania）行省总督，77 年（37 岁）任执政官（consul），当时人们普遍认为，按惯例下一步他将总督不列颠，事实证明了这是对的。这六段的篇幅分配突显了阿古利可拉与不列颠的缘分：除了导引性的第 4 段，与不列颠无直接关系的只有第 6 段，这一段尽可能简洁地概括了长达七年的经历。第二节是全书主体部分（第二至五节）中与不列颠联系最松散的一节，但塔西佗的笔法令第二节明显指向全书意图：展现不列颠总督阿古利可拉。可是塔西佗制作出的文学情节发展与阿古利可拉真实的人生变迁未必一致：阿古利可拉的人生未必能够"制作"，以不列颠总督为目标。这引发我们思索，作为一个好人（卓越之人），阿古利可拉是否完全被命运摆布？如果不是，那么他在何种程度上、以何种方式能够掌握命运，这种程度和方式是否恰当？

这个问题在第 4 段已露端倪。《阿古利可拉传》中只有这段和最后一节（段 44—46）专门讨论阿古利可拉的品德。但最后一节有其使命，即充当一篇深情的悼词，难免堆砌词藻，而第 4 段则更平和，故能在评价上更加直白。这段一上来就讲阿古利可拉是个煊赫世家子弟：他那被卡里古拉害死的父亲格雷喀努斯（Iulius Graecinus）曾官至

---

① 校勘本：Plato, *Opera*, tomus iv, ed, Burnet, J., Oxford：1903. 译文出自笔者。

元老,

　　以研究雄辩和智慧(studio eloquentiae sapientiaeque)知名于世……阿古利可拉的母亲尤利雅·普罗喀拉(Iulia Procilla)则罕见地高洁(rarae castitatis)。他在母亲的庇护和慈爱之下接受教育,童年和少年完全在修习诸门高尚技艺(honestarum artium)中度过。他令自己抵御坏东西的诱惑,不仅因为他自身优良健全的本性(bonam integramque naturam),而且因为他小时候一直拥有诸研究的场所和女教师——马西丽雅(Massilia),①这地方很好地杂糅和结合了希腊的文雅和外省的朴实(Graeca comitate et provinciali parsimonia)。我记得他经常讲到,在他最初的青年时代,他会过分渴求研究哲学(studium philosophiae),以至于无法做一个罗马人和元老,要不是他母亲的睿智(prudentia)掌控住他燃起的火光四射的心智(animum)。无疑,他高超卓越的天资(sublime et erectum ingenium)也曾以超过谨慎程度的热情,渴求伟大崇高的荣誉之壮美可观(pulchritudinem ac speciem magnae excelsaeque gloriae)。但很快,理性和岁月(ratio et aetas)令他变得温和,而且他从智慧之中重获最难的东西——节制(modum)。

　　这段话集中描写阿古利可拉一家三口,未必是实然描写,而很可能具有寓意:父母在品德上也生育了子女,正所谓有其父母,必有其子女。② 这段话开头格雷喀努斯的"智慧"把我们的思绪带回到了第2段,在那里塔西佗说,为了在人们面前抹掉德性,那些智慧教师(sapientiae professoribus)也遭到放逐。稍前塔西佗提到的两位当代作家所赞颂的有德之人中,普累斯库斯(Heluedius Priscus)便是一位哲学③研究者,且被尼禄逐出罗马。格雷喀努斯与普累斯库斯经历相近,因此似乎第2段出现的"智慧"也是一种哲学,且有助于德性的葆有,有助于

---

① 高卢南部地区,故下面称为外省,有地方偏僻之义。
② 对观柏拉图《王制》讨论较差的政制一个人演变的后几卷书。
③ 具体是廊下派(Stoicus)哲学,但这里没必要纠缠哲学流派。

正当的政治生活。这一点有一个旁证:格雷喀努斯除了研究智慧,还研究雄辩,也就是研究智慧对德性的葆有如何为多数人所接受,尽管他始终无法令刽子手卡里古拉接受。

与父亲的智慧相比,母亲尤利雅更直接地关心高尚品德。因此,父母希望把儿子塑造成德才兼备。如果母亲是阿古利可拉第一位女教师,那么马西丽雅便是他第二位女教师。在这位女教师手下,他卓越的天性结合了希腊(父亲)①的文雅和外省(母亲)的朴实。

可是不久,年轻的阿古利可拉做了两件过分的事。第一件是过分追求哲学,以致有损治国之德,幸好母亲的睿智挽救了他烈火般的心智。第二件是过分追求荣誉,以致丧失理性,或者说远离哲学。这次挽救他的不是母亲,而是理性和岁月。理性和岁月合在一起就是智慧,也就是他冥冥中的父亲。最后他学到了最难的东西——节制。

节制指不过分,也就是恰到好处地追求哲学和荣誉——塔西佗从来没有说哲学和荣誉是坏东西。如果更细致地考究用字法,那么"节制"只是一种方法而已,并不直接规定追求的对象。按希腊语—拉丁语术语传统,"节制"的同源词 moderatio 对应 $\sigma\omega\varphi\rho o\sigma\acute{u}\nu\eta$,而阿氏母亲的"睿智"对应 $\varphi\rho\acute{o}\nu\eta\sigma\iota\varsigma$,阿氏父亲的"智慧"对应 $\sigma o\varphi\acute{\iota}\alpha$。在德性高度上,"节制"最低,"睿智"较高,"智慧"最高,尽管有时"睿智"与"智慧"混用。阿古利可拉刚学到智慧中的节制,已觉至难,何况睿智和智能本身。当然,这只是文字游戏,从中我们要明白,阿古利可拉能不能通过节制追求智慧本身("哲学"的希腊文字义),得看他的造化。

下面塔西佗开始描写阿古利可拉如何在具体事件中践行节制。第5段描写阿古利可拉初入政界时如何在不列颠服役。早先我们提起过,罗马"经略"不列颠,本身是不义的,可阿古利可拉对此没有自己的立场。到了不列颠之后,他固然有勇有谋,但他的主要精力花在如何把节制用在追求荣誉上(参段末)。② 对他来说,与荣誉比起来,智慧不过是途径。

---

① 一个有趣的巧合:阿氏父亲的姓氏 Graecinus 源自"希腊"一词。
② 这种情况在他后来的人生中一直没有改变。

第 6 段一开始就描写阿古利可拉娶了名门闺秀，令他在仕途上更加顺利。接着，阿古利可拉在步步高升的途中探究了一种具体的智慧："他对尼禄时代深有见地（gnarus），在那个时代，懒怠便近于智慧（inertia pro sapientia fuit）。""深有见地"一词源自希腊文"认识"（γιγνώσκω），见于德尔斐神谕"认识你自己"。"懒怠"是一种谦称，实指上文描写的恬静无为，或者说拒绝同流合污。但这个词本义与"懒怠"这个中文译法倒很相近，即"缺乏技艺"（构词法是 in 加上 ars，ars 即希腊文 τέχνη）。"智慧"（不算其衍生词）在这部著作中只出现过四次（段2、4、6），这是最后一次。似乎对阿古利可拉来说，智慧是消极的，是对恶的抵制。诚然抵制恶已经很难做到，但不可否认更高尚的是抵制懒怠而追求技艺，就像他年少时候在母亲引导下"修习诸门高尚技艺"（段4）。当然，也可以说阿古利可拉某种意义上认识到了自己的局限，因为他说懒怠仅仅"近于"而非"等于"智慧。

紧接着，塔西佗写到阿古利可拉在这种认识之下如何对待"官场（honoris）的竞技和排场"，即"在理性和过度之间取中道"（段 6）。"官场"一词亦指荣誉。这句话再明白不过地表明，阿古利可拉为了节制地追求荣誉，主动以节制之名疏远最严格意义上的理性（智慧）。不过，我们要立即为阿古利可拉辩护：某种程度上，他那"懒怠近于智慧"的见识只适用于暴君时代。因为塔西佗笔锋一转，写道，正派的伽尔巴取代尼禄之后，阿古利可拉受命以理性的方式揭发了尼禄的一桩大罪恶。

然而，谁能保证阿古利可拉总会受明主庇护？不幸马上就发生了：伽尔巴的继任者鄂托放纵下属谋杀了阿古利可拉"罕见地高洁的"母亲。不幸中的万幸是不久之后中兴之主魏斯巴斯雅努斯起兵称帝（69年），阿古利可拉立即投其帐下。这时多弥提雅努斯"还很年轻，还只会仗着父亲的权势去恣意妄为"。我们知道，阿古利可拉外任不列颠总督是在 78 年（魏斯巴斯雅努斯翌年寿终），而多弥提雅努斯登基则在 81年。换言之，阿古利可拉从 69 年到卸任不列颠总督的 85 年，都处于较为宽松的政治环境之中（将在外君命有所不受）。在相当大程度上，正是这种环境成就了阿古利可拉。

魏斯巴斯雅努斯治下，阿古利可拉于 69 年即赴不列颠统率第二十军团,进一步锻炼了自身军事才干,后又出于睿智而成功地从军界转任政界要职(段9)。在这一阶段,阿古利可拉仍主要致力于"既不致遭忌又不失嘉誉"(段8末尾)。正是这种节制,令"公众意见"(opinione)认为他最适合出任不列颠总督。塔西佗说,阿古利可拉从未主动营造这种氛围,此外,"公众看法"(fama)并非总会犯错,有时甚至能指出适合人选(段9)。这固然表明阿古利可拉之清高,但这种清高是否太过,仍是个问题。因为塔西佗的话实际上意味着,"公众看法"一般情况下会犯错。万一"公众看法"没有选择阿古利可拉,阿古利可拉便极有可能为了"既不致遭忌又不失嘉誉"而不去"主动营造这种氛围",更别说为了达到这个对国家有利的目标而忍辱负重(遭忌、失掉嘉誉)。这就是过度的自爱,是对节制的背叛。正是在这个文脉之中,塔西佗天衣无缝地提到自己娶了阿古利可拉之女,让自己看起来像年轻时的阿古利可拉,也让人们思索他自己会不会主动善意地引导公众看法。实际上,记史就是对公众的教化。不过,尽管阿古利可拉不去引导罗马公众,但第9段最末讲到,阿古利可拉将教化不列颠公众,因为他随后不仅任不列颠总督,还兼掌不列颠司祭之职(pontificatus sacerdotio)。阿古利可拉不是罗马的王者,却是不列颠的无冕之王。这解释了为什么塔西佗把不列颠总督之任当作阿古利可拉一生事业的根本。

四、阿古利可拉上任之前的不列颠

接下来,第三节(段10—17)先讲述不列颠的自然和人事状况(段10—12),然后讲述阿古利可拉总督不列颠之前罗马对不列颠的侵略(段13—17)。

不列颠是罗马人所知的最大的岛,东对日耳曼尼亚,西对希斯巴尼亚(Hispaniae,"西班牙"的词源),南对高卢,北面则是一片汪洋(段10)。如稍后的第12段中所说,在罗马人眼中,不列颠是大地尽头。它和罗马的距离与日耳曼尼亚和罗马的距离相当,塔西佗在《日耳曼尼亚志》第2段语气中流露出这世界边缘的惨淡光景。但与日耳曼尼亚不同之处在于,不列颠是被大海包围的孤岛。如《阿古利可拉传》稍后第

30段所说,大海意味着不安定,也意味着侵略者(罗马)不可遏制的贪欲。不过,同样如第30段所说,不列颠也有自己的腹地,那里尚未受到海水污染。所以,在塔西佗笔下,一个伟大民族更需要的是陆地品质,而非海洋品质。不过,虽然不列颠一方面处于大地尽头(不如地中海的罗马那样安逸),另一方面遭受大海的奴役,但这时的不列颠没有像现代的"日不落帝国"一样与大海同流合污,反倒原本更具陆地品质的罗马①一再越洋欺凌不列颠。

不列颠的居民十分多样,关于是土著还是移民,塔西佗并没有表现出想要深究,而只是做出"推测",因为他的兴趣不在于实证,而在于民风探究。他说,不列颠人们主要移民自周边的日耳曼尼亚、希斯巴尼亚、高卢;然后,他专门讨论了不列颠的高卢人,称其丧失了原有的自由和尚武精神(段11)。这种民风之堕落,有一个塔西佗未明言的原因,那就是各色人种来到不列颠之后,这些沿海开放口岸没有在道德上把好关,令移民国的不良风气传到了被移民国。相比之下,在《日耳曼尼亚志》中,塔西佗同样出于"推测",称日耳曼尼亚人完全是土著,且不与异族杂处,从而令自身卓尔不同于任何其他民族(段2、4)。讨论是不是土著,其实只是为了传达对塑造民族精神的重视罢了,因为品行良好的移民同样可以变成新的土著,比如生活在不列颠北部即喀利多尼亚(Caledonia)的日耳曼尼亚人。据《阿古利可拉传》第10段介绍,不列颠北部与南部仅为一个地峡所连接,故喀利多尼亚构成一个相对独立的地域;过去的罗马人只到过不列颠南部,一度认为喀利多尼亚不存在,所以喀利多尼亚是离罗马人最远且最令他们感到神秘的地方。又根据第30段,那所谓不列颠纯洁的腹地就是喀利多尼亚。

总体上,喀利多尼亚人这样的民族在不列颠占少数,所以不列颠目前四分五裂,塔西佗说这正最有利于作为侵略者的罗马(段12)。看起来这像是在写罗马人的优势,可事实上如《日耳曼尼亚志》第33段表示,看重敌人的内讧,恰好因为我们的帝国国势(fatum)已不如从前。看起来,塔西佗关于不列颠的描绘离不开对罗马的关切。《阿古利可拉

---

① 对比"阿古利可拉"字义为耕地的。

传》的情节这时直接转入自然描写(段12后半部分),让人有点摸不着头脑。首先,塔西佗说不列颠作为大地的尽头有比罗马更长的白昼,寓意似乎是,不列颠总体民风虽不优异,但其良善亦难能可贵,不如罗马那么黑暗。其次,不列颠植物长得很好,但成熟得迟。再次,罗马侵略不列颠的价值就在于不列颠出产金银。最后,不列颠人采珍珠缺乏技术,不像罗马人那么高明(贪心)。这些说法的寓意大抵同前。

在叙述罗马对不列颠的侵略史之前,塔西佗有一番精辟的总括:只要不凌虐不列颠,他们能够接受罗马对他们的要求(征兵、课税等);一旦凌虐,他们就不能忍受,因为他们虽臣服于我们,但没沦为我们的奴隶(段13)。不过问题在于,罗马对不列颠的要求哪怕在"不凌虐"的前提下也仍然是一种霸道,须知温和的奴役仍然是奴役。对罗马来说,不列颠之所以成为一个问题,正在于罗马始终未能做到温和地奴役不列颠。阿古利可拉一生事业的本质不过是为祖国解决了这个并不光彩的"心头之患"。

阿古利可拉之前不列颠历任总督如下:

43—50年,普劳提乌斯(Aulus Plautius)

50—52年,斯卡普拉(Ostrorius)

52—58年,伽鲁斯(Didus Gallus)

58—59年,魏拉尼乌斯(Veranius)

59—62年,鲍利努斯(Suetonius Paulinus)

62—65年,杜尔比里雅努斯(Petronius Turpilianus)

65—69年,马克西姆(Trebllius Maximus)

69—70年,波拉努斯(Vettius Bolanus)

70—75年,车累亚利斯(Petilius Cerialis)

75—78年,福隆提努斯(Iulius Frontinus)

从普劳提乌斯到魏拉尼乌斯,罗马对不列颠的控制稳步加强。鲍利努斯和前辈一样是一位强硬的军人,但进攻莫那岛(Mona)时操之过急,令后方的不列颠人得以反扑(段14)。此刻,塔西佗编造了一长段不列颠人的演说,指出罗马人出帅不过是为了自己的无耻欲望,而不列颠人出师则是为了保家卫国(段15)。对此,罗马方面没有任何辩解,鲍利努斯轻易踩灭了起义的火苗。接着,塔西佗评论道,鲍利努斯在其他方面表现得很杰出,但对于归降的人过于残暴(段 16)。然而,第 5 段仅仅赞美而未批评鲍利努斯,而且表明年青的阿古利可拉见证了鲍利努斯的所作所为,并为鲍利努斯所赏识,成为了他的好帮手。对比这两段,我们不禁要问,阿古利可拉是否曾干出不列颠人眼中助纣为虐之事?塔西佗始终没有回答这个问题。

如果说鲍利努斯过于强硬,那么随后的杜尔比里雅努斯、马克西姆、波拉努斯三任总督则过于软弱,导致不列颠再次走向混乱(段 16)。不久,魏斯巴斯雅努斯登基,派雄才伟略的车累亚利斯和福隆提努斯先后总督不列颠,罗马在不列颠的势力再次得到大大增强(段 17)。第 7 段表明,阿古利可拉同样见证了车累亚利斯的作为,并在他(而非波拉努斯)手下施展了自己的才华。阿古利可拉之前所有总督之中,塔西佗只褒不贬的只有车累亚利斯和福隆提努斯:他夸车累亚利斯"令继任者的功绩和声望都暗淡无光",又夸福隆提努斯"依然能与车累亚利斯前后辉映"。后面第四节对总督阿古利可拉的记述,暗中展现阿古利可拉弥补了鲍利努斯过去的缺失,却未旁及两位前后辉映的伟大总督。说到底,塔西佗从未以自己的口吻表明,阿古利可拉属于最杰出的不列颠总督(对比段 33 阿氏自夸)。

五、阿古利可拉总督不列颠

记述总督阿古利可拉的第四节(段 18—38)分两部分,第一部分是征服不列颠南部(78—82 年,段 18—23),第二部分是征服不列颠北部,即前面提到的喀利多尼亚(82—85 年,段 23—38)。第二部分篇幅远超第一部分,前者所涉时间却短于后者所涉时间——这是一种肇始于希腊的古老记史方法。第二部分在整个第四节是重点,而第四节在整部著作中也是重点(篇幅也占到将近一半)。因此,称第二部分是整部著作的核心,当不为过。

我们还是从头讲起:阿古利可拉上任时,趁着更换总督时政局不稳,不列颠爆发了小规模抵抗运动。阿古利可拉上任第一年(78 年)便着力镇压抵抗者,并乘胜攻占了阿氏的恩主鲍利努斯当年兵败之所——莫那岛(段18)。这两场战斗立下了阿古利可拉的军威。上一节讲过鲍利努斯拥有军威,但他没有善后(段16)。阿古利可拉现在立下军威之后,则立即整饬已控制的不列颠区域的内政,以便断绝战乱的根源。塔西佗特别强调,阿古利可拉"从自己和自己的人开始,首先齐家(domum suam coercuit,直译为'约束自己的家'),因为对于多数人,齐家之难殊不在统驭(regere)一省之下"(段19)。随后来临的便是废除苛政等等。

第二年(79年),阿古利可拉再次把重点转向军事,但主要致力于严肃军纪,以及以尽可能少的暴力来征服至今仍与罗马为敌的不列颠人(段20)。随后阿古利可拉又转入善后工作,这次的重点是传播罗马礼仪文教,包括言谈、拖裾(toga)、会饮等。塔西佗评论道,这正是对不列颠人的奴役,而他们却把这叫做人性化(humanitas,段21)。不过我们得思索,阿古利可拉这样的罗马绅士,未必会故意奴役已然归降的不列颠人,否则与鲍利努斯何异?因此,他积极的文教建设实际上遭到了塔西佗的委婉批评,而这种批评无疑也指向一般意义上的罗马绅士或者说政治家。批评的要害在于阿古利可拉心中的人性(humanitas)太低,显得像奴隶品性。"人性"这个词的同源词是"凡人"(homo),而比"凡人"优异的是"男子汉"(uir),即顶天立地的"男人",一般与"政治家"用法无别。"男子汉"还与"德性"(uirtus)一词同源。塔西佗记述阿古利可拉就是为了探究何为男子汉或有德之人。奇妙的是,与阿古利可拉相比,鲍利努斯某些方面倒更加"男人"。而在所有方面都"男人"的人,塔西佗预设为前文提到的车累亚利斯和福隆提努斯,可他拒绝深究他们。历史上这两人是否那样优秀,是另一码事;我们得出的教益是,塔西佗要通过揭示比较优秀的人来激发读者设想最优秀的人。

第三年(80年),阿古利可拉用新战术击败了新的不列颠部落。(段22)。第四年(81年),他巩固了已征服的地方,这片地方包括整个不列颠南部。从第五年(82年)到卸任的第八年(85年),阿古利可拉主要攻打不列颠最顽强的北部地区即喀利多尼亚(段23)。

第五年(82年),阿古利可拉除了征服一些新部落,还在爱尔兰岛上设立罗马军事据点,以便在适当的时机征服爱尔兰全岛从而围攻不列颠。这个计划阿古利可拉"经常向我提起"(段24)。不过直到卸任,阿古利可拉也没用上爱尔兰军事据点。合理的解释是,这个据点将服务于继任总督巩固对不列颠的统治——阿古利可拉确有公心。

第六年(83年),阿古利可拉派出军舰沿不列颠海岸示威。居于腹地且无海军的喀利多尼亚人大为震惊,于是突然袭击罗马陆军,也令罗马人大为震惊。阿古利可拉胆怯的幕僚们纷纷提议放弃进攻,但阿古利可拉不为所动(段25)。两军进入激战,以罗马险胜告终;这时方才胆怯的幕僚竟又跑来自夸谨慎多谋。但不列颠立马准备反击,敌我双方的斗志方兴未艾(段26、27)。这时,塔西佗插入了一段"闲笔":罗马从日耳曼尼亚的乌昔鄙夷人(Usipii,参《日耳曼尼亚志》段32)那儿征集到不列颠参军的一支雇佣兵叛逃,且自相残杀,这令他们为人们所不齿(《阿古利可拉传》段28)。

第七年(84年),阿古利可拉丧子。他既不像刚强的男人一样若无其事,又不女里女气地悲痛不已,而是借军务以忘怀悲痛(段29)。阿古利可拉本应是男人的楷模,却为何面对悲痛的时候被说成处于男人和女人之间的状态?难道他不应该更适宜地做一个男人,如果所谓"刚强的男人"显得过于无情?所谓适宜地做男人,也就是在人前"男儿有泪不轻弹",如真到了伤心处,则在人后暗自洒泪(柏拉图《王制》603e-604a)。后面塔西佗从没提到丧子影响到阿古利可拉打仗,打仗时的阿古利可拉倒真的看上去变成了一个若无其事的刚强男人。但并非所有刚强男人都是行事适宜的男人;行事适宜基于睿智,而刚强只取决于毅力。阿古利可拉越是表现得若无其事,反而越远离睿智,因为他忙于用毅力击败悲痛。简言之,阿古利可拉变成了一台战术精湛的战争机器,这是向鲍利努斯做派的回归。

喀利多尼亚人一方在这大决战到来之际,发挥了自身作为日耳曼尼亚人的优良品质,团结一致,英勇抗战。喀利多尼亚大军云集到了德性和出身上最佳的酋帅卡尔伽库斯(Calgacus)面前(段29),而他曾说喀利多尼亚人是不列颠最高贵的一族(段30)。这让人无法不想起前面引用过的《日耳曼尼亚志》第35段所谓最高贵的一族日耳曼尼亚人:

他们自强不息,从不侵略别人,也不容别人侵略他们。因此,虽然塔西佗没有描写阿古利可拉攻打日耳曼尼亚,但阿古利可拉真正高贵而强大的对手日耳曼尼亚人还是出现在了他面前。胜败已经不重要,重要的是德性的较量。对于战争机器阿古利可拉来说,这场大决战更像是对他的德性高度暗中的最终审判。

下面卡尔伽库斯发表了长篇演说。这篇演说与鲍利努斯遭遇的那篇演说的意图相同:指出罗马师出无名。"去抢、去杀、去偷,〔罗马人〕竟谎称之为帝国;造成一片荒凉,他们竟谎称之为天下太平"(段30)。卡尔伽库斯把喀利多尼亚人的斗志诉诸他们实实在在的生活方式:他们热爱脚下的陆地,故深居不列颠腹地,并捍卫祖国的自由,哪怕祖国位于天地尽头,不像罗马那样富庶(段30)。卡尔伽库斯还指出,罗马人没有战争德性,因为他们缺乏持续的团结和勇气(仅仅为胜利或统帅所临时激发),且倾向于使用不忠诚的雇佣兵(丑陋的乌昔鄙夷人是个极端例子);罗马过去的胜利不过出于不列颠人的分裂(段32)。

与之前描与鲍利努斯的不同,面对敌人的演说,阿古利可拉也首先以一篇演说来应对。但与鲍利努斯用行动表现的一样,阿古利可拉在言辞中根本回避敌人关于"罗马是否正义"的论争,因为罗马拥有兵力优势。但他认真对待了敌人关于"罗马人不勇敢"的指责:他的发言恰与卡尔伽库斯不同,主要是为了临时煽动斗志。罗马人的勇敢不是出于喀利多尼亚人那样的高尚生活方式,而仅仅出于好斗本身;阿古利可拉说:"我时常听到我们最刚强的人的声音:哪天才会遇到敌人呵!哪天才开仗呵!"他还说,他们罗马军队胜过了前人,而他自己也胜过了前任总督。他的理由是,他们和他就快要征服整个不列颠了(段33)。可事实上这个理由无非表明,他们和他更有能力去抢、去杀、去偷以及造成一片荒凉。我们注意到,《阿古利可拉传》全篇之中阿古利可拉仅仅在这里无所顾忌地自夸,这不符合一代儒将的一贯作风。什么让他性情大变?抑或什么让他显露出了节制外表下的本来面目?仍是荣誉!为了荣誉,他不惜去抢、去杀、去偷以及造成一片荒凉。

接下来,两军正式开战。阿古利可拉的基本作战方案是先让巴塔威人(Batavi)和佟古累人(Tungri,参《日耳曼尼亚志》段2、29)的步兵团攻坚，然后让罗马骑兵团包抄（《阿古利可拉传》段 35—37）。巴塔威人和佟古累人都是日耳曼尼亚人雇佣兵，因而这场罗马人对日耳曼尼亚人的战争的关键战役成了日耳曼尼亚人的自残。阿古利可拉沉醉于这种罗马人的游戏——挑拨异族内讧，而且认为这对罗马人来说是一种荣光（段 35）。但如先前所说，《日耳曼尼亚志》第 33 段指出，这并非荣光，而恰是出于罗马自身虚弱。此外，攻坚靠的是步兵，包抄则靠骑兵，若长此以往，步兵会越来越强，骑兵会越来越弱（对观《日耳曼尼亚志》段 30 末尾），而步兵往往由异族构成，所以罗马必将面临大祸患。塔西佗深刻意识到这一点，故在关于这场战斗的记述的结尾，表彰壮烈牺牲的罗马步兵将领阿特利库斯（Aulus Atlicus，《阿古利可拉传》段 37）。

不必说，战争以罗马人取胜告终，不列颠彻底沦陷（段 38）。究其原因，无非是不列颠人武器落后、战术不精、兵力不够。就战争德性与和平德性而言，阿古利可拉及罗马人显然在这场最终审判中一败涂地。表面上，塔西佗把阿古利可拉塑造得在品第上超越了鲍利努斯，但严格来讲，阿古利可拉不过是节制的鲍利努斯。

六、阿古利可拉卸任直至逝世

征服不列颠的功劳令阿古利可拉达到声望的巅峰，以至于震动"今上"多弥提雅努斯。嫉贤妒能的多弥提雅努斯要把阿古利可拉调任叙利亚总督，但同时更希望阿古利可拉能主动辞官。阿古利可拉像深知尼禄一样（段 6），也深知多弥提雅努斯，故告老还乡、自甘恬淡（段 39、40）。不久，对外战事再次吃紧，公众之口（ore vulgi）又要求阿古利可拉出任外省总督。但与国家虚弱相比，多弥提雅努斯更恐惧阿古利可拉建功立业，故仍然希望阿古利可拉主动推辞公众的要求。不仅如此，阿古利可拉若不推辞，则要面对前车之鉴："强出头"的喀维卡（Civica）被害身死，这无需多弥提雅努斯向阿古利可拉另行警告。终于，与上次在公众意见面前的态度（段 9）不同，阿古利可拉选择不去强出头。

不过，多弥提雅努斯的真实本性虽然有出奇阴毒、任性的脾气，终于为阿古利可拉的节制和睿智所软化，因为他从来不通过固执，或通过无谓地显摆自由，博取名声和好运。有些人的品德便是崇尚叛逆（inlicita），但他们应该知道：就是在坏君主之下，也可能存在伟大的男子汉们，而且温顺节制如果能伴之以有为奋发，也自可获得声誉，但许多人达到这个目的是通过蛮力（per abrupta），即以对国家（reipublicae）无用的方式猛拼一死（ambitiosa morte）而成名（段42）。

这段读起来最为讽刺，因为明明是多弥提雅努斯在国难之时（内忧加外患）软化了阿古利可拉，可塔西佗非要说多弥提雅努斯被阿古利可拉软化了。如果说多弥提雅努斯真的有所软化，那就体现为他让阿古利可拉得到善终。强出头的喀维卡的名字含义就是公民（civis）或国家（civitas），看起来好公民理所当然要为国家"强出头"而不愿放纵比自己坏的人施行统治，可阿古利可拉仍然坚持"懒怠近于智慧"的座右铭。有人会说阿古利可拉出山的话，也无非为侵略事业卖命。可现在内忧外患，共赴国难难道不是世之贤人君子的职责？

塔西佗在这段话中描述阿古利可拉时并举"节制"和"睿智"。"节制"是对他的惯用形容，"睿智"则只出现过三次，第一次是第4段形容阿氏母亲，第二次是第9段形容阿古利可拉从军界转入政界，第三次便是现在。第二次称阿古利可拉的"天性睿智"，也确实体现了现在所说的"温顺节制"与"有为奋发"相结合，但那到底只限于具体事件，故睿智的是不是"天性"仍有讨论余地。第三次出现"睿智"则更明显地是反语，因为这时的阿古利可拉已经是一味温顺节制，缺乏有为奋发。

这段话的字面意思是，有些人崇尚叛逆，不过通过蛮力来沽名钓誉。这到底是什么意思？这段话实际上出现了三类人：首先是阿古利可拉这样的温顺节制的人，其次是结合了温顺节制与有为奋发的伟大男子汉，最后是崇尚叛逆、猛拼一死的人。三类人都能获得荣誉，却只有居中的那类人不过分追求荣誉，而且对国家有用。所以这段话的意思实际上是阿古利可拉这样的人与崇尚叛逆的人一样太过看重荣誉。

93年,阿古利可拉寿终正寝,享年五十四岁,正值盛年(段43、44)。多弥提雅努斯对此感到非常惬意。塔西佗说,盛传一种流言,说是多弥提雅努斯毒死了阿古利可拉,但塔西佗不愿意做出判断。公众似乎希望阿古利可拉以盛年且有用之身死得壮烈些,像喀维卡一样。

七、缅怀阿古利可拉

塔西佗在最后的悼词中首先总括性地说,后人会了解到阿古利可拉的"风范(habitum)是比较优雅的(decentior)而非比较高高在上的(sublimior):仪容全无激烈,谈吐格外温文"(段44)。"高高在上"一词另外仅见于第4段,那儿说阿古利可拉天资(ingenium)"高超"。"天资"与"风范"的对比,对应自然(天性)与礼法的对比。就像先前称阿古利可拉天性睿智一样(段9),我们完全可以以最大的善意揣测阿古利可拉天性高高在上,但经过一生的疲惫奔波,具体展现出的德性不那么高高在上了。

接着,塔西佗的铺陈集中于阿古利可拉的善终:他死时国家还没有元气丧尽,而他的名、利、福也都为多数人所羡慕,正所谓死得其时(段45)。最后,塔西佗提到智慧之人(sapientibus)所说的伟大灵魂(magnae animae)之不死,于是劝后人铭记阿古利可拉的灵魂或德性而非肉体。因为肉体不过是灵魂的影像,而不是相反,正所谓唯有品德万古流芳(段46)。"智慧之人"指引我们回顾阿古利可拉生平叙述的开端出现的智慧研究者——格雷喀努斯(段4)。格雷喀努斯死在暴君手上,但堪称真正拥有伟大灵魂。阿古利可拉虽死得其时,但到底器小,终未死得其所。但愿阿古利可拉死后选择下辈子高高在上!

心灵的孤独与统一[1]

吴 飞

众人联合如一是神恩所愿的

———奥古斯丁

君子和而不同,小人同而不和

———孔子

一、奥古斯丁的新罗马

个体与群体的关系,是古今中外很多思想家都非常关心的问题,但唯有诞生自基督教的现代西方文明,才一方面最大限度地实现了个人主义,另一方面又将全世界联合如一当作最终的文明理想。这无疑是人类文明最伟大的创造之一,但这种文明理想却有着深刻的内在张力。全世界的联合如一不仅不能抚慰心灵的创伤,反而在越来越加剧人们的孤独感。联合全人类的宏大历史,为什么反而在强化人与人之间的冷漠呢?回到奥古斯丁构建这个文明理想的最初时刻,我们或许能找

---

[1] 本文的主要思想亦见于吴飞,《心灵秩序与世界历史:奥古斯丁对西方古典文明的终结》,北京:三联书店,2013。

到这些问题的内在根源。

罗马帝国是西方文明的最高峰,也是后来西方人一千多年都梦想回到、但至今也未能回到的黄金时代。罗马通过军事征服实现了西方世界空前绝后的统一,这个跨越三大洲的世界帝国结束了城邦林立的时代,但又尽可能完美地保留了希腊城邦的文明形态。罗马人梦想着建立一个统一全世界的永恒帝国,罗马的基督徒更认为,耶稣的天上王国就要在永恒罗马实现。

北非人奥古斯丁对罗马帝国有着深切的认同,却不幸生活在这个世界帝国即将灭亡的时代。[①] 比起同时代的很多其他知识分子来,奥古斯丁具有清醒的政治头脑,他深知罗马帝国的衰亡是迟早的事,不过,罗马帝国的梦想仍然萦绕在奥古斯丁的脑际。他虽然对罗马帝国的衰亡无能为力,却试图以另外一种方式实现罗马帝国的梦想,那就是他的上帝之城。

奥古斯丁要为西方人保存这个宏大的文明理想。但随着蛮族的入侵和帝国的崩溃,这个理想还将会以什么样的方式实现呢?回到城邦时代已经不可能,通过军事征服建立另外一个帝国也没有可能,不仅因为罗马的军队已经不再那么强大,而且奥古斯丁深知,任何地上王国都不可能长久。这时的奥古斯丁更完全没有预见到,罗马教廷会成为一个新的世界帝国。那么,上帝之城将在什么意义上成为另外一个罗马帝国呢?

面对刚刚沦陷的罗马,奥古斯丁在一篇布道辞中说,真正的罗马不

[①] 公元410年,西哥特人在首领阿拉里克带领下,攻陷了罗马,这件事引起了罗马知识界的普遍恐慌。正是对这件事的思考,使奥古斯丁写出了《上帝之城》一书。奥古斯丁去世时,另外一个蛮族部落汪达尔围困了他所在的北非城市希波。他死后一年,希波城破。汪达尔人占据了北非,于455年再次攻陷罗马。476年,西罗马帝国彻底灭亡。关于奥古斯丁与罗马陷落,参考 Leo C. Ferrari, "Background to Augustine's 'City of God'", *Classical Journal*, 67(1), 198—208; Theodor E. Mommsen, "St. Augustine and the Christian Idea of Progress: the Background of the *City of God*", in *Journal of the History of Ideas*, 12, 3 (1951), pp346—374; Rudolph Arbesmann, "The Idea of Rome in the Sermons of St. Augustine", *Augustiniana*, IV, pp305—324. 吴飞,《奥古斯丁与罗马的陷落》,《复旦学报》,2011年第4期。

是由城墙与砖头垒起来的,而是由一个个罗马公民组成的。① 这正是他思考新罗马问题的出发点。而这句话恰恰对应于新约圣经中的一种说法:"主乃活石,固然是被人所弃的,却是被神所拣选、所宝贵的。你们来到主面前,也就像活石,被建造成为灵宫,作圣洁的祭司。"② 奥古斯丁的新罗马,不是用砖石建造起来的人间帝国,而是用每个人的心灵建造起来的上帝之城。这个新罗马不会被蛮族的刀枪攻陷,却也摒弃了人间帝国的自然气息。

二、人的社会本性

奥古斯丁非常重视人的社会本性,认为人生来就应该在社会中居住。他在《上帝之城》中指出,这是由上帝造人的方式决定的:

> 从上帝所造的最初一人,通过繁衍形成了整个人类,比起认为从多个人繁衍要好得多。至于别的生灵,他让一些独来独往,独自栖息,更愿意独处,比如黑鹰、狮子、狼,等等。他让一些群居,更愿意成群结队地生活,比如鸽子、白头翁、牛、小鹿之类。上帝没有让这两类动物从一个开始繁衍,而是命令很多同时存在。……因此上帝只创造单独的一个,这并不意味着人可以离开社会独居,而是为了让社会能更有效地实现社会的合一与和谐的结合。人们不仅彼此之间有相同的自然,而且还通过人间的家族情谊勾连起来。上帝没有像创造男人那样创造了女人,而是把她作为男人的妻子,从男人中创造她。于是,所有的人都是从一个人产生的,散播成为全人类。③

在奥古斯丁看来,人类的创造方式和其他所有动物都不同。其他

---

① 奥古斯丁,《布道辞》,81:9。
② 《彼得前书》,?,4—5。
③ 奥古斯丁,《上帝之城》,12:22;吴飞译本,上海三联书店,2007—2009年版,中册,页144—145。

的动物，要么是一直独来独往，没有群居生活，像狮子等猛兽；要么是一造就是一群，就像蚂蚁、蜜蜂那样，天然就是在社会中成群结队生活的。唯独人类，和这两类动物都不一样。上帝只直接造了一个人，但并没有让人像猛兽那样独来独往；人要生活在社会中，但上帝没有一下子造很多人，而是让所有人都从最初的一个人繁衍而来，甚至包括他的妻子夏娃。所有的人都包含在最初造的亚当身上，这是人类最为独特的地方。

这种特殊的创造方式意味着，人类不仅要生活在社会中，而且要紧密地结合成一体，要像一个人那样生活，因为所有人都来自同一个人。因此，从亚当繁衍出整个人类，就是人类团结的神秘象征。可是，从一个人散播成为全人类，却又是人类堕落的过程。正是这个双面的过程，使奥古斯丁不会认为，现实中的社会和政治团体就足以实现合众为一的功能，人类必须以另外的方式，回到亚当之中。

从一个人到多个人的第一步，就是夏娃的创造。本来，上帝完全可以用创造亚当的方式，再重新造出一个人来。但是他没有这样做，而是从亚当的身体上取了一块骨头，用它造出了夏娃，夏娃虽不是亚当的孩子，却是从亚当的身体中造的，与亚当本来是一体的。因此，上帝以神圣的方式把他们结合在一起，并祝福他们说："要生养众多，遍满地面。"[1]上帝的这句赐福，意味着不仅婚姻是神圣的，而且生育繁衍也是神圣的。这样，通过婚姻来繁育后代，散播成为全人类，就是没有任何问题的了。

但就是在这一点上，出现了使奥古斯丁极为尴尬的一个问题，因为，他虽然认为婚姻和生育都是神圣的，却又把性欲当作罪的产物。但如果不通过性欲，婚姻和生育如何可能呢？奥古斯丁的婚姻观，是一个吸引了无数学者的问题。在他那个时代，摩尼教不仅否定性欲，而且认为婚姻也是罪恶的；而佩拉鸠派认为，不仅婚姻是正当的，性欲也是应该肯定的。两派的讲法都能自圆其说，唯有奥古斯丁，一方面坚持性欲是有罪的，另一方面又认为婚姻是神圣的，对摩尼教和佩拉鸠派都坚决反对，也遭到了二派的两面夹击。与佩拉鸠派的朱利安的争论，是奥古

---

[1] 《创世记》，1:28。

斯丁一生无数次论战中的最后一场,也是异常激烈的一场,被彼得·布朗称为一场思想地震。很多研究者都认为,奥古斯丁其实并未赢得这场论战,仅以自己的权威压制了朱利安,把佩拉鸠派定为异端而已。①

但笔者最关心的却不是这场论辩的胜负,而是奥古斯丁究竟为什么要坚持这样一个很难辩护的立场。在这场辩论中,希波主教奥古斯丁之所以痛击朱利安这个年轻人,未必仅仅是倚老卖老、出于意气之争,而可能有着更深层的考虑。在《上帝之城》中,奥古斯丁花了很多笔墨证明,在伊甸园中的时候,人类很可能不必通过淫欲,也可以生儿育女,因而,人类的婚姻、家庭、生育都是神圣的。但是,当他反过来谴责人类堕落之后的淫欲的时候,又毫不含糊地告诉我们,现实中的婚姻、家庭、生育,都是罪的产物,因而成为原罪传播的渠道。这对矛盾表明,尽管奥古斯丁认定婚姻和家庭本来是神圣性的,是人类实现其社会性的第一步,但是,只有堕落之前的人类婚姻才是神圣的,因为人类已经犯了罪,所以现实中的婚姻家庭都是与罪相伴随的,没有哪个是真正神圣的。所以,奥古斯丁说:

> 我且不谈人之妻,被用于肉体的交媾和肉身的快乐的人,而是说每个虽然不是因为这样的快乐,但还是以孝敬之名来爱的人,以肉身的方式,将人类道德放在基督之爱前面的人。他不把基督当作根基,从而在火中得救赎,而是根本不会得救赎,因为他不能和救世主同在。对此,救世主最为明确地讲:"爱父母过于爱我的,不配作我的门徒;爱儿女过于爱我的,不配作我的门徒。"②

而在未来的上帝之城中,获得拯救的人们应该"也不娶也不嫁",那才是真正的合一状态。③

---

① Peter Brown, *The Body and Society: Men, Women, and Sexual Renunciation in Early Christianity*, New York: Columbia University Press, 1988, p408. 参考孙帅,《自然与团契》,上海三联书店,2014年版。
② 奥古斯丁,《上帝之城》,21:26.4;吴飞译本下册,页275—276。
③ 《马太福音》,22:30;奥古斯丁,《上帝之城》,22:17;吴飞译本下册,页316。

对婚姻家庭的这一态度，是奥古斯丁社会观的核心态度。他虽然充分肯定了人的社会性，认为全人类应该联合为一，但是，现实中的社会政治制度却都不足以真正实现这种联合，因为这些制度无一不是罪的产物。

亚当和夏娃被赶出伊甸园后，这个充满罪的家庭生儿育女，于是就有了该隐和亚伯兄弟俩。虽然这是人类生育繁衍的开始，但该隐杀害亚伯，却是人类进一步的堕落。正是在兄弟的鲜血中，诞生了人类的第一座城，人类走出了家庭社会。该隐建了这座城后，用自己的儿子以诺的名字命名它。在奥古斯丁看来，这座罪恶之城是第一座地上之城，以后所有的地上之城都是建立在罪的基础上的，而罗马更是建立在罗慕洛与雷姆斯兄弟相残的鲜血当中，和人类的第一座城一样罪恶。①

在巴别塔的事件中，人类真的联合为一体，要造一座通天塔，于是，人类又比城邦向前发展了一步，出现了不同城邦之间的联合，有了庞大的帝国。巴比伦，正是未来罗马的象征。但在奥古斯丁看来，这只是表面上的合一，其实质却是最终的堕落。在这种合一当中，人类要联合反抗上帝，导致了上帝的震怒，于是变乱了人类的语言，使大家不能彼此交流。语言的分化，导致的是彻底的分裂和堕落。奥古斯丁说：

> 最初是语言的分化使人和人分离。如果语言不同的两个人相遇，不能擦肩而过，而必须待在一起，那么，就是不会说话的不同种类的动物，也比这两个人容易沟通。如果两个人感到彼此之间不能交流，虽然人之间的自然相同，但是仅仅因为语言分化，就无法沟通了。所以，一个人宁愿和自己的狗相处，也不愿和外国人在一起。确实，帝国的城邦不仅给被征服的民族套上枷锁，而且还强加给他们自己的语言，来保证和平与彼此的沟通。这样，翻译成群结

---

① 奥古斯丁，《上帝之城》，15：5；吴飞译本中册，第232页："地上之城的第一个建造者是杀弟者；他的弟弟是永恒之城的公民，是这个土地上的过客，哥哥因被嫉妒心征服，就杀了他。在他建造了这个城之后很久，在我们所谈的地上之城的未来的首都（她将统帅万国）建造的时候，发生了一件与这最早的例子，也就是希腊人所谓的 ἀρχετύπῳ 相呼应的同类的事。当一位诗人谈到那个故事的时候，好像就是在说这件事：'兄弟的血湿了最早的墙。'就在罗马建城时，雷姆斯被哥哥罗慕洛所杀，这在罗马史中有见证。"

队,一点也不缺乏。确实如此;但是,要达到这一点,需要多么频繁和惨烈的战争,多少人类的仇杀,多少碧血横飞!①

于是巴比伦这个变乱之城就出现了。在政治上,巴比伦是圣经中记载的第一个大帝国,由于它与耶路撒冷之间的敌对关系,也被当作魔鬼之城的典型代表。在包括奥古斯丁在内的罗马人看来,巴比伦正是以后若干个大帝国的预兆。他甚至把巴比伦称为东方的罗马,把罗马称为西方的巴比伦。

从家庭到城邦,再到世界帝国,这被罗马人当作世界历史发展的三个阶段。从家庭到城邦,就是亚里士多德在《政治学》中描述的人类自然的发展,因为在他看来,城邦是自足的,充分实现了人类的自然。罗马人在城邦之后又加上了帝国,认为这是世界历史的最终阶段:"人类社会从家庭开始,随后发展到城镇,然后发展出现整个世界。"②在历史的这第三个阶段,人类应该实现彻底的合一,但在奥古斯丁看来,"人类世界如水相汇,越是大,危险越多。"③世界的全面联合,只能意味着彻底的堕落与分裂。

这样看来,希腊罗马人最重视的这三种社会组织,家庭、城邦、世界帝国,都不是奥古斯丁所讲的社会性的实现。换言之,奥古斯丁虽然非常重视人的社会性,但他认为,这种社会性却不能在家庭、城邦、世界帝国中实现。进一步说,真正的社会性不能在任何世俗社会制度中实现,因为现实的制度中总是充满各种矛盾、斗争,和不如意的事:

> 他们希望智慧的人过社会生活,这是我们更为赞同的。但是,谁能计算,在这必朽的艰苦的人类社会,有多少和多么沉重的坏事?谁能算得清呢?他们应该听听自己的一个喜剧人物的感觉,

---

① 奥古斯丁,《上帝之城》,19,7;吴飞译本下册,页139。
② 奥古斯丁,《上帝之城》,10,7;吴飞译本下册,页139。参见夏洞奇在《尘世的权威》(上海三联书店,2007年版)中的论述。
③ 奥古斯丁,《上帝之城》,19,7;吴飞译本下册,页139。

而这是所有人都同意的:"我娶了媳妇;我在这里发现了多少悲惨!然后生儿育女,又多了操劳。"这个特伦西还记录下了人间之爱的种种罪过:"伤害、疑心、敌意、战争、和平,等等。"这些不是到处充满了人间事务吗?不是就连尊诚相爱的朋友之间,也不缺少这些吗?不是在人间事务的每个角落,我们都能感到伤害、疑心、敌意、战争,以及各种必然的坏事吗?①

在奥古斯丁看来,所有的地上政治都属于地上之城,而地上之城就是魔鬼之城。② 奥古斯丁对地上之城的批判,不限于对罗马或具体哪个城邦的批判,甚至不限于对政治制度的批判,而是对所有人类社会制度的批判。只要是人间的社会组织,就必然有等级关系,就必然有不平等,因而就必然会有权力关系,而这些都根本违背了他对社会性的理解。无论在婚姻、家庭、城邦,还是世界帝国当中,都会有人的各种欲望起作用,而任何欲望都是原罪的结果③,所以,这些社会组织都是靠人的欲望建立起来的,不可能真正实现上帝所祝福的那种社会性。

三、君 主 之 鉴

奥古斯丁对一切人类制度的否定,已经到了相当极端和冷酷的程度。把这种否定运用到现实的政治操作中,几乎是不可能的。但奥古斯丁并不主张基督教放弃对尘世政权的掌握、完全归隐。那么,一个基督徒若是做了国家领袖,难道让他承认自己在领导一个魔鬼之城吗?进一步说,每个人都生活在一定的家庭和城邦中,一个好的基督徒难道要放弃他的这些尘世组织吗?奥古斯丁并没有认为所有的基督徒都应该去独身过禁欲生活,还是觉得人们应该充分利用尘世政治和其他社

---

① 奥古斯丁,《上帝之城》,19:5;吴飞译本下册,页 136—137。
② 关于这个问题,参考吴飞,《奥古斯丁论尘世政治的意义》,《北京大学学报》,2002 年第 2 期。
③ 参见吴飞,《奥古斯丁论前性情》,《世界哲学》,2010 年第 1 期;吴飞《对树的罪和对女人的罪》,《云南大学学报》,2010 年第 6 期。

会制度中的各种好处,以辅助于对天国中的永恒生活的最终追求。他在这方面的观点特别体现在对基督徒皇帝的劝勉和对罗马帝国的批判上。基于上述的社会观,奥古斯丁给出了他的"君主之鉴":

> 我们说基督徒皇帝是幸福的,并不是因为他们统治的时间更长,或者是能寿终正寝,留下儿子继位,也不是因为能镇压共和的敌人,或者能够防范和镇压敌对公民对自己的反叛。此世的烦扰生活中这样那样的好处与慰藉,就是敬拜鬼怪的人也能够得到;这不属于上帝之国,而那些基督徒皇帝属于上帝之国。这些出自上帝的悲悯,但是上帝不希望信仰他的人把这当成至善。如果皇帝们以正义治国,如果那些赞美和谄媚的唇舌,那些过渡的谦卑和礼敬不会让他们过于自大,如果他们不忘自己是凡人,我就说他们是幸福的。如果他们能够让自己的权力成为威严的上帝的侍婢,如果能在最大可能的范围内让人们服侍上帝,如果他们敬畏、热爱、服侍上帝,如果他们爱上帝的国(那个不必担心与人共享的国)胜过爱自己的国,如果他们缓于刑罚、敏于恕道;如果他们是为了王道的必要和保卫共和而用刑,而不是因为怀恨泄愤;如果他们网开一面不是因为徇情枉法,而是为了让人们改恶从善;如果对于他们不得不颁布的严厉政策,他们还能用悲悯仁义、宽宏大量来补充;如果他们在可以纵情声色时克己复礼;如果他们比所有人都更憎恶荒唐的欲望;如果他们做这些都不是出于对空洞的光荣的热望,而是因为对永恒幸福的挚爱;如果他们为了赎罪,不忘记以谦卑、忏悔、祈祷向真正的上帝献祭,那他们就是幸福的。我们说,这样的基督徒皇帝现在拥有幸福的希望,以后会有幸福的现实,我们期待幸福将会降临他们。①

奥古斯丁在此处的基本观点就是,一个基督徒皇帝的文治武功是无关紧要的,重要的是他的信仰是否虔敬,以及是否靠这种虔敬做事。

---

① 奥古斯丁,《上帝之城》,5:24;吴飞译本上册,页210—211。

一句话，基督徒皇帝和一个普通基督徒没有区别，是否得救都取决于内心的信仰。因此，奥古斯丁心目中典型的基督徒皇帝并不是君士坦丁这样、一般所认为的在文治武功方面都有建树的伟大皇帝，而是像西奥多一世那样充满了谦卑、不忘记自己的凡人身份的人。① 因此，国土的辽阔、王朝的绵长，甚至尘世意义上的智慧和德性，都未必能使一个君主得救；只要保持了内心的虔敬和谦卑、勇于向上帝忏悔，哪怕国家治理得一塌糊涂，都可以做一个好皇帝。也正是在这个意义上，奥古斯丁批评了罗马人开疆拓土的理想。他并没有一概否定罗马发动的战争全都是不正义的，但尖锐地指出，如果所有人都很好很善良，任何一个城邦都一定会保持弱小，互不侵犯。一旦有了战争，哪怕是正义的战争，就必然出现了不义和邪恶。罗马不断地征服邻国，变得日益强大，这必然是建立在不正义的基础之上的。② 早期罗马的那些国王，虽然为罗马做下了各种贡献，但他们个人的命运却并不幸福。罗马的建城者罗慕洛被暴风雨吞噬，吞并了阿尔巴的图鲁斯·霍斯提利乌斯被雷电击杀，在军事和内政上都很有建树的老塔昆被刺杀而死，被当作最优秀的国王的塞维乌斯·图利乌斯却被自己的女婿、女儿杀死，骄傲者塔昆虽然坏事做尽却得以寿终，赶走了国王、建立共和的布鲁图斯却要亲手杀死自己的儿子，从而陷入巨大的不幸。这些人都无法进入天堂，但他们每个人的幸福都和功业不相称，可见，对于这些君主来说，政治和军事上的成就是不重要的，并不能使他们更幸福一点。③

于是，奥古斯丁在《上帝之城》第四卷第三章谈到："让好人长期统治辽阔宽广的土地，也是有用的；但是这更多对治于人者有用，而不是对治人者。因为和治人者相关的，只是他们的虔敬和正直，上帝的伟大赐予，已经足够使人到达真正的幸福了，人们可以用这过上好的生活，以后进入永恒。"④一个皇帝如果将国家治理得井井有条，这是上帝通过他赐给了他的臣民各种好处；但这些对于皇帝自己来说，并没有什么

---

① 奥古斯丁，《上帝之城》，5:25—26；吴飞译本上册，页211以下。
② 奥古斯丁，《上帝之城》，4:15；吴飞译本上册，页150。
③ 奥古斯丁，《上帝之城》，3:15.2；吴飞译本上册，页107。
④ 奥古斯丁，《上帝之城》，4:3；吴飞译本上册，页137。

实质的意义,因为这并不能增加他的虔敬。

正是在这个意义上,奥古斯丁在同一章指出:"就像文章是由单个字母组成的一样,城邦和王国的元素是每个单个的人,无论她占地有多么广阔。"①这是奥古斯丁的政治观中极为重要的一个比喻。很多研究者指出,奥古斯丁的这个比喻是对柏拉图《理想国》中大字与小字的著名比喻的一个颠倒。在《理想国》中,苏格拉底说,个人灵魂中的正义如同小字,看不清楚,城邦的正义如同大字,更容易看清楚。为了看清楚小字,不妨先看看大字。②虽然奥古斯丁和柏拉图一样,非常强调个体与群体的关联,但他的这一颠倒,并不只是将重点放在了个体心灵上面,其实质已经和柏拉图对城邦政治的理解非常不一样了。奥古斯丁和柏拉图的区别,不只是由大到小还是由小到大的问题。在柏拉图那里,城邦正义的实质是人尽其才,即每一类人都要做不同的工作,彼此依赖,任何人都不能被其他人取代。只有城邦内部井然有序了,才会有正义,然后才能谈灵魂的正义。灵魂中的正义和城邦的正义并不是简单的比拟关系,如果没有正义的城邦,就不可能有正义的灵魂。西塞罗在《共和篇》中谈共和内部的和谐时,也很强调这一点。但当奥古斯丁说个人与国家的关系像文字和文章时,他没有再区分不同人之间的分工,而认为每个人之间都是一样的文字,甚至由文字组成的文章也不具有另外的结构,而只是每个单个文字的放大和重叠。

奥古斯丁又做了一个比喻:一个很贫穷但健康的人,胜过一个富有但疾病缠身的人,就像一个充满信仰的小国,胜过一个充满不敬的大国。但我们不能从国家政治的角度来理解这个对比,而要从国家元首的角度,因为对于臣民来说,也许还是更强大的国家好一些,但从君主个体而言,一个统治小国的虔敬的君主,胜过一个统治大国的不敬的皇帝。一个皇帝,虽然可以影响到千百万的其他人,但在得救的问题上,和任何一个平民都是一样的。奥古斯丁所谓的,王国由很多单个的人

---

① 奥古斯丁,《上帝之城》,4:3;吴飞译本上册,页136。
② 可参考 Bernard Williams, *The Sense of the Past, Essays in the History of Philosophy*, ed. Myles Burnyeat, Princeton and Oxford: Princeton University Press, 2006;吴天岳,《重思〈理想国〉中城邦—灵魂类比》,载《江苏社会科学》2009年第3期。

组成,其真正含义是,人类的集体,是由具有同样的拯救问题的单个人组成的。社会的集体性无法取代任何个人心灵的努力,哪怕他是皇帝。一个看似悖谬的结论是:虽然奥古斯丁强调人类的集体性,但这种集体性在任何意义上都不能取代或补充个人的努力,它恰恰使每个个体回到自己的心灵秩序。反过来,即使在一个极其混乱腐败的城邦里,每个个体灵魂仍然可能获得拯救,甚至实现自己真正的社会性。

从国家的角度来看,当然还是强大与长治久安更重要。奥古斯丁有清醒的政治头脑,他并不是不明白这一点。他所强调的只是,这种强大并没有实质的意义,不是最终应该追求的目标,而且无法实现他所真正看重的社会性。一个皇帝虽然有号令天下的权力,但他既然无法通过这个权力赢得自己的拯救,更无法借此实现全体臣民的拯救,那就不能靠这种方式实现人类神圣的社会性。反过来,只有当这个皇帝意识到自己是一个普通的凡人,和一个普通的基督徒没什么两样,他先实现了自己的心灵救赎,才能作为一个普通的字母,加入到人类的那篇大文章当中。只有在这篇大文章当中,才能使全体人类实现无罪的社会性。那么,这篇大文章究竟是什么呢?

四、基督的身体

奥古斯丁所谓的这篇大文章,不是罗马帝国,而是上帝之城。但上帝之城并不是另外一个城,或者说,不是尘世中另外一种政治或社会制度,没有领导者和被领导者,没有严格意义上的分工合作。在奥古斯丁那里,只有否定了任何现实的社会与政治制度,才能在上帝之城中实现真正的合一。上帝之城中的合一,正是在基督里面的合一。

在基督里面合一,这是新约中经常出现的意象。保罗在《罗马书》中说:"正如我们一个身子上有好些肢体,肢体也不都是一样的用处,我们这许多人,在基督里成为一身,互相联络作肢体,也是如此。"[1]在《哥

---

[1] 《罗马书》,12:4—5。

林多前书》中说:"你们就是基督的身子,并且各自做肢体。"① 他又在《以弗所书》中说,信徒们"各尽其职,建立基督的身体……连于元首基督"② 这个比喻的表面意思是,基督是一个大的身体,也就是基督教会,耶稣这个人,是这个大的身体的头,而众多的基督徒,则是这个身体的肢体。

基督又被称为第二亚当,是相对于第一亚当而言的。第一亚当是众人的祖先,众人都由第一亚当繁衍而来,奥古斯丁认为这是人的社会性神秘的象征。众人与第一亚当的关系是自然的,或者说来自血缘,不过,这血缘的社会性中却处处渗透着原罪的痕迹。从亚当中分离出夏娃,出现了婚姻家庭,就有了原罪,亚当夏娃再生了该隐亚伯,有了城邦,就出现了兄弟相残的罪恶,再由城邦组合成世界帝国,就出现了巴别塔下巨大的分裂。第一亚当是灵魂性的人,充满了自然的罪感,无法实现奥古斯丁理想中的社会性,人们无法在他当中真正合一。

第二亚当却是上帝派遣来的圣子,是出自恩典,人们在第二亚当中的合一,恰恰是通过对第一亚当和他所代表的自然性的否定。这才是奥古斯丁所理解的社会性的真正实现。但人们怎样加入到第二亚当之中呢?

奥古斯丁把耶稣的道成肉身和十字架上的受难理解为一场祭祀:"他为了我们而受难,以奴仆的形式,把自己都当作了祭品,我们的身体就有了他这么一个伟大的元首。他祭献了这个形式,自己在其中被祭献了。他靠这形式做了中保,做了祭司,也做了祭品。"③ 在这场特殊的祭祀当中,耶稣既是大祭司,也是祭品。正是通过这场祭祀,耶稣成为基督这个身体的元首;也正是通过这场祭祀,他的追随者加入到了基督这个身体当中。于是,当耶稣把自己当作祭品献上的时候,也就把在他之内的每个人都献上了。正是通过这次祭祀,基督里面的众人和合为一了。

奥古斯丁逐层描述了众人在基督中的祭祀:首先,基督徒如果"用

---

① 《哥林多前书》,12:27。
② 《以弗所书》,4:12,15。
③ 奥古斯丁,《上帝之城》,10:6;吴飞译本中册,页36。

节制来锤炼自己的身体,身体也是一种祭品——只要我们是为了上帝这样做(也是理所当然这样做),我们就不会让自己的肢体成为邪恶的罪的武器,而成为上帝的正义的武器"。在奥古斯丁看来,人的堕落体现为身体与灵魂的冲突。如果每个人把身体用作正确的用途,而不是把它当作邪恶欲望的工具,就是把身体当作了祭品。其次,灵魂更可以成为祭品,"其中爱上帝的火焰熊熊燃烧,吞没了世俗的欲望,改造自己成不可变的,让上帝喜悦,因为接受了他的美好,这也是祭品。"灵魂,是人和上帝最接近的部分,也是人用来认识上帝的根本途径。如果身体和灵魂都成为祭品,那么,整个人就都是上帝的祭品了,"真正的祭品就是对我们自己或对邻人的悲悯之事,都指向上帝。"奥古斯丁进一步说:"整个被救赎的城邦(那就是圣徒聚集和结成的城),就是向上帝献出的整个祭品。"①

整个上帝之城就是向上帝现出的祭品,而真正的祭品,不过就是"忧伤痛悔的忏悔之心"②。

这真正的祭品,既是每个人忏悔的心灵,又是全体基督徒组成的上帝之城。那么,个体心灵与上帝之城之间又有怎样的关系呢?奥古斯丁又用神殿的比喻说:"因为我们全体就是他的神殿,每个个体也是神殿。他会屈尊居住在全体合起来的神殿,也会住在我们每个人当中;全体的神殿中的上帝并不比一个人的神殿中的上帝大,因为他不会因为人多而变大,也不会因为分割而变小。"③每个人的心灵都是上帝之城,上帝之城就蕴含在每个心灵当中。众人组成的上帝之城,并不比个体心灵中的上帝之城更大。这是理解奥古斯丁个体与群体关系学说极为重要的一段话,也是理解众人如何在基督当中合一的关键所在。

虽然保罗说,基督这个大的身体中的肢体要彼此分工合作,但这更多是就教会的日常事务而言的。在奥古斯丁的理解中,在基督里的真正合一是不需要分工合作的。所谓的众人在这身体里作肢体,并不是说某个人是手,某个人是脚,彼此有尊卑上下之分,离了某个人就无法

---

① 奥古斯丁,《上帝之城》,10:6;吴飞译本中册,页36。
② 奥古斯丁,《上帝之城》,10:5;吴飞译本中册,页34。
③ 奥古斯丁,《上帝之城》,10:3.2;吴飞译本中册,页31—32。

组成完整的身体,必须所有部分都齐了,才成为一个完美的第二亚当和上帝之城。这种分工合作的逻辑,乃是柏拉图《理想国》中城邦的逻辑。但在奥古斯丁看来,基督中的每个人都是自足的、完满的,只要他在基督当中,不需要别人,靠自己就可以建立与上帝的绝对关系。甚至,其中每个人与基督的关系,都不是领导与被领导的关系,而是模仿与被模仿的关系。基督中的每个人,其实都是一个小的基督。正是在这个意义上说,每个心灵都是一个上帝之城。

耶稣作为第二亚当的元首,在于他为战胜魔鬼、从罪中救赎做出了最初的示范。所谓加入到基督这个第二亚当之中,就是模仿耶稣,像他那样与魔鬼斗争,去受难和祭祀,否定第一亚当带来的罪。凡是追随了耶稣的人,就都像他那样,把自己做了祭品,献给了上帝,因而就加入到了基督当中,成为那个巨大身体的一部分。

因此,奥古斯丁认为,基督教中真正的祭祀只有一次,就是耶稣在十字架上的祭祀。但这次祭祀并没有随着耶稣的死而结束。作为元首,耶稣之死只是这次祭祀的开始。所有追随耶稣的人,都在加入到这场祭祀当中,作为基督的身体,随着耶稣一起被祭献了。直到末日来临,所有应该加入到基督当中的人都加入了进去,这场祭祀才真正完成。

"一次真正的祭祀用多个祭祀来象征,就如同一件事可以用多个词来表示,反复申明而不冗赘。"[1]奥古斯丁指出,旧约中的种种祭祀,都只不过是对这次真正的祭祀的象征,而教会中的各种圣礼,特别是圣餐礼,本身也没有真正祭祀的含义,而只是对这次唯一的祭祀的表征:"他希望,在教会的祭祀中,有一种日常的圣礼,来表明这一点:教会是身体,基督是元首,教会通过他献出自己。"[2]在圣餐礼当中,每个基督徒要象征性地吃下基督的身体,于是基督进入了他们的身体,他们也进入了基督的身体,就与基督结合为一了。[3]

基督徒并不是通过吃面饼而与基督合一,而是靠模仿耶稣的行事,

---

[1] 奥古斯丁,《上帝之城》,10,20;吴飞译本中册,页54。
[2] 奥古斯丁,《上帝之城》,10,20;吴飞译本中册,页54。
[3] 奥古斯丁,《上帝之城》,21,20;吴飞译本下册,页261。

做一个小的基督,加入到耶稣的祭祀当中。只有这样,人们的心灵才能和合为一,真正实现人神圣的社会性。这种合一,其实不是人与人之间的联合,而是每个人对耶稣这个人的模仿,人与人的关系,并不是彼此依赖与互补,而是各自与上帝建立关系,是一种同而不和的相互叠加。于是,这种合一不仅不足以沟通相互不同的人,反而使每个人的心灵都更加孤独。

五、从自然的一到恩典的一

从第一亚当到第二亚当,就是从自然的一发展到恩典的一。因为自然之一中没有真正的义,所以,只有彻底否定了自然之一的意义,才能实现恩典的一。耶稣说:"弟兄要把弟兄,父亲要把儿子,送到死地。儿女要与父母为敌、害死他们。"他又说:"你们不要想我来,是叫地上太平。我来,并不是叫地上太平、乃是叫地上动刀兵。因为我来,是叫人与父亲生疏,女儿与母亲生疏,媳妇与婆婆生疏。人的仇敌,就是自己家里的人。爱父母过于爱我的,不配作我的门徒;爱儿女过于爱我的,不配作我的门徒。不背着他的十字架跟从我的,也不配作我的门徒。"①当一个门徒要去埋葬他死去的父亲时,耶稣说:"任凭死人埋葬他们的死人,你跟从我吧。"②虽然耶稣也并非一味地否定孝顺,但这些段落颇能代表基督教与自然社会的关系。奥古斯丁也指出,谁若是爱自己的亲人胜过爱耶稣,就根本无法得救:

> 我且不谈人之妻,被用于肉体的交媾和肉身的快乐的人,而是说每个虽然不是因为这样的快乐,但还是以孝敬之名来爱的人,以肉身的方式,将人类道德放在基督之爱前面的人。他不把基督当作根基,从而在火中得救赎,而是根本不会得救赎,因为他不能和救世主同在。对此,救世主最为明确地讲:"爱父母过

---

① 《马太福音》,10:34—38。
② 《马太福音》,8:22。

于爱我的,不配作我的门徒;爱儿女过于爱我的,不配作我的门徒。"①

如果谁虽然还是以"肉身的方式"爱自己的家人,但最终会为耶稣而抛弃这种爱,那他仍然会得救,不过会为这种肉身之爱付出巨大的代价:"他们将在火里得救,因为他们会失去亲人,他们的爱有多深,遭受的悲哀就有多大。"②奥古斯丁并不是主张要绝对地独身,人们可以有家庭之爱,但这爱必须以上帝为前提:

> 谁若按照基督的方式爱父母和儿女,在进入基督的王国、亲近基督的时候和他们共勉,或者把他们当成基督的肢体来爱,那么,我们就发现,他们的爱不是草木和禾秸的建筑,不会被烧毁,而是金银和宝石的建筑。他们怎能爱亲人胜过爱基督?对他们的爱也是为了基督。③

什么是以基督的方式爱父母和儿女呢?就是只是把他们当作离自己最近的基督徒来爱。他们和别的基督徒没有区别,和自己没有特别的关系,只是因为和自己关系更近而更方便关心他而已。而对别人最大的爱,就是让他像自己一样爱上帝。由于对亲人或任何其他人的爱没有任何实质的意义,当对上帝的爱和对亲人的爱发生冲突时,就要为对上帝的爱舍弃对人的爱,而这一点做得最好的,就是勇于舍弃自己的儿子的亚伯拉罕。

按照圣经中的记载,亚伯拉罕并不是一个毫无瑕疵的道德完人。他曾经欺骗埃及法老,说妻子撒拉是他的妹妹;曾经与侄子罗得发生争执;曾经纳妾,不仅因为无法生育而纳了夏甲,甚至在撒拉死后还纳了基士拉;在上帝给他应许的时候,亚伯拉罕和撒拉都曾经露出怀疑的嬉笑。但从保罗到奥古斯丁,都认为亚伯拉罕是信仰上帝的典范,是"因

---

① 奥古斯丁,《上帝之城》,21:26.4;吴飞译本下册,页275—276。
② 同上,页276。
③ 同上,页276。

信称义"的完美代表,其主要原因,并不在于上帝给了亚伯拉罕未来的应许,而是因为亚伯拉罕曾经义无反顾地要杀死自己的儿子艾萨克。因为亚伯拉罕愿意接受上帝的命令,将自己的儿子献作祭祀,所以上帝通过天使对他说:"现在我知道你是敬畏上帝的了。因为你没有将你的儿子,就是你独生的儿子,留下不给我。"正是因为亚伯拉罕肯为上帝斩断自己最亲密的自然关系,上帝才将永福应许给他和他灵性的后裔。所谓灵性的后裔,就是不按照肉身的后裔,不是凭自然所生的,而是凭恩典所生的。亚伯拉罕已经百岁高龄,撒拉也已九十九岁,按照自然都不能生育了,所以他们的儿子撒拉不是自然之子,而是恩典之子①,是在打破了自然的一之后,于恩典之中重建的一。

所以,像亚伯拉罕那样,离开了本地、本族、父家,去营造上帝之城中的幸福,正是奥古斯丁建立第二亚当的出发点。上帝之城与本地、本族、父家都是毫无关系的,先要把人从他的自然关系中抽离出来,成为一个完全赤裸的个体,再以对上帝的关系,将他们重新聚集起来,但这种空前的聚集,恰恰也是一种最大的隔绝。

在上帝之城中,人们真的可以实现这个恩典的一,结合进第二亚当之中了,但上帝之城中的生活是怎样的呢?在奥古斯丁所想象的上帝之城中,没有婚姻、家庭,没有城邦,当然更没有世界帝国。严格说来,上帝之城并不是一个城,因为这里不仅没有城墙和宫殿,也没有政府或其他任何政治机构。换言之,属于这个城的每个公民,彼此之间已经没有了任何实质的关系,其中唯一的社会政治关系,是每个人的心灵和上帝的关系。众人都是因为各自与上帝的关系而联合如一的,而不是因为彼此的任何关系。因此,婚姻、家庭、城邦等关系,都被打破了。

但人与上帝之间是一种什么关系呢?虽然上帝被说成是上帝之城中的王,但上帝之城既然不是一个政治组织,就不能将上帝理解为任何意义上的政治领袖。正如虽然说基督是基督这个巨大的人的头,但组成基督的众人和他之间更多是模仿的关系,而非命令与服从的关系。严格说来,上帝是永恒不变的,是万物的创造者和真正本质。上帝和人

---

① 奥古斯丁,《上帝之城》,16:28;吴飞译本中册,页310。

的实质关系也在于,人从上帝获得了他们的存在,上帝按照自己的形象造了人的灵魂,因而人也必须以上帝为自己的真正本质,在自己的灵魂中寻求上帝。或者用奥古斯丁在《忏悔录》中的名言来描述,上帝是人心深处的真正自我。人不能从任何外在的物质中寻求上帝,而必须在心灵深处探求上帝。于是,人对上帝的绝对服从,实质上就是人对自己内心的服从。人与上帝的关系,就转化为每个人与自己内心的关系。这样,在上帝之城中,其实就不再有任何社会或政治关系,而只有人与自我的关系。

在上帝之城中,人的灵魂获得了一种完美的秩序,而不像在尘世生活中那样充满了冲突。这种秩序是怎样的呢?奥古斯丁说,人的灵魂因为不服从上帝而堕落,导致了灵魂中内在的冲突和分裂,灵魂的分裂又导致了身体和灵魂的冲突。到了上帝之城中,灵魂已经绝对服从上帝,即服从自己真正的本质,那么,灵魂就是统一的,没有内在的冲突和分裂,因而也不会有身体与灵魂的冲突。身体与灵魂的冲突,就体现为喜怒哀乐等各种性情。① 于是,上帝之城中的人不会再有喜怒哀乐,意志也不会有任何犹疑状态。不仅没有各种性情,而且人也不再有世俗的各种德性,因为奥古斯丁认为,德性虽然是人生在世的至善,却是上帝之城中不应该有的。希腊罗马人所珍视的四大德,即正义、智慧、勇敢、节制,虽然是高贵的,但无一不是针对罪而有的。如果没有犯罪,为什么需要正义?如果没有谬误,何谈智慧?如果没有恶的存在,为什么还要勇敢?人若完全没有不该有的欲望,节制还有什么意义?② 因此,上帝之城中既没有任何情感,也不该有任何德性。

奥古斯丁不仅认为上帝之城中人的灵魂应该有个根本的变化,而且身体也和尘世中完全不同:"身体的所有肢体和内脏都会不朽,现在我们看到各部分各司必要的职分,那时这都不必要,而是享受充盈的、确定的、安全的、永恒的幸福,用于赞美上帝。"③他举例说,比如肠胃,在尘世中是人摄取营养、维持生命所必需的器官,但在上帝之城中,由

---

① 吴飞,《奥古斯丁论前性情》,刊丁《世界哲学》,2010 年第 1 期。
② 奥古斯丁,《上帝之城》,19:4.4;吴飞译本下册,页 133—134。
③ 奥古斯丁,《上帝之城》,22:30.1;吴飞译本下册,页 343。

于人不需要食物就可以不朽，所以胃的存在就没有必要了。按照这个逻辑，维持生命所需的任何器官都将是不必要的，因为人不会受到任何内在或外在的威胁了。生育用的器官更没有必要，因为上帝之城里不会有爱、婚姻、生育。这些器官的存在，除了美观之外，将没有任何作用。

总之，上帝之城中没有家庭、城邦、帝国，没有性情与德性，人的各个器官不再各司其职。这样的理想状态，可真是一个绝对意义的大同社会。不仅任何人之间，人和天使之间，甚至人的各个器官之间，都不再有实质的差别。人在绝对意义上消除了他的自然存在，彻底重生为恩典之下的上帝之子。但人们之间也不再发生任何关系，人们在空前合一的时候，也变得彻底孤独了。

六、小　　结

奥古斯丁的新罗马不是罗马教廷，也不是以后崛起的任何一个世界帝国，而是上帝之城，这个城存在于每个人的内心当中。奥古斯丁为了根除人类任何堕落与犯罪的可能，不仅彻底否定了任何社会政治实体的存在意义，也在根本上否定了人的自然属性。为了使这种合一是灵魂的、纯粹的、不夹杂任何欲望与野心的合一，其中的每个个体，都必须取消掉任何真正的特点，彼此之间不能有任何的相互关联和依赖，而只能共同依赖于上帝，即自己的深度自我。

奥古斯丁所强调的社会性，掏空了社会政治的任何实质内容。于是，这种神圣的合一，只能是在每个人变成赤裸裸的心灵之后的叠加与复制。看上去，人类建立了一个空前庞大的统一体，但是这个统一体是没有任何实质内容的，结果，人类结合得越是紧密，他们的内心就越是孤独，在实现了彻底的合一的时候，就也完成了每个心灵绝对的孤立。虽然每个人的心灵中可以包下整个世界，但整个世界也只能狭小得只有一个心灵的空间。奥古斯丁留给了现代人整个世界，却剥夺了他们所珍爱的自然。

哈列维《赫札尔人书》对希伯来圣经"王"形象的发展

陈会亮

中世纪犹太哲人犹大·哈列维(1075—1141)近年来获得欧美学界越来越多的关注,研究者甚至将之视作和迈蒙尼德同等重要的学者。"这两个人代表了中世纪犹太思想的两极。"①"迈蒙尼德更像是中世纪的学者,他的思想与中世纪经院哲人更相类;而哈列维的思想更像历久弥香的老酒,即使今天的新瓶也难以装得下。"②哈列维之所以获得研究者的青睐和高度肯定,主要凭靠其叙事性对话作品《赫札尔人书》和八百多首会堂颂歌。综观人们对《赫札尔人书》"不厌其烦"的评论,过往研究主要从哈列维与迈蒙尼德的比较③、犹太教和其他信仰的关系④、形式

---

① Harry Wolfson, "Maimonides and Halevi, A Study in Typical Jewish Attitudes Towards Greek Philosophy in the Middle Ages", in *The Jewish Quarterly Review*, 2(1912): 306.
② Ibid., 118.
③ Harry Wolfson, "Halevi and Maimonides on Design, Chance and Necessity", in *Proceedings of the American Academy for Jewish Religon* 11(1941): 105—163. Kreisel Howard, Judah Halevi's Influence on Maimonides: A Preliminary, in *Maimonidean Studies*, 2 (1991).
④ Lasker Daniel, "Proselyte Judaism, Christianity, and Islam in the thought of Judah Halevi", in *JQR*81 (1990): 75—91. Lasker Daniel, "Judah Halevi and Karaism", in *From Ancient Israel to Modern Judaism: Intellect in Quest of Understanding. Essays in Honor of Marvin Fox*, Atlanta, 1983(3).

批评①、卡扎历史的考证②等角度入手,并取得了可贵的成绩。笔者在研读前人研究成果以及阅读《赫札尔人书》过程中,有一挥之不去的疑惑:依照常识,政治人物的特长在于行动,而非思辨。赫札尔的政治身份是卡扎的国王,和拉比进行的对话为何是王而不是别人诸如大臣、谋士?《赫札尔人书》的副标题是"对被蔑视信仰的捍卫",哈列维要捍卫被哲人、穆斯林和基督徒轻视的犹太信仰,那么,让这些人和拉比进行面对面的对决不是更为有效的方式?为何对话仅仅在拉比和一位异教国王之间进行?对话者之一为王的情境安排本身就颇值得玩味。笔者认为,《赫札尔人书》的对话场景以及人物都经过了哈列维精心设计,其中包含着王的个体品性与城邦政治关系、哲学与政治的关系、信仰或理性与道德的关系等政治哲学思考。

一、《赫札尔人书》中"王"的身份与品性

作品的开头总是异常重要,在《赫札尔人书》的开首处,哈列维即"被要求"对哲人和其他宗教追随者的攻击进行反驳和回击。在作者勇挑重担之前,他想起了四百年前发生在卡扎地的一件事情,这事儿竟和自己时下的境况无比相仿。由于记载在历史典籍之中,事情的真实性毋庸置疑,这无疑增加了后文所述故事的真实性。它既然是事实的再现,就自然不同于一般的随意虚构。这里还潜存着一个问题,史书中记载的故事发生在拉比和国王之间,拉比是被迫对国王的疑惑做出回应。是否在现实当中,哈列维也面临着相似的问题,他被"王"为难或者请教?也就是说,哈列维在写作之前或者写作过程中,可能预设了一位身份为"王"或者具有成为"王"的潜质的读者。倘若果真如此,作为读者的我们,恐怕更需要了解哈列维心目中何为王者,只有这样,我们才具

---

① Yochanan Silman, *Philosopher and Prophet: Judah Halevi, the Kuzari, and the Evolution of His Thought*, trans. from the Hebrew by Lenn F. Schramm, New York: State University, 1995. 列奥·施特劳斯:《迫害与写作艺术》,刘锋译,北京:华夏出版社,2012。

② Kevin A. Brook, *The Jews of Khazaria*, Rowman & Littlefield Publishers, 2006.

备真正读懂《赫札尔人书》的可能。

依照今人的考证,"卡扎"确有其地。卡扎人属于突厥语系,在六世纪时居住在高加索山脉北部,早期卡扎人信仰萨满教,祭拜天和自然。七世纪时卡扎人建立了独立的王国。关于卡扎最著名的文献是卡扎国王约瑟夫(Joseph)和西班牙一位犹太外交官夏如特(Shaprut)之间的通信。通信由夏如特的自我引介,希求了解对方和约瑟夫的回信组成。而约瑟夫的回信则叙述了国王布兰(Bulan)在一位天使的引导下逐步走向犹太信仰的故事。学者们对布兰皈依犹太教进行了充分的论证,大体认定事件发生在 782 到 838 年之间。因此,对《赫札尔人书》中记载的卡扎国王和拉比之间的对话应该是哈列维借助卡扎人的故事,加入了自己的虚构而成。换句话说,《赫札尔人书》应该属于叙事性记事而非模仿性记事。这个认定至关重要,如何虚构故事,如何设定人物的对话和形象实包含着作者的幽远心思,也关涉到作品中的拉比是否能够直接等同于作者哈列维。

那么,哈列维叙述中的国王究竟具有怎样的品忭呢?

故事中的赫札尔本是一位异教国王,有天使两次出现在他的梦中并告知他"是你思考问题的方式,而非行为方式使得创造者真正地愉悦"(1:1)。① 国王在首次听到天使的话之后,立马做出了回应,他对卡扎本地的宗教更加热情,对祭祀也更加尽心,但天使再次降临并重复了同样的话。这说明天使特别是派遣天使来的上帝对国王思考问题的方式非常满意,但对王的行为方式不满。思考问题的方式指的是什么?首先应该包含一点,国王认可了梦的权威,认同它是神和自己保持联系的通道。同时,他认为通过改变自己的行为,能够使神对自己的看法改观。上帝对王的满意至少包含着这两层意思。王的行为主要指祭祀以及从事敬拜活动时的心境,他在接受梦境之前就非常虔诚,在天使托梦之后显得更加热情,但这并不能使上帝愉悦。这里面包含着一种可能:国王拜错了对象。要知道,向错误的对象付诸越多的感情,错误的程度

---

① 《赫札尔人书》由五卷书构成,本文引文皆采用此种形式,冒号前为卷数,后为节数。《赫札尔人书》完整中译已由笔者完成,将由华夏出版社出版。

越深。"认识"敬拜的对象比敬拜时的虔诚程度是更为重要的问题。正是基于这一点,带着疑惑与虔敬,卡扎国王开始了他问询正道的对话旅程。从国王的最初举动我们即不难看出,赫扎尔王本身即是一位具虔敬潜质的信徒,他心性单纯,可以不凭靠理性而直接进入信仰。而这一点也在后文得到有力印证。

在1:4中,赫扎尔直接对哲人的观点提出批评,而批评依傍的依据则是幻象:"我们发现真正的幻象仅呈现给那些未将自身投入至研究或者净化他们灵魂的人,与之相反的是奋力投入这些事物的人的例子。哲人哦,这证明了神启和灵魂包含着秘密,这和你描述的并不一致。"面对奇迹或者幻象,哲人唤醒自身的求知欲望,极力去把握它认识它,而信仰者则从中感受到至高至上的存在,并正心诚意敬拜。哲人意欲通过理性思辨的能力来把握上帝,而信仰者则将哲人或者类似哲人的行为视作僭越,他们认为直接承认并仰望这一幻象才是正确的做法。也就是说,在信仰的起点处,源于人心性的差异,有些人在天性上符合信徒的标准,而有些人则或由于天性或由于后天的影响而更相信理性的效能。赫扎尔王天性真纯,在未接触启示宗教之前,他已经是潜在的信徒,经受拉比的点拨,他皈依犹太教并接受拉比的系列教诲实乃合情合理。信徒和哲人对待奇迹和预言的方式以及对这两种方式的讨论是后面对话中不断被提及的话题。在4:13,拉比更是直言:宗教信徒和哲人距离很远。信徒之所以信仰并追寻上帝乃是为了崇高的目的,或者说是尽自己的义务,而哲人是要认识上帝,更贴切地说,是要准确地描述它,并从中感受快乐。若更进一步追问的话,哲人"沉湎于人类的智慧"更有着政治的意图。① 对于像赫扎尔王这样的人,他们以亚伯拉罕为榜样,"见过"上帝并认识到他的大能,对上帝的全心信服使得他主动放弃了自身的理智和逻辑。正是基于这种信任,他们心安理得、心平气和地做任何事情。(4:17)

赫扎尔带领卡扎民众皈依犹太教的过程颇值得称道。他先是将自己的梦境告知他看重的大臣,后来还带领这位大臣去了沃萨(Warsan)

---

① 在对话中,哲人多次提到国王可以根据理性或者需要来建立自己的宗教。在哈列维看来,哲人决不是超然物外的自然人,他们的主张要么本身和政治密切相关,要么有严重的政治后果,哲学和政治天然地密切相关。限于篇幅,这一话题不再展开。

并在那里皈依了犹太教。回到卡扎后,国王并未将这一事情立刻昭告天下,而是先隐藏了一段时间。他们先是在小范围内吸纳人们皈依犹太教,而后来则是劝说全部的民众皈依。对于城邦的最高统治者王来说,既要能够为城邦找到正确的方向,更要有魄力和智慧践行自己的想法,他才能够称得上优秀的君王。赫札尔率领民众皈依上帝的过程充分体现了他作为政治人物的审慎。如果直接将自己改宗的事情告知民众,很可能会引发社会动荡,信仰问题从来都不单是个人灵魂问题,更别说是作为城邦最高统治者的王了,这是至关重要的政治事件。这一过程也体现了赫札尔的果敢和超强的决断能力。赫札尔的行为实际是在为卡扎地重新立法,重塑民众的精神世界。"主权者的决定,集最高权威和权力于一身,主权者的决定奠定了规范和秩序的基础,主权者的决定是绝对的开端,而一切的开端也只能是主权者的决定。"①赫札尔的作为充分体现着他对卡扎地和民众的主权身份,他的行为既为个己灵魂,也为共同体的长远福祉,体现了作为优秀君王当遵从的政治伦理和道德伦理。

或许有读者已经意识到,笔者既然提到《赫札尔人书》并非模仿性记事,那么对赫札尔的理解就决不能局限于他是某时某地的那位王,就如列奥·施特劳斯在谈及哈列维时说到的,"他不仅捍卫了犹太教的事业,而且也捍卫了全人类的事业"。② 哈列维对王的探索和分析具有超越时空的内涵,应该说,任何关注城邦长治久安、关注城邦和政制关系的人都需要领会哈列维的"王者"阐发。哈列维写作要守护的是犹太信仰,而规定犹太信仰内涵的首要经典便是希伯来圣经,哈列维对"王"的关注既来自他本人对城邦的政治思考,也在于圣经本身已有不少关于王的思考和记述。

二、希伯来圣经中"王"的形象

"王"的形象在士师时代已露端倪,但以色列人基于神权主义而对

---

① 施米特,《论法学思维的三种模式》,苏慧婕译,北京:中国法制出版社,2012年,第64—69页。
② 施特劳斯,《迫害与写作艺术》,刘锋译,北京:华夏出版社,2012年,第133页。

王有天生的拒斥。士师基甸的观点很有代表性,以色列人对基甸说:"你既救我们脱离米甸人的手,愿你和你的儿孙管理我们。"基甸说:"我不管理你们,我的儿子也不管理你们,唯有耶和华管理你们。"(士 8:22—23)但迫于在强大异族夹缝间生存的压力,以集权国家形式出现的以色列乃是历史的必然,于是在希伯来圣经中涌现出一系列君王形象,如扫罗、大卫、所罗门等等。纵然王的出现有其必然,但希伯来圣经的叙事者对王权始终颇有微词,王权和神权的紧张关系在希伯来圣经中始终存在。

我们现以扫罗和大卫为例来分析这个问题。

扫罗和大卫为王的故事几乎是《撒母耳记》的主体,但该卷书并未以扫罗或者大卫命名,而是将他们一并囊括在撒母耳的名下。这一形式上的最大特征本身即是对作为士师和先知的撒母耳的彰显,对作为王的扫罗和大卫的抑制。虽然扫罗为王经过撒母耳的膏立,其正当性无可置疑,但在第 8、12 章,撒母耳还是直接表现出他对百姓要求立王的不满和担忧。

> 管辖你们的王必这样行:他必派你们的儿子为他赶车、跟马、奔走在车前;又派他们作千夫长、五十夫长,为他耕种田地,收割庄稼,打造军器和车上的器械;必取你们的女儿为他制造香膏……必取你们最好的田地……你们的粮食和葡萄园所出的……你们的羊群……那时你们必因所选的王哀求耶和华,耶和华却不应允你们。
>
> (撒 8:11—18)

撒母耳已经预见到王出现以后社会关系的变化,王和民众之间是管理、统治(甚至奴役)的关系,这和以前二者之间的平等关系迥然不同。虽然因对民众要求立王不满,撒母耳所列举的王要求民众承担的事情会有些夸张,可是,他的描述倒也在某种程度上符合历史事实。先知的眼界还是必须要肯定的。不过这里要强调的是,这并不是我们要凸显的,尽管社群关系的变化会带来束缚,甚至是沉重的负担,但民众还是坚持要求立王,并且这个要求最终得到了上帝的认可。也就是说,在民众看来,尽管立王会导致一些他们也不愿意看到的结果,但是立王能够为共同体带来安全和福祉,在生命存亡面前,生存下来是比强调个体权利更为重要的政治。在灵魂的忠诚和生命的留存之间,先知总是看重前者,而民往往选择后者。在撒母耳看来,立王必然带来王权和神权的冲突,进而会产生民众(甚至全民)背叛上帝的行为。

> 你们见亚扪人王拿辖来攻击你们,就对我说:'我们定要一个王治理我们。'其实耶和华你们的神是你们的王……看哪!耶和华已经为你们立王了。你们若敬畏耶和华……不违背他的命令,你们和治理你们的王,也都顺从耶和华你们的神就好了,倘若不听从耶和华的话……耶和华的手必攻击你们。众民对撒母耳说:"求你为仆人们祷告耶和华你的神,免得我们死亡,因为我们求立王的事,正是罪上加罪了。"撒母耳对百姓说:"不要惧怕!你们虽然行了这恶,却不要偏离耶和华,只要尽心侍奉他。若偏离耶和华去顺从那不能救人的虚神是无益的。……你们若仍然作恶,你们和你们的王必一同灭亡。
>
> (撒 12:12—25)

从世俗的利益出发,民众坚持要求立王,但他们也知道,这是有罪的举动,是恶的行为,唯有耶和华才是王,所有人的王。就对民众的所有权而言,耶和华与凡俗君王之间的冲突不可调和,因为主权从根本上来说是无法共享的。人间的王权制度可视作是对耶和华为王的神学主权的亵渎。① 虽然撒母耳已经就王带领民众背叛上帝将面临的惩罚做出了警告,但他深知,这必将是无可避免的事情。扫罗是撒母耳膏立的第一位王,但自其被拥立为王之后,圣经叙事就开始将他的作为描述为悖逆。扫罗和百姓怜惜亚玛力王亚甲,"爱惜上好的牛、羊、牛犊、羊羔,并一切美物,不肯灭绝。"(撒 15:9)而这与耶和华的命令相违。当扫罗

---

① 游斌,《希伯来圣经的文本、历史和思想世界》,北京:宗教文化出版社,2007年,页152。

得知耶和华已经怪罪于他之时,他向撒母耳解释道:"我有罪了!我因惧怕百姓,听从他们的话,就违背了耶和华的命令和你的言语。"(撒15:24)扫罗之罪在于违背上帝,但作为凡俗政治世界的最高统治者,跟从民意,迎合民众似乎倒也合情合理。扫罗似乎很无辜,也很矛盾。应该说,扫罗为难的真正原因恰是神权和王权的冲突。在这里,我们要问的是,扫罗是否应该屈从民意?王的本义何在?

大卫王无疑是希伯来圣经中最重要的君王,也正是由于这个原因,《赫札尔人书》才会数次提到大卫。大卫之所以重要,既在于他统一了以色列,定都耶路撒冷,也在于他对外征战,扩大了以色列的疆土,还在于他将约柜搬到耶路撒冷,确立了后者的政治和宗教中心的地位,而最重要的,则是他获得了上帝新的应许:我要作他的父,他要作我的子……你的家和你的国,必在我面前永远坚立。你的国位也必坚定,直到永远。(撒下7:14—16)将以神人关系为主轴的超血亲信仰投射到现世的人际关系中,必然导致那种超血亲伦理的诞生。这个应许使得大卫以及其身后的谱系获得了合法性和神圣性,大卫谱系的君王身在现世,但却拥有超越世俗的荣耀和地位,他们成为上帝在人间的代言和中介。大卫在世所取得的成就无疑也对得起这种尊荣。但遗憾的是,大卫的荣耀并未得到长久保持,因为与拔示巴的事情,耶和华震怒,降罪大卫。倘若没有这个事情,大卫作为王的政绩几乎可称得上完美。但大卫能做出设计诛杀乌利亚这样的事情,足以显现在那个时候他内心是如何的膨胀和自大。耶和华的戒律已经被他完全抛之脑后,他的灵魂中充斥的尽是私欲,而私欲和激情的相互激励必然促使他作出种种越轨之举。圣经叙事在很多地方对大卫确实过于手下留情。

通过以上的简要分析不难看出,以色列人推举王的要求在先知看来乃是悖逆之举,它必然导致神权旁落,以及由此而来的社会瓦解、道德沦落。但王的出现又是一种必然,它有助于共同体的兴盛和社群的保存。这是城邦发展必然会面临的一个悖论。希伯来圣经的叙事者认识到了这点,他们通过高超的叙事表达出他们内心的忧虑,寄托着渴求思想突围的心思。

三、哈列维对"王"的界定和想象

笔者之所以格外重视《赫札尔人书》中"王"的问题,既由于上文提及的原因,也在于该书第三卷对王的集中论述。依照学者斯韦德(Eliezer Schweid)的观点,第三卷书才是哈列维整个创作的"草稿",它最先完成,并传达了作者大部分的写作意图。① 但我们倾向于《赫札尔人书》五卷书的完整性和一体性,或者如果听进施特劳斯的意见,"注意……的谋篇"②,我们会发现占据《赫札尔人书》全书最中心位置的恰恰就是第三卷,而第三卷又有近六成的篇幅是在讨论圣贤问题。圣贤?我们难免疑惑,它与王有何相干?这个困惑同样属于赫札尔王。王和拉比的一段对话将二者的关系清晰呈现出来:

> 赫札尔:……请告诉我你们的圣贤在当下的行为是怎样的。
> 拉比:圣贤可以说是他的国家的保卫者,他能够为治下之民提供他们需要的**一切**。他是那样的**公正**,以至于他从不错怪任何一个人,给予任何人的也不会多于他应得的。这样,当他需要他们时,他们服从他的号召;当他提出要求时,他们全力执行;当他禁止某类事情时,他们严格禁止。
> 赫札尔:我问的是圣贤,不是一个王。
> 拉比:圣贤就是王。他所有的**官能**和**品性**,无论是精神上的还是肉体的,使它们自身服从于他的命令。因此,他领导它们就像一个真正的世界领袖。就像经上说的:他统辖他的精神甚于征服一

---

① Eliezer Schweid, *The Classic Jewish Philosophers: From Saadia through the Renaissance*, trans. by Leonard Levin from Eliezer Schweid, Brill, 2008, 101.
② 在列奥·施特劳斯的《哲学与律法:论迈蒙尼德及其先驱》(华夏出版社,2012)中译本前言中,译者黄瑞成专门就施特劳斯著作的谋篇问题进行了分析。确实,在施特劳斯全部著述的题名中,虽然"谋篇"(plan)一词仅出现两次,但"谋篇一词事关哲人的写作技艺,而写作技艺对于施特劳斯柏拉图式的政治哲学研究具有决定性意义。"施特劳斯在解析前人著作,或编排自己的文集时,在谋篇上都用力甚深,相关解析还可见张缨主译的《柏拉图式政治哲学研究》(华夏出版社,2012)中刘小枫对文集所作的中译本说明。

座城池。(箴 16:32)他已经显示了他适合统治的能力,假如他统治一个国家,他将公正地管理它,就像他对待自己的身体和灵魂一样。

也难怪赫札尔王做出那样激烈的反应,依照人们的通常认知,似乎应该把拉比每句话开头处的"圣贤"换成"王"。王作为一个国家或者政治共同体的自然代表和最高代表,保卫自己的国家或者共同体不受外敌侵犯,为治下的民众提供生存和发展的必要条件,满足民的物质与精神需求是其最基本的责任。恰如拉比在第二卷书所说的,哪怕是一群强盗,他们也需要自己的正义(2:48),更不用说大至一个国家了。王必须行事公正,"不错怪任何一个人"指的是国家的司法,人们根据它来实施审判,"给予任何人的也不会多于他应得的"指的是国家的分配体制,它为人们提供生活必需。也就是说,在司法和分配领域,王必须遵循公正的原则。只有做到了公正,当国家面临一定的危机,需要王出面号召民众采取行动时,民众才能响应王的呼吁;任何的律令都包含着"要求"与"约束"两面,要求是倡导民众来做的,约束是对一些行为进行禁绝。只有王的公正深入民心,民众才能正确对待王的要求和禁令。

尽管拉比和赫札尔对这段话的理解并不完全一样,但赫札尔还是认识到拉比所言是对一位合格君王的最基本要求。赫札尔对王应该如此行为并不持异议,他奇怪的是拉比"圣贤就是王"的观点。

我们也难免惊讶。惊讶是因为我们非常容易就会想到柏拉图通过系列作品如《高尔吉亚》、《王制》、《书简》等展现出的对王的理解。柏拉图的影响过于显而易见。在柏拉图看来,好的政制的实现,必须以借助哲学使僭主变成哲人王为条件。而在拉比这里,圣贤俨然取代了柏拉图的哲人。拉比将圣贤放置到王的位置,圣贤具有怎样的品性方搏得拉比如此的推崇和信任?我们的问题也恰是赫札尔想问的。

拉比在谈论何为一个真正的王时,并不是直接从国家的治理入手,而是从圣贤如何统摄自己的身体和灵魂开始。难不成国家的构成以及管控竟和个体的自我修炼有莫大关联?

就个体而言,圣贤会节制自己的身体欲望,通过提供给身体应得的东西使它保持适度的状态,他也会通过合理的饮食以及借助沐浴、清洁让自己的性情稳健、温和。人性格当中有时会有征服他人的欲望,圣贤积极投入到学术的、哲学的论争或者对有罪之人的训导来宣泄这方面的情绪。他善于调动自己的器官如四肢、五官等服务于一定的目的,他还经常通过操控自己的想象力、知觉、决断力,使它们安守本分,并相互配合,共同支持圣贤达到一定的目的。在诸官能的相互配合中,拉比强调了决断力官能的作用,作为人们对事物发生发展的分析、判断及处理的能力,是它接受个体的命令并利用别的官能依照命令去完成任务。决断力必须处理好和想象力、理智的关系。想象力意味着超越已有的基础,也意味着超越约束和限制,甚至意味着某些欲望的放纵和满足。因此,决断力不可以跟随想象力信马由缰。智性作为一种理性能力,往往能够对事情的来龙去脉、行为的利弊、选择的善恶做出正确的判断,决断力需要多和智性沟通,当智性赞同时,它应该马上将决定付诸实践,当智性否定时,他应该尽可能拒绝。也就是说,并非所有的官能都受到鼓励,可以任其自由追逐自己的目标,决断力必须要在它们之间进行内在的平衡和协调,以使它们可以协调一致,共同服从于个体的要求。

我们知道,柏拉图《王制》论证的根据就在于假定在城邦和灵魂之间有严格的对应关系。① 正是根据这个关系,苏格拉底方设定五种政体和五种品格的人。城邦的立法者或统治者首先会调控自己的身体,锻炼自己的灵魂,使个己的欲望和激情处在理性的统辖之下。② 处于此种状态的灵魂是健康的灵魂,拥有如此灵魂的人是正义的人。也就是说,一个人正义的前提是其理性部分具有智慧且具有统治地位。③ 而这意味着只有以智能统治其他两个部分的人,即只有智能者,才是真正正义的。④ 因此,正义者最终被证明为哲人也就毫不奇怪。通过上

---

① 施特劳斯、克罗波西,《政治哲学史》,李天然译,石家庄:河北人民出版社,1998,页59。
② 在柏拉图看来,个人的灵魂由三种本性构成,即欲望、激情(又译血气)和理性,恰如城邦包括生意人、武士和统治者。
③ 《王制》441e。
④ 《王制》441c。

面的陈述不难看出,哈列维的圣贤和柏拉图的"统治者"一样,都将行动的起点定在了个己灵魂的经营上。或者说,圣贤或者统治者的本身正义是城邦正义实现的前提。

在拉比看来,圣贤若能顺其自然地满足所有官能的需求,让它们自由舒展地保持旺盛的生命力,圣贤就可以像尊贵的统帅率领军队达到自己的目的一样,来指挥他的共同体。他对官能的领导就像统帅对自己士兵的统领,统帅满足了士兵的各种需要,就可以指挥军队达到自己的目的。

问题乃在于,个体是否可能依照自然满足官能的所有需要呢?统帅如何才能满足士兵的所有需要?换句话说,是否官能的所有需要都是正当的,无需个体做出干预呢?恐怕单有决断力还不够,决断力或理性判断一件事情可做与否的依据可能仅仅是现实的利弊,它并不能保证个体做出的决断是出于善的目的。因此,圣贤还需要不断地提炼自身的思考官能。这种官能努力将个体灵魂中原有的世俗想法去除,并尽可能呈现出具有崇高品质的形象。这个形象以上帝为榜样,以最大的可能向上帝的形象靠拢。之后,记忆官能会将这个形象进行重塑,并将之作为灵魂内部秩序的判官,它将约束想象力的无限扩展,并对愤怒或者性欲的无节制进行警示,最终,它将保证决断力的正确方向。如此看来,哈列维为犹太教辩护的雄心最终竟落脚于圣贤个体灵魂的完善,而个体灵魂完善的可能乃在于上帝。这或许并不奇怪,一方面,能率领犹太人走出流亡困境的人只能是为上帝喜好的圣洁之人;另一方面,就灵魂而言,只可能是高的灵魂指导低的灵魂。

就个体而言,只有经过这些历练,个体才有从普通民众中的一员转变成伟大圣贤的可能。上帝进驻内心并不意味着圣贤修炼的完成,他还需要将自己的思想付诸行动,还需要用行动来侍奉上帝。圣贤说话务必始终审慎,不可信口雌黄,要说内心所想,凡说话,即要有正确的思想和意图。圣贤内心虔敬,每天要有三次祷告,每周要守安息日,每月要对自己过去的行为进行反省,每年要遵守三次朝圣节日的净化。通过这些节庆的遵守,圣贤的内心始终牢记着上帝的教诲和律法的禁忌,这保证他始终走在上帝规定的正确道路上。

圣贤不是终点，而是伟大荣耀的起点。他要通过一定的仪式和节庆，侍奉内心，滋养灵魂，以保证自己的行为和实践接近上帝的大道。大卫之所以获罪，即在于他达到为王荣耀的巅峰之后的未能保持净化灵魂的连续性。拉比在这里虽未直言王当如何治理天下，但他的一句"圣贤就是王"已将这一方案呈现给赫札尔王。如果笔者不吝浅薄，大胆概括的话，拉比的意思应该是这样：作为国家的保卫者，王首先要治理的是自己，要将自己的身体治理好，它关涉灵魂，要将自己的灵魂滋养好，它关涉一切。王做事要公正，他不单要管控社会，还要经营民众的内心。当王虔敬向神，国家就会走向强大。这其实是拉比那段话的真实含义。

虔敬向神，这是哲人苏格拉底也认同的观点，问题的关键在于敬拜哪位神以及如何敬拜。所以自 3 章 7 节始，拉比开始了他对神法的叙述。

拉比在这些事情上可谓审慎，他既远离一些不洁的行为，在关涉上帝的诸多事项上更是注重细节，行为过程始终严肃认真。这个比较长的叙述既介绍了神法所包含的内容，也对圣贤在坚守神法过程中的具体实践做了论述。但在后面对民法和理性法的介绍中，圣贤并未出场。这一点需要引起注意。民法包括不可杀戮、不可通奸、不可偷盗、不可忍受虚假证言，还包括要荣耀父母、爱邻居、爱改宗者等内容。我们很容易留意到，这些内容其实是十诫中的后面六条。它规定的是人与人之间的交往伦理，是人们日常的行为准则。之后的理性法包括信奉上帝为自己的神，不能再有别神，不可妄称神名等等。这是十诫的第二条和第四条。拉比还专门提醒我们，这些是哲人也信奉并认为应该遵守的戒律，但哲人不认为上帝能够理解人们内心的想法，更谈不上可以对人们进行赏罚。当我们看到这些民法和理性法的范围，也就不难理解为何拉比在这里没有提到圣贤了，这些法则虽未必为哲人全部赞同，但就律法本身而言，它是一般民众即要遵守的最起码的体现最低要求的行为准则，因此根本无需就圣贤对这些内容的做法进行论述。上文中我们已经提到，拉比曾言，哪怕是一群强盗，他们也有群体需要遵循的"规则"，否则社群便无法维系。而这个规则,即是每个社群需遵守的"民法"和理性法。这里的问题在于,是否有了约定俗成的民法和理性法,城邦便会完满呢?

在论述圣贤行为的过程中,有一个小插曲,在第8—10节,拉比谈到的一些好行为是属于圣贤的,但是否人人都有践履这行为的可能呢?如果所有的人都能成为圣贤,城邦的前景又该何等美好。当赫札尔王听完拉比所说的圣贤行为,他似乎认为这些并不难实现,遂提出这样的问题:这些好行为是否每个人都知道呢?这句话的潜台词是,如果这些就是好的行为,是否每个人都能成为王呢?

拉比明显否定了这种可能。民法和理性法可以为所有人熟知,但神法却无这种可能。即使是民法和理性法,民众也并非能完全理解,人们可以知晓其宗旨,但却未必能知道每个规则的尺度。我们应该保持谦卑,应该恭顺,但谦卑和恭顺的尺度如何拿捏是一个大问题。神法,作为与神启相连、规定着人们当如何具象地与神相处的律法,却并非能为所有人遵从。在拉比看来,这其中的缘由既在于并非所有人都能心甘情愿地顺从神启,也在于人天性的差异决定着他们对待启示的态度。而圣贤,不仅仅在天赋上高于常人,也由于他们注重内在修炼,不断地净化自身的灵魂,还由于他们因对上帝的虔敬而来的对神法的尊崇。这是普通民众无法做到的。也正是由于对待神法有这种觉悟和努力,圣贤才具备最终成为王的必要条件。

如果回顾一下第三卷从开始到当下为止的论述,我们会发现所有的内容其实全部围绕着"圣贤"展开,在就这一形象展开论述的文字中,自第11节12段开始,待圣贤开始侍奉上帝后,他的内心即开始"幸福、愉快,灵魂升腾",当他把世界上的一切都归于上帝的恩典后,他的生命便充满了快乐,因为相信上帝的公正,他内心始终平和,充满喜悦。在祝圣和祝祷过程中,圣贤的内心更是对上帝的神启和恩宠充满感激,这是更高级别的情感类型。也就是说,圣贤因超越民法和理性法,完全遵守神法,他的精神世界已经没有忧愁、忧虑,而充满了喜悦、感恩。用赫札尔王的话说,圣贤的生活终日安宁,有平静的心。我们知道,有闲暇是从事哲学思考的前提,但哲人未必有平静的心,他们整日为逻辑思考,为辩论费尽心思。① 王整天奔波,要安抚处理大量的琐事和工作,生活既无法安宁,更遑论拥有平静的心。无论是哲人、王,还是圣贤,都必然会思考一个重要问题:幸福是什么?安宁的生活状态和平静的内心为他们共同赞许,但唯有圣贤做到了这点。联系拉比说的"圣贤就是王",我们不难想象,拉比在这里事实上为我们刻画了理想中的"新王"形象。

我们注意到,在对圣贤的论述中,有四个地方提到了大卫王并引用了相关经文。它们分别是:"他为人植入耳朵,他会不听?他为人设置眼睛,他会不看?"(诗 94:9)"神啊,求你鉴察我,知道我的心思。"(诗 139:23)"你知道我的坐下和站立,你测量我的行走和睡眠,你知道我的一切。""我的口终日要述说你的公义和你的救恩,因我不计其数。"(诗 71:15)这些经文的意思不难理解,拉比反复引用大卫王的诗句,乃是在告诉赫札尔王,大卫是王的榜样,大卫本身既是王,他同时还是一位圣贤。但正如我们前文已经讲到的,大卫早年因虔诚敬神,所以能为上帝拣选并取代扫罗成为以色列的王,但功成名就之后的大卫放纵了自己的欲望,以至于先知撒母耳做出预言:"刀剑必永不离开你的家。耶和华如此说,我必从你家中兴起祸患攻击你。我必在你眼前把你的妃嫔赐给别人;他在日光之下就与她们同寝……"(撒下 12:10)让人感慨的是,这些预言后来都一一应验,大卫的晚年可谓凄惨。

拉比仅仅引用大卫和上帝交好时的诗句,或许意在告诉人们,如果能够像大卫那样虔敬,就能得到上帝的眷顾,成为一位了不起的王;拉比对大卫后来所犯错误只字未提,我们总不至于认为拉比不知道这段往事吧,这应该是拉比心中隐隐的痛,人们都知道并认为他会提及的事情,他有意省略了。解读大家著作时,关注未说的往往要比已经显明的更为重要。这省略倒恰恰会引发赫札尔王或者读者的联想,如果人们能够对大卫晚年的事情做出反思,拉比的目的也就达到了。

---

① 关于王者生活和平民或者说哲人生活的差别,见施特劳斯、科耶夫,《论僭政》,何地译,北京:华夏出版社,2006,页 102—124。 一般认为哲人的生活是充满乐趣和幸福的,是凡人能够达到的最高、最好的生活状态。但拉比明显不认同这一点。在他看来,哲人的生活因逻辑和思辨而充满了不确定和矛盾,因此其生活并无幸福可言。

结　　语

通过上文的论述不难看出,哈列维将作品的题目命名为《赫札尔人书》实乃大有深意,其和莎士比亚直接以主人公的名字为自己的悲剧和历史剧命名原因相同,它在提醒读者注意人物政治身份的同时,也告诉了我们解读作品的钥匙。哈列维以王的名字参与作品命名,并在作品中多次提及大卫的事迹,这既是对大卫式样的王者出现的渴求,也是对"王"这一政制标志的追思。哈列维在《赫札尔人书》的中心第三卷对圣贤的描摹更是将作者对"王"的思考凝聚其内,这其中的真义既汲取了希伯来圣经对是否需要"王"的探索,也包含了哈列维对需要怎样的"王"的深思。

在行文将要结束之时,笔者迟迟不能忘怀的竟是"金牛犊事件",① 或许它冥冥中和本文有着某种关联? 百姓对摩西的迟延下山失去了耐性,让亚伦为他们做新的神像,以带领他们前行。从民众的角度来说,其心性总是向往自由的,而自由与城邦的道德往往相悖;从亚伦的行为来看,决非所有的领袖都可称作王;从摩西的角度来看,统治者能否引领城邦走向繁荣,关键乃在于王具有怎样的德性,以及其欲为城邦培育怎样的道德。而这也正是哈列维透过《赫札尔人书》传达给我们的教诲。

---

① 金牛犊事件记载于《出埃及记》第 32 章,赫札尔王曾在 1:97 就这一事件向拉比发问。

何谓"双天"
——论旧约希伯来语中"天"(šāmayim)一词双数形式的来源及文化意义

白 钢

旧约希伯来语中的 šāmayim[天,天空]一词,长久以来因其采用的双数形式(-ayim)而引发针对其内在涵义的推测。一位出色的德国古典学家在其探索旧约《创世记》与赫西奥德《神谱》之内在关联的论文中,将《创世记》第一句便出现的 šāmayim 一词直接译作 Doppelhimmel[双天]。① 旧约中出现的某些表述形式,如 šᵉmê haššāmayim[天之天]及 šāmayim wašᵉmê haššāmayim[天,与天之天],固然未必意味着早期以色列人明确认为天具有双重或多重的形态,而更可能意味着对于其敬仰之唯一神灵所居之处的充满赞美感叹意味的特定修辞手法,②但无疑是 šāmayim 一词效果历史及文化意域的有机组成。

šāmayim 一词在整个闪米特语系中绝非孤立的存在,在许多其他闪米特语中都可以找到与其同义的相关词汇:阿卡德语 šamû(总是出现为复数,其属格-宾格为 šamê), šamāmū, šamā'ū;乌迦利特语 šmm;古叙利亚语 šᵉmāya;阿拉伯语 samā'(阴性名词;可对比同样具有阴性形式的阿卡德语 šamû, šamūtu[雨水]);古西南阿拉伯语 š-m-h;埃塞

---

① Hans Joachim Mette, *Hesiodeum*, Glotta 35, 1956, 页 297—299 (Kleine Schriften, Frankfurt 1988, 页 117—119)。

② J. Edward White, *The Early History of Heaven*, Oxford 1999, 页 54—63。

俄比亚语 samāyě（复数：samāyāt）等。这种同一词根在闪米特语系的普遍分布指向某种共同的意义起源。

各种有关 šāmayim 的词源学解释，几乎都不无明智地倾向于将其理解前缀 ša-与名词 mayim[水]的结合，这可以在阿卡德语 šamê 一词形式中寻到完美的对应：ša 在阿卡德语中，充当关系代词—指示代词，意为"具有……者"，并经常用于表达从属关系的名词链条（Genitive Chain）中，如 bēlum ša bītim ＝ bēl bītim[房屋的主人]，则 ša-mê 之本意为"具有水的……"（另可参照 ša 的否定形式 ša lā[没有……者]，eqlum ša lā mê[无水之地]）。某篇阿卡德语的早期文献更确认了这种在天与水之间的意义关联：šamê ša-mê^{meš}[天，即有水之所在]。

一个仔细阅读旧约《创世记》的读者，往往会发现一个有趣而多少有些令人困惑的现象：严格依照文本，创世的神并没有创造水。在神说"要有光"从而使世界从莫可名状的混沌黑暗（tohû wābohû）中摆脱出来之前，清晰地记载着，神的灵（ruᵃh 'elohîm）漂浮在水面上（'al-ppᵉnê hammāyim）(Gen. 1，2）。而在光明与黑暗被加以区分后第二日，神所说的并非"要有水"，而是"在水间要有 rāqî'a"，进而将水通过 rāqî'a 分隔为上下两部分，并将 rāqî'a 称作天（Gen. 1，6—8）。rāqî'a 一词在七十子译本（Septuaginta LXX）中，被译作 στερέωμα，在哲罗姆（Hieronymus）的拉丁语译本中译作 firmamentum，这也成为了各种后代西方语言的旧约译本中对于该词翻译的基本形态。在汉语语境中，这词或者应译作苍穹（而非和合本所译之空气）。天的命名，在此意义上本就是基于水的分隔所作，正合于 ša-mê"有水之所在"的词源学解释。

结合古代巴比伦的思想传统，这一问题会呈现出更为清晰的脉络。古代西亚最伟大的史诗《吉尔伽美什》①，记述了乌鲁克城的王者吉尔伽美（Gilgamaš）与其通过生死搏斗而惺惺相惜结为至交的英雄恩基度（Enkidu）在人间创立不世功业的传奇。在恩基度因神意裁决而去世后，吉尔伽美什意识到自己也终有一死，从而一改此前的人间功业之

---

① R. C. Thompson, *The Epic of Gilgamesh*, Oxford, 1930；E. A. Speiser, The Epic of Gilgamesh, in ANET² 72—99 页；最新的版本可参考 Andrew R. George, The Babylonian Gilgamesh Epic: Critical Edition and Cuneiform Texts, Oxford, 2003。

旅,转而追求永生。当吉尔伽美什历经艰险寻到于传说中的大洪水中幸存并为诸神赐福获得永生的智者乌特那庇什提牟(Utnapištim)后,在史诗巴比伦语版(Standard Babylonian version)第一十块泥板中,乌特那庇什提牟向吉尔伽美什描述了大洪水的故事。这一部分内容与另一部巴比伦史诗《阿特拉哈西斯》(Atraèasis)①中关于大洪水的记述恰可相互印证,而阿特拉哈西斯也正是乌特那庇什提牟的另一个名字②。依据这两部史诗,以恩利尔(Enlil)为领袖的诸神通过降下暴雨消灭人类,智者乌特那庇什提牟(阿特拉哈西斯)在对人类亲善的神埃阿(Ea,亦名恩基 Enki)的指引下,提前建造大船将其亲人、工匠、物资与各种动物安置其中,从而得以于大洪水的毁灭性的灾难中存活下来。这也正是旧约所载之大洪水与诺亚方舟故事的来源。传说中依照神意从天而降伴的大暴雨及大洪水,正是闪米特民族"天,即有水之所在"这一信念极清晰强烈透入灵魂深处的体现。

考虑到阿卡德语(及相应之文明)在公元前 2000—600 年在整个西亚地区的巨大影响及其作为该区域各国间交流的通用语言(lingua franca)的历史地位,阿卡德语 šamê 一词进入包括希伯来语在内的各种闪米特语言家族并被其充分吸收转化为自身词汇的一部分,是完全可以想象与理解的。另一方面,如果将 ša 视作原始闪米特语的元素,它只在阿卡德语中被相对完整地保留而在其他闪米特语语言中消逝或为其他元素所替代,则在表达"天"的各种闪米特语词汇(由前缀 ša 和名词水构成)中留下了它的痕迹③。

因而,旧约希伯来语中本意为"有水之所在"šāmayim 的双数形式,

---

① W. G. Lambert/A. R. Millard, Atra-Hasīs, *The Babylonian Story of the Flood*, Oxford 1969. 另可参考 S. Dalley, *Myths from Mesopotamia*, Oxford 1989, 页 1—38;J. Bottéro/ S. N. Kramer, *Lorsque les dieux faisaient l'homme*, Paris 1989, 页 527—624; B. R. Foster, "Before the Muses". *An Anthology of Akkadian Literature*, 2 Vol., Bethesda, Md., 1993, 页 158—201;TUAT iii. 页 612—645.
② 阿特拉哈西斯(Atra—Hasīs)意为"(拥有)超群—智慧者",巴比伦语名乌特那庇什提牟(Ut-napištim)可回溯至苏美尔语名鸠什杜拉(^{m}UD-ZI"日子/阳光/时光—生命"),Ut - 当为 UD-之对音,与-napištim 这一属格形式结合,意为"生命的日子/阳光/时光"。
③ SBOTJes. 58. 11 将 šāmayim 解释为 mayim 的使动(causative)形式,"造成雨水者"。这虽然缺乏更进一步的历史语言学论证,不过就大体方向而言,与上述解释无根本差异。

源于 mayim[水]一词使用的双数形式。需要进一步追问的便是，何以 mayim 一词具有双数的特征？

基于《创世记》的文本，一种可能的解释路径是：神通过造出 rāqî'a 将水分为上下两部分，因而水的本质可以通过这种由 rāqî'a 之分隔作用而形成的双数形态加以把握。这意味着一种词义的循环界定：šāmayim[天]意味着"有水之所在"，mayim[水]意味着"通过 rāqî'a 分隔而成的两部分"，rāqî'a 被命名为 šāmayim[天]。

巴比伦传统再次为这一意义的探索提供了线索。一部以其开篇短语为题的巴比伦史诗 Enūma eliš[《当（天）是高的》]，共有 1092 行诗文被较为完整地保留在 7 块泥板上①。它记述了从世界的起源直至巴比伦的主神马杜克（Marduk）成为诸神之主，在诸神之战中击杀作为大海之人格化代表的远古母神蒂阿玛特（Tiāmat），以其尸体重整天地，安置诸神，定序宇宙，创造人类，接受诸神礼赞并令其建造人间圣所巴比伦。全诗以对马杜克五十个名号的咏颂及其附记而告终。这一作品在巴比伦的新年庆典的第四天被表演传唱②，是巴比伦文化—宗教仪式中极为重要的组成。

依照这部创世史诗的谱系，世界最早的生灵—神灵为阿普苏（Apšu）与蒂阿玛特（Tiāmat），他们结合而生拉赫木（Laḫmu）与拉哈姆（Laḫamu），拉赫木与拉哈姆生安舍尔（Anšar）与齐舍尔（Kišar），安舍尔与齐舍尔生诸神，其长子为阿努（Anu），阿努生努丁木德（Nudimmud），即智慧之神埃阿（Ea），埃阿生马杜克。埃阿设计杀阿普苏，蒂阿玛特造出大量魔怪欲为阿普苏复仇，马杜克为诸神所请击败蒂阿玛特及其党羽，终成诸神之主。

Apšu 与 Tiāmat，在巴比伦语中分别代表地下之淡水与海中之咸水，以此二者为世界之起源，是闪米特民族将世界理解为由淡水与海水

---

① W. G. Lambert/ S. B. Parker, *Enūma eliš*, Oxford, 1966; ANET, 页 60—72; S. Dalley 1989, 页 227—277; Bottéro/ Kramer 1989, 页 602—679; Foster 1993, 页 351—402; TUAT iii. 页 565—602.

② 另一说为在新年庆典与每个月的第四天被表演。参见 M. L. West, *The East Face of Helicon: West Asiatic Elements in Greek Poetry and Myth*, Oxford 1997, 页 67—68.

和合而生的古老信仰的人格化形态,而直接由其所生的laḫmu与laḫamu,在阿卡德语中意为"毛发繁盛者",其词根l-ḫ-m在闪米特语中对应之义为紧密相联与斗争,一种可能的语义关联是:毛发在互相缠绕中生发繁盛,而这种纠缠紧连的过程也引发了彼此间的挤压对抗乃至斗争①,这预示着世界通过淡水与海水和合而成的同时,冲突—斗争也随之而生。如同这一史诗所展现的,这种斗争涉及一切诸神,甚而引发诸神之战与主神的更替。

希伯来语中水(mayim)一词的双数形式,虽通常被解释为一种特殊的复数形态,但对照巴比伦创世史诗 Enūma eliš,则可知此双数形式,正是史诗将水作为地下淡水与海中咸水和合而成之世界本源的思想在希伯来人语言中的反映。

Enūma eliš 着力刻画的诸神之争与马杜克上升为唯一主神,带有强烈的现实政治指涉:伴随着公元前19—16世纪的巴比伦帝国将整个两河流域纳入其版图,巴比伦城成为整个帝国的政治—文化中心,原本作为巴比伦的地方性神祇马杜克获得了对原有的苏美尔神系中其他主神(如恩利尔,阿努,埃阿)的优先地位,成为诸神之王;作为马杜克的人间代表,巴比伦王成为万邦之王。巴比伦第一王朝崛起的历史背景,帮助史诗提供了一种有别于传统苏美尔—阿卡德神系传统、融合了传统闪米特宗教元素与巴比伦本土信仰而充满瑰伟想象、夸张铺陈、深思密义的创世传说—诸神谱系。

《旧约》作为记载犹太人经历若干世纪包罗各种传说、诗歌、历史、预言、智慧文学等不同内容—形式之材料的综合文献,有"犹太人的图

---

① 阿卡德语laḫāmu, leḫēmu[毛发(生长)繁盛], laḫmu, laḫīmu[毛发繁盛的], luḫḫumu[带有长毛的外衣];与其相关的另一组阿卡德语 lêmu, la'āmu[吃,喝]。旧约希伯来语l-ḥ-m:1.[战斗],2.[吃(面包)];leḥem[面包;食物]。乌迦利特语lḥm[吃,进食]vt.,[食物,面包]n.;mlḥmt[战斗,战役]。古叙利亚语laḥmā[面包,饮食];etlaḥam[威胁]vt.,luḥāmā[威胁]n.。阿拉伯语laḥama[熔合,结合],talāḥama[相互争斗],iltaḥama[紧密相联;相互撕咬],laḥm[肉]。l-ḥ-m在西北闪米特语(旧约希伯来语、乌迦利特语、古叙利亚语)中"面包"之义或者源于将由包的制作视为面粉不断挤压成型之过程,而这又赋予了同一词根的动词以"吃"的意义。在阿拉伯语中,吃这一行为所及之对象,从面包变作了肉。

书馆"之称。《旧约》之文本,可以通过细致的比较区分在不同篇目间的语言的层次,考察其相对其他诸种闪米特语言之异同与发展脉络。无论依照何种标准,《创世纪》之语言应属于《旧约》最古老的部分之一,一般认为,可上溯至公元前 12 世纪更早的时间,此时犹太人作为外来者从南部进入巴勒斯坦地区,并将 ʿibrîm"越界而来者(从彼处到来者)"作为自己的命名(LXX Gn. 14,13 ὁ περάτης)。不过其时间之上限则无法确认。

如果我们接受这一假设,即作为《创世记》第一句中词汇的 šāmayim,对应于阿卡德语(巴比伦语)ša-mê 的模式,由前缀 ša- 与名词 mayim 结合而成,意为"有水之所在",mayim 之双数形式则是参照巴比伦史诗 Enūma eliš 中关于世界最初由代表地下淡水之 Apsû 与代表海中咸水之 Tiāmat 和合而生的创始论传说被加以构造,而 Enūma eliš 作为巴比伦第一帝国崛起与兴盛过程中体现 Marduk 信仰之高度成熟的思想产物,时间当不早于公元前 17 世纪①,考虑到从一种文本之生成流播并对于周边民族产生影响甚而在此基础上构造类似"水"和"天"这样的核心词汇,这一过程至少持续百年以上,那么《旧约》中最古老部分的成文时间上限,当不早于公元前 15 世纪。

(注:本文中所涉及的各种闪米特语系语言,阿卡德语参照 AHW 与 CAD,旧约希伯来语参照 Köhler-Baumgartner,乌迦利特语参照 Olmo Lete / Sanmartín,古代叙利亚语参照 LS,阿拉伯语参照 Wehr,古西南阿拉伯语参照 Biella,埃塞俄比亚语参照 Leslau)

部分缩写:

AHW -W. von Soden, *Akkadisches Handwörterbuch*, Wiesbaden 1965—81

---

① W. Sommerfeld, *Der Aufstieg Marduks*, Neukirchen-Vluyn 1982,页 174—181。另有观点认为这一作品成文于公元前 12 世纪,考之多方要素,较难成立。参见 B. F. Batto, *Slaying the Dragon: Mythmaking in the Biblical Tradition*, Louisville: Westminster John Knox Press, 1992,页 35。

ANET -J. B. Pritchard (ed.), Ancient Near Eastern Texts in Relating to the Old Testament², Princeton 1955

Biella-J. C. Biella, Dictionary of Old South Arabic, Sabaean Dialect, Harvard Semitic Studies 26, 1982

CAD -The Assyrian Dictionary of the Oriental Institute of the University Chicago, Chicago 1956

Köhler—Baumgartner-L. Koehler/ W. Baumgartner, Lexicon in Veteris Testamenti Libros, Leiden 1958

Leslau- W. Leslau, Comparative Dictionary of Geez (Classical Ethiopic): Geez—English, English—Geez, with an Index of the Semitic Roots, Wiesbaden 1987

LS-C. Brockelmann, Lexicon Syriacum, Hildelsheim 1966

Olmo Lete / Sanmartín-del Olmo Lete, G. / Sanmartín, J., 2003. A Dictionary of the Ugaritic Language in the Alphabetic Tradition, translated by W. G. E. Waston, Leiden

SBOT -P. Haupt (ed.), The Sacred Books of the Old Testament, Leipzig 1893—1904

TUAT -Texte aus der Umwelt des Alten Testaments, Gütersloh 1982

Wehr -H. Wehr, Arabisches Wörterbuch für die schriftsprache der Gegenwart, Arabisch—Deutsch, Wiesbaden 1985⁵

爱 的 忏 悔
——《地狱篇》5、15、25 歌联读的神学解释

朱振宇

引　言

在近几十年的西方但丁学界，《神曲》的内在结构一直是引人兴趣的话题。20 世纪早期的但丁研究就探究了《神曲》100 歌中错综复杂的对应关系：其中有三部曲之间相同或相近篇章主题的对应；地狱的伦理结构和炼狱七宗罪、以及天国诸美德之间的对应等，同时，探索每一部曲内部的结构逐渐成为学者热衷的话题。① 被挖掘出来的这些"结构"虽然并不十分严谨，但准确细腻的解读确实可以发掘出《神曲》结构中迷宫式的奥妙。本文试图论证，在《地狱篇》第 5 歌、第 15 歌、第 25 歌之间也存在着一种内在的联系，而将这个三个篇章联系在一起的纽带，是对爱欲的反思。

---

① 对《神曲》内部结构的分析已经成为当代但丁学惯用的方法，研究成果集中体现于牛津大学出版社编纂的《神曲》集注：《地狱篇》、《炼狱篇》、《天国篇》(*Inferno*, *Purgatorio*, *Paradiso*, eds. Ronald L. Martinez, Robert M. Durling, Oxford University Press, 1996(*Inferno*);2003 (*Purgatorio*);2010 (*Paradiso*))。

弗朗奇斯嘉的忏悔

在《地狱篇》中,上帝真实的报复刑(contrapasso)始于第二狱的风谷,①在那里,生前犯淫欲罪的恶灵者承受着狂飙的吹打。

> 犹如寒冷季节,大批琼鸟密集成群,展翅乱飞,同样,那些罪恶的亡魂被狂飙刮来挂去,忽上忽下,永远没有什么希望安慰他们,不要说休息的希望,就连减轻痛苦的希望也没有。②

风谷中的狂风好像罪人心中的激荡的爱情,让随风翻滚的罪人们在与山崖的撞击中体会彼此情欲的分量。

在这群随着狂风飘荡的灵魂中有里米尼的女贵族弗朗奇斯嘉(Francesca),她在少女时代嫁给了相貌丑陋的跛脚贵族简乔托(Gianciotto),不久便与简乔托的弟弟、美少年保罗(Paolo)勾搭成奸。奸情最终败露,恼怒的简乔托将二人双双杀死。死后的她因为偷情而被罚入了惩罚淫欲罪者的第二层地狱,在来访的朝圣者但丁和维吉尔面前,弗朗奇斯嘉把自己悲惨的爱情故事讲述得娓娓动听,引人入胜,仅仅那爱的告白就堪称绝句:

> Amor, ch'al vor gentil ratto s'apprende,
> Prese costui de la bella persona
> che mi fu tolta, e 'l modo ancor m'offende
> Amor, ch'a nullo amato amar perdona,
> mi prese del costui piacere sì forte
> che, come vedi, ancor non m'abbandona.
> Amor condusse noi ad una morte.

---

① 真实的地狱即有真实惩罚的、灵泊(Limbo)以下的地狱。
② 《地狱篇》5.40—45。本文中的《地狱篇》引文均出自田德望译本,人民文学出版社,2004。

Caina attende chi a vita ci spense."
Queste parole da lor ci fuor porte.

"在高贵的心中迅速燃烧起来的爱,使他热恋上我的被夺去的美丽的身体;被夺去的方式至今仍然使我受害。不允许被爱者不还报的爱,使我那样强烈地迷恋他的美貌,就像你看到的这样,直到如今仍然不离开我。爱引导我们同死。该隐环等待着害我们性命的人。"他们对我们说了这些话。(《地狱篇》5.100—108)

这是一段《神曲》中极为著名的诗句,三个三韵句共 9 行,每个三韵句都用"爱"(amor)一词开始,第一个三韵句写保罗对弗朗齐思嘉的爱,第二个写弗朗齐思嘉以爱回报保罗,第三个写爱的结果。在这个段落中,"爱"(amor)一词一共出现 6 次。前五次出现都是 amor 的名词或动词形式及其变形,但第六次,即最后一次却是隐藏在另一个词里,una morte,"一个死亡",una 的最后一个字母 a 和 morte 的前三个字母 mor 连起来就是 amor,在爱情即将产生结果的时刻,读者却在"死亡"这个词中看到了弗朗齐思嘉和保罗那破碎的爱情。

当朝圣者但丁追问弗朗齐思嘉,"爱情通过什么迹象、什么方式使你们明白了彼此心里的朦胧的欲望"(5.118—120)时,弗朗齐思嘉追忆起了一段"读书"的故事,她和保罗所读的书是 12 世纪法国骑士传奇《湖上的朗斯洛》,作为亚瑟王圆桌骑士的朗斯洛和王后圭尼维尔(Guinivere)相爱,在王后侍从加勒奥托(Galeotto)的牵引下幽会,这段爱情带来了亚瑟王朝的毁灭,在阅读中,弗朗齐思嘉和保罗模仿了朗斯洛和圭尼维尔,

当我们读到那渴望吻到的微笑的嘴被这样一位情人亲吻时,这个永远不会和我分离的人就全身颤抖着亲我的嘴。那本书和写书的人就是我们的加勒奥托:那一天,我们没有再读下去。(《地狱篇》5.133—138)

这读书故事带给人的教训是显而易见的,它无声地谴责了无良诗人:正是他们书写的诲盗诲淫之作败坏了年轻人的美德。

对于弗朗奇斯嘉和保罗的这段爱情故事,不同时代有不同的解读,以波吉奥利(Renato Poggioli)为代表的解释认为,弗朗齐思嘉固然有罪过,却不失为一位为爱情献身的悲剧英雄:她气质高贵、谈吐文雅;她是《地狱篇》中唯一一个对作为古代圣贤的维吉尔表现出尊重的罪人;她与保罗在地狱中仍坚守着永不分离的执着,她述说爱情的坦然反衬出保罗女人般的懦弱……① 然而晚近的解释家们却从弗朗奇斯嘉对"读书事件"的复述中听出了弦外之音:依据历史考证,在但丁时代能够找到的《湖上的朗斯洛》所有版本中,记载的都是拥有"微笑的嘴"的皇后圭尼维尔先吻了朗斯洛,弗朗奇斯嘉却颠倒了叙述的顺序,原因何在?

穆萨(Mark Musa)没有放过这个细节的错误,随着他的解读,弗朗奇斯嘉的"悲剧"性也随之失去了说服力:谈吐的文雅可能是虚荣的标志,并不等同于奸情的正当;永不分离的状态在此时此地只是地狱的律法而不是罪人当下的自由抉择;从不提及保罗的姓名恰恰证明了她此刻对情人无奈的厌倦;正如《湖上的朗斯洛》的真实情节是圭尼维尔先吻的朗斯洛一样,在弗兰齐斯嘉的故事中,是她先吻的保罗。在面对朝圣者与维吉尔的此刻:为了掩盖自己勾引者角色的事实,她有意无意地将传奇中男女的角色进行了换位,然后就顺理成章地将勾引者的责任从自己转移到了保罗身上。②

正如穆萨指出的,《地狱篇》第五歌讲述的是一个家庭破裂的故事,在这个故事的三个主人公中,两位被罚进了实际地狱(也就是Limbo以下的有实际惩罚的地狱)的最高层,一个(Franscesca的丈夫)将被罚进地狱最底层(第九层的该隐环)。如果说整个地狱描绘的就是堕落、

---

① 参见 Renato Poggioli,《保罗与弗朗齐斯嘉》("Paolo and Francesca"),见 Dante: a Collection of Critical Essays, ed. John Freccero, Englewood Cliffs, N. J., Prentice Hall, Inc., 1965,页 67—85。
② 参见 Mark Musa,《瞧这能说会道的弗朗齐斯嘉》("Behold Francesca Who Speaks So Well (Inferno V)"),见 Dante's Inferno: the Indiana Critical Edition, ed. Mark Musa, Indiana University Press, 1995,页 310—324。

败坏的"地上之城",那么在此我们看到,笼罩在这个世界之上的,是一个破碎家庭的阴影。在《创世记》记载的人类历史上,同样是一个破碎家庭的故事开启了人类的堕落史,那就是夏娃和亚当丢失伊甸园、开始了人类苦难的故事。弗朗齐斯嘉是朝圣者但丁在地狱中碰到的第一个罪人,也是在地狱中唯一一个说话的女性,在她身上,我们看到了人类历史上的第一个女罪人——夏娃的影子。①

"所多玛"的寓意与拉蒂尼之罪

在地狱第七层中,但丁遇到了生前的老师拉蒂尼(Brunetto Latini),他是13世纪圭尔夫党出色的政治活动家和古典文化复兴的倡导者。但在地狱中,他所混迹其中的那一类灵魂罪名是 Soddoma(11.50),在但丁生活时代的意大利,这个词的意思是"鸡奸罪"。② 按照基督教信仰,这是一种罪大恶极的过犯。③

Soddoma 在语源学上来自"所多玛",《创世记》中记载了这个罪恶的城市毁灭的故事:上帝为了观察所多玛人的作为,就派遣天使来到义人罗德家。所多玛人听到消息,坚决要求罗德献出外乡人:"今日晚上到你这里来的人在哪里呢?把他们带出来,任我们所为。"罗德以献出自己还是处女的两个女儿为代价,劝阻自己的同乡不要伤害来访者。但强硬傲慢的所多玛人不肯悔改。天使见证了所多玛城的罪恶,于是,"耶和华将硫磺与火从天上耶和华那里降与所多玛和蛾摩拉,把那些城和全平原,并城里所有的居民,连地上生长的,都毁灭了(19.24—25)。"在这个故事中,由于罗德为了劝阻所多玛人献出女儿的行为明显暗示着异性间的性行为,所以相应的,所多玛人的要求:"把他们带出来,任

---

① Mark Musa,《瞧这能说会道的弗朗齐斯嘉》,前揭,页 324。
② 参见 John E. Boswell,《但丁与犯鸡奸罪者》("Dante and the Sodomites"),见 *Dante's Studies CXII*, ed. Christopher Kleinhenz, State University of New York Press, 1994,页 63—76。
③ 参见《罗马书》1.26—7:"因此神任凭他们放纵可羞耻的情欲。他们的女人,把顺性的用处,变为逆性的用处。男人也是如此,弃了女人顺性的用处,欲火攻心,彼此贪恋,男和男行可羞耻的事,就在自己身上受这妄为当得的报应。"

我们所为"也顺理成章地被解读成同性间性侵犯的意思。

在《地狱篇》中,犯有 Soddoma 之罪的恶灵所处的环境也确实充满了所多玛与同性爱的意味。朝圣者但丁看到:"整个沙地上空飘落着一片片巨大的火花,落得很慢,好像无风时山上纷飞的雪花似的……永恒的火雨就像这样落下来;沙地如同火绒碰上火镰一样被火雨燃起来。使得痛苦加倍。"(14.28—39)这场景令人想起《旧约》中所多玛毁灭的时刻。在这里,如雪花般从天而降的火雨与鸡奸罪之间也存在着一种巧妙的对应,火的自然性是向上升腾而非向下飘落,如雪花般飘落的火违反了自然的原理,相应地,自然的情欲只该发生在男女之间,生儿育女是其自然的结果,同性之间的情欲则违反了自然,它不能为人类繁衍后代,就像因被烈火洗劫而寸草不生的焦土。

在《地狱篇》第15歌的语境中,有罪的灵魂们所受的惩罚,是在火雨纷飞的沙地上不住地奔走,同时,和与他们同处一地的高利贷者和渎神者一样,"那些受苦者的手永不休息地挥舞着,一会儿从这儿,一会儿从那儿拂去身上的新火星。"(《地狱篇》14.40—42)由于火雨永不止息,他们也只好不停地手舞足蹈,就像是一群欲火焚身的人,在欲望的灼烧下永远不得安宁。

然而把鸡奸罪者的恶名加在拉蒂尼身上却是成问题的:拉蒂尼从未有过鸡奸罪的记录,而且,他有妻室儿女,其子嗣一直延续到17世纪;除此之外,他还曾在作品中严厉地抨击过鸡奸罪。① 不仅如此,关于与拉蒂尼同样在沙地上奔跑的其余几位的灵魂,也没有关于他们犯有鸡奸行为的记载。从个人生平看,他们与拉蒂尼的共同点仅仅在于:他们都是以出色的文采或口才而名噪一时的文人或说客。那么,这些长于辞令的人与鸡奸罪有何共同之处呢?

凯(Richard Kay)通过对《旧约》中所多玛故事寓意的考证为这个问题提供了线索,在其著作《但丁的快跑者与力战者》(*Dante's Swift and strong*)中,凯指出,《创世记》19:5中的所多玛故事原本并不具有

---

① 参见 Peter Armour,《布鲁内托:斯多亚悲观主义者》("Brunetto, the Stoic Pessimist"),见 *Dante's Studies*, CXII, 页1—18。

明确的鸡奸罪的含义,在《旧约》的希伯来原文中,所多玛人所说的"任我们所为"在希伯来原文中的意思是"让我们认识(yādā)他们"。因此,这个段落表现的所多玛人的罪恶主要是在神面前表现出的违抗和傲慢,引申一步说,所多玛人的罪乃是肯定人有独立于上帝之外的智慧。为了澄清但丁笔下 Soddoma 的确切含义,凯对"所多玛"一词在《旧约》和《新约》中的全部 48 个出处进行了穷尽的分析。① 他指出,在《旧约》里,真正的智慧来自对上帝律法和启示的敬畏,而与所多玛人相似的则是那些掌握法典解释权的不义的拉比,他们拥有知识的钥匙,却从自己的私欲出发,以自己的律法代替上帝的律法,以自己的"道"取代了上帝的"道"。他们与那些叫嚷着要向上帝的使者施暴的所多玛人一样,都公开地渎神而不知羞耻、无所避讳:"他们的面色证明自己的不正。他们述说自己的罪恶,并不隐瞒,好像所多玛一样。他们有祸了。因为作恶自害。你们要论义人说,他必享福乐。因为要吃自己行为所结的果子"(《以赛亚书》3.1—11)。在《新约》的四福音书和几部天主教书信中,所多玛式的罪恶意味着由于缺乏真正的信仰而对启示进行理性化(rationalize)的做法,"但以色列人追求律法的义,反得不着律法的义。这是什么缘故呢?是因为他们不凭着信心求,只凭着行为求。"(《罗马书》9:31—32)因而所多玛所象征的是以拥有自然的知识而自高、从而抗拒福音的假先知。②

凯指出,为所多玛的故事赋予性倾向的解释开始于公元前 2 世纪,将所多玛与同性爱明确联系在一起的是亚历山大的斐洛(Philo Judaeus)。而在斐洛以后的解释史中,鸡奸罪和假先知之间也就获得了寓意上的关联:假先知们鸡奸罪者一样,都是私欲的奴隶,不同者只在于,鸡奸罪者的欲望来自身体,假师傅的私欲则是来自理性。③

将所多玛故事的解释史、《地狱篇》15 歌和拉蒂尼的历史生平结合

---

① 参见 Richard Kay,《所多玛的形象:〈旧约〉》("The Image of Sodom: Old Testament");《所多玛的形象:〈新约〉》("The Image of Sodom: New Testament"),见 *Dante's Swift and Strong*, Lawrence: Regents Press of Kansas, 1978, 页 209—266; 267—289。
② 这方面特别值得注意的段落有,《犹大书》4—8;《彼得后书》1:20—21;2:1—7。Kay 的论证见 *Dante'Swift and Strong*, 页 209—267。
③ 见 *Dante's Swift and Strong*, 页 287—289。

起来,不难发现在但丁心中,拉蒂尼的罪过所在。在《地狱篇》第15歌的末尾,拉蒂尼对但丁最后的嘱托暴露了他的真实渴望,也揭示了但丁心中对他最深的谴责:"请允许我把使我永垂不朽的《大宝藏》推荐给你,此外,我别无所求"(15.119—120),拉蒂尼如是说。

拉蒂尼托付给但丁的《大宝藏》其生前最重要的散文著作,全书分为自然哲学、伦理学、政治和修辞学三部分。在书中,拉蒂尼虽然自称秉承亚里士多德的哲学思想,但他却并未遵循亚里士多德将形而上学作为第一哲学的做法,而是把修辞术放在了最高的位置。他说,自然哲学的价值不过像是普通的钱币,伦理学也只不过相当于普通的宝石,而以政治游说为目的修辞学则是比自然哲学和伦理性更为可贵的、真正的宝藏——"黄金"。① 从该书第三部分的内容看,拉蒂尼修辞术所蕴含的主要政治思想也是清晰的,那便是实践圭尔夫党的政治信念:意大利各邦的自治。

但丁正是在这部书中看到了拉蒂尼象《圣经》中"假先知"的一面。拉蒂尼宣扬的修辞术,就像是《圣经》中以自己的智慧自夸的假师傅;而在书写《神曲》之时,与拉蒂尼同样出身圭尔夫党的但丁在经过了政治放逐后逐渐放弃了圭尔夫党的政治主张,他心目中理想的政治是将人类缔结成一个完整的帝国;正如他在《帝制论》中写的:

> 人类最统一时也就最接近上帝,因衡量统一的真正标尺,只在他之中;为此经上记着:"以色列啊,你要听!耶和华——我们上帝是唯一的主。"人类聚集一处、组成单一的实体,其时最为统一,若想如此,须有唯一的统治者将其统一,这一点是自明的。因此,人类为一位统治者统治时与上帝最为相像,也因此与上帝的意图最为和谐。(《帝制论》1.8)②

在历尽沧桑的但丁看来,将人类凝结为一个统一的帝国才符合上帝的

---

① 参见 Brunetto Latini,《宝藏全书》(*The Book of the Treasure*), trans. Paul Barrette, Spurgeon Baldwin, Garland Publishing, 1993, 页 1。
② 此处译文为笔者根据拉丁原文译出,原文见, http://etcweb.princeton.edu/dante/pdp/。

律法,而曾经的导师拉蒂尼所主张的城市自治的政治信念,是一条让各邦之间分崩离析、从而使人类背弃神的路。① 由此可见,拉蒂尼之罪乃在于其宣扬一种渎神的教诲,这种自高的教诲让这个形象成为了《圣经》中被冠以"所多玛"之名的假先知,并因此和鸡奸罪在语义上发生了微妙的关联。

盗贼的变形与佛罗伦萨朋党政治

《地狱篇》25 歌继续第 24 歌,书写的是承受永恒变形之罚的盗贼们。在这两歌中,蛇代替上帝施行惩罚,是它们的攻击直接引起了盗贼阴魂们的变形。然而相比第 24 歌,第 25 歌的写作中明显具有"性"的意味,25 歌开始,便是一个叫符契(Vanni Fucci)的恶灵在变形之后向上帝的挑衅行为:

> 那个贼说完,就举起双手,作出污辱人的手势,喊道:"接受吧,上帝,因为我是把它对准你的!"(25.1—3)

关于符契所做的手势,语言学者通过词语考证已经确定其包含的性猥亵的含义。② 而在从 24 到 25 歌描述的三种变形中,25 歌中的后两种变形都有明显的两性交合的意味,第二种变形是这样的:

> 一条六脚蛇跳到一个鬼魂面前,把他完全缠住。它用中间的脚抱住他的腹部,用前脚抓住他的两臂,然后用牙咬住他的两颊,后脚伸到他的大腿上,尾巴放在他的大腿中间,再向上伸到他的后腰上。常春藤缠绕在树上从来没有这可怕的爬虫把它的肢体缠在

---

① 参见 Richard Kay,《布鲁内托·拉蒂尼之罪》("The Sin(s) of Brunetto Latini"),见 *Dante's Studies*, CXII,页 19—32。
② 关于符契手势的含义,见 Anthony Oldcorn,《扭曲的形象》("Perverse Image"),见 *Lectura Dantis: Inferno*, eds. Allen Mandelbaum, Anthony Oldcorn, Charles Ross, Berkeley: University of California Press, 1998,页 328—347。

这个人的肢体上那样紧。(25.50—60)

第三种变形则是：

> 一条胡椒末般铅黑色的，眼里冒着怒火的小蛇向另外两个鬼魂的腹部扑来时，也像这样；它把其中的一个鬼魂身上的人类最初吸收营养的地方刺穿，随后就倒下来，伸开身体躺在他面前。那个被刺穿的注视着它，却一言不发……(25.83—88)

在这些段落中，性的意味都昭然若揭。这样看来，第 25 歌好像是重复了第 5 歌和第 15 歌爱的主题。如果这样的文字是描写对淫欲者或鸡奸罪者的惩罚，则似乎不足为奇，但是，但丁为何要用充满性暗示的描写来描绘本来与性毫无关联的盗贼？又为何让蛇来作为窃贼的惩罚者？

德林(Robert M. Durling)追溯《创世记》对初人犯罪的讨程可以给出妥当的答案：根据《旧约》记述的历史，初人的犯罪起源于一次盗窃，亚当和夏娃在蛇的诱惑下偷吃了禁果。这次偷窃的结果，是人类失去伊甸园，从另一个角度看，则是蛇从上帝那里"偷"去了他创造的人。因此，"蛇"的形象保留着始祖偷窃以及原罪的记忆。为了惩罚原罪，上帝让人的身体变了形，人失去了永生，个体生命都将因死亡而化为虚无："你本是尘土，仍要归于尘土。"(《创世记》3.19)在此之后，人只能靠男女交媾生儿育女来延续自己的生命。正是在追溯原罪的意义上，蛇、性与变形的关联才能得到解释。① 而但丁笔下盗贼们永无休止的变形则似乎是对《创世记》中始祖所受惩罚的诗学夸张：魔鬼偷去了人的永恒，便让他们承受永无休止的变幻，第 24 歌中描写的符契的变形再现的正是这样一种永恒复归的状态：

---

① 关于偷盗——蛇——性爱的关联，见 Robert M. Durling 对《地狱篇》25 歌的疏解，*Inferno*，页 568—571。

> 看哪！一条蛇向一个靠近我们这道堤岸的人猛然一跳，就刺穿了他的脖子与肩膀相连接的地方。还不到写完"o"或"i"的工夫，他就着了火，燃烧起来，不得不倒下去，完全化成灰；他这样被烧毁在地上后，骨灰又自行聚合起来，顿时恢复了原形。(24.97—105)

i 和 o 合起来，io，是意大利语的"我"。在这个文字游戏中我们看到了"自我"的生生灭灭。盗贼的灵魂永远无法获得其恒定的自我，这方生方死、方死方生的形象就是犯罪后人类的缩影。

在第二个变形中的，六脚蛇将恶灵缠住，"常春藤缠绕在树上从来没有这可怕的爬虫把它的肢体缠在这个人的肢体上那样紧。"(25.58—60)蛇和人身最终在纠缠中合二为一。这个被蛇缠住身体的恶灵是个政治骑墙派，他最初参加白党，后又变为黑党。蛇与人的合一巧妙地讽刺了此人政治态度的模糊。第三种变形则是人与蛇的互变，这变形展现的"成王败寇"逻辑与 13 世纪的佛罗伦萨政治存在着巧妙的契合：那个时代的佛罗伦萨，先是吉伯林党和圭尔夫党互相倾轧，而在后者将前者永久放逐出佛罗伦萨后，圭尔夫党内部分裂出的黑白两党又开始了无休止的明争暗斗。为了自己的私欲时而彼此结盟时而相互攻讦的朋党正是耽于败坏的爱欲而造成了城市政治的动荡。① 结果正如符契对佛罗伦萨的未来预言的那般：

> 先是皮斯托亚由于放逐黑党而人口减少，随后，佛罗伦萨就要更换它的人和体制。玛尔斯从玛格拉河谷引来被乌云包围的火气；接着，将在皮切诺原野上猛烈的暴风雨中交战；结果，火气将用猛力撕破云层，使白党个个都被它击伤。我说这话为的是让你痛心。(24.143—151)

---

① 关于三种变形的政治哲学解读，见 Joan Ferrante，《盗贼与变形》("Thieves and Metamorphoses")，见 *Lectura Dantis*：*Inferno*，页 316—327。

应该指出的是,但丁笔下的盗贼并非一般意义上的窃贼,而是侵犯信仰与政治的"窃国者"。以偷窃为原型的原罪让人的意志堕落,使人产生了不正当的爱欲,这样的爱欲在个体中激起的贪婪给个体带来的死亡,在群体中掀起了威胁政治和平的党争。盗窃的本源就是政治败坏的根源,被偷窃的罪恶笼罩的世界就是但丁所处的"地上之城"。

爱欲、《圣经》与《神曲》的结构

从《地狱篇》第 1 歌揭示的地狱结构来看,第 5、15、25 歌描写的罪恶分别出自托马斯主义伦理学规定的三类罪过:淫欲罪属于以豹子为象征的放纵罪(incontenenza),鸡奸罪属于以狮子象征的兽性罪(bestialitade),而盗窃罪属于以狼象征的恶意罪(malizia),①罪行随着其在地狱中所处的位置呈现出一种递进的状态。但根据本文上述分析,在三歌之间却存在着一种彼此相似却彼此有别的对应,三个篇章都有《创世记》的典故,都突出了"性爱"的主题:淫欲罪者在风中永无休止的飘荡、同性爱者永无休止的奔走和盗贼们永无休止的变形都讽刺地见证着《哥林多前书》中的那句"爱是永不止息"(13.8)。在对"爱"进行的反思中,但丁从普通的男欢女爱上升到了师生之间的同性与同门之谊、最终上升到了政治的友爱,诗歌的视野也从家庭上升到了人类社会。将三个篇章联读,不难发现隐藏在其中的一种螺旋式递进的结构。在当代但丁学对于《神曲》内在结构的种种探索中,这种结构的存在已经多次得到证实。与这样的结构相对应的,是朝圣者旅行的轨迹:但丁笔下的地狱是一个上宽下窄的漏斗,朝圣者在维吉尔的引领下沿着地狱螺旋形的圈层向左缓缓下降,在走出地狱后,则沿着炼狱山上的道路向右环山而行。由于在地狱底层朝圣者调转了身躯,地狱中向左、向下的行走方向与炼狱中向上、向右的行进方向实际是一致的。因为但丁的天国就在炼狱山顶上,从天国的角度看去,但丁的旅程是一个连续的螺旋

---

① 参照《地狱篇》第 1 歌及第 11 歌 79—83:"你不记得,你的《伦理学》里详细阐明放纵、恶意和疯狂的兽性这三种为上天所不容的劣根性的那些话吗?"

形上升的过程。这样的轨迹暗合了以柏拉图《蒂迈欧篇》中的灵魂上升为蓝本的新柏拉图主义关于灵魂得救的信念。①

---

① 关于《神曲》的旅行路线的哲学意义,见 John Freccero,《旋转中的朝圣者》("Pilgrim in a Gyre"),见 John Freccero, *Dante: the Poetics of Conversion*, Harvard University Press, 1988,页 70—92。

无奈的牧人
——莎士比亚笔下的亨利六世

李世祥

> 我是好牧人,好牧人为羊舍命……我是好牧人,我认识我的羊,我的羊也认识我。正如父认识我,我也认识父一样,并且我为羊舍命。
>
> 《约翰福音》10:11—15

牧羊这个行当发源于小亚细亚,据说已有六千多年的历史。在《新约》中,牧人是上帝的一种隐喻。上帝保护照看着凡人,不让灾祸伤害到这些被造物,但人要服从上帝的律令,否则就会受到严厉的惩罚。牧人代表着一种强大慈爱的力量,他要时刻关注着自己的羊群,把它们引到水草葱葱的原野,不让凶狠的狼来袭扰。在世间,代表上帝保护着芸芸众生的,除了耶稣,还有万人之上的君王。在命运的安排下,亨利六世就迷迷糊糊地担负起了照顾众生的牧人角色。作为至高无上的国王,亨利应管制好他的羊群,既要防止狼的掠夺又得避免羊群的内斗。亨利天性温良,谦和柔弱,只适合呆在羊群里,如今却成了牧人。莎士比亚用生动的笔触向读者展示亨利这位牧人如何颠倒了自己与羊群的关系:牧人处处受人控制。格洛斯特、玛格丽特、约克,这些本该俯首听命的人都对他指手划脚,甚至亨利的儿子爱德华都要比他更有男人气概。当君臣、夫妻、父子的关系错位之后,我们听到的只是牧人无奈的叹惜:"渎职的牧羊人见了豺狼就是这样逃跑;软弱的绵羊便是这样先让人家剪掉毛,然后再把脖子伸到屠夫的手下挨刀。罗西乌斯今天要演出一出什么死亡戏?"①

亨利九个月时父亲亨利五世撒手人寰,由格洛斯特公爵(汉弗瑞)担任护国公,辅佐政事。亨利五世算得上是基督教传统中最为尚武的君王,曾在敌我比例四比一的悬殊差距下取得了阿金库尔战役的胜利。可惜天不假年,亨利五世暴病而亡,他的离世拉开了亨利六世人生的序幕。格洛斯特公爵摄政协助亨利治理国家,忠心耿耿,精明强干,一心谋国。或者可以说,自亨利继位后,格洛斯特公爵就是牧人,而亨利则是他所看护的羔羊。温彻斯特主教(波福)开篇在亨利五世的葬礼上与格洛斯特争吵时将此一语道破,"你是护国公,太子、国家都在你掌中"(页 20)。约克也曾说"直等到他们把那位牧羊人——贤德的亲贵汉弗瑞公爵陷害了再说"(页 205)。甚至格洛斯特在遭到权贵们陷害时自己都说"您身边的牧羊人让人这样一顿鞭打,嗷嗷而嗥的豺狼势必拿您第一个下口"(页 225)。亨利还未出场就是乱哄哄一片,权贵们争着想当他的牧人,进而掌控国家。波福背后有教会和教皇的支持,同时还是亨利的叔祖,对于笃信上帝的亨利来说,他的影响不能小觑。面对如此错综复杂的政局,亨利犯了两个致命的错误,一是娶玛格丽特为妻,二是明知格洛斯特清白仍剥夺了他的权力。亨利不听格洛斯特的建议,在萨福克的花言巧语劝说下同意以极其高昂的条件娶玛格丽特,这既为后来王后干政奠定了基础,也初步削弱了护国公的权势。如果说格洛斯特借助的是先王遗托,波福凭靠的是教会,萨福克则是想通过女人来控制亨利。亨利自己的台词说明了他的困惑与懦弱:

> 不知是你的陈词有力,还是由于我年轻不经事,不曾有过被炽热爱情感染的体验,我无法分辨;不过有一点我确知无疑,我感觉到我心中有两种意见尖锐对立,热望和恐惧如此激烈地斗争,弄得

---

① 莎士比亚,《亨利六世》,覃学岚译,辜正坤校,河北教育出版社,2000 年,页 459。[译注]下面有关《亨利六世》的引用只标出中译本页码。

我都没有了理智,乱了方寸(页152)。

对于置身权力中心的君王来说,婚姻不可能纯粹基于感情,婚姻是为了政治,但政治并不是为了婚姻,除非他有为了爱情放弃权力的勇气。真正高明的政治家绝不会是毫无感情的冷血动物,而是能把感情拿捏得恰到好处,从而为政治服务。在《亨利六世》上篇第三幕第一景,波福与格洛斯特的家丁相互混战,亨利先是要求他们立即住手,接着说"格洛斯特叔父,请你制止这场冲突"。这说明亨利对于政局根本谈不上控制力,面对难题只能求助于格洛斯特。但当公爵夫人因女巫事发被捕后,亨利却又自作主张夺了格洛斯特的权杖。权贵们仍不罢休,想置格洛斯特于死地,亨利一方面知道"如果凭良心说,我的亲族格洛斯特决无害朕之心,其清白堪与吃奶的羊羔和驯良的鸽子相比"(页220),另一方面仍让波福、萨福克等人肆意妄为,说"该做什么,不该做什么,你们就看着办吧,权当你们就是本王"(页225)。当格洛斯特被押走时,亨利说自己就像失了小犊的老母牛,哞哞而叫,跑来跑去,向牛犊被掳走的方向张望。其实亨利才是小犊,没了格洛斯特的保护,他已然任人宰割。犯了政治错误的不仅仅是亨利,还有身为护国公的格洛斯特。他对亨利的性格一清二楚,却举措失当,把权贵们一个又一个地推到了对手那边,先是王后,接着是约克,还有沃里克。凯撒曾说苏拉主动放弃独裁官一职在政治上非常幼稚,格洛斯特同样如此。只有权力在手才有可能安定国家,保护亨利和自己,格洛斯特对此似乎一无所知,否则也不至于在政敌的围攻下毫无办法,眼睁睁地束手就擒。在政治视域中,皇权与相权是一对矛盾,两者不可分离又相互提防。君主不可能单枪匹马一个人统治国家,他必须要有其他人辅助,同时辅助者又不能太强势,否则就会威胁到皇权。格洛斯特虽然忠诚不二,但他所处的地位已经让人(包括亨利六世在内)切切实实感受到了压力,身居高位,除了忠诚外,还需要具备更高的理政素质,尤其是对付阴谋者的心量。

　　格洛斯特与亨利反映的是国王与大臣关系的颠倒,格洛斯特成了不称职的牧人,亨利则是更不称职的国王。亨利与玛格丽特表明了另一种关系的错位,男人与女人,丈夫和妻子。玛格丽特起初对亨利充满期望,以为他会像萨福克一样风流倜傥,结果大失所望,说亨利凭其虔诚可以当教皇,还说"这帮人中最没能耐的也比英格兰的王上更威风"(页179)。萨福克奉承玛格丽特说"您自己便可以稳稳地掌握国家的大舵"(页180),玛格丽特通过亨利控制了英格兰,萨福克则可凭借她夺得统治权。与亨利相反,王后对权力有着强烈的欲望,想用权力来弥补自己在财富和出身上的劣势,其初衷不过是压压公爵夫人的傲气和蛮横。人类政治传统往往把女人排除在外,借口之一就是女人气量太小,往往意气用事,以个人好恶来断政事。女权主义兴起后,这一点受到了严厉的批评。玛格丽特加入到政治斗争中最初就是想出口气,这决定了她不会站在亨利或者说整个英格兰的角度来周详考虑。当格洛斯特交出权杖时,玛格丽特得意地说"现在亨利和玛格丽特已是名副其实的王上王后……荣誉之杖既已夺回,就该掌握在亨利手上,因为那才是最最适合掌管它的地方"(页208)。她显然高兴得太早了,丝毫没有设想亨利和她能否真正掌握权力,名义上的权力落到他们手上会出现何种后果,要知道权力在谁的手上,麻烦也就接踵而至。她没有看清真正的威胁来自何处,怂恿亨利进一步削弱护国公的权势,允许萨福克和波福杀死格洛斯特,结果打破了已有的权力平衡,使亨利暴露在冲突的风口浪尖上,最终使约克渔翁得利。玛格丽特信誓旦旦地说,

> 阳光一照冰雪就会消融;我的主公亨利在大事上浑浑然不辨愚忠,善恶不分对谁都滥施恻隐,格洛斯特可怜兮兮的外表骗取了他的同情,恰如淌泪的鳄鱼利用自己的可怜相诱吃菩萨心肠的过路行人一样,又似盘在花丛中的毒蛇借着自己鳞光熠熠的花皮咬伤见其艳丽而误以为它是什么好东西的孩子一样。相信我,诸位,你们若是比我更有见解——在这件事上我觉得自己的见解不错——要想免除其对我们构成的威胁,这个格洛斯特必须迅速予以铲除。(页227)

具有讽刺意味的是,一向懵懂的亨利这次看得倒是非常清楚,玛格丽特只图解恨,没有想到私仇可以化解,而英格兰的公敌在暗中潜伏。王后

接着连走了两步昏棋,一是杀格洛斯特,二是僭越了亨利,授予约克兵权镇压爱尔兰叛变。萨福克面对凯德兴兵这一突发事件冲动地说"嗨,我们的权力乃国王授予,我们决定的事他肯定会同意"(页231)。他的眼里根本没有亨利。

当亨利与约克的冲突公开后,玛格丽特的表现堪称女中丈夫,而亨利倒像是个扭扭捏捏的女人。得知约克反叛时,亨利说"瞧,勃金汉,萨默塞特和王后过来了,快去请她把他藏起来别让约克公爵看见了"。王后马上说"就是一万个约克他也无需躲躲藏藏,完全可以大胆地站出来和他当面对抗"(页298)。玛格丽特之后在与约克的政治斗争中几乎可以说无可挑剔。她能够根据形势采取适宜的举措,颇具政治家的风度。当战争形势不利时,亨利说"我们能逃出上天吗?好玛格丽特,别跑了"。王后气愤地说:

> 你究竟是块什么料?你既懒得打又懒得逃。眼下避一避敌人才是果断明智的防御之道,要想尽可能保全自己,唯一的出路就是逃跑。如果你被捉住,等待我们的只有穷途末路,但如果我们能侥幸脱逃——要不是你的疏忽,是完全可以逃脱的——我们便可逃回伦敦,在那里你是受爱戴的,在那里肯定能很快把目前我们命运上的伤口弥合。(页309)

王后逃跑后重新组织起北方支持亨利的贵族进行反攻,捉住了约克。在杀死他之前,王后有很长的一段台词指责奚落约克。而约克说王后是"裹着女人皮的老虎心"(页343),这可以说是死敌对玛格丽特的"称道"。当亨利面对强敌垂头丧气时,玛格丽特说"主公,请你打起精神来,大敌当前,你这样柔心弱骨只能令部众心灰意冷"(页358)。与爱德华的战事失利后,玛格丽特赶赴法兰西求援,用卑下的姿态和有力的措辞说服路易王发兵援助。当沃里克同时出现时,玛格丽特一眼看出沃里克的用心,对路易王说"路易,你须留神,可不要让这一次结盟和联姻给您带来祸事,落个声名狼藉;因为篡位者虽然能够左右局势于半晌一时,然而天道无私,时间自会扬清激浊荡去渣滓"(页399)。从这段话中,我们能够看出玛格丽特在凶险的政治斗争中日益成熟,言辞更加犀利。劝说失败后,坚忍的王后说"我偏不走,我要用我的言语和泪水——二者都充满了真诚——向路易王揭穿你的诡计和你主子虚伪爱情的嘴脸,因为你和你主子二人都是一丘之貉"(页401—402),这充分体现出这个女人不达目的誓不罢休的决绝和刚毅。沃里克因爱德华另结良缘使他在法王面前蒙羞转而投奔亨利,玛格丽特又表现出政治家的大度,不计前嫌与沃里克结为同盟。亨利被对方再次捉走后,玛格丽特鼓励同伙们说"聪明人吃了亏从不坐着哀哭,而是打起精神,重整旗鼓想法以图弥补……鼓起勇气吧!面对无法回避的事,只知道哭或怕,那只能算是幼稚的软弱"(页449—451)。双方交战玛格丽特败北,爱德华和理查德把太子杀死,玛格丽特昏死了过去,醒来后疯狂地诅咒杀人凶手,只求一死,对艾莱伦斯说:

> 哎哟,反正你发了誓经常也不算数。以往背誓是罪过,而今天背誓是行好。什么?你不肯?那杀人魔王、丑八怪理查德跑到哪里去了?理查德,你在哪里?你不在这里。杀人可是你的拿手好戏;别人请你放血,你向来都是来者不拒。(页457—458)

如果说玛格丽特在剧中最初的表现令人厌恶,那么到了结尾时她赢得的是观众的泪水和尊敬。男人与女人在政治中的分野与其说是以性别作为标准,不如说是以性格来划分。亨利温和、柔弱、犹豫、好发善心,玛格丽特则坚强、硬朗、果断、大度、富有远见;亨利是政治中的女人,玛格丽特却是政治中的男子。政治是对控制权的争夺,是男人的游戏,不过这话要从气质的角度来讲。

情人、儿子、丈夫,玛格丽特在意的亲人先后死去,在《理查德三世》中变得更为阴沉刻薄,语言犀利。她把自己的仇恨化为对理查德恶毒的诅咒,"上帝啊,我求你,毁了他生命的契约,折了他寿限,让我活着的时候,也看到这一天,喊道:'这恶狗死去啦'"。玛格丽特看了太多人间的惨剧,一种空虚幻灭感弥漫其心头。她对王后说:

> 我称呼你,昙花一现的荣耀,称呼你可怜的幻影,画中的王后,无非是扮演我当初的一场春梦,笑吟吟的开场白引出一场大悲剧,把你高高地抬起,好重重地摔下,生一对娇儿,好叫做母亲的一场空。你过去的荣华呢?都成了消逝的梦境!像一名旗手,高举起富贵的锦旗,却成了众矢之的,又随即成泡影。①

玛格丽特的这些话与其说是在嘲笑王后,不如说是对自己心境的辛酸刻画,人生的苦难使她在《理查德三世》中扮演起预言者的角色。

与亨利相比,就连年幼的太子表现得都更像个男人。亨利在议会中面对约克等人的威逼做出让步,把王位继承权转交给了约克,气得克利弗说"这对你的王太子是何等的不公平!⋯你等着在可怕的战争中惨遭败绩,或是苟且偷生遭人不齿和唾弃吧"(页326)。威斯摩兰则叫道,"卑鄙、懦弱、不可救药的亨利⋯⋯别了,胆小怕事、自甘堕落的国王。你的冷血里一点荣誉的火花都没有"(页326)。亨利放弃王位继承权有两个理由,一是对自己的正当性底气不足,二是希望结束内战,让百姓重回和平。我们不能完全把亨利的这一举动归于懦弱自私,亨利这样做有其高尚的动机。不过,让人难以理解的是,常人爱后代胜过爱自己,如果亨利能放弃太子的王位继承权,又为何死命抓住自己的王权呢?玛格丽特的话表达了同样的愤怒,

> 唉,可悲的人,早知你是这样寡情的父亲,我真希望自己待字闺中时就死去,真希望没有认识你,跟你生儿育女!他凭什么就这样被剥夺了继承权?你若是能有像我对他一半的爱心,能体会到我为他所受的生育之苦,像我那样用我的心血哺育过他,人就会宁可当场洒出你宝贵的鲜血也不会让那野蛮公爵做你的继承人,而把你的独生子的继承权剥夺掉。(页328)

亨利请求儿子留下来陪他,太子回答说他要在战场上得胜凯旋后再来

---

① 莎士比亚,《理查德三世》,方平译,河北教育出版社,2000,页173—174。

见他。当亨利王封太子为骑士时,太子又说"我仁慈的父王,请允许我向父王讨旨:我要以王位继承人的身份拔出我的剑,在这场王位之战中奋力拼搏战死不辞"(页358)。太子被俘后坚贞不屈,要求爱德华用臣民的语气和他说话,把一向能说善辩的理查德都驳得恼羞成怒。他说:

> 我知道我的本分,你们全都在为非作歹,荒淫的爱德华,还有你,发假誓的乔治,还有你这丑八怪理查德,你们都给我听着,我比你们高尚,你们不过是一群逆贼,你窃取了我父亲的权利,也窃取了我的。(页455—456)

当父亲懦弱到可以牺牲子女的重大利益时,他实在不能称得上是合格的男人。亨利可能是为了英格兰的和平,天真地以为这样做就可以使国家重新安定,这不过是他的一厢情愿。冥冥中命运像是在玩一个游戏,让勇猛的父亲生出一个孱弱的儿子,接着又让孱弱的父亲生出一个刚毅的儿子,就好像大地上生长的庄稼一样,一茬好一茬差。如何选择继位者,这是古今统治者都不得不面对的难题,无论是在君主制还是在民主制。

  君主与臣僚,丈夫和妻子,父亲与儿子,当这些关系完全颠倒后,国王与百姓的统治秩序彻底被推翻亦是意料中的事了。凯德在约克的指使下起兵造反,想把国家翻新打扮一下。他做的第一件事情就是要重新确定秩序,也就是说调整牧人与羊群的关系,由他自己来当牧人。树立权威的方式也不新鲜,必须称他为摩提默爵爷,否则格杀勿论,以杀人立威自是政治中的一大传统。但凯德的权威并不牢固,克利弗的一番鼓动,民众就离他而去,气得凯德说:

> 这一伙民众简直连最轻的鸡毛都不如,经风这么轻轻一吹就吹得两边倒!一提到亨利五世的名字就能煽动他们干出千百种坏事,甚至可以让他们弃我于不顾。我看出他们交头接耳,大概是想将我逮住。(页286)

不讲信义的凯德希望跟随者能忠诚，小人品性的领导倒盼着手下个个是君子，世间的事情有时真是让人搞不懂。虔敬的亨利在猎场被抓时发出了同凯德一样的感慨，并且用了相同的比喻：

> 瞧，正如我把这根羽毛从我面前吹走，风儿又把它吹回到我的面前一样，我吹气的时候它就顺从我吹出的气流，另一股风刮起时它又顺从于另一股风，总是哪一股风大它就听哪一股风摆布，你们这些平头百姓也正是这样的轻浮。不过你们不可毁誓，我这温和的请求，不至于令你们犯下背弃誓言的罪过。随便你们想去哪里，国王我无不从命，权当你们是国王：下令吧，我一定服从。（页384）

把羽毛一样的民众当作自己的国王，这话从亨利口中说出，实在荒唐可笑。当把凯德的话与亨利的话摆在一起的时候，我们可能得出一个冰冷的结论：人性是恶的，它漂浮不定，贪婪势利，毫无道德可言。这样的人性只会让上帝变得暴烈易怒，《旧约》而非《新约》的上帝更适合这个种群，更能让人心生敬畏。理由是敬畏是人类社会必需的一种要素，一旦缺失，灾难便接踵而至。国王成了子民，子民当上了国王，当神所规定的世间秩序完全倾覆后，神与人的关系也会随之瓦解，神失去了它的权威，人的欲望就会取而代之。软弱但虔敬的亨利离欲望膨胀且毫无敬畏的理查德三世其实只有一步之遥。

为取得王位，理查德先是杀死自己的三哥克拉伦斯公爵，娶了他的嫂子安妮夫人，然后除掉侍从大人黑斯丁、两位小王子和另外两个侄子。从理查德对上帝和圣经的态度中，我们已经看不出丝毫的虔敬和真诚，"我偏是叹口气，搬出一两句《圣经》，只说是上帝的告诫：要以德报怨。这样，从圣书中我偷来了一鳞半爪，掩盖了赤裸裸的奸诈——我的真相。我俨然是圣徒，却干着魔鬼的勾当。"①亨利宽厚软弱，临死前却对理查德进行恶毒的诅咒，其中最重要的原因可能是对理查德亵渎

---

① 莎士比亚，《理查德三世》，前揭，页62。

上帝的愤怒：

> 我可以这样预言：虽千千万万的人现在还丝毫不相信我所担心的事情,可不久就将有许多老人因为儿子夭折而哀号,许多孤儿因为父母死于非命而双眼噙泪、泣不成声,都要诅咒当初你出生的那个时辰。你出世之时枭鸟尖叫就是个恶兆；夜鸦乱噪,预示着厄运即将降临；群狗嗥叫,狂飙将大片树木刮倒；乌鸦蹲在烟囱顶上,叽叽哇哇的；山鹊发出凄厉而不和谐的聒噪声；你娘生你时吃了超出一般的临盆之苦,没想到生下来的却远非做娘的所希望看到的东西：一团奇形怪状的肉疙瘩,简直就不像是一棵好树上结出的果子。你呱呱坠地时嘴里就已经长满了牙齿,这表明你来到这个世界上就是要咬人。(页461)

理查德没有让亨利把话说完就刺死了他,反讽说像亨利这么高尚的人血液应该向上升,想不到也是流到地下。理查德确认亨利所言句句属实,他出生时两条腿先落的地,嘴里长满了牙,老天爷把他的身体和心灵都弄得丑陋不堪。理查德心中没有爱,也根本不相信爱,"须发斑白的老人管着神圣的爱,在彼此长相相似的人们之间也许存在,可与我无缘：我就是个独来独往的人"(页462)。

最后,牧人的隐喻色彩全部褪去,只剩下其原初的本义：做真正的牧人,照看真正的羊群。亨利面对如此悲苦的世界,只希望去做个牧人,"上帝啊！在我看来,幸福的生活莫过于做一个敦厚朴实的牧羊人。坐在山丘之上,就像我现在这样,一度一度地精心雕刻出一些日晷,观看光阴如何一分一分地流逝"(页368)。亨利觉得牧羊人的粗饭淡酒要比国王的山珍海味还要吸引人,那才是"多么好的生活！多甜蜜！多美妙！"(页369)。亨利笃信上帝,生性恬淡。人们不禁要问的是,对于如此破败的结局,谁该负责？英格兰陷入刀兵是由于基督教对君主的教育,使他们崇尚和平、压抑自我、谦卑敬神,还是因为亨利六世天性使然,英格兰注定要因这位孱弱的国王经受数不尽的苦难？如果说基督教思想要负责的话,为何亨利五世又是基督教世界中最为勇猛的君王?①奥古斯丁在《上帝之城》卷四章十五的标题是"好人是否应该希望王国辽远",他把战争分为正义与不义,但对战争的整体评价是负面的,对于标题的答复也相当消极。在探讨基督君主的教育时,伊拉斯谟也指出即便最正义的战争也会伴随着一系列的邪恶,好的君主应该寻求一种无须流血、任何人不受伤害的荣耀。"我只想劝诫那些担着基督徒名号的君主们,抛开一切捏造出来的声言和站不住脚的借口,严肃认真、全心全意地致力于终结基督徒中这种旷日持久、极其可怖的战争狂热,在那些由那么多共同利益统合在一起的人当中确立和平与和睦。"②伊拉斯斯漠暗示他反对的是基督徒之间的战争,而不是基督徒与异教徒的战争。即便基督教存在一种反战的思绪,我们也不可贸然说亨利六世就是基督教教育的产物,要知道,《圣经》中还有一段大卫王关于牧人的诗行:

> 耶和华是我的牧者,
> 我必不至缺乏。
> 他使我躺卧在青草地上,
> 领我在可安歇的水边;
> 他使我的灵魂苏醒,为自己的名引导我走义路。
>
> (《圣经·诗篇》23:1—3)

---

① 参见《摩西、大卫和亨利五世》,刊于 *Shakespeare and the Bible*, by Steven Marx, Oxford University Press, 2000,页40—58。
② 伊拉斯谟,《论基督君主的教育》,李康译,上海人民出版社,2003,页169。

洛克、平等与"我们"
——沃尔德伦《上帝、洛克与平等》一书的启迪

赵雪纲

一

一百八十年前,托克维尔在自己撰写的记叙和颂扬美国民主的旷世名著中,一开始就说,"我在合众国逗留期间见到一些新鲜事物,其中最引我注意的,莫过于身份平等"。而且,"随着我研究美国社会的逐步深入,我益发认为身份平等是一件根本大事,而所有的个别事物则好像都是由它产生的,所以我总把它视为我的整个考察的集中点"。① 因此,考察美国的民主而以关注美国的身份平等开始,托克维尔真可谓慧眼独具,因为现代民主制度真正的、甚至可以说全部的根基,就建基于人的身份平等这一观念之上。尽管托克维尔说,"我的希望,是从美国找到我们可资借鉴的教训",而"谁要认为我想"为身份平等、为美国的民主"写一篇颂词,那将是大错而特错",②但是,他又说了,"身份平等的逐渐发展,是事所必至,天意使然。这种发展具有的主要特征是:它是普遍的和持久的,它每时每刻都能摆脱人力的阻挠,所有的事和所有

---

① 托克维尔,《论美国的民主》,董果良译,北京:商务印书馆,1988,页4。
② 同上,页16。

的人都在帮助它前进"。① 接着,托克维尔情绪颇为激动地宣告:"以为一个源远流长的社会运动能被一代人的努力所阻止,岂非愚蠢! 认为已经推翻封建制度和打倒国王的民主会在资产者和有钱人面前退却,岂非异想! 在民主已经成长得如此强大,而其敌对者已经变得如此软弱的今天,民主岂能止步不前!"②在这里,托克维尔将民主看成了世界——至少是当时的基督教世界——之不可阻挡的大势,而且认为民主制度的观念基础就在于身份平等。甚至就连现代世界竭力以求的自由这一价值,其地位也要低于平等,也就是说,平等还是自由的前提呢:"在大部分现代国家,尤其是在欧洲的所有国家,对于自由的爱好和观念,只是在人们的身份开始趋于平等的时候,才开始产生和发展起来的,并且是作为这种平等的结果而出现的……因此,当自由还只是人们的一种想法和爱好的时候,平等已经深入到人们的习惯,控制了民情,使生活的每一细小行动都具有了追求平等的倾向。因此,我们这个时代的人把平等置于自由之上,又有什么值得惊奇的呢?"③因此"我认为,民主国家的人民"固然喜爱自由,追求自由,"但是,他们追求平等的激情更为热烈,没有止境,更为持久,难以遏止。他们希望在自由之中享受平等,在不能如此的时候,也愿意在奴役之中享用平等"。④ 在本书结尾之时,托克维尔想的还是平等之事:"现代的各国将不能在国内使身份不平等了。但是,平等将导致奴役还是导致自由,导致文明还是导致野蛮,导致繁荣还是导致贫困,这就全靠各国自己了。"⑤

既然身份平等是现代国家、现代社会的根本基础,那么,这种身份平等的根基又是什么? 在回答这个问题时,不知是真是假,托克维尔竟然将之归于上帝意志的体现:

> 不必上帝自己说,我们就能看到祂的意志的某些征兆……

---

① 托克维尔,《论美国的民主》,前揭,页7。
② 同上,页7。
③ 同上,页623—624。
④ 同上,页623—624。
⑤ 同上,页885。

如果说我们今天的人通过长期的观察和认真的思考，知道平等的逐渐向前发展既是人类历史的过去又是人类历史的未来，那么，单是这一发现本身就会赋予这一发展以至高无上的上帝的神启性质。因此，企图阻止民主就是抗拒上帝的意志，各个民族只有顺应上苍给他们安排的社会情况。①

　　托克维尔看到，当民主制度在美国取得胜利之后，我们必须认识到，身份平等的意识和观念才是民主制度的基础。因此，若欲理解作为现代世界几乎唯一最佳政制选择的民主制度，就必须首先认真对待平等问题——平等到底是什么？平等的基础何在？

二

　　洛克是现代政治哲学之父，尤其是美国政治哲学之父，如果说有一种美国式政治哲学的话。现代政治哲学的许多基本观念——自由、平等、人权，以及奠基于"同意"基础之上的现代民主政制，都是由洛克这个主要生活于十七世纪的西洋人创发的，或至少是由洛克率先作出论述并进而才为后人逐渐接受的。在这个意义上，不管今日西洋的主流政治哲学有多少变种，其根源大概皆出于洛克的政治哲学，因此，洛克就是今日西洋人——尤其英美人——自己的政治哲学家。如果我们根据托克维尔的说法，认为民主政制的根基在于人的身份平等，那么，关于现代民主政制的这个平等根基，洛克说过什么话呢？

　　要回答这个问题，恐怕我们就要感到困惑了。洛克不仅没有像后来的卢梭那样著有专门论述平等问题的大作，而且我们很难在洛克的著作中找到对平等问题的专门论述甚或明确主张。那么，在何种意义上，洛克可以成为现代政治哲学、也就是现代民主政制的理论之父？进而，也可以说，他在何种意义上可以成为现代平等观念之父？我们不妨先来看看，洛克是在什么样的情况下，才只是简略地提

---

① 托克维尔，《论美国的民主》，前揭，页8。

到平等问题的:

> 为了正确地了解政治权力,并追溯它的起源,我们必须考究人类原来自然地处在什么状态。那是一种完备无缺的自由状态……
> 这也是一种平等的状态,在这种状态中,一切权力和管辖权都是相互的,没有一个人享有多于别人的权力。极为明显,同种和同等的人们既毫无差别地生来就享有自然的一切同样的有利条件,能够运用相同的身心能力,就应该人人平等,不存在从属或受制关系,除非他们全体的主宰以某种方式昭示他的意志,将一人置于另一人之上,并以明确的委任赋予他以不容怀疑的统辖权和主权。①

也就是说,洛克只是在《政府论下篇》中谈论自然状态时,才粗略论述过平等问题。这种论述的意思是说,在自然状态中,人们本来既是自由的,也是平等的。但是,对于人们在自然状态中为什么是平等的,洛克却并未申论,而只是说,"极为明显,同种和同等的人们(creatures of the same species and rank)既毫无差别地生来就享有自然的一切同样的有利条件(all the same advantages of nature),能够运用相同的身心能力(the use of the same faculties),就应该人人平等……"。人类可以说是"同种",可是,人类在什么意义上是"同等"的呢?人类在自然状态中可以说"享有自然的一切同样的有利条件",可是,人类在什么意义上是能够运用相同身心能力的呢?这些说法,怎么就"极为明显"了呢?对于这样的问题,洛克并没有给出答案。

接下来,洛克就引证了那位政治正确的"明智的胡克尔"的说法,因为胡克尔认为,"人类基于自然的平等是既明显又不容置疑的",尽管胡克尔是把这种自然平等当作"人类互爱义务的基础,并在这个基础之上建立人们相互之间应有的种种义务,从而引申出正义和仁爱的重要准则"的。②

---

① 洛克,《政府论下篇》,叶启芳、瞿菊农译,北京:商务印书馆,1963,页5。
② 同上,页5。

因此，在洛克于论述自然状态的时候泛泛提出人类平等观念时，他并未作出论证，而实际上只是作了一种宣告。可是，对于"平等"这样一个如此重大的问题，甚至可以说是他自己整个政治哲学之基础的问题，洛克竟然能够就以这样三两个假设性的、仅凭感觉所作的判断作为前提而草草打发？

显然不应该是这样。为什么呢？因为洛克紧接着就说了这样一段话：

> 虽然这是自由的状态，却不是放任的状态。……自然状态有一种为人人所应遵守的自然法对它起着支配作用；而理性，也就是自然法，教导着有意遵从理性的全人类：人们既然都是平等和独立的，任何人就不得侵害他人的生命、健康、自由或财产。因为既然人们都是全能和无限智慧的创世主的创造物，既然都是唯一的最高主宰的仆人，奉他的命令来到这个世界，从事于他的事务，他们就是他的财产，是他的创造物，他要他们存在多久就存在多久，而不由他们彼此之间作主；我们既赋有同样的能力（like faculties），在同一自然社会内共享一切，就不能设想我们之间有任何从属关系，可使我们有权彼此毁灭，好像我们生来是为彼此利用的，如同低等动物生来是供我们利用一样。①

在这段话中，洛克在某种程度上又收回了前文关于"人类在自然状态中是自由和平等的"这一表达。这种收回的表达，同时也是在进一步解释说明，人类在自然状态中的自由，是什么意义上的自由，而人类在自然状态中的平等，其根源又在哪里。

沃尔德伦的问题，就是从这里开始的。也就是说，尽管洛克认为，人类在自然状态下是自由的、平等的，但这一点却并不是一个无条件的主张。进一步说就是，洛克在论述现代自由民主政制的正当性时，认识到首先必须要奠定人人平等这一基本前提，但是，洛克知道，这一

---

① 洛克，《政府论下篇》，前揭，页6。

前提的确立,却不仅仅是宣告在自然状态下人人平等能够做到的。洛克还进一步认识到,人人平等观念的确立,还需要有更深厚的基础。因为,至少就平等问题而言,根据我们能够亲历的经验,人与人之间明显是不平等的。而且,在17世纪的背景中,洛克直接面临着否定平等的强大敌手——这些强大的敌手,可差不多都是以神学的前提来论证不平等的——以及"构筑于其上的现实政治制度。……洛克认为绝无可能绕过这类否定"。① 因此,在沃尔德伦看来,洛克之所以把对平等至关重要的神学前提——"人们都是全能和无限智慧的创世主的创造物"——引入进来,既是平等理论自身的需要,也是洛克回应自己身处的理论和现实语境的根本要求。沃尔德伦说,"洛克对基本平等赋予了一个原则能够具有的最强有力的基础:它是一条神学公理,甚或可被理解为上帝造人之社会和政治意义所体现的上帝之道的最重要的真理"。② 这一点,也正是沃尔德伦要详加申论的主要问题。而这一问题,在当今世俗主义的自由主义意识形态和平等观念那里,似乎已然根本没有必要了。

三

然而,沃尔德伦这样来讲述洛克的平等观念和政治哲学,既颇富思想刺激,同时却又是不无危险的。

当洛克的政治哲学已经成为现代西洋世界的政治常识之后,西洋现代的政治哲学家们,对于这种政治哲学,无论是照着讲还是接着讲,都由于他们生活于这种政治哲学的笼罩之下而很难再有根本性的创见了。甚至,他们根本就没有能力再去反思洛克思想方方面面的问题了——尽管似乎一直有人企图要做这样的事情。更何况,他们绝大多数人或许根本就不想去反思、不想去批判呢!因为反思洛克、尤其是批判洛克,存在两种不便或者危险:一是洛克思想本身的

---

① Jeremy Waldron, *God, Locke and Equality: Christian Foundations of Locke's Political Thought*, Cambridge University Press, 2002, pp. 4—5.
② 同上,页6。

表达颇为系统,人们很难找到漏洞去投枪掷刀;二是洛克在现代政治上极为"政治"正确,这位洛克可是现代西洋人引以为傲的主要政治理念甚至许多具体政治制度的缔造者。不管谁要反思批判洛克,都有可能被目为居心不良——难道你是要反思批判自由、平等、人权等这些基本的现代政治价值,以及以这些价值为基础的现代民主政制么?

就洛克思想的表达颇为系统这一点而言,有人可能要说了,近代思想家们的思想表达颇为系统的,难道只有洛克一个? 近代早期的那些启蒙大师们,哪个不是从最基本的知觉、情感、认识、人性等等这些最基本的东西开始,进而推到数学、物理、语言、经济等等这些科学,进而再推到政治学、道德学、宗教学、教育学等等高级学问? 有不少启蒙大师,其思想的系统性,或竟远远超过洛克呢! 譬如说吧,霍布斯就是其中的一位! 霍布斯就自认为把政治最本质的东西——激情——都找到了,而且作了系统论述,①可是,我们对霍布斯还不是可以进行批判地研究? 这个问题确实不好回答。在颇费了一番脑筋之后,有人认为,或许正是因为霍布斯对政治根基的探问比洛克更加深入,并得出了如此显明确切的结论,才让别人觉得有懈可击了。比如说,人们就可以质问,激情怎么能够成为政治的基础? 激情若成为政治的基础,那岂不会让政治乱了套? 政治理想又怎么办? 也正是在这类问题上,要想找到洛克的漏洞,可不那么容易,因为洛克在谈到这类话题时,论述常常是云山雾罩,立场常常是模棱两可。并且,在可能是心忧天下的情怀中,洛克还抱着宏愿为政府设定了明确的基本理想,即保护人民的生命、自由和财产安全(《独立宣言》将对这些东西的追求都变成了人们的自然权利,而且还把追求"财产"的权利变成了追求"幸福"的权利,因此或许连追求"精神幸福"也都包括进来了,这是多么高尚的追求!),因此,洛克的政治哲学表述,似乎既颇合人情人性因而颇让现代人满意,又未完全脱离古代传统对政府功能的定位方式。故而,想要反思批判洛克,何以

---

① 参见霍布斯,《利维坦》,第十四章,"论第一与第二自然律以及契约法",黎思复、黎廷弼译,商务印书馆,1985。

识之？何由考之？①

　　就洛克在今日西洋的高度政治正确这一点来说，反思和批判洛克就更是艰难之至了——不仅要有大智，还得要有大勇呢！如果要反思洛克思想，尤其是批判其政治哲学，你就得站在自由、平等、权利等等这些由洛克开创的基本价值的基础上来开展这一工作。你可以补充洛克言所未尽者，但绝不能说洛克倡导的这些基本价值有什么问题。若果真有人胆敢反思甚至批判这些基本价值，那可就大大犯忌了。因此，西方世界尤其英语世界几乎所有的洛克研究，其实一直是在对洛克做修修补补的工作，并继续帮着洛克指摘洛克所指摘的人物和观念，以便不断强调洛克的政治正确——也就是强调他们现代西洋世界的政治正确。在这个意义上，沃尔德伦也许并未脱此窠臼。20世纪60年代以洛克研究成名的老牌剑桥人邓恩（John Dunn）说，沃尔德伦此书开辟了两条战线，一条针对剑桥学派的思想史研究法，另一条针对美国当代的洛克研究——也就是美国当代世俗主义的自由主义政治哲学。② 好像沃尔德伦对他们都不太满意。但是在我看来，在洛克的政治正确这一问题上，沃尔德伦似乎与这两条战线上的对手都殊途同归了——或许沃尔德伦还有过之而无不及呢！那么，沃尔德伦的这部著作为何还产生了如此巨大的影响？

---

① 西洋人反思洛克、尤其是批判洛克，绝非如反思和批判更加激进的霍布斯和斯宾诺莎那么容易。特别是，由于基督教在当今西洋世界尤其是当今美国还绝不能说已经并不重要，因此批判霍布斯、斯宾诺莎这样的人物——他们对宗教尤其基督教的攻讦、谩骂和釜底抽薪式的批判，即便在今日看起来也实在是"是可忍，孰不可忍"的——仍是政治正确的。但洛克却不是这样，洛克固然并未为宗教特别是基督教大唱赞歌，但也很难说洛克视基督教如仇雠，基督教在洛克那里甚至还显得有点温情脉脉，而且极为合于理性（reasonableness）。因此，谁要是真有能耐把洛克的"宗教批判"批判了，谁就可以把现代自由主义政治哲学真正搞倒了！在此意义上，施特劳斯于20世纪50年代所做的工作，至今仍然无人能出其右。但是，即使施特劳斯的洛克批判极为成功，但他在洛克政治哲学的神学基础这一问题上，也没有写出、恐怕也不大可能写出类似《霍布斯的宗教批判》、《斯宾诺莎的宗教批判》这样的著作。参见施特劳斯，《自然权利与历史》，彭刚译，北京：三联书店，2003；《霍布斯的宗教批判》，杨丽等译，华夏出版社，2012；《斯宾诺莎的宗教批判》，李永晶译，华夏出版社，2013。

② John Dunn, "What History Can Show: Jeremy Waldron's Reading of Locke's Christian Politics", *The Review of Politics*, Volume 67, 2005, pp. 433—450.

四

洛克生活在三百多年前的英国。在那个时代，西洋正统的古代政治思想，差不多是以基督教思想家的政治哲学和基督教的政制设计为其代表的，然而，彼时基督教的内圣外王之道，已是"暗而不明，郁而不发"（《庄子·天下》，下同），而"天下之人"也已是"各为其所欲焉以自为方"了。在这样一个"道术将为天下裂"的时代，当时的新人对"古人之大体"，对古代政教传统，几乎无不尽操戈入室之能事——霍布斯就是一个典型。然而，洛克作为当时的一个"新人"，在这一点上表现得却比较模糊，态度很不明朗。尤其是在基督教这个至关重要的问题上——说其至关重要，实在是因为它与现代政治哲学有着剪不断、理还乱的复杂关系——你说洛克是赞扬？还是批判？无论怎么说似乎都不合适。说他是赞扬吧，他批判了基督教的很多东西——比如说在基督徒的标准到底应该是什么这一点上；①说他是批判吧，他又赞扬了基督教的很多东西——比如他就说只有基督教才是"真宗教"。② 更让人难以捉摸的是，洛克在他的政治理论中阐释的很多基本原理，据他自己说都是根据圣经得来的。这真真假假，谁人搞得清楚？因此，不管当时的人还是今天的人，研读洛克的著作都常常会觉得如坠五里雾中。今日的英语世界，无论是在撰写著作还是在课堂讲授之时，大叹洛克著作"啰里啰嗦、单调沉闷（boring）"的大有人在。这是为何？难道洛克故意作了这五里之雾？若是，他作这云雾，又是为了什么？是洛克认为霍布斯会犯操刀伤锦之险？还是他认为基督教这个尚有些许古典气质的代表，仍有可取之处？

这三百年来，尤其是这一百年来，西洋人对洛克政治哲学与基督教

---

① 参见洛克，《基督教的合理性》，王爱菊译，武汉大学出版社，2006。也正因此，洛克才被当时的许多人目为自然神论者，而"自然神论"这一概念，至少在洛克的时代，几乎是与"无神论"同义的。参见 Samuel Gring Hefelbower, *The Relation of John Locke to English Deism*, University of Chicago Press, 1918。

② 参见洛克，《论宗教宽容》，吴云贵译，商务印书馆，1982。

思想之关系这个问题的理解，大体有两条思路：一是认为，基督教神学背景对洛克的政治理论不可或缺；一是认为，洛克只是在装神弄鬼，实际上他巴不得一个世俗主义的世界快快到来呢！持前一论点者又分两种，一是认为由于基督教神学是洛克政治理论不可或缺的前提，因而洛克的理论就通过基督教神学而与古典思想颇有暗合之处，甚或古典思想中亦含了洛克思想中的诸多基本要素，故此现代政治哲学亦不能摆脱其基督教神学前提，而所谓世俗化政治理论及其指导下的世俗化政治实践，因此就在这一点上迷失了方向。二是认为，尽管洛克的政治理论是以基督教神学为前提的——而且在洛克那里必须以基督教神学为前提，但始于此并非一定要终于此，故由洛克政治理论规划的现代世界，完全可以摆脱基督教的神学前提（甚或根本必须摆脱基督教的神学前提），以便可以进一步向全世界扩而展之，而现代政治理论和现代世界，只从洛克始于基督教神学前提的论证结果（这些人认为就是世俗主义的自由主义）开始就够了——基督教神学这个小桥儿，在今人过河之后完全可以拆掉。职是之故，洛克关于基督教神学所作的种种论述，与今日的政治哲学毫不相干。①

沃尔德伦认为，如果做了这件儿过河拆桥的事，那么今日的政治哲学就真的完了。在沃尔德伦看来，不仅洛克在阐释他自己的政治理论和政治价值时（特别是在阐述平等这一价值时），基督教神学的前提必不可少，而且这个前提对今日西洋人的政治哲学而言，也同样不可或缺，同样至关紧要。因此，像邓恩那样仅对基督教神学在洛克自己思想中的地位作一番历史考察，远远不够——甚至仅仅对这一问题作一番思想史的考察，就已然表明是想在今日世界把洛克政治哲学中的基督教神学前提统统抹去。很多人都看到——沃尔德伦更看到了——20世纪以来的洛克研究逐渐开始关注洛克政治理论的基督教神学前提，

---

① 在沃尔德伦看来，当今西洋尤其英美政治哲学关于平等观念的论述，差不多就是持这种观点的，因此才只重视作为政策目标的平等，而不再考虑和反思作为现代政治哲学根本前提的"基本平等"(basic equality)到底在什么意义上才能确立起来。参见 Jeremy Waldron, *God, Locke and Equality: Christian Foundations of Locke's Political Thought*, Cambridge University Press, 2002，页1—4。

但似乎只有沃尔德伦看到了，这样的研究并不一定会导致基督教神学前提对现代政治价值不可或缺这一结论。换言之，在沃尔德伦看来，无论剑桥派对洛克所作的思想史研究，还是今日以继承和阐发洛克政治哲学为己任的当代政治哲学，都没有也不想去真正认识基督教神学前提对于现代政治价值所具有的极端重要的意义。沃尔德伦要做的事情，就是试图让今人看到这两者之间的必然联系。

问题是，让今人看到其间的必然联系有何意义？洛克自己——至少从表面看来——不就已经让他的同时代人和今人看到这种联系了么？他的著作似乎明摆着就是这样啊！是这样吗？洛克为其政治理论奠下基督教的神学基础，到底是怕后人只记得世俗的幸福而忘了精神的追求，因而忧心世人只记得世俗幸福反有可能导致不幸？还是洛克本就认为基督教神学对他自己的政治理论来说其实可有可无，而只不过为了自身的安全，他才给自己的政治理论戴了一顶神学的帽子？沃尔德伦呢？他是已然看到了世俗主义的自由民主政制的种种恶果，而在强调必须用基督教神学来拯救现代人出离这个火坑，而要做到这一点，就必须重新回到洛克政治理论的神学前提或宗教基础，以便告诉今人，咱们先人的政治理论，可不能没有基督教神学基础的支撑，而今人的政治理论和政治实践，更是如此？还是沃尔德伦有别的什么考虑？

从沃尔德伦在本书中一再申明的主题来看，他强调的是"洛克与我们（西洋人）"的关系，这表明洛克还活生生地活在西洋人当中，而且还要继续活下去。沃尔德伦尤其强调的是，洛克政治理论的似乎早已被抛弃的神学前提，还应该、也必须继续在西洋人今日的政治理论当中存活下去。这种研究方法、这种眼光，确实非常了得。因为即便是今日西洋人的思想史研究，似乎也并不大关注历史思想与今日境况之间的关系，而当代的政治理论研究，似乎又主要只是借助历史思想来阐释当代思想家自己的观念。他们都未能把历史人物的思想——即便像洛克这样的一直活在"我们"心中的历史人物的思想——活生生地与"我们"联系在一起。在沃尔德伦看来，这些"不该不遍"的"一曲之士"（《庄子·天下》，下同），还有一个通病——"皆以其有为不可加矣"，因此，这样的人，这样的方法，让人不叹"悲夫"也难……难道在沃尔德伦看来，重申洛克政治哲学的基督教神学前提,并将之与"我们的"政治哲学联系起来,才能"得见天地之纯,古人之大体"？否则即便"其书五车",也只能是"其道舛驳,其言也不中"？

邓恩老先生说,沃尔德伦的洛克研究,在将剑桥学派和美国当代自由主义政治哲学作为对手时,不期然而让施特劳斯及其传人的洛克研究,成了坐收渔翁之利的第三者。① 但是,对于这一说法,专攻洛克的施特劳斯弟子朱克特似乎并不领情。② 而且,沃尔德伦以神学前提来解释洛克政治哲学尤其是平等观念的研究方法,似乎也与施特劳斯派关于洛克政治哲学之神学前提的解释路径并不一致。③ 因此,我伤透了脑筋也没有想明白,邓恩这样说到底是什么意思。沃尔德伦在他的书中并未多提施特劳斯的洛克研究,难道沃尔德伦的洛克研究,从某种意义上说是在与施特劳斯派的洛克研究暗通款曲？如果是,那么这个"某种意义",到底是什么意思？

五

其实,在确立了人类在自然状态中的平等,并甚至为之设定了基本的创造论神学前提之后,洛克并非没有意识到人与人在身心能力上天生就有极大的差异,因为他在后来又说：

> 虽然我在前面说过（第二章）,所有的人生来都是平等的,却不能认为我所说的包括所有的各种各样的平等。年龄或德行可以给一些人以正当的优先地位。高超的才能和特长可以使另一些人位于一般水平之上。出生可以使一些人,关系或利益使另一些人,尊

---

① John Dunn, "What History Can Show: Jeremy Waldron's Reading of Locke's Christian Politics",前揭,页433—450。
② Michael P. Zuckert, Locke—Religion—Equality, *The Review of Politics*, Volume 67, 2005, pp 419—431.
③ 参见施特劳斯,《自然权利与历史》,第五章B部分,"洛克";另参 Thomas Pangle, *The Spirit of Modern Republicanism*, Chicago: University of Chicago Press, 1988,页129及以下。

敬那些由于自然、恩义或其他方面的原因应予尊敬的人们。不过，凡此种种都是与所有人们现在所处的有关管辖或统治的主从方面的平等相一致的。这就是与本文有关的那种平等，即每一个人对其天然的自由所享有的平等权利，不受制于其他任何人的意志或权威。①

因此，这种人与人之间的天生不平等，以及他所看到的男女之间、孩童与父母之间在身心能力上的不平等，在洛克看来并不违背他自己主张的人与人在权利资格上的平等。而这种资格上的平等，在沃尔德伦看来，就必须要由基督教的神学前提来为之奠基了，并且沃尔德伦也认为，洛克就是这样做的，并且洛克这样做，对洛克的政治哲学来说也具有奠基性的意义。

在这一点上，曾经以论述平等问题驰名的卢梭，与洛克的基本观点是一致的。在《论人类不平等的起源和基础》一书中，卢梭一开始就说：

> 我认为在人类中有两种不平等：一种，我把他叫作自然的或生理上的不平等，因为它是基于自然，由年龄、健康、体力以及智慧或心灵的性质的不同而产生的；另一种可以称为精神上的或政治上的不平等，因为它是起因于一种协议，由于人们的同意而设定的，或者至少是它的存在为大家所认可的。②

也就是说，卢梭认为，人天生在自然上是不平等的，但是，这种自然的不平等，在卢梭的论证过程中，变得不再重要，无妨于人人平等的社会政治制度之正当性。然而，尽管在现代政治哲学史上，卢梭因为曾经专门论述过平等而在这个问题上比洛克更享盛名，但是，就立论的旨趣和论证方式而言，卢梭并不见得比洛克更其高明，因为，卢梭"坚决不利用宗教的或形而上学的种种理论来帮助他阐明他的社会发生的学说。

---

① 洛克,《政府论下篇》,第54段,前揭,页34。
② 卢梭,《论人类不平等的起源和基础》,李常山译,商务印书馆,1962,页43。

社会和国家产生的最终原因,同时也是不平等产生的直接根源,是完全尘世的和极其现实的:私有财产的占有"。① 这就使得卢梭所主张的平等,缺乏了洛克式平等观念的巨大力量。

可能也正是因为如此,沃尔德伦在自己讨论"平等"这一现代重大政治哲学问题的时候,才并未关注在这个问题上发声最响的卢梭。由此看来,沃尔德伦对现代政治哲学中的平等这一问题的基本判断就是,洛克虽然并未专门著书探讨平等问题,可这并不妨碍他作为现代政治哲学平等理念奠基者的身份。沃尔德伦甚至还可能进一步认为,其他的一切现代政治哲学理念,其实无不根源于平等观念,因此平等问题才是现代政治哲学最为根本的问题,而尽管洛克并未将平等问题专门单列出来加以论述,但他却深知平等在所有现代政治哲学价值中的奠基性地位。

如果是这样的话,沃尔德伦很可能真是把握到了现代政治哲学的命脉。更要紧的是,在把握到现代政治哲学的这个命脉之后,沃尔德伦是如何对今人来讲的。换言之,沃尔德伦很可能是深深意识到了作为现代政治哲学核心的平等观念所带来的理论和实践后果:民主世界中的价值相对化,以及人人平等所导致的高贵德性的败坏。这不是沃尔德伦所希望的世界,而且他很可能也认为,这也不应当是洛克所希望的世界。沃尔德伦要做的,就是把洛克解释成一个非世俗主义的自由主义者,进而指明这个自称宗奉洛克思想的现代世界,其实并不是洛克所希望的那个世界。因此,沃尔德伦之号召我们回到洛克,其实是号召我们在一个已然实现了平等的世界之中,能够反思我们的平等,能够意识到我们的平等是有一个确定不移的神学基础的。或许在沃尔德伦看来,一个世俗主义的自由主义世界,必然是要败坏的。而败坏的原因,就是我们忘记了这个世界、这个平等的世界的基本前提——由于人类都是上帝所造,我们才都是互相平等的。如果不是因为这个,则我们满眼所见的,全都是不平等,而且进一步,我们还可以根据这种不平等来

---

① 彼得·哥尔达美尔,《介绍卢梭〈论人类不平等的起源和基础〉》,梅溪译,载卢梭,《论人类不平等的起源和基础》,前揭,页110—111。

行大事——来安排政治法律制度。因此，一种没有神学基础的所谓平等所造成的结果，不是不平等，就是价值的全面、彻底的相对化，甚至虚无主义。就此而言，作为一个法学家的沃尔德伦，殚精竭虑去发掘现代政治哲学已被深埋的另一种可能的基础，真可谓苦心孤诣。

六

我们大约可以知道，当托克维尔在一百八十年前考察美国的民主政制和身份平等时，是怀了一种对民主和平等亦喜亦惧的复杂心情的。当托克维尔把民主和平等在基督教世界的几乎是无往不胜的进展说成是上帝意志的征兆时，很可能就体现了他的这种心情。设若托克维尔能够看到平等观念和民主政制在 20 世纪的普世性推进，则不知他更将作何感想。

宗奉洛克式现代民主政制理论的西洋世界，尤其是英美世界，如今越来越显示出这种理论的诸多问题和困难。我们仿佛可以看到，在实践结果上，宗奉哪怕似乎包含了神学前提的洛克式自由主义，似乎最终也会走向纯粹世俗主义的自由主义。然而，以美国为代表的这类自由主义者们，以及由这类自由主义者们所设计的政治法律制度，仍然还可以坚持说自己走的是洛克主义的道路。这或许正是因为，对于洛克的政治哲学，可以有不同的、甚至完全相反的解释。沃尔德伦所做的工作之意义就在于，他要在一个已然全面世俗化但又声称宗奉洛克主义的世界里，重新发掘、论证洛克政治哲学的基督教基础，并将之与世俗主义的自由主义的时代问题联系起来，试图以之修补政制和社会的价值虚无漏洞。

英美人称莎士比亚为"我们的诗人"，以此推论，英美人就该称洛克为"我们的哲人"。洛克是西洋人，他的观念首先在西洋人中得到了承认、继承和发扬。在 20 世纪，咱们中国人通过接受马克思主义而接受了一种激进的平等观念，创立了一种独特的民主制度。这种激进的平等观念和独特的民主制度，如果追根溯源，恐怕还是要回到启蒙早期的思想,而只要回到这里,就不得不面对洛克——他是我们无法躲避的宿命。如今,就对洛克政治理论和政治观念的接纳和心仪而言,咱们中国人完全有资格和西洋人"平等地"称兄道弟,故而洛克现在也应该是"我们(中国人)的哲人"——不管西洋人愿不愿意都是如此。然而,就对洛克的研究而言,我们却不大能够和人家比肩并立。就对洛克政治哲学的批判性思考而言,我们更是无法望其项背。但是,我们的类似观念和实践,以及由之带来的问题,却在某种程度上早已远远超过了他们。因此,批判地思考洛克的平等观念,批判地思考洛克的全部政治哲学,同样也应是、甚至更应是"我们"的历史责任——尽管在这样一个时代,批判地思考洛克,难免会让我们"到底意难平"。

尼采与西方礼法传统的重建

张文涛

> 神话的光芒所到之处,希腊人的生活就被照亮了,否则他们就生活在黑暗之中。哲人现在丢掉了神话,他们该如何忍受这种黑暗?
>
> ——尼采《科学和智慧的冲突》①

至少从表面上看,本文的题目便与关于尼采的两个较为普遍但并不完全正确的印象相抵牾。其一,尼采是现代个体自由伦理的鼓吹者。这是一个关于尼采的普遍看法,亦不乏来自尼采自己诸如"一个人如何成其所是"之类的证据。但这个问题较为复杂,我们至少得区分,这里的"个体"对于尼采来说是指普遍平等的所有个体,还是指比如少数哲人这种特殊的个体。

不过,尼采最终思考的是究竟是个体的命运还是国家、民族的命运呢?而且,少数个体与一个族群或民族的命运是什么关系?这些问题在尼采这里是复杂而且纠缠在一起的。无论如何,尼采都绝非一个简

---

① 见尼采,《哲学与真理——尼采 1872—1876 年笔记选》,田立年译,上海社会科学院出版社,1997,页 158。

单的现代个体自由伦理的鼓吹者。可以这样说,尼采思想及其写作的起点、终点,都不是或不简单是个体伦理问题,而是政治性的大问题,或者说欧洲民族的历史命运问题。

另一个普遍看法或印象,便是认为尼采是传统的破坏者。如果让尼采本人面对这一批评,他可能会为自己如此辩护:哪一个传统?要说破坏,苏格拉底、基督教早就是传统的破坏者……所以,从本文的标题来说,这里还有一个传统的区分问题:是"礼法传统"还是"反礼法传统"?尼采是传统的破坏者不假,但他要破坏的是"反礼法传统",与此同时,尼采恰恰意欲尝试重建西方的"礼法传统"。

一、尼采与苏格拉底问题

把握尼采,从权力意志等几个哲学或形而上学概念出发,是远远不够的。尼采早年的思想关切实际上纵贯了他的一生,这一关切从《悲剧的诞生》及早年笔记等文本中可看得很清楚,其核心不是别的,正是"苏格拉底问题",也就是哲学与政治社会及其宗教秩序-礼法传统的关系问题。通过此问题,尼采思想最深切的关怀、民族性生存的根基问题,已经完全展现出来。

我们可以简单看几个早年的文本。《悲剧的诞生》既代表着尼采思想的正式起点,也是它的一次集中表达。在作为全书开端的序言中,尼采一上来就表明,他将要处理的是一个"严肃的德国问题",他如何将这一问题"置于德国的希望之中心,视之为脊梁骨和转折点"。[①] 那么,这个德国问题究竟是什么呢?在全书的末尾,尼采明白告诉了我们,这也就是"德国精神"的问题,即"全部德国事物的'恢复'"、德国人如何找到"返回故乡的道路"的问题。[②] 要解决这一问题,让德国人或德国民族找到或说返回到精神的故乡,必须迎回德国民族已经丧失掉了的神话精神,重建能让这个民族恢复其"狄奥尼索斯能力"的"悲剧神话"。[③]

---

① 尼采,《悲剧的诞生》,孙周兴译,商务印书馆,2012,页18。
② 尼采,《悲剧的诞生》,前揭,页170—171。
③ 参尼采,《悲剧的诞生》,前揭,页174—177。

德国问题是德国的希望之"中心"或"转折点",这一表述马上让我们想到《悲剧的诞生》中间对苏格拉底的历史定位:苏格拉底是"世界历史的一个转折点和漩涡"。① 读懂《悲剧的诞生》的关键在于理解苏格拉底、理解苏格拉底与悲剧及荷马的关系。显然,《悲剧的诞生》的篇首和篇末(德国和欧洲的现在状况及未来命运)构成了一个政治-神学框架,而苏格拉底被夹在中间,由此形成一个典型的哲学与政治-神学冲突(也是柏拉图意义上的哲学与诗的冲突)的论述方案。从《悲剧的诞生》的具体论述顺序(荷马——悲剧——苏格拉底)来看,这一框架和方案完全承接了柏拉图《王制》中哲学与诗之争的问题意识,并代之以重振悲剧的反柏拉图立场。

尼采攻击苏格拉底的理性主义摧毁了荷马、尤其悲剧为希腊民族的政治共同体奠定的神话-宗教基础(理性主义导致了悲剧中酒神精神的瓦解),哲学摧毁了政治的基础。实际上,尼采曾为《悲剧的诞生》设想过这样一个可能的副标题,"关于音乐戏剧的伦理-政治意义之思考"。② 架构《悲剧的诞生》的两个问题、政治-神学问题和苏格拉底问题,其实也就是一个问题,用《悲剧的诞生》中尼采自己的话说,这就是"一个民族最内在的生活根基"的问题。③《悲剧的诞生》是尼采的早期著作,即便其中还夹杂着来自柏拉图主义的形而上学残余(所谓颠倒的柏拉图主义问题),但它导致的尼采思想的转变,远远小于它所确定的尼采思想的延续性。原因就在于,从《悲剧的诞生》开始,思考一种民族性生存的根基及其现代性命运便成了尼采一生思想的最深切关怀。

《希腊悲剧时代的哲学》是尼采早年的一部未完成著作,写于《悲剧的诞生》稍后,大约1873年。在书稿的开始、"哲学与民族的健康"这一小节中,尼采上来便说了这样一大段话:

---

① 尼采,《悲剧的诞生》,前揭,页111。
② 参 Tracy B. Strong,《尼采与政治:僭政、悲剧、文化革命与民主》("Nietzsche and the Political: Tyranny, Tragedy, Cultural Revolution, and Democracy"),见 *Journal of Nietzsche Studies*, No. 35—36, 2008, 页57(尼采原话参 *KGW* III.3, 106)。
③ 尼采,《悲剧的诞生》,前揭,页151;参 Tracy B. Strong,《尼采与政治:僭政、悲剧、文化革命与民主》,前揭,页48。

民族的良医唾弃哲学;因此,谁想替哲学辩护,他就应当指出,一个健康的民族为何需要并且确已运用了哲学。如果他能够指出这一点,那么,也许病人也就能够实实在在获得一种教益,懂得哲学为何恰恰对于他们是有害的。诚然,完全不要哲学,或者对哲学只有极其浅薄的、几乎是儿戏般的运用,却依然能够健康,在这方面不乏令人信服的例子,全盛时期的罗马人就是这样无需哲学而生活的。但是,一个病弱的民族借哲学重获失去了的健康,这样的例子又在哪里?如果说哲学果有显示过其助益、拯救、预防的作用,那也是在健康人身上,对于病人,它只会令其愈益病弱。如果一个民族业已分崩离析,其组成分子的维系力业已弛而不张,那么,哲学从来不曾使这些个体与整体重新结合起来。①

显然,这里的问题与《悲剧的诞生》里的一样,仍然是哲学与民族生活根基的关系:哲学到底是摧毁民族生活的根基,还是为民族生活奠基?在这本描绘希腊早期哲人群像的小书中,尼采给出的是曾经在早期希腊短暂出现过的一幅文化胜景:哲学与民族性生存之间圆融无碍。简言之,这群哲人与悲剧时代的悲剧家一样,都是希腊文化的改革者,都是政治哲人,他们都意在为荷马之后的希腊民族奠立"生活根基"。这种为民族性生存奠定伦理秩序、礼法传统的工作,在其他地方、其他民族、其他文化那里,一般都是通过"圣人"来进行的,但在早期希腊这里,却是哲人。所以尼采说了这么一句堪称精辟之极的话:"其他民族出圣人(Heilige),希腊出哲人(Weise)"。② 不过,这幅哲学——悲剧——政治三者和谐一致建构起的健康文化景观,很快将会为随后到来的苏格拉底所破坏……

从《哲学与真理》辑录的早年笔记也可以看出,尼采的思考完全围绕着柏拉图、苏格拉底、前苏格拉底(或前柏拉图)哲人展开,关注的问题仍然集中于哲学与政治的关系、哲学对礼法传统或习俗道德的破

---

① 尼采,《希腊悲剧时代的哲学》,周国平译,商务印书馆,1996,页3—4。
② 尼采,《希腊悲剧时代的哲学》,前揭,页11。

坏——仍然是"苏格拉底问题"。

二、从民族到国家：西方政治生活形式的历史转变

现代性意味着西方历史的古今之变。现代西方政治生活共同体的基本形式是"国家"或"民族国家"，可是，尼采看到，"民族"与"国家"其实是两种从根本上说并不相容的政治生活形式。现代民族国家的形成，其实是传统的或古代的民族性生活形式衰亡的结果，现代性带来的古今之变也就是西方历史从民族走向国家的政治生活形式的转变。在作为阐述其成熟思想的"肯定之书"的《扎拉图斯特拉如是说》①中，尼采通过扎拉图斯特拉之口非常明确而集中地表达了这一看法。特别重要的是卷一第十一、十五分别题为"论新偶像"和"论一千零一个目标"的两章（以下分别简称为《扎·偶像》和《扎·目标》）。

在"论新偶像"一节，扎拉图斯特拉或者说尼采一上来便表明了国家与民族的对立：

> 某些地方依然存在着民族和群体，但我们这里没有，我的弟兄们：这里只有国家。
>
> 国家？国家是什么？那好吧！请你们张开耳朵吧，现在我要对你们说说各民族的消亡。
>
> 国家是所有冷酷怪物中的最冷酷者，它也冷酷地撒谎；这便是从他口中爬出的谎言：我即国家，我即民族（《扎·偶像》）。

稍微熟悉现代政治思想的读者都会马上看出，尼采这里说的"冷酷怪物"不是别的，正是西方现代政治观念奠基者之一霍布斯笔下那头象征着现代"国家"的怪兽"利维坦"。尼采自己正是这一现代怪兽中的居民。今天我们一般把现代国家称为"民族国家"，②可是在尼采看来，这

---

① 尼采，《扎拉图斯特拉如是说》，黄明嘉、娄林译，华东师范大学出版社，2009。
② 关于尼采自己谈到"民族国家"，参《人性的，太人性的》，杨恒达译，中国人民大学出版社，2005，页255（其语境还是犹太人问题）。

一称呼无疑于一个自相矛盾的说法,因为它在根本上搞错了现代政治共同体的性质,混淆了古今政治生活形式的实质内涵。"民族国家"所蕴含或潜藏的"民族=国家"的声称无异于现代人制造出来的一大谎言。国家与民族是根本对立的,民族消亡之日,才是国家诞生之时。

那么,国家这一现代西方政治生活形式的实质特性是什么?或者说,究竟应该如何来区分国家与民族?

> 这是些创造者,他们创造了各民族,并且在各民族的头顶高悬一种信仰和一种爱:他们就这样服务于生命。这是些毁灭者,他们为许多人设下陷阱,并称陷阱为国家:他们在许多人的头顶高悬一把剑和一百种贪求。……**善与恶的语言混乱**:我给你们指出国家的这个特征。真的,这个特征代表着求死的意志!真的,这个特征在向死之说教者招手!……国家是为多余者而发明!你们瞧呀,它是怎样吸引多余者到它身边!(《扎·偶像》)

什么是民族呢?一个民族拥有一套唯一、确定的价值体系,或者"善与恶的语言":"每个民族说着它的善与恶的语言:邻近的民族对这语言不能会意。每个民族是在习俗和法律中发明自己的语言(《扎·偶像》)。"这种唯一而确定的善恶语言为民族内的所有成员提供了唯一而确定的"信仰"和"爱"、亦即他们生活或生命的根基,从而使得一个民族成为一个实质性的宗法-伦理生活共同体。这套善恶语言也就构成该民族的"习俗和法律"的传统,或者说"礼法"传统。

如果说传统或古代民族是一个有血有肉的道德生活实体,现代国家就是一个现代理性虚构出来的非道德的生活虚体、一个形式性的抽象的生活共同体。通过现代契约论虚构出国家的霍布斯、洛克和卢梭这些现代政治哲人——尼采这里说的"毁灭者"——摧毁了古代民族共同体的生活方式。表面上看,现代国家同样有国家机器或政府这种权威构架,每个公民或市民的头上都被"高悬一把剑"。但是,这种权威性仅仅是一种形式、一个框架,它保障的不是一套唯一确定的价值体系,而是"一百种贪求",即各式各样自私自利的诉求。这些诉求形成了许许多多的善恶语言,形成了"善与恶的语言混乱"的局面,用今天的话说,这便是价值多元主义。显然,尼采在这里"批评了洛克以及其他现代商业国家的教导者,谴责他们释放了贪欲,或者释放了自身需求之外的欲望。"①

现代国家的出发点是自私的个体,这些个体构成了国家中的绝大多数人或大众,用尼采这里的话说,就是无数的"多余者"。现代国家理论基于自然权利-自然法学说来保障公民个体的"自我保存"以及生命、财产和自由权利的获得,由此允诺了一种满足个人欲望和私利的最大多数人可以获得最大幸福的自由民主社会。物质主义、享乐主义是现代自由民主国家中生活的基本方向,可是,尼采偏偏说,现代国家的这一特征恰恰代表着一种"求死的意志"! 如果说"民族"服务于生命,"国家"则服务于死亡。现代国家召唤"死之说教者"而非"生"之说教者——尼采这乍一听颇为耸人听闻的判断应该如何来理解?

在尼采看来,上帝虽然死了,但上帝所代表的精神遗产仍然在持续影响现代人,现代国家并非如它自己说的那样反对禁欲主义理念,相反,现代世俗社会骨子里其实非常禁欲。比如卢梭这个尼采眼里的现代道德"毒蜘蛛",其所看重的"同情",在尼采看来不过体现了一种彻头彻尾基督教式否定生命的禁欲主义道德观。再比如功利主义这种看似完全世俗化的道德,在尼采眼里却是自相矛盾或自欺欺人的,因为功利主义如果彻底实行其利己主义逻辑,结果必然会很"残酷",但功利主义在这一点上显然缺乏理智的真诚,不愿意面对真正的"自然",逃避了自然本身就有的高贵的、也是残酷的"权力意志"。总之,在尼采看来,现代国家的"自我保存"目标,表面上看是对基督教的背离,但骨子里仍然是基督教式的。

尼采认为,基督教不过就是一种民众的柏拉图主义——基督教通过教导一种彼岸或天国理念来让人回避残酷而痛苦的生活真相,从而获得自我保存或自我拯救,这一方案其实不过来自苏格拉底:苏格拉底

---

① 朗佩特,《尼采的教诲》,娄林译,华东师范大学出版社,2013,页94。

"提供给个人一种自制或节制的道德,一种作为个人谋求他自己的利益的手段和打开幸福之门的私人钥匙"。① 从根本上说,基督教的个体信仰和苏格拉底的理性乐观主义都意在拯救个人,而且都是以逃避而非直面残酷现实的方式,来获得一种个人性、私人性的自我保存或拯救。这是一种禁欲主义的生活理念。禁欲主义同时也是一种个人主义,为什么呢?原因很简单,正是"个人"的自利性动机(自我保存)和缺乏勇气的软弱性格(逃避现实)结合起来产生了向往天国或彼岸的禁欲主义。而且,由于禁欲主义体现或肯定了在绝大多数个人那里都一样或同等的软弱意志,因此禁欲主义非常容易就会走向平等主义。自我保存、理性主义、禁欲主义、平等主义——基督教和柏拉图主义在这些方面不仅一脉相承,更为现代自由主义的自我保存学说提供了最深刻而隐秘的来源。现代性的起点其实在苏格拉底,这是尼采对现代性极为独特而透脱的理解。

所以尼采说,现代国家实质上仍然服务于一种求死亡而非求生命的意志。尼采关于现代国家骨子里仍然遵循基督教禁欲理念的看法,极大影响了后来韦伯关于资本主义精神起源于新教伦理的分析。不过,尼采关于国家体现求死意志的看法,还必须从另一个重要角度来理解。构成现代国家之主体的大众或"多余者",用《扎拉图斯特拉如是说》前面的话说,就是所谓的"末人"。现代国家的奠基者是一批哲人,不过,正像尼采说的一样,"霍布斯、休谟、洛克在一个多世纪中贬低并降低了'哲人'这个概念",②而且,这些降低了自身高度的哲人,更带来了一种降低了高度的"人"的概念,这就是"末人"。柏拉图主义虽然是虚构出来的谎言,但它毕竟是一种高贵的谎言,因为它让"人"不仅仅停留于人自己,而是为人设立了一个更高的目标,而且依据人对此目标的实现能力将人划分为不同的等级。柏拉图主义蜕变为民众的柏拉图主义即基督教之后,虽然人性平等代替了人性差等的理念,但基督教的天国或彼岸理想仍然为"人"提供了一个超出自身、高于自身的目标,人的

---

① 尼采,《曙光》(条9),田立年译,漓江出版社,2000,页7。
② 尼采,《善恶之彼岸》(条252),见《论道德的谱系·善恶之彼岸》,谢地坤等译,漓江出版社,页313。

生命意志仍然不会仅仅意欲停留在他自身。可是,在"末人"的世界里,"人"失去了真正的目标。现在,"人"完全限定于、满足于实现自身的低俗欲望或低矮意志。施特劳斯就此评论道:"现代功利主义依据狡诈、算计的个体来构想社会,而它不过是在社会层面对人身上最为低劣的这一层级的一种重述。在种种古代文化中,自私自利都是得不到任何尊重的。"①对尼采来说,"末人"的到来本身就意味着一种死亡——"人"的死亡。所以,由末人构成的现代国家,在最深刻的意义上体现了人的死亡,从而体现了一种最为深刻的"求死的意志"。现代国家

> 为许多人发明了一种死,这死又自夸为生命:真的,对于一切死之说教者来说,此乃一种内心的服务。
> 我把那地方称为国家:所有的人不论善恶,全是饮鸩者,……人人慢性自戕——这便被称为"生活"。(《扎·偶像》)

其实,不仅"人"在现代国家里是在慢性自杀,"国家"本身也面临着死亡的威胁。尼采早已看得非常清楚,由于缺乏唯一的价值作为约束,现代国家其实不断面临着来自内其部自私自利的个人主义力量的瓦解,疯狂追逐私利的无数个人最终会毁掉这个国家。严格按照自由主义的逻辑,国家其实是不可能的,人权高于主权的自由主义逻辑必然导致主权的丧失、国家的解体和死亡。为了解决这一困境,现代国家只能无限扩大国家的边界,期望最终建立一个普世主义的全球国家或世界国家。但即便全球国家的构想实现了,个人私利与国家的矛盾难道就解决了吗?没有——

> 请说吧,谁甩出一条锁链,套住这怪兽的千百个脖颈?
> 迄今已有一千个目标,因为已有一千个民族。唯一还缺少套住千颈巨兽的锁链,缺少这一个目标。人类还没有目标。"(《扎·

---

① Leo Strauss,《尼采〈扎拉图斯特拉如是说〉讲疏》(*Lectures on Nietzsche's Zarathustra*),1959,未刊稿,页 47。

偶像》)

缺乏"目标"的国家这一现代人创造出来的政治生活形式,最终只会给"人"带来毁灭,除非重新迎回人类古老的共同生活方式——民族。

如果说国家是普世的,民族则是特殊的;国家导致善恶混乱的价值多元主义,民族则维护善恶唯一的价值系统;国家的建构原则基于平等主义和禁欲理念,民族则以等级主义和非禁欲理念为立身之魂。在尼采看来,民族与国家势不两立:"哪里还有民族,哪里的民族就不懂国家,就憎恨国家,如同憎恨凶恶的目光,如同憎恨对习俗和律法所犯的罪恶(《扎·偶像》)。"在"论一千零一个目标"这一节中,尼采借扎拉图斯特拉之口集中讲述了他对民族的看法。

> 扎拉图斯特拉见过许多地方,许多民族:于是他发现了许多民族的善与恶。扎拉图斯特拉发现,在大地上没有比善与恶更强大的力量。
>
> 一个民族若没有能力先行评价价值,就不可能生存;一个民族要自我保存,就不能依傍邻族评价的价值。许多这一民族以为好的东西,在另一民族看来,却是嘲讽和耻辱……一个邻族永不理解另一个邻族:它的灵魂一直惊讶于邻人的愚妄和恶意。
>
> 每个民族头顶都高悬着一块善的标牌。瞧,这是这个民族的胜利标牌;瞧,这是它的**权力意志**的声音。
>
> 它认为是困难的,就值得礼赞;什么是绝对必要而又艰难的,便称之为**善**;从极度困境中解放出来的,即罕见的最艰难之事——便被襃扬为神圣。凡使它能统治、胜利和荣耀的,凡令其邻族惊惧和嫉妒的:它就视之为**崇高、第一、衡量的标尺、万物的意义**。
>
> 真的,我的兄弟,你要是先知道一个民族的困难、土地、天空和**邻族**:你就能猜透它的胜利法则,知道它为何爬上这个梯子,以达到它的希望。(《扎·目标》)

在《扎拉图斯特拉如是说》中,"权力意志"一语首次出现于此。这让我们可以非常清楚地看到，权力意志的根本含义是为一个民族奠定善恶标准、从而划定其生活的方向和范围的立法意志。通过罕见、困难、神圣、崇高、第一等等语词可以看出，民族性的善恶尺度不会支持保护人性低矮诉求的现代自由平等主义，而是支持和保护人性自然不平等的差等秩序，支持和保护在这一差序格局中人性追求高贵或卓越的诉求。民族的这套善恶标尺和建基其上的"习俗和法律"，构成了这个民族的族群性生活方式或"礼法"传统，体现着这个民族的权利意志。尼采这里接下来的段落，举例说明了四个具有特殊礼法传统的古老民族：希腊、波斯、犹太、罗马，揭示了他们各自的善恶法则。这些历史上的民族体代表着各种实质性的宗法-伦理生活方式。对一个民族来说，它的习俗和法律，或者说"礼法"，就是这民族最高的法、最高的生活尺度。从现代国家的自然权利-自然法基础来看，尼采的看法无异于直接否定了高于习俗和法律或实在法之上的普世主义性质的自然法构想。①

总之，在尼采看来，民族和国家是内涵和品质根本对立的两种人类政治生活的基本形式，而西方历史的古今之变也正体现为从民族到国家的政治生活形式的转变。②

三、宗教与礼法传统的建立

一个民族就是一个道德-伦理实体，它的政治制度（Regime、Politeia）意味着一种善恶尺度唯一而确定的生活方式。这一制度最基本的含义体现在两个方面：谁来统治，此一政治共同体的生活方向或目标及范围是什么。那么，一个民族的善恶法版或礼法传统，最初是如何建立起来的呢？在《扎·目标》中，尼采进一步谈论了这个问题。

---

① 参 Leo Strauss，《尼采〈扎拉图斯特拉如是说〉讲疏》，前揭，页 46。
② 关于尼采眼里的民族与国家的区别，不妨做一简单归纳和对比：民族＝以习俗和律法（礼法）为基础＝有道德＝等级制度＝精神高贵＝少数人的自由＝特殊主义＝民族宗教＝基于真实大地的自然生活＝求生命的意志＝原生的；国家＝以理性契约为基础＝无道德＝平等制度＝精神低矮＝多数人的自由＝普世主义＝普世宗教＝逃离真实大地的非自然生活＝求死亡的意志＝派生的。

人为自己创造了一切善与恶。真的,这一切不是他们取来的,或是发现的,也不是自天而降的声音。人为了自我保存,首先赋予万物以价值——他首先创造这些事物的意义,一种人为的意义!所以他自称为"人":评价价值的人。评价即创造。……**没有评价,存在的果核就是空虚**。

价值的变化——此即创造者的变化。谁要当创造者,谁就总在毁灭。

最先,创造者是民族,其后才是个人。真的,个人本身不过是最新的被造物。

尼采说,世界的存在从根本上说是虚无的,但是人又不能生存于虚无之中,生活的意义必须被创造出来。生活意义或生活方式也就意味着生活的目的和范围,这最终体现为一个政治共同体的善恶标尺或善恶法版。善恶法版的创造者最初是民族,其后才是个人。

创造者是民族的含义是说,其实最初的创造者我们已经无法追溯到某个或某些有名有姓的确切个人,因而只能把它归诸于这个民族早期的一个智慧群体。在《敌基督者》中,尼采对此做了非常清晰的论述:

在一个民族进化到某一点上,这个民族中一个最具洞察力,也就是最具回溯与前瞻的眼光的**阶层**,就会宣布一系列用来规定所有人都应该怎样生活(也就是说,可能怎样生活)的经验已经到头了,再也没有新的经验了。现在的目标就是尽可能丰富全面地从那些实验的时日、充满艰难的经验的时日来采摘果实。结果,首先需要避免的就是进一步的实验,避免延续这种价值变动不居、无止无休地面临检验、筛选、评判的状态。对此设立了**双重的围墙**:一堵墙是**启示**,启示假设每条法律背后的理性并不是来源于人,并不是经历了漫长过程的探寻,在许多错误之后才发现的;而是来源于上帝、完备、完善、没有历史,是一个馈赠,一项奇迹,人只是被告知而已……另一堵墙是**传统**,传统假设法律来自遥不可及的古老时代,长久以来始终未变,而质疑自己的先辈,是不敬,是对先辈的犯罪。因此，法律的权威基于这样的轮替：上帝赐予法律，先辈经用法律。——这一程序的更高理性就在于打算一步步地使意识偏离，不再关注正确获知生活的问题：从而使本能成为一种完全自动的力量。①

尼采这里关于传统和启示（宗教）作为"墙"的说法，有可能来自赫拉克利特的残篇44："民众应当为nomos[礼法]而战，仿佛这[礼法]就是他们的墙"。② 在赫拉克利特这里，礼法（nomos）意在为民众的生活筑起一道坚实的围墙，这道墙既是保护，也是限制，从而为一个族群给定了生存的范围和方式。对尼采来说，在传统和启示这两堵墙中，启示显然是最后、最重要的一堵。传统和启示都意在为礼法奠基，传统奠基的方向是水平向后，通过追溯先辈和古代为当前的礼法提供来源。但是，这种追溯无法解决针对最初起点的疑问或质疑，于是，奠基必须转向为垂直向上——启示或宗教的方向，以此阻断无尽的追溯，让礼法的基础毫无疑义地在宗教的神圣性、权威性上彻底建立起来。③ 一个民族特有的生活方式能得到内在一致性保障的关键之处，就在其宗教。

宗教为礼法奠基的关键有两点："信仰"和"爱"——

> 这些创造者，他们创造了各民族，并且在各民族的头顶高悬一种信仰和一种爱。（《扎·偶像》）
> 各民族都曾在自己的头顶悬挂一匾善的法版。意欲统治的爱，意欲听从的爱，这些爱共同创造了此类法版（《扎·目标》）。

信仰比较好理解，通过信仰，人"得到了拯救，他获得了一种意义，

---

① 尼采，《敌基督者》（第57节），见刘小枫选编，《尼采与基督教思想》，吴增定等译，香港道风书社，2001，页67—68。
② 参沃格林，《城邦的世界》，陈周旺译，译林出版社，2008，页306、377。
③ 可对比尼采，《论道德的谱系》，第二章第19节，见《论道德的谱系·善恶之彼岸》，前揭，页65；另参第23节："荷马史诗中的宙斯在这里才是真正的权威"，前揭，页69。

从此他不再是风中飘零的一片叶子,不再是一种荒谬的、'无意义'的玩偶,他从现在起可能有某种追求了"。① "爱"是什么意思呢?"意欲统治的爱,意欲听从的爱,这些爱共同创造了此类法版"。这里的爱不是平等之爱,而是差等之爱,是就统治与服从达成一致后上下层级之间形成的一种亲密的情感纽带。显然,爱的情感为一个传统民族的等级制宗法-伦理生活的秩序及其维护提供了最内在的保障和深切的动力。

在早年的《悲剧的诞生》等著作和笔记中,尼采特别关注的正是希腊民族特有的礼法传统如何经由荷马-悲剧建立起来,又如何为苏格拉底主义所破坏掉的。以荷马为代表的希腊人创造的奥林匹斯神话和宗教为希腊民族提供了生活的信念("唯一充分的神义论",见《悲剧》第3节)。其后,荷马神话面临着某种历史或哲学意识的增长带来的衰亡危机,但就在这时,悲剧的适时兴起拯救了荷马神话:"在悲剧诗作的强大影响下,荷马神话得以重新诞生。……通过悲剧,神话获得了它最深刻的内容和最具表现力的形式(《悲剧》第10节)"。尼采如此描述了悲剧对于希腊民族生活的价值:

> 悲剧的巨大力量,是那种能够对整个民族生活起激发、净化和释放作用的悲剧的伟力;只有当悲剧作为一切预防疗效的典范、作为在民族最强大的特性与本身最危险的特性之间起支配作用的调解者出现在我们面前,就像当时出现在希腊面前那样,这时候,我们才能猜度悲剧的最高价值。(《悲剧》第21节)

在尼采看来,通过"悲剧神话"及以之为前提的"酒神宗教",希腊的民族性生存达到了一个最健康、最有力的时刻。以此为例,尼采非常清晰地论述了神话和宗教对于文化、国家、政治的普遍意义:②

> 要是没有神话,任何一种文化都会失去自己那种健康的、创造

---

① 尼采,《道德的谱系》,第三章第28节,前揭,页132。关于尼采论述宗教对于统治的重要性,特别参看《善恶之彼岸》,第61条,前揭,页198—199。
② 显然,尼采这里使用的"国家"一词还不具有后来与"民族"截然区分的那种现代含义。

性的自然力量；唯有一种由神话限定的视野，才能把整个文化运动结合为一个统一体。……神话的形象必定是一个无所不在、但未被察觉的精灵般的守护人，在他的守护下，年轻的心灵成长起来，靠着它的征兆，成年人得以解释自己的生活和斗争。甚至国家也不知道有比神话基础更强大的不成文法了；这个神话基础保证了国家与宗教的联系，以及国家从神话观念中的成长过程。(《悲剧》第23节)

但悲剧达到的亮丽高峰也意味着神话的回光返照，因为很快苏格拉底的到来将为这一神话-宗教带来致命的打击，从而终结了希腊民族的礼法传统。在尼采看来，苏格拉底带来的是一种全新的生活方式、生活伦理：

苏格拉底乃是理论乐观主义者的原型，他本着对于事物本性的可探究性的信仰，赋予知识和认识一种万能妙药的力量，并且把谬误理解为邪恶本身。……自苏格拉底以降，由概念、判断、推理组成的机制，被当作最高的活动和一切能力之上最值得赞赏的天赋而受到重视。(《悲剧》第15节)

苏格拉底带来了一种叫做哲学的生活方式，在尼采看来，苏格拉底所做的事情就对希腊人的神话-宗教世界进行去魅，对民众进行启蒙，由此开启了一直通达到今天的科学大门(参《悲剧》第15节)。苏格拉底式的理性生活是个人主义性质的，它通过强调"我"的私人利益(个体幸福)对传统的群体生活方式带来了威胁和破坏。

对群体的兴趣比对"我"的兴趣更为古老：要是良心名叫群体，那么坏良心就是："我"。

真的，狡黠不仁的的"我"，想在多数人的利益中攫取自己的利益：这不是群体的起源，而是群体的坠落。(《扎·目标》)

启蒙带来了神话-宗教的衰微甚至灭亡。现代启蒙与苏格拉底的启蒙一脉相承,作为礼法传统之基础的宗教,在启蒙以后的现代世界中虽然没有完全消亡,但是不再具有为礼法、为一种民族性生存奠立基础的作用了。现代"国家"中的生活方式不再有价值统一的群体性质,而是呈现为价值多元的私人性质,与之相应,宗教在现代国家中也被打入了"私人"领域。在《人性的,太人性的》中,尼采曾对此一后果的政治含义有过极富现实意义的分析:

> 将宗教作为私人问题来处理,将其托付给每一位个人的良心和习惯,结果首先是这样的:宗教感似乎加强了……但大量的龙牙就已经被播种下去。……从前他们把国家当作比较神圣或完全神圣的东西来崇拜,现在他们的情绪变成了坚决与国家为敌的情绪了。……对国家的蔑视、国家的衰落和国家的死亡、私人的发动,是民主国家概念的结果……相信政治事务的神圣秩序,相信国家存在中的神秘性,这都是有宗教根源的:如果宗教消失,那么国家就将不可避免地失去它古老的伊希斯面纱,不再唤起任何敬畏之情。①

四、尼采对西方礼法传统的重建

苏格拉底主义导致了希腊民族宗教的衰亡,用《扎拉图斯特拉如是说》中的看法讲,对于希腊人来说"民族"这种政治生活形式也就衰亡了。随后的希腊人和欧洲人生活在基督教这种代表着求死意志的新宗教的笼罩之下。作为希腊礼法传统之基础的奥林匹斯宗教或酒神宗教、被基督教称为异教的希腊宗教,是希腊人自己的本土宗教、民族宗教。而作为民众的柏拉图主义的基督教,则是一种非民族性的普世宗教,这种新宗教本身就是希腊(及罗马)礼法传统遭到破坏的原因和结果,因此它并没有形成一种以之为基础的新的礼法传统。尼采在《扎·目标》中谈到了四个古老的民族,希腊、波斯、犹太和罗马,②这些民族

---

① 尼采,《人性的,太人性的》,条472,前揭,页250—252。
② 关于最后一个民族指罗马,参朗佩特,《尼采的教诲》,前揭,页107。

都曾拥有各自特殊的礼法传统，但经过苏格拉底主义（反宗教的哲学）和基督教或民众的柏拉图主义（平等主义的普世宗教）破坏之后，这些民族均已丧失其各自的礼法传统，并在后基督教时代成为了尼采视为怪胎的、名含"民族"实为"国家"的"民族国家"。

如前所述，如果说古代民族是一个有血有肉的伦理道德生活实体，现代国家就是一个缺乏实质性伦理道德的生活虚体，一个形式性的抽象的生活共同体。在《悲剧的诞生》快结束时，尼采谈到了现代国家由于缺乏民族性的神话-宗教基础而导致的生活的抽象性及其危机：

> 让我们来比较一下没有神话引导的抽象的人、抽象的教育、抽象的道德、抽象的法律、抽象的国家；让我们来设想一下那种无规矩的、不受本土神话约束的漂浮不定的艺术想象力；让我们来设想一种文化，它没有牢固而神圣的发祥地，而是注定要耗尽它的全部可能性，要勉强靠所有外来文化度日——这就是当代，是那种以消灭神话为目标的苏格拉底主义的结果。（《悲剧》第 23 节）

实际上，在尼采看来，启蒙运动和宗教批判导致的民族性宗教-神话的衰亡，不仅带来伦理道德生活的抽象性，实际上，从根本来说，这意味着人的生活再次陷入了黑暗之中——

> 神话的光芒所到之处，希腊人的生活就被照亮了，否则他们就生活在黑暗之中。哲人现在丢掉了神话，他们该如何忍受这种黑暗？①

现代启蒙哲人认为理性启蒙和宗教批判是为民众驱走黑暗带来光明，但尼采认为这恰恰让民众重新生活在了黑暗之中。尼采对启蒙的批判无异于以彼之矛攻彼之盾，意在指出现代启蒙自身的蒙蔽性质，可谓对现代启蒙进行再一次启蒙。

---

① 尼采，《哲学与真理》，前揭，页 158。

针对"国家"这种现代政治生活形式面临的虚无主义困境,尼采为西方文明开出的药方是修复古代的"民族"之路,①或者说,重建西方的礼法传统。

在《扎·目标》中,尼采说善恶法版的创造者最初是民族,其后才是个人。但在尼采这里,"个人"需要做进一步区分。《扎·目标》在说了创造者先是民族其后才是个人之后,马上就说到"真的,个人本身不过是最新的被造物"。后面这个"个人"指的是利维坦这个现代国家中无数自私自利的个体,不同于前面那个作为真正创造者的"个人"。前面那个个人是未来民族性价值的创造者,是具有权力意志、立法意志的超人。后一个人内在于一个群体之中,前一个人则突破到了群体之外,为未来一个新的群体或民族创造新价值。两种"个人"的关键区分之一是看他们关注的对象是谁:后者关注自己;前者则"关注所有人的、整个社会的道德",他们通过创造价值而创造出民族,为"作为一个整体的民族赋予法律","创造出礼法(nomos)"。② 这种少数个人并不关心群体内那些多数个人的私人道德的发展。实际上,在尼采看来,道德只能是习俗性的,如果倡导一种私人道德,那么这种道德从群体的角度来看就是不道德。在出版于1881年的《曙光》中,尼采专门在名为"习俗道德"的一节中集中谈论了习俗道德与个人道德、个人与群体(民族、传统)的复杂关系及个人创造习俗等重大问题,以至于这一节几乎可以视为尼采政治哲学思想的一个总体框架:

> 所谓习俗道德。——与人类千百年来的生活方式相比,我们现代人生活在一个相当不道德的时代:习俗变得如此惊人地没有力量……道德完全是(因而也仅仅是)对于作为行为和评价的传统方式的任何可能习俗的服从。哪里不存在传统,哪里也就不存在道德。……自由的人就是不道德的人,因为无论在什么事情上,他都一意孤行地依靠自己而不是依靠传统。……何为传统?传统是

---

① 参朗佩特,《尼采的教诲》,前揭,页93、101。
② 参 Leo Strauss,《尼采〈扎拉图斯特拉如是说〉讲疏》,前揭,页47。

一种居高临下的权威,我们之所以听命于它,不是因为它命令的内容对我们有利有益,而是因为它命令。……在古代社会……习俗是无所不在的,谁想要从中脱颖而出,他就只有一条道路可走,那就是去做立法者、医士和某种神人:这也就是说,他必须自己动手创造习俗——一件可怕至极和危险至极的工作!……牺牲个人——这就是习俗道德的残酷无情的命令。另一方面,那些追随苏格拉底的道德论者,他们提供给个人一种自制和节制的道德,作为个人谋求他自己的利益的手段和打开幸福之门的钥匙,实为异端邪说——如果我们觉得并非如此,那是因为我们就是在他们的影响之下慢慢成长起来的……①

一个群体、一个民族的生活必须依靠习俗性的道德,但是,群体之中始终会有想要走出习俗道德、走出礼法传统的个人或自由哲人。这种哲人会创造出与习俗道德相龃龉的新道德,从而摧毁一个群体或民族的生活根基——人类政治社会的历史由此便在这一根本性的张力之间展开。不过,自由个人-哲人与传统的关联也可能是肯定性的——作为"下命令者和立法者"的"真正的哲人",②他应该、也能够创造出(重建)新的习俗、新的礼法传统,从而为一个民族的(未来)历史奠定新的"最内在的生活根基"。历史上的这种个人有扎拉图斯特拉、苏格拉底或柏拉图、耶稣等等,现在,尼采笔下的扎拉图斯特拉和超人,或者说尼采自己,就是这种创造新价值、新礼法传统的真正的自由哲人。

依据对希腊民族基于悲剧神话-酒神宗教之礼法传统的理解,尼采为现代西方文明的未来构想了奠基于新酒神宗教的新的习俗和礼法传统——其核心价值是彻底否定基督教彼岸理想的永恒复返"信仰"及其敢于承负大地生活之痛苦的全面而热烈的"爱"("热爱命运")——由此对抗现代民主国家(民族国家)可能给西方文明带来的终结于末人国度的虚无主义历史结局。这也就是尼采的"大政治"构想,这一新的政治

---

① 尼采,《曙光》(条 9),前揭,页 5—7。
② 参尼采,《善恶之彼岸》(条 211),前揭,页 269。

共同体将是一个新的"民族"——欧洲民族,它将在实质上"把欧洲人融合为一"。① 不过,若从《扎·目标》最后的说法来推想,套住那拥有一千个脖颈的怪兽之后,人类将拥有一个共同的目标,如果这也意味着创造出一个新的民族,那么,"这个民族叫人类"②……

由于根植于基督教及启蒙哲学的现代西方文明的全球扩张,尼采思考的问题也成为我们自五四以来面临的问题:哲学-普世宗教摧毁了华夏民族古老的宗法-伦理秩序或礼法传统。在尼采看来,主张禁欲主义的哲学和基督教破坏了大地上属人的生活方式,破坏了基于自然的人性差等原则来建立起来的伦理-道德秩序。对于尼采来说,永恒复返意味着对"自然"本身的全面回归,未来民族的新的"礼法"传统乃建基于纯粹的自然或大地生活。无疑,尼采的这些思考,对于我们返观华夏文明自身的礼法传统、深思我们这个被迫置身于现代"民族-国家"泥淖或陷阱的古老民族体的未来出路,意义重大。

---

① 参尼采,《善恶之彼岸》(条 242),前揭,页 302。
② 参朗佩特,《尼采的教诲》,前揭,页 105。

苏格拉底与阿那克萨戈拉

——尼采与虚无主义问题

刘 振

  说这种话的人见不到也分不清现实中的原因是一回事，而没有某件东西存在则原因也就不成其为原因，又是一回事。我看许多人给它加上一个原因的名目，是张冠李戴，他们研究下去，只能是瞎子摸路。于是有的人把大地描写成停在苍穹之下，由一个大旋涡环绕着，有的人把大地看作一个平的盘子，由气垫托着。可是没有人想到过能把大地摆放得最完美的任何神力，他们都只想找到一位更有力更不朽更能托住一切的新阿特拉斯，老实说，他们根本不去想包容一切事物凝聚一切事物的至善。

——柏拉图,《斐多》99b-99c（刘小枫译文）①

一

  1872年，古典学家尼采（Friedrich Nietzsche）出版了一部相当另类的古学著作——《悲剧的诞生》（*Die Geburt der Tragödie*），这是尼

---

① 本文所引《斐多》(*Φαίδων*) 译文均出自刘小枫译注本，未刊稿。后文不再加注，随文标出行码。

采公开出版的第一本书。尼采在书中十分激烈地批判古希腊哲人苏格拉底(Σωκράτης),在尼采看来,苏格拉底摧毁了希腊人对世界的"悲剧式"理解,他开创了一个新式的知识密教传统,对于整个西方文明而言,苏格拉底的影响是一个直至此刻甚至在未来都"越变越大的阴影",这个人是"世界历史的转折点和漩涡"。① 目光锐利的政治哲人施特劳斯(Leo Strauss)注意到,尽管尼采后来对《悲剧的诞生》有所否定,但是,"尼采的第一部作品极为清晰地划定了他未来一生的工作"。② 可以说,作为问题的苏格拉底在尼采思想中始终占据十分核心的位置。据尼采自己说,《悲剧的诞生》对苏格拉底的批判从属于一个更大的思想计划:

> 《悲剧的诞生》曾是我对一切价值的首次重估:由此我重新站回到培育出我的意愿和我的能力的土地上——我,这个哲人狄俄尼索斯最后的信徒,——我,这个永恒轮回的老师……③

青年尼采的苏格拉底批判意在重估理性主义的价值:重审苏格拉底开创的理性哲学传统。尼采的"首次重估"围绕"生命"(Leben)概念展开,换句话说,它将矛头指向哲学理性的道德政治问题,这是一次道德政治意义上的批判。

众所周知,尼采对苏格拉底理性哲学的批判与他对欧洲现代文明的批判紧密相关,后者是尼采最根本的思想行动之一。青年尼采十分坚决地站在古希腊悲剧精神的立场上反对现代性:倘若要抵挡来势迅猛的现代文化浪潮,必须回归未受苏格拉底破坏的文明地基,回归原初的前苏格拉底的希腊文化。但是,施特劳斯也注意到,究其根本而言,尼采以前苏格拉底悲剧精神的名义对西方现代性进行的激烈批判本身

---

① Friedrich Nietzsche, *Sämtliche Werke*, *Kritische Studienausgabe in 15 Einzelbänden*, herausgegeben von Giorgio Colli und Mazzino Montinari, Band 1, Deutscher Taschenbuch Verlag, de Gruyter, 1988,(以下简称 KSA 版),页 97、100。
② 引自施特劳斯 1970 年"苏格拉底问题"讲稿,中译文由笔者译出,未刊。
③ 尼采,《偶像的黄昏》,卫茂平译,上海:华东师范大学出版社,2007,页 190。本文所引《偶像的黄昏》均出自该中译本,据 KSA 版有所改动。

就是对现代性的推进,甚至直接导致某些极为激进的现代立场,尼采哲学本身就是一次现代浪潮。如果施特劳斯的判断有理,我们可以说尼采的苏格拉底批判归根结底是现代哲人尼采审判古典哲人苏格拉底的一次思想行动;那么,一个颇费思量的根本问题就是:尼采返回前苏格拉底世界的现代性批判为何反而成为一次现代思想行动?

倘若要搞清尼采这一批判行动的现代性质,就应该将真正前现代的苏格拉底批判与之对勘。公元前423年,苏格拉底的晚辈,谐剧诗人阿里斯托芬(Ἀριστοφάνης)的《云》(Νεφέλαι)在雅典上演,在城邦民众面前辛辣地嘲讽苏格拉底及其"思想所"门徒的怪异行状。根据思想史家迈尔(Heinrich Meier)的看法,阿里斯托芬的批判导致苏格拉底"从前苏格拉底的苏格拉底转向政治哲学的苏格拉底(Sokrates der Politischen Philosophie)",①在这个意义上,可以认为阿里斯托芬是前现代世界最值得重视的苏格拉底批判者。阿里斯托芬的批判立足于一个根本问题:哲人与城邦或哲学与政治之间的张力。《云》的情节和论证表明,哲人与城邦的张力源于理性的自然学知识与古传城邦礼法(νόμος)之间的冲突。显然,阿里斯托芬批判苏格拉底的意图在于提醒后者敬重城邦礼法,亦即以城邦宗教为依托的法律与习俗。就根本意图而言,尼采的苏格拉底批判采纳了阿里斯托芬的立场:基于道德政治问题审问理性哲学的正当性,揭示哲学本身可能的虚无主义性质。《云》的结局是火烧"思想所",事实上,阿里斯托芬的提醒丝毫不夸张,苏格拉底最终因为不信城邦诸神和败坏青年被雅典城邦判处死刑,尼采后来尖刻地讽刺说,"这个罪犯是个颓废者"。②

上述思想史公案并没有以苏格拉底受审告终,最重要的后续事件毫无疑问是柏拉图对苏格拉底问题的重审。柏拉图认为阿里斯托芬与雅典城邦对苏格拉底的审判基于一个误解:认为苏格拉底也属于那类对城邦不负责任的"研究自然"的哲人。柏拉图的观点是,苏格拉底既不做任何渎神的举动,也总是教导青年追求德性。诚然,苏格拉底年轻

---

① 关于迈尔对苏格拉底转向的解释,参刘小枫,《哲学史研究与哲学的正当性》,载《二十一世纪》双月刊,2001年10月,页140—147。
② 《偶像的黄昏》,前揭,页46。

时曾经热衷于"探究自然",也热衷于研究哲人们谈论自然的著作(《斐多》96b-98b),尤其阿那克萨戈拉(Αναξαγόρας)的"努斯"(νόος)学说,但是,青年苏格拉底在两方面表现出"政治哲学"的品质,尽管这种品质最初极有可能只是天性使然。第一,青年苏格拉底并未违背哲学的理论性质,他并未像智术师那样在市场上散布哲学,也不像"自然哲人"那样写作自然学著作;第二,在苏格拉底与别人的谈话中,他始终坚持善与正义,或者用尼采的话说,苏格拉底坚持"劝善的道德"。① 更关键的是,苏格拉底的好天性后来转变为自觉的"政治哲学"意识,根据他临终时的夫子自道,这个政治哲学转向在哲学上表现为从阿那克萨戈拉的自然学转向"理念"。

哲学的政治问题源于自然知识与政治生活之间可能的冲突,柏拉图对苏格拉底的辩护意在指明这样的事实:苏格拉底不属于那类只顾"研究自然"的哲人。关于后者,苏格拉底在一处十分要紧的地方讲到阿那克萨戈拉:

> 你认为你在控告阿那克萨戈拉吗?亲爱的莫勒图斯?你还如此看不起在场的人们,以为他们不通文墨,以至于不知道,这是充斥克拉佐门尼的阿那克萨戈拉的著作的说法?哪怕价格很高的时候,青年们也可以花一个德拉克马,从乐队那里得到,难道竟要从我这里学这些?如果苏格拉底自称这是他的说法,他们会笑话苏格拉底……②

这段申辩挑明了一个重要事实,雅典城邦真正应该"控告"的是阿那克萨戈拉。显然,柏拉图认为城邦对苏格拉底的政治批判实际上应该指向那类"自然哲人"——这类人以阿那克萨戈拉为代表。在这个意义上,倘若我们依循苏格拉底在临终时刻的叙述,仔细辨析苏格拉底从阿那克萨戈拉的自然论转向政治哲学的内在理据,对于理解"苏格拉底

---

① 《偶像的黄昏》,前揭,页53。
② 柏拉图,《苏格拉底的申辩》,吴飞译,北京:华夏出版社,2007,页98。

问题"必然有根本性的意义。

无论如何，倘若阿里斯托芬听过苏格拉底的辩解，《云》的批判对象恐怕不会是苏格拉底——换成阿那克萨戈拉要恰当得多。事实上，根据普鲁塔克(Πλούταρχος)的记叙，公元前433年左右，阿那克萨戈拉确实因为不虔敬的自然学说而被迫离开雅典。① 但是，尼采对阿那克萨戈拉式哲人的看法却与阿里斯托芬不同。《悲剧的诞生》出版不久，尼采就着手写作关于希腊早期哲学的作品，这部作品后来成为一部未完成的手稿——《希腊人悲剧时代的哲学》(*Die Philosophie im tragischen Zeitalter der Griechen*)。令人相当惊讶的是，尼采在手稿中非但没有基于道德政治立场批判"自然哲人"，反而将其尊为"古代的大师"，更令人费解的是，尼采似乎完全否定了《悲剧的诞生》对苏格拉底的极端敌对态度：

> 谈到一个如此惊人理想化的哲人群体，比如，泰勒斯、阿纳克西曼德、赫拉克利特、巴门尼德、阿那克萨戈拉、恩培多克勒、德谟克利特和苏格拉底这样的古希腊大师组成的群体，每一个民族都会惭愧。所有这些人都是一个整体，是用同一块石头雕成的。在他们的思想和他们的性格之间，存在着严格的必然性。……他们都具有使其超越所有后来者的古人的道德力(tugendhafte Energie)，用它发现他们自己的形式，并通过变形培育其至于至纯至大。②

尼采这部手稿的主体部分从泰勒斯(Θαλῆς)开始，依次论述每一个自然哲人，至阿那克萨戈拉为止。主体部分之前有一个"导言"性质的部分，实际上是整部手稿的纲领。在这个纲领性的"导言"结尾，尼采挑

---

① 关于阿那克萨戈拉离开雅典的原因，如今大多数学者倾向于接受普鲁塔克的故事。第欧根尼(Διογένης)在《平行传记》中的说法有所不同，不过，第欧根尼转述的索提翁和撒图鲁斯的记叙也都提到了"不虔敬"这个罪名。参基尔克(G. S. Kirk)、拉文(J. E. Raven)和斯科菲尔德(M. Schofield)，《前苏格拉底哲学家》(*The Presocratic Philosiphy: A Critical History with a Selection of Texts*)，聂敏里译，上海：华东师范大学出版社，2014，页556—559。
② 尼采，《希腊悲剧时代的哲学》，李超杰译，北京：商务印书馆，2006，页9。本文所引该着均出自此中译本，据德文 KSA 版第一卷有所改动。

明了他论述希腊早期哲学的意图:探讨哲学的正当性。可是,尼采的观点显得非常吊诡。一方面,尼采从来都十分清楚"天学"对道德政治的冲击,另一方面,尼采却在这里替哲学"奋起反驳":

> 可怜的民族啊! 如果我们必须像一个四处游荡的女巫那样,经过乔装打扮藏匿在你那里,仿佛我是一个女囚,而你们却是我的法官,这是我的错吗? 看一看我的姊妹艺术吧!①

在否定哲学应该藏匿的同时,尼采也毫不客气地指责现代哲学"被限制在学术的表面"——"全部现代哲学研究都是政治性的",相反,古代的哲人却敢于"实践哲学"。可是,尼采不是对"实践哲学"的危险再清楚不过吗,启蒙的激烈批判者为何在这里反对"藏匿"哲学、反对哲学的"政治性"?

二

手稿对"哲学正当性"的讨论基于一个尼采式的关键问题:哲学与民族的关系,或者,哲学与民族健康的关系。尼采认为"只有一个健康的民族(不是每个民族都健康),才能赋予哲学这种正当性"。对于有病的民族,"哲学恰恰对他们是有害的",哲学"总是使其病得更重"。② 那么,什么是健康的民族?

> 希腊土地上最初的哲学体验,即对"七贤"的认可,是希腊人形象上一个清晰可见、令人难忘的线条。其他民族出圣徒,希腊人则出贤人。人们正确地指出,一个民族的性格,与其说表现在这个民族的伟人身上,不如说表现在这个民族认定和尊崇这些伟人的方式上。在其他的时代,哲人是最敌对环境中的一个偶然的、孤独的

---

① 《希腊悲剧时代的哲学》,前揭,页 16。
② 同上,页 4—5。

漫游者,不是悄无声息地潜行,就是握紧拳头去挣扎。只有在希腊人那里,哲人才不是偶然的。①

一个民族的健康最终取决于这个民族与贤人(哲人)的关系。尼采这部在形式上非常哲学的手稿最终止于阿那克萨戈拉,恰恰在最后总结阿那克萨戈拉哲学的根本意义之前,尼采谈到阿那克萨戈拉"信徒的秘密团体",这个团体从事的是"自由精神的信仰练习";荷马史诗是"努斯统治的颂歌",欧里匹德斯(Ευριπίδης)是"冲出这个崇高的自由精神团体"的声音,

> 但是,最伟大的阿那克萨戈拉主义者是伯利克里,他是世上最强大、最威严的人,柏拉图就是为他作证说:只有阿那克萨戈拉的哲学才使他的创造力得到尽情发挥。他作为公众演说家站在他的人们面前,神情优美肃穆,宛如一尊大理石的奥林匹斯神像……他成了阿那克萨戈拉的宇宙的缩影,成了努斯的形象(努斯为自己建造了这个最美丽、最威严的躯壳),仿佛成了那建造着、运动着、分离着、整顿着(ordnenden)、通观全局的、艺术的和未确定的精神力量(Kraft des Geistes)的可见的化身。②

与一般意义上的前苏格拉底哲学研究著作绝然不同,《希腊人悲剧时代的哲学》是尼采的一部独特的"政治"哲学史,根据尼采自己的讲法,这部前苏格拉底哲学史论的根本旨趣是揭示哲学的"政治"意义。从形式上看,手稿最后止于阿那克萨戈拉,就内容而言,尼采的意图在关于阿那克萨戈拉哲学的论述中展现得极其充分——在关于阿那克萨戈拉与伯利克里关系的论述中尤其如此。因此,这里的核心问题是,且不说伯利克里本人是尼采所反对的民主价值的支持者,既然尼采极其关切哲学的"政治"问题,他为何如此推崇阿那克萨戈拉的努斯学说在

---

① 《希腊悲剧时代的哲学》,前揭,页10。
② 同上,页106。

伯利克里身上表现的政治意义?

无疑,问题首先取决于阿那克萨戈拉的学说。① 根据今存阿那克萨戈拉残篇和为数不多的相关古代文献,阿那克萨戈拉主张一种"心智(νόος)"宇宙论。根据这个宇宙论,宇宙本身是恒在的——因为无不能生有,不过,宇宙起源于某种原初的混合,有形实体是由原初的混合分离而来。原初的混合由数量无限多、体积无限小的"部分(μοῖρα)"构成,但是,即使最小的部分也包含"一切的部分",因此,"一切分有一切的部分"。有形实体的形成源于"心智"的运动,因为,在原初的混合中,相对独立的"心智存在于某些东西之中",心智的旋转造成了原初要素的分离,被分离出来的要素由于某种聚合形成了一切有外观的实体。② 因此,阿那克萨戈拉认为:

> 那些希腊人没有正确地命名(νομίζουσιν)生成和消亡;因为,无物生成,无物消亡,而是出自存在的事物的聚合与分离(συμμίσγεται τε καὶ διακρίνεται)。所以,他们恐怕得正确地,称生成为聚合,称消亡为分离。③

显然,阿那克萨戈拉哲学取消生成与消亡的说法,主张无生无灭的"分离聚合说",虚无主义取向十分明显。④ 可是值得特别注意的是,尼采在手稿中并没有抓住阿那克萨戈拉形而上学的虚无主义问题,尼采考虑的核心问题反而是相对独立的"心智"与其他原初要素之关系的"政治"意义,这种意义在伯利克里与雅典民众的关系中体现出来。根

---

① 根据古代文献,阿那克萨戈拉可能是第一个在雅典引入"自然哲学"的人。
② 关于阿那克萨戈拉的哲学,参 KRS 本《前苏格拉底哲学家》,前揭,页 554—596。较深入的研究参 M. Schofield, *An Essay on Anaxagoras*, Cambridge, 1980; Sven—Tage Teodorsson, *Anaxagoras' Theory of Matter*, Sweden, 1982,值得一提的是, Teodorsson 对 ὁμοιομερῆ 和 σπέρματα 这两个重要概念作了研究史梳理,另附有阿那克萨戈拉残篇的原文和英译文。
③ 阿那克萨戈拉残篇 17,《前苏格拉底哲学家》,前揭,页 565—566,据希腊文有所改动;残篇希腊文据 KRS 本与 Teodorsson(1982),页 96—103。
④ 尤其值得注意的是,残篇中有几句话谈论人与城邦,阿那克萨戈拉运用的同样是分离与聚合的自然原理,残篇 4,见 Teodorsson(1982),页 96—97。

据尼采此前对哲学正当性的看法，在这种关系中显现的恰恰不是哲学的道德虚无问题，而是"精神力量"的"道德力"问题。尼采宣称，精神力量的道德力源于哲人"实践哲学"的意志。可是，实践哲学最终取决于"文化（Kultur）"——"必须先有一种文化，然后，你们才懂得哲学想要做什么，能够做什么"。① 正是在这个意义上，阿那克萨戈拉天学对伦理生活的冲击不再是首要问题，首要问题应该是一种"真正的"文化，"一种像希腊文化那样的文化"。② 换言之，哲学的意义取决于实践哲学的可能，真正的或有价值的哲人不是沦为"彗星"的哲人，相反，他必须"作为文化太阳系中的一颗主星而发光"。③

只有健康的文化才是"一种真正的文化"，这种文化取决于哲人与民众的关系，用尼采的话说，它表现为一个民族认定和尊崇哲人的方式。根据尼采的宣告，"真正的哲人是命令者和立法者"（《超善恶》，条211），因此，真正的或健康的文化肯定哲人作为命令者和立法者的正当性，在这种文化中，民众尊崇作为立法者的哲人，正如雅典民众尊崇伯利克里，或者阿那克萨戈拉的"心智"成为宇宙的决定力量：

> 其他东西都分有所有东西的部分，但心智是无限的、自治的（αὐτοκρατές）、不与任何事物相混合，而是仅仅就其自身的自身。……（中略）因为它在一切事物中是最精细、最纯粹的，并且具有关于一切的所有知识，又是最强有力的；而且心灵统治着所有无论大小、具有灵活的事物。并且心灵统治着整个旋转，好让它在一开始旋转。④

根据阿那克萨戈拉，实体世界的形成源于"心智"的旋转运动，前者是被决定的东西，"心智安排过去、现在和将来的一切"，⑤后者则是自治的，

---

① 《希腊悲剧时代的哲学》，前揭，页17—18。
② 同上，页11。
③ 同上，页12。注意查拉图斯特拉下山之际就"馈赠与分送（verschenken und austeilen）"对着太阳所说的话："如果没有我，我的鹰和我的蛇，你会厌倦你的光"。
④ 阿那克萨戈拉残篇12，见《前苏格拉底哲学家》，页572、574—575。
⑤ 同上，页575。

"有自行决断的特权"——尼采的说法是,"心智"是"绝对自由的意志"(absolut freie Wille),其余整个世界都是"被机械地决定的"。①

关于"自由意志"与机械论的探讨揭示的是尼采讨论阿那克萨戈拉哲学的真正意图:反对柏拉图式的政治哲学。根据尼采的阐释,"心智"与世界的关系表现为"自由意志"与机械论的关系,整顿(ordernd)世界的"心智"乃是某种绝对自由的开端,其意义在于开启(anfangen)此后完全被决定的运动。换言之,阿那克萨戈拉的心智宇宙论的根本意义在于解决"现实原因"(causa efficiens)而非"最终原因"(causa finalis)的问题——阿那克萨戈拉既不"提出为何运动,以及运动的理性目的(vernünftigen Zweck)问题",也不解决这一问题。②

"心智"问题在根本上源于"原因"问题,尼采在这里明确将柏拉图置于他所推崇的阿那克萨戈拉的对立面。毫无疑问,这一对立的思想史发源地是柏拉图在《斐多》中讲述的苏格拉底哲学转向。根据柏拉图的转述,苏格拉底之所以最终转向理念,恰恰是因为对阿那克萨戈拉的原因学说不满意,因为阿那克萨戈拉"避而不谈真正的原因"(《斐多》98d)。苏格拉底的"第二次远行"对于青年苏格拉底转向"政治哲学的苏格拉底"具有根本意义,不过,至少从形式上看,"第二次远行"并未表现为彻底转向一般意义上的道德政治研究——比如,接受阿里斯托芬的劝导直接回到传统礼法,相反,这次转向仍然表现为对原因的探究,至关重要的是,苏格拉底对原因的探究现在借助的是"逻各斯"(λόγος):

> 在这之后,我放弃了研究现实,我下定决心一定要小心翼翼,别像那些在日食的时候观察太阳的人。他们之中有些人不从水面或别的中介去看太阳的形象,结果都灼伤了眼睛。想到这种危险,我要是也用眼睛和其他感觉去捕捉事物,我的灵魂恐怕也会弄成瞽盲。所以我就想,应该求助于逻各斯,于逻各斯中观察事物的真实。(《斐多》99d-e)

---

① 《希腊悲剧时代的哲学》,前揭,页 104、109。
② 同上,页 107—108。

可是尼采恰恰认为,苏格拉底从阿那克萨戈拉的"心智"转向理念是从根本上颠倒了真实与虚假的关系,在这种以虚假为最终原因的学说中,"那最后的、最单薄的、最空洞的东西被设置为开端"。这些"最高的概念"事实上是"最普遍、最空洞的概念,是那蒸发着的现实(Realität)的最后雾气"。① 尼采认为,这种虚无主义的世界源于哲学中的理性(Vernuft),这是某类哲人的"特异体质"(Idiosynkrasie)。②

三

尼采对苏格拉底式理念的批判基于理性与感觉(Sinn)的对立,然而问题在于,古希腊哲学中否定感觉经验的传统并非始于苏格拉底;在一则尤其重要的格言中,尼采指出埃利亚派(die Eleaten)和赫拉克利特都"指责感觉的明证",也就是说,持续的实体与绝对的流变都是源于形而上学理性的谬误,两者都否定"事物"(Ding)。③ 因此,尼采十分清楚地看到了前苏格拉底自然学实质上的反自然特征,重新获得"自然"的前提是看到"理性是我们篡改感觉明证的根源",从而肯定一般感觉的意义,用尼采的话说就是"自然的去人化"。④ 根据尼采对希腊自然学的判断,有一个重要问题需要解释:苏格拉底为什么在西方虚无主义发生史上占据特殊的位置,或者说,柏拉图的苏格拉底在哪种意义上成

---

① 《偶像的黄昏》,页57。
② 同上,页54。
③ 同上,页55—56。这则重要格言划定了尼采"生成"概念的界限,这里尤其值得注意的是尼采对"生成"的理解恰恰不是赫拉克利特式的流变概念,用他自己的话说,"赫拉克利特对待感觉也不正确(Auch Heraklit tat den Sinnen unrecht)"(见页66)。有学者认为可以将尼采对普通感觉事物的肯定看作尼采哲学的"建构部分",因而可以在此基础上谈论尼采对哲学与政治的"自然论"或"内在论"立场,参 Georg Picht, *Nietzsche*, Stuttgart: Klett—Cotta,1988。
④ 朗佩特(Laurence Lampert),《尼采与现时代》,李致远等译,华夏出版社,2009,页297。重新获得"自然"在尼采那里不仅仅是一个形而上学的努力,尼采的根本意图是"人的自然化",亦即发现人类社会的自然秩序——基于"健康文化"的社会秩序。尼采式的自然秩序一方面指向现代自由民主政制基本预设,另一方面是指向柏拉图的古典自然秩序原则;根据尼采的看法,柏拉图的自然概念归根结底仍然是超自然的东西,亦即某种源于人为理性的柏拉图主义。

为西方虚无主义的决定性步骤,以至于成为"世界历史的转折点和漩涡"。根据尼采的哲学史,苏格拉底与虚无主义的特殊关系在于,苏格拉底导致的虚无主义危机不仅是一个古代现象,它借助基督教中介蔓延到整个现代生活的根本精神旨趣之中,现代精神在某个根本层面延续了苏格拉底的精神取向,现代科学背后的深层动机正是这种精神取向的某种更低等的现代变体。

与尼采的看法相反,柏拉图认为青年苏格拉底从阿那克萨戈拉转向逻各斯的目的正是克服虚无主义。根据《斐多》,逻各斯转向本身直接显现为哲学探究方式的转变,其结果则表现为理念(εἶδος)。

> 因为我丝毫不认为在逻各斯中(ἐν τοῖς λόγοις)观察事物就比在现实中(ἐν τοῖς ἔργοις)观察更是在幻象中(ἐν εἰκόσι)观察。总之,我就从这点开始行动起来。每逢遇到一种情况,我就假定(ὑποθέμενος)一个有力的原则(λόγον),一件事物——或是关于原因,或是关于别的事——合乎这个原则,我就认为对,不合乎这个原则,我就认为不对。(《斐多》100a)

苏格拉底接下来谈到,他"假定"的这条"原则"就是事物的本身或理念。从苏格拉底的表述中可以看到,理念在这里是一个"假定"。① 根据苏格拉底后面的解释,既然假定理念存在,必然需要解决理念如何与事物发生关系的问题,可是,关于两者究竟以"怎样一种方式接触和相通",他"暂时不能肯定";但是,苏格拉底马上又说,他坚持认为所谓理念的原则是他能提供的"最可靠的答案"。

根据上述说法,苏格拉底对理念的态度显得不无矛盾。要建构完

---

① 帕默尼德对苏格拉底理念的辩驳十分重要,见《帕默尼德》130b-135c;尤其值得注意的是,尽管以十分精妙的方式对理念提出质疑,帕默尼德既未完全肯定亦未完全否定青年苏格拉底的"理念",而是将苏格拉底引向辩证的方法。显然,将形而上学引向辩证术引出的问题是:如果没有一种确定的存在论,如何安排政治生活的秩序。如果哲学究其根本而言仍然是某种无知,柏拉图无疑是基于人的这一基本属性最严肃思考的政治问题的第一人,见施特劳斯,《论柏拉图的〈会饮〉》,伯纳德特(Seth Benardete)编,邱立波译,华夏出版社,2012,页6。

整可靠的理念论,无论如何必须彻底解决"分有"问题,否则苏格拉底所说的"原则"仅仅是一个初步的、独断论的形而上学设定;然而,苏格拉底在这个时刻对于"分有"问题的看法仍然是"不能肯定"。依据柏拉图的记述,帕默尼德曾经与年轻的苏格拉底探讨过理念问题,当时老帕默尼德正是抓住"分有"问题诘难苏格拉底。老帕默尼德对理念论的"批判"将论题引向对哲学辩证术的展示。学习并掌握辩证术使苏格拉底成为柏拉图和尼采所说的"辩证论者"。在苏格拉底看来,辩证术"居于一切学习之上"(《王制》534e),只有借助辩证术才能探究每一个事物的"存在"(οὐσία)(《王制》433b),辩证术是最高的哲学技艺:

> 我们说过,视力想要最后观看活物本身、星辰本身以及最终观看太阳本身。这样,要是某个人借助辩证(διαλέγεσθαι),摆脱一切感觉(αἰσθήσεων)凭靠逻各斯追求每一个存在者本身,始终不停止,直到借助理智(νοήσει)本身把握到好的东西本身(αὐτὸ ὅ ἔστιν ἀγαθόν),他就走向了可知之物的终点,正如那个人也走向了可见之物的终点。(《王制》532a-b)

善本身(αὐτὸ ὅ ἔστιν ἀγαθόν)乃是某种出自辩证理性的超道德的存在论原则,每一个事物的存在或自身因为善本身而成立——事物的理念因为善本身而存在,或者,事物的存在因为某种善或理念而成立。① 苏格拉底的说法否定了阿那克萨戈拉的"聚合分离说",根据后者的学说,就所有事物仅仅是某些要素的聚合与分离而言,事物根本谈不上生成与消亡,因为生成与消亡总是某物(Ding)的生成与消亡,可是存在某物以苏格拉底式的依据某种自然或理念划分存在者整体为前提。

善(τὸ ἀγαθόν)被看作"一个事物的原因和一切事物的普遍原因"

---

① 考虑到苏格拉底在《斐多》、《王制》、《帕默尼德》等重要对话中对于理念和善的讲法相当隐晦,关于柏拉图究竟在哪种意义上谈论一种古典本体论,参 Victor Gourevitch and Michael S. Roth ed. , *On Tyranny, Revised and Expanded Edition including the Strauss—Kojève Correspondence*, the University of Chicago Press, 2000, 页 212。

(《斐多》98b),阿那克萨戈拉的心智宇宙论"不提这一切事物之所以最完美的原因"(《斐多》98a)。对于苏格拉底,发现真正的原因——形而上学的本原——就是发现"对一个事物什么才是最完美的,对于一切事物什么才是普遍最完美的"(《斐多》98b),亦即发现使所有事物达乎自然理念的宇宙论秩序的本原:某种完美和谐的宇宙秩序的原因。个别事物的自然理念依据这个秩序得到划分,正是从这种划分中产生万物的德性(ἀρετή)和人的生存意义。尼采的问题是:古典存在论秩序难道不是辩证理智的结果,难道不是赫拉克利特所反对的"空洞的虚构"?①在对赫拉克利特的激进后学克拉底鲁(Κρατύλος)谈论辩证术与立法者的关系时,苏格拉底隐秘地讲到宙斯完成的一次根本性的宇宙秩序革命。据苏格拉底说,宙斯革命的对象表面上是克洛诺斯(Κρόνος),实际上是赫拉克利特和阿那克萨戈拉的宇宙秩序,因为克洛诺斯的本质是"纯粹的心智(νοῦ)",这种心智源于"向上观看"的天学(《克拉底鲁》(Κρατύλος)396b)。苏格拉底进而指出一个严峻事实,早期哲人的自然秩序归根结底同样由心智或理性(διανοία)统治,作为克洛诺斯之子的革命者宙斯同样是"伟大智性的后代"(《克拉底鲁》396b),或者说,作为新宇宙秩序根本原则的宙斯同样是某种哲学智性。关于宙斯革命的哲学意义,苏格拉底的说法是:

> 对于我们和其他一切,除了万物的君主(ἄρχων)和王者,没有谁更是生命的原因(αἴτιος τοῦ ζῆν)。所以,这意味着这神的名字取得正确,生命通过他永远存在于一切生者之中……(《克拉底鲁》396a)

十分要紧的是,苏格拉底随后暗示,宙斯要成为立法者必须借助"哲人和善于思考的哈德斯(Ἅιδης)"的力量,因为后者"认识一切美好的东西(τοῦ πάντα τὰ καλὰ εἰδέναι)",是个"完美的智者"(《克拉底鲁》403e、404a、404b)。因此,宙斯革命揭示的根本教诲是:由于真正的生

---

① 《偶像的黄昏》,前揭,页56。

命必须建基于有意义的宇宙秩序和自然理念是一个事实，对形而上学问题的解决不应该止步于阿那克萨戈拉式纯粹的静观智性，这个问题必须在辩证术中继续得到追问。但是，苏格拉底的结论最终隐含这样的前提，作为原因的善终究是辩证智性为了生命而建立的目的原则，正是洞察到这一点，尼采宣称这里存在一个要命的谬误："混淆始末"——原因与目的的颠倒。柏拉图错误地指责阿那克萨戈拉未能表明"每个事物都最美、最好、最合目的地以自己的方式处于自己的位置"，可是，人们不应该"指望在阿那克萨戈拉那里发现目的论者常犯的那种混淆"。① 目的论者假定：

> 为理智而存在的东西，也是由理智所产生的；他在目的概念引导下获得的东西，本来也必定是由思想和目的概念形成的。②

在目的论者的假定中，那"最后到来"的目的被当作了"最最真实的"东西，"人类曾为此付出了沉重的代价"，它"根本不应该到来！"。③

青年尼采肯定阿那克萨戈拉式的非目的论的现实秩序，一种"盲目的机械运动的结果"。④ 这种"不是可能的最完满的"现实运动秩序，当然必须有某个引起运动的原因，不过尼采相信原因只能是原因，原因之中不存在任何预定的目的，阿那克萨戈拉的哲学出自"自然学方法的最纯粹精神（reinsten Geiste naturwissenschaftlicher Methode）"，由于作为开端引起现实运动的努斯不受必然目的的约束，努斯是"任意的"、它的活动是"无条件的"、"无限定的"。⑤ 这样一来，在对现实秩序中，尼采从根本上恰恰肯定的是现实本身的偶然性，倘若现实的东西源于任意的开端。

由于真正完满或正确的人类生活与目的论意义上的世界秩序和

---

① 《希腊悲剧时代的哲学》，前揭，页108。
② 同上，页109。
③ 《偶像的黄昏》，前揭，页57。
④ 《希腊悲剧时代的哲学》，前揭，页109。
⑤ 同上，页107、109、110。

个体灵魂不可分割,真正的道德政治生活似乎最终必须肯定善和理念。① 可是,就目的论与"逻各斯"的内在关联而言,苏格拉底哲学似乎不能不是尼采所说的理性的"虚构"。尼采十分清楚,宣告苏格拉底哲学的虚假性质意味着宣告致命的真理:无意义的世界和人的机械的动物性。但是,与其说尼采是通过宣告致命真理制造绝望之人,不如说尼采是被迫面对绝望之人:尼采身处致命的真理已然大白于天下的时代。尼采认为在现时代既无可能也无必要隐藏柏拉图、孔子或摩奴的谎言,现代哲人被迫必须在现实之上建立秩序。建立秩序的行动意味着终究必须克服或超越现实,超越阿那克萨戈拉式的无意义的现实世界,为此,尼采不得不诉诸酒神狄俄尼索斯。可是,酒神世界本质上与其说是某种真实的新秩序,不如说是仅仅是某种面对现实世界的态度,某种既肯定又超越现实的态度,不可能在实质上为精神和政治生活奠基。

由于被迫面对致命的真理,由于现时代的哲学被迫成为无所凭靠的自由精神——哲学精神不再从属于实体与恒定秩序,尼采经历了一段痛苦的"患病"时期。1882年,尼采出版了一部标题令人欣喜的作品《快乐的科学》(*Die fröhliche Wissenschaft*),在这部作品中,首次出现永恒复返的思想与查拉图斯特拉(Zarathustra)的形象,权力意志也开始显现为基本的事实。② 尼采现在要为现代哲学奠定快乐的科学根基,他相信自己已经从年轻的粗俗中康复过来了。③ 然而众所周知,即使尼采此后不久甚至写下"肯定之书"《查拉图斯特拉如是说》(*Also Sprach Zarathustra*),他最终还是在1889年成为真正的精神病人。

---

① 但是,柏拉图同时指出一个事实,人类整体生活秩序的基础与个体完满生活的理由并不一致。由于个体不可能达到完满的知识,包括关于美好生活的知识,哲学生活反而成为属人的最完满的生活,相关讨论见 Catherine Zuckert and Michael Zuckert, *The Truth about Leo Strauss: Political Philosophy and American Democracy*, Chicago: The University of Chicago Press, 2006, 页36—46。"不论苏格拉底是否获得过他想到的那种知识,柏拉图对苏格拉底生活的描述表达的主张是,哲学是一种生活方式,是唯一自然最好的人类生活形式"(页41)。
② 参《尼采与现时代》,前揭,页324—327。朗佩特关于权力意志与永恒复返的讨论另参氏著 *Nietzsche's Teaching: An Interpretation on Thus Spoke Zarathustra*,中译本见娄林译,《尼采的教诲》,上海:华东师范大学出版社,2013,尤其页427—498。
③ 《尼采与现时代》,前揭,页330。

权力意志(Wille Zur Macht)实质上仅仅是在更深层面承认"现实":将哲学真理与世界秩序问题归结为某种灵魂学上的意志事实:

> 人们也可以这样表达尼采对苏格拉底的激烈反对:尼采用权力意志取代了爱欲(erōs)——一种具有一个超出人的追求的目的的追求被一种没有这种目的的追求取代了。换言之,迄今的哲学像月亮——未来的哲学像太阳;前者是沉思的,仅仅[发出]借来的光,它依赖在自身之外并先于自身的创造行为;后者是创造的,因为它源于有意识的权力意志。①

为了肯定新哲学的无根基的创造行动,尼采不得不肯定权力意志历史性的永恒复返。尼采在根本上反对苏格拉底问题的理论意义:善或理念本质上源于一切哲学的根本问题,亦即基于"什么是……"这一苏格拉底式提问方式产生的问题。不过,永恒复返的权力意志思想还不是古今哲学的彻底决裂,因为尼采"还教导永恒回归","经过海德格尔对尼采的彻底改造,苏格拉底几乎完全消失了"。② 因为,"对于海德格尔,不再有任何意义上的永恒,甚至也不再有任何相对意义上的恒在(sempiternity)",③海德格尔推动了对哲学本身的最彻底的历史理解,为整个西方哲思奠基的"是或存在(εἶναι)"问题现在归属于某种历史性的语言,一种特殊的、希腊式的语言。如今,尼采与海德格尔奠定的历史思想已经深入现代精神的根基,在纷繁缭乱的后现代思想中与迫切需要康复的世界照面……

---

① "苏格拉底问题",前揭。
② 同上。
③ 同上。

尼采式的哲学批判
——跟施特劳斯读《善恶的彼岸》

曹 聪

一、"尼采最美的作品"

施特劳斯不止一次说,《善恶的彼岸》是尼采最美的(the most beautiful)作品。施特劳斯公开谈论尼采的作品不多,专门研究尼采的仅有一篇论文——《注意尼采〈善恶的彼岸〉的谋篇》(以下简称《谋篇》)。① 正是在这篇论文一开头,施特劳斯断言,这本书是"尼采最美的作品"②,尽管尼采本人最推崇《扎拉图斯特拉如是说》,尼采本人认为,《扎拉图斯特拉如是说》在思想上"最深刻"(the most profound)、"在语言上最完美"(most perfect in regard to language)。

施特劳斯用他与尼采本人判断的差异提醒我们注意,"最美"与"最

---

① 施特劳斯对尼采的态度很复杂。在《现代性的三次浪潮》(1959)中,施特劳斯明确指出,现代性的第三次浪潮和尼采有关,而且,第三次浪潮的政治含义,是法西斯主义。在《什么是政治哲学?》(1959)中,施特劳斯公开斥责尼采"没有丝毫的克制",就现实政治层面而言,尼采没有给身后的读者留下任何选择余地,最终导致人们对具体政治活动不负责任(要么漠不关心,要么极端激进)。施特劳斯提醒人们警惕尼采的教诲。但是,在私下的通信与讲课中,施特劳斯又毫不掩饰对尼采的赞赏与感激。参见朗佩特,《施特劳斯与尼采》第一章、第二章,田立年、贺志刚译,上海三联书店、华东师大出版社,2005。
② 施特劳斯在1971年尼采研读课的第一讲,同样称这本书是尼采"最美的作品"。

深刻"和"语言上最完美"不是一回事。这种说法有些奇怪。如果说思想上"最深刻"不等于"最美"还可以理解,对于一本书而言,说它"在语言上最完美"难道不等于"最美"吗?施特劳斯立刻以柏拉图为例,柏拉图最美的作品是《王制》、《斐德若》、《会饮》,但这三部作品未必是柏拉图最深刻的作品。施特劳斯没有解释判断这三部作品是否美与是否深刻的标准,同时,在这个例证中,他舍弃了"语言上最完美",而只提到"最深刻"。但是,施特劳斯随后说,"然而,柏拉图没有在其作品当中就其或深刻、或美或语言上完美做出区分"。施特劳斯重新提到语言上完美,但是他断言,柏拉图没有刻意区分深刻、美或语言美,并且进一步引申为,柏拉图的关注点在自身之外,而尼采更关注个体性(personal)。①

要理解施特劳斯的这个开篇笔法,必须注意,这篇论文是施特劳斯最后一部书《柏拉图路向的政治哲学研究》中的一篇,甚至是居于中心位置的一篇。② 这篇文章的许多内容都曾出现在 1971 年的尼采研读课上。③ 施特劳斯一贯有意区分公开写作与小圈子里讲授——这种区分也是柏拉图对话中的一贯区分,关于哲学的交谈只出现在最私密的自己人之间(柏拉图的《帕默尼德》关于"一"的讨论就发生在私密的哲人小团体中)。于是,关于《善恶的彼岸》,施特劳斯身后留下一部讲课录音整理稿(长达 246 页),以及一篇在此基础上整理的一篇文章(凝练为 38 段)。施特劳斯在讲课的过程中就着手写作这篇文章,而他与柏拉图、尼采一样,是位善用写作技艺的狡黠的作者。施特劳斯在这次讲课的第一讲谈到柏拉图与尼采的写作技艺,他说:

> 关于写作技艺,尼采与柏拉图有个明显差别。柏拉图总是关

---

① 施特劳斯在这里提到比起柏拉图,尼采更关注个体性,关注"尼采先生"。必须留意,这个个体性限定在哲人尼采或哲人柏拉图上,"尼采先生"首先是位哲人,而非普通人。换言之,这里强调的实际上是对哲人/哲学而言更切己的东西。用朗佩特的话说,由于尼采,哲人的人性才是关注的中心,而非哲人之外的某个理念化的人、神圣的自然。
② 《谋篇》完成于 1972 年 3 月 12 日至 1973 年 2 月。
③ 尼采研读课始于 1971 年 10 月 6 日,结束于 1972 年 5 月 24 日。一共 14 次课,除第十三讲录音丢失以外,其余录音已由 Mark Blitz 整理编订。本文中来自讲课录音稿的译文都由笔者自译。

心保留年高德勋者可敬的意见,尼采却从不关心这个。或许尼采必须站在屋顶呼喊,唯其如此,这位严肃而深刻的思想者才能在他的时代觅得知音。(第一讲,曹聪译)

这句话透露出,虽然尼采与柏拉图都是深谙哲学写作技艺(同时也深谙哲学最幽微处的奥秘)的作者,但是二者有一个表面看来就很明显的差异,造成这种差异的原因不在哲学本身,而在于所处时代的现实处境。对柏拉图而言,保留某些高贵的意见还是可能的,而对尼采而言,他被迫呐喊,被迫袒露过去未曾明言的东西。在《善恶的彼岸》集中处理传统哲学时,柏拉图是尼采最强大的对手,但尼采远比任何现代哲人更记得柏拉图或苏格拉底。尼采所处的政治环境与柏拉图不同,尼采所面对的意见也无法令他满意。在尼采的时代,自然科学理性已经战胜了传统形而上学理性,法国大革命导致欧洲形成保守派(the conservatives)与自由派(the liberals)两个派别。尼采既厌恶自由派给出的现代生活前景,又看到保守派的守旧前路渺茫。施特劳斯明白,尼采必须这么做,他说"唯其如此"。尼采把柏拉图深埋的关于哲学的最深的洞见挖掘出来,施特劳斯受惠于这一洞见,同时把尼采纳入柏拉图路向的政治哲学,并将其置于中心。①

施特劳斯这么做并不牵强。正如施特劳斯的思想历程中,始终记着尼采,尼采的思想历程中,始终不忘柏拉图。尼采对传统哲学的清理始于对教条主义者的批判,在《善恶的彼岸》序言中,他说:

> 这种怪物之一就是教条主义的哲学,比如亚洲的吠檀多学说和欧洲的柏拉图主义。面对此类怪物,我们不应该忘恩负义,尽管我们必须承认,迄今所有错误中最恶劣、最顽固和最危险者,莫过

---

① 这篇论文最终处于15篇论文的第8篇,但是据施特劳斯遗稿执行人克罗波西的说法,施特劳斯曾计划再写一篇导言和一篇谈论《高尔吉亚》的文章,并且为这篇文章安排好顺序。倘若按计划进行,本论文的排序将发生变化。在所有这些预定的文章中,"雅典与耶路撒冷"将位于正中,《谋篇》则处于第二部分第一篇。其中的逻辑顺序是,"雅典与耶路撒冷"代表思想史上最核心、最解决的问题,而尼采则尝试迎战这一问题。

于一个教条主义者的错误,也就是柏拉图杜撰了纯粹精神和自在之善。①

尼采指控柏拉图"杜撰"纯粹精神和自在之善。熟悉柏拉图的读者会记得,在柏拉图那里,善本身(自在之善)总是与美、正义一同现身,同时,它是众理念之理念(参见《会饮》、《王制》、《帕默尼德》)。按照一种柏拉图式的用法,美与善是一回事。例如,在《帕默尼德》中,柏拉图对德高望重而令人尊敬的大哲帕默尼德如是描述——这位哲人"既美又善"(καλὸν δὲ κἀγαθὸν,b2-3);年轻苏格拉底最初的哲学信念就是,美、善、正义是有理念的。在《会饮》中,当第俄提玛带了苏格拉底沿着爱欲阶梯攀升到终点时,达到对美本身的惊鸿一瞥,第俄提玛爱欲神话中的美也正是《王制》洞喻最高处的善,美本身就是善的。

当施特劳斯在"柏拉图路向的政治哲学研究"语境下说尼采的作品"美"时,他实际上在说,这部作品是好的——而且是从哲学的视角看到它是好的。《善恶的彼岸》副标题是"未来一种哲学的序言",尼采本人视之为"思想上'最深刻'、'在语言上最完美'的"《扎拉图斯特拉如是说》的准备工作。施特劳斯这样断言《善恶的彼岸》,

> 你将会看到"哲人"这个问题唯独出现在第一章的起始处,而没出现在别的章题中。但那只是个假象。整本书都在处理哲人。(第一讲)

受到尼采深刻影响的施特劳斯专门为尼采写作的论文仅有《谋篇》一文。从题目"注意尼采《善恶的彼岸》的谋篇"(Note on the Plan of Nietzsche's *Beyond Good and Evil*)看来,施特劳斯选择以尼采在《善恶的彼岸》中的谋篇布局为切入点,讨论尼采的意图。在第六段,施特劳斯概括了尼采这本最美的书的结构。施特劳斯说,第四章"格言和插曲"将全书分为两部分:第一部分论述哲学与宗教,第二部分论

---

① 本文《善恶的彼岸》的引文均来自魏育青、黄一蕾、姚轶励译本,未刊稿。

述道德和政治。哲学是这本书的首要主题。同时,对于尼采不同于柏拉图或亚里士多德,对他来说,首要主题是哲学或宗教谁来统治,政治次于哲学或宗教。因为,尼采看到,哲学面临着新的危险,尼采认为,这种危险是柏拉图哲学的必然后裔——科学精神与民主精神,它们撼动了哲学的确定性(certainty)。而尼采必须捍卫哲学。在施特劳斯看来,正是这本书的谋篇展现出,就捍卫哲学的利益而言,尼采与柏拉图的根本使命一致。因此,施特劳斯断言,在尼采亲手出版的唯一一本书中,尼采虽然在序言中以柏拉图的对手出现,但这本书在形式上却最"柏拉图化"。① 它最符合一个柏拉图式的目的。同时,施特劳斯对尼采谋篇布局的分析揭示出,尼采在哲学与宗教关系上的发现(前三章)促使哲人在道德和政治上承担起使命(后五章)——形式上的谋篇布局深刻地暗示着一种柏拉图式的政治哲学。施特劳斯苦心孤诣地以"谋篇"作为解读尼采这位立于现代性风头浪尖的复杂而深刻的大哲的切入点,他这么做,正符合施特劳斯的那句为人所熟知的名言——"表面即核心"。而理解全书的根基就在于理解尼采如何理解哲学与改造哲学。

---

① 施特劳斯在《谋篇》的第三段特地强调《善恶的彼岸》是"由尼采出版的唯一一本书"(the only book published by Nietzsche),这一点非常引人注目。深谙柏拉图政治哲学传统和柏拉图写作笔法的施特劳斯非常在意作品的公开出版是否出于作者本人的意愿。在讨论"理念"问题的柏拉图对话《帕默尼德》中,私密的小圈子聚在一起最初讨论的是芝诺的哲学论文,柏拉图在那里特意让芝诺强调,这篇论文的流传并非出于芝诺本意,而是被人偷走。关于"一"的核心讨论开始之前,帕默尼德特地强调,由于是自己人,接下来的纯哲学讨论才有可能进行。也就是说,施特劳斯强调有些议题是尼采本不愿公开发表的,而尼采愿意公开发表的作品是一部"柏拉图化"的作品。反观施特劳斯《谋篇》发表于施特劳斯逝世之后,虽然在施特劳斯逝世前这篇文章已经完稿,并且在与学生(自己人、熟悉的圈子)的研讨课上讲授了文章中的几乎所有内容——甚至更多、更显白。被毁谤为"玩弄隐微术"上瘾的施特劳斯极有可能在最后的写作与授课中实践了一次隐微教诲与显白教诲。原因或许正是在于,他在讲授尼采,讲授尼采对哲学新使命的看法,而这其中包含了施特劳斯本人对待哲学根本问题的态度。从遗嘱执行人在最后一本施特劳斯身后出版的《柏拉图路向的政治哲学研究》的前言可以看出,施特劳斯在如何安排这篇《谋篇》的次序也在故意含混,使其显得出于偶然才处于现在的排序,这展现出施特劳斯对于如何安排尼采的身位的有意含混。

二、从"致命的真理"到"活生生的真理"

尼采在"序言"中劈头对"真理"发问——

"假如真理是个女人——那会如何?"

尼采为什么会这样发问?施特劳斯的讲课录音稿给出一些提示。在指出《善恶的彼岸》是"尼采最美的作品"之后,施特劳斯开始讲解尼采时代面临的问题。施特劳斯告诉我们,尼采时代的核心问题是知识论(epistemological)问题。知识论试着回答"何谓知识?",而尼采将其转化为"为何是知识?",为知识寻找根基。尼采生活的那个世纪始终贯穿着知识与信仰的冲突。广义的知识,包括怀疑论;最广义的信仰包括一种被称作理性信仰(rational faith)的东西。可是,尼采同时质疑知识和信仰。知识与信仰都声称有一种东西对我们的生活有好处,这个东西就是真(the truth)。真包括知识的真和信仰的真。

施特劳斯在《谋篇》的第七段集中处理"致命真理"的问题。施特劳斯指出,尼采开篇的发问是对柏拉图的真理之爱和真理本身的质疑。尼采看到,在柏拉图那里,纯粹精神(pure mind/der reine Geist)把握真,但是尼采认为恰恰相反,不纯粹的精神是真理的来源。① 在尼采看来,无论知识的抑或信仰的真都对生活没有益处。施特劳斯提到尼采《不合时宜的沉思》第二篇中对真理/真相的表述,这段话原文如下:

关于生成统治权的学说,关于一切概念、类型和种类的流变性的学说,关于人和动物之间缺乏一切根本的差异的学说——这些我认为真实但却致命的学说——在如今流行的教诲狂中再经过一

---

① 根据施特劳斯的解释,这里的不纯粹指的是由直觉主导(instinct—dominated),与理性精神相对。施特劳斯在第二讲中强调,精神在德语里是 geistig,它介乎英语中的精神的(spiritual)与理智的(intellectual)之间。精神一词的程度不如理智的程度强烈。

代人被抛掷到民族中去……①

什么是真？在尼采看来,生成的统治权的学说(doctrines of sovereign becoming)才是真。这种学说表达了存在(being)与生成(becoming)的从属关系,承认流变,否认种群之间、甚至人与动物之间有确凿的差异——用柏拉图对话中的话说,这些学说是"绝望的深渊"(《帕默尼德》)。它们是致命的,但却是真实的。这些学说才是所谓的"真理",才是真相。在《希腊悲剧时代的哲学》中,尼采认为帕默尼德是存在的哲人,赫拉克利特代表生成的哲人——生成与流变才是人类无力应对的真相,因为,倘若现存的一切终将逝去,那么人之存在的根基将被动摇,人和其他种群之间的差异也将泯灭,生命本身将坠入无意义的深渊。尼采看到这一点,柏拉图也同样看到了这一点。当帕默尼德以"谁有资格分有理念？"这个问题向出入哲学之门的青年苏格拉底提问时,苏格拉底毫不犹豫承认"正义、美、好"分有理念,但他决不愿承认"头发、泥巴、污秽"这些无意义的东西也具有理念,苏格拉底说,

> 相信存在它们的某个理念恐怕太离谱了。我一直倒是不时感到困惑,搞不好某一个涉及所有这些东西。后来每当我来到这里,我就逃走,担心恐怕有一天由于掉进什么愚蠢的深渊而毁了自己。②

既然流变的学说才是真相,那么尼采自然认为,接过帕默尼德存在哲学的柏拉图显然没有说出真相,尼采指责柏拉图捏造出纯粹精神和善本身——理念之理念、最终极的价值。可施特劳斯却看到,倘若这种致命学说庸俗化流行化,将会对人类生活带来致命的毁灭,在这一点上,施特劳斯的选择与柏拉图一致。可是,问题在于,当这些致命真理已经大白于天下时,抑制它显然无异于螳臂当车。尼采的选择是,必须

---

① 尼采,《不合时宜的沉思》,李秋零译,华东师大出版社,2007。
② 柏拉图,《帕默尼德》130d,曹聪译。

尝试将这些致命的真理转化为活生生的真理，而这些活生生的真理可以继续保持人类最高的生活——哲学生活的可能性。根据施特劳斯在课上的提示，尼采解决方案的表达式是——"诸神死了。现在我们需要超人活着。"（《扎拉图斯特拉如是说》卷一，"论馈赠的道德"）。尽管尼采反对教条化的柏拉图哲学——柏拉图主义与基督教带来的真实世界与虚构世界的颠倒，但是他仍然认为必须保持人类最高生活——我们需要超人（Überman）活着。与传统哲人将超越性赋予一个神圣的理念或神圣的上帝不同，尼采的超人是一个超越的人，但他仍然是人类。超人的反面不是人类，而是末人（der letzte Mensch），末人不再贫穷不再富有，安心地过着精致的小生活，不再追求卓越（《扎拉图斯特拉是如是说》，前言）。

《善恶的彼岸》副标题是"未来哲学导论"。尼采的意思是，过去的哲学已经结束，这在尼采的时代已经是一个常识，自然科学强势取代传统形而上学。我们今天最权威的自然科学家霍金宣布，哲学已经终结，但是这种判断无法安顿人的生活。

尼采开篇问"假如真理是个女人，那又如何？"。在第220条格言的最后，尼采明确地将这个假设的问句落实，他说，

说到底，真理是个女人：不能对她施暴。

在德语中，wahrheit 是阴性名词，语法原因让尼采的发问在形式上一点也不突兀。尼采说，真理是女性（阴性），而所有的教条主义者都不善于和女人打交道，他们用简单粗暴的方式对待难以捉摸的女人。在尼采看来，教条主义者无异于宣称一个人占有了真理，能够宣告真理是什么东西。然而真理其实却像女人一样难以捉摸。在这篇向教条主义者宣战的序言中，尼采借助设问句，给了真理一个假定，他刻意不用陈述句，因为正如施特劳斯看到的那样，宣告一个事实就意味着自己掌握了关于这个事实的真相。那么，倘若尼采开篇直陈"真理就是一个女人"，那么他就等于在宣告一个真理，他将无法保持自己在怀疑论者与教条论者之间的身份。施特劳斯还看到，事实上，

尽管尼采开篇就把柏拉图设定为自己最根本的对手——副标题"未来哲学导论"意指一种不同于以往那种由柏拉图奠定的哲学的新哲学,并向教条主义者发难,指责柏拉图捏造的善本身和纯粹精神促就了后世的教条主义者,但尼采深深地懂得,柏拉图本人绝非教条主义者。施特劳斯接下来讨论神灵搞不搞哲学的问题,从而区分第俄提玛和柏拉图。

在《谋篇》的第四段,施特劳斯在某种程度上承认尼采对柏拉图的指控,他说,从纯粹精神和善本身出发,很容易会认为

> 没有人是智慧的,只有神灵是智慧的;人类只能追求智慧或者进行哲学思考;人类只能追求智慧或者进行哲学思考;神灵并不进行哲学思考。

施特劳斯强调,这种印象来自《会饮》203e-204a 的地方,这是第俄提玛的结论,而非柏拉图的。施特劳斯说,柏拉图极有可能认为神也搞哲学。[1] 当柏拉图的"善本身"经过新柏拉图主义转为经院哲学的上帝

---

[1] 笔者认为这是施特劳斯的一个笔法。施特劳斯的这个判断非常重要,同时,这个判断非常小心谨慎,他用到"很可能",而非下一个确凿的断语。他在后面表示了柏拉图文本中的依据,即《智术师》,216b5-6,《泰阿泰德》,151d1-2。关于柏拉图是否认为神也哲思,还有一个义本证据,在《帕默尼德》134d-e。这几部对话通常被研究者称为"埃利亚对话",是柏拉图对话中最形而上学的对话。按照第俄提玛式的教诲,神明拥有智慧,拥有知识自身,即最精确的知识,那么神当然已经是智慧的,而不必爱智慧——搞哲学。尼采看到这种推断的问题,因此他据此责难柏拉图。但是,难道柏拉图没有看到这种说法的困难吗?事实上,在《帕默尼德》中,当帕默尼德和苏格拉底就理念世界与日常世界判然分离达成一致之后,拥有最高理念、最精确知识的神将会对人的世界无能为力。最终的结论是——神既不是我们的主人,也不认识人事。过神圣沉思生活的哲人,也将会对属人生活无能为力。于是,当推出这种结论的时候,苏格拉底惊呼这太可怕了,并否定了这套推论。此外,哲人借助辩证术沉思,借助逻各斯的力量把握真理。柏拉图意识到,纯粹逻各斯面对真理依旧可能不是强力的,而是屠弱的(文本证据是关于"一"的八组辩证术演练得出了八组不同结论,最终关于"一"是什么,并未获得定论)。因此,在柏拉图的文本中,神拥有精确知识、不需要爱智慧的推论在苏格拉底哲学生涯的一开始就遭到否定。柏拉图的确有可能认为,神也搞哲学,神并不具有精确的知识。施特劳斯在提出"柏拉图很有可能同样认为神明进行哲学思考"之后跳到《善恶的彼岸》的最后一条格言,关于"写下和画出的思想"与它们原初清晨模样的差别,并且将这条格言与柏拉图关于"逻各斯屠弱"的暗示联系起来。

之后,的确如尼采所说,后果是"否定一切生命的基本条件……"。但是,施特劳斯把神灵不搞哲学的说法归给了第俄提玛,第俄提玛既非苏格拉底,亦非柏拉图。施特劳斯这么做就把教条的柏拉图主义与后世的迷梦归给第俄提玛,而不是柏拉图。

尼采反对柏拉图学说的核心——纯粹精神与善本身。善本身是一个简单的表达,它是理念之理念,用尼采的语言来表述,善本身其实绝对的或永恒的价值。尼采认为柏拉图的这个观点是一个根本错误。序言的最后说:

> 而今日,这一错误已被克服,欧洲挣脱了这一梦魇,喘过气来至少能够享受比较有利于健康的——睡眠了,我们继承了在与这错误的斗争中积累起来的所有力量,肩负着保持清醒的职责。如同柏拉图那样谈论精神和善,这当然意味着颠倒真理,意味着否认视角(perspective),否定一切生命的基本条件……

真理并不像柏拉图看来的那样"绝对",或者用施特劳斯的话说,并不像第俄提玛看来的那样绝对,没有一位掌握着绝对真理的神。尼采质疑作为沉思和理论存在的哲学,这种观点把理论生活等同于至善生活,认为通过理论朝向着永恒和不变,就是接近神性的生活。这种哲学的核心是善本身,作为一种自身依据自身、自身指向自身的东西,它反对生成。尼采认为,这是一个错误,如今,这个错误已经被克服。尼采在这里没有解释这个错误如何被克服,后面的文本将会提示,这不是尼采的功劳,而是现代自然科学兴起的功劳。但是,施特劳斯明确指出,柏拉图本人并非柏拉图主义者,他从未直白地有过这个表述——纯粹的智性活动是神圣的,这种神圣的活动能够认识善本身,这种观点最多只能称为柏拉图思想的衍生品。在施特劳斯看来,尼采关注的核心问题是哲学和宗教谁来统治,尼采认为柏拉图哲学导致了宗教统治哲学,这是个根本的错误,而今天,欧洲精神的弓再次绷紧,随着柏拉图主义与民众的柏拉图主义的破灭,未来哲人的时刻即将到来。

三、清理传统哲人的"偏见"

在此之前,尼采要清理哲人的偏见,为自由精神做好准备,迎接未来哲学的到来。于是,尼采要把柏拉图以来颠倒的真理重新扭转过来,第一章的标题是《哲人的偏见》,关于那些自称挣脱了偏见的人们的偏见,一方面是对古典哲学的清理,另一方面同时也对现代哲学发起猛烈的攻击。

尼采的起点是拷问"求真意志",进而深入到真理的价值问题。

> 究竟是我们身上的什么要"追求真理"呢?——确实,我们曾驻足良久,探讨这求真意志的起因,——直至我们终于纹丝不动地伫立在一个更加基本的问题之前。我们开始追问起这意志的价值。倘若我们要的是真理,那么为什么要的不是非真理?不是缥缈不定?不是无知蒙昧?——关于真理的价值的问题走向了我们,——抑或是我们走向了这个问题?

尼采显然对柏拉图式的答案不满。柏拉图式的答案会说,在永恒真理面前才可以找到这种纯粹的永恒。背后预示着永恒理念是好的、有价值的,稍纵即逝的万物是坏的。于是在第二段格言中,尼采进一步对诸价值的对立发起攻击。在尼采看来,基于活生生的生活或者说生生不息的生命的立场看,永恒的、真理的未必是好的,易变的、表象的未必是坏的。尼采看到的是某些"危险的也许",表象和真理也许是一致的。

> 那些好的、受人尊敬的事物的价值,恰恰在于这些事物与坏的、表面上与之格格不入的事物之间的令人尴尬的关联、纠缠、钩连,也许甚至在于两者本质上的一致。(格言2)

既然真理和表象也许并非对立,相反,它们也许一致,那么哲人为何要求真？尼采要搞清楚哲人求真意志的原因。

我观察哲人们的一举一动，字里行间全不放过。在如此细致的长期观察之后，我对自己说，必须认为有意识思维十有八九属于本能行为，哪怕是哲学思维也不例外。我们必须改变观念，如同我们改变了关于遗传和"天赋"的观念那样。生育行为在整个遗传过程及其后续发展中不起什么作用，同样，"意识"在任何决定性意义上都不是什么与本能相悖的东西，——哲人的有意识思维大多受到其本能的悄然控制，并被迫沿着特定轨道运行。在富于逻辑和看似独断的活动背后，是价值判断，说得更清楚些，是为了保持某种特定生命而提出的生理要求。（格言3）

施特劳斯将尼采的观点概括如下：哲人们宣称摆脱了那些低的东西，诸如本能，但是就在他们那种摆脱本能驱使的表象之下，他们正接受本能的指引。这种本能欲望让哲人们证明事先已然确信的东西，但是在这一点上所有哲人都不诚实。所有哲学不过都是个体性的（personal）言说，那些智性上不真诚的哲人们却对此加以否认，宣称哲学是非个体性的，具有普遍性。尼采先是提到斯宾诺莎和康德，随后是柏拉图和伊壁鸠鲁。尼采直接挑明这个真相：

在每种哲学中都存在一个临界点，哲人的"信念"就在此现身。（格言8）

随后尼采揭穿了廊下派"依据自然生活"背后隐藏着的对自然的规定（prescribe）。尼采在第9条格言第一次提到权力意志，

哲学就是这么一种暴虐的欲望，精神上的权力意志，"创造世界"的意志，追求第一因的意志。（格言9）

在第13条格言中，尼采直接说，

生理学家们应当考虑考虑了,是不是要将一个有机体的自我保存欲望看作是它的基本欲望。活物的首要意志便是释放其力量——生命本身即是权力意志——:自我保存只是它的一项间接的、最常见的后果。(格言13)

权力意志就是尼采对哲学的表达。根据施特劳斯的解读,尼采用权力意志取代了柏拉图的爱若斯和纯粹精神(der reine Geist),哲学是最精神化的权力意志,是对自然的规定(prescribe)。在序言中,尼采指控柏拉图捏造纯粹精神理解善本身,所谓善本身就是永恒价值(the eternal values)。尼采却认为,不纯粹的精神创造可流变的价值。

从格言10开始,尼采开始处理现代哲学。尼采的基本观点是,这些五花八门的时髦表达表面上看都是非常理论化、体系化、极度琐细的逻辑推论,归根结底也和其他论断一样,不过是受到本能冲动和激情的推动而已。尼采在这里提到反对时髦哲学的人,另外一种本能,这种本能比本能地满足于现代观念更高。

然而,在另一些相对而言强健有力、生气勃勃、渴慕生命的思想家那里,情况便有所不同了:他们反对表象,高傲地说出了"透视"这个词。他们估计自己躯体的可信度和与"地球静止不动"这一视觉表象的可信度差不多低下,看来心情愉快地丢开了最可靠的占有物(因为如今还能有什么比自己的躯体更可靠呢?)——谁知道,他们是不是其实想要夺回某种东西,那是从前的一种更可靠的占有,某种古老的占有,属于从前的信仰,也许是"不灭的灵魂",也许是"古老的神明",总之是这样一些理念,它们比"现代理念"更能使人生活得美好,也就是欢快、充满活力?这是不信任现代理念,不相信所有昨天、今天建立起来的一切;也许掺入了少许厌烦与讥讽,不能再忍受今天所谓的实证主义拿出来兜售的来源五花八门的垃圾概念,也许因为自己的品味比较高雅,所以讨厌光怪陆离的年市,讨厌所有强调实在的半吊子哲学贩子卖破烂的作风,那些家伙除了炫人耳目,什么新东西真玩艺都没有。(格言10)

施特劳斯指出，这种本能的意义在于，回忆起曾经的那种高贵谎言，让人不再满意当下的那些鄙俗的真理，脱离眼下鄙俗的真理才可能让我们走向一种未来的高贵真理。在这个意义上，《善恶的彼岸》被称作未来哲人的先声。回忆起从前的信仰——无论是不朽的灵魂抑或古老的众神，回忆起这些高贵的东西，在尼采看来是走向新的高贵的真理所必须的本能。借用《书籍之战》的比喻就是，今人的山峰比古人的山峰低得多。但是今人之中极少有人能看到这一点。

但是，问题能够止步于此吗？仅仅退回到对"不朽灵魂"的信仰和对"古老众神"的虔敬中就可以解决问题了吗？尼采显然不是个复古派，施特劳斯显然早已看到了这一点。在第一讲中，施特劳斯就已经指明，尼采面临的政治处境——法国大革命将欧洲分为保守派与自由派两个政治派别，简单地说，保守派代表王权和祭坛，自由派代表民主和作为宗教。尼采对自由民主观念许下的生活品质不满，但他也清楚地看到，保守主义没有未来。施特劳斯强调，这是理解尼采时必须思考的表面问题。但是，他还强调，政治问题仅仅是表面问题而已。尼采在这里赞美了本能地不信任现代理念的品味高雅的少数人，

> 关键不是他们想要"倒退"，而是他们——想要离开。再多一点力量、动能、大无畏精神和艺术家气质，他们就会想要超越——而不是倒退！（格言 10）

但是，这还不够，倒退并不够。尼采指出，接下来的任务是超越，而非倒退。可是，该如何实现这种超越呢？尼采反复提到致命真理，并期待某些人能够凝视致命真理，同时能够抛开柏拉图为致命真理编织的高贵谎言，直接凝视致命真理的致命之处，用柏拉图的话说，凝视荒谬的深渊。然而，尼采对未来哲人的期待在于，普通人面对致命真理会逃走，或被麻晕，走向虚无主义，然而，未来哲人才可以足够强大地面对幽暗的深渊并摆脱它——通过创造活动（creation）超越它，而不是仅仅退回到柏拉图以来的高贵谎言中。

用施特劳斯的话说，尼采对当下庸俗的真理不满，现时代的庸俗真

理战胜了高贵谎言。在这个背景下,尼采把柏拉图当作对手,让人们想起高贵的谎言。也就是说,在批判现代观念的背景下,尼采通过对传统哲人的偏见的批判,实际上提醒人们注意曾经的高贵。但是,他并未止步于此。

施特劳斯看到,尼采的计划是这样:

> 回忆起一种高贵的、一度占据统治地位的谎言,这就会让人不再满意眼下占据统治地位的庸俗真理,而这将有可能带我们走向一种未来的高贵真理。(第三讲)

在这个意义上,《善恶的彼岸》的副标题是"未来哲学的序言"。尼采认为,试图继续保持致命真理的隐秘性已经不再可能。只有一条路——必须将这些致命的真理转化为活生生的真理,而这些活的真理可以让过去曾经存在、未来还将存在的最高的生活成为可能。过去的最高生活依托于柏拉图主义的神圣至善,如今这已经被形形色色的庸俗真理攻占。用尼采的话表达,"上帝死了"。

尼采选择直面并承认这个致命真理,揭示而非隐藏。让致命的真理走向新生,也就是要让超人诞生。施特劳斯特地指出,超人与柏拉图主义以来的神圣至善的差别就在于,超人是一个超级的人类,他仍旧是人,而非一个人之外的神。用施特劳斯在《谋篇》中的最后一句话表述就是,尼采的方案就是

> 高贵的自然取代了神圣的自然。①

不过,在施特劳斯看来,相对真理而言,尼采的方案仍旧是"众多解释中的一种"。

---

① 参见施特劳斯,《谋篇》。中译文见朗佩特,《施特劳斯与尼采》,前揭,页 222。

现象学与古今之争

徐 戬

> 对于"行"而言的"中"乃是"时"(Die meson für die praxis ist der kairos)。
>
> ——海德格尔

一、引　言

一百余年前,胡塞尔的《逻辑研究》(1900—1901)悄然问世,堪称现象学运动的奠基性事件。在"面向事情本身"这一旗帜的推动下,现象学运动经历了一个世纪的洗礼……即便远在中国,现象学如今也已成为哲学界的显学,经过众多中国学人的艰辛努力,现象学要籍的中文翻译已有可观的积累。

迈过世纪之交的门槛,我们难免会想,现象学对新的千年的意义究竟如何?

借助现象学的洞见,不少有识之士开始重新审视中国的思想传统,因此,对中国学人来说,现象学至少具有这样的意义——指点我们如何凭借现象学的"看"重新审视古典文本,以便挽回传世经典中久违了的生活世界……然而,现象学毕竟是现代性危机中兴起的哲学主张,要想化解中国思想遭遇的现代窘境,首先要弄清楚现象学在西方传统中的真切含义如何。

据说,欧洲的历史命运发端于哲人的"惊异",现象学专家黑尔德认为,作为世界历史重大转折的"惊异"乃是欧洲的基调(Grundstimmung)——如果说科学和民主就是欧洲精神的象征,那么,科学和民主的历史根源必须追溯到"惊异"这一哲人情志。对黑尔德来说,在后现代的多元文化语境中,欧洲精神若想自居为"普世价值",就必须现象学地返回前科学的"政治世界",从中找到支撑"普世价值"的原初力量。黑尔德的致思方向是,要想在古典思想中寻得科学和民主的哲学土壤,必须跟上胡塞尔和海德格尔返回前现代世界的步伐——在他看来,胡塞尔和海德格尔已然前赴后继地开辟了通往古典世界的通道。这一思路会让我们觉得,现象学的首要意义是在20世纪的时代处境中重新把哲学从天上拉回到地面上……在对胡塞尔、海德格尔进行精湛研究的基础上,黑尔德的《世界现象学》一书显得是要在胡塞尔和海德格尔开辟的路径上前行,继续推进如何把哲学从天上拉回前哲学的政治世界中来的问题。

我们当然知道,在古典时代承负这一重大使命的代表人物乃是苏格拉底……那么,是否可以说,现象学运动的背后隐含着一种苏格拉底式的动机?

显然不能这么讲。在《现象学导论》中,现象学家索科拉夫斯基明确指出,现象学并未提供一套政治哲学。要弄清现象学的历史意义,难免涉及到如何理解现象学原初定位的问题,本文从现象学的基本问题入手,尝试带着问题进入早期海德格尔,尤其是介绍海德格尔学界所谓"修辞学转向",最终引出"何为哲人"的问题——只有对现象学思想品质有清醒的认识,才有可能界说现象学对我们的意义何在。

二、哲学的可能性

对于现象学的初学者来说,索科拉夫斯基的《现象学导论》可谓一本难得的指南。书中对现象学给出了这样的理解:

现象学致力于研究人类的经验以及事物如何在这样的经验中并通过这样的经验向我们呈现。它试图恢复人们在柏拉图那里看到的哲学意蕴。然而,它不是像研究古董般的复原古代思想,而是要面对现代思想所提出的问题。它超越古代人和现代人,并力图在我们当前的境遇中重新激发哲学生活。因此,我撰写的这本书不仅仅是要向读者讲述一场特殊的哲学运动,而且是要在哲学遭到严重质疑或者普遍忽视的时代,提供哲学思考的可能性。①

我们的处境是哲学遭到了"严重质疑"或者"普遍忽视",现象学必须把这一当前的危难处境作为思想的起点。索科拉夫斯基从哲学危机中看到,现象学必须"超越古代人和现代人",以便达成"重新激发哲学生活"的历史使命。然而,既然现象学必须"面对现代思想所提出的问题",为什么要提出"恢复人们在柏拉图那里看到的哲学意蕴"的呼吁?根据他的说法,挽救哲学首先意味着一种"恢复",而这种"恢复"要求理解柏拉图笔下的哲学意蕴,这并非复古主义,而是要求超逾古今之争,回到哲学的实事本身。

柏拉图就等于哲学的实事本身?柏拉图主义难道不是"一场特殊的哲学运动"?

在《欧洲科学危机和超验现象学》中,胡塞尔具体分析了现代欧洲所面临的深刻危机,在这位现象学宗师看来,哲学危机来自生活世界的危机——以现代数学—物理学为基础的理性主义遮蔽了前现代的生活世界。古典科学并非旨在修正我们对世界的前科学理解,而是旨在完善这种自然而然的理解。按照索科拉夫斯基的思路,柏拉图哲学至少没有预设现代数学—物理学,而是基于生活世界的寻常现象。既然欧洲科学危机在很大程度上来自近代科学革命,那么,重启"哲学思考的可能性"似乎就意味着,可以凭靠柏拉图的指引返回近代之前的生活世界——遗憾的是,胡塞尔并未在解读柏拉图上倾注多少精力。

早在写作《存在与时间》之前,海德格尔就认识到经由古典哲学寻

---

① 索科拉夫斯基,《现象学导论》(剑桥大学,2000),武汉大学出版社,2009,页2。

找思想出路的重要性,并开始在课堂上细致研读柏拉图,当然,海德格尔更为看重的哲学资源其实是亚里士多德,亚里士多德才真正堪称两脚站立在大地上的哲人。因此,现象学同亚里士多德主义有着不同寻常的亲缘关系。晚近以来,海德格尔的早期讲稿陆续整理出版,对海德格尔研究产生了巨大冲击,尤其是1924年的两门课程,这两门课的课堂讲稿分别对亚里士多德《修辞学》和柏拉图《智术师》进行细致诠释。

即便是西方学界都未必熟悉这两部讲稿,这些讲稿的影响仍在不断扩散,只有带着现象学的问题意识进入海德格尔,这些讲稿的历史意义才会呈现出来。仅就海德格尔的《修辞学》讲稿而言,十年来已有至少两部研究性论集问世,可惜的是,中文学界的深度研究尚付阙如。

坊间已有各色的"现象学导论",作者中不乏现象学界的名家,尽管如此,索科拉夫斯基的《导论》仍然令人印象深刻。作者并未按照现象学史的一般写法,依次介绍胡塞尔、海德格尔、舍勒……而是旨在"告诉人们现象学是什么"。按照他的说法,这种面向事情本身的写法是在尝试"效仿胡塞尔本人撰写的那几本导论"。索科拉夫斯基这本小书让人觉得,他的现象学见识与海德格尔当年发动的哲学革命密切相关。

"意向性"是现象学的核心概念,就此而言,现象学的最大贡献在于"突破了自我中心的困境",使克服近代主体哲学引出的相对主义成为可能。索科拉夫斯基不无针对地指出:

> 如果失去了意向性,没有共同的世界,那么我们也就无法参与理性、明见性和真理的生活。每个人都转向自己的私人世界,而且在实践方面我们只做自己的事情:反正真理没有向我们提出任何要求。然而,我们毕竟还是知道,这种相对主义不可能是最终的故事。①

索科拉夫斯基并没有止步于对近代主体主义的批判,而是竭力盯住哲学史上的重大问题,着重描述了现象学的三个"形式结构":部分与

---

① 索科拉夫斯基,《现象学导论》,前揭,页10。

整体的结构、多样性中的同一性结构以及在场与缺席的结构,其意义在于说明,"事物显现的方式是事物存在方式的一部分"。

以这三个彼此关联的结构来概括现象学的分析方式,眼光相当独到。前两个结构是哲学史上的经典问题,从哲学史上看,"差异性中的同一性"观念就是"多中之一"的观念,柏拉图、新柏拉图主义乃至经院哲学家对此进行过深入探讨,亚里士多德在《形而上学》中对整体与部分的关系亦多有论述。第三个形式结构乃是现象学原创的主题,其主旨在于,"在场"和"缺席"的结构与事物的"本体"密切相关。

索科拉夫斯基指出,"在场和缺席是充实意向和空虚意向的对象相关项",具体说来,"充实意向和空虚意向都指向同一个对象",也就是说"在场和缺席都'属于'同一个事物"。因此,在场和缺席跟事物的存在如影随形:

> 事物都是在缺席与在场的混合中被给予的,正如它们在多样性的呈现之中被给予一样。我们还应该注意到,在使用诸多语词来命名某个事物的时候,我们指涉的正是这种同一性,在缺席和在场状态下保持不变的东西。①

索科拉夫斯基强调,对象的同一性只有"跨越在场与缺席的差异"时才被给予,在这一基础上,我们不妨从意向性转向现象学的首要原则——对"自然态度"和"现象学态度"进行区分。

索科拉夫斯基把"自然态度"视为 $doxa$(信念、意见),并把"世界"称为 Ur-doxa,并指出笛卡尔哲学的重大缺陷在于,使"自然态度的各种意向性"丧失了名誉,从而破坏了自然信念。与此不同,现象学恰恰"恢复了我们在自然态度中拥有的确信的有效性"。自然信念乃是生活世界不可或缺的前提,摧毁了自然信念就相当于消除了哲学赖以呼吸的空气——问题的要害在于,现代理性主义使原初意义上的哲学不再可能。

---

① 索科拉夫斯基,《现象学导论》,前揭,页 36。

在介绍意向活动(noesis)和意向对象(noema)之后,索科拉夫斯基对先验还原进行了探讨,先验还原的宗旨是维护自然态度:

> 哲学面临的危害之一,就在于它可能认为自己可以取代前哲学的生活。……如果哲学试图取代前哲学的思维,其结果就是理性主义,由马基雅维利在政治和道德生活方面、笛卡尔在理论事务方面引入到现代哲学中的那种理性主义。
>
> ……人们在哲学登上舞台之前就已经获得了真理。自然的意向性的确达到了充实和明见性,哲学永远不能替代这些意向性所做的事情。现象学寄生在自然态度及其全部成就上。除非通过自然态度及其意向性,否则的话,现象学也就没有任何途径可以接近事物和世界的显露。①

在他看来,"真实的意见"或者"在先的信念"对于哲学来说不可或缺,因此,现象学应该抵制两种倾向:理性主义倾向和后现代主义倾向。理性主义"想要使哲学成为所有前哲学的理性形式的完美替代物",后现代主义则站在另外一个极端"否认理性具有任何中心意义"。通过抵制这两种倾向,现象学就与前现代的立场休戚相关:

> 古典的希腊思想和中世纪思想认为,前哲学的理性可以达到真理和明见性,哲学的反思是随后到来的,而且不干扰在它之前的东西。②

在对现象学进行初步陈述之后,随后是对现象学核心概念的具体展开,不仅分别探讨"知觉"、"记忆"和"想象",展示出前述三种结构("部分与整体的结构"、"多样性中的同一性结构"以及"在场与缺席的结构")在现象学具体分析中的内涵,而且,还把目光转向了"语词"、"图

---

① 索科拉夫斯基,《现象学导论》,前揭,页62—63。
② 同上,页63。

像"和"象征"。在对不同种类的意向性进行探讨之后,索科拉夫斯基开始分析"范畴意向"和"范畴对象",他高度评价了"范畴意向"的研究,认为这为"走出现代哲学的自我中心困境"提供了资源。

索科拉夫斯基将理性生活视为"在场和缺席之间以及明晰和暗昧之间的推拉牵扯",显然,这里的"理性"绝非启蒙主义所谓的"理性",而是有着更为深厚的思想史背景。如果说,启蒙理性必然会与古典传统发生冲突,那么现象学意义上的"理性"则为我们敞开了重新审视古典传统的理性主义根基的可能性——如何理解古典传统与重启"哲学思考的可能性"密不可分。

从在场和缺席的关系出发,索科拉夫斯基深入解释了传统的形成,而且认为"我们的全部文化制度都是如此":

> 然而,一旦对象被明见,它还是有可能甚至不可避免地再次落回到模糊状态。这种回落之所以发生,乃是因为我们必须把已经获得的明见性视为理所当然的,以便继续向前,达到以它为基础的进一步的明见性。原初的明见性变成了积淀,如同现象学的隐喻所形容的那样。它变成了隐蔽的预设,使更高的东西能够达到澄明,但是当我们关注这个更高更新的明见性的时候,那个较低的、更为原初的明见性就会退进幽暗之中。①

这一概述勾勒出了现象学意义上的"层累说",也就是说,传统并非自在存在,认识传统本相的前提必然借助"哲学的考古学",显然,这样的"哲学的考古学"与海德格尔早年所谓"解构"的关系更为直接,要想弄清现象学如何面对历史传统,至少应该考虑海德格尔为何以及如何解读哲学经典,否则就无法深入理解现象学运动的本相。②

---

① 索科拉夫斯基,《现象学导论》,前揭,页164。
② 胡塞尔将"积淀"视为层层累积的过程,"去积淀化"这一根本意图贯穿了胡塞尔思想发展的始终,参胡塞尔,《欧洲科学危机和超验现象学》,上海译文出版社,2005,页68—69。

三、"层累"与"解构"

根据阿伦特的回忆,海德格尔的革命性影响首先来自其课堂教学,《存在与时间》不过是印证了这种影响——没有先前巨大的教学成功,《存在与时间》是否可能取得如此之大的影响,就很难说了:

> 海德格尔的名声先于1927年《存在与时间》的出版。确实,如果没有他先前教学的成功,这本书非同凡响的成功……是否还可能就要划上个问号了。在他那时学生们的心目中,此书的成功不过证实了他们已经知道的关于这位老师的东西。……海德格尔的更独特之处在于,他的影响根本不能以任何把握得住的东西为基础。没有什么作品,只有上他课时做的、在学生中传来传去的笔记。这些课堂讲授讨论那些广为人知的文本;这些讨论中也不包含能够被再制造或传播的概念学说。几乎就只有一个名字,但这名字却像一个关于国王秘密的留言一样传遍德国。……这流言将他们先吸引到弗莱堡那位讲师那里,后来又到了马堡。这流言说,有某个人,他实际上得到了胡塞尔所宣称的东西,他知道这些东西不只是学术的,而是有思想的人们所关心的;这种关心不仅昨天和今天,而且从不可记忆的时代起就有了。正是由于他看到传统的那根线索已经断掉,他正在重新发现过去。……这流言所说的相当简单:思想已经又一次复活;被认为死去了的过去的文化财富又开始说话,而且所说者完全不同于以前被认为是它们所说的那些东西。有了一位老师,一位人们可以向他学习思想的老师。(转引自张祥龙,《海德格尔传》)

无论阿伦特的说法是否公允,我们都有可能会从中得到这样的启示:若要就这些早期讲稿本身探寻进入海德格尔思路的通道,首先需要自觉扭转以《存在与时间》的视域笼罩海德格尔早期讲稿的定势。否则,仅仅从《存在与时间》出发,难免会遮蔽早期讲稿中的原初视域。反过来说,只有熟悉海德格尔的早期讲稿,《存在与时间》以及后来著作的底蕴方能充分透显出来。

在阿伦特看来,哲学的本源被历史沉淀遮蔽已久,海德格尔的思想行动所艰难修复的乃是一种尘封已久的哲学记忆。在解读经典文本的课堂上,海德格尔引领学生们穿透西方历史中层层累积的传统,竭力寻找古希腊源头所散发出来的生命气息。纵观20世纪思想史,从海德格尔课堂中走出来的学生们中有阿伦特、伽达默尔、洛维特、约纳斯……

海德格尔早期讲稿大致可以分为早期弗莱堡讲稿(1919—1923)和马堡讲稿(1923—1928)。孙周兴先生编译了《形式显示的现象学:海德格尔早期弗莱堡文选》(上海:同济大学出版社,2004),为我们提供了进入海德格尔早期思想的门径性文献。尤为珍贵的是,《文选》中包含了西方学界在1989年发现的《那托普报告》,从中可以初步触摸到早期海德格尔的基本面貌。原文的写作时间是1922年,题为《对亚里士多德的现象学阐释(解释学处境的显示)》。

文章开篇就声称,其主旨是"致力于一种存在学和逻辑学历史"。其主体内容是对解释学处境的阐明,以此作为清理亚里士多德哲学的先导。在文章后半部分,海德格尔梳理了亚里士多德的基本概念,文本依据分别是《尼各马可伦理学》(卷6)、《形而上学》(卷1第1章和第2章)以及《物理学》(卷1、卷2、卷3第1—3章)。

纵观海德格尔早期讲座的内容,我们可以清楚地看到,他的存在论哲学恰恰是通过对西方传统的解构中发展出来的。① 海德格尔的主导动机是,通过现象学解构来挖掘层层累积的传统所遮蔽的思想本源。恰在这一解释学行动中,海德格尔与亚里士多德发生了历史性的相遇。就此而言,写于1922年"那托普报告"堪称其思路的纲领性表述。"那托普报告"极大深化了学界对海德格尔的认识,伽达默尔径直称之为"海德格尔的青年神学书简"。

在海德格尔看来,西方传统可以简称为"希腊的—基督教的生命解

---

① 海德格尔的解构思路与其神学理解密切相关,参莱曼,《基督教的历史经验与早期海德格尔的存在论问题》,收入《海德格尔与有限性思想》(重订版),北京:华夏出版社,2007,页107—148。

释",这决定了当今处境之存在特征的"各种决定性的构造性作用力量的缠绕交织状态"。从海氏1923年的讲稿《存在论:实际性的解释学》(何卫平译,北京:人民出版社,2009)来看,海德格尔仍在坚定地贯彻"那托普报告"中的纲领。他仍然在强调,哲学研究同对西方传统的"解构"休戚相关:

> 一门科学的当下形势面临着其事物的特定状况。它的自身显示可能是一个方面,后者通过传统(Tradition)如此这般地得到了固定,以至于这种非本真性根本不再被认识,而是被视为本真之物。还有,质朴地凭其自身显示自己的东西,还不需要成为实事本身。只消人们就此打住,人们就已经在基础之建立中把一种偶然冒充为一种自在(Ansich)了。人们把一种掩盖视为实事本身(die Sache selbst)。①

这无异于在说,规定着当今思想基本轨迹的传统乃是层累造成的"非本真性"传统,这种"冒充"的传统遮蔽了本真的生命意向。为了回到现象学的"实事本身",我们必须"超越初始位置而达到无掩盖的实事把握"。解构就是"对掩盖史的开启",从中引出的结论是"传统必须被拆解"。海德格尔无异于在重新规定当今的思想使命,这一使命就在于"返回去追踪哲学问题的传统,直到实事源头"。

在早期讲稿中,海德格尔对亚里士多德的解释占据了相当大的比重,这无疑折射出其解构行动的核心关切。其理由在于:

> 有了对传统的批判性拆解,就再也没有可能把精力分散在那些表面上要紧的问题当中了。在这里,拆解(Abbau)意味着:返回到希腊哲学那里,返回到亚里士多德那里,目的是为了看看清楚,某个特定的原始之物是如何脱落和掩盖起来的,并且看到我们就

---

① 海德格尔,《形式显示的现象学:海德格尔早期弗莱堡文选》,上海:同济大学出版社,2004,页133。

处身于这种脱落(Abfall)中。①

我们可以想见,海德格尔的"解构"或许与启蒙哲学的"建构"针锋相对,康德所谓"建构"其实是现代理性主义的共同预设,如果考虑到"建构"的原初含义是"制作",启蒙主义的诗性品质就昭然若揭了。②

四、从经验中学习

自从早期讲稿陆续出版以来,海德格尔研究领域发生了深刻的转变。这一转变的核心含义在于,扭转了以《存在与时间》为基点审视海德格尔思想行程的研究取向。③ 大约在十年前,海德格尔于1924年在马堡的讲稿《亚里士多德哲学的基本概念》(海德格尔全集第18卷,2002年德文版)整理出版,这部讲稿是对亚里士多德《修辞学》的细致解读。④

早在1993年,海德格尔专家 Theodore Kisiel 在其名著《海德格尔〈存在与时间〉的起源》中就认为,修辞学课程是海德格尔"最伟大的讲座之一","不仅仅对于希腊哲学,而且对他整个思想之路都具有开创性意义"。确切地讲,这部讲稿开辟出一个为后来的《存在与时间》所无法涵盖的原初视域。

令学界惊愕的是,讲稿内容并未遵循1922年的"那托普报告"中简扼勾勒出来的解读框架,而是在通篇解读"报告"中完全没有提及的亚里士多德《修辞学》。尤其值得注意的是,在海德格尔解读亚里士多德

---

① 海德格尔,《形式显示的现象学:海德格尔早期弗莱堡文选》,前揭,页134。
② 参拉赫特曼,《几何学的品性:现代性的谱系学》(David Lachterman, *The Ethics of Geometry: A Genealogy of Modernity*. New York and London: Routledge, 1989)。
③ 参张灿辉,《海德格尔与胡塞尔现象学》,台北:东大图书,1996。该书出版之际,马堡讲稿尚未全部出版,海德格尔的原初视域并未充分展现出来。基于马堡讲稿中的《时间概念史导论》(GA 20)和《逻辑学:追问真理》(GA 21),作者试图阐述海德格尔同胡塞尔之间的关系,书中的典型立场是,理解海德格尔哲学必须"从其最基本开始",《存在与时间》是海德格尔"最重要和最根本的著作",是理解其思想的"枢纽点"(页9)。
④ 海德格尔,《亚里士多德哲学的基本概念》(*Grundbegriffe der aristotelischen Philosophie*. GA 18, Frankfurt: Klostermann, 2002)。

的讲座中，唯有对《修辞学》的诠释冠以"亚里士多德哲学的基本概念"之名。海德格尔专家 Otto Pöggeler 提醒我们，原拟标题为"亚里士多德：修辞学"，后经仔细斟酌才改为现有的正式标题，可见这一举动并非随意为之。

我们记得，"那托普报告"中提到的文本是《伦理学》、《形而上学》和《物理学》，按照我们通常的观念，这三部著作都比《修辞学》更适合承载亚里士多德哲学的"基本概念"——为什么偏偏是《修辞学》才配得上"基本概念"之名？《修辞学》并非通常意义上的纯哲学性著述，何以能够承载亚里士多德哲学的"基本概念"？

问题在于，海德格尔的原初视域与《存在与时间》的视域未必重合，随着学界不断深入挖掘，一个前所未闻的海德格尔思想形象逐渐变得清晰起来，毫不夸张地说，《亚里士多德哲学的基本概念》的整理出版标志着海德格尔研究的"修辞学转向"。限于篇幅，本文无法展开讲稿的具体内容，不过，在此不妨提及西方学者指出过的几处要点，对理解本文题旨或许不无帮助。①

1924 年夏天，海德格尔在马堡开始了他的修辞学讲座，他一开始就宣称，所讲课程既非关于哲学，又非关于哲学史，而是关于"语文学"。什么是海德格尔所理解的"语文学"？这种语文学意味着一种"求知的激情"，知的对象乃是"所言及其自行言说"。海德格尔的矛头实际上相当清楚，他想通过语文学抵制传统意义上的所谓"哲学"的自诩地位。这一举动当然是在贯彻他解构传统的纲领，因此，海德格尔化身为"古典语文学家"仍然是一种哲学行动。古典语文学家耶格尔（Werner Jaeger）的《亚里士多德：其发展史的基础》（*Aristoteles: Grundlegung einer Geschichte seiner Entwicklung*. Berlin: Weidman, 1923）是海德格尔唯一推荐给学生的二手文献，而且，海德格尔在课堂上一再挖苦耶格尔的著作。海德格尔的意图是让学生通过对比明白，真正的"语文学"其实是哲人的事情。

---

① 下文论述参考了格罗斯（Daniel M. Gross）和凯曼（Ansgar Kemmann）编，《海德格尔与修辞学》（*Heidegger and Rhetoric*. Edited by Daniel M. Gross and Ansgar Kemmann. State University of New York Press, 2005）。

海德格尔的上课方式是,"通过研读亚里士多德著作的文本",达到"理解亚里士多德哲学某些基本概念"的目的。具体要求是,通过课堂上的引导,学生们应该去"聆听亚里士多德在说什么",因此,"读"和"听"都是理解文本的不可或缺的环节。然而,这两个环节似乎彼此矛盾:作为读者,解读必须"根植于"实际的文本本身;作为听者,又必须超逾文本听到弦外之音,诠释在这个意义上"无异于在突显不在那里的东西"。在海德格尔那里,两者之间并不矛盾,而且在具体的解释行动中融为一体。

在海德格尔看来,希腊人生活在言谈(Rede)之中,正如亚里士多德的著名说法:人是拥有 logos 的动物。海德格尔一再强调,这里的 logos 并非后世所理解的"理性",而是意味着"言说"。不过,海德格尔所强调的"言说"并不意味着某种语言哲学:"我们拥有亚里士多德的《修辞学》,远比我们拥有某种语言哲学更好"。言外之意似乎是,启蒙哲学的"理性"已然失去了 logos 的原初蕴含——"普世科学"(mathesis universalis)的基础恰恰是现代数学-物理学式的理性主义。以此观之,海德格尔在修辞学讲座中特别强调 logos 的"言说"的含义,恐怕不无针对 logos 另外一层含义"计算"的动机。

言说一向是同他人所共同进行的活动,因此,此在就在本质上具有公共品性:"此在的基本品性乃是作为政治的动物"。修辞学绝非从外部操纵话语的自主的技术,而是在本质上内在于政治(Die Rhetorik ist keine auf sich selbst gestellte technē, sondern steht innerhalb der politikē)。亚里士多德恰恰从"在城邦中存在"中看到了"人的本真生活",在城邦中存在(Sein-in-der-polis)的根本可能性乃基于人的存在本身,正是修辞学组建了共同体,使得政治生活成为可能——修辞学"要求作为政治学"。这样一来,启蒙哲学预设的主体—客体之间的分裂就不攻自破了,现代哲学乞灵于中立化的统治技术,不过是一种现代智术。

在阐释亚里士多德的"基本概念"时,海德格尔把"情志"(pathos)视为《修辞学》的核心概念。在德国思想中,情志是一个关键性的神学概念,信仰只有通过情志才能聆听上帝之言,路德认为,没有情志的支撑,圣灵之言不过是死去的文字。在海德格尔的创造性转化下,情志成了理性交流的可能性条件,否则就不存在任何公共生活——logos 的根基在于情志:

> 我们接下去必须理解,恐惧和情志如何与 logos 关联在一起,这里 logos 被视为彼此言说,其功能是就日常状况对此在加以解释(Auslegung)。只要情志不是心理过程的附属,而是言说得以从中生长出来的土地(Boden),所言及的事情又返回到这一土地中去,那么情志就意味着这样的根本可能性——此在原初地在这些可能性中为自身定位、处身。这种原初的定位,亦即其在世之在的亮敞,并非一种知识,而是一种处身(Sichbefinden),可以根据存在者的各种在此方式得到不同规定。内在于被如此描述的处身和在世之在,才会有对事物——只要这些事物脱去所拥有的最为熟悉的外观——进行言说的可能性。现在我们面临抵达一种特别的实事(Sachlichkeit)的可能性,在某种意义上,这一实事回到了被情志所预先标识的观看世界的方式。

意味深远的是,希腊存在论发端于一种 pathos——对存在者之存在的探究本身就出于对于自身不再存在的恐惧。在讲稿中,海德格尔将修辞学提高到其存在论的核心位置,堪称提出了一种"情志存在论"(ontology of the passions):

> "情志"之"相"乃是一种对待他人的态度,亦即一种在世之存在(Das eidos der pathē ist ein Sichverhalten zu anderen Menschen, ein In-der-Welt-Sein)。

在海德格尔那里,自然和文化之间并不存在一条鸿沟,"在城邦中存在这一概念在自然概念中有其根基"。政治生活意味着运动,自然则是运动的原则,在这个意义上,修辞学本身就以物理学为基础,因此,海德格尔在修辞学和物理学之间搭起一座桥梁。

由此可见,《存在与时间》提到亚里士多德的《修辞学》绝非偶然,"《修辞学》是首次对彼此共在之日用状况的系统的解释学",这清楚地揭示了海德格尔解释学的修辞学来源。要想贴近海德格尔本人的实际思路,我们的研究角度首先需要发生一场"修辞学转向",否则就无法深入把握上个世纪现象学运动的深层脉动。①

五、拯救现象

仅就海德格尔的修辞学讲稿而言,"情志"的重要性绝不亚于学界向来重视的"机智"(*phronesis*)。仔细审视海德格尔的解释学起点,可以发现他返回古典的步伐受到路德的决定性影响,正是从路德的情志论出发,海德格尔发现了保罗书信中的思想启示,此后才坚定地进入亚里士多德的文本,由此不难理解,"情志"何以成为海德格尔解读《修辞学》的核心词汇。

从思想史上看,路德神学跟随的是唯名论路线,甚至有学者认为,路德的情志论奠定了启蒙哲学。②海德格尔把这一神学概念转化成所谓"实际性的解释学",显得是把路德的神学情志论世俗化了……我们记得,霍布斯尤为看重的恰恰是亚里士多德的《修辞学》,而非《物理学》。

如何看待《修辞学》,的确是勘察古今之争的重要功课。当然,全面追踪早期海德格尔的思想轨迹需要另文详述,本文要把握的问题是现象学与政治世界的原初关联,以便弄清索拉科夫斯基向我们提出的问题:既然现象学必须"面对现代思想所提出的问题",何以要求"恢复人们在柏拉图那里看到的哲学意蕴"?

在《现象学导论》的结尾,索科拉夫斯基开始探讨"当前历史语境"

---

① 克莱恩(Jacob Klein)从海德格尔的修辞学讲座中看到了返回古典哲学的可能性,他的《亚里士多德》一文几乎是对海德格尔的亚里士多德理解的改述。见 Jacob Klein, *Lectures and Essays*. Eds. R. B. Williamson and E. Zuckerman. Annapolis: St. John's College Press, 1985.
② 参吉莱斯皮,《现代性的神学起源》,长沙:湖南科学技术出版社,2012。

中的现象学,"当前历史语境"就是所谓现代性,其典型特征是以哲学态度取代自然态度。他认为,现象学与这种现代哲学"大相径庭",现象学的哲学理解认为,"前哲学的思想应该得到完善的保存,因为这种思想有它自己的优越性和真理,哲学应该深思前哲学的思想而不是取代它"。

仅就思想旨趣而言,现象学并非现代哲学内部的某一思想流派,而是恰恰想要克服现代哲学的根本预设。现代哲学的两个主要成分是政治哲学和认识论,对于这两个成分,"现代哲学在其起点上把自己界定成一场反对古代和中世纪思想的革命",这两个成分的共同之处在于,现代政治哲学和现代认识论均认为理性是自主的,应该成为"统治的力量"。如果哲学力图扫除一切黑暗,那么就会成为"理性主义",必然会产生全面取代自然态度的理性僭政。

如何克服现代理性主义的非理性动机?索科拉夫斯基特别指出,真理总是萦绕着缺席和隐蔽以及无从索解的神秘。通过区分哲学反思和命题性反思,他提醒我们:

> 如果哲学的反思打算得到如同命题性反思一样的对待,那么哲学就真的会变成帝王。它会想方设法挤入前哲学的探究和活动,它会试图取而代之。它会设法纠正一切,力图把自然态度中的混乱清除干净,把所有的片面看法、模糊和欺骗都一扫而光,力图使我们生活在纯粹的光明之中。它会闯入人们的交谈,它的声音会压过人的状况之中的其他全部声音。如果哲学打算忠实于自己的命运,它就必须保持谦逊,而不能像刚才说的那样肆意妄为。它是人类理性的皇冠,但它必须把自己限制在它自己的那一类真理上,限制在它自己的纯粹沉思性的目的论上;它必须防止自己取代自然态度的技巧和专长。①

有一种说法认为,思想史上的两位"马丁"分别标志着现代性的开

---

① 索科拉夫斯基,《现象学导论》,前揭,页62—63。

端和终结。海德格尔的修辞学讲座把我们领回古典的政治地基,并不等于现象学理应止步于亚里士多德主义,用"情本体论"对抗启蒙哲学,很可能反而会沦为现代精神的牺牲品。面对这场20世纪最为深刻的哲学革命,索科拉夫斯基保持了古典式的审慎,他让我们清楚地看到,要想理解现象学的思想底蕴绝无可能绕过古今之争。他没有追随现代的"情志论",而是回到一种更为久远的理性主义立场上——"恢复人们在柏拉图那里看到的哲学意蕴"。

索科拉夫斯基明确指出,"现象学运动的一大缺陷就是它彻底缺乏任何政治哲学",这里的"政治哲学"与他的柏拉图式理性主义立场息息相关,显然不能仅仅理解为黑尔德所谓"世界现象学"或关于政治世界的现象学,黑尔德想为"科学"和"民主"寻找古典地基,这一动机其实与现象学的实事无关。首先应该认识到的是,已然技术化的"政治世界"与古典土壤中的"政治世界"品质不同,我们的"常识"(common sense)已然经过启蒙理性的洗礼——"封闭"的知识如今成了"开放"的知识。①

现象学"摆脱"了现代性,而且"有望重新复兴那些曾经激励过古代和中世纪哲学的确信"。古典哲学曾经确信,人的心灵"在事物的明见性那里找到其目的",因此,"政治统治就不可能是对于人来说的最高的善"。随之而来的结论是,"政治必须隶属于事物的真理":

> 纯然的统治并不提供极度的满足。统治的施行必须遵循人的卓越性,而且,它还必须承认存在着一种比它更高的生活。然而,这些真理一直都在马基雅维利开创的政治思想的视野中丧失了。②

在霍布斯那里,几何学的证明同修辞学的激情融为一体,实质上仍

---

① 参冯肯斯坦,《神学与科学想象:从中世纪到十七世纪》(Amos Funkenstein, *Theology and the Scientific Imagination from the Middle Ages to the Seventeenth Century*)。毛竹博士提供了中文译稿,谨致谢忱。
② 索科拉夫斯基,《现象学导论》,前揭,页200—201。

然基于一种"造作"的冲动,不过,要想探明现代性的哲学根底,显然不能仅仅追溯到唯名论传统,至少需要认真对待我们一向忽视的阿拉伯哲学……索科拉夫斯基坚持的理性主义虽然根植于前现代哲学的土壤,但并不意味着拒斥现代性,现象学的真正关切应该是"恢复真正的哲学生活":

> 这是否意味着现象学只不过是复活古代的哲学理解从而抛弃了现代筹划?或者它只是把古代哲学和现代哲学当作思想的两种基本选择,并且挑拨两者相互斗争?不,现象学不是这样。它积极地回应现代性的各种议题。通过吸收现代哲学的优点,同时又恢复古代哲学对理性的理解,现象学超越了古代哲学也超越了现代哲学。①

在索科拉夫斯基笔下,贯穿《导论》全书的问题是"部分与整体"、"多样性中的同一性"以及"在场与缺席"——最终,他关注的乃是哲学生活本身,并在这个意义上超逾了古今之争。对于哲学的恒在问题,现象学持守的立场是:"只有在相称的整体背景上,部分才能够被理解";"显象的多样性怀有同一性";"除非与那些能通过缺席而达到的在场相互映衬,否则的话,缺席便是毫无意义的"。

幸运的是,海德格尔的讲稿已经译为中文(海德格尔,《亚里士多德的基本概念》,黄瑞成译,北京:华夏出版社,2014),要想查明海德格尔如何解构"血气之相"(thumoeides),索科拉夫斯基恐怕是比黑尔德更好的向导……在我看来,索科拉夫斯基把在场和缺席的问题同哲学的生活方式本身联系起来,是极为深刻的现象学洞见。在他的一篇论文中,如下说法堪称他对哲学的现象学式理解的精粹表达:

> Because philosophy examines this ordinary play of presence and absence and the things constituted in it, philosophy has these same things through the further play of its own philosophi-

---

① 索科拉夫斯基,《现象学导论》,前揭,页200。

cal presences and absences. One play is heaped upon another, but the same object shines through both.

这就是索科拉夫斯基对"何谓哲学"这一问题的严肃回答,让人不禁想起了苏格拉底的生死抉择——难道不可以说,现代哲学的终点正是苏格拉底的起点?

隐秘的自然状态

——试析施米特政治法学中的"敌人"概念

黄 涛

"敌人"概念在施米特的政治法学中占据着一种优先性,但要想弄清楚这一概念的具体含义却十分不易。普通读者会简单地将这里的敌人与实际政治生活中的敌人相提并论。想要理解施米特政治法学中的敌人概念,关键在于理解什么是他所谓的敌人的"现实可能性"(als reale Moeglichkeit),敌人的"现实可能性"概念提醒我们,施米特所谓的敌人不单纯是指"实际的敌人"。根据施米特有关概念社会学的提示,我们注意到,敌人概念意味着一种社会生活状态或结构,弄清楚这个社会结构,有助于理解施米特的《政治的概念》的内在意图。

一

在一战之后缔结的各种和约和条约中,施米特觉察到,"迄今关于一个行动是不是战争的国际法讨论的出发点都是:战争与和平的对立是彻底的、排他的,二者是从自身出发,在另一方不存在的情况下来认定的,没有第三种可能性。在和平与战争之间没有中立物。"① 针对这

---

① 施米特,《政治的概念》,载于刘小枫编,《政治的概念》(《施米特文集》第一卷),刘宗坤译等,世纪出版集团、上海人民出版社,2004,页168。

一不是战争就是和平的国际法思维,施米特论述说,这些和约扩展了战争概念,取消了军人和非军人的区别,甚至取消了战争与和平的区别,从而"使战争与和平之间的这些未得到规定的,有意悬而未决的中间状态合法化,并在法学上将它虚构为正常的、终极的状态,并以此来取代和平。"①在他看来,忽视中间状态可能会导致恶果,"在战争与和平的这样一种中间状态中,通过一个概念对另一个概念、即通过和平对战争或者通过战争对和平做出的规定一般所能够具有的那种理性意义丧失了。不仅宣战变成了危险的事情,因为它自动地置宣战者于非法之中,而且无论是军事行动还是非军事行动,把它们界定性地称之为'和平的'或者'战争的',也变得毫无意义……"②

与此同时,施米特在国内的政治格局中也发现了中间状态的存在。在自由主义时代的总体政治氛围中,政治成了多元利益集团进行争夺的程序,自由主义的国家学说希望找到一种利益均衡的政治形式。然而,自由主义对多元主义国家的向往最终被利益的不均衡发展粉碎。不仅如此,自由主义的法理学还成了利益争夺的漂亮装饰品。自由主义法理学试图通过规范划分敌友,将敌友关系置于法律规范下进行调整。在自由主义的法理学中,规范的敌人取消了现实的敌人,在对"政治的奖赏"的讨论中,施米特发现了新的契机:只要不能消除"政治的奖赏",自由主义试图通过规范来调整敌友关系的尝试就是失败的。③ 这个被自由主义者摒弃和鄙夷的地方,也是一个有意悬而未决的"中间状态"。

"中间状态"是一个需要决断的状态,它类似于霍布斯的自然状态,却是一个理性人的自然状态,而非自然人的自然状态。这个理性人希望取消自然的一切限制,一劳永逸地解决战争与和平的问题。但施米特却提醒:战争的可能性仍然存在。因此,无视中间状态的存在,就是无视敌人的现实存在。而一旦谁掌握了中间状态的支配权,谁就可以影响和平与战争的决断。中间状态是没有规则的领域,是立法权不管

---

① 施米特,《政治的概念》,前揭,页169。
② 同上。
③ 有关"政治的奖赏"的分析,参见施米特,《合法性与正当性》,载于《政治的概念》(《施米特文集第一卷》),页201—215。

不顾的领域,在此,理性丧失了控制能力,人们可以主观地为一切战争寻找到合法性。如果说二元论的战争与和平观试图将政治理性化,那么,正是中间领域的存在,对认为可以一劳永逸地解决战争问题的专家们是巨大的打击。因为在自由主义的视野中,并不存在"中间状态",和平与战争的关系是非此即彼的关系。

那么,敌人的现实可能性根源于何处?《政治的概念》讨论了"政治的人类学基础",在那里,施米特提示说,人们必须注意"人类学"前提在人类思想的不同领域存在的重大差异。它既非心理学陈述,也非信仰表白,因而不能对《政治的概念》中的人类学作道德哲学或神学理解,"因为政治领域最终为敌对的现实可能性所决定,所以,政治的概念和观点就不能完全从人类学的'乐观主义'出发。因为,这将会消除敌对的可能性,并由此消除所有具体的政治后果"。① 这句话表明,施米特对人类学的分析以承认敌人的现实可能性作为前提。唯有在敌人的现实可能性的基础上,才能理解他讲述"人的危险性"的真正用意。肯定人的危险性不意味对政治的肯定,对政治的肯定只能基于敌人的现实可能性。敌人的现实可能性尽管与人的危险性相关,但较人的危险性更根本。这是因为,对敌人的现实可能性的肯定意味着"中间状态",而对人的危险性的肯定并不意味着中间状态。

实际上,与中间状态相关的是人的有限性,而非人的危险性,在施米特的笔下,人的有限性、脆弱较之人的危险性更为根本。对于政治的需要并非是来自人的邪恶,而是来自人的脆弱。承认人的有限性就必须质疑自由主义者对人的自律的过度强调。《政治的概念》中对人的危险性的强调最终转向对人的有限性的强调:"对霍布斯这位真正有力而系统的政治思想家而言,'悲观主义'的人性观乃是具体政治思想的根本前提。他同样正确地认为,每一方均称自己拥有真理、至善和正义的做法将导致最恶劣的敌意,最终则导致一切人对一切人的'战争'"。② 在施米特看来,之所以造成霍布斯笔下的自然状态,是由于每个人坚信自己

---

① 施米特,《政治的概念》,前揭,页143。
② 同上,页144。

拥有真理,拒绝承认自己的有限性。不仅如此,他还提到了普莱斯纳的政治人类学,"他(即普莱斯纳)正确地认为,根本不存在那种与政治无关的哲学或人类学,就像根本不存在一种与哲学无关的政治学一样。他尤其认识到,哲学与人类学作为适合于知识整体的特殊知识,就像其他任何具体学科一样,不能被中立化以反对'非理性'生活的决定。对普莱斯纳而言,人'首先是一种能创造远景的存在',他在本质上是无法确定、无法测度的,始终是一个'悬而未决的问题'"。① 在这里,施米特关心的是善、恶人类学之间的区别和普莱斯纳的作为一个"悬而未决的问题"的人结合起来的"性恶论",因此,是与人的有限性有关的"性恶论"。

"敌人的现实可能性"表明了中间状态的命运。在中间状态中,敌人真实地存在,然而,敌人又是可能的,因为中间状态不受重视、无人理会。"敌人的现实可能性"表达了一种异常尴尬的情形:一个重要的却被搁置的领域。中间状态揭示了自由主义政治思想的必然命运。在自由主义的政治思想中,政治被中立化了,真正需要决断的领域却成为中间状态。中间状态无人负责,成了一个非理性的领域,一切领域的理性化将会因为中间状态的非理性而变得非理性。由于中间状态是一个无人理睬的领地,集聚了一切矛盾。谁能决断中间状态,谁就掌握了支配权,因此,中间状态又是一个具有决断的现实可能性的状态。它提供了区分敌友的可能性。在中间状态中,敌人不过是现实可能性的敌人,中间状态中有着错综复杂的敌友关系,但这些敌友关系都尚未加以调节。他们从规范的领域中逃逸出来,隐藏在中间状态中。一切真正的矛盾都进入到这个中间状态中。由于中间状态搁置判断,因此就成为真正的自然状态,但这却是一个隐秘的自然状态。

要想意识到这一中间状态,需要打破有关普世概念的种种幻想。中间状态的存在意味着"自然状态"的存在,意味着对法权的否定,因此,"中间状态"的存在同时揭示了法权诞生的可能性。肯定中间状态,也就肯定了政治的存在。中间状态的存在表明了敌人概念的现实可能性,而敌人概念的现实可能性是政治概念产生的前提。"政治就是区分

---

① 施米特,《政治的概念》,前揭,页139—140。

敌友"这句格言表明,政治的目的是使中间状态的敌人的现实可能性真正具体化,使得敌友关系变得更为明确,即以一种目标明确的敌对性取代模糊的敌对性。正是在此意义上,"政治区分敌友"具有非同寻常的意义:它要在一种自然状态基础上,确定过去一直被遗忘的敌友关系,将一个被遗忘的领域再度据为己有,终结这一"悬而未决"的问题状态。尽管政治就是区分敌友造就了具体的敌对性,但作为区分行动之结果的敌对性的具体化消除了模糊的敌对关系可能产生的危险,从而使敌对状态相对化。这是施米特《政治的概念》一文的真正的奥秘所在。

二

将中间状态视为自然状态,必须注意其隐秘性。正是自然状态的隐蔽性才使政治的概念有再度思考的必要。也正是这种隐蔽性,使施米特的学说在根本上有别于霍布斯的学说。在霍布斯那里,自然状态是公开的冲突状态。此外,承认中间状态就要承认不能机械地限定人的生存,而需要承认人的积极的精神生活。如果说,霍布斯的自然状态在本质上是一种由本能欲求支配的状态,施米特的自然状态则是精神生活造就的状态。霍布斯的自然人借助于本能欲望来支配,个体对于对象的选择取决于针对对象的欲望。尽管"恐惧"概念具有一种超越一般意义上的欲望的属性,但却终究没有完全脱离本能欲望的自然性的限制。

在霍布斯的自然状态向利维坦的转换中,人的理性因素还尚未占据主导。然而,在施米特的隐秘的自然状态中,却藏匿着真正的理性精神。如果说自由主义的社会契约论中有一种理性精神,那么这种理性精神还不过是计算的理性、统计学上的理性。施米特用一种真正的理性精神打破了机械的理性。这种真正的理性精神是从康德的实践理性中获得力量的,这是一种立法的理性,也就是说,人有足够的勇气超越自己的局限性,尽管这种超越终究是无法完成的。施米特对理性有着一种崭新的洞见,他说:

我们认识到精神生活的多样性，了解到精神生活的中心领域无法成为中立性的领域，而且那种利用有机论与机械论、生命与死亡的对立来解决政治问题的做法是错误的。只有以死亡为对立面的生命不复是生命，而是软弱与无助。谁如果除了死亡之外便不知道还有其他敌人，以为自己的敌人无非是空洞的机械论，他就离死亡而非生命更近。①

精神生活要求摆脱将对立面看作是机械的、僵死的对立面，而将其看作充满了精神活力的对立面，正是在这种关于精神生活的规律性的看法基础上，施米特发现了一个隐秘的自然状态：精神生活具有较之自然生活更大的活力和张力。施米特的隐秘的自然状态是建立在精神生活的多样性的基础上的。在霍布斯笔下，自然人并非理性人，自然人不具有理性能力，②理性人塑造的自然状态必然不同于自然人塑造的自然状态。在霍布斯笔下，上帝之所以令人们彼此不和，为的是使人能在如此动荡的状态下还能领会上帝的旨意。但在施米特笔下，人们之间彼此不和的原因不是来自于神，而是来源于人，来源于已经学会了推理和计算的资产阶级人。他们已经知道推理的价值，懂得"权势欲"、"财富欲"、"知识欲"、"名誉欲"对人的价值和意义，更为准确地说，在施米特这里，"权势"、"财富"、"知识"、"名誉"成了理性的内容，并非仅是作为一种出自本能的欲望。

然而，一种与机械论的理性学说保持距离的理性概念究竟如何表现呢？在施米特看来，多样性的精神生活有其自身的逻辑，它不得不与自身保持距离，因此，由这个新的理性概念支配的世界是无法为理性自身穷尽的。精神生活既然不是单一的，那么就是丰富的，精神生活自身只有选择的问题，而不存在绝对的价值问题。中间状态之所以产生，完全是因为理性无法除尽余数，精神生活的多样性已经到达了如此程度，以至于必须重估一切价值，以至于一切试图将精神生活包容其中的规

---

① 施米特，《中立化与非政治化时代》，载于《政治的概念》(《施米特文集》第一卷)，前揭，页187。
② 一个明显的例证是，霍布斯笔下的自然人不知道几何学。

范性的理想都必然破产。这个隐秘的自然状态正是在此种情形下产生的。因此,《政治的概念》中预设的人类的危险性,其实意味着人的有限性,人无法决断终极真理。正是如此,在规范性的理想和绝对价值之外,就不可避免地存在一个"中间状态",由此看来,自由主义法律学说的失误在于,它希望尽可能地排除中间状态,尽可能地排除精神生活的多元性,结果造成了现实生活中的对立和紧张。由于中间状态成为了矛盾的"集中营",忽视了中间状态,就是忽视真正的矛盾。

在霍布斯笔下,自然人"被死亡、贫困或其他灾难的恐惧所蠹蚀,他们总是要无休止地焦虑,不得安息"。[1] 但既然"今生的幸福不在于心满意足而不求上进",既然"幸福就是欲望从一个目标到另一个目标不断地发展,达到前一个目标不过是为后一个目标铺平道路",[2]焦虑与不安就并非值得谴责,而意味着新的契机,即能在不安和焦虑之余感受到在世生活的无限和上帝之全能。相较而言,在新的自然状态中,施米特笔下的现代人,由于自己决断自己的命运,已经失去了霍布斯笔下自然人有望在政治状态中获得的幸福感,而陷入到现代性的虚无深渊中,"幸福"的满足为"经济—技术思维"代替。通过自身努力争取来的幸福与通过经济—技术生产得来的幸福不可同日而语,经济—技术思维排斥人格,因此幸福的生活与人脱节了。

机器时代的非人格性在施米特有关"代表"概念的讨论中表现得十分鲜明,在他看来,"经济思维必定要弃绝一切代表功能,这是它的内在属性。专家和商人已变成了供货人或监工。商人坐在办公室里,专家则坐在书房或实验室里。如果说他们真有什么现代品质的话,那就是,他们都为企业服务——他们都是匿名的。如果以为他们代表着什么,那是十分愚蠢的。他们要么是些私人个体,要么是些政党人物,但肯定不是什么代表。"[3]这意味着,真正的矛盾被消除在经济—技术的思维中。施米特的自然状态是技术时代人与人之间危险关系的写照,但此

---

[1] 霍布斯,《利维坦》,黎思复、黎廷弼译,商务印书馆1985年,页80。
[2] 同上,页45、72。
[3] 施米特,《罗马天主教与政治形式》,载于《政治的概念》(《施米特文集》第一卷),前揭,页62。

种危险不是霍布斯自然状态中的公开的危险,而是一种隐蔽的危险。这种隐蔽的危险因理性人的自负而表达出来。自由主义法律人相信,依靠理性治理世界不会有什么剩余,但在自由主义的法律学说中,仍然存在"政治的奖赏"。施米特从自由主义终结的地方开始,在他看来,自由主义并未完全消除自然状态。正是这个隐秘的自然状态提供了一种新的政治的可能性。隐秘的自然状态与公开的自然状态有着一系列重要差异,前者是不可否定、不可替代的,后者则可以为自由主义的国家替代,自由主义试图一劳永逸地解决人类彼此之间的冲突问题,但是这种企图因为隐秘的自然状态而陷于破产。

施米特的隐秘的自然状态是从霍布斯式的公开的自然状态结束的地方开始的。重要的是注意到,在隐秘的自然状态中,敌友关系的强度大大增加了。不仅较之古代城邦之间的战争具有更大强度,而且较之霍布斯笔下自然人之间的战争有更大的强度。古代人借助神来区分敌友,霍布斯笔下的自然人借助自然理性来区分敌友,而在这个隐秘的自然状态中,是借助价值与非价值来区分敌友,施米特说:

> 价值规定的纯主体性的自由导致价值与世界观之间的一场永恒斗争,一场又是一切人与一切人的战争,一场永恒的所有人反对所有人的战争。与此相反,古代的所有人反对所有人的战争,甚至霍布斯国家哲学提出的残杀性自然状态,都称得上是和谐宁静的田园了。古代的众神走出墓穴,继续他们古老的战斗,却失去了魔法,并且——如我们今天必须补充说明的——操起新的战斗工具。这不是武器,而是残忍的毁灭手段和灭绝方法,即价值无涉的科学及其所运用的工业和技术的可怕产物。①

三

《政治的概念》对"敌人的现实可能性"的肯定意味着肯定"中间状

---

① 施米特,《价值的僭政》,载于刘小枫选编,《施米特与政治法学》(增订本),上海:华东师范大学出版社,2008,页23—52。

态"。这是政治概念的真正前提。中间状态存在的必然性意味着政治的客观性。只要中间状态存在,政治就始终存在。只要敌人的现实可能性一直存在,宣扬没有敌人就不过是"欺骗"。在《政治的概念》第三版序言中,施米特谈及"敌对性的相对化":"对战争的规限和明确限定包含着将敌对性相对化。在人道意义上,任何相对化都是一个巨大的进步。当然,实现这种相对化并非易事,因为,不将其敌人视为罪犯,对于人类来说相当困难。"① 中间状态作为隐秘的自然状态,充满了普遍敌对的危险。在施米特的笔下,敌人的现实可能性的概念社会学意味着总体战争的现实性和可能性。倘若对于"中间状态"不加决断,就放纵了总体战争的现实性和可能性。因此,敌人的现实可能性这一模糊不定的表达其实是关于危险的警示——总体战时代已经来临,它意味着敌对关系的绝对化。这是与敌对关系相对化的理想格格不入的。

与霍布斯类似,施米特对政治的概念的界定也是建立在自然状态的基础上,但与霍布斯不同,施米特并未一劳永逸地结束自然状态。在霍布斯的自然状态终结的地方,施米特提醒,自然状态仍然存在。无论采取什么样的措施,哪怕是成立国际联盟,抑或是联合国大会,自然状态仍以隐秘的方式存在。试图用规范或价值理想来决断战争与和平是不可能的。在施米特看来,政治惟一能担负的,是"区分"敌友,即在一个敌友关系的错综复杂的网络中,要求人类的各个有组织的共同体能再度划分敌友,主动地识别"现实可能"的敌人。或者说,将敌友关系明确化:谁是我们的敌人,谁是我们的朋友,这是政治家必须首先明确的问题。

"敌人的现实可能性"指是一种隐秘的自然状态的可能性,或者说总体战争的可能性。敌人的现实可能性是一个态度暧昧的词语,它并未指出谁是具体的敌人,具体的敌人仍然如幽灵般盘旋在上空。因此,施米特对自然状态的肯定并不完全等同于对政治的肯定。"中间状态"的存在明确宣布了一种隐秘的自然状态的可能性。所谓的中立化时代,仍然有着滑向自然状态的危险。自然状态否定政治状态,它以模糊

---

① 施米特,《政治的概念》,前揭,页92。

难辨的敌人否定明确的、具体的敌人。因而，肯定自然状态，就要求明确具体的敌友关系。正是在此意义上，"政治就是区分敌友"鲜明地提出了政治的形式，它要从一种敌人的现实可能性状态中，清楚地区分敌友，从而消除自然状态。如果它无力区分，那将不得不陷入自然状态之中。

在敌人的现实可能性的基础上，在隐秘的自然状态的基础上，施米特提出"政治就是区分敌友"，在此过程中，敌人的概念发生了转换：这里存在着两个"敌人"，前者是作为现实可能性的敌人，后者则是作为区分内容的"敌人"。前者意味着中间状态，后者则意味着政治状态。既然政治的概念是针对自然状态提出来的，区分行动就是针对着现实可能性的敌人，这也就是说，要在一个充满世界大战危险的自然状态中主动地选择敌人，这就意味着一种新的敌对关系的形成。这种新的敌对尽管仍然是以战争形式发动的，但却摆脱了自然状态下战争危险的随机性和偶然性。因此，新的敌人的产生意味着自然状态的转化，新的敌人意味着自然状态危险的消失，即便还有敌对行动，但敌对行动与敌对状态再度分离开来。而这一切都是因为识别敌人的行动而带来的结果。对敌人的识别从而建立起一种不同于自然状态下的关系，一种新的政治关系。

"区分"因此意味着一种新的政治关系的形成，但"区分"的内容又仿佛脱离了政治关系本身。新的政治关系有一种非常奇特的产生机制，"政治就是区分敌友"是在政治的领地之内向外发话，讲述政治自身的逻辑。因此，这句格言就是政治状态对非政治状态的发言。这里的敌、友已然具有双重性：一方面它从属于敌人的现实可能性（因此是属于自然状态），而在另一方面，它又属于政治状态。正是依靠着"区分"行动，两者之间建立了逻辑关联。因此，在《政治的概念》一书中，关键的是"区分"概念，新的政治正是通过"区分"而建立起来的。"区分"构成了施米特界定政治之概念的关键所在。

"区分"的第一个方面是敌人的现实可能性，敌人的现实可能性恰好表明了人的有限性。区分概念的另一方面即民主所要求的同质性，政治状态始终意味着一种同质性，无论是霍布斯的利维坦，还是卢梭的社会契约,抑或是康德的法权原则,政治状态总是以同一性、同质性为特征。正是因为人类的有限性,根本无法达到直接的同质性,而同质性的存在也限制了敌人的现实可能性,使它不能上升到普遍的或全面的敌对状态。正是在此意义上,"政治就是区分敌友"恰好意味着政治的理性化。"区分"的政治哲学含义因此就是在直接的同一性和间接的同一性之间进行区分。人类是否具有同一性,是区分行动得以可能的前提。如果同一性直接存在,就不存在敌人。肯定敌人的现实可能性,是出于对人类有限性的自觉。那个政治的人类学前提提醒我们,人类是一个本质存在和有限存在的复合体,因此不能将此种同一性看作现实,同一性作为政治的本质,不能直接地实现自己。

倘若我们在具体民族生存的角度理解施米特"生存意义"上的敌人,就极易沦为民族的政治狂热,军人思想主导政治,容易将市民士兵化,导致单纯军事主义的错误。施米特对克劳塞维茨的"战争是政治的继续"这句格言有着特别的理解:"固然,战争有着自己的原则(比如,特殊的军事—技术规则),但是政治却掌握着它的大脑。战争并没有自己的逻辑,这种逻辑只能来自朋友敌人的概念。"[1]施米特反对动辄以民族生存的名义进行战争冒险。他所谓的生存意义上的敌人,不是在隐秘状态中隐藏起来的敌人,而是主动设定的那个敌人,以摆脱隐秘的自然状态。

"区分"的必要性论证了"专政"的必要性。但施米特在此要求的区分或者说专政较之一切专政思想有了新的含义。政治的直接同一性不可能存在,存在的只是间接的同一性。执行区分的主体(他拥有真正的政治权力)必须始终以同一性为品质。区分者必须始终保持区分的可能性,这就意味着区分者必须自觉于自己的有限存在。新的敌人之所以要否定原来的敌友关系,是因为原来的敌友关系只是一种敌友关系的可能性,在此,敌友关系是不清晰的,一切危险既可能存在,又现实存在。因此,否定自然状态意味着用一种具体的敌人否定抽象的敌人,这就是施米特肯定政治状态的真正含义。唯有在此意义的基础上,才能

---

[1] 施米特,《政治的概念》,前揭,页114注释。

理解他的如下说法:"我们在此提出的政治定义既不偏好战争,也不偏好军国主义,既不鼓吹帝国主义,也不鼓吹和平主义。它也并非企图把战争的胜利理想化,或者把革命的成功作为'社会理想',因为战争和革命均不是'社会性的',也不是观念性的"。①

为了结束自然状态的"去法权状态",必须决断非常状态。决断的内容就是区分敌友,在自然状态的基础上重新构建新的敌对状态。用新的敌对状态否定自然状态,新的敌对状态因此具有倾向于和平的意义:一切人为的、新的敌对都不可能是一种普遍的敌对,一种有目的的敌对状态因其目的明确而消除了敌对的普遍性。区分敌友意味着有所选择,意味着敌友关系的明确化。它取消了自然状态下敌友关系的含糊、泛化的危险。因此,区分意味着一种命令:要求人们与现实可能性的敌人保持距离,也就是说,要求人们选定敌人、摆脱自然状态。区分意味着目的明确,但这种明确的目的仅仅在针对自然状态的时候才有效。自然状态是理性时代的必然产物,因此,区分敌友就意味着,人要与理性保持距离,重新面对理性的局限。而这只有依靠决断的勇气,以"明确"的敌人对抗"现实可能性"的敌人才能实现。

"区分"意味着一种实践理性的能力,意味着一种目的明确的生活态度。"区分"使一切实际的敌友关系显得非同寻常。它似乎在暗自更改古老的政治传统,这一传统坚持敌友关系的自然区分,即以血缘的关系、同胞关系、共同的宗教传统作为标准的区分,在这一传统中,政治的空间被原始的、直接的同一性占据。不可回避的"区分"宣布了,一切原始的、直接的同一要为间接的、人为的同一性取代。"区分"不仅预设了间接同一性的可能性,也预设了间接同一性的现实性。这就是通过敌人的"现实可能性"概念传达的深刻内涵。政治的概念存在于这一现实的可能性之中,它要求重新地、但绝非一劳永逸地确立敌友关系,只要人们之间仍然存在敌意的现实性,"区分"的行动就永远不会结束。

由于此种缘故,"区分"行动要求一个不同于古典政治的全新领地,亚里士多德关于政治的经典定义已经被更改。政治再也不是实际的城

---

① 施米特,《政治的概念》,前揭,页113。

邦活动,也不再是霍布斯在恐惧基础上建立的利维坦,而是一种根据意志而建立的概念。在有关宪法学说的讨论中,施米特展示了意志与现代政治概念之间的内在亲缘性,他说,"实际上,一部宪法之所以有效,是因为它出自一种制宪权(即权力或权威),并且凭借着它的意志而被制定出来。与单纯的规范不同,意志(Wille)一词将一个基于存在的东西描述成应然的起源。意志实存着,意志的权力或权威在于其存在。"①此处的意志不是自由主义所谓的全能理性,而是一种区分的理性,是一种将有限性和无限性包容在内的理性。一个敢于直面自身有限性的存在者,试图尽力挣脱有限性的拘束。正是在此意义上,对政治的概念的分析为一种行动主义的立场代替。与此同时,一种沉思意义上的政治概念仍然保持着。敌人的现实可能性并不意味着敌人的优先性,区分敌人与军国主义、好战分子没有亲缘关系,如此来看,施米特的政治理论并非是一劳永逸地取消了行动和理论之间的距离,而是始终保持着这种距离。在此,沉思中的理想国再也不是对政治的本质描述,利益冲突与博弈同样无法对"政治的概念"提供恰当解释。

"区分"不仅是行动的领域,也属于沉思的领域,它是对总体时代的人类共同体生存的沉思。在总体时代,人类陷入了总体敌对的状态。政治失去了中心,任何具体的生活领域都可以成为政治事件,各个领域都在千方百计地实施对政治的"夺取","区分"因此意味着"政治的理性化",它暗自关切的不是战争,而是消除战争。区分敌友限制了中间状态发挥作用,制止了隐秘的自然状态按照自身逻辑运作,以至于陷入无限战争的危险。正是在此意义上,"区分"意味着新的"理性化",这种新的理性化较自由主义的理性具有更强烈的作用,足以抵消自由主义的脆弱的理性化。

结　　语

施米特曾经说:"我的国家法观念产生自我的著作,不是产生自传

---

① 施米特,《宪法学说》,刘锋译,世纪出版集团、上海人民出版社,2005,页13。

闻或者妄想,也不是事后通过倒叙法产生自后来的、结构完全不同的、只是从魏玛合法性崩溃中形成的处境",①他对于"崇高政治"的关怀使任何对"情势法学"这一提法的一般理解(即"临事定制")变得不足为训。② 在上述有关政治概念的分析基础上,一种崇高的政治必然是不放弃"区分"的政治,而要理解这一区分,理解作为区分之前提和结果的敌人,就必须理解他的隐秘的自然状态。这个隐秘的自然状态才是敌人概念的真正的"生存论"含义。也唯有在隐秘的自然状态中,对政治概念的一种既是现代的、又是反自由主义的理解才得以成为可能。与其为自由主义欺骗,不如主动地承认敌友关系的现实可能性,正是在此意义上,"政治就是区分敌友"这句格言恰好意味着一种新的政治理解:主动地决断自己的命运,明确敌友关系,以对抗敌友关系的模糊化,从而形成一个稳固的政治民族。

---

① 施米特,《合法性与正当性》,载于《政治的概念》(《施米特文集》第一卷),页263。施米特对政治的理解有其具体的、历史的"处境"性,具体来说,是与魏玛民国的政治现实相关。一方面是战后德国疲弱受辱的政治处境——如施米特所说的"与凡尔赛斗争",当时,德国知识界爆发了激烈论战,为战后的战争罚款应该称为"上贡"还是"赔款"争吵不休;另一方面,魏玛宪政在内外交困的处境中相当脆弱,左翼激进派还在企图改变魏玛民国的"资产阶级"性质。魏玛民国的主流法学思想是纯粹法学,这种法学关注法律秩序的合法性,无视以颠覆魏玛宪政的立宪基础为己任的左翼激进派的威胁,看不到宪法的敌人。(刘小枫,《现代人及其敌人》,华夏出版社,2005,页120—121。正是在上述意义上,人们称施米特的法学思想为"情势法学"(Situationsjurisprudenz)。参见施米特,《在莱比锡宪法法院审理普鲁士邦起诉民国政府案时的最后陈辞》,载于《论断与概念》,朱雁冰译,世纪出版集团、上海人民出版社,2006,页184。
② "具有伟大意义的政治"、"崇高的政治"的提法出自《政治的概念》1963年"重版序",中译文参见《政治的概念》(施米特文集第一卷),页91。

关雎之始与王道政治
——汉代经学视野中的《诗经·国风·周南·关雎》

陈明珠

在今人看来,"《关雎》是一首意思很单纯的诗。"①闻一多《风诗类钞》说:"关雎,女子采荇于河滨,君子见而悦之",高亨《诗经今注》说"这首诗歌唱一个贵族爱上一个美丽的姑娘,最后和她结了婚。"程俊英、蒋见元《诗经注析》说"这是一首贵族青年的恋歌",约略如此。

关　雎

关关雎鸠,在河之洲。窈窕淑女,君子好逑。
参差荇菜,左右流之。窈窕淑女,寤寐求之。
求之不得,寤寐思服。悠哉悠哉,辗转反侧。
参差荇菜,左右采之。窈窕淑女,琴瑟友之。
参差荇菜,左右芼之。窈窕淑女,钟鼓乐之。

一首如此单纯的河边恋曲,在中国古代却有非同寻常的地位和意义。且不说中国文学以诗骚为源头,《关雎》这首"单纯的恋曲"难免被追溯为情诗之祖一类,甚者,《关雎》不仅是诗,还入而为"经",且是《诗

---

① 扬之水,《诗经别裁》,北京:中华书局,2007,页2。

经》首篇。中国文学向有"宗经"传统,刘勰《文心雕龙》开宗明义摆出"诗"与"经"同源会通之意:

> "经"也者,恒久之至道,不刊之鸿教也。故象天地,效鬼神,参物序,制人纪,洞性灵之奥区,极文章之骨髓者也。(《文心雕龙·宗经》)

"经"本义为"织从(纵)丝也",引申为"常"、"本"、"度"之意。① "经,常也,有五常之道,故曰'五经'。(班固《白虎通义·五经》)"经乃是恒久至道和不言之教;而文则是将"道"和"教"参验和彰显出来的努力。《诗经》既为人生之常立法,也为诗文之常立法。② 从《关雎》着眼,情爱、婚姻为人性之常、人伦之本,在今人看来亦不难解,所以今人读此古诗,也会觉得"这日常情感生活中实在的谐美和欣欣之生意,却是那风雅最深厚的根源。那时候,《诗》不是装饰,不是点缀,不是只为修补生活中的残阙,而真正是'人生的日用品'(顾颉刚语)。"③ 至于如何对待这"人生的日用品",古今态度却大相径庭,经学的郑重其事和大费周章,在今人看来难免虚张声势、牵强附会。这种分歧在对待作为《诗经》首篇的《关雎》一诗上表现尤为明显。

《关雎》之始的经学大义

经学滥觞于先秦而成于汉,兴盛于汉。④ 特别是武帝朝"独尊儒术"之后,五经由儒家之"经",一变而成为汉王朝之"经",天下之"经"。以诸"经"传授、笺注、阐释为基本内容的治"经"之学成为汉代乃至后来

---

① 许慎《说文解字》云:"经,织从(纵)丝也";段玉裁注云:"织之从丝谓之经。必先有经,而后有纬。是故三纲五常六艺谓之天地之常经。"
② 《诗经》作为"经"与"诗"双重立法之意,另参拙文《观物取象以制人纪:〈诗经·桃夭〉析义》。
③ 扬之水,《诗经别裁》,前揭,页6。
④ 《诗》、《书》、《礼》、《乐》、《易》、《春秋》六经的说法见于战国,比如《庄子·天下篇》、《荀子·儒效篇》;秦火之后,乐经亡佚;汉朝将"五经"立于学官。

几千年里中华政教的基础。《诗经》经学,亦基于汉人传说。汉代传《诗》者,有今文鲁、齐、韩三家诗和古文毛诗。后三家亡佚,毛诗独传,今文三家之义只能从后人辑佚中窥探一二。中国现代学术的建立,经历了一个去经学化的历程,在现代观念中,《诗经》只是上古的歌谣集子,《关雎》即便是《诗经》首篇,也未必有什么深意。但《诗经》之为"经",本就隐含了一种编织意味。《大学》云:"物有本末,事有终始,知所先后,则近道也。"在汉人视野中,经学本是对世间万物的编织和统理,所以《诗》首《关雎》,以为风始,《关雎》之"始"宜有大义存焉。《大戴礼记·保傅》云:"《易》曰'正其本,万物理。失之毫厘,差以千里。'故君子慎始也。《春秋》之元,《诗》之《关雎》,《礼》之冠昏,《易》之乾坤,皆慎始敬终云尔。"那么,《关雎》之为风始,为诗始,甚至为经始①,所慎何事?

《关雎》之为风始,见诸司马迁《史记·孔子世家》:

> 古者《诗》三千余篇,及至孔子,去其重,取可施于礼义,上采契、后稷,中述殷、周之盛,至幽、厉之缺,始于衽席,故曰"《关雎》之乱以为风始,《鹿鸣》为《小雅》始,《文王》为大雅始,《清庙》为颂始。"三百五篇孔子皆弦歌之,以求合韶、武、雅、颂之音。礼乐自此可得而述,以备王道,成六艺。

这段话是太史公对孔子整理《诗经》的完整描述,将鲁诗"四始"②之说追溯到孔子编诗之意。言"上采契、后稷,中述殷、周之盛,至幽、厉之缺",可见《诗经》有历史范围和时序,但《诗经》并不是直接按照历史时

---

① 若以诗、书、礼、乐、易、春秋为六经之序,《关雎》甚至可以说是六经之始,《韩诗外传》有云"六经之策,皆归论汲汲,盖取之乎《关雎》。"(《韩诗外传》卷五第一章)。
② 《诗经》有"四始"之说,而各家说法不同:古文《毛诗大序》以风、小雅、大雅、颂为四始,《毛诗小序》又说:"《关雎》,后妃之德也,风之始也。"在《关雎》以为风始这一点上,小序与大序四始之意并不矛盾;今文齐诗基于阴阳五行谶纬之说,齐诗的"四始"说有其特异性:"《大明》在亥,水始也。《四牡》在寅,木始也。《嘉鱼》在巳,火始也。《鸿雁》在申,金始也",见诸《诗纬·泛历枢》。鲁说以《关雎》之乱以为风始,《鹿鸣》为小雅始,《文王》为大雅始,《清庙》为颂始",见于《史记·孔子世家》。韩诗不详,但据《韩诗外传》载子夏问于孔子:"《关雎》可以为国风始也?"可见韩诗亦关注《关雎》风始之大义。

序来编排的,针对整部《诗经》的编订,太史公言其"始于衽席",则《关雎》除了作为四始中的风始,亦为诗三百之始。似乎,对于历史时序的理解,恰恰要基于义理之序。

所谓"始于衽席",《史记·外戚世家》中说:

> 《易》基乾坤,《诗》始《关雎》,《书》美厘降,《春秋》讥不亲迎。夫妇之际,人道之大伦也。礼之用,唯婚姻为兢兢。夫乐调而四时和,阴阳之变,万物之统也。可不慎与?

在这段话中可以看到,《关雎》中男女之情、夫妇之义的重要性贯穿在《诗》、《书》、《礼》、《乐》、《易》、《春秋》六经中,从自然来说,男女之情、夫妇之义来自阴阳乾坤之理,这是性与天道;从人事来看,婚姻之礼、夫妇之道是伦理基石,对人类的伦理生活和政治秩序有着重大影响。而《诗》正关乎这其间从自然到人事的贯通之道。

司马迁《太史公自序》阐发六艺精义云:"《诗》记山川溪谷禽兽草木牝牡雌雄,故长于风。"见诸《关雎》,所谓"关关雎鸠,在河之洲",恰是从"山川溪谷禽兽草木牝牡雌雄"开始的。子曰:"《诗》可以兴",《诗经》中的诗常常是从具体而微的自然物事或场景开始,关切着万事万物的"性"与"情"。诸如"关关雎鸠,在河之洲"、"桃之夭夭,灼灼其华"、"呦呦鹿鸣,食野之苹",感于物而动其情,咏其志而达诸性。不过,这里说禽兽草木就罢了,缘何着意突出其"雌雄牝牡"?雎鸠"关关"之音,是一雌一雄两只水禽在河洲之上交相应答的和鸣之声。"风是无形的,只有通过声音才能感觉到。所以,诗风多写禽兽鸣声,正是雌雄相风的直接描写。"①天地间各具其性、各得其宜的动物,其雌雄牝牡通过呼叫应和来传达求偶的信号,是自然中最常见的现象,背后却蕴藏和贯通着天地阴阳化生的机理,这便是"阴阳之变,万物之统"。言"牝牡雌雄"者,所以明著阴阳化育,以显天地生生之德;所谓"山川溪谷禽兽草木牝牡雌雄",包含了大地上生成和生长着的一切事物。"诗"这来自"自然"的

---

① 柯小刚,《〈诗经·关雎〉大义发微》,载《江海学刊》2014年第2期。

"风"教之所以能为"经",在于自然和人事、生命秩序和礼法安顿的密切相关。正如柯小刚的《〈诗经·关雎〉大义发微》中说:

> "关关雎鸠,在河之洲"不但是《关雎》这一篇的起兴,也是整部《诗经》之为风教的起兴。雎鸠之鸣既是带起"窈窕淑女,君子好逑"的声音,也是带起整部《诗经》的声音。这一声音交织在《关雎》的荇菜采摘、辗转无眠和琴瑟钟鼓之中,也回荡在整部《诗经》的国风雅颂之中。这可能是中国古典政教的持续低音,时隐时现,贯穿始终。在这一持续低音的伴奏中,我们会发现同样是相关于周家历史的文献,《诗经》与《尚书》或《史记》的记述有显著不同:非但《豳风》饱含深情、万物感触、鸟鸣虫吟不绝,即使《文王》《清庙》的雅颂之声也同样是于穆不已的。这便是为什么孔子在说"《诗》可以兴,可以观,可以群,可以怨。迩之事父,远之事君"之后,紧接着说"多识于鸟兽草木之名"。"多识于鸟兽草木之名"不只相关于知识的增进,而且关系到诗教之为风教的关键,因为风教之风在《诗经》的歌咏中,首先总是以鸟兽虫鸣之声与四时草木之衰荣起兴的。①

《关雎》中笔触就是这样由动物的雌雄牝牡才自然延伸到人类的男女两性:"窈窕淑女,君子好逑"。也许雎鸠鸟关关和鸣之声触动、感兴或应和着男子的求偶之心,想要觅到他的好伴侣。正见得《诗经》的世界中,男女之间的情思情事,并非纯粹人事,而是万物的生生之意,万物间的相互感通。所谓"两间莫非生意","万物莫不适性"②。在诗的世界里,人事并非单纯或抽象地存在,那里总是有一个自然的视野、自然的包裹。人类并非单独和隔离的存在,而是处身于天地之间、万物之中。与此特别相关,人的"性"与"情"似乎正是这种共在和感通的表征

---

① 对于风教之意的细腻体贴,详参柯小刚《〈诗经·关雎〉大义发微》一文,前揭。
② 此二句为南宋·罗大经《鹤林玉露》中评杜甫诗所语:"杜少陵绝句云:'迟日江山丽,春风花草香。泥融飞燕子,沙暖睡鸳鸯。'或谓此与儿童之属对何以异。余曰,不然。上二句见两间莫非生意,下二句见万物莫不适性。于此而涵泳之,体认之,岂不足以感发吾心之真乐乎!"(见《鹤林玉露》乙编·卷二)

和产物。正如《易经》"恒"卦中隐含的礼法之意:"有天地,然后有万物;有万物,然后有男女;有男女,然后有夫妇;有夫妇,然后有父子;有父子,然后有君臣;有君臣,然后有上下;有上下,然后礼义有所错。夫妇之道不可以不久也,故受之以'恒';恒者,久也。(《易经·序卦传》)"夫妇之道是自然(天地、万物、男女)到人事(父子、君臣、上下、礼义)的关节点,因而可以说是礼法之始基。这种"究天人之际"的理解方式,对今人来说十分隔膜,但在汉代经学中则比比皆是。

《关雎》之始与王道政治

西汉匡衡曾从后苍习齐诗①,以善说诗闻名。汉元帝宠爱傅昭仪和她的儿子定陶王超过了皇后、太子,匡衡上疏劝诫元帝要处理好后宫中的伦理秩序:

> 臣又闻室家之道修,则天下之理得,故《诗》始《国风》,《礼》本冠、婚。始乎《国风》,原情性而明人伦也;本乎冠、婚,正基兆而防未然也。福之兴莫不本乎室家。道之衰莫不始乎阃内……(《汉书·匡衡传》)

成帝继位,匡衡又向成帝上疏"戒妃匹",即要帝王慎重选择自己的配偶:

> 臣又闻之师曰:"妃匹之际,生民之始,万福之原。"婚姻之礼正,然后品物遂而天命全。孔子论《诗》以《关雎》为始,言太上者民之父母,后夫人之行不侔乎天地,则无以奉神灵之统而理万物之宜。故《诗》曰:"窈窕淑女,君子好仇。"言能致其贞淑,不贰其操,情欲之感无介乎容仪,宴私之意不形乎动静,夫然后可以配至尊而

---

① 汉代今文诗说中的齐诗以杂糅阴阳五行谶纬而颇有异说。但从匡衡诗说来看,与鲁、韩说的倾向根本上是一致的。

为宗庙主。此纲纪之首,王教之端也。自上世已来,三代兴废,未有不由此者也。(班固《汉书·匡衡传》)

匡衡对成帝的教谕,同样把夫妇之事、婚姻之礼与天地万物相联系。

男女的结合、生育源自天地阴阳化生之理,因而具有参赞天地化育的神圣性。经学对生生之德的尊崇,深藏着对"生"之道、"化"之端的智慧性惊奇,因而充满神圣感。① "天地氤氲,万物化淳",所以"易基乾坤";"妃匹之际,生民之始"即"男女构精,万物化生",所以"诗始《关雎》"。天居高理下,为人经纬,②所以人宜顺天之则,正婚姻之礼。王者选择配偶,要以天地之德为准绳,才能顺奉天命、统理万物使各得其宜。《关雎》之始,即《中庸》所谓:

> 君子之道,造端乎夫妇;及其至也,察乎天地。

这可谓王者的尽性知命:

> 能尽其性,然后能尽人物之性;能尽人物之性,可以赞天地之化。(《汉书·匡衡》)③

---

① 在现代"意识形态化"科学观念之下,人们对世界的理解已经"去神圣化",如果对于"开端"、"生成"的惊奇多少还保留在宇宙生成之类的大问题中,男女"生育"这样的"起始"、"化生"却似乎太过"平常",只被当成复杂一些的生产现象。在科学与迷信非此即彼的狭隘视野中,古代宇宙论模式的对"生"的整全理解,也常常被不加区分地、简单化地作为某种"生殖崇拜"。《诗经》尤关乎牝牡雌雄、男女相悦,因而以生殖崇拜看待《诗经》中的诗,或者从《诗经》中挖掘生殖崇拜意味的研究可谓现代《诗经》研究的一大潮流。"生殖崇拜"是人类初民出于对生殖现象的惊异以及对生殖强力的崇拜,所产生的神秘解释和敬拜祈福。这只是基于某种或某些单一现象、强力的敬畏观念和原始思维。经学中基于天地生物构建的宇宙论模式则是智慧性的整全理解。因此,尽管经学宇宙论和原始思维中对"生"的敬畏貌似相同,都来自人类的初始惊奇,但同源而异流,经学经历了哲思性的脱胎换骨,与原始生殖崇拜不可同日而语。
② 参《白虎通·天地》。
③ 《汉书·匡衡传》中匡衡对皇帝说的这句话与《中庸》里关于"尽性知命"的那段话相似:"能尽其性,则能尽人之性;能尽人之性,则能尽物之性;能尽物之性,则可以赞天地之化育;可以赞天地之化育,则可以与天地参矣。"

在此基础上,匡衡才谈到了"窈窕淑女"的贞淑、庄敬。与其说对"窈窕淑女"这种解释是道德仪容的规定,毋宁说是"侔乎天地"的德行外显。有了这种能配得上天地之德的王者和后妃,才能教养万民,风化天下。

在今人看来,一首河边恋曲竟然扯上"君王"、"后妃",实在附会。程俊英、蒋见元《诗经注析》中说:

> 汉、宋以来治诗的学者,多数认为"君子"指周文王,"淑女"指太姒,诗的主题是"后妃之德"。这是因为《关雎》居"诗三百"之首,不如此附会不足以显示其"正始之道,王化之基"的重要地位。

古代这种基于王者教化的政治观,在今人看来,似乎不仅在简单的人性上附会太多形而上的玄虚,又把人为的礼法强加给自然的情爱;还混同了所谓"公共领域"和"私人事务",以政治来干涉个体生活。为什么从经学视野来看,《关雎》并非一般的男女情爱,情爱非要扯到政治,而男女非要扯到王者之事?王者的婚配关涉重大。为什么有这么重大?

首先,何谓"王"?孔子曰:"一贯三为王。(引自《说文解字》)"董仲舒云:

> 古之造文者,三画而连其中,谓之王;三画者,天、地与人也,而连其中者,通其道也,取天、地与人之中以为贯,而参通之,非王者孰能当是。(《春秋繁露·王道通三》)

汉人认为,王字三横一竖,三横即天、地、人,沟通天、地、人,谓之王道,沟通天、地、人者,谓之王者。王道是一个整全宇宙论的构架,王者内含着"圣王"的理想,王者能合乎天道、顺乎天命从而化育和统理万物,于是可为万民师表,负有教化之职。《周易·文言》云:

> 夫大人者,与天地合其德,与日月合其明,与四时合其序,与鬼神合其吉凶,先天而天弗违,后天而奉天时。天且弗违,而况于人

乎,况于鬼神乎?

圣王所设之教宜当如是,则顺遂天地四时的人生便是"合其序"、"合其德",有序有德的真正美好完满的人生。所谓"大也,君也,天下所法(《广韵》)";所谓"主也,天下归往谓之王(《正韵》)"。

君王作为万民师表,其上行下效的感染、教养和风化效果是儒家政治的基本取向。"君子之德风;小人之德草,草上之风必偃。"这便是《诗经》"风教"所谓"上以风化下"之意。《关雎》之始重要性的内涵仍在于"从男女到夫妇",即人类的情爱与礼法问题。之所以非要"附会"上王者和后妃,因为在经学这个宇宙论式的政治构架中,正是通过"王者"来沟通天、地、人,王者的婚姻要合乎天地之德、阴阳之化,把从天命而来的性理贯注到礼法当中,从而教养民人,化育万物。简言之,王者仿佛"存在的理型",树立"行合天地,德配阴阳"的典范,为民作法;所谓王者的婚姻之道,就是对男女爱欲、夫妇婚姻的立法。

《关雎》经解的王道大义

在去经学化的现代观念看来,《关雎》只是一首简单的河边恋曲,所谓《关雎》之始被赋予所谓王道政治、后妃之德之类,都是出于汉人牵强附会,特别在诗中名物和诗句意涵上极尽穿凿。"关关雎鸠,在河之洲"只是一道河边风景,或是以两只水鸟的求偶鸣叫来比兴,汉人就附会雎鸠有什么贞专之性;窈窕淑女就是美丽、美好的女子,汉人却扯到什么"幽闲贞专"、"后妃之德";"参差荇菜,左右流之"是女子在河中采野菜,汉人却扯到什么供祭祀、事宗庙,不一而足。但现代这种把《关雎》降格为民歌小调式的理解,对《关雎》中"琴瑟"、"钟鼓"所喻示的如此明著的礼乐意味却选择性地视而不见,这难道不是自相矛盾吗?即便不得不承认这是一首"贵族青年的恋歌",对这一矛盾也不过是含混其词。那么,在汉代经解中,《关雎》何以能成为人类"爱欲与礼法"之事的"理型"?而被作为王者之事呢?下文择其要点,尝试澄清汉人经解最为今人诟病和误解的疑义。

《关雎》中用以起兴的"雎鸠",俗称鱼鹰,考经说中对其性情特点的描述,并非我们常见那种人们训练来用于捕鱼的鱼鹰,而是学名"鹗"的一种隼目中型猛禽。鹗具"生有定偶,执一无尤(齐诗说,引自《易林·晋之同人》)"之性,故《关雎》用以起兴。但鹗属鸷(挚)鸟(毛诗言其"挚而有别","挚"通"鸷"),用猛禽来喻婚配,显得颇为怪异,似不近人情,因而甚至汉人对此也深感疑惑。① 但鹗素有威仪,在这一点上却颇受古人推崇。细考鹗这种猛禽的习性和特征,《关雎》之所以用雎鸠鸟的和鸣起兴,或许因为鹗具有别具一格的婚飞行为,颇符合古人"阳倡阴和,夫唱妇随"之义。此外,鹗的雌雄成鸟终身厮守,共同筑巢,轮换孵卵,共同抚育后代,雌雄亲鸟对雏鸟关怀备至。这些特点都与人类理想的婚姻伦理相似。更为特别的是,鹗和鹰不同,虽然交合时雌雄一同飞翔,但平常则雄雌分开。就是毛诗所谓"挚而有别"的"有别",鲁说所谓"未尝见乘居而匹处也(《列女传·魏曲沃负篇》)",朱子所谓"不相狎(《诗集传》)"。鹗这种在交配期"雌雄情意至",但平日里却素有"棣棣威仪"的性情,正合乎匡衡所谓"情欲之感无介乎容仪,宴私之意不形乎动静"。《关雎》以雎鸠这种中型隼类水禽而非那种婉媚可爱的小型鸣禽起兴,正是基于古人对万物之性的细致观察和区分。② "关关雎鸠"不仅是兴,细究其物象之特,又内含非常深刻细致的比意。③

所谓"窈窕淑女,君子好逑"之"好逑",今文诗说有基于其"后妃之制"的特殊理解,所谓"和好众妾"说,会在后文述及,此处先不作讨论。毛传则取"幽闲贞专之善女,宜为君子好匹"之义。"好逑"、"好匹",意味着男女结合并非简单的媾合,而是要寻求尽可能完善意义上阴阳、乾坤、男女的相当、相称、匹敌、匹配、配合、适当。"在现代读者的眼中,

---

① 对于挚(鸷)的这一疑义,有像郑玄那样不把毛诗所谓"挚而有别"的"挚"作"鸷"之通,而曲为他解,作"男女情意至"讲者;有像刘瓛从取喻角度以"关雎有别,后妃方德,得贵其别,不嫌于鸷鸟"开解者。

② 在拙文《观物取象以制人纪:〈诗经·桃夭〉析义》中,也以《桃夭》为例强调了理解《诗经》时细究物象物性的重要性。夫子云,诗可以"多识于草木鸟兽之名",中国语言以对名物的细分特点著称,所谓"多识于草木鸟兽之名",当然是建立在对物性细微差异的认识之上,可见得对于古人来说,《诗》中的草木鸟兽各种名物,乃是具有物性学意义的,"多识于草木鸟兽之名"根本上是"多识于草木鸟兽之性"。

③ 对此名物的详细考证,笔者将另文处理,限于篇幅,本文只能述及大略。

《关雎》抒写的只是两性相"求"的自然欲望,而夫妇德性好"逑"相匹的大义则是完全无视的。"①在汉人经学观念中,德配天地才是人之完善,因而基于德性美善的匹配才是所谓"侔乎天地"的匹配。"诗言志",因而诗也可以观志,"窈窕淑女"是《关雎》中的君子之"志",呈现君子想求取怎样的"好逑",也就可以见出这是怎样的君子。《关雎》中只需描绘"窈窕淑女",同时便也呈现了君子之志;经说中似乎只针对淑女提出德性要求,但其实同时指向君子。

那么,汉人观念中这可为君子好匹的"窈窕淑女"何谓?"窈窕"首先是好貌;"窈窕"浑言之但曰"好",析言之则"窈"、"窕"义分,美状为窕,美心为窈。② 由于抽空了诗教的德性内涵,今人在读《诗经》时所理解的"窈窕"几乎完全偏移到"美状"上去了,似乎窈窕淑女就是身材苗条秀美的女子。《关雎》中的"窈窕"之美到底何谓?《说文》云:"窈,深远也";又云:"窕,深,肆极也。"窈窕之美似乎是一种幽深之美,幽深意味着不宣扬于外。从美状来说,或许就是那种"情欲之感无介乎仪容,宴私之意不形乎动静"的端庄;从美心而言,或许庶几近于《诗经》中经常出现的"其心塞渊"之"渊"。窈窕之美不是炫目、张扬、诱惑之美,而是沉静、内敛、贞定之美。正如王先谦所说:"贞专故幽闲,唯幽闲故穆然而深远,意皆相承为训"(《诗三家义集疏》)。所以韩诗训:"窈窕,贞专貌。"毛传训:"窈窕,幽闲也。""窈窕淑女"即"幽闲贞专之善女"。贞专、贞定就有一种"安"、"静"之态。正如《邶风·静女》中,毛传曰:"静,贞静也。"说文云:"静,审也。"故毛传又云:"女德贞静而有法度。"王先谦说,"盖女贞则未有不静也(《诗三家义集疏》)"。古人观念中,坤德主静,窈窕淑女具有一种娴静、贞定而隐蔽的意态,这种"仪容庄敬贞定而心志渊深静审"的意味,也正呼应着前述雎鸠之鸟的威仪及其"未尝见乘居而匹处"之性。

现代对《诗经》民歌化的理解,特别喜欢表彰《诗经》中"情诗"的大胆热烈。《关雎》确实是一首关乎"情欲"的诗,今人解诗只重"辗转反

---

① "好逑"蕴涵的德性匹配之义,柯小刚的大义发微对笔者深具启发。参柯小刚《〈诗经·关雎〉大义发微》,前揭。
② 参王先谦,《诗三家义集疏》,北京:中华书局,1987,页10。

侧,寤寐求之"之"君子好逑",却往往忽略《关雎》中深藏着淑女"窈窕"之"静"。《关雎》深合一阴一阳、一乾一坤、一动一静之道。我们从汉人经解的关注中才会意识到其中处处暗藏着"情欲之感无介乎仪容,宴私之意不形乎动静"的节制和隐蔽。对于人类情欲的这种隐藏态度,大概在伊斯兰教对妇女佩戴面纱的要求中得到最直接的体现。①所谓"冶容诲淫",情欲虽源自生生之德,但其色欲一面尤其容易受外在刺激、搅扰,走向放纵,所以必须节制。这种节制对于男女双方都有要求。在女性方面,所谓"冶容诲淫",所以特别会从仪容仪表上要求,甚至如伊斯兰教义那样直接加以遮盖。在现代男女平等、妇女解放观念看来,这是束缚女性,反自然人性的"封建礼教"。礼教真是遮盖"美"、束缚"人"、反"自然"吗?"窈窕"既是幽深、穆远的,则《关雎》中淑女之美,恰恰是以某种遮蔽方式呈现的,《关雎》中的淑女似乎也戴着一张面纱,一张美德的面纱——由内在贞定、节制之德所外显的端庄仪容。《关雎》无一句述及淑女容颜之美,"色相"被完全隐藏了,但这张"美德的面纱"并不像有形的面纱那样僵硬、简单,这张面纱既隐藏又呈现——端庄的仪容既是对色相的遮盖,又是对内在之"美",德性之"美"的呈现、彰显。这种深邃之美非但不会刺激和搅扰欲望,还能成为对欲望的节制和净化。

君子对"窈窕淑女"的思慕或想象伴随着"参差荇菜,左右流之"的场景。窈窕贞静的淑女并非一个木然的雕像,荇菜"参差",需要"左右"择取,淑女是精审而灵动的。荇菜"参差",何况人乎?荇菜尚且要"左右"择取之,何况婚姻乎?"采荇"诗句中"参差"、"左右"两词反复出现,即是反复强化对于《关雎》来说至为重要的"选择"深意;从而也是对"辗转反侧"、"寤寐求之"的人类情欲中迷乱、盲动倾向的反复纠正。

此外,还有荇菜。荇菜,是一种常见的水生植物,陆玑《毛诗草木鸟

---

① 面纱(Khimar):穆斯林妇女遮盖禁露发体的装饰。阿拉伯语"黑玛尔"的意译。原意"遮盖",指遮盖从头部头发到脚面的体肤。依据《古兰经》第24章第31节:"你对信女们说,叫他们降低视线,遮蔽下身,莫露出首饰,除非自然露出的,叫她们用面纱遮住胸膛"的经文,伊斯兰教法规定妇女除手足外,其他部位均属羞体。须遮蔽以示纯洁,"冶容诲淫",防止邪恶。伊斯兰教国家多遵守此制。(《中国伊斯兰百科全书》)

兽虫鱼疏》言其：

> 白茎，叶紫赤色，正圆，径寸余。浮在水上，根在水底，与水深浅等。大如钗股，上青下白。鬻其白根，以苦酒浸之，脆美可案酒。

毛传云：

> 后妃有关雎之德，乃能共荇菜、备庶物，以事宗庙也。

从《诗经》中看，鲜洁的水中野菜是上古祭祀常用的祭品。采摘祭祀所用的野菜是主妇助祭的职责之一。《礼记·祭统》言：

> 夫祭也者，必夫妇亲之。……
> 孝子之事亲，……既内自尽，又外求助，昏礼是也。故国君取夫人之辞曰："请君之玉女与寡人共有敝邑，事宗庙、社稷。"此求助之本也。

祭祀是古人生活中的大事，祭礼要求夫妇亲之，昏礼被作为祭祀所必须求取的外助，是其大义之一，尤其国君的婚姻，更须以之为重中之重，这正是匡衡所言后妃要能"配至尊为宗庙主"的含义。祭祀作为人与天地、祖先的承接和沟通，在古人生活中分量之重、意义之大今人已经很难体会，这是古今在理解"采荇"这个场景的意涵时完全隔膜之处。对于《关雎》中的贵族男女来说，祭礼本就是他们生活中日常而重大的一个部分，在贵族的教育中，他们从小就要参与祭礼，观摩、习练、感受、熏陶、理解，内化在他们的观念和意识中。正因为如此，这个贵族男子思慕他的好伴侣时，有意无意地把这种生活内容包含在他的期许之中，应属自然而然之事。所谓一个好伴侣，不言而喻得是一位能与之共祭祀、事宗庙的贤内助。而这种理解，呼应着《关雎》中"琴瑟"、"钟鼓"所喻示的强烈礼法意味，起码比现代民歌说对整篇《关雎》的理解更能前后一贯。

《关雎》之始与经世致用

对汉人来说,"经"就是道之常、法之度、治之本。那么,也可以看出,中国古代的"经"根本上就是所谓"政治学经典"。但古人这个"政治"的范围却似乎比我们今天要宏阔得多。"经"对应着"道",政治必须因应整全,即王道政治。在汉人眼里,经是人类生活的大全,具有全能的性质,包罗万象,经天纬地,通经即要经世致用:

> 两汉之间,儒者通经,皆以经世,以《禹贡》行水,以《洪范》察变,以《春秋》折狱,以《诗》三百五篇当谏书。盖六经之文,无一字不可见于用,教之所以昌也。(梁启超《西学书目表后序》)

《易》、《诗》有别于《书》、《春秋》,其抽象义理不能如《书》、《春秋》中那样通过史实予以呈现。《诗》的经世致用需要拉近其与现实政治的关系。不仅现存可见的汉代今文诗说,也包括古文毛诗,都以一种"故训传"的方式,试图通过历史史迹的实例将《诗》中的抽象义理更为清晰易晓地呈现出来。一如孔子作《春秋》所谓"欲载之空言,不如见之于行事之深切著明"。《汉书·艺文志》中说:

> 汉兴,鲁申公为诗训故,而齐辕固、燕韩生皆为之传。或取春秋,采杂说,咸非其本义。

汉代这种取春秋、采杂说,不拘泥于诗之"本义"的解诗方式根本来说实是一种"用诗"方式。而这也非常合乎汉人经世致用的经学观念,所以,在理解汉人经解时,应取其大义,而非纠结"本义"。

在现存可见的今文诗说中,众多可归于鲁诗的说法都特具"慎始敬终"的意识,以一个反面序列,从对王道崩坏微末端倪的观察中,呈现《关雎》之始的重要性。甚而《淮南子·氾论训》有言:"王道缺而诗作,周室废、礼义坏而春秋作。《诗》、《春秋》,学之美者也,皆衰世之造也。"

在汉代文献中辑佚的鲁诗说中,特别可以从周之盛衰的一个微末起点中观察到《关雎》之始的重要性,可以说以《关雎》之缺来凸显《关雎》之始①:

> 周道缺,诗人本之衽席,关雎作。(司马迁《史记·十二诸侯年表》)
>
> 周之康王夫人晏出朝,关雎豫见,思得淑女以配君子。(刘向《列女传·魏曲沃负传》)
>
> 周衰而诗作,盖康王时也。康王德缺于房,大臣刺晏,故诗作。(王充《论衡·谢短篇》)
>
> 昔周康王承文王之盛,一朝晏起,夫人不鸣璜,宫门不击柝,关雎之人见几而作。(袁宏《后汉纪·孝灵皇帝纪》杨赐语)
>
> 周渐将衰,康王晏起,毕公喟然,深思古道,感彼关雎,性不双侣,愿得周公,配以窈窕,防微消渐,讽谕君父。孔氏大之,列冠篇首。(张超《诮青衣赋》)

康王之朝本是周之盛时,仅仅因为康王和王后流连床榻、一日晚起,不按礼制上朝,大臣见微知著,看到从中预示的王道之缺、周室之坏。康王朝的大臣追念《关雎》中合乎古之王道的君子淑女,并以此来委婉地警醒和讽喻康王;而汉人以周史为鉴,反复申说"慎始"的重要性,同样以《关雎》为谏书,规劝汉代君主防微杜渐、时时警醒。

这其中的道理,《汉书·杜钦传》中记载的一段谏议最为清楚。汉元帝好色,皇太后要为元帝广选良家女,杜钦针对这件事提出古代后妃之制以限制君主。杜钦认为古代天子"礼壹娶九女,所以极阳数,广嗣重祖也",这个礼制不是为了满足君主的好色之欲,而是出于广继嗣的

---

① 《关雎》的今文三家诗说,就辑佚可见,以鲁说为多,而齐、韩诗说义归一致。前述匡衡诗说即齐说例。韩说辑佚见《薛君章句》曰:"诗人言雎鸠贞絜慎匹,以声相求,隐蔽于无人之处。故人君退朝,入于私宫,后妃御见有度,应门击柝,鼓人上堂,退反宴处,体安志明。今时大人内倾于色,贤人见其萌,故咏关雎,说淑女,正容仪,以刺时。"辑自《后汉书·明帝纪》李贤注引《薛君章句》。

目的,所以君主并不能无限制地扩大后宫。杜钦在他的谏议中阐明了建立"后妃之制"的重要性:

> 后妃之制,夭寿治乱存亡之端也。迹三代之季世,览宗、宣之飨国,察近属之符验,祸败曷常不由女德?是以佩玉晏鸣,关雎叹之,知好色之伐性短年,离制度之生无厌,天下将蒙化,陵夷而成俗也。故咏淑女,几以配上,忠孝之笃、仁厚之作也。(班固《汉书·杜钦传》)

这里包含了几层意思。所谓"好色之伐性短年",是从人的自然生理来谈论欲望节制的必要性,好色过度,则失欲生害,这是关乎君主性命的"夭寿"之端。"离制度之生无厌",则是深知人性喜新厌旧,深知自我节制的困难,特别对高高在上、几乎无人能直接加以约束的君王来说,遵从礼制约束的必要性和重要性。尤其是皇室,后宫失序往往会造成继嗣问题上的争斗,酿成危害整个国家政治秩序的动荡。能否建立起制度约束,说服或限制君主"克己复礼",是保障整个国家礼法秩序权威性和有效性的根本所在,因而是政治的"治乱"之端。"天下将蒙化,陵夷而成俗",涉及君主对整个国家、广大民众的教化。君主不能遵从和践行礼法的结果,孟子所谓"上有好者,下必有甚焉者矣",王道衰颓,必然造成人伦秩序的混乱、民众风气的败坏,所谓"存亡"之端。因而,君王择偶应该避免冶容诲淫的女子,而以德性为念:

> 必乡举求窈窕,不问华色,所以助德理内也。……择有行义之家,求淑女之质,毋必有色声音技能,为万世大法。(《汉书·杜钦传》)

由此可见,《关雎》在汉代政治中起到的作用,乃是要"为汉立法";所谓"以三百篇当谏书",恰恰是王道有缺、甚至王道迹熄之世的政治行动。《关雎》的汉代经解,无论是今文三家还是古文毛诗,都密切围绕着后妃的问题。今文三家似乎更偏重于"后妃之制",立法意愿强烈,根本意在限制君主；而古文毛诗重"后妃之德"，则比较温和，偏于针对后妃的伦理、道德说教。今人最难接受汉代今文诗说把"窈窕淑女，君子好逑"解释为"贤女能为君子和好众妾"、"冀得贤妃正八嫔"，①但考虑到汉代历史中的具体情况，这种曲解根本上是出于急迫的政治现实，汉代儒生力图以经典为立法根据，节制君主欲望，整肃后宫秩序，因此一定要在《关雎》中"解释"出"后妃之制"的重要关节。无论是今文的"后妃之制"，还是古文的"后妃之德"，根本上都隐含着汉代经学中的王道理想。而现实中的君主未必能合圣哲与王者为一身，未必是真正的王，汉代儒生经世致用，就是要用经典中的王道来教育和劝谏现实中的君主，以期君主能尽量合乎王道。今文的礼法制度诉求，尽管已经隐含着王道政治理想在政治现实处境中必然和必要的下降，但仍然比古文诗说激进得多，和君主之间的直接碰撞也必然激烈得多，这或许是今文诗说后世亡佚的原因之一。对《关雎》作于周道始衰、王道始缺时的这种意识，蕴涵着汉代今文诗说对王道理想与政治现实间差距的深刻理解：也许在现实政治处境中，王道永远只能处在鲁诗这种"回望"之中；而因为"经"的存在，回望其中的王道理想，才能始终照见现实政治的得失盛衰。

（陈明珠，哲学博士。现为同济大学哲学系博士后，浙江省社会科学院浙江历史文化研究中心副研究员。）

---

① 对于"窈窕淑女，君子好逑"，毛传言"后妃有关雎之德，是幽闲贞专之善女，宜为君子好匹。"而郑玄对这一句的笺，却取了今文之意，变成"贞专之善女，能为君子和好众妾之怨者。"

《关雎》讲义

李致远

一、题　旨

《毛诗·小序》:《关雎》,后妃之德也,《风》之始也,所以风天下而正夫妇也,故用之乡人焉,用之邦国焉。……是以《关雎》乐得淑女以配君子,忧在进贤,不淫其色;哀窈窕,思贤才,而无伤善之心焉,是《关雎》之义也。

朱熹《诗集传》:女者,未嫁之称,盖指文王之妃大姒为处子时而言也。君子,则指文王也……周之文王,生有圣德,又得圣女姒氏以为之配。宫中之人,于其始至,见其有幽闲贞静之德,故作此诗。

方玉润《诗经原始》:《小序》以为后妃之德,《集传》又谓宫人之咏大姒、文王,皆无确证……窃谓风者,皆采自民间者也,若君妃,则以颂体为宜。此诗盖周邑之咏初昏者,故以为房中乐,用之乡人,用之邦国,而无不宜焉……圣人取之,以冠三百篇首,非独以其为夫妇之始,可以风天下而厚人伦也,盖将见周家发祥之兆,未尝不自宫闱始耳。故读是诗者,以为咏文王、大姒也可,即以为文王、大姒之德化及民而因以成此翔洽之风也,亦无不可,又何必定考其为谁氏作欤?

《孔子诗论》:《关雎》之怡(或作改),……曷? 曰:童(终)而皆贤于其初者也。《关雎》以色喻于礼……情爱也。《关雎》之怡（或作改），则其思益矣。……好，反纳于礼，不亦能怡（或作改）乎？……其四章则愉矣。以琴瑟之悦，嬉好色之愿。以钟鼓之乐……

二、训　　诂

关关雎鸠，在河之洲。窈窕淑女，君子好逑。

关关：异文作啨。毛传"和声"，朱传"雌雄相应之和声"。按：关金文䦛或䦹，篆文䦠，象两门相合。毛传用关而非啨，盖非仅拟声，且兼表意：关即相合相应，关即等人来开。

雎(jū)鸠：水鸟名，亦名王雎，即鱼鹰，鹗类猛禽。雌雄有固定的配偶，古人视为贞鸟。

洲：水中陆地。三家诗作州。按：洲本字是州，甲骨文𢀖，金文𢀖，篆文𢀖，象河心小岛，篆文再造"洲"字代替此义，以别州县之州。

窈(yǎo)窕(tiǎo)：旧说幽闲美好之貌，杨雄《方言》"美心为窈，美状为窕"，兼指内外之美。按：窈篆文䆞，窕篆文䆞，本义皆指幽深莫测，有神秘感。

淑：旧说善良。按：淑本义水清湛，比喻心地纯真。

好：旧说善，嘉。按：好甲骨文𡥀，金文𡥃，篆文𡥂，男女相求相悦之象，本义爱好(hào)，引申为美好(hǎo)。

逑：鲁诗齐诗作仇。旧说通仇，匹配，配偶。按：仇篆文𠐶，象追究别人，本义报仇；雠金文𩁟，篆文𩁨，象两鸟应答，本义相和相应。故仇是怨耦，雠是嘉耦，义本不相通，但因雠字复杂而被仇合并。不过，视配偶为仇人，亦合乎实情，犹今云"冤家"，俗语"不是冤家不聚头"。好逑亦可据字面作解：逑本字是求，求金文𣲘或𣲙，篆文𣱱，象追捕动物，好逑即好求，爱好而追求，古人或讳言之。

参差荇菜，左右流之。窈窕淑女，寤寐求之。求之不得，寤寐思服。悠哉悠哉，辗转反侧。

参(cēn)差(cī)：三家诗作槮sēn。旧说长短不齐貌。按：参本义是参宿,金文❋或❋,篆文❋,像老人观测参宿(三颗星),引申为数词三(异体字叁),表示多。差是搓的本字,金文❋,篆文❋,象搓穗脱粒,引申为失去,缺少。故参差即多少,长短。异文"槮"为木长貌,荇菜是水草而非木,故毛诗不取。

荇(xìng)菜:三家诗作莕菜。水草名,又名接余,今名莕菜。根生水底,叶圆在茎端而浮于水面,茎长短随水深浅,夏天开黄花,茎叶嫩滑可食。形似莼菜,但莼菜花色暗紫,莕菜花色金黄,故又称"金莲儿";因叶形习性近荷,又称"水荷"。

左右:旧说左右两边(朱传);或说左右双手,恐非。按:左是佐的本字,甲骨文❋(像左手),金文❋或❋(执行天意),篆文❋,辅佐之象,后变成方位名词,乃再造佐字代替。右、又同源,是佑的本字,甲骨文❋(又/右,像右手),金文❋(传达天意),篆文❋,祈求保佑之象,后变成方位名词,乃再造佑字代替。左重在动手(工),右重在动口(口),故《礼记·玉藻》"动则左史书之,言则右史书之"(《汉书·艺文志》则说"左史记言,右史记事",但唐宋之后恢复为"左史记事,右史记言")。左手不常用,右手常用,故左主静、主文,而右主动、主武。面南背北而立,左为东,右为西,日出于东而没于西,故左主阳、主生、主吉,而右主阴、主杀、主凶(参古代拱手礼)。夏商周之前大体尚左,惟凶事、兵事、宴饮尚右(《老子》三十一章"君子居则贵左,用兵则贵右……吉事尚左,凶事尚右");战国秦汉官职以右为尊;唐宋则尚左;元代尚右;明清则尚左。

流:旧说通摎,求,择,取;一说顺水之流而取之。按:旧说盖因下文求之、采之、芼之而训作择取,但本章与下章诗意有别,用字有别,故训诂亦当有别。当解为荇菜顺水左右漂流而取之不得也,要点不在取,而在取之不得。

得:得到,获得。甲骨文❋(手拾贝)或❋(增远行义),金文❋,篆文❋或❋(贝误作见),像远行拾贝,得财之谓也。

寤寐:旧说寤犹晤,觉醒;寐犹昧,入睡。按:寐甲骨文❋或❋,籀文❋,篆文❋或❋,象人在屋依木床而眠。

思:思念;一说语助词,恐非,一切语助词皆当有实义。按:思篆文❋,像外边信息从囟门进入心里,心里东西从囟门散到外边,《说文》"囟顶门骨空,自囟至心,如丝相贯不绝",训为"容",参朱骏声《说文通训定声》"《书·洪范》'思曰容',言心之所虑无不包也",参雨果名言"世界上最广阔的是海洋,比海洋更广阔的是天空,比天空更广阔的是人的心灵"。思的过程就是使头脑从封闭转化为开放的过程,结果即是老子所谓"复归于婴儿",儿甲骨文🔲,金文🔲或🔲,篆文🔲,俗体楷书儿(去掉囟门),《说文》"象小儿头囟未合",亦即本真的自我。

服:旧说思念,怀念。按:服甲骨文🔲(象抓人戴枷),金文🔲或🔲(枷误作舟),篆文🔲(人误作卪),隶书服(舟误作月),本义制服,引申出施动的穿戴义和被动的服从义,服从义引申出容受、怀念义。故思、服虽同义,但稍有差异:思是来入于心,服是容受于心。

悠:一说动词,思,忧思(毛传);一说形容词,长,绵长貌(朱传)。按:悠源于攸,攸甲骨文🔲(像人拄杖缓行),金文🔲或🔲(像人拄杖过河),篆文🔲或🔲(去人而强调水),故攸本义拄杖小心过河,引申出缓慢与小心义。篆文造🔲代替,兼有担忧、悠闲、缓远等义。这里当作形容词,不是心之忧,而是思之长,悠哉悠哉重言之,更见其长。悠哉有不安定之象,但又有悠闲安然之意。或分言之,前一悠哉有忧愁义,后一悠哉则有释然义。

辗转反侧:辗三家诗作展。翻来覆去,辗即转,辗转即反侧。按:辗本字是展,辗是后起字。展,篆文🔲(解衣而卧),本义展开。转本字是專,甲骨文🔲或🔲,象手转纱轮,本义消失后,金文再造🔲代替,篆文🔲,本义转动。反,甲骨文🔲(以手攀崖),金文🔲或🔲,籀文🔲,篆文🔲,本义攀岩翻山,引申为翻转。侧,金文🔲(象两人分立鼎两边),篆文🔲(鼎误作贝,人误作刀),引申为转到旁边。

参差荇菜,左右采之。窈窕淑女,琴瑟友之。参差荇菜,左右芼之。窈窕淑女,钟鼓乐之。

琴:丝属乐器(中国古代八音分类法:金、石、丝、竹、匏、土、革、木,不同于西洋"管弦打击"三分法),传为伏羲或神农或舜所作,形制很多,琴身多用桐木,多五弦或七弦,以七弦为主,又称七弦琴或瑶琴,今通称古琴。琴籀文🔲(象有支架、弦枕、多弦乐器),篆文🔲(上象弦枕和丝弦,下象琴体共鸣箱)。《礼记·曲礼下》"士无故不彻琴瑟",《白虎通德论·礼乐》"琴者,禁也,所以禁止淫邪,正人心也"。

瑟:丝属乐器,一般呈长方条形,比琴大,有四五个弦柱,最早五十弦,后以二十五弦为主。瑟金文❇(上象琴,下象陶制共鸣器),籀文❇(近似籀文琴),篆文❇(上象下必,即拨片),象瑟之形。琴瑟这里都作动词。古人弹琴于台前,鼓瑟于幕后,故琴瑟有阴阳相配之意。

友:旧说亲,亲爱。按:友甲骨文❇(象两只右手相合相助),金文❇或❇(增曰,强调相互鼓励),篆文❇,双手配合为"友",多手配合为"协"(❇),故友本义为两人结交相助。《说文》"同志为友","琴瑟友之"是情投意合之象,犹如琴瑟相合。友、朋有别:朋甲骨文❇(两串玉片系在一起),金文❇,篆文❇(同鹏字,并列羽毛),隶书❇,象两串玉片,古代以贝为货币,五贝为一串,两串为一朋。故友是道义之交,朋是势利之交。《说文》"朋,古文凤。象形。凤飞群鸟从以万数,故以为朋党字",是据篆文作解。

芼(mào):韩诗作覒。旧说择,选择;一说搴,拔取;一说通摸,摸索;一说煮熟而祭献。按:诗以采荇比喻求女,不能笼统训为择取、拔取或摸索。芼本义用草覆盖,引申为煮菜(放入沸水随即捞出),或烹调菜羹。

锺:韩诗作鼓锺。金属乐器,传为黄帝工人垂所作,据考证,始于商代,盛于春秋战国。青铜制,椭圆形,成合瓦形,中空,敲击发声。有特钟与编钟之分。特钟是单独悬挂的大钟,又称镈钟,编钟是多枚依大小和音高次第组成悬挂的,不同时期形制不同,古代为众乐之首,天子公侯等贵族所用。锺当作鐘(简化作钟),钟金文❇或❇,本义是小童敲击金属器,以报时、报警或奏乐等。锺篆文❇,本义是金属大酒盅。故鐘、锺有别,一为乐器,一为酒器,但古亦常通用,今合并为俗体楷书"钟"。

鼓:革属乐器,身圆柱形,中空,两头蒙以动物皮革,种类较多,形制有横式和竖式,材质有木质和铜质,据考证,木鼓比铜鼓晚,商周主要盛行横式铜鼓。钟鼓比琴瑟盛大,德盛者为之。鼓本字作壴(zhù),甲骨文❇(象三手击鼓)或❇,壴成单纯字件后,甲骨文再造❇(手持棍击打)代替,金文❇或❇,篆文❇。

乐:本指乐器和音乐,引申为喜悦,快乐,这里作动词,使动用法。甲骨文🎵(象木上系丝的乐器),金文🎵或🎵(增曰),篆文🎵。

三、章　句

《关雎》凡三章,一章四句,二、三章各八句。或作五章,每章四句,虽然工整,但细绎其义,当以三章为好。

第一章,兴,闻见关雎,心有所感,兴起情思,求爱之始:"关关雎鸠,在河之洲",先闻其声,关关和鸣,再见其形,成双成对,循声而见形,因想到自己仍是孤孤单单一个人,乃凭空兴起一段情思。后文可以看成是一番想象,全是关关雎鸠引出来的。"窈窕淑女,君子好逑",一般认为看到河边有一位采荇菜的姑娘,但未必真有,即便真有,也未必就是自己心目中的好姑娘。"窈窕淑女",内外皆美的窈窕姑娘一般都在窈窕之处,杳渺而难见:"在那遥远的地方有位好姑娘"(王洛宾歌词),"藐姑射之山有神人居焉,肌肤若冰雪,绰约如处子"(庄子),"美人如花隔云端"(李白《长相思》),一切美好的东西一开始都很遥远,好像可望而不可及,但其实是可及的(子曰"未之思也,夫何远之有?"孟子曰"是不为也,非不能也")。当然反过来,也可以说是"距离产生美"。追求淑女,人之常情,所以孔子曰"发乎情",鲁迅说"无情未必真豪杰",情通天下就是仁德。

第二章,就不得而言。"参差荇菜,左右流之",参差不齐的荇菜,顺着流水,或左或右,漂流不定,想左边采,忽然漂到右边,想右边采,忽然流到左边。姑娘的心思就像左右流之的荇菜,总是让人猜不透,摸不着:有一句歌词,"女孩的心思你别猜,你猜来猜去也猜不明白",为什么猜不明白? 因为她自己都不明白呀。"窈窕淑女,寤寐求之",虽然捉摸不定,但是仍然不甘心放弃,睁眼闭眼都是她,醒时梦里都在追求。追求不到,那么就害了相思病,单相思,本来"平生不会相思,才会相思,便害相思"。"求之不得,寤寐思服",为什么求之不得? 或是因为姑娘心思难猜,或是因为机缘未到,但根本的原因恐怕是要求太高,窈窕淑女为世所稀有,本来就只是凭空的想象,见都不一定见过,怎么能求得?

既然求之不得,是不是就干脆放弃,不求了呢?六世达赖仓央嘉措有句名诗,"第一最好不相见,如此便可不想恋;第二最好不相知,如此便可不想思……"。不是不想放弃,但已经想到了,就放弃不了,"求着即转远,不求还在目前"。求之又求不得,放弃又放不下,怎么办呢?"也想不相思,可免相思苦。几次细思量,情愿相思苦!"(胡适),"痞痹思服",服了,不服不行,服了就好。"悠哉悠哉,辗转反侧",心影响身,用行动化解心里的不安,不要老是放在心里,否则会生抑郁病的:一会儿躺着,一会儿趴着,一会儿侧着,翻来覆去睡不着。非要睡着反睡不着,非要安心反不能安;睡不着索性不睡好了,心有未安,就随它飘啊飘摇啊摇,"泛若不系之舟,虚而遨游",岂不逍遥自在,优哉游哉。非要安心,反而不能安,不安之安方是大安。求之不得而无怨无悔,不安心但又不至于伤心,所以孔子说"哀而不伤"(哀发出声就是唉)。

  第三章,就得之而言。"参差荇菜,左右采之;窈窕淑女,琴瑟友之。参差荇菜,左右芼之,窈窕淑女,锺鼓乐之",参差不齐的荇菜,既已得之,则应该采择并亨芼之;窈窕淑女,既已得之,则应该亲爱而娱乐之。喜乐而伴之以琴瑟钟鼓,为喜乐提供音乐节奏,不至于乱,"止乎礼义",所以孔子说"乐而不淫"。

  第一章是起兴,第二章和第三章是关键。第二章讲不得,却不讲为何不得,第三章讲得之,却不讲如何得之。得与不得,大概都不是自己所能决定的,常言道"有缘千里来相会,无缘对面不相逢",要靠缘分。缘分是天定的,但心态是我们可以自己决定的,古训说得好,"命里有时终须有,命里无时莫强求",是你的就是你的,不是你的强求不来,强求就有伤,不是伤己,就是伤人,乃至于人己两伤。当然啦,"尽信书不如无书,尽信命不如无命",也不能因为一切命定就完全不求。最好的态度是"尽人事听天命",所谓"谋事在人,成事在天",一半归上天,一半归自己,自己的那一份仍然不能放弃,要尽自己的一切努力,为什么?为的是不让自己后悔,"岂能尽如人意,但求无愧我心",自己努力了,结果怎样都不后悔。不后悔就消除了怨气。当然,这只是起码的态度,消极层面,徐志摩有句名言"得之我幸,不得我命"——这话不够好,看似放达,其实仍有一点怨气,怨自己命不好是不对的(参拉丁格言"蠢人不配享有好命运"),最好是"成功归于命运/他人,失败归于自己"(所以项羽说"天之亡我,非战之罪",大谬不然,这种想法本身就注定了他的失败),得之是因为运气好,不得是因为自己不够好,把消极的结果转化为积极的动力。"不怨天,不尤人",最后都归于自己的自修自行。自修完美了,得与不得都是两头话,因为你就是我,我就是你(参马丁布伯《我与你》)。参"两个泥菩萨"典故(元管道升《我侬词》,明《锁南枝》,毛泽东多次化用写出一首诗"两个泥菩萨,一起都打碎;用水一调和,再来做两个;我身上有你,你身上有我",既是爱情诗,又是体道诗,道情不离人情)。

两章联系起来看,更简洁的解释是:前者是"求而不得",不得恰恰是因为有求;后者是"不求而得",得之恰恰是因为不求,参王国维人生学问三境界:"昨夜西风凋碧树,独上高楼,望尽天涯路"相当于初相识;"衣带渐宽终不悔,为伊消得人憔悴"相当于"求之不得";"众里寻他千百度,蓦然回首,那人却在灯火阑珊处"相当于"不求而得"。但不经过"求之不得",就没有"不求而得",前者是因,后者是果。人生和学问的关键环节是"求之不得",在原因上用心,不要在结果上计较:所谓"菩萨畏因,众生畏果",王阳明"不患妨功,惟患夺志",曾国藩"但问耕耘,不问收获",整天想着完美的结果,一定是没有结果的,有结果也只是坏的结果,一心耕耘,做好本分事,说不定哪天就有结果了,所谓"有心栽花花不开,无心插柳柳成荫",而且没有结果也没关系。

开头是关关鸟鸣之声,结尾是琴瑟钟鼓之声,首尾可以相应:前者是自然之声,后者是人为之声。但前者包含后者,后者源于前者。关关鸟鸣之声是为了求偶,表达的是人和动物共有的本能欲望,而琴瑟钟鼓之声则是这种欲望的升华,从野蛮到文雅,这就是所谓文化或礼乐教化。礼乐教化不是否定欲望,当然更不是简单地满足欲望,而是消化转化欲望,用以滋养身心:参《老子》"常无欲以观其妙;常有欲以观其徼",《维摩诘经》"先以欲钩牵,后令入佛智",柏拉图《会饮》"爱欲学说"。爱欲的升华有很多途径,这里的关键就是一个"思"字(诗眼),把本能的力量向上引导,引向一个美好的形象、境界或理想,那么实际是否求得,已不重要,心里有了就有了。但必须是心里真有,一直有:思之哉,思之哉,精诚之极也,"思之思之,又重思之,思之不得,鬼神通之,非鬼神之力也,精气之极也"(《管子·内业》,亦参《心术》)。此即司马迁所谓"读其书,想见其为人",孔子学琴"得其数,得其志,得其人","必须亲见始得",要像舜之思尧,坐则见于墙,食则见于羹,像孔子之梦周公,此即"念兹在兹",念时在其人,不念时亦在其人,念念不忘,必有回响。

帝王的道义与变数
——《尧典》中的两种王政危机

朱 赢

一

在经史传统中,尧舜之治无疑意味着好的时代和好的政治,甚至有可能,这种"好"就是"最好的"、"最高的"。孔子曰:"大哉尧之为君也!巍巍乎!唯天为大,唯尧则之。"(《论语·泰伯》)这句话连用两处"唯"字,已然透露孔子的尺度。在孔子看来,只有帝尧堪与天齐;那么孔子可能认为其余的圣王皆不及帝尧高大。因此,尧、舜二帝虽美善相继,仍可能存在品质差别。既然孔子对圣王仍有渊微之辨,那么尧、舜的美善自不应幻化为文采刻镂。深入《尚书》的相关文本线索,尧舜之治非但没有所谓"文学理想"式的抒情,反倒显出重重危机。今文《尧典》起于尧而落于舜[1],呈现了一场上古王政秩序的重整。

将《尧典》所记的危机大致分为两类:一是自然的洪水危机;一是王政的治理危机。两种危机几乎占据《尧典》的前半部分。《尧典》开篇总

---

[1] 今本《古文尚书》(即梅赜所献)分为《尧典》、《舜典》两篇,且《舜典》开头有增入一段。皮锡瑞曰:"《尧典》本属完书,舜事即在《尧典》之中,故《大学》引作《帝典》……夫《尧典》为二千年之古籍,开宗明义之第一篇,学者当如何宝爱信从,岂可分裂其篇,加赠其字。"参见皮锡瑞《经学通论》,北京:华夏出版社,2011,页125。

结帝尧的功德,随之记录尧命羲和授时,其后的篇章就进入上述两种危机。也就是说,两种危机的呈现是《尧典》上半部分的主旨;尧禅让舜的因缘亦在其中。据经传,危机发生在帝尧执政的晚年,当时尧或许正在考虑择取应当的即位者。《尧典》中共有两次议事举荐,尽管第一次举荐没有明确提及选举帝王继承人,但尧所提出的要求已十分切近"治国者"的身份。

> 帝曰:"畴咨若时?登庸。"放齐曰:"胤子朱启明。"帝曰:"吁!嚚讼,可乎?"帝曰:"畴咨若予采?"驩兜曰:"都!共工方鸠僝功。"帝曰:"吁!静言庸违,象恭滔天。"

这一段记言中,帝尧命群臣举荐"能顺事者"。具体而言,"畴咨若时",孔传曰"谁能咸熙庶绩,顺是事者";"畴咨若予采",孔传曰"复求顺我事者"。两种"顺"同为一事,《五帝本纪》记作"谁可顺此事……谁可者?""事"可理解为王政事业。就上下文关系来看,帝尧事业的核心就是命羲和授时,允厘百工,庶绩咸熙。所以,求"能顺事者"绝非是寻常的王臣官员举荐。《尧典》中的羲和四岳直至舜执政时一直在位①,且地位颇尊,因此帝尧寻找"能顺事者",当然不是为了替代羲和。在这里,继承王政事业暗示着继承帝位的意向,即《尧典》的第一次议事举荐实际是尧寻找帝位继承人的伏笔②。丹朱和共工分别被举荐,但都被帝尧否决。尧以为,丹朱性情不善,共工品行凶险,皆非继承王业的适宜人选。文本接连记录了尧的一个叹词"吁",以显其忧虑。这提示我们注意危机的潜伏。直至此处,并不能说帝尧的王政危机已经暴露,但文本十分清晰地揭示了帝尧对被举荐者的不满。其中也隐含着,尧对于"顺事者"、"顺我者"——或更直接地说,是对帝王的预期与臣子不同。此后,尧不再与群臣讨论"畴咨若时"、"畴咨若予",话题转

---

① 马融认为尧"畴咨若时"是由于羲和老死,故尧欲求贤顺四时之职以代羲和。但孔传以为四岳即羲和四子。孔疏曰:"帝就羲和求贤,则所求者别代他官,不代羲氏、和氏。"

② 孔疏曰:计尧即位至洪水之时六十余年,百官有阙,皆应求代。求得贤者,则史亦不录。不当帝意,乃始录之,为求舜张本。

向治水。

  帝曰:"咨!四岳,汤汤洪水方割,荡荡怀山襄陵,浩浩滔天。下民其咨,有能俾乂?"佥曰:"於,鲧哉!"帝曰:"吁,咈哉!方命圮族。"岳曰:"异哉!试可乃已。"帝曰:"往,钦哉!"九载,绩用弗成。

记言至此,两种危机同时显现。尧问四岳:天下洪水泛滥,谁能整治?众口一致举荐鲧。帝尧仍然否决,但被四岳说服。结果鲧治水九年,无功而返。这里出现了帝尧的第三次"吁"。《尧典》在群臣的三次举荐中记录尧的三声"吁"叹,从而传递圣王的焦虑与无奈①:求贤不得,正是危机的征兆。求贤治水与求贤即位二者看似非关,但必须注意到,在舜之后,大禹以治水功高而称帝。所以极有可能,如果鲧治水成功,那么继尧之位者将是鲧而不是舜。此处文本隐匿的线索或许是,即便群臣不能举荐出合乎帝尧预期的继承人,但洪水危机迫切,有能力解决危机的人当有资格即位。

  《尧典》所记的举荐过程可引申两种问题:帝王的德性应该如何?帝王怎样产生?将问题进一步归同:合乎德性的帝王如何产生?此一提问无疑会将历史经验逼入阴影,因为自夏启以后,帝王事实上不在"德性"原则中产生。天下需要怎样的帝王?这一设问在历史经验中隐然有所前缀:谁的天下?在《尧典》中,帝尧对于"谁的天下"毫不犹豫,所谓"天下非一人之天下也,天下之天下也。"(《吕氏春秋·贵公》)但这并不意味着《尧典》是对帝王正义的理想化倾述。因为自记言开陈,"理想"就陷入危机,而由此反观"帝王的产生",则《尧典》应该是中国古典至高的帝王之书。

二

  尧舜相继尤为崇高。但"禅让"的崇高既是历史常识,却也可能是

---

① 孔传:"凡言'吁'者皆非帝意。"

"反常识"的。古典经史以尧舜之德为美善的最高尺度,但现实政制却不预备返归至高的帝王传统,其内在矛盾使尧舜之治只能立足于"理想化的文学抒情"。但在《尧典》中,连"禅让"也是极为坎坷的。帝尧让位之所以困难,并非因为私心。恰恰相反,正由于无私,帝尧才在寻找王业继承者一事上遭遇更大的阻碍。尧时的王政已面临"私心"间隔。就放齐举荐丹朱看来,当时的王臣并不回避权位世袭,甚至很有可能,亲子继承在当时是合乎历史经验的。据《史记》,在尧禅让舜之前,帝王皆为黄帝正妃的后裔:"嫘祖为黄帝正妃,生二子,其后皆有天下"(《五帝本纪》)。因此,尧将帝位让给身份卑微的舜,其实是反常之举。这提示我们注意,"禅让"可能是偶然的历史光辉,而非既成的权位制度。随后驩兜举荐共工,则暴露结党营私的倾向,这是文本对王政危机的明确提示。在《尧典》后文(今本《舜典》)中,驩兜与共工皆被流放,孔传曰"党于共工,罪恶同"。按王充的说法,"驩兜之行,靖言庸间,共工私之,称荐于尧。"(《论衡·恢国篇》)驩兜举荐共工可谓是王政的隐疾。如果帝尧之德象征王道的公义,则驩兜、共工的结党反映私欲之恶。问题在于:为何邪恶者会介入与王业继承休戚相关的重大举荐?此处文本警示着深远的困境:驩兜、共工之类,某种程度上与后世的官僚权贵相近,连帝尧这般的圣人亦无法避免。《左传·文公十八年》的一段问答涉及帝尧的王政格局,概括而言是"贤人不能进,凶人不能去":贤人指八元、八恺共十六族贤才,尧不能举;凶人指四凶之族,即《尧典》中的驩兜、共工、鲧及三苗,尧不能去。"去"不是杀戮、消灭,而是指尧没有将凶人从朝臣中罢去。这暗示邦国共同体旧有的族群势力已成痼疾。至于八元、八恺等贤才不能被举用,也与凶族不能去除有关。可见帝尧之时,王政秩序陷入了某种类似世袭权贵的妨害。而帝尧无能为力,或许是暗示当时的王政缺乏立法,因为后来舜摄位执政时就通过立法而流放四凶,并随之举用八元、八恺布教四方①。《左传》在这一部分陈述的末尾引述《尧典》中舜的功绩:"故《虞书》数舜之功,曰'慎徽五典,五典克从',无违教也。曰'纳于百揆,百揆时序',无废事也。曰'宾于四门,四

---

① 八元、八恺《尧典》未提及,此依《左传》之说。

门穆穆',无凶人也。"在去凶和举贤一事上,舜妥善处置了帝尧的王政忧患。然而,帝尧时纵有去凶、举贤之难,尧却举用了一个可能是最出人意料的贤才,也就是舜。似乎在《尧典》中,辨识贤才的尺度与举用贤才的心性皆提示独特的帝王品质。

从尧确立舜直至舜称帝,过程相当漫长且反复。舜出现在《尧典》的第二次议事举荐。此时尧虽没有明确说要择取帝位继承人,但文本铺垫了尧让帝位于四岳的背景,因此"寻找应当的帝王"这一主旨顺理成章。

> 帝曰:"咨!四岳。朕在位七十载,汝能庸命,巽朕位?"岳曰:"否德忝帝位。"曰:"明明扬侧陋。"师锡帝曰:"有鳏在下,曰虞舜。"帝曰:"俞,予闻,如何?"岳曰:"瞽子,父顽,母嚚,象傲,克谐以孝,烝烝乂,不格奸。"帝曰:"我其试哉!女于时,观厥刑于二女。"厘降二女于妫汭,嫔于虞。帝曰:"钦哉!"慎徽五典,五典克从。纳于百揆,百揆时叙。宾于四门,四门穆穆。纳于大麓,烈风雷雨弗迷。帝曰:"格,汝舜。询事考言,乃言氐可绩,三载。汝陟帝位。"舜让于德,弗嗣。

帝尧命众臣"明明扬侧陋",《五帝本纪》记作"悉举贵戚及疏远隐匿者",也就是指无论亲疏远近的贤良都可以举荐。段玉裁以为《今文尚书》当作"明扬明侧陋":"悉举"训"明扬","贵戚"训"明","疏远隐匿"训"侧陋"①。依此而言,舜即为"侧陋"。众人推举,当时尧回复"予闻",说明尧对舜早有耳闻。尧嫁二女于舜,孔传曰"以治家观治国";并令舜度百事、总百官,试用为期三年,三年可绩,确认舜之德才合乎帝位,于是帝尧让位。然而尧让位却不意味着舜正式称帝。据《尧典》,帝尧让位,舜"让于德而弗嗣",其中涉及一种过渡状态:摄位②。在文本中,帝尧

---

① 参见段玉裁,《古文尚书撰异·尧典》,咸丰庚申补刊本《皇清经解》卷五百六十七。后文凡引段玉裁《尚书》解说,皆出此本。
② 《尧典》(今本在《舜典》)"肆类于上帝",孔传曰:"尧不听舜让,使之摄位。舜察天文,考齐七政而当天心,故行其事"。

禅让的标志是"正月上日,受终于文祖",也就是向神灵祭告自身职责的终结。之后,舜"璿玑玉衡,以齐七政",是勘察天文从而得知自己当行天子事业,舜于是摄位执政。不过,在尧让位舜后直至尧去世的二十八年之间,舜其实是执政而不称帝。摄位不同于即位,"摄"有"代理"之意。可以认为,这是二帝共尊的时期;也可以说,此时的王政是虚怀天道而无人称位——尧还帝位于天,舜是代天执政。孟子在《万章篇》中曾与咸丘蒙讨论过这一问题,孟子曰"尧老而舜摄",也就是认为舜在尧去世前并没有称帝。舜正式称帝是在尧去世三年以后。按《万章篇》的说法,尧去世后,舜服丧三年,丧除退避尧子丹朱。而后由于天下拥戴,舜自知天命不可辞,因此称帝①。所以舜在尧让位三十一年后方才即位,如果算上尧试用舜的三年,那么舜即位时已执政长达三十四年之久。帝王的确立如此困难,似乎圣王对权位毫不渴望。

三

尧如何选中舜?为何选中舜?以及,舜何以即位?在《尧典》中,三种问题各显端倪。

(1)尧如何选中舜?这一提问方式有关上古邦国共同体元首的产生方式。由《尧典》所见,上古邦国共同体的执政具有议事选举的特性,这透过尧寻找王业继承人及治水贤才的相关记录可见一斑。太史公曰"尧将逊位,让于虞舜,舜禹之间,岳牧咸荐"(《伯夷列传》),其中"荐"的特性在尧时已见端倪。然而,太史公的笔法值得推敲。舜禹之间牧岳咸荐,那么很可能,"咸荐"是舜时的风气,尧时并不典型。前文已提及,从黄帝之后直至尧,帝位继承者都出于黄帝正妃的子嗣。基于这一线索,关于上古举荐、禅让等事迹之为制度的理解尚可存疑:尧选中舜,并不意味着禅让是法定的首领制度。钱穆以为:"大抵尧、舜、禹之禅让,只是古代一种君位推选制,经后人之传述而理想化。"②问题在于,假如

---

① 参见《孟子·万章上》。
② 参见钱穆,《国史大纲》,北京:商务印书馆,2010,页11。

真有这样一种君位推选制,那么这种敬畏天道、崇尚德性以至于摒除私欲的君位制度必然是神圣的,但文献不足以佐证:那些破坏神圣制度的人遭受了何种诅咒或报应。尧舜之政如同高悬夜空的明镜,或许因为太过短暂且久远,其崇高已幻化而无可置信。也可能,惟有堕入晦暗深处,现实才会重新仰望那纯然清澈的境地。就此说来,以为尧舜是"理想化"的表述也不为过。"理想化"除了传递拒绝信服的立场,也暗示"拒绝者"与"理想"之间无以弥合的罅隙。以历史常识衡量,尧舜之治显得例外,但古典传统确定那非为"神话",而是从属于历史经验的最高正义。

舜由帝尧选定。或者还可以追问:为何像舜这般的"盛德之士"起初不为众臣所力荐?若就出身而论,舜乃一介平民,其父不仁不义,如此卑贱之人又何以成为帝王?《尧典》的叙事使我们可深入观察上古王政的"选举"特性:"举"是众臣的权责,而"选"的权责归属帝王。以今人常见的语式,那么尧似乎具有某种独断的特权。但这种"独断"所隐含的前提在于:圣王具有众人所不及的卓越能力,可以比众人作出更利于邦国命运的选择。在《尧典》中,尧的圣王品质昭然若揭:他没有让儿子丹朱继位,说明圣王毫无私心;他否决驩兜对共工的举荐,可见圣王深谙人性。当众人都以为鲧堪当治水重任时,尧早已预见了鲧的失败。且尧以为鲧会放弃教命,毁其族类①,这甚至使德高望重的四岳大为惊异,段玉裁曰:"谓四岳贤鲧,闻尧短之,辄惊愕而叹曰'異哉'"②。类似记述纷纷显出众人与圣王的距离。因此不难推出一种结论:参与议事的众臣都不具备应当的帝王品质。然而,《尧典》中参与议事的王臣多为部族首领。基于这一语境,《尧典》能引导学者思考不同类型的政治品性。不妨假设,如果尧不那么"独断",而是让众臣讨论被举荐的丹朱、共工谁更适合继承王业,那么尧以后的邦国共同

---

① 《正义》曰:"郑、王以'方'为'放',谓放弃教命。"段玉裁按:《古文尚书》作"方",《今文尚书》作"放"。
② 今本《尧典》作"异哉",段玉裁认为本作"異哉"。段玉裁按:"郑音異"者,盖郑读"异哉"为"異哉",谓四岳贤鲧,闻尧短之,辄惊愕而曰"异哉"。郑注不传,往往有可于音求其义者,此类是也。

体将会如何?《史记》已有回应:"尧知子丹朱不肖,不足授天下,于是乃权授舜。授舜,则天下得其利而丹朱病;授丹朱,则天下病而丹朱得其利。尧曰:'终不以天下之病而利一人',而卒授舜以天下。"(《五帝本纪》)无论是丹朱、共工或任一不具备帝王品质的臣子继位,都会致天下以疾患,因为不适宜的元首本身就是邦国共同体的不安因素。《尧典》沉吟着某种隐忧:不适宜的元首总是危险的,而适宜的元首又总是难得的。然而《尧典》的视角并非针对那些不太适宜、却有可能即位的人选;如何从不甚适宜的人选中确定元首,非为《尧典》所关心的问题——《尧典》拒绝那些不适宜的可能性,从而将帝王的本义持守于天道。也是由于尧的这种圣王品质,才使舜的功绩成为可能。当追溯尧舜禅让的美德时,必不可忽略《尧典》陈述的事实:禅让得之不易,那甚至可以说是来自帝尧的独断。在《尧典》中,道义显现于某种反常的历史经验,因为舜的出身不在帝王候选的常识之列。孟子曰:"匹夫而有天下者,德必若舜、禹,而又有天子荐之者。"(《万章上》)圣王在位的意义尤为深远,尧舜相继所启示的古典经验在于:圣王比众人更理解天命和人性,也比众人更具备顺应天命的德性与才智,因此在判断"应当的治世者"这一问题上,圣王的择取或许更为优越;即,圣王的择取可能是更为理想的元首产生机制。

(2)尧为何选中舜?这一提问有关尧对帝王品性的认识。在《尧典》中,尧否决丹朱、共工而确立舜,所以从三者的个性差异中可以略知尧对帝王品性的判断尺度。放齐举荐丹朱,尧以为丹朱"嚚讼"。驩兜举荐共工,尧以为共工"静言庸违,象恭滔天"。而尧试用舜的理由是舜"瞽子,父顽,母嚚,象傲,克谐以孝,烝烝乂,不格奸"。丹朱和共工并非毫无德才。放齐说丹朱"启明",也就是认为丹朱生性聪明,孔疏曰:"其人心志开达,性识明悟"。但尧指丹朱"嚚讼",是批评丹朱言不忠心,又好争讼。《五帝本纪》记放齐曰"丹朱开明",尧曰"顽凶"。据说,尧发明围棋教授丹朱,以此调养其性情。这种调教可能说明,尧曾试图将丹朱培养成适合的王业继承者。而丹朱棋艺颇善,足见其智力高超。《尧典》中尧对丹朱的否定似乎意在表明:一个智力卓越却性情乖张的人不足以统领天下;若缺乏必要的德性,聪明很可能是一种有害的天分。至于共工,驩兜以"方鸠僝功"举荐,即认为共工才能出众,在一己管辖的范围内功业卓然,孔疏曰:"帝臣共工之官者,此人于所在之方能立事业,聚见其功"。《五帝本纪》记作"旁聚布功"。但尧指共工"静言庸违,象恭滔天",也就是认为他言行相悖,道貌岸然,孔传曰:"言共工自为谋言,起用行事而违背之,貌象恭敬而心傲很,若漫天"。《五帝本纪》记作"共工善言,其用僻,似恭漫天"。如此严厉的评价竟然是圣王针对一个可能的王业继承者说出的。如果丹朱的"嚚讼"仅仅是不宜、不肖,那么共工已至品德败坏。《尧典》此处的笔法凸显王政危机:一个"坏人"被推举,甚至还可能称帝;即便共工没能如愿,但坏人被推举的事实本身就是祸患。共工乃为百工之首,驩兜的举荐理由"方鸠僝功"说明共工确有政治实力。类似的线索提示:才能与德性并不直接相关;品性败坏者亦不乏才能,且擅以狡智遮掩。机巧之才并不可靠,子曰"巧言令色鲜矣仁"。帝王的政治才能固然紧要,但仅凭才能择取元首恐难免后患。

《尧典》中尧确认舜正意味着,才能与智力皆非帝王首要的品质。舜为匹夫出身,不具备所谓的政治资历及治理经验。尧决定试用舜,是由于听说舜在极度恶劣的生存境遇中仍能坚守道义。舜生长于一个人伦败坏的家庭,父亲、继母顽嚚奸邪,同父异母的弟弟欲将其杀害。据说舜曾在田间号泣怨慕。即便如此,舜仍以蒸蒸之德善待父母,对弟兄亦不记恨。《尧典》叙述至此,舜的美德当然溢于言表,这种美德的特性在于:舜在上下悖逆的惨境中仍不弃身为人子、兄长的道义。就人情而言,纵使舜违抗父母、报复弟兄亦可能得到谅解。因为伦常并非只是个体的行为规范,更是一种共同秩序。所谓父慈子孝、兄友弟恭,然而舜父不慈不义,弟不恭且恶,此番伦常坍塌之境,舜如同孤立于废墟中的守道者。不过,孝敬友爱无以证实舜具有治世的才智。由舜的当选可见尧对道义的器重,似乎舜对孝悌之道的坚守正如尧对帝王道义的坚守。"观厥刑于二女",除了孔传所说的"以治家观治国",其实也提示国法与家法的关联。段玉裁云:"四岳举舜首言鳏,帝尧试舜先降二女,盖舜必二女女焉,而后五伦备。"这提示我们理解《尧典》的帝王取向:帝尧所求,并非是凭借个人才智主宰天下的政治家;他在寻找那个能敬顺天道、表正人伦的王者。

（3）舜何以即位？这一提问牵涉帝王身份及权力的合法性。前文已提及，尧让位舜并不等同于舜称帝，二者间隔卅载有余。据《尧典》所记，尧禅让舜的前提是舜通过了三年的试用考察。此时的舜不仅具备尧所认可的帝王品质，也已作出相当令人信服的执政功绩，即"慎徽五典，五典克从。纳于百揆，百揆时叙。宾于四门，四门穆穆。纳于大麓，烈风雷雨弗迷"。其中，"五典克从"说明舜能安治黎民百姓；"百揆时叙"说明舜能安顿百官百事；"四门穆穆"说明舜能使诸侯信服来朝；"烈风雷雨弗迷"则显示舜执政之时风调雨顺、阴阳和谐，孔传说明这是"德合于天"的表现。然而，即便舜有帝王之授——尧所确认的权位合法性，亦有帝王之实——卓越的执政功绩，在继承帝位一事上，舜仍是谨慎且不安的。为此，他在摄位前审察天文："在璿玑玉衡，以齐七政"，孔传："舜察天文，齐七政，以审己当天心与否"；孔疏："虽受尧命，犹不自安。又以璿为玑、以玉为衡者，是为王者正天文之器也，乃复察此璿玑玉衡，以齐整天之日月五星七曜之政。观其齐与不齐，齐则受之是也，不齐则受之非也"。这一行为提示人君的限度，帝王虽为人界至尊，但帝王身份与权力的合法性来自天道。天道在尧舜之政中不是王权合法性的托辞。由"七政"可见上古王政所仰赖的天文机制：天文可以说是这一时期的王政核心，并且，天道就是人间的法度。所谓"人法地，地法天，天法道，道法自然"，此种"道法"有别于周制的礼法，更非刑法。《尚书大传》以春、夏、秋、冬、天文、地理、人道为七政。《史记·天官书》则将"七政"系于北斗七星："分阴阳，建四时，均五行，移节度，定诸纪，皆系于斗。"古典的天文不只是今人所论的宇宙观，天文乃为人政的伊始，王政的古老起源就根植于此。《尧典》所记舜"璿玑玉衡，以齐七政"启示了古典的帝王正义：帝王的荣耀归属天地之德。舜齐七政，惟恐自身德性无以匹配帝位。天地之德如此宏大，恐怕愈是如尧舜这等的圣王，才愈发敬畏神明的尺度。《淮南子·人间训》记有古诗《尧戒》："战战栗栗，日谨一日。人莫踬于山，而踬于垤。"此等谨慎并非礼节虚设。那些仅以"权势"、"争斗"而揣测帝王传统的思维方式断然无法体会天道的分量。《尧典》的帝王正义还归于"德象天地、仁义所在"①的本义,帝位既不象征个人意志,亦不关涉强权或财产。孔疏《尧典序》云:"帝者,谛也。言天荡然无心,忘于物我,言公平通远,举事审谛,故谓之'帝'也。"舜的正式即位是在尧去世后的三年,过程中步步呈现圣王的天命。《孟子·万章上》:"尧崩,三年之丧毕,舜避尧之子于南河之南。天下诸侯朝觐者,不之尧之子而之舜;讼狱者,不之尧之子而之舜;讴歌者,不讴歌尧之子而讴歌舜,故曰:'天也。'夫然后之中国,践天子位焉。"《史记》同此记载,舜让丹朱,诸侯之舜而不之丹朱,舜于是即位。在孟子看来,帝位是"天与"而不能"人与":"天子能荐人于天,不能使天与之天下。"从舜执政到称帝,大致经历了"试用"、"摄位"、"服丧"几个阶段。深入内在的帝王机制,舜称帝的合法性是来自圣王、天文和邦国共同体志愿的"大同"。因此,《尧典》可谓是帝王正义的圆满见证。

四

如果说尧舜相继的主题至为明朗,那么洪水危机可谓是一条幽远的暗线。《尧典》中的帝尧在寻找两个人,一个是王业继承者,一个是治水者。众所周知,后来继承帝位的是舜,完成治水的是禹。但这两个人物,或者更确切说来,是他们所对应的两种目标——治世与治水,二者同声相应,甚至有可能合为一体。前文已有提及,大禹即位与治水功绩关系密切。若当初鲧治水成功,则鲧应有机会先于舜而列入帝王候选。再进一步考察《今文尚书》前四篇,也就是《虞夏书》,除《尧典》之外,后三篇中大禹都可谓"主角"。《皋陶谟》记录皋陶、大禹与舜的言论;《禹贡》记录大禹治水;《甘誓》非常简短,是记录王与有扈氏作战的誓言;这场战役的起因是有扈氏不服启继禹位。将四篇相连而观,那么大禹所承载的意义比尧、舜更为复杂。尧舜可以代表某种纯净的光华,他们的行迹显现至高的美善,但大禹的历程带我们回到浊世去面对难以完善

---

① 《礼记·谥法》:"德象天地称帝,仁义所在称王",参见陈立,《白虎通疏证卷二》,北京:中华书局,1994,页43。

的困惑。《虞夏书》以尧舜禅让开场,以父子相承所引发的争端落幕——历史在此发生了决定性的转折,"家天下"由此开启。不过,本文无意在褒贬的立场中讨论大禹①。此处的重点首先是将大禹还原到帝尧的王政危机中审视。由《虞夏书》的脉络不难发现,在大禹治水以后,邦国共同体的组织形态进入崭新的阶段。

尧舜之政隐含黄帝以来的传统,也涉及夏、商、周的肇基。夏人、商人、周人的祖先禹、契、弃皆在《尧典》中出现,都同时参与治水,也都以不同的才能和功绩被帝舜封官:禹为司空,契为司徒,弃为后稷。据《史记》,殷人祖先契被封于商,兴于唐、虞、大禹之际;周人祖先弃被封在邰,兴于陶唐、虞、夏之际。② 可见夏、商、周三大族群在经史传统中不仅具有同步的发展历史,亦发祥于共同的使命和事业。所以,洪水危机表面看来是自然属性的,但治水堪称上古至为重大的政治事件。洪水危机首先强化了邦国间的相互依存。在治水之前,洪水泛滥使邦国共同体面临自然的分裂,《尧典》记舜在禹治水后分天下为十二州,据今文家的一种说法,九州变为十二州之分,是由于洪水横流,天下分绝③。可以想见,共同的危机当然会促使族群合作。不过这种合作并不是出于各族群为保全自身生存利益而自发的联合行动;治水确立于自上而下的王政,即,大禹治水是以邦国共同体而非独立族群间的合作为前提的。据经史记载,治水团队由中央派遣,随大禹治水的有契、后稷、皋陶、益等,而这些功臣所对应的族群后来轮番主治天下。在这一意义上,治水行动可谓是夏、商、周三代政权的源由。

但应该注意考虑,对邦国共同体及帝王意义的理解未必只能置入"政制"语境。政制若是指某种经由人为设计的法度,那么在《尧典》中,舜的治理方式才显出类似"设计"的痕迹。这是尧、舜间的典型差异,与舜相比,尧治理天下的方式更质朴自然。就尧的王政而言,古老的帝王

---

① 就儒家观点来看,大禹亦为圣王。《泰伯篇》中孔子反复表示大禹无可非议:"禹,吾无间然矣。"据孟子所说,大禹禅让益,但天下朝启不朝益,于是夏启即位。大禹治水是上古王政的一次重大转折,治水之后邦国共同体的关系更为紧密,王政也随之进入更为复杂的族群关系。关于这一问题笔者另有文章专论。
② 据《史记三家注》,封契于商、封后稷于邰,皆为帝尧所封。
③ 参见王先谦,《尚书孔传参正》,北京:中华书局,2011,页 103。

经验呈现于时序。授时是帝尧所布的第一项政令,因此在《尧典》中,时序可谓王政之始,而遵循王政的时间又可谓邦国共同体的秩序之始。《汉书·食货志》:"尧命四子以敬授民时,是为政首。"掌管时间的羲和四子乃为重黎的后裔,据《国语·楚语》,"少皞世衰,九黎乱德,民神杂糅,于是颛顼命重、黎分别掌管天地秩序,是谓绝地天通"。而据《史记·历书》,尧执政早期所面临的问题与颛顼类似,三苗之族作乱,使重黎二官咸废所职,时序尽失,于是尧立羲和重整秩序。且《尧典》中的羲和四子在后文中以"四岳"身份掌管四方,这也暗示了时序在古典王政传统中的核心地位。但后来帝舜安排的中央政府格局呈现出礼法的雏形,大禹位列舜的王臣之首。在大禹治水以后,古典王政步入新阶段。在《尚书》中,治水除了疏导山河,另涉及几件大事。禹的治水团队包括契、后稷、皋陶、益等人,他们各有司职。后稷在治水中教民播时百谷以及获取鱼鳖等鲜食,解决"黎民阻饥"的问题。益教民如何获取并进食鸟兽。契与皋陶,就人物特性看来,他们的司职应有关教化与执法。契后来被舜任命为司徒,负责掌教五常,即"父义、母慈、兄友、弟恭、子孝"。皋陶后来被任命为理官,执掌刑法。因此可以推测,大禹治水不仅整顿了山河,也对邦国共同体秩序作了新的安排。更为紧要的一点,治水直接催生共同体管理的经济基础——大禹所创的贡法前所未有,古典政治的经济源头可追溯至此。《禹贡篇》记录大禹治水的细节,其中的核心问题是"任土作贡"。在治水的过程中,禹将天下田土品质分为九等,贡赋也因此有九个等级。田土等级与贡赋等级并非一致,其中考虑了人力因素,即,决定各地贡赋等级的因素不只是田土的品质等级,还综合衡量人力的差异,孔疏曰"以人功多少总计以定差"。《禹贡》曰:"庶土交正,厎慎财赋。咸则三壤,成赋中邦",成赋中邦,说明邦国共同体的内在关系经由贡赋的制定而进一步强化。大禹治水中安排的政事大体可分两类:一为教授,一为取得。两种特性都凸显中央的地位。尤其是大禹制定的贡法,此种确保中央向地方索取贡赋的法则,开启了新的中央-地方关系。太史公曰:"自虞、夏时,贡赋备矣。或言禹会诸侯江南,计功而崩,因葬焉,命曰会稽。会稽者,会计也。"(《夏本纪》)大禹善于计算的功绩同时意味着,王政在此后面临"人为制定的计算";而在此前,"计算"在王政中的表现主要是对天文的效法——人在效法与制法中的作为当然不同。这提示我们注意古典王政在尧、舜、禹三者中的转向:禹为舜臣,其治水之功乃是舜封官建制的基础;而治水之后,帝王与权力、财产等因素的联系逐渐密切。

尧、舜、禹三代王业相继,皆有美誉嘉名,然而《尧典》却显露古典王政在道法、治术上的蜕变。帝王与政制的发端并不同步:帝王的历史比政制久远,通过建制立法来管理邦国共同体的方式实际较为后起。尽管帝王建制也是古典正义,但这并非原初的王政经验;帝王之治不能等同于帝王建制。"帝王"这一称号在古典传统中的本义是基于王者的大德,所谓"德合天地称帝,仁义合者称王,别优劣也。"(《白虎通·卷一·号》)藉此反观大禹之后的历史,则尧、舜、禹的王政寄寓古典帝王传统的变数。舜出身微贱,禹为罪人子嗣,尧、舜、禹之间的禅让取消了帝王与高贵出身的必然联系。只不过,这一被亘古传颂的光辉仅维持了两代。在大禹之后,夏启将历史带入君权世袭,即孔子所谓的"家天下"。在《礼运篇》中,孔子曰"今大道既隐,天下为家,各亲其亲,各子其子",正是描述大禹以后的情形。但孔子以为,禹、汤、文、武、成王、周公这六君子能以礼义为治,虽不及大道,仍可谓小康。参鉴于此,则孔子"吾从周"的目标实为小康之治。孔子谓帝舜之韶乐尽美尽善,而武王之乐尽美未尽善[1],其中就暗含对王政德性的区别。在这一意义上,《尧典》启示了古典王政不可或缺的天人道义。

---

[1] 《论语·八佾》:"子谓《韶》,尽美矣,又尽善也。谓《武》,尽美矣,未尽善也。"

倾听圣言
——读《论语》札记

赵 明

一

《论语》中记录的孔子的话语,既是哲人的箴言,又是诗人的歌声。

钱穆先生在其《孔子传》中如是说:"惟孔子由艺见道,道德心情与艺术心情兼荣并茂,两者合一,遂与当时一般儒者之为学大不同。"《论语》的编辑者们可谓匠心独运,他们通过回忆、收集、整理并系统编辑孔子的"语录",活脱脱地向世人昭示了孔子"为学大不同"的精神生命历程。

孔子说过:"志于道,据于德,依于仁,游于艺。"(《论语·述而》)

孔子还说过:"兴于诗,立于礼,成于乐。"(《论语·泰伯》)

融合政治人生与审美人生为一体,这是孔子向往、追求的理想人生,此乃忧乐圆融的坦荡荡的君子人生。

二

《论语》以"学而"章开篇。子曰:"学而时习之,不亦说乎?有朋自远方来,不亦乐乎?人不知,而不愠,不亦君子乎?"此"学"与"十有五而志于学"之"学"应属同义。有如钱穆先生在其《孔子传》中所说,"艺即礼乐射御书数。当时之学,即在此诸艺。"其要义乃"文武之道"。

孔子之"志"于"学",不仅意味着源自内心的强烈欲望和冲动,而且意味着精神对身体欲望的克制和超越,是心灵的精神性渴望,也是情感意志的培育和锻造。它意味着生命欲望的自我挣扎、自我搏斗、自我颠覆、自我突围,它要通过进入一种传统、进入一种历史、进入一种世界秩序,而获得一种新的自我规定性。这是一种脱胎换骨的过程,是从生命的自然本能状态进入社会文明秩序。因此,在自我意识中首先强烈感受到的,是一种压制、抑郁和痛苦,而不是放松、愉悦和快乐。孔子说"不亦说乎"不过表明,其一生都处于"学"的"进行时"状态,是不断的自我反省,时时抱以警觉,不断地从个人生存欲望、个人自恋情绪中摆脱出来,超越出来,走向群体,进入历史,融入传统。

此乃"古之学者为己"而非"今之学者为人"(《论语·宪问》)的心口如一的精神品质,是苦中有乐,乐在苦中,因"诚服"于"道"而"心悦"。孔子说自己"其为人也,发愤忘食,乐以忘忧,不知老之将至"(《论语·述而》),此之谓也。他因此说:"士志于道,而耻恶衣恶食者,未足与议也。"(《论语·里仁》)

如果说"学而时习之,不亦说乎?"更多地是自言自语式的自我规诫意识的表达,那么,"有朋自远方来,不亦乐乎?"则明确表达了自我"被承认"的社会关系意识。没有一个健全的生命不经历"社会化"阶段,没有一个健全的生命会"乐"于"孤独求败",即便真的"求败",本质上仍是对"被承认"的追求:"天下第一"必经"华山论剑"以求证。

志同道合,为友为朋。只有朋友才有可能超越自然血缘关系,才有可能超越身份等级关系,才有可能超越政治服从关系。朋友才可能是真正平等意义上的道德关系,道不同不相为谋。朋友是可以选择的,朋友关系是相互愿望的契合,可以是超功利的纯粹自由的精神关系。孔子说:"益者三友,损者三友。友直,友谅,友多闻,益矣。友便辟,友善柔,友便佞,损矣。"(《论语·季氏》)"益友"可能相伴终生,而"损友"必定不得善终。

"子曰:'德不孤,必有邻。'"(《论语·里仁》)尽管有"道"之人终将获得承认,但有"道"之人也必定拥有战胜孤独的力量源泉,为担"道"而忍受孤独和寂寞,那是一种"独上高楼望断天涯路"的精神境界。

"人不知而不愠,不亦君子乎?"这是一个合题,把"学而时习之"与"有朋自远方来"结合贯通起来了。

就现实的人生而言,无论是"学而时习之",还是"有朋自远方来",在其自我意识的外化过程中都可能受阻:第一,"学而时习之"意味着自我较劲、自我挣扎、自我怀疑、自我否定,很可能不愿再坚持下去,时常出现迟疑的、瞻前顾后的、不能勇往直前的心理状态,这是一种自我受阻,因此"学而时习之"特别需要的是一种意志力,甚至需要一种苦难意识;而那种"独上高楼望断天涯路"的孤独感、寂寞感,则很可能产生"高处不胜寒"的畏惧心理,而对"道"产生怀疑,不再坚守,甚至背"道"而行,沉陷于"狐朋狗党"之无"道"的关系之中,混迹于世,得过且过。

孔子洞明世道人心:"君子固穷,小人穷斯滥矣。"当他说"人不知而不愠,不亦君子乎?"的时候,话语方式已经发生了一个极大的转向。无论是"学而时习之"还是"有朋自远方来",都颇有自言自语、絮絮叨叨,自己给自己打气、提劲的意味,但"人不知而不愠,不亦君子乎?"则超出了纯粹自我的主观意识状态,"人不知而不愠"的前提是判定"人不知"。

这要求"第三方"的出场,得有个"他者"的存在,而对待这个"他者"的态度和立场究竟如何呢?"他者"意味着公共空间中的具有客观性意义的基本共识。否则,"人不知"的判定就可能是一种怨恨与无奈情绪的宣泄和表达,表面上看是"人不知"而"不愠",其真实的情感心理基调则是怨恨与无奈,不是真正理智而客观的判断和确信。

和古希腊哲人不同,孔子没有致力于探究"真理"的客观性标准。苏格拉底也是"述而不作",但他不是"信而好古",他热爱"辩证法",成天在雅典城邦的街头游走,好与人争辩,而且不顾及别人的面子,经常让很多"体面人"陷入尴尬的境地。"辩证法"旨在寻求"真理"的客观标准,其基本工具是不带情感色彩的形式逻辑。孔子说"人不知而不愠",则根本无意探究"真理"的理性标准,"知"与"不知"之判定的客观标准仍然被转换、落实为个体的人生态度。只不过,"学而时习之"和"有朋自远方来"都与快乐或不快乐的情感感受有关,"人不知而不愠"却不再与"不亦乐乎"相连接,而是连接于"不亦君子乎",相比于"求真"意识,突出的是基本的人生态度和立场。

基于这种态度和立场,有两个发展方向:第一个是"退一步海阔天空",自己摆平自己,不是逻辑上的真与假、是与非,而是"别较真了"的人生态度。这显然类似乡愿,绝不为孔子之所取。第二个方向正是孔子所倡导的"不亦君子乎",这究竟是什么意思呢?

这里的关键在于把握孔子话语的语境,无论"学而时习之",还是"有朋自远方来",抑或"人不知而不愠"都是在相同语境中说出来的,这个语境就是孔子终其一生都十分关注的政治关系场域。自言自语式的"学而时习之",表达的是突破狭隘的自我欲望的牢笼,努力进入历史文献系统和典章制度传统,在礼乐文明精神的文化长河中寻求自我定位,洞识礼乐文明传统的深刻意蕴,为重建礼乐文明的政治秩序而求"道";这就需要抱持"吾道不孤"的坚定信念,即便流浪天涯,也要相信"有朋自远方来",有如弟子曾参所说:"君子以文会友,以友辅仁。"子贡向老师请教如何交友,孔子回答:"忠告而善道之,不可则止,毋自辱焉。"(《论语·颜渊》)为重建礼乐文明政治秩序,宁愿孤独以守"道"。

"君子"在当时有很多含义。孔子通常所谓"君子",指的是"政治中人",是在政治关系的语境中来言说的,是与"小人"相对的。"君子"与"小人"判分的关键在于是否具有政治德性,也就是是否坚守礼乐文明政治之"道"。所谓"人不知而不愠,不亦君子乎?"表明的是一种坚定不移的政治人生态度和立场。孔子"周游列国",哪怕"栖栖遑遑如丧家之狗",也绝不妥协,绝不摇尾乞怜,反倒是愈挫愈奋,孔子说:"富与贵,是人之所欲也;不以其道得之,不处也。贫与贱,是人之恶也;不以其道得之,不去也。君子去仁,恶乎成名?君子无终食之间违仁,造次必于是,颠沛必于是。"(《论语·里仁》)他甚至说:"志士仁人,无求生以害仁,有杀身以成仁。"(《论语·卫灵公》)

正是"人不知而不愠,不亦君子乎?"将孔子话语的政治语境充分地呈现出来了。也正是在此意义上,我们说它成了"学而时习之"和"有朋自远方来"两句话的合题。

三

《论语》中所记载的孔子话语,差不多都可以视为孔子在政治语境中对自己人生经验的表达。

他告诫弟子"女为君子儒!无为小人儒!"(《论语·雍也》)"君子儒"与"小人儒"的区划标准就是"道"。君子"谋道不谋食","忧道不忧贫",而且"道不同不相为谋"(《论语·卫灵公》),"朝闻道,夕死可矣"是其坚定的人生信条,由苦而乐,"孔颜乐处"。孔子坚定地抱持着独立的"道"的观念,从无迟疑,但这个观念并不是就本体论意义上的宇宙大化之根基和力量而言的,既与古希腊哲人的"逻各斯"不同,也不具有康德"物自体"的意义。所谓"天下有道,吾不与易也","道"显然不是逻辑预设,而是始终与人的生命意义相关联,它源于生命对宇宙万物自然生化与运演的内在体验,尤其与现实的政治境遇相关联。孔子说:"邦有道,危言危行;邦无道,危行言孙。"(《论语·宪问》)在礼崩乐坏的混乱时代,他是以"担道者"而自许和自励的,当时就有人感叹说:"天下无道也久矣,天将以夫子为木铎。"(《论语·八佾》)

孔子和弟子们的对话是在现实的政治语境中展开的,在他们的思想观念中,所谓"政治"不完全等同于现代人们的认识和理解。从"学而时习之"、"有朋自远方来"和"人不知而不愠"三句话就可以看出,他们所谓的"政治"主要意味着对待历史、对待传统、对待某种既定秩序的态度,也意味着对待现实的人际关系、政治关系的立场,还意味着一种重要的政治实践技艺。所有这些从根本上影响甚至决定着个体在现实生活中的人生态度和行为方式。那个时代的人有务实的也有务虚的,有得过且过的也有绝不苟且的,有周游列国的也有老死不相往来的,有奔走呼号的也有隐逸山林的,有见好就上见坏就躲也有不为稻粱谋宁可掉脑袋的,不一而足,真可谓人生百相。

诸子"百家争鸣",其实就是"古今之辨"。其中,"儒法之争"最为凸显,孔子儒家要求遵循传统礼制,法家则坚决反对。法家集大成者韩非子有个说法:上古竞于道德,中古逐于智谋,当今争于气力。孔子倡导的"克己复礼为仁",应者寥寥。刀光剑影演绎并主宰着那个时代的主旋律和命运。那是一个变法改制与战争二重奏的时代,孔子确乎摆脱不掉"栖栖遑遑如丧家之狗"的孤独者的命运。

德国古典哲学家黑格尔提出了一个让中国学人颇为尴尬的说法:在中国古代思想世界里,人们看不到"思辨哲学"的影子,孔子只不过是一个老练的世间智者,他告诉人们的不过是一套为人处世的世俗教训而已,谈不上"哲学"的意义。从孔子话语来看,其世俗意义上的道德教训的面目确乎较为鲜明,后世人们直至今天,也常从这个角度称引孔子"语录"。黑格尔的判断并非毫无依据。孔子话语,无论是哲人式的"箴言",还是诗人式的"歌声",都确乎少有黑格尔特别欣赏的那种"思辨哲学"的意味。诸如"三人行必有吾师"、"岁寒而后知松柏之后雕也",既不是语言哲学,也不是"诗人立法"。

问题在于,哲学一开始就是关于政治的哲学;而且,在哲学的历史长河中,每一次重大的思想主题和话语方式的转换,都与政治问题有着非常深刻的内在关联。苏格拉底"思想"如此,亚里士多德"思想"如此,奥古斯丁"思想"如此,阿奎那"思想"如此,康德"思想"如此,尼采"思想"如此,海德格尔"思想"如此,就是黑格尔"思想"又何尝不是如此。人生存于世,政治始终构成其现实生活的基本场景,人不可能离群索居,即使那个"鲁宾逊",也离不开非常厚重的政治背景。

孔子在"周游列国"途中,遇到好些隐者,那时可谓存在一个"隐士文化"。但无论隐于山林,还是隐于都市,抑或隐于朝,都有一个政治背景的存在;没有政治的存在,无论是"隐"还是"显",都无意义,甚至"隐"本身就不可能出现,没有必要"隐"。孔子在一定意义上是赞赏"隐"的,这肯定是基于现实政治语境而言的,因为他认为,这些隐士关怀着,甚至非常深刻地感悟到了政治之"道",在万不得已时,为了守住这个政治之"道",而又不辱没人生之尊严,这才"隐"起来了。政治是人生中真实的、无法逃离的宏大场景,人对生命道路的自觉意识就始于对政治场景的切肤之感。从这个意义上说,孔子儒学是真正意义上的哲学,尽管他没有走上语言哲学的道路。孔子强调的是"听其言而观其行",他深信"巧言令色,鲜矣仁!"(《论语·学而》)

孔子作为"轴心时期"东方世界的伟大先知,首先明确地把政治体认为人生交往和成长的第一场景,正是在政治的时空界域内,人的尊严和神圣性成了必须直面和深思的头等思想主题。那是一个礼崩乐坏、混乱不堪的时代,政治秩序濒临崩溃,在这样的环境中,人对自己生命存在的尊严,对活着的艰辛与无奈,其感触是最为深刻的,人人都有切肤之痛。离开了政治时空,孔子的"思想"问题就无从产生。人的尊严、人的价值,对这些东西的关注和思考就是孔子思想世界中的"人性"问题,它正是因为政治而得以凸现;政治的精神性方向又是因为"人性"而最终成为庄严的哲学话题,哲学就是政治的哲学。黑格尔对此理会甚深,但他对孔子的论断说不上高明。

四

孔子尤其关注在政治世界中如何"成人"的问题。他坚信人性"善",但不是先验的"人性论"。人性"善"的信念基于"道"的终极关怀,是"成人"的方向抉择和希望的表达。礼乐文明之"道"既是方向所指,也是希望所在。

"成人"论,其实是政治哲学。孔子说过:"鸟兽不可与同群,吾非斯人之徒而谁欤?"这意味着对人的生命存在和政治场景的高度自觉;"礼乐"本身就表明人必须自觉于欲望的限度。《论语·学而》中记载:"子禽问于子贡曰:'夫子至于是邦也,必闻其政,求之与?抑与之与?'子贡曰:'夫子温、良、恭、俭、让以得之。夫子之求之也,其诸异乎人之求之与?'""有子曰:'其为人也孝弟,而好犯上者,鲜矣;不好犯上,而好作乱者,未之有也。君子务本,本立而道生。孝弟也者,其为仁之本与!'""有子曰:'礼之用,和为贵。先王之道,斯为美;小大由之。有所不行,知和而和,不以礼节之,亦不可行也。'"荀子也特别注重思考"群"之于"礼"的问题。"群"的世界,用今天的话来说就是一个政治共同体,"群"作为政治共同体,乃是真正属人的世界,荀子说过:"凡生乎天地之间者,有血气之属必有知,有知之属莫不爱其类。"(《荀子·礼论》)强调这个"类",个体与群体的关系是作为政治动物的人必须要加以思考和实际处理的问题,这是人的经验生活已经内化为人的理智的重要内容。而人们凭着生活经验也知道,政治又是会给人带来最大不安与压迫的一个力量所在。现实中有清明之政治,亦有浑浊之政治。对政治世界的价值和意义问题的思考,因此而成为人性自觉的最重要体现。在孔子政治哲学的视野当中,政治与人性具有内在的相关性,或者说,礼乐文明政治秩序的重建才是他思想人性问题的根本目的所在。

孔子关于人性的话语主要涉及两个方面:一是"人是什么?"一是"人应当成为什么?"前者是"性相近",后者是"习相远"。关键在于人性涵养、培育和塑造的方向是什么,这也就是他具有规范意义的人性"善"论的主题,人要成为人,必须要有内在的高度自觉。人性的自我涵养前提在于人生之"知",要知晓人性涵养的目标、方向,也就是要知"道"。"道"只能是"善",而且只能是主张人性"善"。

孔子儒家引入"群"这一政治性概念,首先揭示了人的生存意义,也即孔子所谓的"居其所"。仅就人之生存的外部自然状况而论,孔子看得很清楚,自然资源是有限的,人的欲望是无限的,有限和无限的矛盾恒久存在,他倾力于"人应该成为什么"的主题思索,这不仅具有思想深度,而且具有道德的震撼力量,其话语不可能是自然欲望的,而是诗意的,透着灿烂的光亮,昭示着人从自然秩序过渡到内在心智秩序之涵养、培育和塑造的"成人"大道。正所谓"人而不仁如礼何?人而不仁如乐何?"

孔子关于人性的话语,总是关联于礼乐文明政治秩序的建构;礼乐文明政治秩序的正当性本身就与人性之涵养、培育和塑造有关。在孔子之前,关于人之"性",一直就有言说,不过,如牟宗三先生所说,主要是就"实然之生性"而言,也就是告子说的"食色,性也"。就在"实然之生性"而言"性"的意义上,"性"是"天生"的,人是自然的、生物意义上的存在,生下来就要吃饭、睡觉,要满足生存欲望,要实现种族的延续,通过另一个生命的诞生来延续种族,这个意义上言"性",不过是一种自然欲望的语言。孔子的政治哲学其实是不放弃这样一个"自然"立场的,对"实然"之"性",也就是人之自然生命欲求是很尊重的,这甚至是他思想问题的出发点。因此,在孔子的政治哲学话语中,可以发现"利"的问题之解决是政治事业的重要组成部分,对"实然之生性"这样一个人性层面的问题的解决,是很看重的。但是,与"实然"相对的"本然"问题,也就是"人性"成长还有一个道路与方向的问题,孔子认为才是构成礼乐文明政治秩序重建的基础。如果仅仅停留在"食色,性也"的层面上,那么拯救"礼崩乐坏"的混乱时局就没有方向了,也是无意义的,而且也是不可能的,因为欲望无边,欲壑难填,人在欲望的控制下,烧杀抢掠,自陷深渊,自我毁灭。

五

孔子将礼乐文明秩序的精神价值概括为"道",目的在于把政治理念和精神价值与具体的政制模式和具体的执政者区别开来。尽管他颂扬周公"制礼作乐",但其所表达的是社会政制的理想模式,以及相应的政治精神与原则,也就是有助于提升人性之精神品质的伟大"立法者"所创立的政治秩序。"道"与"德"成为他衡量一切政制及个人政治行为的标准:合乎其政治理念和精神者就是有"道",相反即为无"道"。孔子政治哲学意义上的"道",既要表达政治的终极价值根据和意义根源,又关涉立法创制之权力归属的根据问题。

人需要有"群"的政治共同体,需要有一种具有精神品质的社会秩序,这种秩序才能够使得人性的第二个层面之培育和塑造成为可能。可是谁来创制立法?谁享有立法权?其实,在这个问题上,孔子儒家与古希腊思想家在政治或者法哲学方面,思想的主题是一致的,柏拉图的《法律篇》一开篇就问:"法律是谁创制的?是神还是人?"孔子儒家同样已经高度自觉地提出了这个问题。《汉书》的作者因此而评论孔子儒家"于道最为高"。

在孔子看来,救治天下失序的关键在于唤醒人们对精神价值秩序的关怀,而不在于以外在的强制力作为保障的"有序化"模式的建立,就像法家所主张的那样,这也就是为什么儒家比较疏于后人很喜欢的"法治"的缘由。人们现在讨论中国法治之资源,总是觉得法家那里还有点影子,而在儒家那里似乎了无踪迹。这是"不得其门而入"的表现,子贡早就如是评论过。

从流传下来的思想文献看,无论是对现实制度的批判和讨论,还是对道德问题的关注,孔子儒家都是以对某种价值的确信为前提的,或者说,他们的讨论总是围绕着如何在现实的制度秩序建构中落实、体现"道"而展开的。因此,在政治生活中,孔子尤为注重《诗》《书》之经典的教育,这跟柏拉图有着惊人的相似之处,目的不过是要人们在精神世界里确立起关于"标准"和"方向"的信念。没有这种对"标准"和"方向"的信念,政治社会秩序就无法真正得以确立,甚至说"政治"本身也是没有意义的。所以,孔子说:"道之以政,齐之以刑,民免而无耻;道之以德,齐之以礼,有耻且格。"在他的政治理念中,政治的根本目的和价值就是提高人民的精神品质,而不是仅仅停留于社会生活秩序的建构和保证上。之所以说孔子儒家思想的哲学本质在于对"道"的深切关注和深邃洞察,而不是在于对"礼"和"仁"的创造性阐释与回复,根本原因就在于"礼"的本质也同样是"道"赋予的,没有"道","礼"就徒有形式而无生命和力量,孔子儒家是以"道"而得民。

因此,现代人们试图从孔子儒家之思想世界里"开出现代民主政治的形而上根源",这是一厢情愿的发思古之幽情。包括孔子在内的古代思想讲求的是整体性的"正义",而现代思想追求的是个体性的"自由"和"权利"。就本质而言,前者(古代)是"精神"的、"灵魂"的,后者(现代)则是"物质"的、"欲望"的。古代政治以提高民众之精神品质为目标追求的秩序建构,和现代政治制度秩序建构是不同的。所以,当季氏向孔子"问政"时,孔子答曰:"政者,正也。"

从这样的立场出发,孔子思想话语的实质其实在于:哪一种制度秩序的建构更有利于人们精神品质的提高和守护?他之所以强调"克己复礼为仁",根本原因在于,他诊断出"礼崩乐坏"的病根就在于人类社会由礼乐和谐转向利欲膨胀,而最终丧失了人文精神与信念,也就是"道"丧失了,无"道"了。这一点,无论是先秦的法家,还是道家、墨家,都看得很清楚,只不过对"道"的失落的评价有区别而已。在孔子儒家看来,"道"的失落,表明人的生存方式由高贵转向卑俗,这是一种严重的精神堕落,是走向"野蛮",而不是"文明"。"礼崩乐坏"最严重的还不是政治秩序的混乱,也不是周天子王权的失落,孔子最为忧虑的是高贵的礼乐文明传统的丧失,是"道"的失落,是"圣人"、"君子"所象征的精神价值方向的迷失,而这才是关涉政治社会秩序建构的意义根据和精神方向的重大思想问题。孔子发出沉重的哀叹:"甚矣吾衰也!久矣吾不复梦见周公!"(《论语·述而》)

六

《论语》以"尧曰"篇结束,意味深长。

如果说孔子关于"道"的言说意味着对政治秩序之终极价值的关怀,那么"圣人"话语则是关于政治秩序之终极价值关怀的历史性追溯,目的在于探究建构礼乐文明政治秩序的基本范式。他关于这种基本范式的话语,既是逻辑的,又是历史的,用黑格尔的话说,是历史和逻辑的统一。《论语·尧曰》开篇就展示了孔子这种思想风格:

尧曰:"咨!尔舜!天之历数在尔躬,允执其中。四海困穷,天禄永终。"

舜亦以命禹。

曰:"予小子履敢用玄牡,敢昭告于皇皇后帝:有罪不敢赦。帝臣不蔽,简在帝心。朕躬有罪,无以万方;万方有罪,罪在朕躬。"

周有大赉,善人是富。"虽有周亲,不如仁人。百姓有过,在予一人。"

谨权量,审法度,修废官,四方之政行焉。兴灭国,继绝世,举逸民,天下之民归心焉。

所重:民、食、丧、祭。

宽则得众,信则民任焉,敏则有功,公则说。

孔子似乎隐身了,他没有言语。这不是《论语》编辑者的疏忽,也不是所谓"衍文"。孔子在倾听历史的足音,在倾听圣人之言;历史的足音和圣人之言传达着孔子政治哲学的逻辑。

在逻辑意义上,"圣人"是对"道"所开示的政制之精神方向的确认,是对政治之所以为政治的内在标准和尺度的确立;而在历史的意义上,

"圣人"则是通过对"先王"之伟大政治事业的追溯和意义阐释，以显明政治所应当遵循的精神方向，以及应当追求的崇高目标的经验性和实在性。

而能真正领悟和把握这个合于"道"的政治标准与精神方向，并朝着"圣人"所确立的理想政制而奋进的实际政治操作者，就是孔子所谓的"君子"。"君子"与"小人"实际都是指的政治中人，根本不是对普通老百姓而言的道德训诫。道貌岸然、装模作样的不是"君子"，口吐狂言、满嘴脏话的也不是"小人"。孔子的授徒讲学、周游列国、整理文献典籍，都是在召唤重建礼乐文明政治秩序的"君子"。因此，君子不仅要博学，以全面深刻地了解历史，而且必须笃志，以对政治之精神方向和崇高使命矢志不移，更要积极投身于实践，以实现政治的基本理念和价值目标。在孔子思想世界里，无论是对"圣人"的言说，还是对"君子"的言语，都是其政治哲学的题中要义，而不是对世俗生活的道德教训。孔子儒家的政治哲学正是通过落实为"圣人"之学、"君子"之学而得以展开，它是"方向"之思，"标准"之学，正所谓"不知命，无以为君子也"。

七

思想的主题是时代给予的，思想家的职责和使命就在于自觉地回应时代的主题，给予时代主题以理性的呈现，并探究问题解决的精神方向和实践方案。作为政治哲学的孔子儒学，其所直面的时代已经是"礼崩乐坏"而天下失序，所以如何重建礼乐文明政治秩序成了头等重大的思想主题。

就问题解决的精神方向而言，孔子儒家是通过对礼乐传统之"起源"的探讨而开展的，他们关注的显然不是个体本位意义上的自由和权利，而是血缘伦常基础上的德性自觉与伦理职责的理性建构。因此，"克己复礼"被孔子确立为基本的政治实践方案，在其心灵深处始终存有对"三代"礼乐文明秩序的美好怀想，并且成为他构思现实政治社会制度秩序的范本。

问题在于，"克己复礼"主要是对谁而言的？孔子是对政治中人而言的。"克己复礼"不是黑格尔所说的市井生活的一套道德教训,不是让普通的老百姓来"克己复礼"。普通老百姓本来就生存艰难,"克己复礼"需要有生存条件的保证,"教之"的前提是"富之"。只有那些政治中人,手中掌握着大权的人们,在孔子看来,才首先应该"克己复礼"。孔子说:"君子惠而不费,劳而不怨,欲而不贪,泰而不骄,威而不猛。"又说:"因民之所利而利之,斯不亦惠而不费乎?择可劳而劳之,又谁怨?欲仁而得仁,又焉贪?君子无众寡,无小大,无敢慢,斯不亦泰而不骄乎?君子正其衣冠,尊其瞻视,俨然人望而畏之,斯不亦威而不猛乎?"还说:"不教而杀谓之虐;不戒视成谓之暴;慢令致期谓之贼;犹之与人也,出纳之吝谓之有司。"(《论语·尧曰》)

孔子确乎不太注重制度设计,生活于"礼崩乐坏"政治环境中的他是"述而不作,信而好古",无意于创制新的礼乐。其实,在孔子看来,制礼作乐是"圣人"之事,而他从来不敢以"圣人"自居,这有一套政治哲学的理念支撑着他,但孔子也不是泥古不化者,也非现代意义上的历史学家,其话语与现代历史科学大不一样。孔子是思想家,是哲人,他审思"三代"的基本视角和立场,恰恰标志着儒家政治哲学的诞生,他强调的是"君子"对历史职责的道义担当。尽管生活在春秋末期的孔子已经难以对"三代"文明描述得具体而细致了,他自己也说过有"损益"的问题,但是他远比后世人们更有把握地认为,礼乐文明是"三代"所共同享有的,他把在代代传承的过程中发生的对"礼乐"之"损益"情形,把握为礼乐文明的定型与成熟,周公的"制礼作乐"正是礼乐文明走向高度自觉的标志。这就是为什么他赞赏周公、"梦见周公"的缘由。至于他所直面的人们对礼乐文明的摧毁、破坏,根本原因不是礼乐文明自身存有内在缺陷,而是另有原因。他之所以"好古",是期望在追忆礼乐文明历史的过程中揭示出现实问题的根源和症结,同时呈现培育历史自觉意识,培植民族精神的理性根基,进而凸显现实政治实践方案的"历史"正当性根源,而否决任何人的恣意妄为,而个人的恣意妄为恰恰正是天下失序、礼崩乐坏的根本原因。

孔子特别强调一个"习",因为"性相近,习相远"。《论语》开篇即是孔子话语:"学而时习之,不亦乐乎?""习"什么?习"礼"以涵养人性。

孟子又是何等强调"习":"我善养吾浩然正气"。《荀子》的开篇也是"劝学":"君子曰:学不可以已。"

虽然整个儒家都体现了高度的历史意识,但是他们都无意于经验性历史的叙述,他们都无意成为"历史家",无意建构现代所谓的"历史学"。孔子儒家对"历史王道"津津乐道,推崇周公制礼,但不取如现代"疑古派"那样的态度,当然也不主张经验式的"复古",而是要表达政治秩序重建的"理想",以及这种秩序的精神品质。他们对"理想"的表达和价值秩序的建构,的的确确不是概念或逻辑式的"思辨哲学",他们通过对历史文献的言说,最直接地表达了拯救时代之堕落而重建秩序的深切关怀;在他们看来,周公系统地创立"周礼"恰恰能将价值理想和现实的制度秩序二者结合起来,具有伟大的典范意义。换言之,他们更注重的是"周礼"所蕴涵的精神意义和价值理念,其核心包括"明德"、"慎罚"、"新民"等所谓"政治之德"。其实,这已经不是"述而不作"了,是既"述"也"作","作"的是精神品质,"作"的是方向与标准,"作"的是礼乐文明传统的意义阐释和价值体系的创造性发掘与整理。

八

孔子儒家和其他各家发生的思想争鸣,大背景就是"三代"礼乐文明政治秩序遭遇严重破坏,濒临瓦解。在政治上最明显的表现就是王室衰微,各诸侯国不再尊崇王权,不再把周天子的权威当回事了,各自为政,战争不断,且从"尊王攘夷"而争霸朝着兼并战争的方向演进,"分封建制"的政治秩序面临分崩离析之境。

孔子去世后不久,就开始了战国时代,强劲地奏响了"变法——战争"的二重奏,诸侯国彼此之间的较量白热化了,周天子已经没有任何意义了,"礼乐征伐"不再"自天子出"了,而是"自诸侯出"了,乃至于供有名无实的周天子居住的"周"也被秦灭掉了,天下大乱了,所谓"八百"诸侯大多灰灰湮灭了,战国时代是七国竞雄的时代,商鞅变法后强大起来的秦国逐步展开了统一"东方六国"的浩大战争。

战国时代正是春秋"礼崩乐坏"、政治失序而紊乱的产儿。周天子每况愈下,"弑君亡国"者亦无数,诸侯国内部从国君到士的政治秩序纷纷瓦解。孔子身居其间的鲁国就是由三家大夫(三桓)你争我夺,你方唱罢我登场,轮流掌控着国政,数代国君均无实权。总之,天下大乱了,"变法"与"战争"确乎势不可挡。

为探寻"治"道,百家争鸣,"处士横议"。孔子在五十五岁高龄时开始了"周游列国",颠沛流离长达十四年。他确乎逆潮流而动,不主张"变法",更反对战争,他怀抱着"道",在中原大地上流浪,希望唤起人们对礼乐文明政治秩序的记忆,可在那时的人们看来,这不过是痴人做梦罢了;在晚年,他竟然潜心编修鲁国国史《春秋》,采取"春秋笔法",希望达到"令乱臣贼子惧"的效果,"知我者春秋也,罪我者亦春秋也。"可是,谁拿"史书"当回事呢?

因此,"人不知而不愠,不亦君子乎?"完全可以视为"夫子自道"。孔子在那个时代不能不是孤独的,不过那是先知的孤独。

先知不是实用主义者,不是技术主义者,不是工具主义者;他首先看重的是纯正的理想、崇高的信念、高贵的精神品质,他甚至拒绝提供"策论"。可是,"卫灵公"那样的时君世主们需要的就是"实用"、"技术"、"工具"、"策论",其余一切皆属"屁话"。先知注定是孤独的,本属人们共同担负的职责和使命,只有先知肩扛独守了。

先知是人类的精神导师,他不能洁身自好而隐逸避世,他必须说话,甚至呐喊;他似乎注定要成为流浪者,打点行装,背井离乡,流亡天涯海角,他无处安身,也没法安居,他总要行走在他乡,在行走他乡的途中,又时时回望故乡,念念不忘故土,他是游子,有强烈的乡愁,乡愁是他的甜蜜,苦涩的甜蜜;他往往在现实生活中是失败者,流浪本身就意味着失败;他除了精神世界的富有,可能就一无所有了,他"空"而有灵,灵魂有安居之所,是他的至福;他降心虚怀,常怀敬畏之心,常怀感恩、感激之情,他因此要在黑暗里为民族守夜,他总想去点燃火光,为人们驱寒送暖,为人们照亮前方。

法国19世纪最伟大的诗人雨果有一首著名的哲理长诗,叫《麻葛》,是歌颂先知的。本来,在西方深厚的宗教传统中,先知是指以赛亚这些圣徒,但雨果把先知的范围扩展了,不仅包括宗教意义上的"先知",还包括像荷马那样的诗人和柏拉图那样的哲人,也包括像阿基米德那样的伟大的科学家,因为他们洞察了大自然的秘密,而这个秘密恰恰是与人的生命意义息息相关的。一个民族是怎么诞生的?雨果说这是个谜,是先知们倾听到的,是先知们召唤出来的,是先知们在沙漠当中探究出来的。这是雨果对"先知"意义的理解。任何民族的"先知"都可以这么去理解。

孔子就是这样的先知,是华夏民族的伟大先知。

九

孔子作为华夏民族的先知,所谓"至圣先师"、"万世师表",不是历代帝王为了装点门面而恭敬出来的,他倾听了之前两千多年的"三代"礼乐文明的秘密,并且诉说了这个秘密,传承了这个秘密,而这个秘密确实又与其后的中华帝国政治精神和立国、治国的原则有关,否则,汉武大帝不可能采纳大儒董仲舒"罢黜百家,独尊儒术"的建议。

孔子"十有五而志于学",在当时人们肆意践踏"礼乐"传统的时候,他却立志学习、探究"三代"礼乐文明的精神和意义;他"三十而立,四十而不惑",他倾听到了礼乐文明传统的真实声音,触摸到了礼乐文明传统的精神内核,他洞见到了礼乐文明传统的奥秘,而且沉醉于这种声音,为这种精神所震撼,对其意义确信无疑,抱持敬畏之心,他坦言:"君子有三畏:畏天命,畏大人,畏圣人之言。小人不知天命而不畏也,狎大人,侮圣人之言。"(《论语·季氏》)并且授徒讲学,把自己倾听到的秘密传达给重建礼乐文明政治秩序的"君子"们,他"弦歌讲诵不绝",无意保守秘密,他的倾诉和歌唱穿行于黑暗之中,像颜回这样的人因此而倍感温暖。

他同时对混乱无序的现实政治发出了严厉的批判,他呼唤新的"立法者",也就是"君子";他厌恶乡愿,也从没有颂扬过任何一位时君世主,他不媚俗,不对权贵挤眉弄眼,他当然也是寂寞的;他倾听到的声音不允许自己顺势、顺时,孤独是他的命运,他时常要面临痛苦的判断和选择,尤其是在流浪羁旅中;他很善于表达,可又深知"巧言令色鲜矣仁"(《论语·学而》),而必须慎言慎行,他拒绝谎言,更拒绝扯淡。

孔子"周游列国",犹如一颗星在夜空运行,他传播着希望、信念和力量。他在身居高官要职时,为什么离开鲁国?他不是犯傻,即便当时有政敌跟自己过不去,他还是可以忍,也可以玩弄政治手腕,他本可以做一个"成功"人士,而且在世人的眼里,他本来就很"成功"了,可他还是选择了走,选择了流浪,不怕风餐露宿,不畏惧别人讥讽甚至谋害,像候鸟一样,明知路途多险,还是依据自然的节律、四季的变换而迁徙,他是依"道"而行,他甚至可以保持沉默,只需要行动、只需要流浪,这就是纯粹的精神意义所在,其精神是高贵的,其信念是强大的,再有权势、地位、财富的人,也在心里不得不对他悄悄低头,至少说两句客气话。

再说,人作为一个生命存在,可以有超越物质、技术、功利的另外一种精神的活法,而且这种活法与自然秩序最为合拍,周游列国十四年,孔子向所有人传递了他自然体魄强壮的信息,他除了是精神信念的强者,还是自然秩序中的强者,他是体魄极其健壮的生命存在,这也是一种尊贵,一种荣耀,就像古希腊奥林匹克运动会上的获胜者,看重的只是一个由橄榄枝编制而成的花环。

孔子的周游列国是以排除任何功利性计较为底线的,他只为信念而行。这恰恰是人之为人的特殊品质,它是可以超越地位和身份的;周游列国本身就是对所有人发出的强劲的宣言、庄重的宣誓,它需要有强大的心理和精神上的能量,否则抵御不了世俗的物质诱惑。

这就是个体生命升华的"仁道"。

十

孔子的"仁道"不是技术性的规程,也不是工具理性的设计,它是人生智慧,也是政治智慧,它首先意味着倾听。

"学而时习之"要求践行,但必须倾听,怀着一种无限地崇敬历史的态度去倾听。孔子儒家总是把美好的愿望和憧憬回溯至历史的开端、精神的源头,有所谓"大同世"的黄金岁月。礼乐文明政治秩序的重建,就是"回向三代",就是倾听历史的召唤,"三代"意味着最好的秩序状态,其所表达的不仅是对历史、传统的尊重意识,更是表达一种对待人事的慎重、警醒的态度,它源自对现实的批判与反省,从过去的秩序中走出来而面向未来的理智探求,是以倾听历史为前提的,历史是智慧的活水源头。

孔子的礼乐文明之"损益"观其实表明,华夏礼乐文明的历史行程,其线索是比较清晰、明白的。司马迁作为撰写第一部华夏文明通史的史家,怀抱着与孔子一样的精神追求:通过历史获得政治秩序重建的合法性、正当性,他对大秦帝国的价值判断,对法家思想的价值判断,都是基于"历史王道"的立场,他通过《史记》的撰写把"历史王道"的谱系建立起来了,他忍辱负重,自觉地撰写华夏民族的通史,目的是建构华夏政治文明秩序的传统,"三皇五帝"就不得不写,尽管难以获得实在的史料,也必须要追溯,必须形诸文字;之后的史书都是断代史了,但"三代盛世"从来没被否定过,对"三皇五帝"的敬仰和崇尚从没有停止过,它拒绝"科学"的理智精神,哪怕是神话传说也是"信以为真",这是对自己"起源"意识的表达,是对连续性、统一性、同一性的坚守,是精神生命的还乡。这是孔子开创的传统,他倾听的第一个对象就是历史。

这与法家抱持的批判态度和立场是不一样的。法家话语中的历史,其最初阶段也很美好,跟孔子儒家一样,源头是美好的,那是一个"尚义"的世界,后来则"尚智"了,功利性越来越强了,"智"主宰世界,就像今天谁掌握了科学技术就掌握了世界一样,技术是一种力量,法家面临礼崩乐坏的现实,从历史中听到的是"力"的强音,这是撕裂传统、批判传统、抛弃传统的一种新的力量。法家倡导"力"的哲学,信奉的是物质性"力",对精神性的"历史王道"持坚决批判的态度,他们不愿意倾听"历史王道"的声音,礼崩乐坏为人们提供了"新生"的际遇,它需要变法改制,需要新的立法。孔子"栖栖遑遑犹如丧家之狗"的时候,法家在政治舞台上大显身手的机会即将降临。

孔子儒家敬重过去,倾听历史;心灵在敬重和倾听中饱含着忧伤,没有法家那样的乐观和傲气。孔子儒家也主张、赞成"革命",那是因为礼乐秩序遭遇了践踏和破坏,"革命"意味着对通过变法改制而推进并赢得战争胜利的欲望的克制,"革命"的儒家要义就是"复辟",就是恢复现在被严重破坏了的礼乐文明政治秩序。儒家"革命"的战场是在践踏礼乐文明政治秩序的当权者们的内心深处,要求他们在灵魂深处爆发一场自我"革命",因为正是他们的欲壑难填导致了礼崩乐坏。

　　在这个意义上,孔子儒家的"仁道",或者说人生智慧和政治智慧就是倾听历史的技艺和胸怀,"学而时习之"就是倾听礼乐传统,唤醒对礼乐传统的记忆,因掌握这种技艺、具有如此博大的胸怀而"不亦说乎"!

　　"有朋自远方来"同样意味着倾听,倾听朋友的倾诉。志同道合,因同"道"而成朋友;孔子所谓的"道"是"历史王道",朋友是围绕"道"而建立起来的富有历史韵味的社会关系,道不同不相为谋,朋友是因为同"道"而相互承认、相互倾诉、相互倾听、相互扶持,倾诉的是求"道"的艰辛和愉悦,倾听的是对"道"的认知和体悟,在践行"道"的途中同甘共苦、相互支持、相互教正。

　　作为人生智慧,倾诉是必要的,因现实生活的苦恼、抑郁而向传统倾诉、向历史倾诉、向朋友倾诉,倾诉是为了寻求"一以贯之"的"道";作为政治智慧,倾听则更为关键,倾听别人的诉说、倾听传统的召唤、倾听历史的足音,无需匆忙回应、无需费力辩解、无需激烈争论,需要的是将心比心、扪心自问、在自我反省中寻求共识,"人不知而不愠"意味着对倾诉式表达的克制与转移,不强求别人的理解和承认。当然,这也绝不意味着自取其辱,不意味着放逐自己内心深处的独立性,只不过要求倾听多于倾诉的真诚而谦卑的表达,这是在政治的公共领域中应有的"君子之风",平和、低调而淡定。

十一

　　孔子置身于礼崩乐坏的乱世之中,对现实政治抱以强烈的批判态度,不仅倾诉过自己的哀怨、忧伤和怨恨,有时甚至是呐喊和控诉。"孔子谓季氏,'八佾舞于庭,是可忍也,孰不可忍也?'""三家者以雍彻。子曰:'相维辟公,天子穆穆',奚取于三家之堂?"(《论语·八佾》)有一次,子贡问他:"今之从政者何如?"他愤然作答:"噫!斗筲之人,何足算也?"在孔子看来,作为"士",起码得"行己有耻"。(《论语·子路》)可是,像执掌鲁国朝政的"三桓"这些人背礼、越礼、僭礼,简直到了厚颜无耻的程度。

讽刺、批判和控诉是必需的。对于邪恶来说，保持沉默无异于纵容，隐逸避世很可能是畏惧和怯懦的表现。孔子做不到也绝不愿意"饱食终日，无所用心"(《论语·阳货》)，他以批判的眼光打量着现实政治的丑恶行径。但又必须突围，不能被现实政治世界的浑浊和黑暗所困扰和阻滞，思想家的使命不仅仅是讽刺、批判和控诉，更重要的是探寻新的出路，先知带给人们的是理想、信念和希望的光亮。这就需要超然的心智，需要与政治现实保持适度的距离，以获得心灵的宁静与安定。

孔子"五十而知天命，六十而耳顺，七十而从心所欲不逾矩"；他有机会步入了鲁国政坛，就倾力推行自己的政治主张，政举失败了，就弃官离鲁，尽管颠沛流离，却比任何时候都更加坚定信念了。

"天生德于予，桓魋其如予何？"(《论语·述而》)"三军可夺帅也，匹夫不可夺志也。"(《论语·子罕》)"仁远乎哉？我欲仁，斯仁至矣。"(《论语·述而》)管它宵小横行，哪怕风雨如晦，我心傲然如山，渊然如海，我行"仁"道，无可阻挡。

"大哉！尧之为君也！巍巍乎！唯天为大，唯尧则之。荡荡乎，民无能名焉。巍巍乎其有成功也，焕乎其有文章！"(《论语·泰伯》)管它礼坏乐崩，哪怕长夜漫漫，我心只向"历史王道"全然洞开，敬仰萦怀。

回首往事已不再忧郁，羁旅漂泊也抚琴吟唱，荒野四顾无路仍从容镇定，潜心问学而不知老之将至："不怨天，不尤人，下学而上达。知我者其天乎！"(《论语·宪问》)

"不知命，无以为君子也；不知礼，无以立也；不知言，无以知人也。"《论语》全书以这句"孔子曰"结尾，首尾照应，智慧朗然。

"仲尼祖述尧舜，宪章文武。"(《礼记·中庸》)智慧源于"历史王道"。"历史王道"仿佛天籁之音，从深远处传来，只需静静地倾听。其余一切，泰然任之。

泰然任之，不是漠然置之而抛却责任。相反地，它是一种坚定使命感的弥足珍贵的精神气质，是一种拒绝"圆滑"和"糊涂"、与现实保持距离的清醒而静穆的心态，是一种怀抱希望的坚毅、从容和等待，是一种"仁者乐山"的安详与宁静。安详而深邃，宁静而致远。

君子之乐:《论语》之始

娄 林

古人重始,《礼记·经解》曾引《易纬》:"君子慎始"。政治生活——以《礼记·学记》言之,即"建国君民",当以教学为始。教学亦同样重始,故《尚书》佚篇《兑命》中有"念终始典于学"之言——《礼记》中的《文王世子》和《学记》两篇皆引此文。"始"之所以重要,不唯其是行为立事的开始,更在于它是所习之"典"的开始,因为对古代经典的重视程度和学习方式决定了一个时代的基本精神品质,而学者的性情与为学也都因此而开其端绪。学典之始当然是典籍的开篇,所以六经开卷的篇目通常有深意存焉。

《诗经》以《关雎》为首,据鲁诗所解:"后妃之制,夭寿治乱存亡之端也……孔氏大之,列冠篇首。"齐诗之解可谓昭晰:"孔子论《诗》,以《关雎》为始……纲纪之首,王教之端也。"① 《尚书》以《尧典》为先,正义曰:"以此第一者,以五帝之末接三王之初,典策既备,因机成务,交代揖让,以垂无为,故为第一也",以今人的说法,"更深一层的意义〔在于〕……《尧典》的内容,有三项是主要的,一是制历,二是选贤德,三是命官",②

---

① 王先谦,《诗三家义集疏》,吴格点校,北京:中华书局,1987,页4。
② 金景芳、吕绍刚,《〈尚书·虞夏书〉新解》,沈阳:辽宁古籍出版社,1996,页5。

意即自尧开始才确立了政治的真正制度和品性。《仪礼》以《士冠礼》为先,若依《礼记·冠义》的说法,极其一目了然:"冠者,礼之始也,是故古者圣王重冠"。《周易》以乾卦为始,《象传》释曰"大哉乾元!万物资始,乃统天。"《文言》进而述之:"乾始能以美利利天下,不言所利,大矣哉!"《春秋》以隐公为编年之始,经文首句"元年春,王正月。"《公羊传》解释:"元年者何?君之始年也。春者何?岁之始也。王者孰谓?谓文王也。曷为先言王而后言正月?王正月也。何言乎王正月?大一统也。"字字言乎其正,即汉世董仲舒所言"《春秋》大一统者,天地之常经,古今之通谊也。"(《汉书·董仲舒传》)

同样,无论《论语》的作者或编者是谁,①其开篇自然也不外乎此,传之释经,其旨并无二致。《论语·学而》首章曰:

> 子曰:"学而时习之,不亦说乎?有朋自远方来,不亦乐乎?人不知而不愠,不亦君子乎?"

本章何以作为《论语》之始,历代不乏解读,如清儒梁清远《采荣录》说:"《论语》一书,首言为学,即曰悦,曰乐,曰君子,此圣人最善诱人处,盖知人皆惮于学而畏其苦也,是以鼓之以心意畅适,动之以至美之嘉名,令人欣羡之意,而不得不勉力于此也。此圣人所以为万世师表。"②梁清远的说法固然有理,孔子教人,善于劝诱其学,但孔子之为万世师表,劝勉于学是远远不够的——即便是首章三句,意蕴也远不止于"劝学"。

乐"始乎诵经"

但"学而"一章的确关乎对为学之人的劝勉。首句"学而时习之,不

---

① 《论语崇爵谶》:"子夏六十四人,共撰仲尼微言"。《汉志》:"《论语》者,孔子应答弟子、时人及弟子相与言而接闻于夫子之语也。当时弟子各有所记。夫子既卒,门人相与辑而论篹,故谓之《论语》"。郑玄:"仲弓、子游、子夏等撰定。论者,纶也,轮也,理也,次也,撰也。"《文选·辩命论注》引《傅子》:"昔仲尼既殁,仲弓之徒追论夫子之言,谓之《论语》"。

② 引自程树德,《论语集释》,程俊英、蒋见元点校,北京:中华书局,1990,页9。

亦说乎",《论语集解》:"诵习以时,学无废业,所以为悦怿。"学之所得,能够令学者产生愉悦之情,所以,历代对这一章的注解,自《论语集解》以来大多强调学习之悦的效果,并以这样的愉悦效果勉励学者的向学之心。皇侃的疏解似乎更为圆通,他还融入了学本身的"可欣之处":"知学已为可欣,又能修习不废,是日知其所亡,月无忘其所能,弥重为可悦,故云不亦悦乎。"至朱子《论语集注》,强调学与习的共同效果:"既学而又时时习之,则所学者熟,而中心喜说,其进自不能已矣。"①

但学习毕竟有所内容,终究不能凭空向学。在朱子看来,令"中心喜说"的学习内容是什么呢?他在《论语集注》正文的第一句注解是:"学之为言效也。人性皆善,而觉有先后,后觉者必效先觉之所为,乃可以明善而复其初也。"学之言效言觉,并非新见,《礼记·学记》中就引用过《兑命》中的"学学半",前一个"学"读为斆,《说文》:"斆,觉悟也。"但关键在于,所学所效者,究竟是什么?根据朱子对本章的解释,人性皆善,先觉者之所觉悟,就是先明此性之善,从而"复性"。朱子对《论语》《孟子》极其重视,"某自二十岁便下功夫,到今犹改未了,不是草草看者"(《朱子语类》卷116)。那么,朱子开篇言性,当然不可"草草"看过,而是将性之复视作为学之"始"。

自朱子这番解释之后,宋明诸儒的解释几乎均在"性"字或究性之"理"上下功夫。这样,《论语》之"学"的方向似乎就是对性和理的探究:"论天地之性,则专指理言;论气质之性,则以理与气杂而言之。未有此气,已有此性。气有不存,而性却常在。虽其方在气中,然气自是气,性自是性,亦不相夹杂。"②如此,"古人学问便要穷理、知至"(同上,页86)。为学之道遂成穷理尽性之学。所以,朱子与学生在切磋"学而时习之"一章的意蕴时,更多是从理、性和心上谈论"学",若以今日话语言之,就是对"学"本身进行形而上的探讨和个体的心性修养(同上,页446—450)。

可是,孔子如何言性?我们试着从《论语》中有所发现。根据子贡

---

① 朱熹,《四书章句集注》,北京:中华书局,1983。
② 黎靖德,《朱子语类》,王星贤点校,北京:中华书局,1999,卷五,页67。

的说法,"夫子之文章,可得而闻也;夫子之言性与天道,不可得而闻也。"(《公冶长》)《论语》中第一次出现"性"的地方恰恰是不言之词。朱子训"文章"为"威仪文辞",他承认:"夫子之文章,日见乎外,固学者所共闻;至于性与天道,则夫子罕言之,而学者有不得闻者。盖圣门教不躐等,子贡至是始得闻之,而叹其美也。"善为朱子辩护的简朝亮也无法继续:"此《集注》有朱子未及修者焉。其释文章者,以威仪释之,盖杂也。威仪,谓见不谓闻也,其以文辞释之,盖泛也。"①子贡所"闻"之文章,自然不可能仅为威仪。无论我们是否认同戴望和刘宝楠视"文章"为《诗》《书》礼乐的训释,至少,从《论语》此章可闻与不可闻的区分,我们可以清晰地看出孔子教诲的等级区分,高才如子贡者也有无力通达的教诲。子贡无力通达的教诲,关乎"性与天道",那么,"性与天道"作为"深微"(《论语集解》)之教,连子贡这样的高才都无力为之,孔子怎么可能在学者为学之初便以此教人? 如此看来,若依从孔子的看法,复其初性就不应该是"学而时习之"的内容。

回到"学而时习之,不亦说乎","说"或许能够启发我们理解学的内容,因为在《论语》中,孔子还明确提到自己的弟子之悦:

子曰:"回也非助我者也,于吾言无所不说。"(《论语·先进》)

"无所不说"即所学皆悦。颜回之非助孔子,是历来解释本章的重点,但这并非本文的关注,姑且不论。孔子对颜回的学习总是盛赞有加,哀公问及谁人好学,孔子回答:"有颜回者好学,不迁怒,不贰过。不幸短命死矣! 今也则亡,未闻好学者也。"(《雍也》)所以,孔子才能够"与回言终日"(《为政》),"终日"一词这表明孔子与颜回之间言谈程度之深。那么,颜回对于孔子无所不悦的"吾言"究竟是什么? 历来的释义几乎都没有任何解释,只是泛泛称之为"言",只有邢昺的《注疏》以子夏作为对比"若与子夏论《诗》,子曰:'启予者商也。'如此是有益于己也。"我们或可推断,孔子之言就是与颜回论述《诗》等六经之言。颜回

---

① 简朝亮,《论语集注补正述疏》,唐明贵、赵友林点校,上海:华东师大出版社,2013。

对于孔子的教诲无所不悦,反过来推论,就是颜回之所悦,是孔子的六经之教。但是,纵然孔门弟子,达到"说"的状态的也并非易事:

> 冉求曰:"非不说子之道,力不足也。"子曰:"力不足者,中道而废。今女画。"(《论语•雍也》)

冉有是孔门十哲中精于政事科的高徒(《先进》),但即便如此,他也曾力有不逮,虽然这是由于冉有个人不精进的缘故,为学精进者依然可以"说子之道"。孔子的回答其实有两层含义,其一,冉有固步自封,他的教诲实际上足以令冉有得到学子之悦;其二,力不足者虽然中道而废,但未必不悦——所谓"废","古通置,置于半途,暂息之,俟有力而肩之也。"①这是一条孜孜不倦的求学之路,学者或未必皆成颜回,但是,通过学习孔子之言之道,"不亦说乎"会成为真实的生命力量和感觉。

孔子之言自非空言。司马迁记载:"故孔子闵王路废而邪道兴,于是论次《诗》《书》,修起礼乐。适齐闻韶,三月不知肉味。自卫返鲁,然后乐正,雅颂各得其所……故因史记作《春秋》,以当王法,其辞微而指博,后世学者多录焉。"(《史记•儒林传》),又据《孔子世家》:"孔子晚而喜《易》,序彖、系、象、说卦、文言。读《易》,韦编三绝。曰:'假我数年,若是,我于《易》则彬彬矣。'"但是,孔子用以教学的内容则是"《诗》《书》礼乐","弟子盖三千焉,身通六艺者七十有二人。"(《孔子世家》)这就是说,孔子对自己删定的六经,在施教过程中有一个等序的差异,有可教之经,有不可轻教之经。而且,即便是"可得而闻之"之教,学而力不足者亦是学习的常态。那么,在学之开端,则务必以《诗》《书》礼乐为本,根据《礼记•王制》中的说法便是:"乐正崇四术,立四教,顺先王《诗》、《书》、礼、乐以造士,春秋教以礼、乐,冬夏教以《诗》、《书》。"《诗》《书》礼乐之教,是"造士"之教。孔子之教,智性上的发端既不是开始,也不是目的——虽然是达成的效果之一。所谓"士":

---

① 黄式三,《论语后案》,张涅、韩岚点校,南京:凤凰出版社,2008。

子贡问曰:"何如斯可谓之士矣?"子曰:"行己有耻,使于四方,不辱君命,可谓士矣。"曰:"敢问其次。"曰:"宗族称孝焉,乡党称弟焉。"曰:"敢问其次。"曰:"言必信,行必果,硁硁然小人哉!抑亦可以为次矣。"曰:"今之从政者何如?"子曰:"噫!斗筲之人,何足算也!"(《论语·子路》)

《学记》明言教学的根本目的是"化民成俗",化民成俗的方法却不是开发民智,因为民智之开并不可能:"唯上知与下愚不移"(《阳货》),真正的做法是培养士人君子,令其"知类通达,强立而不反","夫然后足以化民易俗,近者说服而远者怀之。"(《礼记·学记》)这才是真正的士,是"行己有耻,使于四方,不辱君命"的从政与教化者。倘若学者在学习过程中因个人才情学力之囿,不足以通达,但还是可以做到"宗族称孝焉,乡党称弟",再次者,亦可以"言必信、行必果",这些都可谓"士"。正是通过不同层次的"士"的教育,风俗才可因之而移于良善。那么,学者之悦从根本上来说,就不是智性开发带来的愉悦,而是因学习而得到为人立世的德性根基,并由此而成为有益于人生与政治的有德之士,学者由此而心生愉悦。所以,紧随着第一章,《学而》卷第二章说道:"有子曰:'其为人也孝弟而好犯上者,鲜矣!不好犯上,而好作乱者,未之有也。君子务本,本立而道生。孝弟也者,其为仁之本与!'"①

反之,如果以智性为学的开端和乐处,学者则会因智性开发而丧失节制,倘若竭尽性、理之学,鼓吹智性,并以之为学之端,很容易成为不负责任的教育,因为为学之人多是中人:"中人以上可以语上,中人以下不可以语上"(《雍也》)。这句话通常被视为孔子对人的类型的区分,但实际上还暗含了一个衡量和教育的标尺:中人。中人是教育的主体,是政治生活中的活动主体,唯有中人得到《诗》、《书》、礼、乐的熏习而成其德性,整个社会的道德根基才能由此确立,而中人并不是智性开发的恰

---

① 参甘阳《学人共同体和孝悌共同体》,载《"古典学与现代中国":中国比较古典学会第一届年会论文集》(未出版),肇庆,2012 年 12 月。

当对象:"孔子曰:'中人之情,有余则侈,不足则俭,无禁则淫,无度则失,纵欲则败。饮食有量,衣服有节,宫室有度,畜聚有数,车器有限,以防乱之源也。故夫度量不可不明也,善言不可不听也。'"(刘向,《说苑·杂言》)①中人的性情根基容易朝向放纵一面,只有"饮食有量,衣服有节,宫室有度,畜聚有数,车器有限",才能防止其纵乱,而要做到这些,需要的不是智性上的理解,而是内心真实认可或社会礼法的约束。② 开发中人的智性,不但不足以达成节制,更可能的局面或是其人因智性开发而更加放肆。

那么,"学恶乎始?……曰:其数则始乎诵经。"(《荀子·劝学》)此经则《诗》《书》礼乐。当"学"面向不知其天性(或天性未定)的学者时,保守而有效的做法,是以作为可闻之文章的《诗》《书》礼乐为为学之始,以德性固其始基,这既可以作为更高的智性学习的智力根基,也是约束智性的道德根本。

君 子 之 乐

一般来说,"有朋自远方来,不亦乐乎"与"人不知而不愠,不亦君子乎"是学者为学的进阶。所谓朋,是指有着共同追求和志向之人,《周易·兑卦·象传》:"君子以朋友讲习。"《周易正义》解释:"同门曰朋,同志曰友。"所以《白虎通·辟雍篇》云:"师弟子之道有三,《论语》曰'朋友自远方来',朋友之道也"。这是后来关于此处文本是"有朋"还是"友朋"争论的直接证据,③不过,无论原初文本是否为"友",释者通常都将"朋"解释为"朋友","朋"与"友"在古代文本经常并列出现,尤其是"朋

---

① 语或本《孔子家语·六本》:"孔子曰:'中人之情也,有余则侈,不足则俭,无禁则淫,无度则逸,从欲则败。是故鞭扑之子,不从父之教;刑戮之民,不从君之令。此言疾之难忍,急之难行也。故君子不急断,不急制。使饮食有量,衣食有节,宫室有度,畜积有数,车器有限,所以防乱之原也。'"
② 《礼记·坊记》:"礼者,因人之情而为之节文,以为民坊者也。故圣人之制富贵也使民富不足以骄,贫不至于约,贵不慊于上,故乱益亡。"
③ 阮元,《论语校勘记》:"旧本皆作'友'字",《论语集释》,前揭,页5;另参冯登府《异文考证》。

友"连用,①这意味着"朋"与"友"之间同门或同道的区分并不严格。②此处关键在于,"远方"之来者所以成为"朋"或"友朋",是由于因学而兴起的共同志趣(邢昺:"同其心意所趣乡也。"),从而"不亦乐乎",如刘宝楠所言:"此文'时习'是'成己','朋来'是'成物'。但'成物'亦由'成己'。既已验己之功修,又以得教学相长之益。人才造就之多,所以乐也。"

"乐"即是学习之乐,尤其是共同学习之乐,皇侃引《学记》:"独学而无友,则孤陋而寡闻。"《学记》中还有"三年视敬业乐群"的教学次第,以及"安其学而亲其师,乐其友而信其道,是以虽离师辅而不反也"的君子之学。前者可谓小乐,是大学之学初阶不久的乐群好学,敬爱自己的所学之典;后者可谓大乐,学者已进"大成",因此,"乐"伴随着学习的整个过程——如果把"说"理解为较之小乐略低的乐,那么,乐既是学习之始,也是学习之成。在这个意义上,"乐"与后半句的"君子"就没有一种学习等次的关系,而是相互交融的成德气象,比如《学记》在"乐其友而信其道"之前的文字:"故君子之于学也,藏焉修焉,息焉游焉"。故紧随"乐"之后,言"君子"也正得其宜。

"人不知而不愠",似乎是对君子是否成学的考验。经由所学与朋友的切磋琢磨,学者或已有所成,但还要做到"人不知而不愠",方可谓君子。但是,何谓"不愠",向有两解:

> 一言古之学者为己,已学得先王之道,含章内映,而他人不见知,而我不怒。……又一通云,君子易事,不求备于一人,故为教诲之道,若人有钝根不能知解者。君子恕之而不愠怒之也。(皇侃,《论语义疏》)

朱子主第一种解释,《朱子语类》中有更明晰的说法,将学者之"不

---

① "友朋"连用可参《左传》庄公二十二年引诗:"翘翘车乘,招我以弓。岂不欲往,畏我友朋",《风俗通义·皇霸·六国》亦引,"朋友"连用则随处可见,《学而》卷有"与朋友交而不信乎?"余不一一列举。
② 郑玄注《周礼·大司徒》:"同师曰朋,同志曰友。"

愠"看作一种内在的精神修炼,这种修炼关键在于"为善乃是自己当然事,于人何与。"(卷二十,页453)这与孔子"古之学者为己"(《宪问》)的说法并不相悖,荀子后来将此解释为"君子之学也,以美其身"(《荀子·劝学》),但为己之学不止于此。"夫仁者,己欲立而立人,己欲达而达人。"(《雍也》)为己之学,并不是纯然的内修之学,而是必然与他人相关,若依照皇侃第二种解释可能,即谓君子之学,终究是要成"教诲之道",即《学记》所言"君子既知教之所由兴,又知教之所由废,然后可以为人师也"。只是在教诲之际,因忠恕之德而不求全责备。所以,这两种解释看似有别,但其实只是君子为学与为教的两个阶段。若是过于强调第一种解释,则很容易流为个人心性之学,而不是关乎个体德性和政治生活的整体学问。更重要的是,"远来"在先秦典籍中的意蕴几乎都与求学无涉,而是政治品性的某种标志;同样,所谓"愠",也是一种政治德性不足的表现。"有朋自远方来",其乐之所在,固然与自我修习之乐相关,但既然经过"学而时习之"——历代学制没有独自"学而时习之"的训汄,为什么还要着意强调共学之乐?同样,"人不知而不愠"者为君子,君子固然慎独,但君子之为君子,正如《白虎通·号篇》之言:

> 或称君子何?道德之称也。君之为言群也;子者,丈夫之通称也。故《孝经》曰:"君子之教以孝也,下言敬天下之为人父者也。"何以言知其通称也,以天子至于民。故《诗》云:"凯弟君子,民之父母。"《论语》云:"君子哉若人。"此谓弟子。弟子者,民也。

虽然孔子将君子的政治统治意味转向道德层面,但这并不意味他取消掉君子的政治意味,毋宁说,他在更本质的意义上充实了君子的意义。

我们首先看"远来"。《子路》曰:"叶公问政。子曰:'近者说,远者来。'"《季氏》:"丘也闻有国有家者,不患寡而患不均,不患贫而患不安。盖均无贫,和无寡,安无倾。夫如是,故远人不服,则修文德以来之。既来之,则安之。"《子张》:"夫子之得邦家者,所谓立之斯立,道之斯行,绥之斯来,动之斯和。"在《论语》中,"来"字除了表示时间和动作的普通含义之外，①其余凡言及"来"处，均是远人之来。那么，"有朋自远方来"，首先的意味就是远来之服，因"学而时习之"而具文德，若以为政，则"远者来"。

但是，所来者，在类似的语境中，并不会明确为"朋"或是"民"。比如《荀子·议兵》："近者亲其善，远方慕其德，兵不血刃，远迩来服，德盛于此，施及四极。《诗》曰：'淑人君子，其仪不忒。'此之谓也。"②荀子所言远方之人，钦慕其德而归服，虽不能明确为"朋"或"民"，但就此处所引《鸤鸠》之句"淑人君子，其仪不忒"而言，当是君子对民的吸引，而此处"四极"正可对应原诗中的"正是四国"，其来服者，自然是四国或四极之民。

而在"有朋自远方来"中，则对来者有确实的限定："朋友"。朋友当然不是民，但是，志气相同者则与此处之君子共为君子，因此，所来之朋暗含了两层意蕴，其一，君子之治，当然不是独夫之治，《礼记·祭义》："先王之所以治天下者五：贵有德，贵贵，贵老，敬长，慈幼。"贵有德君子是政治的第一要义，程功积事，推贤而进达。《荀子·王制》首句"请问为政"，荀子之答第一条便是"贤能不待次而举"。因此，远来之朋，便形成一个有德的君子共同体，这才能够维持一个政治社会的道德根基。其二，唯有朋来，才能民来。能够检视君子的，唯有君子，民或不知君子相惜之处，但能够有感于行德行仁的共同气象，因此才可能有远来的局面，因此，"朋来"事实上是远方民众来附的桥梁。

"朋来"如果作此理解，那么，"人不知而不愠"的君子，当然也就不止于内修其德的境界，而必然与政治生活相关。所谓愠，旧本《说文》释为"怒"，段注以为"怨"，但他也承认"有怨者必怒之"。怨怒作为负面情绪，当然不是君子所当有。六经中唯有《诗经》中两次出现"愠"字。《大雅·绵》："肆不殄厥愠、亦不陨厥问。"据齐诗，《绵》之作，"人之初生撰

---

① 即此三处：《子罕》："后生可畏，焉知来者之不如今也？"《阳货》："来！予与尔言。"《微子》："往者不可谏，来者犹可追。"

② 另参《解蔽》，亦有类似说法："文王监于殷纣，故主其心而慎治之，是以能长用吕望，而身不失道，此其所以代殷王而受九牧也。远方莫不致其珍；故目视备色，耳听备声，口食备味，形居备宫，名受备号，生则天下歌，死则四海哭。夫是之谓至盛。《诗》曰：'凤凰秋秋，其翼若干，其声若箫。有凤有凰，乐帝之心。'"

其始,是必将至著有天下也。"①此诗是赞周之勃兴。周代的礼乐之备是异于夷狄的根本,本句所言之"愠",是夷狄对周之怨恨,"言昆夷愠怒于我"。②另一处"愠"则屡屡为后世所引:"忧心悄悄,愠于群小"(《柏舟》),群小者,群小人也,"以不听群小人之言,而为所愠怒。"③综合这两处的诗意,"愠"的政治义涵泠然可现。

这种怨恨之情,出自文教和德行的低层,因其对更美好事物和美好生活的无知而心生"愠"情。④ 君子断乎不能有这种阴郁的情感。夷狄与群小之愠,恰恰出自其"不知","愠"字本身蕴含的意义就已经昭示,君子如果同样因人之不知——无论是不知己之才德或是不知己之教化——而愠怒,那么,这就将是一种无知之怒。其无知有二,一是对人性缺乏真正的洞察,孔子屡屡言及人性的差序,上知、中人与下愚之别,是人类政治生活中极其常见的现实。因人之无知于己之德才而怒,或是因己之教化(即今日所谓启蒙)难行而怒,都是出自对人性的过高估计,这当然也是无知之一种。其二,对政治教化的缺乏认识。《学记》在言及教育君子的过程中,都仍然清晰地区分了可教与不可教的差异:"力不能问,然后语之;语之而不知,虽舍之可也"。更何况,教化的根本并不在于"知"的进阶,而是以君子之德行为民则。⑤ 因人之不知而愠,则必然陷入"知"的困境而沦为愠怒之群小——这与君子之乐截然相反。

孔 子 之 乐

《论语》首章既是劝学,亦是君子为学、为政之道。由学开始,成君

---

① 王先谦,《诗三家义集疏》,前揭,页 834。
② 钱澄之,《田间诗学》,朱一清点校,合肥:黄山书社,2005,页 685。
③ 王先谦,《诗三家义集疏》,前揭,页 132。
④ 《说文》:"愠,人之阴气有欲者。"
⑤ 这种"则"以天子之法天地为始,百官之法天子为其要:"天子者,与天地参。故德配天地,兼利万物,与日月并明,明照四海而不遗微小。其在朝廷,则道仁圣礼义之序;燕处,则听雅、颂之音;行步,则有环佩之声;升车,则有鸾和之音。居处有礼,进退有度,百官得其宜,万事得其序。"(《礼记·经解》)

子终,这既是首章的要义,也可称为《论语》全书的要义。但是,稍读《孟子》与《公羊传》,便会产生一个正常的联想,既然开篇如此重要,那么,这里的"君子"与孔子是何关系？毕竟,《孟子·尽心下》中曾以君子指代孔子:"君子之戹(同"厄")于陈蔡之闲,无上下之交也。"而据公羊家,《公羊传》中的君子皆为孔子:"君子谓孔子也。"(何休《解诂》释桓公五年春《传》文:"君子疑焉"。)①《论语》中的君子虽然不能视为孔子直陈己事,但是,在更高的意义上,开篇的"君子"具有暗指孔子的意蕴,这种可能性必然存在于"学"的最高层次。

孔子周游列国而不得用,"自周反鲁,道弥尊矣。远方弟子之进,盖三千焉。"这是《孔子家语·观周》中的说法,此处"远方"与弟子相连,弟子自远方而来,若与"有朋自远方来"相比,"朋"自然就可能指孔子的弟子,所以宋翔凤在《论语说义》中将"朋"解释为"弟子"。这并不是宋翔凤的一己私见,潘维城《论语古注集笺》中也持相同的看法,因为除了《孔子家语》的记载,还有不少早前的文本都有类似的记述。据《史记·孔子世家》,定公五年,"鲁自大夫以下皆僭离于正道。故孔子不仕,退而修《诗》、《书》、礼、乐,弟子弥众,至自远方,莫不受业焉。"弟子自远方而来。西汉末造,刘向记曰:"孔子在州里,笃行孝道,居于阙党,阙党之子弟畋渔,分有亲者多,孝以化之也。是以七十二子,自远方至,服从其德。"(《新序·杂事一》)孔子弟子自远方而来,正是"有朋自远方来"最为恰当的现实写照。因此,以"远方"来者为孔门弟子,至少在汉代是一种平常的看法,比如,司马迁在《史记·儒林列传》中叙述鲁诗的传授者申培时写道:"弟子自远方至受业者百余人。申公独以诗经为训以教,无传(疑),疑者则阙不传。"这当然是在模仿对孔子的描述,并且表明远方来者为求学弟子,是"远方"这个词语的意项之一,甚至成为形容儒师卓异的惯用写法。② 称"远方"必然为来学的弟子,这自然是以偏概全;

---

① 庄公七年《春秋》:"夜中星霣如雨。"《公羊传》:"不修《春秋》曰:'雨星不及地尺而复。'君子修之曰:'星霣如雨。'何以书？记异也。"明言孔子修《春秋》。

② 比如晋人皇甫谧《高士传》言经师挚恂和姜肱:"挚恂字季直,伯陵之十二世孙也。明《礼》、《易》,遂治五经,博通百家之言。又善属文,词论清美,渭滨弟子、扶风马融沛国桓驎等,自远方至者十余人。""肱习学五经,兼明星纬,弟子自远方者,三千余人,声重于时。"

但是,一旦将"有朋自远方来"与孔子自身的经历并置考虑时,或者说,当我们把《论语》首章施诸孔子自身时,与孔子教授弟子的事略多有契合。

复次,孔子之言"人不知而不愠,不亦君子乎"之"愠",明显与《诗经》中"忧心悄悄,愠于群小"具有义脉上的直接关联。孟子尝言:"士憎兹多口。《诗》云:'忧心悄悄,愠于群小。'孔子也。'肆不殄厥愠,亦不陨厥问。'文王也。"(《孟子·尽心下》)①孟子举《诗经》中仅见的两处与"愠"相关的诗句,以表达孔子和文王之见愠于群小或夷狄。据孟子所言,孔子正是为"不知"的群小所愠怒,反之,此处若以"君子"为孔子,则孔子之为君子,正是其不愠之故。《柏舟》诗中愠怒的群小,除去其道德意义,还有实际的政治义涵,指"卫之群臣"(《诗三家义集疏》,前揭,页132)。同样,此处"不知"之人非但不知,同样有所愠怒,与作为君子的孔子正好相反。与《诗》意类似,"人不知而不愠"之人,既不是概称之人,也与民不同,因为"民无能名焉",而所谓"人"其实是具有相当政治权力者,具有诸如参政议政以及军事权力。② 一言以蔽之,与"群小"一样,是国家中实际运转政治权力的人,但于孔子之时,非但没有"知"孔子的能力,反而心生愠怒。郑玄对《礼记·儒行》"儒有不陨获于贫贱,不充诎于富贵,不慁君王,不累长上,不闵有司,故曰儒"所作之注,正可以为此愠之解:"言不为天子、诸侯、卿、大夫、群吏所困迫而违道,孔子自谓也。"孔子恰恰受此困迫,孔颖达引《史记》详细解释了这种因愠而导致的"辱累":"在鲁,哀公不用;在齐,犁鉏所毁;入楚,子西所谮;适晋,赵鞅欲害;伐树于宋,削迹于卫,畏匡厄陈。"

宋翔凤在解释"人不知而不愠"时便明言:"'人不知而不愠',谓当时君臣皆不知孔子,而天自知孔子,使受命当素王,则又何所愠于人。盖人心之不失,纲维之不坏,皆系于学。"(《论语说义》)由此,"学而时习之"虽为开篇首句,但是从意义脉络上讲,恰恰是孔子在人所不知之后,

---

① 焦循,《孟子正义》,沈文倬点校,北京:中华书局,1987,页979—980。另参姚永概,《孟子讲义》,陈春秀点校,合肥:黄山书社,1999,页253。
② 赵纪彬,《释人民》,载《论语新探》,北京:人民出版社,1976,页1—28,尤参页23—24;另参文集中《君子小人辨》,页98—135。

垂之后世所必需的经典教育与文教根基。要之,本章可视为孔子的一生事实,即如阮元所言:

> "人不知"者,世之天子诸侯皆不知孔子,而道不行也。"不愠"者,不患无位也。学在孔子,位在天命,天命既无位,则世人必不知矣,此何愠之有乎?孔子曰"五十知天命"者,此也。此章三节,皆孔子一生事实,故弟子论撰之时,以此冠二十篇之首。①

然则,开篇首章若是夫子一生行状,君子是谓孔子,那么,"说"、"乐"与"不愠"哪一个才是孔子最恰当的描绘?必然是"乐",因为"说"只是学之开端的情绪,而"不愠"作为否定性的说辞,不能作为本质的说明,更重要的是,除了三者的比较,"乐"更关系到孔子一生行为的根本意义——戴望《论语注》释此章:"下学上达,君子之事。《春秋传》曰:'末不亦乐尧舜之知。'君子明,凡人不知。"②孔子之乐不徒是个人修养之乐,也不仅是孔子于其时一生为学为教之乐,更在于这种乐贯通诸种乐处,并与尧舜相"知",在最高的意义上确立了后世文教的保守品性与政治的道德内涵。

哀公十四年,孔子《春秋》绝笔之年,以"春,西狩获麟"终其篇章,《公羊传》曰:"何以终乎哀十四年?曰:备矣!君子曷为为《春秋》?拨乱世,反诸正,莫近诸《春秋》。则未知其为是与?其诸君子乐道尧舜之道与?末不亦乐乎尧舜之知君子也?制《春秋》之义以俟后圣,以君子之为,亦有乐乎此也。"《公羊》终篇言"乐",而《论语》开篇言"乐"。表面而言,《论语》的"乐"只是学习之乐,但真正的学一定关乎个人品性之学,关乎政治之学,所以孔子一生可以为楷模,"今世行之,后世以为楷"。

---

① 转引自程树德,《论语集释》,前揭,页 9。
② 郭晓东,《戴氏注论语小疏》,上海:华东师大出版社,2014。

《黄帝内经素问·阴阳应象大论篇第五》开篇读解

张轩辞

在唐代王冰次注的《黄帝内经素问》中,"阴阳应象大论篇"作为八十一篇里的第五篇被放在卷二的首篇位置。据宋代高保衡、林亿等人的新校正,此篇在全元起的九卷本注本里位于第九卷。较之篇目和内容上的差异,篇次上的不同在全元起本和王冰本中更为多见。翻开新校正《素问》,几乎每篇的篇首都可见"新校正云:按全元起注本在第××卷"的文字。全元起注本是最早的《素问》全释本(时代在南朝或隋),而王冰注本是现存最古、同时也是后世流传最广的通行本。比较这两个本子之间的差异,我们首先发现的便是两个版本在篇目次序上的不同。

为什么王冰在注《素问》的时候不仅依据所得张公秘本补入了全元起本中所缺的第七卷,而且对各篇次第进行了重新调整?王冰对篇目的重次为什么不仅是历史上诸种《素问》注释本中的一家之言,而是成了后世诸家考订校释《素问》所依据的目次?当我们阅读《素问》,讨论其中各篇内容的时候,我们是不是应该同时对篇目的次第安排进行考察?

"阴阳应象大论篇"在《素问》中的位置

在《重广补注黄帝内经素问序》中,王冰讲述了自己次注《素问》的缘由。因为不满当时流传的《素问》版本"篇目重叠，前后不伦"，①历经十二年的精勤博访，依据所得秘本，王冰对《素问》进行补注和重次篇第。王冰试图通过自己的工作，使经典得以传之不朽，不致散落。

《素问》的成书年代历来说法不一，②其编撰者更是无从考证。不过，与《灵枢》合称的《素问》作为《黄帝内经》的重要部分，在医学史上的经典地位历来没有疑义。③虽然黄帝之名被公认为假托，但托先王之名的现象除了是尚古传统的表现之外，其本身也向我们指示出医学与先王大道之间的密切关联。④从先王大道而来，《素问》不只是现代医学意义上的"医书"，而是从身体安泰的寻求出发，追述天地阴阳、变化死生之至道，乃至治国之道。

王冰认为，世传的版本因为文辞缺失和篇目混乱，使得不少地方指事不明，义理不贯，不利于后人的学习和至理的宣扬。所以，篇目的重新排序在王冰那里成了整理《素问》的一项重要内容。王冰注本的《素问》虽然不是第一个全注本，但却是可见的最早注本。通过补注和篇目重整的工作，王本在保存文献、张明义理方面做出了历史性贡献。

王冰的撰注工作之所以在《素问》传承的过程中对后世产生如此大的影响，一方面是因为他个人的好学勤思，加上觅得"文字昭晰，义理环周"的秘本，⑤使得他的注本较之前人更为完整和有序；另一方面（这是更重要的一面）是因为他有明确的自觉，想要经由医经来接续三皇之道。因此，他在《序》文的开篇写道："夫释缚脱艰，全真导气，拯黎元于仁寿，济羸劣以获安者，非三圣道则不能致之矣。孔安国序《尚书》曰：伏羲、神农、黄帝之书，谓之三坟，言大道也。"

---

① 王冰，《重广补注黄帝内经素问序》："或一篇重出，而别立二名；或两论并吞，而都为一目；或问答未已，别树篇题；或脱简不书，而云世阙"。

② 有人认为成书于战国时期，如邵雍、程颢等；有人认为成书于战国两汉之间，如方孝孺等；还有人认为成书于西汉，可能为淮南王所作，如明·朗瑛等。

③ 张仲景所著《伤寒杂病论》，皇甫谧所著《针灸甲乙经》都撰用《素问》、《九卷》（或《针经》，皆为《灵枢》）。

④ 明·吕复认为《素问》被称为黄帝之书是依内容大旨而言的。"《内经素问》，世称黄帝岐伯问答之书，乃观其旨意，殆非一时之言，其所撰述，亦非一人之手。"《九灵山房集·沧州翁传》）

⑤ 王冰，《重广补注黄帝内经素问序》。

医术虽归为方技，被视作小道，但天地大道，人神通应。大道之行也，自天文至地理、人事一以贯之。如果无法与大道相通，医术便难以成为有效的技艺，更无法归在黄帝名下。王冰在进行补注和给篇目排序的时候，从未忘却这是一本"黄帝之书"。所以，新校正赞王冰注本"犹是三皇遗文，烂然可观"。以此之故，虽然王冰补录的内容可能不是《素问》所原有，①个别的注释也有不当之处，但王本仍为后世所宗。

　　既然《素问》的篇目次第是精心安排的结果，值得我们重视，那么在阅读《素问》各篇的时候，我们便应该考虑它们在全书中所处的位置。这个位置不仅是篇目意义上的，更是义理意义上的。

　　在《素问》八十一篇中，篇名带有"阴阳"二字的共有四篇："阴阳应象大论篇第五"、"阴阳离合论篇第六"、"阴阳别论篇第七"、"阴阳类论篇第七十九"。前三篇集中在卷二。卷二仅有的三篇都以"阴阳"命名。末一篇位于最后一卷（卷二十四）的卷首。

　　"阴阳应象大论篇"是王本《素问》中第一篇以"阴阳"为题的论文。② 在全元起本中，《阴阳应象大论篇》与《上古天真论篇》、《四气调神大论篇》、《五藏生成篇》、《异法方宜论篇》、《气厥论篇》、《咳论篇》、《风论篇》、《大奇论篇》、《脉解篇》一起组成第九卷，被放在全书的最后。这一卷汇集了《素问》中不少重要篇目，涉及养生、阴阳、脏腑、疾病、脉学等多方面内容，是全元起本中包含篇目最多的一卷，也是非常重要的一卷。这一卷中的内容较为繁杂，各篇间关系看起来不够清晰，不方便学习者厘清、把握其中的思想。可能是因为有鉴于此，王冰把这十篇论文进行了重排：依据每篇的题目和内容，这些文章被重新安置在不同卷中。重排之后，各卷诸篇相与呼应，从而使得各篇主题更加彰显。

　　譬如《阴阳应象大论》这篇，在全元起本的第九卷，只有这一篇以阴阳为题。虽然在内容上也可以找到与其他诸篇的某种关联，但远不如在王本中那样，因为与另外两篇以阴阳为题的论文放在一起而更容易引起人们对阴阳思想的关注。仅从含有"阴阳"二字的篇名来看，《阴阳

---

① 新校正认为，王冰用以补全元起本所缺的卷七的七篇大论，无论在篇幅和内容上都与《素问》其他个各篇不同，可能是另一本《阴阳大论》中的文字。
② 在全元起本中，《阴阳离合论篇》位于第三卷，是第一个出场的以"阴阳"为主题的论文。

应象大论》一篇在四篇以阴阳为题的论文中显得最为重要。它不仅以"大论"之名位于首位,而且带领整个王本的卷二,与结尾构成了呼应。

何为阴阳?

在《素问》中,"阴""阳"两字的出现频率非常高。无论在讨论脏腑、经络、脉诊、刺法的篇章中,还是在讲述摄生、运气的篇章里,我们都可以看见大量基于"阴阳"的论述。阴阳理论被视为中医理论的基础。理解中医,首先要了解阴阳。那么,什么是阴阳?《阴阳应象大论》开篇写道:

> 黄帝曰:阴阳者,天地之道也,万物之纲纪,变化之父母,生杀之本始,神明之府也,治病必求于本。

这是《素问》中关于"阴阳"最直接、最著名的说法。它是整篇《阴阳应象大论篇》以及后面所有相关论述的出发点和旨归。阴阳关涉天地万物,主宰变化生杀,同时又不测无形,是为神明。不从阴阳出发,治病便无法究其根本;不回到阴阳,养生也难以真正实现。阴阳思想贯穿了从预防到诊治的方方面面。虽然《阴阳应象大论篇》较为集中地论述了"何为阴阳",但关于阴阳的言说在《素问》的开篇就已经存在。

"阴阳"在题目上的首次出现在"阴阳应象大论篇"中,但在《素问》的首次出现却在第一篇《上古天真论》:"上古之人,其知道者,法于阴阳,和于术数"。阴阳之道是养生长命的大法,至广至大,却有名无形,不易把握。上古真人可以"把握阴阳",中古至人能够"和于阴阳",而圣人、贤人做到"逆从阴阳"便已十分难得。

《素问》首篇从摄生的角度出发,把阴阳抬至极高的位置。这个位置在《四气调神大论篇第二》中被称为"根本":"夫四时阴阳者,万物之根本也,所以圣人春夏养阳,秋冬养阴,以从其根"。在接下来的《生气通天论篇第三》中,这一说法再次得到了延续:"黄帝曰:夫自古通天者生之本,本于阴阳。"《金匮真言论篇第四》中虽然没有类似"本于阴阳"

这样的直接表达,但却有关于天之阴阳与人之阴阳相应的具体论述。

上面的四篇组成了第一卷。从中我们可以看到,在《阴阳应象大论篇第五》借黄帝之口讲出阴阳是"纲纪"、"本始"之前,我们已经从黄帝与岐伯的对话中听到了类似的言说。张志聪在《素问集注》中把第一卷的四篇看作是讨论调养精、神、气、血的整体。在对阴阳的认识上,这四篇同样可视为一个整体,为《阴阳应象大论篇第五》中关于阴阳的集中论述做好了铺垫。

第一卷四篇主要是讲养生的道理,而"养生"或"圣人治未病"则有赖于对阴阳之道的认识。阴阳的道理之所以能够用来指导养生和治病,因为它是天地万物的根本法则。《易系辞传》曰:"一阴一阳之谓道"。虽然阴阳自身与道一样不可见,如神明般不可测度,但可见可度的天覆地载、日月更迭、四时不忒等现象却无一不是阴阳之道的体现。圣人设卦观象同样以此为基础。"易以道阴阳"。① 人们常说医易同源。医易两者的共同源头便是阴阳。"虽阴阳已备于《内经》,而变化莫大乎《周易》",②所以"不知易,不足以言太医。"③

《黄帝内经》书名最早见于《汉书·艺文志》。《艺文志》录入的篇目从《易经》开始,至"方技"结束(包含医经、经方、房中、神仙等),构成一个周备的系统。《艺文志》的结尾虽讲述方技,但在方技类的结语中却说到"论病以及国,原诊以知政"。这说明医道与《易经》一样,都是三皇之志的体现。

正因为阴阳上通治国之道,下达治病之法,所以《素问》中"以阴阳为本"的话多出于黄帝,而不是大臣之口。譬如,前面引用的《阴阳应象大论篇》开篇那一句是黄帝所说,《生气通天论篇》中的"夫自古通天者生之本,本于阴阳"亦是黄帝所说。更有意思的是,在《素问·天元记大论篇第六十六》中,臣鬼臾区对黄帝说了类似的话:"夫五运阴阳者,天地之道也,万物之纲纪,变化之父母,生杀之本始,神明之府也,可不通

---

① 《庄子·天下篇》。
② 张景岳,《类经附翼·医易》。
③ 孙思邈语,参见张景岳,《类经附翼·医易》,孙一奎《医旨绪余》"不知《易》者不足以言太医论"。

乎!"但在这句话中,唯独没有明言"阴阳为本"。

阴阳与天地

天地万物、生杀变化都可归于阴阳。但因为阴阳如神明般莫测无形,所以认识阴阳自身是非常困难的,必须藉助阴阳所显现的象。阴阳体现在各种具体的象中。通过可见的象,我们得以感知阴阳,这便是"阴阳应象"的意思。至大之象莫过于天地,所以关于象的讨论便从天地开始:

> 故积阳为天,积阴为地。阴静阳躁,阳生阴长,阳杀阴藏。阳化气,阴成形。寒极生热,热极生寒。寒气生浊,热气生清,清气在下则生飧泄,浊气在上则生(月真)胀。此阴阳反作,病之逆从也。故清阳为天,浊阴为地。地气上为云,天气下为雨。雨出地气,云出天气。故清阳出上窍,浊阴出下窍。清阳发腠理,浊阴走五藏。清阳实四支,浊阴归六府。

有天地,然后有万物。天地广大,是为大象。张景岳《类经》云:"阴阳体象,大小不同,形气生成,不积不厚,故必积阳至大而为天,积阴至厚而为地。"以至大之天和至厚之地为象,我们对阴阳的认识开始从抽象的"本始"概念转向具体的形和用。天与地分别是阳和阴的体现。法象天地便可知阴阳之道。

阳为天,主躁,能生能杀;阴为地、主静、能长能藏。天之用如乾德,健动不息,运化无穷,故阳躁。地之用如坤德,柔顺贞正,包孕万物,故阴静。阴阳如天地,体用有别,但对于化生万物来说却同等重要。阴阳二者都具有生杀长养的能力。

"阳生阴长、阳杀阴藏"一句历来有颇多解释。《天元记大论篇》曰:"天以阳生阴长,地以阳杀阴藏。"天阳主生,地阴主杀。王冰、吴昆都认为这句承接前文,讲的是天地阴阳生杀有别,强调的仍是阴阳间的不同。《新校正》不赞成这种说法。它以乾阳、坤阴的方位和岁时来论证阴主杀但同时能助长，阳主生但同时能行杀。依据《新校正》的观点，生长之用不是阳所独有，生杀之用亦不是阴所独有，具有生杀之能不是区别天地阴阳的标志。生或者杀只是阴阳在某一方面作用的体现，如果从另一方面来看，情形可能完全不同。所以，对阴阳的认识不能是单向面的，而应从全体大用来看。就阴阳各自而言，阴阳之中又有阴阳，就阴阳的关系而言，"独阳不生，孤阴不成"，阴阳互根。正如张景岳所言："阳生阴长，言阳中之阴阳也。阳杀阴藏，言阴中之阴阳也。盖阳不独立，必得阴而后成。……阴不自专，必得阳而后行。"阴阳共同作用才使得万物在四季轮环的流转中生长收藏。而阴阳自身又以气和形的方式同时存在于万物之中。

阴阳不仅紧密相关，同时存在，而且它们之间还能彼此转化。这种转化往往发生在一方发展到极致的时候，如接下来讲的"寒极生热、热极生寒"。夏至热极，一阴始生；冬至寒极，一阳来复。张志聪《素问集注》云："故阴阳之理，极则生变，人之病亦然。"比如，伤寒反为热证，内热反生寒栗，便都是阴阳寒热相互转化的结果。虽然阴阳间的转化时常发生，但这并不表明阴阳间的差别便可以因此而忽略。阴阳如天地，各有其位。如果不在其位，便是阴阳反作，人就会因此而生病。清气法天，本应在上；浊气法地，本应在下。如果反过来，清气在下，就会发生飧泄，浊气在上，就会发生胀满。有上下就有升降，有升降就有变化。阴阳之间不仅有极则生变的反转，还有交互作用的化生。"地气上为云，天气下为雨。"阴阳相交，方能云行雨施，化生万物。

万物之中，以人为贵。"天覆地载，万物悉备，莫贵于人"。① 人的上七窍、下二窍、腠理、五脏、四肢、六腑分别对应清阳和浊阴。阴阳无形，因而变化万端。它可以显象为天地日月、寒热清浊，也可显象为身体四肢、皮肤脏腑。阴阳"数之可十，推之可百，数之可千，推之可万。"② 从天地云雨，到人体脏腑，天地阴阳与人体阴阳，上下表里无不相应。至此，通过天地之象，我们对阴阳各自的特点，和他们之间的关

---

① 见《素问·宝命全形论篇第二十五》。
② 见《素问·阴阳离合论篇第六》、《素问·五运行大论篇第六十七》、《灵枢·阴阳系日月第四十一》。

系有了大致认识。不过,对于本于阴阳,养生治病的医家来说,这样的认识还远远不够,还需要进一步了解与身体、精神、饮食关系更为直接的水、火、气、味。

阴阳与水火

> 水为阴,火为阳。阳为气,阴为味。味归形,形归气,气归精,精归化。精食气,形食味。化生精,气生形。味伤形,气伤精。精化为气,气伤于味。阴味出下窍,阳气出上窍。味厚者为阴,薄为阴之阳;气厚者为阳,薄为阳之阴。味厚则泄,薄则通,气薄则发泄,厚则发热。壮火之气衰,少火之气壮。壮火食气,气食少火;壮火散气,少火生气。气味辛甘发散为阳,酸苦涌泄为阴。

"水火者,阴阳之征兆也。"① 如果说,天地体现的是阴阳的大象法则,那么,水火所体现的便是阴阳为用的具体征兆。从天地到水火,犹如先天方位向后天方位的转换:乾坤退位,坎离为用。对天地间万物生成变化的考虑,离不开对水火之用的认识。马莳曰:"举水火而足以尽阴阳矣。"② 张景岳曰:"凡天地万物之气,无往而非水火之运用。"③ 五行生成,以水火为先(天一生水,地二生火)。《周易》上经以坎、离为终,下经以既济、未济为终,讲的都是水火的道理。

天地之象帮助我们认识阴阳,而各种具体认识往往从水火开始。于是,接下来关于阴阳的讨论进一步具象到与日常饮食、汤药使用密切相关的药食气味上。煮饭、煎药首先需要的便是水和火。百姓生活离不开水火。"水火所以养民,而民赖以生者也。"④ 李时珍特别重视水火对于药食而言的重要性。他强调在药方中辨水、辨火。他把水分为天水和地水,把火分为阳火和阴火。《本草纲目》在"序列"、"主治"之后便

---

① 见《素问·阴阳应象大论篇第五》。
② 马莳,《黄帝内经素问注证发微》。
③ 张景岳,《类经·二卷阴阳类》。
④ 李时珍,《本草纲目·卷六火部》。

从"水部"和"火部"开始展开对具体药食性质的分析。水火一方面直接与天地相接，体现阴阳，另一方面又直接与民生相关，影响药食的气味。

杨上善在《太素》中把这里所讲的水火阴阳归纳为五谷冷热。因为水火冷热不同，所以会分别生成气和味：火热发之而为气，水冷降之则成味。形体的滋养有赖于五味，精神的供给有赖于精气。形体属阴，"味归形"、"形食味"、"味伤形"是同类相应的表现。气为阳，"形归气"、"气生形"、"气伤精"体现的是阳主阴从。精为初生之坎水，"气归精、精归化"，"精化为气、气伤于味"体现的是阴阳互根。厚薄分属阴阳，气有厚薄，味亦有厚薄，其中蕴含的是阴阳中复有阴阳的道理。

我们之前通过天地之象所获得的关于阴阳的认识，在关于味形精气的论述中得到了再次验证。由水火出发所展开的关于气味的讨论，把阴阳从天地大法带入了生活日用。人们通过把握阴阳之意来主导平日对药食的使用。药食调节的是身体的阴阳水火，针对的是各种具体疾病：

> 阴胜则阳病，阳胜则阴病。阳胜则热，阴胜则寒。重寒则热，重热则寒。寒伤形，热伤气。气伤痛，形伤肿。故先痛而后肿者，气伤形也；先肿而后痛者，形伤气也。风胜则动，热胜则肿，燥胜则干，寒胜则浮，湿胜则濡泻。

疾病往往因为阴阳失和而起。"阴阳调和，人则平安"。① 阴、阳、寒、热、风、燥、湿，无论哪个偏胜都可致病。从气味来看，五谷药食各自都有其阴阳方面的偏性。辛甘之味太过则阳胜，酸苦之味太过则阴胜。阴阳的偏胜不仅会造成表现为阴阳自身的病态反应，如"阳胜则热，阴胜则寒"。它也会因物极则反而造成表现为与阴阳寒热相反的现象，如"重寒则热，重热则寒"。虽然，与之类似的"寒极生热、热极生寒"在前文中已经讲过，但那是在分析天地阴阳的时候讲的。而这里，"极则生变"观点的再次被重提，则是在论说后天水火气味的背景下进行的。张

---

① 孙思邈，《备急千金要方·食治卷》。

志聪即从气味的角度来解释此句:"苦化火,酸化木,久服酸苦之味,则反有木火之热化矣。辛化金,甘化土,久服辛甘之味,则反有阴湿之寒化矣。"

形气为寒热所伤,便会出现痛或肿的症状。对这些症状的分析只有回到寒热阴阳才能找到真正的病因。开篇所讲的"治病必求于本"便是这个意思。疾病的根本原因在于阴阳的偏亢或亏损,诊断和治疗必须以调和阴阳为目的。不过,仅仅谈论有名无形的阴阳难免会显得流于空泛,考察与阴阳所应的天气、人情对于临床而言更具有实际的指导意义。在后面的讨论中,阴阳寒热作为病因,进一步具体化为因四时变化而起的寒、暑、燥、湿、风,以及与人体五脏相应的喜、怒、悲、忧、恐等。关于阴阳之象的讨论从天地开始,经由水火,渐渐扩展至四时流转和五行生克。

阴阳与四时五行

天有四时五行,以生长收藏,以生寒暑燥湿风。人有五藏,化五气,以生喜怒悲忧恐。故喜怒伤气,寒暑伤形。暴怒伤阴,暴喜伤阳。厥气上行,满脉去形。喜怒不节,寒暑过度,生乃不固。故重阴必阳,重阳必阴。故曰冬伤于寒,春必温病。春伤于风,夏生飧泄。夏伤于暑,秋必痎疟。秋伤于湿,冬生欬嗽。

四时五行看起来不如天地、日月、水火、寒热那样与阴阳的关系直接而密切。但"天之四时五行,成象成形者,而应乎阴阳也。"① 阴阳有大小,分少阳、太阳、少阴、太阴。就四时而言,它们对应春、夏、秋、冬;就五行而言,它们对应木、火、金、水。四时之气如同寒暑往来,是气之阴阳在天的表现。"气含阴阳,则有清浊,清则浮升,浊则沉降"。② 五行便是气之升降聚散的运动。由两仪而生四象,四象分而五行出。分

---

① 张志聪,《黄帝内经素问集注》。
② 黄元御,《四圣心源·天人解·阴阳变化》。

而言之为四象五行,合而言之不过阴阳。阴阳和五行看似不同,实际上却能通过气统合在一起。黄元御用中气变化来解释阴阳和四象。① 张景岳把五行和阴阳的关系理解为质和气的关系:"五行即阴阳之质,阴阳即五行之气,气非质不立,质非气不行。"② 木火土金水的运行是阴阳之气的运行,是阴阳之气运行的五种基本形态。在天为四时五行,在人为五藏、五志。

天道无言。孔子曰:"天何言哉? 四时行焉,百物生焉,天何言哉!"③人们只能在春生、夏长、秋收、冬藏的四时运行中体察天道。四时的相连更替如同"列星随旋,日月递炤",④是阴阳大化的体现。天地、阴阳、日月、四时常常同时出现在经典中。譬如《易文言传》曰:"大人者,与天地合其德,与日月合其明,与四时合其序,与鬼神合其吉凶。"《礼运》曰:"故圣人作则,必以天地为本,以阴阳为端,以四时为柄,以日星为纪"。

医道亦如此。《素问·上古天真论篇》讲真人"提挈天地,把握阴阳",但没说如何把握,因为真人近道,不可方物;至于至人则"和于阴阳,调于四时",明言从四时出发来调和阴阳,给出了具体的着力点;又至于贤人"法则天地,象似日月,辩列星辰,逆从阴阳,分别四时",就有更多可以把捉的具体途径了。所谓"善言天者,必有验于人。"⑤天人相应。人只有法天顺时才能益寿延年。"故智者之养生也,必顺四时而适寒暑,和喜怒而安居处,节阴阳而调刚柔。"⑥反之,便是这里所讲的"喜怒不节,寒暑过度,生乃不固"。

如果说用阴阳来解释疾病显得有些抽象、不易理解,那么用四时来解释疾病则要具体得多,也好理解得多。不同时节有不同天气。

---

① 黄元御,《四圣心源·天人解·阴阳变化》:"水、火、金、木,是名四象。四象即阴阳之升降,阴阳即中气之沉浮。分而名之,则曰四象,和而言之,不过阴阳;分而言之,则曰阴阳,合而言之,不过中气所变化耳。"
② 张景岳,《类经图翼·五行通论》。
③ 《论语·阳货第十七》。
④ 《荀子·天论篇》。
⑤ 《素问·举痛论篇第三十九》。
⑥ 《灵枢·本神篇第八》。

冬水寒、春木风、夏火暑、秋金燥、长夏土湿。逆四时之气可致病,例如逆春气则伤肝。① 伤于四时之气也可致病,例如"春伤于风,夏生飧泄"。②

四时相胜和五行生克决定了疾病发生发展的方向。治病需要根据四时之气来定治则。③ 否则,不仅原有的疾病无法治愈,还会增加新的疾病。如果人的起居、饮食和情志都能顺应四时之气,便能调和阴阳,达到养生的目的。《素问·四气调神大论》对此有专门论述。那篇文章从如何顺养四时之气谈起,最后讲到四时阴阳为万物根本,死生之道尽在阴阳。这是从四时出发归结到阴阳。《阴阳应象大论》的开篇则从阴阳出发,经由天地水火,落脚到四时五行。阴阳、四时、五行彼此关联,一气贯之。

至此,黄帝的论述暂时告一段落。在黄帝向岐伯提问之前的这段独立论述里,作为纲纪、本始的阴阳一层层具体化为可见的天地,为用的水火和运行的四时五行。它们一起构成一套解释万物的完整体系。根据阴阳五行,圣人可以"论理人形、列别脏腑、端络经脉、会通六合"。④

由阴阳之理衍生出的五行之意与阴阳思想一起构成古典医学的基础。⑤ 对具体天人诸象的分析离不开五行思想。《素问》中的不少篇目从五行出发来讨论问题:例如此处与《生气通天论篇》中关于四时阴阳对身体作用的论说;例如《金匮真言论篇》、《六节藏象论篇》和《阴阳应象大论篇》后面的岐伯论述中对天地人三才的五行归类言说;又如七篇大论中的运气学说等等。基于五行思想的讨论在《素问》中占有很大篇幅。《阴阳应象大论》这篇的结构同样体现了《素问》全书的这一特点。

---

① 《素问·四气调神大论第二》:"此春气之应,养生之道也。逆之则伤肝,夏为寒变,奉长者少。""逆春气,则少阳不生,肝气内变。"
② 亦参见《素问·生气通天论第三》:"春伤于风,邪气留连,乃为洞泄。"
③ 例如针刺,不同时节因为天气不同,所以相应的刺法也会不同。参见《素问·诊要经终论篇第十六》、《素问·四时刺逆从论篇第六十四》等。
④ 《素问·阴阳应象大论第五》。
⑤ 一般认为,阴阳说和五行说最初是各自独立产生的。但是,从战国开始,经由秦汉时期的发展,阴阳说和五行说彼此融合,成为一个完整的体系,共同构成了中国思想的基础。

在这篇文章中,岐伯对黄帝所问的天人相符、内外相应的问题从五方、五行出发展开长篇论述,构成了文章的主体部分。①

不过,对五行的理解离不开阴阳,就像对阴阳的理解离不开五行一样。阴阳是五行的根本,五行是阴阳运动的具体体现。对阴阳的理解要扩展到四时五行才更有实际意义,对五行的理解要回到阴阳才能得其究竟。天之四时五行,人之五藏(同"脏")五气都可归为阴阳。寒暑喜怒亦是阴阳。春夏秋冬的生长收藏可以用阴阳寒暑升降来解释。黄帝在提问之前所做的这段本于阴阳的言说,虽然以四时之病结束,却预示着对阴阳根本的回返。岐伯在这里的讲述最后回到了阴阳。②"阴阳"二字也在《素问》最后一卷的篇名中再次出现。

黄帝之大论

在《素问》的大多数篇目中,黄帝以提问者的身份言说。只有在个别篇目中,黄帝以回答者的身份言说。③《阴阳应象大论篇第五》开篇的这段"黄帝曰"与常见的这两种情况都不同。它不仅篇幅较长,而且既不是提问,也不是回答,只是言说。

《生气通天论篇第三》的开篇也有大段"黄帝曰"。但在那里,黄帝似乎不是提问者,而是和岐伯一起的言说者。在《阴阳应象大论》中,黄帝仍保持了他的提问者身份,但提问是在这段讲述之后以"帝曰"的方式带起的。在《素问》中,长篇大论的言说主要出自岐伯之口,有时出自鬼臾区之口(如《天元记大论篇第六十六》),有时出自雷公之口(如《着至教论篇第七十五》、《疏五过论篇第七十七》等)。黄帝的言说一般都比较简短,④并

---

① 这部分内容与王冰后来补入的《五运行大论》、《五常政大论》中的相关内容有所重复。
② 《阴阳应象大论》的最后一句为:"审其阴阳,以别刚柔,阳病治阴,阴病治阳,定其血气,各守其乡,血实宜决之,气虚宜掣引之。"
③ 例如《素问》的最后几篇:《示从容论篇第七十六》、《徵四失论篇第七十八》、《阴阳类论篇第七十九》、《方盛衰论篇第八十》、《解精微论篇第八十一》)。在这些篇目中,主要的问答形式是雷公提问,黄帝回答。
④ 在《素问》的最后几篇黄帝与雷公的问答中,黄帝主要以回答者的身份,而不是提问者的身份讲话。在那里,黄帝有不少篇幅较长的论说。

主要以"黄帝问曰"的形式出现。这种开篇便是大段的"黄帝曰",然后再提问的情况,在《素问》中极为罕见。

同样不常见的是文章篇名中的"大论篇"三字。除去王冰补入的七篇讲述运气思想的"大论",①剩下的诸篇中,称为"大论"的只有"四气调神大论篇"和"阴阳应象大论篇"两篇。一般而言,《素问》中有君臣问答,互相发明的称为"论篇",没有君臣问答的称为"篇"。② 高士宗根据这一原则,删去了"四气调神大论篇"中的"大论"二字,因为此篇通篇没有出现君臣问答。③ 张景岳虽然没有删去"论"字,但他同样去掉了篇名中的"大"字,把"四气调神大论篇"称为"四气调神论篇"。相比而言,"阴阳应象大论篇"的篇名疑义较少。④ 它的"大论"性质得到了普遍认可。《太素》直接把此篇内容归在阴阳类的"阴阳大论"名下。

那么,这段形式上显得特殊的"黄帝曰"与篇名中罕见的"大论"二字之间是否有着某种关联呢?要考察这个问题,我们应该首先思考"阴阳应象大论篇"这篇文章何以可以称为"大论"?

从前面关于篇目次第的讨论里,我们已经看到阴阳思想在《素问》中的重要地位。在随后展开的对开篇"黄帝曰"的逐段分析中,我们进一步认识了阴阳。阴阳之道是天地万物之道;天地之阴阳与人身之阴阳,其象相应,合与四时五行。轩岐医学的根本便在于此。学医者不可不知阴阳。对于医术来说,知阴阳是最根本的也是最高的要求。"黄帝曰"这段开篇虽然不能言尽阴阳之意,但却对"阴阳"有一个相对完整的从"体"到"用"的论述。在《素问》中,关于阴阳的论述随处可见,但是如此集中系统地讨论阴阳的篇章却只有这篇。考虑到阴阳思想对于医道而言意义重大,所以把这篇文章称为"大论篇"是可以理解的。

---

① 这七篇运气大论是否属于《素问》历来有争论。宋代林亿等人认为,这七篇不是遗失的原《素问》第七卷,而是出自《阴阳大论》一书。
② 有个别例外情况,比如《四气调神大论篇》中没有君臣问答,而称为"篇"的《阳明脉解篇》和《针解篇》中却有君臣问答。
③ 高士宗《黄帝素问直解》。亦参见伊泽裳轩,《素问释义》,北京:学苑出版社,2005,页35。
④ 大多数素问注释家都保留了"阴阳应象大论篇"的篇名。黄元御在《素问悬解》中不认为此篇可称"大论",把篇名改为"阴阳应象论"。

不过，仅仅从医道自身的角度来理解"大论"似乎还不够。如果我们联系到，具体言说内容前的"黄帝曰"三个字，以及《黄帝内经》的书名，我们对"大论"的理解可能会更进一步。

以先王之口讲出的作为天地法则的阴阳之道，不仅可以诊疾治病，还可以治国安民。本于阴阳之道的医道论篇，不仅作为医书值得流传，而且可以用来教民，福泽万方。在王冰本《素问》的七篇大论之后，也就是从《著至教论篇第七十五》开始，黄帝的对话者由岐伯变为雷公。黄帝与岐伯的对话多是黄帝向岐伯请教，岐伯像是黄帝的老师。而黄帝与雷公的对话则多是黄帝考问雷公，雷公像是黄帝的学生。黄帝问雷公的第一个问题是，"子知医之道乎？"在雷公回答之后，黄帝这样来讲述医道："此皆阴阳表里上下雌雄相输应也，而道上知天文，下知地理，中知人事，可以长久，以教众庶，亦不疑殆。医道论篇，可传后世，可以为宝。"①法天则地、教化传承，好似阴阳应象、四时流转，是医道的根本精神。这一精神突出体现在黄帝那里。

在上古先王中，黄帝的位置非常特殊。皇甫谧把黄帝归为三皇，给予他最多笔墨。司马迁把黄帝归为五帝，将其列在本纪之首。黄帝"顺天地之记，幽明之占，死生之说，存亡之难。"②用水火而据土德，治五气以抚万民。在《太史公自序》中，司马迁对《史记》各篇的编排和体例做了说明。在解释《五帝本纪第一》何以从黄帝开始的时候，他写道："维昔黄帝，法天则地，四圣遵序，各成法度。"③黄帝为后世圣王所遵，因为其法则天地以顺人情。在司马迁的记述里，黄帝是沟通天地人的首位圣王。这一形象也正是通行本《素问》中的黄帝形象。

《史记》开篇对黄帝的描述："生而神灵，弱而能言，幼而徇齐，长而敦敏"，同样出现在王冰本《素问》的开篇。④ 这一开篇，突出了黄帝的形象，使得全书更符合《黄帝内经》这一书名。黄帝不只因为其聪

---

① 《素问·著至教论篇第七十五》。
② 司马迁，《史记·五帝本纪第一》。
③ 司马迁，《史记·太史公自序》。
④ 《素问》中"成而登天"一句与《史记》"成而聪明"不同。一般认为，《上古天真论第一》开篇的这段关于黄帝的描述是王冰依据《史记》、《大戴礼》、《孔子家语》所补。

明而成为圣王,更主要因为其顺应天地阴阳、四时五行以教化万民而成为圣王。① 在天和人之间,黄帝位于中间位置。就像在岐伯和雷公之间,黄帝位于中间位置一样。岐伯是天师,雷公是医臣。黄帝先向天师请教,然后教导大臣。王冰本《素问》通过篇章的重新排序,向我们展现了传承天道、教化民众的黄帝形象。在王冰的次注本中,"阴阳"的根本地位,通过篇目安排上的集合和呼应得到了凸显。同样通过篇目安排而得到凸显的便是先王黄帝。黄帝与阴阳是《素问》(尤其是王冰本)特别强调的两个要素。而这两者正好在《阴阳应象大论篇》的开篇结合在了一起:以黄帝之名来言阴阳。

圣王之言是为大言。从内容和形式来看《阴阳应象大论篇》篇首的"黄帝曰",好似一首定调的序曲。它不仅为《阴阳应象大论篇》定调,而且通过此篇在《素问》全书中的特殊位置而为《素问》全书定调。正是这段黄帝所讲的关于阴阳的著名论述使得此篇不同于其他诸篇而成为《黄帝内经》中的"大论"。

---

① 参见柯小刚,《治气与教化:〈五帝本纪〉解读》,海南大学学报(人文社会科学版),2013年第3期。

《论六家要指》的时代背景和写作意图

吴小锋

司马谈的《论六家要指》,是中国学术史上的一篇大文章,保留在《史记·太史公自序》中。司马迁介绍其父的这篇文章时,在开头写了两句话。"太史公学天官于唐都,受《易》于杨何,习道论于黄子",谈的是作者司马谈的学问结构。"太史公仕于建元元封之间,愍学者之不达其意而师悖,乃论六家之要指曰",交代出《论六家要指》的时代政治背景和写作意图。

建元和元封,是汉武帝使用过的年号。汉武帝(前156—前87年)十六岁登基,是中国历史上第一个使用年号的皇帝。① 从武帝登基算起,建元(前140—前135年)、元光(前134—前129年)、元朔(前128—前123年)各六年,元狩(前122—前117年)、元鼎(前116—前111年)、元封(前110—前105年)各六年,太初(前104—前101年)、天汉(前100—前97年)、太始(前96—前93年)、征和(前92—前89年)各四年,最后是后元(前88—前87年)两年,共在位五十四年。武帝在中国历史上第一个使用年号,不过,武帝为什么要使用年号?这个问题,

---

① 颜师古注《汉书·武帝纪》"建元元年"云:"自古帝王未有年号,始起于此。"见班固撰,《汉书》,江建忠标点,上海:上海古籍出版社,2003,页109。辛德勇的《建元与改元:西汉新莽年号研究》(北京:中华书局,2013),页7—8对历史上的说法作了总结。

与秦汉以来统治阶层对封建制的认识有关。

秦始皇统一六国之后,丞相李斯建议放弃封建制,采用郡县制。李斯的理由是,周文王和武王的后代很多,大都封土建国。不过,这些封国的后代逐渐疏远,各自图强,以至于相视如仇,攻伐不已,周天子的实力反倒削弱,无力干涉。李斯说的,正是春秋战国的政治现实,也是封建制本身会带出的问题。因此,李斯建议废封建设郡县,"今海内赖陛下神灵一统,皆为郡县,诸子功臣以公赋税重赏赐之,甚足易制。天下无异意,则安宁之术也。置诸侯不便。"秦始皇赞同李斯的建议,说"天下共苦战斗不休,以有侯王。赖宗庙,天下初定,又复立国,是树兵也,而求其宁息,岂不难哉!廷尉议是。"(《秦本纪》)于是,尺土不封,分天下为三十六郡。

刘邦称帝后,同样面临郡县制与封建制的选择,当时的政治形势让刘邦不得不选择封建。一是因为跟随他起义的将领拥兵自重,刘邦出身草莽,以当时的实力,尚无十足把握统摄各路人马。还有一种声音说,秦的迅速败亡,是因为没有诸侯的藩卫。于是,高祖分封天下(部分地方保留郡县制,故汉初为郡国并行制①)。封建之后,开国有功的异姓王,拥兵据地,始终是汉家心腹之患。之后,高祖逐个消灭异姓王,并立下制度,"非刘氏而王,天下共击之"(《吕太后本纪》)。随着时间推移,同姓诸侯势力益渐强盛,形成割据。文帝时,贾谊上《疏陈政事》,说:"欲天下之治安,莫若众建诸侯而少其力,力少则易使以义,国小则亡邪心"(《汉书·贾谊传》)。"众建诸侯而少其力",就是对各个封国再次分封,不断缩小封国的范围,等于瓦解各个封国的实力。可是贾谊的建议,并没有得到文帝的采纳。(文帝时,有"易侯邑"和"令列侯之国"的政策,主要削弱了淮南国和齐国的实力。②)至汉景帝即位,吴楚七国的势力已经非常强大,气焰也嚣张。御史大夫晁错再次建议削藩,"不如此,天子不尊,宗庙不安"(《晁错列传》)。景帝刚刚动手,七国就集体造反,(之前,晁错就分析说吴王这样的王国:"今削之亦反,不削之亦

---

① 汉初为何要郡国并行,参考陈苏镇,《〈春秋〉与"汉道":两汉政治与政治文化研究》,北京:中华书局,2011,页66—76。

② 参陈苏镇,《〈春秋〉与"汉道":两汉政治与政治文化研究》,前揭,页111—122。

反。削之,其反亟,祸小;不削,反迟,祸大。"[《吴王濞列传》])也再次凸显出封建的问题。七国之乱平定后,这些地方不再封王,恢复秦朝的郡县制。郡县制为两级政权的地方行政制度,如今是省市县三级制度,郡县相当于现在的市和县。汉家在这段时间,是封建制和郡县制并用,那些实行封建制的诸侯国仍然占据着大片土地。武帝时,采用主父偃的建议,施行推恩令(元朔二年),让各个封国分封自己的子嗣,其实是贾谊建议的翻版。主父偃说"今以法割削,则逆节萌起,前日晁错是也",晁错建议削藩,太过强硬,逼人造反。"愿陛下令诸侯得推恩分子弟,以地侯之。彼人人喜得所愿,上以德施,实分其国,必稍自削弱矣。"(《汉书·主父偃传》)施行推恩,避开削藩之名,同时也让各封国的子弟得到实惠,毕竟父子情深,这一招的确高明。汉初的封建之患,到武帝的时候,算是真正为中央控制。武帝为防止郡守专政、乱政,又设立十三刺史部,以监察各郡守的为政情况。汉家的政治制度,逐渐演变成州、郡、县三级制度。

这时,可以回头来看年号的问题。像建元、元光等前五个年号,并非武帝当年定下,而是出于第五纪元第三年(元鼎三年)的追记,皆以天瑞命元。建元,表始建年号。元光,以长星(彗星)命名。元朔,因七十六年一遇的朔旦冬至箭首而名。元狩,因元狩五年武帝西行郊雍获白麟而名。元鼎,因在汾阴后土祠旁获古鼎而名。之所以在元鼎三年以天瑞追记年号,意在告诉各地诸侯王,武帝已获天瑞,非寻常天子,乃受命天子。未有年号之时,各地诸侯采用的是自己的纪年方式,与天子纪年无别。武帝启用年号,统一帝国纪年方式,诸侯纪年先列武帝年号,之后列本国年号,分别尊卑,强干弱枝,是武帝真正完成一统天下的重要一步。① 年号上的一统,背后的义理支撑,在《公羊传》对《春秋》"元年春王正月"的解释中。

表面上看,太史公的工作主要有两方面,一是观察天象。由于当时天象与政治极为相关,因此也可以说是关注政治。荀子云:"故善言古者必有节于今,善言天者必有征于人"(《荀子·性恶》),言天象不结合

---

① 参辛德勇,《建元与改元:西汉新莽年号研究》,前揭,页8—41。

人事政治，未登天学之门。由天象而政治，由政治而天象，实为究天人之际的核心内容。从阴阳消息的角度，也能摆明秦汉时代的政治兴衰。春秋将至战国，中国可谓不断阴消的过程，至秦，成剥之势。剥卦上九云："硕果不食，君子得舆，小人剥庐"，《象》曰："君子得舆，民所载也。小人剥庐，终不可用也。"秦始皇统一天下，若能顺以止之，则能转剥为观。无奈执一不变，剥民不已，亢龙无悔，盈不可久。秦始皇早卒，国家走在十字路口，剥的形势有两种选择，一是"君子得舆"，一是"小人剥庐"。秦始皇死在巡游途中，临死前立遗诏，将天子位传给扶苏。扶苏中正仁和，为秦终不可食之硕果，若继体为君，应能为民所戴。其尚消息盈虚之天行，转剥为复，亦有可能。然小人赵高为自身利益，篡改遗诏，谋害扶苏，立小人胡亥为二世，群小剥庐，以致速亡。汉高祖刘邦起于草莽，当天行之七日来复，对这一点点重生的阳气，须精心呵护保存（潜龙勿用），故汉初政治主休养生息（息，阳息也）。汉高祖称帝在前202年，至武帝前140年登基，其间经过六十余年的休养生息（文景之治）。武帝时，国力已经走向强盛，由复息临而泰。此时，又面临两个选择或说三个选择。武帝登基时，实权掌握在好黄老之术的窦太后手里，窦太后的意思是守住泰势，反于复道，武帝有为之志尚不得申。建元六年（前135年），窦太后崩，风气一变，次年（元光元年）即有董仲舒对策，[1]最终形成"罢黜百家独尊儒术"的国家政策。不过，董仲舒等儒家建言，目的在于提升文教（泰二升五），使得国家政治能够文质相符，走向既济。可窦太后死，武帝摆脱束缚，大壮其志，与儒家本身所主张的道路，尚有区别，其间的差异需要精确认识。后来武帝封禅，尽罢诸儒，是二者差异的放大。武帝得志后，作为不断，剪除淮南王等封建势力，集权一身而一统天下。武帝登九五，由大壮而夬。汉初，匈奴时犯，有乘刚之凶。处于夬势，五阳决一阴，要在"利有攸往"，以自然上息之力决去此阴，关键仍在修己治国。故夬卦象辞云："告自邑，不利即戎，所尚乃穷也"。汉武帝尚武，倾一国之力主动出击，最终动摇国本，夬成大

---

[1] 关于董仲舒对策之年考证，参陈苏镇，《〈春秋〉与"汉道"：两汉政治与政治文化研究》，前揭，页221—226。

过。"师出三十余年,天下户口减半"(《汉书·五行志》),人口锐减,国库空虚,汉帝国由盛而衰。武帝之后,昭宣二帝统治时期,以休养生息为主,意在重新培植汉武帝消耗的国本。

"太史公仕于建元元封之间",司马谈建元年间任太史公,至元封元年(前110年)孤愤而卒,前后接近三十年。三十年一世,三十年的时间,足以认识一个时代。且建元至元封年间,时代思潮变化极大,司马谈能深入观察并理解其变化,故能写出《论六家要指》这样的大文章。从这个意义上看,《论六家要指》具有极强的政治意味,表面上是辨彰学术,实际是对武帝政治的反思。

太史公的工作一方面是观察天象与政治,另一方面是整理图书。前213年,周青臣在朝廷颂扬始皇治天下之功,齐人淳于越反击,再次提议封建。李斯不仅反对封建,还认为民间图书和思想的流传会影响国家稳定,建议焚书。秦始皇接受李斯建议,下令焚书,对中国思想文化造成极大损失。汉惠帝四年(前191年),废挟书律。《汉书·艺文志》说:"汉兴,改秦之败,大收篇籍,广开献书之路。迄孝武世,书缺简脱,礼坏乐崩。圣上喟然而称曰:朕甚闵焉!于是建藏书之策,置写书之官,下及诸子传说,皆充秘府。"惠帝废挟书律,壁藏之书出,口传之说渐渐著书竹帛,然仍有不可弥补之损失,或是部分篇章散佚,或是部分口说因人而绝。至武帝时候,古籍虽然收集不少,但缺乏整理,没有发挥作用。《隋书·经籍志·史部序》云:"其(战国)后陵夷衰乱,史官放绝,秦灭先王之典,遗制莫存。至汉武帝时,始置太史公,命司马谈为之,以掌其职。"汉武帝意识到这个问题,命太史令司马谈着手整理图书。据说,后来刘向、刘歆父子校雠图书的工作,很可能是在司马谈、司马迁父子的基础上继续推进。司马谈写下的《论六家要指》,部分认识可能出于校雠图书,其成果后来成为《七略》的源头,最后班固加以损益,写入《汉书·艺文志》。①

太史公一面观察政治,一面整理古书,两方面的工作,相互促进,相

---

① 参逯耀东,"《太史公自序》的'拾遗补艺'",见氏著《抑郁与超越:司马迁与汉武帝时代》,北京:三联书店,2008,页35—90。

互深入。"善言古者合之于今,能述远者考之于近"(陆贾《新语·术事》)。要真正洞悉当下政治的品质和走向,需要以史为鉴,《尚书》开篇"曰若稽古"措意在此,这也是史学之于现实的意义。更进一步说,也是我们如今阅读《史记》的意义。唯其能从现实政治出发,才能对古代经籍和古典思想有更深入的理解,因为古今政治的核心涵义并没有变。①那么,什么是政治。简单说,政治就是人性差异的延伸,以及对人性差异的认识和整理。从这个意义上看,日常的生活也是政治生活。一家人家长里短,相互的理解与不理解,都是政治,都是人性的反映。中国古代政治的内容,一言以蔽之,就是修身齐家治国平天下。日常的政治生活,让我们看到人性的常态,极端的政治生活,让我们看到人性的限制,这就是为什么秦皇汉武的政治值得深入研究,为什么毛主席及其思想值得深入理解。不知道人性的限制,在政治上就容易犯错。所以,对司马谈来说,反思秦始皇以及汉武帝的政治,是他的核心问题。对于司马迁的来说,反思汉武帝的政治,可以说他写作《史记》的核心意图之一。为了深入理解秦皇汉武,司马谈大量阅读古书,并对这些书中所包含的内容品质,做出自己的判断,以响应当前政治现实,这就是《论六家要指》写作的时代政治背景。

司马谈在建元与元封年间任太史公,其间政治思潮由黄老而儒学,其中虽有人为原因,亦是时势使然。有人认为《论六家要指》作于"独尊儒术"之前,若是之后才写,显然有悖时代主旋律。其实倒不尽然,这样反倒容易把"学天官于唐都,受《易》于杨何,习道论于黄子"的太史谈,看作见风使舵的俗人。《论六家要指》尤其重视儒家,反复比较儒家与道家的思想差异,已经可见司马谈关注的问题所在。如果非要说《论六家要指》作于"独尊儒术"之前,不如说太史谈能预见时代思潮的发展变动,并指出其问题。

"愍学者之不达其意而师悖,乃论六家之要指",这是太史谈写作这篇文章的直接原因。在国家的政治格局中,君臣是主干,决定国家的走

---

① 参考陆贾《新语·术事》:"故古人之所行者,亦与今世同。立事者不离道德,调弦者不失宫商,天道调四时,人道治五常,周公与尧舜合符瑞,二世与桀纣同祸殃。……万世不易法,古今同纪纲。"

向和人民生活的品质。所谓的臣,在当时基本上同时也是学者,这是古代政治的特点,"学而优则仕,仕而优则学"。臣建言献策,直接影响帝王的判断,从而决定国家走向,这是学术与政治的关系。太史谈"愍学者之不达其意而师悖",担心的就是这帮为臣的学者执着于宣扬自己所学的东西,表达自己对国家发展的看法,以致影响国家政治的品质。愍,就是忧患。师悖,可以有两种理解,一是颜师古注《汉书·司马迁传》的说法:"悖,惑也,各习师法,惑于所见"。① 当时的学者,各有师承,各家有各家的思想主张,即便对同一个文本,也往往有不同的师法和经说,仁者见仁,智者见智。简单来说,"各习师法,惑于所见",相当于所谓的专家,只看到事物的某一方面,争执不休,互不买账。放大来说,就是《庄子·天下》所谓的方术,举例来说,好比战国时代的诸子。师悖,还有一种理解,就是所学和所坚持的主张悖于时代。比如武帝时代,学者非得要坚持汉初的无为政策,或许就是师悖。王莽搞改革,一切按《周礼》来弄,食古不化,也是师悖。那么,在现代主张按照马克思的思想来构建现代中国,算不算师悖呢,所以马克思主义思想也必然中国化,并且与时俱进。现在有好些所谓的儒家,呼吁应该按照儒家思想规矩来整顿现实政治,算不算师悖呢。当然,对师悖的两种理解,仍有相通之处。之所以主张有悖时代,是因为缺乏对整体的认识。之所以缺乏对整体的认识,是因为缺乏对时代的深入理解。不管是不见整体,还是有违时代,背后的症结,都在于"不达其意"。意者,从音从心,心音也,是想说而没有说出来的东西。言不尽意,说出来,未必就是全部。对事物而言,表现出来的,未必就是其全部本质,要透过现象看本质。对于一个国家而言,意就是人们心底的声音,虽然没有说出来,却在人心底呢喃。人的这种渴望,心里的声音,会随着时代的变化而变化,真正高明的学人和政治人,对这样的无声之声保持着高度的敏感。对有的学者和政客来说,他们听不见这样的声音。之所以听不见这样的声音,是因为他们对人缺乏足够的认识和研究,从而对时代及其政治也缺乏足够的认识和研究,终究难免会不达其意而师悖。

---

① 班固撰,《汉书》,前揭,页1901。

司马谈《论六家要指》，开篇云："《易大传》：天下一致而百虑，同归而殊涂（途）。夫阴阳、儒、墨、名、法、道德，此务为治者也，直所从言之异路，有省不省耳。"简单来说，《论六家要指》谈的是阴阳、儒、墨、名、法、道德六家的优点和缺点。这里，所谓"六家"的"家"，以及《汉书·艺文志》"九流十家"的"家"，与战国"诸子百家"的"家"，并不是一个概念。六家或十家的家，是一个思想学派性的概念，有共同的学术旨趣和政治意图。诸子百家的家，则是指孟子、庄子、韩非子这样单个的人物。① 之前综合讨论百家人物的有《荀子·非十二子》、《庄子·天下》、《尸子·广泽》、《吕氏春秋·不二》等。到《淮南子·要略》，开始部分讨论诸子，部分讨论流派。真正对诸子百家之学作总结性认识，从学术或政治流派上深入辨析的，是司马谈的《论六家要指》。从思想史的脉络来看，《论六家要指》上接《庄子·天下》，下启《七略》及《汉书艺文志》。读《论六家要指》，可以与这几个文本对观。

诸子百家，司马谈总结为六个流派，这是司马谈观察政治和阅读古籍的功力。相比之下，《汉书·艺文志》分出九流十家。增加纵横家、杂家、农家、小说家为十家，又别去小说家为九流，所谓"诸子十家，其可观者九家而已"，小说家不可观。"百家殊业而皆务于治"（《淮南子·泛论训》），如果标准不是那个苛刻的话，古代各种学问基本上多多少少都与治道沾边。司马谈面对政治思想的时候则要严肃得多，他对于学派的分析和选取，与治道最为相关，"此务为治者也"。《汉书·艺文志》的标准宽松一些，又加入纵横家、杂家、农家和小说家，不过仍然认为小说家不太有可观之处。《汉书·艺文志》说："小说家者流，盖出于稗官。街谈巷语，道听涂（途）说者之所造也。孔子曰'虽小道，必有可观者焉，致远恐泥，是以君子弗为也'，然亦弗灭也。闾里小知者之所及，亦使缀而不忘。"稗官，通俗地说就是小官，准确地说，是天子身边的士。士把庶人的街谈巷语略加编辑，上呈天子，以观民风，考政教得失。② 所以，小

---

① 参李锐，"'六家'、'九流十家'与'百家'"，见氏著《战国秦汉时期的学派问题研究》，北京：北京师范大学出版社，2011，页3—21。
② 参余嘉锡，"小说家出于稗官说"，见氏著《余嘉锡论学杂著》，北京：中华书局，2007，页265—279。

说基本上可以算作是最底层庶民百姓的产物。由于小说思想格局不大（百姓终究难以深明国事），虽有可观之处，终究不能占据主流。从某种程度上讲，这与古人对政治以及教育的认识有关。小说源于庶民，如果加以修整，当然可以用来引导庶民，可是，这在古代似乎并没有发生。根源在于，古人看来，政治与教育的品质，首先需要君子来保障（在西周，君子基本就是贵族，君子涵义的变化来自孔子）。"君子之德风，风行草上必偃"（《论语·颜渊》），先教育好君子，发挥君子的作用，百姓自然跟着文化。当然，背后也有宗法制的大背景。反观如今，小说早已登上大雅之堂，表征着现代社会对政治和教育的看法发生了巨变。这一巨变，可以追溯到唐宋的传奇和话本小说，不过真正发生却是在近代古今思想争执最剧烈时候。1902年，新派思想家梁启超发表文章《论小说与群治之关系》，开头就说："欲新一国之民，不可不先新一国之小说。……何以故？小说有不可思议之力支配人道故。"结尾说："故今日欲改良群治，必自小说界革命始！欲新民，必自新小说始！"以前入流的学问基本边缘化，不入流的小说成为主力，新文化之新，亦在于此。小说地位的崛起，与改造国民性有关，背后更深层的是政治制度的变革。以小说为主流的社会，就是民主的社会，教育的直接对象变成了庶民。在这个社会中，君子渐渐退场。

中国学术发展大势，大概可以分为八个阶段：三代王官学，春秋战国诸子学，两汉儒学，魏晋玄学，南北朝和隋唐的佛学，宋明理学，清代朴学，以及如今的新学。① 王官学与诸子学是源与流的关系，儒学是诸子学中的一种。玄学是对两汉经学的反动，佛学是汉武帝通西域引入的学问。理学是站在儒学的立场反思佛、道的结果，实质却推进了三者的融合。清代反思明亡的教训，追问明代学问的问题，进一步开始追溯中国学问的根本，理学与汉学争得很厉害。就其理路来讲，或当从理学上溯至汉学，然后更进一步研究先秦学问，再由诸子学归至王官学，合方术而道术。清王朝崩溃，新文化运动引入西学，与本土学问格义而成

---

① 参吕思勉，《先秦学术概论》，见氏著《中国文化思想史九种》，上海：上海古籍出版社，2009，页459。吕思勉先生分作七期，笔者加入王官学，以明诸子学的渊源。

新学,对中国传统学问基本持否定态度。在近百年的发展中,西学与中学一直拉锯,中国学问何去何从,仍是当前学人思考的大问题。

如果从中国学问的品质来看,大致又可以分成三个大的阶段,一是中国本土学问,相当于《汉书·艺文志》总结的学问;二是第一次西方(印度)学问进来之后冲击而成的学问,也就是佛教进来之后,整理并消化佛教学问而成的宋明理学和心学;三是第二次西方(欧美)学问进来之后冲击而成的学问,这次冲击而成的学问格局,至今仍在震荡之中,品质尚未稳定。① 佛教学问进来时,中国学问基本居于主动地位,最后将佛教学问融入中国的学问系统。不过,西方学问的第二次进入,却要强势得多,里应外合,大有以西方学问分解与整合中国学问之势。② 百年之后,中国学人部分形成共识,只有深入理解中学、西学各自的文化传统和学问根底,才能解开百年来中西学问纠缠而成的结。就中学自身的学问品质来看,要深入中学传统根脉,当然应该回到《汉书·艺文志》所总结的学问当中,其精华或主干就是《论六家要指》所总结出的六家学问。

六家学问是对诸子百家之学的进一步归纳、总结和分析。春秋之前,没有子书。诸子百家出现在春秋战国时期,明白这一时代的变局,才能理解子书的意义。春秋之前,政教合一,官师合一,学问都在王家,与各部官职联系在一起。换句话说,学问与政治相互依附,合二为一。这种情况,春秋时期发生变化。《太史公自序》说,"《春秋》之中,弑君三十六,亡国五十二,诸侯奔走不得保其社稷者不可胜数。"之前的学术是官守,"父子相传,以持王公"(《荀子·荣辱》)。西周而东周,春秋而战国,王室式微,官学不守。贵族降为平民,官学变成私学,由此进入战国

---

① 分三阶段的说法,脱胎于潘雨廷先生的话:"第三次儒学(名称可以不管),实质是中国文化的再次兴起。第二次吸收印度佛教,第三次吸收西洋科学,由此而读《易》。"见张文江记述,《潘雨廷先生谈话录》,上海:复旦大学出版社,2012,页8。另一极有见识的划分,是雷海宗的"中国文化的两周",以383年淝水之战的为界,之前是古典中国或华夏文化时期,之后则胡汉混合、梵华同化的新中国。雷海宗,《中国文化与中国的兵》,长春:吉林出版集团有限责任公司,2010,页303—332。
② 尤其要注意当时的两个学制。张百熙、张之洞主持壬寅—癸卯学制(1902、1904),基本是以中学整合西学。蔡元培主持的壬子癸丑学制(1912—1913),基本是以西学整合中学。

与诸子时代。诸子学的起源有两种说法,《淮南子·要略》认为是救时弊而起,这一点《汉书·艺文志》也有相应说法,"诸子十家,其可观者九家而已。皆起于王道既微,诸侯力政,时君世主,好恶殊方,是以九家之术蜂出并作,各引一端,崇其所善,以此驰说,取合诸侯。"此外,《汉书·艺文志》还沿用刘向、刘歆的看法,认为诸子学本身出于王官学。认为救时弊而起,是看到诸子出场的时代环境;认为出于王官,是看到诸子的学问渊源。两个角度可以综合起来考虑,诸子学渊源于王官之学,后来因时势需要,进一步扩充和深化,其内容与原来的王官之学或已有出入。

王官学和诸子学为中国古学,不过在这一学问结构中,仍有古今之分。王官学当古学,诸子学当今学,①其品质的差异,相应于《庄子·天下》中道术与方术的差异,也是《论六家要指》中道家与其余诸家的差异。《庄子·天下》点出道术与方术的差异,要在合方术为道术。《论六家要指》点出诸家的优劣和道家的整全,似乎也是想要统摄诸家于道家。只是这个道家(天官、《易》、道论),与当时的黄老思想可能仍有区别。道术为天下裂,统诸家于道家,整合古代学问和时代思潮,是通古今之变的关键。具体来说,仍然落实在深入认识古学和时代思想,这对于我们今天所面临的古今之争的问题,犹有启发。

《论六家要指》开篇引《易》,"夫易开物成务,冒天下之道(蓍以开物,卦以成物,爻以冒道②)"(《周易·系辞上》),有综合天下学问的能力(日月为易,易研究日月所及的学问)。引《易》,是用《易》的整全见识来看诸子。"天下一致而百虑,同归而殊涂"出自《周易·系辞下》,与今本语序稍稍有些差异,"天下同归而殊涂,一致而百虑"。"天下一致而百虑,同归而殊涂",强调思想先于行动;"天下同归而殊涂,一致而百虑",强调行动先于思想。③ 司马谈看到的本子原就如此,还是司马谈作出的微妙调整,不得而知。如果是司马谈的调整,则与《论六家要指》

---

① 参罗根泽,"晚周诸子反古考",见罗根泽编著,《古史辨》第六册,上海:上海古籍出版社,1982,页1—49。
② 见潘雨廷,《周易表解》,上海:上海社会科学院出版社,2004,页223。
③ 参张文江,《〈史记·太史公自序〉讲记》,《上海文化》,2014(2),页111。

的写作意图相关。人类政治的产生，当然是行动先于思想，思想积累到一定程度，可以指导行动。对武帝时代来说，要紧的是先要摸清楚当时各路思想的品质。这句话既谈诸家的同，也谈诸家的异。同是"此务为治者也"，目的都一样。只是各自的处境不同，出发点不一样，所以提出的主张也不一样，这叫作"直所从言之异路"。犹如《易》六十四卦，皆同归于既济。不过，不同的卦代表不同的时空，走向既济，需要不同的爻变。不同的卦，就是不同的"所从"，"所从"变了，时空变了，相应的治理方式也要变，这就是为什么法家可以强秦，也可以败秦。由此也可以理解，为什么汉初用黄老，武帝要用儒家。异在"所从"，同在"为治"。六家最终的追求是"为治"，这也是中国学问的品质。为治，是达到人类社会的治理，诸家关心的是人类社会的治理问题。司马谈通过比较各种重要的治理思想，期望找到最佳的治理思想，这是《论六家要指》的要旨。

六家皆务为治，"直所从言之异路"，"直"，就是只，表转折。六家虽然所从不同，仍有其思想品质的高低之分，"有省不省耳"。省，可以有三种读法，一是简省，一是善，一是省察。《淮南子·主术训》曰"法省为不烦"，高诱注云"省，约也；烦多也"。① 司马谈在谈到道家时候也说，"指约易操，事少功多"，有省不省，就是有简有烦。钱大昕《廿二史考异》引《尔雅》"省，善也"，认为有省不省，就是有善有不善的意思。② 《史记索隐》则以为省为是"省察"，③有省不省的意思是有没有深察。综合来看，三个涵义有其贯通之处。唯有深入省察，甚至考察到治道的根本，才能在不断地深入探究中，一点点排除各种干扰和假象，损之又损。拿出来的解决方案，即是最好，又直接简约。

---

① 见刘文典撰，《淮南鸿烈集解》，殷光熹整理，合肥：安徽大学出版社；昆明：云南大学出版社，1998，页 271。

② 参钱大昕，《廿二史考异》，方诗铭、周殿杰校点，上海：上海古籍出版社，2004，页 78。杨树达也以《尔雅》为证，认为"有省不省"的意思是有善有不善，见杨树达，《汉书管窥》，上海：上海古籍出版社，1984，页 478。

③ 见司马迁撰，裴骃集解，司马贞索隐，张守节正义，《史记》，北京：中华书局，2006，页 2486。

太史公笔下的孔子

李长春

司马迁与孔子的关系大概是理解《太史公书》的要旨所需解决的首要问题之一①。在早期的古典语境中,两者的关系似乎不言自明,所以很少有学者专门论述。但是魏晋以后,典籍的分类促成学术的分野,古典思想的整全视野逐渐丧失,孔子为儒家所祖,司马迁则为史家所宗,论六经则主周孔,言正史则尊马班。表面上看,一经一史,不仅殊途,且不同归。而在现代学术语境中,由于学科的分化和对立日益加剧,两者的关系就更难为人所知。对于这一问题,拙作《六家、六艺与一家之言》已略发其端②,本文则继之做进一步的探讨。

在整个《太史公书》中,孔子的位置较之其他人物无疑最为特殊。如果我们把《太史公书》当作一部"成一家之言"的独立著作——而不是作为二十四史中的第一部——来阅读,那么孔子在全书中的位置就会显得尤其引人注目。

---

① 《史记》的书名本应题作《太史公》或《太史公书》,"《史记》"之名为后起。本文将其称作《太史公书》,而不是按照习惯将其称之为《史记》,是为了彰显其作为司马氏"一家之言"的著述性质。
② 干春松、陈壁生主编,《经学与建国》,中国人民大学出版社,2013。

一、《自序》中的孔子与《春秋》

《太史公自序》既是整个《太史公书》的自序,又是司马迁本人的自传,还是太史公父子的合传。作为这部伟大著作的《自序》,司马迁必须阐明自己完成它的意图和目的;作为太史公本人的自传,司马迁必须交代自己的生平和志业;而作为两代太史公的合传,司马迁又必须说明自己和思想立场与政治命运迥然相异的父亲之间究竟被一条怎样的精神纽带连接在一起。

司马迁在《自序》的开头简单地勾勒了作为史官的家族谱系,然后便转入了对父亲司马谈的悲剧命运的书写。司马谈的悲剧或多或少源于他坚定持守的道家立场,所以司马迁全文抄录了表现其哲学思想和政治观念的《论六家要指》;司马谈的悲剧集中表现为他没有能够完成正在构思中的伟大著作就在悲愤之中撒手人寰,所以司马迁不惜浓墨重彩反复申述父亲的"临终遗言"。根据司马迁的转述,老太史公司马谈在遗嘱中首先盛赞周公"能论歌文武之德,宣周邵之风,达太王王季之思虑,爰及公刘,以尊后稷",然后表彰孔子继承周公的事业,"修旧起废,论《诗》、《书》,作《春秋》,则学者至今则之"。司马谈又说:"自周公卒五百岁而有孔子。孔子卒后至于今五百岁",希望司马迁能够继承孔子的事业,"绍明世,正《易传》,继《春秋》,本《诗》、《书》、《礼》、《乐》之际"①。

这份遗嘱不论是否经过司马迁的润色,孔子的述作事业都应该是话题的中心。即便顽强持守道家立场的司马谈对于儒家有诸多偏见,他也没有否认孔子之于六经的伟大功绩。在司马谈眼中,周公的伟大在于他能够通过自己的政治活动彰显文王、武王的政治美德,并由此呈现周人先祖的伟大传统和美好德性。但是周公的事业如果没有孔子继承和复兴,大概后世学者就很难为其泽被了。孔子继承周公的方式是通过制作经典来垂范后世。汉代经学的兴起足以证明这种方式

---

① 司马迁,《史记》(三家注本),北京:中华书局,1982,页 3295。

的成功。置身于这样一个伟大的时代,恰恰又是生逢孔子之后五百年(其实不足五百年)的历史机遇,司马谈觉得有必要而且有责任适时制作可以与《易传》、《春秋》、《诗》、《书》、《礼》、《乐》比肩的新经典,以继承孔子伟大的著述事业。在司马迁转述的司马谈"遗嘱"中,孔子"修旧起废"的述作活动,成为了接续历史传统和承传古典德性的关键和枢纽。司马谈对已经成为过去的黄老道家主导的时代充满眷恋,司马迁则对武帝刚刚开创的独尊儒术的时代满怀期待。父子之间虽然对于历史和现实的判断截然不同,对于意欲完成的巨著所持的立场南辕北辙,但是对于他们所从事的著述活动之精神谱系必须追溯到周公孔子却殊途同归。所以,孔子无疑成了连接这对志趣相异的父子的精神纽带。

《太史公自序》最为精彩的部分是司马迁的《六艺论》和《春秋论》。在司马迁看来,六艺经传,虽然内容不同,但是各自都有不同的政治功用,而这些政治功用都指向同一种完美的政治秩序:"《易》着天地阴阳四时五行,故长于变;《礼》经纪人伦,故长于行;《书》记先王之事,故长于政;《诗》记山川溪谷禽兽草木牝牡雌雄,故长于风;《乐》乐所以立,故长于和;《春秋》辨是非,故长于治人。是故《礼》以节人,《乐》以发和,《书》以道事,《诗》以达意,《易》以道化,《春秋》以道义。"①《自序》并没有指出这段话有何来历。《滑稽列传》的篇首,司马迁说:"孔子曰:'六艺于治一也。《礼》以节人,《乐》以发和,《书》以道事,《诗》以达意,《易》以神化,《春秋》以义。'"②可见,司马迁的六艺论,实际上也就是孔子的六艺论。孔子把六艺看成一个完整的系统,指出它们在根本上指向同一完美的政治秩序。司马迁的六艺论根源于孔子,继承了孔子。

六艺之中,《春秋》至关重要。关于《春秋》的性质,司马迁有显和隐两个层次的描述。在《自序》中,从显的层面,也就是说在公开言说的层面,司马迁总结《春秋》的性质有二,其一是"王道之大者"。因其"上明三王之道,下辨人事之纪,别嫌疑,明是非,定犹豫,善善恶恶,贤贤贱不

---

① 司马迁,《史记》(三家注本),前揭,页3297。
② 同上,页3197。

肖，存亡国，继绝世，补敝起废，"所以是"王道之大者也"①。其二是"礼义之大宗"。"礼义"既是从事政治活动的基本修养，又是政治生活所须遵循的基本准则，还是任何具有政治身份之人所必需的实践智慧。"为人君父而不通于春秋之义者，必蒙首恶之名。为人臣子而不通于春秋之义者，必陷篡弑之诛，死罪之名。"②

以上两点，仅仅是公开宣称的"大义"，关于《春秋》的性质，太史公还另有"微言"。在《陈涉世家》的《叙目》中，司马迁声称："桀、纣失其道而汤、武作；周失其道而《春秋》作；秦失其政，而陈涉发迹。"③这显然是把《春秋》比作汤武和陈涉，也就是是把孔子《春秋》比作汤武革命、陈涉起义。如此说来，《春秋》岂不是一部"革命"书，孔子不就是一个"革命者"？

司马迁引董仲舒的话说："周道衰废，孔子为鲁司寇，诸侯害之，大夫壅之。孔子知言之不用，道之不行也，是非二百四十二年之中，以为天下仪表，贬天子，退诸侯，讨大夫，以达王事而已矣。"这即是说，孔子的现实身份是一个法官（司寇）。但是，因他始终坚持自己的信念和原则，所以既不能真正履行其法官的职责，又不能见容于他所身处其间的政治世界。对于孔子而言，只有用制作代替执法——用写作历史的方式执行历史的审判，用可以垂范后世的历史的审判代替无法执行的现实审判。这样，制作《春秋》的过程就是孔子履行"法官"职责的过程。通过制作《春秋》，孔子成为了一个真正意义上而非普通意义上的法官。不仅如此，通过他所主持的历史的终极审判，孔子成为了一个人类生活的伟大立法者——一个真正意义上而非普通意义上的王者（以达王事而已矣）。这样一来，孔子的现实身份（大司寇）实际上就成为孔子历史身位（素王、立法者）的一种隐喻。换一个角度看，《春秋》的制作，是一个政治行动。通过这个政治行动，孔子不仅实现了他的现实身份，而且也超越了他的现实身份获得了他的历史身位。这一身位的获得，无疑是一次僭越；作为一个政治行动，当然也就是一场革命。

---

① 司马迁，《史记》（三家注本），前揭，页3297。
② 同上，页3297。
③ 同上，页3310。

二、"世家"中的孔子和陈涉

司马迁在《太史公书》中特立"世家"一体。从结构上看,如果不考虑记录时间线索的"表"和记录文教政制的"书","世家"的位置恰好处于"本纪"和"列传"的中间。从内容上看,本纪写天下之事;世家写一国一家之事;列传写一人(或一类、一方)之事。论规模的大小和叙事详略,世家也居于两者之间。孔子既不是被写入"本纪",也不是被写入"列传",恰恰是被写入"世家"。并且,《孔子世家》在"世家"中的位置极为特殊。它位置的特殊首先表现在和《陈涉世家》的紧挨在一起,不仅如此,《孔子世家》和《陈涉世家》这两篇特殊的世家还居于世家的中心位置。《孔子世家》之前,是周代分封的诸侯;《陈涉世家》之后,是汉代分封的诸侯。换言之,因为孔子和陈涉是世家的中心,世家又是全书的中心,所以孔子和陈涉实际上就位于整个《太史公书》的中心。

司马迁在《自序》里说:

> 二十八宿环北辰,三十辐共一毂,运行无穷,辅拂股肱之臣配焉,忠信行道,以奉主上,作三十世家。①

"二十八宿环北辰,三十辐共一毂"虽然是比喻写诸侯的"世家"围绕着写天子的"本纪",但是进入"世家"的却并非都是"忠信行道,以奉主上"的"辅拂股肱之臣"。这里的"二十八"和"三十"也不是一个随意写上去的数字。这两句都有来历。"二十八宿环北辰"显然是有取于孔子"为政以德,譬如北辰,居其所而众星共之"(《为政》)②;而"三十辐共一毂"则出自《老子》第十一章:"三十辐共一毂,当其无有,车之用"③。两者谈的都是"为政"问题,而且,两者都倾向于无为而治。这似乎也暗示了"世家"本身谈论的实际上就是如何"为政"的问题(为免

---

① 司马迁,《史记》(三家注本),前揭,页3319。
② 朱熹,《四书章句集注》,北京:中华书局,1983年,页53。
③ 朱谦之,《老子校释》,北京:中华书局,1984年,页43。

枝蔓,这一问题另外撰文讨论)。我们在这里要关注的是两个数字的关系,"三十"这个数字貌似是沿袭老子,而《论语》中孔子的原话并无"二十八"这一数字。这似乎表明这两个数字并非随意写下,而是经过了慎重考虑。也就是说,司马迁写"世家"的时候,可能有两种选择,一种是写二十八篇,以象"二十八宿环北辰";一种是写三十篇,以象"三十辐共一毂"。我们最后看到的《太史公书》是三十篇,而不是二十八篇,这说明司马迁经过审慎权衡,最终选取了后一个写作方案。司马迁在《自序》中之所以把这两个比喻并列,而不是为了简洁和准确只用其中一个,也许就是要有意给我们一个暗示:他之所以这样安排篇章——把两篇明显不符合"标准"的"世家"放了进来——是经过精心的谋划而不是一时兴起。

这两篇"世家"显然就是《孔子世家》和《陈涉世家》。孔子虽然想过"忠信行道,以奉主上",但是却"再逐于鲁,伐树于宋,削迹于卫,穷于商周,围于陈蔡之间"(《庄子·山木》)①,始终没有机会成为"辅拂股肱之臣"。高呼"王侯将相,宁有种乎"的陈涉,非但谈不上什么"忠信行道,以奉主上",压根儿就没想过要成为什么"辅拂股肱之臣"。既然以司马迁自己公开宣称的标准,孔子和陈涉根本就不具备写进"世家"的条件,那为什么太史公还要刻意做这样的安排呢?

对于将孔子和陈涉一起列入"世家",历来就有不少非难。王安石认为:"夫仲尼之才,帝王可也,何特公侯哉。仲尼之道,世天下可也,何特世其家哉?处之世家,仲尼之道不从而大;置之列传,仲尼之道不从而小,而迁也自乱其例,所谓多所抵牾者也。"(《孔子世家议》)②在荆公看来,应该将孔子放入列传。他可能没有想过,既然把孔子放进本纪或者列传都有理由,那么为何司马迁既没有把孔子列入本纪,也没有把孔子写进列传呢?郝敬认为:"(孔子)本尼山布衣,饥饿转徙无宁日,死而矫举以为世家,与秦楚韩魏王侯同籍,枉其实矣。又厕于田完、陈涉之间,殊非其伦。与其虚贵虚富,屈于王侯之下,不若素贫贱,而序之列传

---

① 钟泰,《庄子发微》,上海古籍出版社,2002,页448。
② 杨燕起、陈可青、赖长扬主编,《史记集评》,北京:华文出版社,2005,页401。

之首,尤为得所也。"(《史汉愚按》卷三)① 在郝敬看来,孔子病重,子路使门人为臣,孔子尚以为欺天,死后将其列入"世家",当然就更是欺人之举了。何况,无论放到秦楚韩魏王侯中间,还是和田完陈涉等人并列,都显得不伦不类。他可能没有注意到,把孔子和陈涉放在一起,绝非太史公无心之过,而是他有意为之。

当然,也有不少学者为司马迁辩护。何良俊批评王安石的说法不对,"盖方汉之初,孔子尚未尝有封号,而太史公逆知其必当有褒崇之典,故遂为之立世家……今观战国以后,凡有爵土者,孰有能至今存耶?则世家之久,莫有过于孔子者也。"(《四有斋从说》卷一《史一》)② 此公以孔子后来果然受封并且传之久远来证明司马迁有先见之明,反而显得牵强附会不得要领。黄淳耀则批评王安石的说法"愎而不通,狠而不逊",认为"太史公作《孔子世家》附诸侯国后,此特笔也"。又说"孔子龟蒙布衣,据鲁亲周,使列之本纪则非其心也,然而大圣人梗概,又不可夷于列传,故特为世家以抗之"。(《史记论略》)③ 黄淳耀看到把孔子写入"世家",又把《孔子世家》列在诸侯世家之后,乃是太史公的"特笔",是精心安排的结果。但是,讲到何以如此的原因时,黄氏只是笼统地说列入本纪不符合孔子本心,写入列传又怕配不上圣人的身位而委屈了孔子。显然,这种解释还是不得要领。

要回答这个问题,大概还是要回到《太史公书》,看看司马迁本人如何解释。在《孔子世家》结尾处的论赞里,太史公曰:"天下君王至于贤人众矣,当时则荣,没则已焉。孔子布衣,传十余世,学者宗之。自天子王侯,中国言六艺者折中于夫子,可谓至圣矣!"④ 诸侯列为世家,是因为有国可传;孔子列为世家,是因为有学可传。诸侯传家,数世而亡;孔子所传,历十余世,依然为学者所宗。司马迁可能是在暗示,孔子所传的六艺,相当于诸侯所传之国。换言之,孔子也有自己的国。他的国既非周王所封,也非汉帝所赐,而是自己的述作所建。孔子的六艺就是他

---

① 杨燕起、陈可青、赖长扬主编,《史记集评》,前揭,页403。
② 同上,页402。
③ 同上,页403。
④ 司马迁,《史记》(三家注本),前揭,页1947。

的国,它不建立在任何地理空间中,而是建立在天子以至庶人的心目之中,建立在未来绵延不绝的历史时间之中。

《孔子世家》结尾处的这段话大体上可以说明司马迁为什么要列孔子入世家,但是无法解决两个极为重要但却很少有人重视的问题:1)为什么要把孔子和陈涉并列?2)为何要把这两个极为特殊的"世家"安排在两类理所应当的"世家"中间——也就是全书的中心位置?

在《自序》的《叙目》(我称之为"小序")中,司马迁说:

> 周室既衰,诸侯恣行。仲尼悼礼废乐崩,追修经术,以达王道,匡乱世反之于正,见其文辞,为天下制仪法,垂六艺之统纪于后世。作孔子世家第十七。
>
> 桀、纣失其道而汤、武作,周失其道而春秋作。秦失其政,而陈涉发迹,诸侯作难,风起云蒸,卒亡秦族。天下之端,自涉发难。作陈涉世家第十八。①

从这两段文字来看,孔子和陈涉至少在以下几个方面极为相似:首先,他们都面对着一个混乱或者无道的时代。孔子面对的时代,"周室既衰";陈涉生活的时代,"秦失其政"。其次,他们都改变了各自的时代。孔子"追修经术,以达王道,匡乱世反之于正";陈涉起事后"诸侯作难,风起云蒸,卒亡秦族"。不仅如此,他们共同开启了一个崭新的时代。"天下之端,自涉发难"。这个"天下",就是汉帝国的"天下"。如果没有陈涉发难,也就不会有汉帝国。孔子"为天下制仪法,垂六艺之统纪",实际上是为即将出现的汉帝国创制垂统。如果没有孔子通过《春秋》所行的立法,刘汉政权或者陷溺于黄老无为,或者困顿于刑名法术,终究无法找到和实现自己,从而成为真正意义上的汉帝国。换言之,汉帝国政治肌体的诞生,有赖于陈涉发难;汉帝国政治品性的自觉,则有待于孔子和六艺的重新发现。在这个意义上,孔子和陈涉都是汉帝国得以存在的远因。

---

① 司马迁,《史记》(三家注本),前揭,页 3310。

这样的解释似乎还不能完全令人信服,毕竟,孔子在一般人的心目中是周公的崇拜者和周礼的维护者。或者说,孔子时常被视为一个既定政治秩序的维护者而非颠覆者。在这一点上,他不但和陈涉毫无相似之处,甚至截然相反——因为后者首先是一个既有的强大政治秩序的反抗者和毁灭者。如果把这个因素也考虑进来的话,我们对问题可能会获得更深层次的理解。首先要澄清的是,孔子并非毫无理由地推崇现实中已经残破不堪的周礼。他对周公的仰慕是对一个理想的统治者的期待,对于周礼的守护是对于理想的政治秩序的追寻。对于孔子"梦周"、"从周"之说过分执着,反而使我们疏忽了孔子通过六艺对于理想政治秩序的求索。澄清这个问题的意义在于,我们又可以找到一个孔子和陈涉对照的基点——孔子的心志体现的是对理想中最佳政治秩序的追寻而陈涉的行为则体现为对现实中恶劣政治秩序的颠覆。

由此,我们才可以更加充分地理解太史公如此谋篇布局的真实用意。《太史公书》把世家放在本纪和列传中间,又把孔子和陈涉放在西周封建的诸侯世家和西汉封建的诸侯世家的中间,也就是把《孔子世家》和《陈涉世家》放在全书几何中心的位置。这一安排意味着政治秩序问题将是《太史公书》关注的一个中心问题,同时,司马迁对于政治问题的观察和思考也将沿着政治理想和政治现实这两个维度分别展开。

三、《太史公书》中的《论语》和"素王"

司马迁声称自己的这部巨著要"厥协六经异传,整齐百家杂语"。所谓"六经异传"当然就是指关于六经的各种传记。当然,这绝不意味着司马迁要把"六经异传"和"百家杂语"不加区别地等同看待,更不意味着他会把当时儒家所传的各种传记一视同仁。不同的经典在《太史公书》的写作过程中必然有主次之分、轻重之别。从全书来看,自始至终对于全书起决定性影响的经典应该是《春秋》和《论语》。关于《春秋》丁《太史公书》的思想关联,我们另辟专文讨论,此处仅及《论语》。

《论语》虽然不是六艺,但它是一部记录孔子言行的书,也是所有记录孔子言行的著作中最为重要和可靠的书。在汉代,《论语》被看做《春秋》的"传"或者"记",它在《汉书·艺文志》中被列在《六艺略》春秋类之后。这说明汉代人把《论语》看成一部与《春秋》相关的书,或者是一部有助于理解和研究《春秋》的书。但是,从《论语》的内容来看,它非但没有提到过《春秋》,甚至根本就没有提到过"孔子作《春秋》"——最早提到"孔子作《春秋》"的应该是《孟子》。既然如此,汉人为什么会认为《论语》和《春秋》相关呢?换言之,汉人心目中《论语》和《春秋》的关联是怎么被建立起来的呢?

虽然无法断定,但是大致可以猜测,汉人把《论语》看成是"春秋类"的著作,很有可能与《太史公书》的转录和引用有关。《论语》在西汉时期地位并不十分重要,也没有受到当时学者们特别的重视。汉人对它的兴趣甚至远远低于某些诸子的著作。司马迁写作《太史公书》时,却对《论语》给与了前所未有的重视。据陈桐生先生统计,《论语》总共512章,《孔子世家》征引了54章,《仲尼弟子列传》征引了61章,序言、论赞中征引32章,总共征引147章。司马迁征引《论语》的章数占到全书的29%。① 换言之,《论语》中有近三分之一的内容被原文(或语词稍作变化)征引进《太史公书》——这还没有包括某些师法其意但文字不同的内容。如此全面系统地征引、转录、化用《论语》中的内容,在秦汉以前的典籍之中不曾有过,在秦汉以后的典籍之中也不会再有。由此可见,《论语》实际上几乎被司马迁"消化"和"吸收"到《太史公书》里了。

这种"消化"和"吸收"在《论语》的解释史和传播史上也是绝无仅有的。它首先体现在《孔子世家》借助《论语》所提供的材料对于孔子和他的思想重新挖掘和重新建构上。陈桐生先生敏锐地注意到《论语》里的孔子和《孔子世家》里的孔子还是有很大不同。他认为,《论语》中的孔子"只是一个力图恢复西周礼制秩序、重视仁义道德的政治思想家形象,一个学而不厌、诲人不倦的教育家形象",而《孔子世家》中的孔子"就是战国秦汉之际儒家后学特别是春秋公羊学派创造出来的新孔子"。②这和

---

① 陈桐生,《不是六艺,胜似六艺》,载《孔子研究》,2004年第1期。
② 同上。

我们前文的论述不谋而合。但是，陈桐生又说，这个"为天下制仪法"的孔子与《论语》中的孔子相比有很大距离，在政治和人生上比孔子要高出很多。在陈桐生看来，司马迁写作《孔子世家》，可能是有意地拔高了孔子。但是，对于司马迁本人来讲，并非公羊学有意推尊孔子，而是他和他的同代人（如董仲舒）真正地发现了孔子。对于他们而言，孔子不再是一个保守的学者、一个勤勉的教师、一个政治上失意的贵族。相反，他是一个成功预言了历史的先知，一个洞悉人类政治生活奥秘的哲人，一个为汉帝国立法的精神之父。所以，《论语》必须被重新解读，正如孔子必须重新被审视。在这样的动机之下写成的《孔子世家》，以及通过写作《孔子世家》对《论语》所进行的诠释，都只能是对孔子的素王身位所做的诠释。

司马迁如何通过《孔子世家》重新发现孔子，这一问题另拟专文讨论。这里要指出的是，对于太史公而言，素王意味着什么？素王当然是有德无位的"空王"。换言之，"素王"就是想象中而非现实中的王。这就意味着我们必须为他想象一个可能由它自己所主宰的"国"。实际上，在《孔子世家》中，通过子西和楚王的对话，司马迁也的确暗示了完全可能存在一个属于孔子的"国"：

> 昭王将以书社地七百里封孔子。楚令尹子西曰："王之使使诸侯有如子贡者乎？"曰："无有。""王之辅相有如颜回者乎？"曰："无有。""王之将率有如子路者乎？"曰："无有。""王之官尹有如宰予者乎？"曰："无有。""且楚之祖封于周，号为子男五十里。今孔丘述三五之法，明周召之业，王若用之，则楚安得世世堂堂方数千里乎？夫文王在丰，武王在镐，百里之君卒王天下。今孔丘得据土壤，贤弟子为佐，非楚之福也。"昭王乃止。其秋，楚昭王卒于城父。①

子西的意思非常清楚，孔子虽然没有尺寸之封，但是他在封地以外的其他任何方面都不亚于某个现实中的君主——甚至像楚昭王这样最

---

① 司马迁：《史记》（三家注本），前揭，页1932。

为强大的诸侯,也不能和孔子匹敌。如果孔子获得一块封地,获得一个完全属于他的地理空间,一个属于孔子的强大邦国就完全可能在现实的政治版图中出现。

当然,它最终并没有在任何一个空间中出现。这并不重要。重要的是孔子还有一个"国",这个"国"并不存在于地理空间之中,而是存在于无穷无尽的历史时间之中。在《伯夷列传》的开篇,司马迁说:"夫学者载籍极博,犹考信于六艺。"①在《孔子世家》的结尾,司马迁又说:"自天子王侯,中国言六艺者折中于夫子,可谓至圣矣!"既然过往历史沉淀形成的典籍都要"考信于六艺",而无论是谁言及六艺都要"折中于夫子"②,这岂不是说明经典世界就是孔子的"国",孔子就是经典世界的"王"吗?

既然太史公要完成的是"厥协六经异传、整齐百家杂语"的事业,而"中国言六艺者"又都要"折中于夫子",那么,司马迁的著述其实就是以孔子的是非好恶为基准来衡定一切了。我们至少可以从两个方面来证明这一点。首先,《太史公书》中很多篇目的叙目(《小序》)、开篇、论赞中征引《论语》中孔子的语录。这些语录或者阐明该篇命意,或者引出重大主题,或者对于该篇所言人事做褒贬的评述。无论是其中任何一种情况,大抵都是以孔子的言辞作为判断的标准。一篇文字该不该作,一个事件是褒是贬,一个人物该放入本纪、世家还是列传,所有这些,大抵都可以在《论语》或者《春秋》经传中找到依据。其次,《太史公书》的体例和结构中,也有意无意地凸显孔子的核心地位和决定性作用。如前所述,世家放在本纪和列传之间,《孔子世家》又放在两类世家中间,形成一个"譬如北辰,居其所而众星拱之"的格局。本纪选择以五帝为首篇,而不是从三皇或者三王写起,不仅是出于文献方面的考虑,更重要的是为了突出尧舜禹的"禅让";世家选择以吴太伯开始,而不是从太公或者周公开始,也是因为孔子曾经说"太伯,其可谓至德也已矣,三以天下让,民无得而称焉"③;以伯夷叔齐开启列传,更是因为伯夷叔齐以

---

① 司马迁,《史记》(三家注本),前揭,页1947。
② 同上,页2122。
③ 朱熹,《四书章句集注》,北京,中华书局,1983,页102。

国让,获得了孔子的称赞。这篇几乎最短的列传,却引用孔子语录最多。所有这些,都说明一个问题:司马迁是按照孔子的见解和评论来安排体例和结构的。对于这一点阮芝生、陈桐生等学者都已经注意到,为免重复,此处不再赘言。

四、余 论

《汉书》的作者班固虽然也对《太史公书》给予了很高的评价,但他对司马迁并非毫无保留地全面肯定。其批评主要集中在主导性的思想倾向、是非曲直的判断、人物事件的取舍等方面。在《司马迁传》篇末的总结中,班固认为司马迁"是非颇缪于圣人",说他"论大道则先黄老而后六经,序游侠则退处士而进奸雄,述货殖则崇势利而羞贱贫。"①涉及《游侠列传》和《货值列传》的两个批评是否成立另当别论。仅就前两项指控而言,恐怕也是大有问题。班固说司马迁"论大道而先黄老而后六经"显然是个有意无意的曲解。《自序》中把道家立场的《论六家要指》置于儒家立场的六艺论之前,只是出于完整保留司马谈学术思想的需要,而非司马迁本人学术立场的表达。相反,司马迁不仅不赞成父亲的看法,还在之后的六艺论中针对《要指》对儒家的批评做出答辩和反驳,这一点在前述拙作《六家、六艺与一家之言》中已做了较多论证。

班固指责司马迁"是非颇缪于圣人",更是不知从何说起。如果说司马迁在一些细节的和局部的问题上与孔子的某些言辞略有出入,大概也能找出一些例子。但问题是,这些不同究竟是至关重要还是无关紧要?这些不同是否能够说明司马迁和孔子在是非判断上有真实差异?试以《伯夷列传》为例:

> 孔子曰:"伯夷、叔齐,不念旧恶,怨是用希。""求仁得仁,又何怨乎?"余悲伯夷之意,睹轶诗可异焉。……其辞曰:"登彼西山兮,

---

① 班固,《汉书》(颜师古注),北京:中华书局,2005,页2070。

> 采其薇矣。以暴易暴兮,不知其非矣。神农、虞、夏忽焉没兮,我安适归矣?于嗟徂兮,命之衰矣!"遂饿死于首阳山。由此观之,怨邪非邪?①

孔子认为伯夷叔齐求仁得仁,应该是无怨无悔。司马迁则引轶诗《采薇》,试图说明他们饿死首阳,大概不可能无怨。表面上看,司马迁似乎用《采薇》反驳了孔子"无怨"之说。实际上并非如此。《采薇》中所表达的"怨",不是对于坚守精神立场造成的艰难处境的自怜,而是对于周人"以暴易暴"使历史处于恶性循环之中的愤慨。"以暴易暴"的实质是"争",它的反面恰恰是"求仁得仁"的"让"。孔子宣称"以礼让为国",应该是政治生活所追求的理想状态;而司马迁把"让"作为最高的政治美德予以褒扬,恰恰是对孔子这一思想的遵从和发展。这既是司马迁写《伯夷列传》的主要用意,也是把《伯夷列传》置于列传之首的根本原因。表面上的有怨无怨的分歧恰好反映的是两人在根本问题上的高度契合。

班固对于司马迁的误解和误评,很大程度上源于他们思想上的差异。他们思想上的差异又集中表现在对于孔子(素王)历史身位的理解方面存在巨大的分歧。这一点我们可以通过一则细节的文献对勘呈现出来。司马迁在《自序》中说:

> 余闻董生曰:"周道衰废,孔子为鲁司寇,诸侯害之,大夫壅之。孔子知言之不用,道之不行也,是非二百四十二年之中,以为天下仪表,贬天子,退诸侯,讨大夫,以达王事而已矣。"②

班固《汉书·司马迁传》几乎全文抄录了《太史公自序》的前半部分。上述文字在《司马迁传》中的表述是:

---

① 司马迁,《史记》(三家注本),前揭,页 2123。
② 同上,页 3297。

余闻董生曰："……以为天下仪表,贬诸侯,讨大夫,以达王事而已矣。"①

不难看出,班文中少了"天子退"三字。前人都习惯把这三个字的有无看成是单纯的文献校勘问题,从义理上未予充分重视。如果从义理层面看,这三个字的有无实际上反映的是天子究竟能不能被孔子褒贬的问题。天子能不能被孔子褒贬这个问题背后,又是孔子是不是素王的问题,或者说素王和时王谁的历史身位更高的问题。

班文中没有这三个字的原因究竟为何,我们不好妄作猜测,但是没有这三个字造成的语义上的差异却是显而易见。按照班固转录的引文,似乎孔子作《春秋》最多是对于无道的诸侯和不义的大夫口诛笔伐而已,怎么可能批评至高无上的天子呢？这就意味着孔子根本没有否定现存的政治秩序,当然也就没有再去探求一种理想的政治秩序。天子不在孔子的褒贬之中,那就意味着孔子仅仅是天子的"陪臣","贬诸侯、讨大夫"仅仅是在维护现存政治秩序,所达的"王事"也仅仅是时王之事,而非素王之事。

素王的历史身位高于时王,素王之法也高于时王之制。孔子"是非二百四十二年之中",依据的不是世传的礼法,而是"因行事加王心"的"一王大法"。用现代西方的语汇来讲,孔子作《春秋》,不是在讲周代的成文法,而是在彰显超越一切时代的自然法。自然法高于任何成文法,也超越于任何传统和习俗。司马迁转述的董仲舒口说恰恰是想要说明,孔子的素王之法,正因为超越了任何时王之制,所以才具有最高的批判效力,即便是现存秩序的最高权威天子也在其批评的范围。

司马迁和班固何以在素王问题上有如此的不同？原因不难理解。司马迁有跟随董仲舒学习的经历,接受今文经学的素王论乃是理所应当。董仲舒和司马迁所生活的时代正是儒学复兴的时代,在这样一个生机勃勃的时代里,对孔子和儒学进行重新诠释的各种可能都同时存在。董仲舒和司马迁两人都能体现出学术面向的复杂性和思想方法的

---

① 班固,《汉书》(颜师古注),前揭,页 2056。

灵活性。而班固生活的时代恰恰是儒学走向法典化时代。石渠阁会议和白虎观会议的召开是儒学法典化的重要步骤，《白虎通义》的最终形成是儒学法典化的重要标志。儒学的法典化也就意味着儒学的意识形态化。我们不要忘记，班固就是白虎观会议的记录者，是《白虎通义》的整理者。法典化的儒学怎么可能同意在最高政治权威之外还存在着一个高于它的道义的权威呢？因此，整理《白虎通义》的班固当然就不可能同意历史世界中有一个高于现世君王并且可以"贬天子"的"素王"存在了。

《诗》主言志,最附深衷
——试说《文心雕龙》如何接续《诗经》传统

张 辉

一

刘勰在《文心雕龙·序志》中,将全书分为三大部分,即论"文之枢纽"(前五篇)的序篇、"上篇以上(第六至第二十五篇)"和"下篇以下(第二十六至第四十九篇)"。他说:"盖《文心》之作,本乎道,师乎圣,体乎经,酌乎纬,变乎骚,文之枢纽,亦云极矣",所以人们一般将《原道》《征圣》《宗经》《正纬》《辨骚》这最前面的五篇视作全书之统领,或曰"总论"。这完全顺理成章。

饶有意味的倒是,《宗经》又恰好处于前五篇的中心位置。"经",或更准确地说是五经或六经,因而乃是枢纽之枢纽,关键之关键。

刘彦和是这样解释"道"、"圣"与"经"三者关系的。首先是,"道沿圣以垂文,圣因文以明道";其次,则"论文必先征于圣,窥圣必宗于经"。换句话说,道与圣二者之间不可分离,其中间不可或缺的连接是"文"。而最高的"文",就其"人文"意义而言,当然就是经。所谓"三极彝训,其书言经。经也者,恒久之至道,不刊之鸿教也",指的就是这个意思。只是,圣人不可世出;圣人的肉体生命,也不可能永久存在,因而与圣人连接的"至道"和"鸿教"的存在,事实上就只能长久地体现在经之上。于是,"本乎道","师乎圣"的指向和落点,必然是"体乎经"。

至于纬,本来就是配合经书的,"纬之成经,其犹织综",毋宁说它就是经的或好或坏的变体;而骚,则与六经特别是《诗经》有最直接的继承关系,既是"词赋之英杰",也更是"《雅》《颂》之博徒"。在这个意义上说,与其说《正纬》和《辨骚》中讨论了纬和骚的问题,不如说,它也同时是在讨论经的两种最重要的变化形式。

道与圣的直接载体是经,而经自身又衍生出不同的(亚)形式;离开了经,其他一切均失去依托。就是依循这样的逻辑,刘勰使经成为文之枢纽部分的重中之重。①

《文心雕龙》与《诗经》的联系,毫无疑问也需要以上述对经的中心位置的把握作为大前提。

二

而《诗》并不是孤立存在的。《文心雕龙》不仅在序篇部分高度强调了经的中心位置,而且也将对《诗》的认识与解释,置于所有经书所构成的整体之中。具体体现在下列三个方面。

首先是在《原道》中,刘勰揭示了《诗经》与其他各经的形成所具有的共同形而上根源,并回溯了其历史线索。

在标举"文之为德也大矣"的同时,刘勰立即区分并关联了"自然之文"与"人文之文";而这一区分,接着指向了对"人文之元"的形而上关切,无论是说"人文之元,肇之太极,幽赞神明,《易》象惟先",还是说"原道心以敷章,研神理而设教",刘勰事实上都把人文的本根归之于"神明"或"神理"。这无疑具有超自然的特质。而下面这段文字,则既将上述形而上的关切与伏羲、周文王、周公旦——特别是与孔子等历史或传

---

① 关于此叶长青《文心雕龙杂记》的说法可参看:"原道之要,在于征圣,征圣之要,在于宗经。不宗经,何由征圣?不征圣,何由原道?纬既应正,骚亦宜辨,正纬辨骚,宗经事也。舍经而言道,言圣,言纬,言骚,皆为无庸。然则《宗经》其枢纽之枢纽欤?"该书为自印本,转引自詹锳:《文心雕龙义正》,上海:上海古籍出版社,1989,页55。黄侃《文心雕龙札记》则给出四条必须宗经的理由并加以申说,可参看。

说中的人物联系了起来,也与经——特别是《易》与《诗》联系了起来。刘勰这样叙述自"鸟迹代绳"至"夫子继圣"的历史:

> 人文之元,肇自太极,幽赞神明,《易》象惟先。庖牺画其始,仲尼翼其终。而《乾》《坤》两位,独制《文言》。言之文也,天地之心哉!若乃《河图》孕乎八卦,《洛书》韫乎九畴,玉版金镂之实,丹文绿牒之华,谁其尸之?亦神理而已。
>
> 自鸟迹代绳,文字始炳,炎皞遗事,纪在《三坟》,而年世渺邈,声采靡追。唐虞文章,则焕乎始盛。元首载歌,既发吟咏之志;益稷陈谟,亦垂敷奏之风。夏后氏兴,业峻鸿绩,九序惟歌,勋德弥缛。
>
> 逮及商周,文胜其质,《雅》《颂》所被,英华日新。文王患忧,繇辞炳曜,符采复隐,精义坚深。重以公旦多材,振其徽烈,剬诗缉颂,斧藻群言。
>
> 至若夫子继圣,独秀前哲,熔钧六经,必金声而玉振;雕琢性情,组织辞令,木铎启而千里应,席珍流而万世响,写天地之辉光,晓生民之耳目矣。
>
> 爰自风姓,暨于孔氏,玄圣创典,素王述训,莫不原道心以敷章,研神理而设教,取象乎《河》《洛》,问数乎蓍龟,观天文以极变,察人文以成化;然后能经纬区宇,弥纶彝宪,发挥事业,彪炳辞义。

如前所述,在这里六经中的《易》和《诗》(《雅》《颂》)是名称直接出现在正文中的两部经典。这当然并不是说,在刘勰看来其他经书不重要。但这至少可以说明,在彦和那里,夫子之所以能够通过"熔钧六经","写天地之辉光,晓生民之耳目",确实是与"郁郁乎文哉,吾从周(《论语·八佾》)"相辅相成的。"夫子述训"而"独秀前哲",尤其与周代的两位圣人有最紧密的关联。一方面"文王患忧,繇辞炳曜,符采复隐,精义坚深",夫子需要学习文王如何理解和阐发《易》的精义;另一方面,"重以公旦多材,振其徽烈,剬诗缉颂,斧藻群言",夫子需要追随周公,借助六经——尤其是《诗》"雕琢性情,组织辞令"。只有这样,才能真正

"经纬区宇,弥纶彝宪,发挥事业,彪炳辞义"。不仅是其他经书,《诗》对于"事业"与"辞义"乃至"区宇"和"彝宪"的重要性,也由此不言而喻。

其次,在《征圣》中,《诗》也与《书》《礼》《易》和《春秋》一样,成为所有"文"或"文章"的典范。圣人一方面在智慧与行为上"鉴周日月,妙极机理",成为世人的楷模;另一方面也通过经的具体文本为所有文章立下了根本标准,所谓"文成规矩,思合符契"。这些规矩,说起来很简单,无非是该繁则繁,该简则简,该显则显,该隐则隐而已,只要做到"抑引随时,变通适会"就是最高境界了。而经正是这方面无可替代的范本。用刘勰自己的话来说,就是"《春秋》一字以褒贬,'丧服'举轻以包重,此简言以达旨也;《邠诗》联章以积句,《儒行》缛说以繁辞,此博文以该情也。书契断决以象《夬》,文章昭晰以效《离》,此明理以立体也。'四象'精义以曲隐,'五例'微辞以婉晦,此隐义以藏用也。"这里,虽然《诗》只提到《邠诗》,①甚至没有直接举出《尚书》的例子,但五经——当然包括《诗》的全部——实际上是并举的,每个经都包含圣人文辞所共有的上述四个方面特点。在此上下文中,《诗》毋庸置疑并非只具有"联章结句"的特性而已,这自不待言。

第三,在《宗经》中,刘勰凸显了《诗》与其他各经相比所具有的独特性。刘勰对此可说做了格外详细的论述,"圣文之殊致,表里之异体"不仅体现在《书》(言经)和《春秋》(事经)中,也事实上体现在所有五部经典之间。《诗》固然在对诂训的格外要求上与《书》相类似,但细究起来二者却还是不能混同:

> 夫《易》惟谈天,入神致用。故《系》称旨远辞文,言中事隐。韦编三绝,固哲人之骊渊也。《书》实记言,而训诂茫昧,通乎尔雅,则文意晓然。故子夏叹《书》"昭昭若日月之明,离离如星辰之行",言昭灼也。《诗》主言志,诂训同《书》,摛风裁兴,藻辞谲喻,温柔在诵,故最附深衷矣。《礼》以立体,据事制范,章条纤曲,执而后显,

---

① 黄侃《文心雕龙札记》(中华书局,1962年版)注"《邠诗》联章以积句"曰:"《七月》一篇八章,章十一句,此风诗之最长者",见该书页14。

采掇片言,莫非宝也。《春秋》辨理,一字见义,五石六鹢,以详备成文;雉门两观,以先后显旨;其婉章志晦,谅以邃矣。

总括起来看,"言志"之所以成为《诗》最显著也最根本的特点,这既是由于《诗》的本身即如此,也是由于它与其他经书相比,形成了区别性特征。换言之,"《诗》主言志",正是在与"《易》惟谈天"、"《书》实记言"以及"《礼》以立体"、"《春秋》辨理"形成对照的意义上得以成立的。

当然,在将五经作为一个完整整体,强调其"致化归一"的同时,又对各部经书的特质作进一步区分,展现其"分教斯五"的实际情形,这并不是刘勰独有的做法。此前,《礼记·经解篇》就不仅批示了不同经书所具有的各各不同的特点,而且将之直接作为孔子本人的观点:

> 孔子曰:"入其国,其教可知也。其为人也,温柔敦厚,《诗》教也;疏通知远,《书》教也;广博易良,《乐》教也;洁静精微,《易》教也;恭俭庄敬,《礼》教也;属辞比事,《春秋》教也。故《诗》之失,愚;《书》之失,诬;《乐》之失,奢;《易》之失,贼;《礼》之失,烦;《春秋》之失,乱。其为人也,温柔敦厚而不愚,则深于《诗》者也;疏通知远而不诬,则深于《书》者也;广博易良而不奢,则深于《乐》者也;洁静精微而不贼,则深于《易》者也;恭俭庄敬而不烦,则深于《礼》者也;属辞比事而不乱,则深于《春秋》者也。"

不过,将《文心雕龙·宗经》中所概括的《诗》的殊异特点,与《礼记》中的上述文字加以对照,"温柔"二字还是格外引人注目。这不仅是因为此二字,是两个文本涉及《诗》的论述中极少数重合的文字,而这两个文本对其他各部经典的定位则不尽相同——甚至差距很大;而且,更重要的是,"温柔(敦厚)",众所周知也是儒家关于诗教的关键词。

而进一步深味《宗经》中上面那段关于《诗》的看似简单的话,① 则

---

① 元至正刊本《文心雕龙》,"最附深衷矣"作"敢最附深衷矣",唐写本无"敢"字,《太平御览》已删,参林其锬、陈凤金集校,《订正〈文心雕龙〉集校合编》,上海:华东师范大学出版社,2011,页81、359。

不能不佩服刘勰了不起的概括能力。可以说，他几乎将秦汉以降直至刘勰自己时代关于《诗》的最重要观念，浓缩在了这寥寥数语之中。分别简要申述如下。

"温柔在诵"四字，如前文所交代，使我们自然联想到《礼记》中"温柔敦厚，《诗》教也"的说法，从而将《诗》教（或诗教）与《书》教、《乐》教、《易》教《礼》教和《春秋》教形成了富于意义的对照。这"温柔敦厚"的《诗》之精神，也正与孔夫子所说的"思无邪"、"乐而不淫，哀而不伤"遥相呼应。

与"温柔敦厚"具有内在联系的是另两个说法，即"摘风裁兴"与"藻辞谲喻"。这两个说法，均可与《诗大序》中的下列段落对接："上以风化下，下以风刺上，主文而谲谏，言之者无罪，闻之者足以戒。"用孔颖达《毛诗正义》的解释就是："其作诗也，本心主意，使合于宫商相应之文，播之于乐。而依违谲谏，不直言君之过失；故言之者无罪，人君不怒其作主而罪戮之，闻之者足以戒，人君自知其过而悔之"。这无疑揭示了《诗》所秉有的微妙而深刻的政治意义。言说什么、对谁言说与怎样言说、产生什么言说效果，都不仅仅是现代意义上的艺术问题，它们都与言说者的政治生存、与江山社稷的长治久安或衰朽没落联系在了一起。

而无论是在《诗大序》"主文谲谏"的意义上，还是在《礼记·经解》"温柔敦厚"的意义上，去理解《文心雕龙》与《诗经》及其解释传统的关系，有一点是共同的，即都同样要求"依违谲谏"。因为，这种颜师古所谓的"谐和不乖离"（《汉书礼乐志》注）的依违状态，与《诗》所要求的曲折委婉而不切直刻露的特点相吻合，也与《诗》所具有的"风、赋、比、兴、雅、颂"这"六义"不可分离。尤其是与"比兴"不可分离。离开了比兴，"依违谲谏"甚至无从谈起。

因此，在"摘风裁兴"这个说法中，除了"风者，风也，风以动之，教以化之"之"风"，值得重视；刘勰在《比兴》篇中所着重讨论的与"比"相对存在的"兴"也尤其值得重视。

《比兴》一开篇，特别提出了《毛诗》"独标兴体"的问题，既叙述了《诗经》解释史的事实，也实际上凸显了理解兴的困难之处，以及它在

"六义"中的重要性。

> 《诗》文弘奥,包韫六义,毛公述传,独标兴体,岂不以风通而赋同,比显而兴隐哉!

不过,如果将兴的问题与"藻辞谲谏"联系起来看的话,刘勰事实是并不同意郑玄"以善恶分比兴"(黄侃语)的观点的。比较而言,他的观点更接近郑众的:"比者,比方于物;兴者,托事于物";而并不赞成郑玄下面这个说法:"比,见今之失,不敢斥言,取比类以言之。兴,见今之美,嫌于谄媚,取善事以喻劝之"。或者说,他更强调的是兴与比二者,"起情"与"附理"、"斥言"与"环譬"的不同:

> 故比者,附也;兴者,起也。附理者,切类以指事;起情者,依微以拟议。起情,故兴体以立;附理,故比例以生。比则蓄愤以斥言,兴则环譬以寄讽。盖随时之义不一,故诗人之志有二也。

对于兴,他以《诗》中的下述例证来加以说明:

> 观夫兴之托谕,婉而成章,称名也小,取类也大。关雎有别,故后妃方德;尸鸠贞一,故夫人象义。义取其贞,无疑于夷禽;德贵其别,不嫌于鸷鸟;明而未融,故发注而后见也。

而对于比,他则用了下面的例证:

> 且何谓为比?盖写物以附意,飏言以切事者也。故金锡以喻明德,珪璋以譬秀民,螟蛉以类教诲,蜩螗以写号呼,浣衣以拟心忧,席卷以方志固:凡斯切象,皆比义也。至如"麻衣如雪","两骖如舞",若斯之类,皆比类者也。

可见,即使针对比兴问题,刘勰在郑玄与郑众之间有所选择和折中,但他并没有淹没在这些"技术性"的讨论之中,而忘记《诗》教的传统。他的思想,与现代知识人将《诗》主要看作"民歌"的观点,也显然形成了有意味的对照。"后妃方德"、"德贵其别,不嫌于鸷鸟"、"金锡以喻明德"等等,便是明证。

而所有这些——"摘风裁兴,藻辞谲喻,温柔在诵",都离不开那个概括性的重要命题:"诗主言志"。

"诗言志",这个我们非常熟悉的《诗经》学的关键观念,一般都直接追溯到《尚书·尧典》中所记录舜帝的话:"诗言志,歌永言,声依永,律和声;八音乐克谐,无相夺伦,神人以和。"孔颖达以为"经典言诗,无先此者"。《文心雕龙》则至少在《明诗》与《乐府》二篇中接应了《尧典》,并同时增益了新的解释。

《明诗》一开头,就好像是在对《宗经》中"诗主言志"做具体说明,不仅直接引述了《尧典》《诗大序》,而且还补充了可以与之形成对照的《诗》纬《含神雾》的内容,而落点则是《论语·为政》的"思无邪":

> 大舜云:"诗言志,歌永言。"圣谟所析,义已明矣。是以"在心为志,发言为诗",舒文载实,其在兹乎!诗者,持也,持人情性;三百之蔽,义归"无邪",持之为训,有符焉尔。

细思《明诗》这一开头,确实耐人寻味。开篇所引"诗言志",对《宗经》中"诗主言志"的呼应,从写法上来看,似乎在提示我们,"文之枢纽"中所概括讨论的命题,会在"上篇"和"下篇"中得以充分展开。这种展开,有时并不是线性的和直接对接的。好的读者需要对这种匠心独运的安排,再三留意。

这当然并不令人意外。更有意思的,应该是纬书在《明诗》中的出现。纬,当然是经的补充与延伸。而这是否也暗含着这样的意思:《明诗》以下的内容,对于"文之枢纽"而言,也在一定意义上,乃是纬与经的关系?

至少,我们应该特别注意到,《明诗》在接应"诗言志"(《尧典》)、"诗者,志之所之也。在心为志,发言为诗"(《诗大序》)的基础上,引入了

《含神雾》中的另一个说法:"诗者,持也"。所持者,人之情性也。"持",正如有学者所指出的那样,乃是与"发"和"之"相对而言的:"'发'而能'止','之'而能'持'则抒情通乎造艺,而非徒以宣泄为快有如西人所嘲'灵魂之便溺'(seelisch auf die Toilette gehen)矣"。① "发"而同时不忘"持",刘勰如此言说,不难使我们又一次想起"温柔敦厚"、"发乎情,止乎礼仪"的《诗》之教,想起《宗经》中关于《诗》的那段话。

《乐府》一方面涉及另一重要问题,即诗乐关系问题,并得出了"诗为乐心,声为乐体"的结论;另一方面,则与《明诗》一样,通过回溯整个诗歌史,提示我们注意,后代诗歌与《诗》之间的差异和距离。借此,刘勰在捍卫《诗》之神圣地位的同时,为我们描述了一条自春秋战国时代"雅声浸微",终至后世——特别是齐梁时代——"诗声俱郑"的下行线路。"俗声飞驰,职竞新异,雅咏温恭,必欠身鱼睨,奇辞切至,则拊髀雀跃",在这样的现实中,"俗声"已经取代了"正声",《诗》的精神也面临着死亡。

因此,有必要再一次"本乎道,师乎圣,休乎经",再一次复兴"《雅》《颂》所被,英华日新"的传统,"制《诗》辑颂,斧藻群言",以"振其徽烈"。

三

如果说,《宗经》中基于与其他各经的对比所阐述的《诗》的特质,相对而言,使我们进一步看清了《诗》在横向对比上具有的独特意义;那么,《诗》对后世诗文的影响,则构成了《文心雕龙》接续《诗经》传统的纵向纬度。

关于此纵向纬度,《宗经》中说得很清楚,《诗》主要是为赋、颂、歌、赞"立其本"。落实到《文心雕龙》上篇的文本,则除了与《明诗》《乐府》相关,也与《诠赋》《颂赞》相关。

这是从文体意义上,《诗》对后世诗文的规范性意义,或后世诗文对《诗》的承继关系;这同时也以另一种方式,向我们呈现了《诗》之教兴起

---

① 钱钟书:《管锥编》(第一册),"《诗谱序》"条,北京:中华书局,1986,页58。

与沦亡的历史。

对这种下行趋势的认识,实际上《辨骚》中已有所体现。因为《离骚》的出现,在刘勰看来,就是"《风》《雅》寝声,莫或抽绪"的后果,《离骚经》固然可以"纷飞辞家之前",却也不仅在时间序列中而且在价值序列上要"轩翥诗人之后"的。而无论是高度褒扬还是部分质疑《离骚》,都需要以《风》《雅》为依据。

于是,刘勰这样褒扬《离骚》:

> 故其陈尧舜之耿介,称禹汤之祗敬,典诰之体也;讥桀纣之猖披,伤羿浇之颠陨,规讽之旨也;虬龙以喻君子,云蜺以譬谗邪,比兴之义也;每一顾而掩涕,叹君门之九重,忠怨之辞也:观兹四事,同于《风》、《雅》者也。

褒扬的同时,刘勰又这样对《离骚》颇有微词:

> 至于托云龙,说迂怪,丰隆求宓妃,鸩鸟媒娀女,诡异之辞也;康回倾地,夷羿彃日,木夫九首,土伯三目,谲怪之谈也;依彭咸之遗则,从子胥以自适,狷狭之志也;士女杂坐,乱而不分,指以为乐,娱酒不废,沉湎日夜,举以为欢,荒淫之意也:摘此四事,异乎经典者也。

而无论是肯定《离骚》的典诰,还是否定其夸诞,刘勰的结论是:"《楚辞》者,体宪于三代,而风杂于战国,乃《雅》、《颂》之博徒,而词赋之英杰也"。

《诠赋》和《颂赞》,在一定程度上"复制"了《辨骚》的价值标准:在这里,《诗》依然具有至高无上的地位;而后世诗文之所以出现这样或那样的问题,正是由于偏离了《诗》的精神、偏离了《诗》所设定的正确轨道。

《诠赋》的行文中,处处高调突出赋与《诗》的联系。其开头说:"《诗》有六义,其二曰赋。赋者,铺也,铺采摛文,体物写志也";其"赞曰"又总结为"赋自《诗》出,分歧异派";而其正文中则以枝与干的关系和源与流的关系来加以说明:"总其归塗,实相枝干。故刘向明不歌而颂,班固称古诗之流也"。而不管是"殷人辑《颂》",还是"楚人理赋",在刘勰看来,"斯并鸿裁之寰域,雅文之枢辖也"。

对于刘勰而言,"文虽杂而有质,色虽糅而有本",乃是"立赋之大体";而"逐末之俦"则"蔑弃其本","遂使繁华损枝,膏腴害骨",并继而"无贵风轨,莫益劝戒",最终再次偏离了《诗》。

《颂赞》的整体写法和思想路线,也与《诠赋》一样,格外凸显与《诗》的内在联系。文中,刘彦和甚至直接花用了《诗大序》中的成句:"四始之至,颂居其极。颂者,容也,所以美盛德之形容也……夫化偃一国谓之风,风正四方为之雅,雅容告神谓之颂。风雅序人,故事兼变正,颂主告神,故义必纯美"。

而《颂赞》中还有一个内容值得注意。它区分了"哲人之颂","野颂之变体"以及"末代之讹体"。那些被归为"野颂"或"讹体"的所谓颂,乃是因为它们未能达到"颂惟典懿,辞必清铄"的要求,也有违"揄扬以发藻,汪洋以树表"的目标。《诗》与所有六经,在这里依然是刘舍人隐在的最高标准。

行文至此,我们或许已经完全看出,刘勰对儒家经典几乎毫无保留的推崇与尊重,已经彻底落实在了他讨论《诗》以及《诗》与后世诗文关系的文字之中。

刘勰在《通变》中说过:"文律运周,日新其业。变则堪久,通则不乏。趋时必果,乘机无怯。望今制奇,参古定法";他又在《时序》中说到《诗》的部分说过:"故知歌谣文理,与世推移,风动于上,而波震于下者也"。一个如此了解"通"与"变"、一个并非不知道"与世推移"的人,为什么还要将《诗》乃至所有经书置于最高的位置? 为什么还要相信这个世界上的确有"恒久之至道"、"不刊之鸿教"? 是刘勰太"泥古",还是我们"太现代",以至于无法理解"望今制奇,参古定法"的隐微教诲? 在对《诗》的精妙解释中,他究竟寄托了什么样的"深衷"?

舍人有言:"知音其难哉! ……逢其知音,千载其一乎?"谁是刘子真正的知音?

虞世南《笔髓论》注[1]

柯小刚

原 古 第 一

或作叙体第一,然命题之义不及原古。书艺之为道,一文一质,贵于古今之间通之。原古之义,盖在乎此。

文字经艺之本,小学训诂为六经门户。**王政之始也**。王政之要,首在一统。中国之为华夏,巍巍数千余年而其命维新,文字居功厥伟。西方无严格意义上的文字,只有记录音节的符号[2],所以文随语迁,语因时变,既不能统一欧洲,亦难通古今之变。故王政之大,自古不见于西方。**仓颉象山川江海之状,虫蛇鸟兽之迹**,得其势也,非徒取其形也。**而立六书**。象形、指事、会意、形声、转注、假借。**战国政异俗殊,书文各别**,周文疲弊,封建割据,文胜质之乱象也。**秦患多门,约为八体**。质家革命,黜文反质。汉承秦制而复以文化之,遂有两千余年王道新命。许慎《说文解字叙》:"秦书有八体,一曰大

---

[1] 此注起初是 2011 年在中山大学博雅学院教书法时写作,2012 年访学美国时补订,2014 年完成。文本主要依据四库本《佩文斋书画谱》和《墨池编》。

[2] 更详细论述,参见拙文《道学导论内外篇总序》,见收拙著《道学导论外篇》,上海:华东师范大学出版社,2010。

篆,二曰小篆,三曰刻符,四曰虫书,五曰摹印,六曰署书,七曰殳书,八曰隶书。"**后复讹谬,凡五易焉,然并不述用笔之妙**。不述用笔之妙非不用毛笔。中国毛笔历史极早。殷商甲骨有毛笔书写而未刻者。金文虽由浇铸,而毛笔书写之态宛在眼前,学者潜玩心知。侯马盟书出土,益证金文时代书风亦由用笔之妙,惟不传尔。**及乎蔡邕张**张芝**索**索靖**之辈,钟繇王**王羲之**卫**卫瓘**之流,皆造意精微,自悟其旨也**。一说钟繇得笔法于神人,而晋唐诸家笔法皆出其传。唐张彦远《法书要录·传授笔法人名》:"蔡邕受于神人,而传之崔瑗及女文姬。文姬传之钟繇,钟繇传之卫夫人,卫夫人传之王羲之,王羲之传之王献之,王献之传之外甥羊欣,羊欣传之王僧虔,王僧虔传之萧子云,萧子云传之僧智永,智永传之虞世南,世南传之欧阳询,询传之陆柬之,柬之传之侄彦远,彦远传之张旭,旭传之李阳冰,阳冰传徐浩、颜真卿、邬彤、韦玩、崔邈,凡二十有三人,文传终于此矣。"

辨 应 第 二

辨心、手、力、管、毫、了相应之道也。所以应者,感也;所以感者,仁也。感而通之,仁以体之,则部分形名莫非一也,心手笔墨莫不相应也。部分形名,孙子治兵之术也。部伍分编,部分也;旗鼓整合,形名也。此篇以兵喻书,分心、手、力、管、毫而思所以一之者,惟仁者能之,故曰辨应。

心为君,妙用无穷,故为君也。心主神明。心者,一身之大君也。所谓"自由"或"做自己的主人"即在以心为君,统领四支百骸。为君之道在修心,修心之要在虚静以应万物,操而不累,持而不执,故其用无穷,其妙无方。末章契妙第七复申述之。**手为辅,承命竭股肱之用,故为臣也**。《尚书·益稷》:"臣作朕股肱耳目"。所谓意在笔先、书为心画,手听命于心,乃出心画。否则,心不在焉,随手涂抹,犹奸臣擅权,陪臣执国命,乱象丛生矣。现代书法以随手为自然,以放任为自由,乱世之艺也,斯文何存?**力为任使,纤毫不挠**,挠,扰也。**尺丈有余故也**。钟繇《九势》:"下笔用力,肌肤之丽。"发力书写之际,肌肤若一,表里一如,心手浑然一体矣。任使之官犹通信兵,往来心手君臣之间,出入朝廷疆场之际,心力即手力,手力即心力,心手双畅,物我两忘,故小大由之,尺丈有余也。**管为将帅,处运用之道,执生死之权,虚心纳物,守**

节藏锋故也。心之所任,无不拨镫笔管而注之毫端;力之所使,无不撇押笔管而施于锋芒。制管以竹,故虚心而有节。执管作书,可以为人而不如管乎?竹管虚心,故临纸虚旷;竹管有节,故挥毫有度;竹管纳毫成笔,故作书藏锋成字。诗云:"伐柯伐柯,其则不远。"《中庸》云:"执柯以伐柯,睨而视之,犹以为远。故君子以人治人,改而止。"故君子习书无须远求,求之手中之物可矣。道不远人。执管作书之道,犹执柯伐柯之道也。子曰"能近取譬,可谓仁之方也已"。易象与义字之兴,本诸圣人"仰则观象于天,俯则观法于地,观鸟兽之文与地之宜,近取诸身,远取诸物"而作,而临池作书,握管对案而已,则天地之象与鸟兽蹄迒之迹焉在?孟子曰"万物皆备于我矣。反身而诚,乐莫大焉。强恕而行,求仁莫近焉。"一身三焦,上下通气,亦一管尔。四肢百骸亦如四时月令,自有节度。善反者,万象森然于心,节度备于一身,生物不测,其法不忒,字画神奇之所出也。**毫为士卒,随管任使,迹不拘滞故也**。毫随管动,故进不避险,退不恋战,攻之能克,守之能安,士卒之道也。孙过庭《书谱》所谓"导之则泉注,顿之则山安",万毫听命之故也。**字为城池,大不虚,小不孤故也**。心之所画,笔之所书者,字耳。故字为城池,犹君臣将士之所凭据者、之所图谋者也。已书之字,我之所凭据,而将书之字,我之所图谋者也。以所据之形势,图谋将书之形势,所谓布白之道也,于画法即谢赫所谓"经营位置"者也。书画以此通于弈棋之道、用兵之法。作书始画,汉高之斩白蛇也;书行过半,荥阳力战也;一幅之竟,天下太平也。故每遇大字,勿使空虚失守,小字勿使孤立无援,乃可攻城拔寨,奄有四方矣。案辩应一章历叙心为君、手为臣、力为任使、管为将帅、毫为士卒、字为城池六事,美虽美矣,犹未备也。今特补之曰:墨为辎重粮草,过少则怯弱不进,过多则滞缓难行故也。

指 意 第 三

锺繇《笔论》云:"纵横有可象者,方得谓之书。"书画之道,制象之术也。虽然,韩康伯注《易》云:"非忘象者,则无以制象。"王弼亦云:"立象以尽意,而象可忘也;重画以尽情,而画可忘也。"故书画虽为制象之事,而制象之要则在得意耳。此章文字亦多见于世传唐太宗《指意》。

用笔须手腕轻虚。心怀若谷,自然手腕轻虚。犹锺繇所谓"书者散也"之意。**虞安吉云**:王羲之有《虞安吉帖》。明陶宗仪《书史会要》谓虞安吉"工正草大篆"。"**夫未解书意者,一点一画,皆求象本**,只求点画形似原帖,不得大体。**乃转自取拙**,不得其意,故无生气。**岂成书耶?**"描字也,非书也。书必得笔法书意,法前人之所以为法。**太缓而无筋**,筋胜之书如张弓,须提笔趁势,太缓则臃滞,肉多筋少。**太急而无骨**,骨胜之书如刻深,太急则不入纸,轻浮浅薄,无骨支撑。**横毫侧管**他本或无"横毫"二字**则钝慢而肉多**,钝慢肉多则柔媚无骨,精神萎靡,阳不胜阴之象也。**竖管直锋**他本或无"直锋"二字**则干枯而露骨**。干枯露骨则精气不藏,肌肤不润,阴不胜阳之象也。**及其悟也,粗而不钝,细而能壮,长而不为有余,短而不为不足**。阴阳和调,则阴自有阳,阳自有阴,故能粗细小大,一任自然,无不合度。此岐伯所谓"阴平阳秘,精神乃治"之意也(《素问·生气通天论》),又夫子所谓"文质彬彬,然后君子"者也(《论语·雍也》)。

释 真 第 四

真者正也。真书或正书即唐以后所谓楷书。晋唐人所谓隶书往往指真书,亦即今人所谓楷书。而今人所谓隶书,汉碑波磔分明者,古人谓之八分书。早期简帛书介于篆隶之间者,则曰古隶。

笔长不过六寸,世传卫夫人《笔阵图》云:"笔头长一寸,管长五寸",笔有定制。今人追求展厅效果,椽笔巨幅,徒炫视觉,尽失笔法本意。子曰:"古之学者为己,今之学者为人",今之书家其戒之。**捉管不过三寸,真一行二草三**,盖本诸卫夫人说:"凡学书字,先学执笔。若真书,去笔头二寸一分(或作一寸二分),若行草书,去笔头三寸一分执之。"执管高下,关乎指挥及运腕幅度。执愈下,运腕幅度愈小而指挥愈稳,真书宜之;执愈上则运腕愈活而指挥难精,行草宜之。虽然,今有捉管底写楷书、撮笔梢作草书者,或过或不及,皆不足法也。又悬臂与否亦涉及挥运幅度与书体之宜。唐张敬玄《论书》:"楷书只虚掌转腕,不要悬臂,气力有限。行草书即须悬臂,笔势无限;不悬臂,笔势有限。"今人不论大小与书体,概以悬臂为能事,失其本矣。《中庸》云"致广大而尽精微",悬臂高执所以致广大也,枕臂低执所以尽精微也。真书贵精,故以枕臂低执为正,悬臂榜书则其变也。**指实掌虚**。指腕之间,掌为枢纽。指实掌虚,则五指之擫、押、勾、抵、拒,腕之左旋右抽，无不恢恢乎其于游刃必有余地矣。[唐]林蕴《拨镫序》："虚掌实指，指不入掌，东西上下，何所阂焉"，说即此理。唐太宗《笔法诀》云："指实则节力均平，掌虚则运用便易。"张敬玄《论书》谓"楷书把笔，妙在虚掌运腕。不可太紧，紧则腕不能转，腕既不转，则字体或粗或细，上下不均，虽多用力，原来不当。"传说献之幼时作书，羲之自后抽其笔而不脱，言其指实也，不妨掌虚之理。塾师往往乐道羲献抽笔故事，教人死死攥笔，遂至终生板滞，不复可为矣。[唐]韦荣宗云："浅其执，牢其笔，实其指，虚其掌"，说执笔之要备矣。执笔既有虚实相济，行笔便有流涩相成。[唐]韩方明《授笔要说》谓"执笔在乎便稳，用笔在乎轻健，故轻则须沉，便则须涩，谓藏锋也。不涩则险劲之状无由而生也，太流则便成浮滑，浮滑则是为俗也。"执笔虚实相依，行笔流涩相生，书道之事毕矣。**右军云：书弱纸强笔，强纸弱笔。强者弱之，弱者强之也**。行笔如何流涩相生？如何流便中有迟涩，迟涩中有流便？此道非独关乎笔法动作，而且关乎纸笔相得。强笔易流便，故须弱纸涩其进；弱笔难挥洒，故须强纸便其流。至于强笔难免遇强纸，则强者弱之，用笔动作须倍加迟涩；设若弱笔不得不遇弱纸，则弱者强之，用笔动作须倍加轻灵捷健。故[清]姚孟起《字学臆参》云："强毫弱纸，强纸弱毫，刚柔相济，书乃如志。"强笔：狼毫、紫毫、鼠须之类；弱笔：羊毫、鸡毫、胎发之类；强纸：熟、硬、光者；弱纸：生、软、糙者也。**迟速虚实，若轮扁斫轮，不徐不疾，得之于心，而应之于手，口所不能言也**。《庄子·天道》："桓公读书于堂上，轮扁斫轮于堂下，释椎凿而上，问桓公曰：'敢问公之所读者何言邪？'公曰：'圣人之言也。'曰：'圣人在乎？'公曰：'已死矣。'曰：'然则君之所读者，古人之糟粕已夫！'桓公曰：'寡人读书，轮人安得议乎！有说则可，无说则死！'轮扁曰：'臣也以臣之事观之。斫轮，徐则甘而不固，疾则苦而不入，不徐不疾，得之于手而应于心，口不能言，有数存乎其间。臣不能以喻臣之子，臣之子亦不能受之于臣，是以行年七十而老斫轮。古之人与其不可传也死矣，然则君之所读者，古人之糟粕已夫！'"孙过庭《书谱》赞右军书"思虑通审，志气和平，不激不厉而风规自远"，深得轮扁斫轮之道也。此道非心摹手追不能得，故书贵临池，又贵妙悟。书论道说，蹄筌而已。**拂掠轻重，若浮云蔽于晴天**；云轻清而能催压。晴天，其体清明也；浮云，其象可观也。书者，道之可观而趣无者也。**波撇勾截，如微风摇于碧海**。水沉着而能扬波。气蒸上为云，降下为水。惟风动水云，鼓息以吹，使点画相求，体势相竞，乃得满纸氤氲、气韵生动也。故书体之意趣情致谓之书风。蔡邕《九势》：云"凡落笔结字，上皆覆下，下以承上，使其形势递相映带，无使势背"。上轻清而势下覆,下沉着而势上扬。《易》曰:"天地交,泰。后以裁成天地之道,辅相天地之宜以左右民。"石涛《画语录》云:"得笔墨之会,解氤氲之分,作辟混沌手,传诸古今,自成一家,是皆智得之也。"一字之内有上下,一纸之中有天地。动天地风气者,笔也;云蒸霞蔚者,墨也;笔墨交会者,心也;心之所之,意也;意之所在,象也;象之可观,点画也;点画之所以成,笔墨也。如是乃知晴天碧海、风云激荡者,书家气象也。近世浅人动辄谓古人论书多以形象譬喻,不知古人之象实涵至理,而今人所谓技法、结构、理论分析,理多未通。**气如奔马,亦如朵钩,**奔马激荡能散,朵钩凝炼能收。聚散收放自如,书气乃贯通条达:不松散,不郁结,能聚气,能开张,相磨相荡,生生不息,气象万千,书乃大成。《庄子·逍遥游》:"野马也,尘埃也,生物之以息相吹也。"卫夫人云:"六艺之要,莫重乎银钩。"子曰:"一张一弛,文武之道也"(《礼记·杂记》)。**轻重**他本或作变化**出乎心,而妙用应乎手。**复申前文轮扁斫轮之义也。**然则体若八分,势同章草,而各有趣,**世传王羲之《题卫夫人笔阵图后》:"夫书先须引八分、章草入隶字中,发人意气。若直取俗字,则不能先发。"按晋唐所谓隶字即今所谓楷书,今所谓隶书即古人所谓八分。俗字即脱尽八分、章草古意之真书(楷书)、行书。羲之之意,作真书忌纯用俗体,否则意气不发,格不高古。兼采古今,雅俗共赏,通古今之变,文质彬彬,此真书行楷不宣之秘。此道自逸少肇端,历代大家莫不如之。今人俗书不知此道,或偏工真行,无问篆隶,斤斤然自谓帖学;或仅尊篆隶,不及行草,陶陶然自标碑学,遂令斯文坠毁,古今断绝,良可叹息也。太史公曰"究天人之际,通古今之变,成一家之言",斯亦书家之箴言也。**无问巨细,皆有虚散。**蔡邕《笔论》:"书者,散也。欲书先散怀抱,任情恣性,然后书之。"真书之能,在结体紧致,法度森严。能品之法虽难,犹可以力至。真书之神,却在虚逸散淡,此法外之法,非涵养古意、品格高迈者不能到也。今之学者不妨试问:卫恒生于汉世,何故述作《四体书势》,遍研古文、篆、隶、草?卫夫人论真书笔法,何云"结构圆备如篆法,飘飏洒落如章草,凶险可畏如八分,窈窕出入如飞白"?王右军论真书,如何"或类篆籀,或似鹄头,或如散隶,或近八分,或如虫食木叶,或如水中蝌蚪,或如壮士佩剑,或似妇女纤丽"?何故又云"每作一字,须用数种意,或横画似八分而发如篆籀,或竖牵如深林之乔木而曲折如钢钩"?真书本俗体,而晋唐真书何以不俗?唐以后真书何以俗气日增,不可收拾?以晋唐去古未远,犹资篆隶八分以起兴,观天地鸟兽万象而得意,故无问巨细,皆有虚散也;唐以后,真书"终结历史",假森严法度之名而行美术化之实,有结构无意象,有字法无笔法,有精巧无古拙,终成俗体,易推广而难入道,故真书大行而其实亡矣(此说俗体泛滥之弊,唐以后大家不在此列)。故知古者非古,存今之道也;今者非今,存古之道也。道非古非今,在今古之间而已。故学者贵通古今、贯天人、备文质,始可与言道也已。今人习书,每从唐楷入门,而唐楷古今之变、兴废之由、雅俗之辩不讲,何由入门?恐没身临池而不窥其门矣。**其锋员毫蒞**,员,圆也。中锋涩进,虽枯瘦犹圆厚丰满;偏锋躁进,虽饱墨而平扁少意。蒞,纂也,锋之聚也。**按转易也**。锋圆毫聚,故平易雅正,其散ুু枯,自然之变尔。今人有故作秃笔破锋以为常,虚浮外露,燥火上炎,法度大坏。[宋]陈槱《负暄野录》云:"古人作大字常藏锋用力,故其字画从颠至末,少有枯燥处。今往往多以燥理为奇,殊不知此本非善书者所贵,惟斜拂及挈笔令轻处,然后有此。所谓侧笔取妍,正蹈书法之所忌也。"可见此病宋时已有。**岂真书一体?篆、草、章、行、八分等,当覆腕上抢,掠毫下开**,覆腕即平腕。平腕则掌腕向下,故称覆腕。枕腕则虎口向上,掌必向前,执笔拘挛,难以上抢、下开及左右转拓,不得法也。覆腕则必悬腕,腕活掌虚,运用自如矣。肘则视字大小:大字悬肘,小字枕肘。无论枕肘悬肘,皆须悬腕,此正法也。上抢者,[元]盛熙明《法书考·挥运》载"李斯云:用笔先急回,后疾下,如鹰望雕逝,信之自然,不得重改",则先急回者,覆腕上抢也;后疾下者,掠毫下开也。[清]周星莲《临池管见》谓"字有解数,大旨在逆:逆则紧,逆则劲",[清]沈道宽《八法筌蹄》云:"用笔之法,落处即一挫折",皆李斯"用笔先急回"、永兴"覆腕上抢"之遗意也。逆锋起笔何以紧、何以劲?非"覆腕上抢"、"落处即一挫折"不行。今之学者不解逆笔之抢锋得势,徒以"欲右先左、欲下先上"为程序,逆锋起笔时,指腕皆无机警动作,适成描书画字耳。如此描画之作,虽形似古人而神采尽失矣。此病犹以真书为甚。故知覆腕上抢者:以逆锋起笔贵在得势,故须急回筑势,忌来回描画也。掠毫下开者:行笔贵在舒展滑翔,趁起笔之势而开张,因收笔之势而善藏。《庄子·养生主》庖丁解牛,始则怵惕,终则善刀而藏之,行则游刃有余,合于桑林之舞,亦此之谓也。故起笔覆腕抢锋而不仓促,行笔铺毫下开而非死按,趁势拂掠而不轻滑。何以行笔掠毫而不轻滑?以起笔逆抢所蓄之势,足以贯注到底也。《孙子兵法》曰:"胜者之战民也,若决积水于千仞之溪者,形也","如转圆石于千仞之山者,势也",皆书道之理也。覆腕上抢,蓄势也;掠毫下开,发机也。孙子曰:"善战者,其势险,其节短。势如彍弩,节如发机",亦斯之谓也。又,蔡邕《九势》云:"势来不可止,势去不可遏,惟笔软则奇怪生焉"亦通兵法:惟水柔可蓄于千仞之溪以为形,惟石圆可转于千仞之山以得势,惟运腕可以造势而发机也。**牵撇拨赵**牵,竖;撇,掠;拨,拨镫也;赵,涩进也,犹蔡邕《九势》所谓"紧駃战行"也。

锋转。收笔筑势,回锋收藏。**行草,稍助指端钩距、转腕之状矣**。真书得形易,得势难。得真书之势,则行草无间然矣。赵孟頫谓"用笔千古不易,结字因时而传"。行草笔法与真书无别,不过稍助中指之勾以纵、名指之距以收,及腕之运以使转耳。孙过庭《书谱》谓"草不兼真,殆于专谨;真不通草,殊非翰札。真以点画为形质,使转为情性;草以点画为情性,使转为形质。"论极精审。笔髓论简略,而释真章之末论及行草,其意不可不察。

释 行 第 五

行书源出汉末而盛于东晋六朝,迄今习者最多,积习流俗亦最深。

行书之体,略同于真。行书始称行押书,真书之流便而已,笔法体势略同。汉人分古文、篆、隶、草四书体势,而魏晋六朝人论书,实兼真行,区分不严。惟唐楷日严其法之后,真行之别乃日甚其剧,以至于今之浅人以为书体之大别在于"连笔不连笔",遂令真书多板、行书多燥,皆失其本。虞永兴处隋唐之际,既承六朝余韵,又开唐人先河,其于书法古今之变,堪称枢纽,故学者尤宜尽心焉。**至于顿挫磅礴,若猛兽之搏噬**;猛兽之搏噬者,左右之川张有度也,以拇指、食指之擫、押配合腕力为之。**进退钩距,若秋鹰之迅击**。秋鹰之迅击者,上下之放纵有节也,以中指、名指之勾、距配合腕力为之。**故覆腕抢毫**,覆腕抢毫,说见释真注,真行无别。今人行书多不知覆腕抢毫以藏锋,真书则以藏锋为来回描画,不知真书逆起亦须抢毫筑势。无论真行,露锋起笔亦须覆腕抢毫:空中逆锋,落纸露锋,落处犹有挫折,惟其挫折之迹不落纸上而已。故露锋不露,实含藏锋之意也。如此乃能振作精神,贯精气于毫端,蓄笔势于终始。《诗》云:"靡不有初,鲜克有终"。行草笔势连绵,气息较长,故于起笔抢锋蓄势,收笔映带顾盼,皆须尽心。**乃按锋而直引其腕**,真书易滞,故言行笔则掠毫下开;行书易浮,故言行笔则按锋直引。按锋沉着,直引从容。沉着从容,行书乃工。**则内旋外拓**,下章谓"左为外,右为内"。故内旋者,行笔时兼以右旋也,以成内擫之势;外拓者,行笔时左旋也,以成外拓之势。内旋外拓,以言笔法,则捻管运腕之左右也;以言结字,则点画向背之体势也。笔法者,字迹之所以然也;字势者,笔法落迹之气象也。笔法之要,实在于此。左右之磅礴,上下之勾距,如无捻管运腕以内旋外拓,则左右平扁、上下僵直,意思浅薄矣。内旋外拓运笔之妙,在于左右运动、上下运动皆非直来直去,而实为8字运动,即黄宾虹所谓太极笔法者也。**而环转**

纡结也。环转纡结，笔势联翩，曲觞流水，映带左右，行草之形也，其实则内旋外拓笔法之妙也。不以笔法而徒画其形，则易纠结而无纾缓，或失散漫而无精神。纷而不乱，柔而不软，健而不急，非以笔法左旋外拓而令虚实相生、阴阳相逐者，不可得也。**旋毫不绝，内转锋也**。旋转由腕，亦由捻管，指腕配合而行，皆所以旋毫转锋也。《诗》云"左之左之，右之右之"，子曰："日往则月来，月往则日来"，"一阴一阳之谓道"，"四时行焉，百物生焉"，故旋毫不绝也。内转锋者，旋毫绞锋，则暗捻笔管以解锋毫之绞转也。随绞随散，故旋毫不绝，势不可竭。绞则紧，散则宽，时绞时散则如丝带翩飞，流风回雪，点画极富立体感。观晋人行草法帖，多有此韵。**加以掉笔联毫**，旋毫不绝，故字势连贯，掉笔联毫。掉笔：提笔悬管而意坠下，似不胜笔管之重也。联毫，牵丝连带也。掉笔联毫，故牵丝一髪可系千钧也，反是则牵丝浮弱不入纸也。清以后好论提按，其提按之要实在掉笔之法：提笔须有坠下之势，按锋须有上弹之几，提中有按，按中有提，上下之间，似有引力，故点画连中有断，断中有连也。此法之要，在以手腕之上下俯仰配合笔毫之弹性为之。运腕动作，前人多论内旋外拓。掉笔，则其上下俯仰也。上下左右，虚掌环中，腕运乃备。**若石璺玉瑕，自然之理**。璺，裂纹也。石璺玉瑕皆自然天成，内在于玉石，故不矫揉造作。掉笔出于腕力，故联毫出于自然，乃至虽细如发丝而深刻入纸，有如石璺玉瑕之理也。**亦如长空游丝，容曳而来往**；掉笔联毫之牵丝既如石璺玉瑕之沉着，又如长空游丝之生动也。其容曳往来之态出于运腕动作之灵活劲健、从容往复。**又似虫网络壁，劲实而复虚**。石璺玉瑕，单向线条，言牵丝之质沉着凝练也；游丝往来，双向线条，言牵丝之态灵活劲健也；虫网络壁，网状线条，言牵丝之气贯行通篇、成就章法也。如此，则劲凝画中而行间皆虚矣。**右军云："游丝断而能续，皆契以天真，同于轮扁。"**轮扁斫轮之喻，上章引之，以明得心应手、口不能言之意；此章复引，除此之外，又别有一层深意在"内旋外拓、环转纡结"之轮转运动。此意犹如郑康成解《论语》书名之五义，其二曰"圆转无穷，故曰轮也。"①黄宾虹课徒稿述其所谓太极笔法，曾画圆图示意，其意通此。今人孙晓云《书法有法》亦颇敷陈之。观二玄社视频，尝见日本书家捻管转腕之状，盖唐人笔法之遗风矣。故知轮扁斫轮之于书法，非徒寓言也，亦犹实况也。永兴反复致意，学者能不深察？**又云："每作点画，皆**

---

① 郑玄《论语注》："论者，纶也。以此书可以经纶世务，故曰纶也。圆转无穷，故曰轮也。蕴含万理，故曰理也。篇章有序，故曰次也。群贤集定，故曰撰定也。"更多相关论述，参见拙著《道学导论（外篇）》第一章，华东师范大学出版社，2010。

悬管掉之,令其锋开,自然劲健矣。"未下笔而意重坠,既落笔则力回弹,是谓悬管掉之之法。笔意常先在笔力之反向,则无往不复,无平不陂,落笔锋开,收笔锋回,自然劲健矣。健者不息也,惟往复生生者不息。劲往而不复则竭,往而其意欲收,收而其意欲再往,意在笔先,反者道之动,则刚劲亦可称乾健矣。

释草第六

草稿书起于汉隶之简捷,而笔法则复归篆籀之圆转也。

草则纵心奔放,纵心奔放,非惟纵笔奔放。《法书考》迟速篇载右军《笔势论》云:"下笔不用急,故须迟,何也?笔为将军,故须持重。心欲急,不欲迟,何也?心为箭锋,不欲迟,迟则中物不入。""草以使转为形质"(《书谱》),故草书之势绵长,非纵心不能远,非奔放不能贯也。且心愈纵,则笔当愈收,气当愈静,其势乃得如茧抽丝,绵绵不绝,动而愈出。浅人徒为草形所惑,以为草书可纵笔挥毫,任意为之,实乃大谬。赵壹《非草书》讥伯英之徒"私书相与,庶独就书,云适迫遽,故不及草。草本易而速,今反难而迟,失指多矣",虽不知书者之言,亦可见古人作草书,绝非仓促纵笔而为也。即令唐以后狂草,观郁孤台帖黄庭坚草书可知,亦纵心而敛笔之作也。其意虽逸,其书不急也。**覆腕转蹙**,使转之际,腕先发力,以腕带指,以指带笔,以笔带毫,则行笔紧惕,气不松懈。**悬管聚锋**,草书平面运动是否到位,决定字形字法是否正确,故书草常不易兼顾提按。如能兼顾,则非但形态到位,且性情生动矣。故孙过庭《书谱》云:"草以点画为情性,使转为形质。"悬管聚锋之际,使转形质已办,而点画性情欲出之时也。**柔毫外拓**。柔当通揉。揉毫蓄势,则外拓亦有内涵,非一味张扬也。**左为外,右为内**,参上章所谓"内旋外拓"注。笔势左旋为外,右旋为内。所以旋者,腕之运指、指之捻管,联动而成者也,未可偏废。偏废则意少。腕出筋,指出骨。筋骨停匀,方臻妙道。今之论书者,有主腕不主指者,有主指不主腕者,皆一偏之得也。**起伏连卷**,一左一右,一内一外,一阴一阳,一呼一应,一起一伏,故连绵不绝,笔势无尽。**收揽吐纳,内转藏锋**。此篆法也。草法实通篆法。勿谓《笔髓论》何以无"释篆"?其法实在此。试观黄山谷行书多露锋遽折,而草则多藏锋圆转。故行草之间,草虽状貌更放,而精神与笔法实更圆融内敛。**既如舞袖,挥拂而萦纡**;衣袖广长而软,而善舞者所以能舞之不息者,以善接力也;毫软锋长而善书者所以能跌宕起伏者,以善趁势也。诗云"左之左之,君子宜之;右之右之,君子有之",盖言此也。左右呼应,接力趁势,则虽柔能刚,刚而不虐矣。舞袖之道,力在空中,故挥拂而遒婉,萦纡而刚健,刚柔并济之道也,书道似之。后有张长史见公孙大娘舞剑器而悟书道,实不若虞永兴舞袖之喻为得也。蔡伯喈云"惟笔软则奇怪生焉",所以生者以此。**又若垂藤,樛盘而缭绕**。藤非枯枝,生气贯通其间,故虽盘郁而畅达,虽缭绕而脉顺。**蹙旋转锋,亦如腾猿过树**,一势将尽而一势将起也。势势相续之际,生死之机也。蔡伯喈云"势来不可止,势去不可遏。"其来不迎则起笔有节,其去不将则收笔不过。起收有度则转接无痕,如腾猿过树,跌宕自如矣。**逸虬得水**,一作逸蚪得水,一作跃鲤透泉,皆趁势逸出之态也。**轻兵追虏,烈火燎原**。趁势之谓也。**或气雄而不可抑**,养气之功也。孟子所谓"至大至刚,以直养而无害,则塞于天地之间"者也。或势逸而不可止。兴生气,气生势,势极则逸。逸势之于书,犹鬼神之于气血,皆不可止者也。《中庸》云:"鬼神之为德,其盛矣乎……洋洋乎,如在其上,如在其左右。"**纵狂逸放,不违笔意也**。孔子云:"七十而从心所欲不逾矩。"何以能之?以道殉身,则身无非道矣。书道亦如是。纵狂逸放而不违笔意者,纵其心而不纵其笔,逸于人而不逸于道,则以道殉笔,笔无非道矣。**右军云**或作羲之云:"**透嵩华兮不高,逾悬壑兮能越**。字大而不觉其大,画长而不觉其长,意到笔到也;断而不觉其断,势相呼应而气脉通也。**或连或绝,如花乱飞**。自在飞花随风乱舞而莫不顺势,且自相避让,每留气眼,绝无一片落于气息不通之死地,故庞居士云:"好雪片片,不落别处",其义同此。诚能如此,则连带而萧散,断绝而贯通,莫不生动也。**若强逸意而不相副**,一本作"若雄若强,逸意而不相符"。**亦何益矣?**学者但须养气集义、涵泳蓄势、把玩兴味,毫端自有逸致,非强求能得。王船山读《诗》至于《葛覃》"黄鸟于飞"而悟"道生于余心,心生于余力,力生于余情",盖深知逸意者也。**但先缓引兴**,引兴须缓,犹《易》所谓"宽以居之、仁以行之"、《学记》所谓"藏焉修焉、息焉游焉"之义也。**心逸自急也**。涵泳既久,兴味盎然,乃欲急索纸笔,非欲强之之谓也。**仍接锋而取兴,兴尽则已**。"《诗》云:"亦既见止,亦既觏止,我心则降",此之谓也。**又生〈才族〉锋**,盖即郑杓《衍极》刘注所谓"簇锋着纸为迟涩"也。**仍毫端之奇**,仍,因也。因毫端之势而导之,故奇象环生,若出自然。**象兔丝之萦结**,兔丝即菟丝,善攀援缠绕,其子入本草。**转**

剔刓角，多钩篆体，刓音丸，削也。《楚辞·九章》："刓方以为圆。"孙过庭《书谱》谓"篆尚婉而通"而"草贵流而畅"，皆宜圆转为主而剔刓圭角也。故草法实通篆法，且尤以大草为甚。章草则犹存八分之势，圆转内包之外，尤多外拓。书体始于篆而终于大草，两极相通，原始反终，至矣！或"篆体"二字属下，"转剔刓角多钩"连读，不通。**或如蛇形，或如兵阵**。蛇形者，其圆也，其连也；兵阵者，其方也，其断也。方圆无定形，连断无常势，随时变化，首尾呼应，则臻于道矣。**故兵无常阵，字无常体矣**。孙子云："夫兵形象水，水之形，避高而趋下；兵之形，避实而击虚。水因地而制流，兵因敌而制胜。故兵无常势，水无常形；能因敌变化而取胜者，谓之神。"书道似之，贵因势而生形，忌依形以固体。《易》云："形而上者谓之道，形而下者谓之器，化而裁之谓之变，推而行之谓之通，举而措诸天下之民谓之事业。"得其势而生形体，则其形体有生气，可化裁变通，既可因其形而上至于道，亦可因其形而下立其体，成一家之格。否则就形求体，体且难立，遑论达道？**谓如水火，势多不定，故云字无常定也**。赵松雪云："用笔千古不易，结字因时而传"。浅俗学书，惟以结体为意，不知体生于象，象生于势，势生于气，气生于意，意生于兴，兴生于心之感物，心之感物生于天命之性。《中庸》云"天命之谓性，率性之谓道，修道之谓教"，亦书道之所以然与教学原理也。孟子云："尽其心者，知其性也，知其性则知天矣。"书之大原出于天，而教学之要在于心也。以书尽心，以至于知性知天，书乃谓之道，可修而成教矣。

契 妙 第 七

契者，相洽也；妙者，道之契于心而难言者也。

欲书之时，当收视返听，耳目，心之门户。求放心当自收视反听始。故"非礼勿视、非礼勿听、非礼勿言、非礼勿动"为养仁心之节目。心仁而后能感，能感而后毫端微妙，毫端微妙而后点画生动，如有神助。神非他，气之仁通能感者也。**绝虑凝神**，书欲神助，求诸己心。心之体曰神，心之用曰虑。绝虑所以节用，凝神所以正体。**心正气和，则契于妙**。书欲契妙，求之于神。神者，气之精微而心之本体。心正则体安，无思无为，寂然不动；气和则应物发用，感而遂通天下之故。**心神不正，书则欹斜**，心体不正，则形体欹斜。**志气不和，书则颠仆**。志意到而气力不济则羸弱仆倒，气势有余而心不任使则颠沛发狂。

其道同鲁庙之器，虚则欹，满则覆，中则正，《荀子·宥坐》："孔子观于鲁桓公之庙，有欹器焉。孔子问于守庙者曰：'此为何器？'守庙者曰：'此盖为宥坐之器。'孔子曰：'吾闻宥坐之器者，虚则欹，中则正，满则覆。'孔子顾谓弟子曰：'注水焉！'弟子挹水而注之，中而正，满而覆，虚而欹。孔子喟然而叹曰：'吁，恶有满而不覆者哉！'子路曰：'敢问持满有道乎？'孔子曰：'聪明圣知，守之以愚；功被天下，守之以让；勇力抚世，守之以怯；富有四海，守之以谦。此所谓挹而损之之道也。'"**正者冲和之谓也。**《道德经》："万物负阴而抱阳，冲气以为和"。《中庸》："喜怒哀乐未发之谓中，发而皆中节之谓和"。本章以上文字亦见于世传唐太宗《笔法诀》。《佩文斋书画谱》本从下文"字虽有质"始。**然字虽有质，迹本无为，**道化之迹见诸笔墨，乃成字之形质。形质一成，白纸黑字，诚者自诚，无可移易。然形质之所以成之者，笔墨运用之迹也；笔墨运用之所以能动者，心意之任使也；心之所以任使者，道化之无为也。故先儒云"天地无心以成化，圣人有心而无为"，亦书道之法言也。故读帖临帖，须做《中庸》所谓"诚之"功夫，由形迹而悟道化；书写创作，须法天地造化，有心而无为，运化笔墨之迹以成字体形质。**禀阴阳而动静，**《易系辞传》："一阴一阳之谓道。"周敦颐《太极图说》："无极而太极，太极动而生阳，动极而静，静而生阴，静极复动。一动一静，互为其根。分阴分阳，两仪立焉"。笔法之要，无非起始行止、迟速徐疾、藏露收放，此皆一阴一阳、一动一静之道也。**体万物以成形，**动静无体，阴阳无方，故生物不测，曲成其形。《中庸》"体物而不可遗"，郑注"体犹生也"。《易系辞传》"曲成万物而不遗"，言天地生物，无不各赋性命之情而曲成其形也。**达性通变，**天命之谓性。物受于天道之常德曰性，譬如仁义礼智，皆为性也。虽然，天道不居，万物相感。物相感则性有欲，性有欲则情斯动矣，譬如仁则欲爱，义则欲怒。如此喜怒哀乐一动，则物各有情，聚散离合，相感不已，变动不居，各蔽其性矣。故君子体道，贵即万物纷然之情而发明本性，本天命之常性而达万物变化之实情。**其常不主。**《庄子·天运》黄帝论咸池之乐："其声能短能长，能柔能刚，变化齐一，不主故常"，亦论书之妙语也。书道通于乐理者多矣，学者宜常体察。**故知书道玄妙，必资神遇，不可以力求也。**《易》曰"知几其神乎"，又曰"神无方而易无体"（《系辞传》）。书道几微，不可方物，故欲知书道玄妙，宜自养心神，期以或遇，不可勉力强求，意必固我。虽然，临池学书，非力行不能练手，非练手不能养心，非养心不能遇神。神者，几也，非健行君子不能知之。《易》乾九三"终日乾乾，夕惕若"，乃可"知至至之，可与言几"也矣。《管子》云："思之思之，又重思之。思之而不通，鬼神将通之,非鬼神之力也,精气之极也",理亦相通。故力行而不求,养心而不期,则自然而然,不期然而遇之矣,是之谓神遇。朱子注《大学》,为补格物致知之义曰:"所谓致知在格物者:言欲致吾之知,在即物而穷其理也。盖人心之灵,莫不有知,而天下之物,莫不有理。惟于理有未穷,故其知有不尽也。是以大学始教,必使学者即凡天下之物,莫不因其已知之理,而益穷之,以求至乎其极。至于用力之久,而一旦豁然贯通焉,则众物之表里精粗无不到,而吾心之全体大用无不明矣。此谓物格,此谓知之至也",说乃大备。**机巧必须以心悟,不可以目取也**。心之为物,"操则存,舍则亡,出入无时,莫知其乡"者也(《孟子·告子上》);机巧之为物,譬如斫轮,"徐则甘而不固,疾则苦而不入,不徐不疾,得之于手而应之于心,口不能言,有数存乎其间"者也(《庄子·天道》)。是心与机巧,精微无体,大而无方,一道之贯而已。故非心悟,不能致道术之广大而尽机巧之精微。目之所取,形迹而已。故观字画,贵即形而知化,溯迹而知道。形迹者,字画也;所以形迹者,道术也;观形迹者,目取也,所以观形迹者,心悟也。故知者之观书也,观形而体势,体势而得意,得意而会心,会心而悟道。不由目取而心悟其道,则契于妙矣。**字形者,如目之视也。为目有止限,由执字体也。既有质滞,为目所视,远近不同**。目之所取曰形,形之格式曰体。目之视物有角度,有远近,故有所见、有所不见,是为"止限"。目有止限,故字之可见者,形体也,非其神气之全也。止于其限,目取也;不止于其限,心悟也。近人以书画为"视觉艺术",未契妙道之论也。心悟何以契妙? 以心之观物也,可以通观体察,不执远近角度之限。现象学论之详矣。**如水在方圆,岂由乎水?** 水无定形,而方圆之体由乎容器。器有止限,非水有止限也。孟子所谓"观水有术,必观其澜"者,观水之势与变也。方圆之形,目取之也;势与变,心悟也。**且笔妙喻水,方圆喻字,所视则同,远近则异,故明执字体也**。善观水之势与变,则能悟笔之随心运使,非徒描形而自有形,犹水之无体而能随方随圆也。如此,则能不为视觉形象之所限,破字体之执。破视觉与字体之执,书乃入道,渐契于妙矣。姜夔《续书谱》云:"方者参之以圆,圆者参之以方,斯为妙矣"。**字有态度,心之辅也**,字之态度,字之形体见之于心者也。心可借之以观神妙逸势,故为心悟神妙之辅助。无此辅助中介,则目取者形体而不知谁之形体,心悟者神妙而不知谁之神妙,形自形则不成其为形,神自神亦不成其为神矣。**心悟非心,合于妙也**。神与形合,心与物感,乃契于妙矣。合者,契也。心与非心契合,乃谓之神也妙也。《易》云:"神也者,妙万物而为言者也"。心之神妙,能动物者也,非空境体验之谓也。

且如铸铜为镜，"且如"或作"借如"。**非匠者之明**；镜之明与夫鉴者之明也。匠者之明在于铸，而镜之明则在于鉴者之心也。**假笔传心**，"传心"或作"转心"。**非毫端之妙**。心之妙也。心传手，手传管，管传毫端，辨应章论之详矣。**必在澄心运思，至微至妙之间，神应思彻**，澄心则运思明澈，感应精微，犹水静则可鉴毫发矣。**又同鼓瑟轮音，妙响随意而生**，或作"又同轮指妙响，随意而生"，皆以鼓瑟轮指喻书也。轮指之法，繁手累发，犹能随意而不任手，则抹挑勾剔可知矣。譬如行草疾书而能从心，则篆隶真书可知矣。**握管使锋，逸态逐毫而应**。手握管而心知之，兴遣之，意命之，使锋而非为锋所使，则毫端连心，几微可感，"知至至之，知终终之"（《易》乾文言），则书由心出，而兴随字高，愈书愈奋，不觉逸态迭出矣。此心手相应之乐、物我相感之理也。契妙之所谓契者，契此也。**学者心悟于至道**，"至道"或作"至妙"。**则书契于无为**，或无"则"字。**苟涉浮华，终懵于斯理也**。至道，心之质也；无为，书之朴也。文字书画，文事也，而其本原在伏羲画卦，贵在得其理而象天地万物之宜也（宜者义也）。书史浩瀚，技法繁多，书协林立，加之比赛展览拍卖耀人眼目，劳人身心，"与接为构，日以心斗"（《庄子·齐物论》），文以蔽质，则书道穷矣。悲夫！世之专业习书者往而不返；而专业之外习书者日寡。子曰："道之不行也，我知之矣；知者过之，愚者不及也。道之不明也，我知之矣；贤者过之，不肖者不及也"（《中庸》）。

万一各正，小大有定
——周子《通书》意蕴初探

曾维术

> 阳气潜萌于黄宫，信无不在乎中
>
> ——《太玄》

周子的《通书》探赜索隐，其解释者虽代不乏人，但仍未穷尽其意。阅读这样一个文本会相当困难，这首先是因为，《通书》与其他儒家经典一样都讲求知行合一，作者本身是有修身工夫的人，他们既能够知到、又能够做到。而我们一般来讲并没有作者的修身工夫，我们能从文本里"知到多少"，很可能会受制于各人的修身程度。

阅读《通书》的第二个困难是，《通书》有着严密的结构，这可以从文本本身得到内证。《家人睽复无妄第三十二》："家人离，必起于妇人。故《睽》次《家人》"，又云"不善之动，妄也；妄复则无妄矣；无妄则诚矣。故《无妄》次《复》"。周子既然深知《易》之精密结构，自己的作品恐怕也不会是结构松散的随意之作。要解开这个结构，有相当的难度。

《通书》全书四十章。前五章旨在解释何为内圣，内含一而二，二而三，三而四，四而五之理。一章言圣人之本。圣人之本在于诚，诚首先是一种工夫，这种工夫有天地依据。一章讲的是这种天地依据。工夫需要圣人来做，圣人亦有其性命，而性命来自天，或者说来自于一，《通书》以乾元指称天或者一。一章要我们明白这个天地依据,其实是要我们深入理解诚的含义:不是圣人孤立地在做工夫,而是宇宙整体在做工夫,这个工夫就是处于整体之中的圣人无时无刻不与整体保持一致,这样就形成了一个循环,由天到圣人,由圣人的诚回到了天。

一章之为一,不单是序数上一的含义,还是宇宙整体的一的含义。二章从一到二,从整体到人,具体一点是圣人。"圣,诚而已矣",圣人与诚划等号,这意味着圣人并没有"超自然"的神秘,能时刻与宇宙整体保持一致的就是圣人。这里虽然提到了五常百行,但重点还是在讲合,而不是在讲分,它说的是五常之本、百行之原——诚。而这个诚放在第二章讲,是有意义的,它是天地的结晶,它是坤作成物,从一到二就是这个意思,虽然这里面并没有提到坤卦。说得明白一点,诚这种工夫,或者说做这种工夫的圣人,就是天地间最美好的作物(庄稼),而这种作物由一章而生,由二章而成。从一章到二章,看上去是分了,但正如乾坤互体一样,实际上是分而未分。

才是真的讲分。"诚无为,几善恶",诚就是与宇宙整体保持一致,这个宇宙整体是不动的,因为谁也没看到过宇宙整体在动,只有具体的一个个人、一个个星球在动。不会有个叫整体的东西跳出来,像西方的希腊诸神一样,用它的手脚拎着地球在动。整体不会这样干的,它只会让它里面的地球自己转动,让万事万物自己在动。万事万物的动成就了整体的不动。讲整体无为,这时候是不去讲它的分别,反正就是一团气。就好像我们讲一个人,还没有细分这个人的上半身和下半身,左臂和右膀,心肝脾肺肾,这些都不讲,只讲这就是一个人。而一旦讲动,那就开始分别了,起码要分出一阴和一阳,分出好人与坏人。因此三章会把五常铺展开,把圣贤的差别铺展开。

前三章分别是天地人,这用的是象法,是从天生、地成、人为三个角度将之区分为天地人。第四章有合论之意,总结何为圣人。圣人包含了几,就不可能是不理人事或不讲好坏的那一类哲人。四是比较稳定的数字,《易》曰"天地节而四时成",因此第四章为总结。然而在开始下一个阶段之前,还须有所强调,这就是五章的《慎动》。前四章为正面陈述,第五章为反面警戒,这或者是因为五是中虚之数。

第六章《道第六》，道者，导也，又治也，"道千乘之国"（《论语·学而》）。第六章之后为外王。外王首先是教学，《学记》："古之王者建国君民，教学为先"，因此有了《师第七》《幸第八》《思第九》《志学第十》。难点有二：《思第九》无思与思的关系；《志学第十》教与学的关系。

无思与思。学者多关注第九章本身的论述："无思，本也；思通，用也"，其实还可以从内圣外王的角度去理解。前五章多言无思无为：寂然不动，感而遂通，内圣之事也；《思第九》处于外王教学的阶段，因此是"见机而作"、"圣功之本"。无思无为何来"作"、"功"？必外王然后言"作"、"功"也，至少侧重点如此。由此或许可以理解孔子生而知之与有志于学的关系。① 《论语·述而》："子曰：'我非生而知之者，好古，敏以求之者也'"，《集注》"尹氏曰：'孔子以生知之圣，每云好学者，非惟勉人也。盖生而可知者，义理尔。若夫礼乐名物古今事变，亦必待学而后有以验其实也。'"尹氏此语近乎确论，但仍有可阐发之处。生而可知者，诚也。邵康节《诚明吟》："孔子生知非假习，孟轲先觉亦须修。诚明本属吾家事，自足今人好外求。"诚之大，义理恐不足以该之。孔子天生而诚，孟子虽也属先觉，但还是需要修诚。诚，无思无为，思则学矣，明矣。前五章主诚，后五章主明，自诚而明也，圣人之事也。

教与学。教学本为一体，张文江的《〈学记〉讲记》对此有很好的论述，兹录如下：

> "教学半"，前面一个字读 xiào，后面一个字读 xué。教是一半，学也是一半，拼起来是教学，也就是教育的两方面。教师一半是教，一半是学，学生一半靠旁人教，一半靠自己学，这就是"教学半"。而且在教学两方面中，教的主导在学，学的主导在教。好的教师永远把自己当学生，而学问的有些至深之处，只有当了教师才

---

① 无思为本，思为用；感在思前。此与西方哲学之思形成鲜明对照，最能说明这种差异的或许是中医的经络：无论是解剖观察，还是辩证法的讨论，似乎都不可能得出中医的经络学说，因为辩证法必须奠基于经验之上，倘若根本缺乏对经络的经验，那么无法经由辩证法的上升认识到经络。而中国经络学说，有可能是通过养气、吐纳等无思无为的修炼方式体悟出来的，这不得不让人反思西方奠基于言说的哲学之思：子曰："予欲无言"。

能学会。一旦渐入佳境,发言吐句,往往惊人又惊己。教学相长,学生会了,教师也会了。

明乎此,才不会停留于《志学第十》表面上的贤人志学。该章同样是圣人志学(当然同时也是圣人之教):开篇即云"圣希天"。①

教学之后是化民:《顺化第十一》、《治第十二》、《礼乐第十三》、《务实第十四》、《爱敬第十五》,同样是以五为单位。

《动静第十六》前言不搭后语,为变化之"几"。自第十六章起,为贤人之事,为自明诚;欲得其意,须处处对照前面圣人之事。《乐上第十七》、《乐中第十八》、《乐下第十九》三章言乐,其章数与言诚三章相等,其重要性可见一斑。前云圣人外王化民,亦有《礼乐第十三》,化民"礼先而乐后";此处贤人希圣自修,则乐比礼更为根本,故重点谈乐。谈乐的方式是由低至高、由文至质,《乐上》最详,《乐中》次之,《乐下》最简;《乐上》贴近制度礼法,《乐中》天地神人和畅,《乐上》心性淡和质朴。经此三章乐教,端正质性,方可进入更高的学习阶段。

三章乐教之后,周子小心翼翼地提到《圣学第二十》。此章名为圣学,其实学圣并非从本章才开始。前面三章乐教,乃至化民阶段的孝悌,哪一点不是在学圣人?圣人之为圣人,不仅有聪明睿智,小学孝悌功夫同样是世人学习的典范,正所谓"博学于文,约之以礼。"华夏文明将道寓于日用伦常,"百姓日用而不知",虽未致知,但同样在行道。故高山仰止,景行行止,力不足者中道而废。《圣学第二十》超出日用而不知的范畴,学者从该章略知圣人之所以为圣人矣:学圣,"一为要。一者,无欲也。无欲则静虚动直。静虚则明,明则通;动直则公,公则溥。"一为纲,目则有静虚、动直,联系前三章乐教,则是由三而二,二而一,修炼之道也。三即多,即五行,二为水、火,一为太极。故《圣学第二十》暗中回应《动静第十六》,所谓"水阴根阳,火阳根阴,五行阴阳,阴阳太极"。静虚为离,离中虚,心虚无欲,无欲则静;动直为坎,坎中满。坎为栋,为丛棘,故有直象。然而坤六二"直方大",乾"其静也专,其动也

---

① 志学二字,本身就容易让人想起夫子的"十五有志于学"。

直",此处的直象为何不取乾坤,而取坎?要害在溥。溥,大也,从水(《说文》)。故此处以坎当之。其实坎、乾坤也并非否隔不通。坤古作巛,大川之意。盖坎体即坤体,坤体得乾中爻,则为坎,故坎同样是"其动也直"。周子同时传有《太极图说》,据黄晦木,《太极图说》乃颠倒道家内丹之法而成,故此处多从坎离去考虑。

《公明第二十一》:"公于己者公于人。未有不公于己,而能公于人也。明不至则疑生,明无疑也。谓能疑为明,何啻千里!"从此章起,境界越来越高,我们没有体悟,只能略作猜测。公于己,不自欺也。杨子云:"或问'神'。曰:'心'"。邵康节云:"人之神则天地之神,人之自欺,所以欺天地,可不慎哉?"人对他人不公,归根结底还是因为自欺。明无疑,此一阶段无"怀疑主义"的位置,无"追问"与"思"的位置:静虚则明,明则信。公明皆是诚的工夫。

由此进入诚的境界。《理性命第二十二》:"厥彰厥微,匪灵弗莹,刚善刚恶,柔亦如之,中焉止矣。二气五行,化生万物。五殊二实,二本则一。是万为一,一实为万;万一各正,小大有定。""厥彰厥微,匪灵弗莹",应该是描述诚的一种感悟,大抵这是修行者所见之象罢。"刚善刚恶,柔亦如之,中焉止矣",此境界其实就是中和。"二气五行,化生万物",太极图顺行;"五殊二实,二本则一",太极图逆行。"是万为一,一实为万;万一各正,小大有定",此句最为关键,前面没有点明的很多东西,这句都明说了。"是万为一",具体的万事万物都在一个整体之内;"一实为万",这个整体由万事万物组成,并没有一个脱离万事万物的、能够跳出来说话活动的"整体",譬如西方的God、宙斯。到这里应该还比较好理解,然后我们可以去看一和万的不同表达:

一:无、朴、虚、空、质
万:有、器、实、色、文

无、朴、虚是道家的用语,空是佛家的用语,质是儒家的用语。词语虽然不同,但说的都是同一回事。"一"为何是无,是空呢?取其未分、无为、不可见之义。"一"为何是质呢?《说苑·反质》篇说得很明白:"一者,质也"。一和万,无跟有,这是最大的一对阴阳,没有比这对阴阳更大的了。从动静的角度看,无为阴,有为阳。从繁简的角度看,质为阳,文为阴。这两种阴阳的看法是相通的,不过是角度不一样而已。既然是阴阳,就有互根的关系:没有"一"就没有"万",没有"无"就没有"有",没有"质"就没有"文"。反过来讲也成立。再往深里想,可能就是:"无"的能力越大,"有"的能力就越大;"质"的能力越大,"文"的能力就越大。理解了这一点,可以帮助我们定位道家在中国文化中的位置:道家的始祖老子是"周守藏室之史",是周朝官方图书馆馆长,应该负责给天子提供咨询意见。因此,《汉书·艺文志》会说:道家研究的是"君人南面之术"。道家的书原本是写给天子看的,天子是什么人?富有四海之人。天下没有谁比天子拥有更多的了。那么,根据阴阳互根的道理,要拥有这么多,如果背后没有一个巨大的"无"作支撑,那就把持不住。以周朝为例,按三统三教的讲法,周朝是法天行文教的。文为繁多之象,《礼记·表记》讲"周人尊礼尚施","赏罚用爵列",周人爱讲施舍,这预设了大量的财富,当然还有大量的官职爵位。有着这么一大堆财富官爵,如果处理不好,就容易引起争执。最好的办法是天子带头礼让,可是,凭什么要求一个尊为天子、富有四海的人谦让呢?这样一个人不是最容易骄傲吗?单单凭借礼仪的时间性效力,譬如说礼仪是先王在很久很久就定下来的,这不足以劝说天子谦让,必须有一个学理上的依据。道家就为天子提供这么一个依据,可以说,道家为周朝那一套极为繁复的礼制提供了中心性的吸引力,没有道家的帝王术,周朝那套礼制可能就会崩盘。毫不奇怪,孔子到周朝观礼的时候,看到太祖后稷之庙有这样的格言:"强梁者不得其死,好胜者必遇其敌。盗憎主人,民怨其上,君子知天下之不可上也,故下之。知众人之不可先也,故后之(《孔子家语·观周》)。"这段话原本很长,现在节录一小段,只是为了说明道家思想视为周朝礼乐不可分割的组成部分。当然那时候可能还没有道家这一说法,教导这种帝王术的是太史。由此我们可以来看看《道德经》与周朝礼乐的关系。

按照一般的看法,《道德经》是反礼乐的。但我们如果去读孔子拜见老子这一节,就会发现一个奇怪的事情,孔子去见老子,恰好是"问礼于老子"。老子回答他说:"子所言者,其人与骨皆已朽矣,独其言在耳(《史记·老子韩非列传》)"。这个问答表明,老子本身精通周礼,否则孔子不会向他请教;其次,老子觉得孔子所问的周礼已经"过时"。在孔子那个时代,像孔子、老子这种级别的人应该都能察觉到周文化即将衰落,用三教的说法就是"文之敝,小人以僿",即文教那种繁多不再有秩序,而变得紊乱、堵塞。文教之僿,说到底还是天子这个核心出了问题,天子不再守持礼让谦卑之道。老子临出关前留给世人的《道德经》,主要是要解决这个文僿的问题,而他的着力点是教导天子乃至所有的一把手如何守住"无"的一极,"有"的那一极不需要说,因为天子或者一把手本来就是"大有"之人,何况这又是"大有"的周朝,何况这又是"大有而大乱"的周衰之时。

老子出关的时候,学问主要还是王官学,《道德经》又是留给关尹子的,因此这种面向一把手的教导并没有多大问题,《道德经》此时仍然能和它那不可或缺的礼乐背景镶嵌在一起。从孔子开始,中国开始了新的私学时代。因为孔子有教无类,所以要因材施教。针对一把手的教法,只能讲给少数帝王之才听,老子那种学问自然成了隐学。多数人不是一把手也不具有一把手的资质,他们所学的学问,不能从"一"、从"无"起,而只能从"万"、从"有"、从"礼"开始,这成了儒家的显学,后世一般将之当成儒家的全部学问,而老子那种隐学则被斥为异端。这几乎是不可避免的事情,但凡学问要传播,就必定会遭遇这样的结局。我们唯一能做的,只是等一种学问僵化到一定程度之后,等它的负面影响足以震撼世人的时候,才有机会作一些澄清的工作。即便我们这时候澄清了,不久的将来又会重现儒家学问只等于"万"的学问、"有"的学问,"一"的学问、"无"的学问变成异端邪说的局面。这是学问传播的宿命。

现在,我们要理解"一"、"无"的重要性,就要纳入另一家的学说来辅助思考。这一家学说便是法家。太史公将韩非与老子并题,还说韩非之学"归本于黄老",看来法家(起码是韩非子代表的法家)与道家有莫大的渊源。在我看来,法家与道家的关系是这样的:法家取了道家从"无"中引出的一些权术,但没有真正守住"无"的道德,这种关系有点类似于希腊智术师与自然哲人的关系。法家守不住"无"的道德,很可能是因为形而上的学问上不去。韩非子在《忠孝》篇批评了一通尧舜汤武之后,说了这样一番话:"世之所为烈士者,虽众独行,取异于人,为恬淡之学而理恍惚之言。臣以为恬淡,无用之教也;恍惚,无法之言也。"这里的烈士是韩非子对尧舜汤武的蔑称,恬淡、恍惚则让我们想起了老子。尤其是恍惚,《道德经》直接说"道之为物,惟恍惟惚。惚兮恍兮,其中有象。恍兮惚兮,其中有物。窈兮冥兮,其中有精,其精甚真,其中有信"。这里的"恍惚"应该跟《通书》《理性命》章里的"厥彰厥微,匪灵弗莹"一样,都是修身到一定程度后见到的景象。韩非子有《解老》《喻老》篇,看上去很尊重老子,但他恰恰去除了老子这个惟恍惟惚的道。这个恍惚恐怕是形而上的学问,而非像张舜徽先生认为的那样,只是一种玩弄权术的表演。张舜徽先生的《周秦道论发微》倒是与法家精神很合拍,都是去除了形而上学之后的政治权谋学。我们在秦朝的历史中可以见识到这种政治权谋学的后果,太史公评价说"周、秦之间,可谓文敝矣。秦政不改,反酷刑法,岂不缪乎?"秦朝的酷法延续了周朝的文敝,酷法是又多又乱的繁文。法家之所以不能解决文敝的问题,之所以不能理顺这个"万",根子还是在"一"那里:对一把手的形而上学教育没有做好。"万"的秩序是需要靠"一"来维持的。由此我们可以想一个问题:西方没有发展出中国的礼乐文明,是否因为它在"一"的层面没有做好?没有形而上学,礼(而非 nomos,nomos 在哪里都有)还可能吗?

讲完道家与法家,我们再把佛家摆进去。佛家与道家一样,大体上侧重于"一",但它不像道家那样有一个相当强大的"万"的背景。这是佛家的全部问题所在。但随着时间的迁移,儒家慢慢地为佛家补充了这个"万"的背景,因此目前佛家也基本融入了中国社会,中国化之后的佛家也基本可以做到万一各正。当然它是从反面做到这一点的,就是自觉地不去破坏儒家对"万"的治理,把主要的政治社会生活领域让给了儒家。而欧美那一团半生不熟纠缠不清的"万"要融入中国社会,恐怕比佛家还难。

"万一各正,小大有定"之后,《颜子第二十三》言处一齐物。处一齐物是标准的道家术语,颜子就是儒学内部的道家学统。此章出现的位置最为关键。处一齐物是在小大有定之后,①仅是"见其大而忘其小焉尔",是忘,而非不知,而非在行动上将小消灭。

余下两章言师友。对比《师第七》,则可知《师友上第二十四》、《师友下第二十五》是贤人拜师交友之事,《师第七》乃圣人立教之事。从《公明第二十一》到《师友下第二十五》为一节。

《过第二十六》、《势第二十七》、《文辞第二十八》、《圣蕴第二十九》、《精蕴第三十》为另一节。前五章讲明道,《过第二十六》之后讲行道化民。贤人行道必有过（颜回尚且有过,只是"不贰过"而已）。故有《过第二十六》,对比《幸第八》,可知《幸第八》为圣人择徒教徒之事,《过第二十六》为贤人自修之事。《势第二十七》颇显突兀,实质延续上一章,指改过也,非特改一人之过,甚至改天下之过。

《文辞第二十八》,开始讲作文。区分道德与艺辞,高远写作之目标。《圣蕴》、《精蕴》讲修辞蕴藏之道。宋明儒有几人能知其中深意？康节无疑识得此理。② 周子著述,皆效法《系辞》,言简意赅。读之,众庶有众庶所得,君子有君子所得。此蕴藏之妙也。《圣蕴》章谓"发圣人之蕴,教万世无穷者,颜子也",此仍在说贤人之事,即贤人如何发圣人之蕴,又不至于过分曝露。典范便是《易》本身。

从《乾损益动第三十一》起,周子例说作文之法。故该章首次以具体卦象为名。《乾损益动第三十一》讲卦与德、文与意如何勾连,如何"一字褒贬"。如"吉凶悔吝生乎动",看似平淡无奇,实则可读出"吉一而已,动可不慎乎"。《家人睽复无妄第三十二》讲如何用篇章次序来隐藏义理,此对解读《通书》有提示的作用。《富贵第三十三》最为突兀,然细考之,作文者,最易迷失于富贵,尤其是贵一名声。故须在文辞制作五章之正中一章,重点谈质性,以期文质彬彬。《陋第三十四》与《文辞第二十八》几乎重复,未解其深意。《拟议第三十五》讲"至诚则动",与第五章《慎动》形成一个大的对称结构,提示我们下面是圣人贤人合论,所谓"及其成功,一也。"

---

① 止于《齐物论》在《逍遥游》之后,亦是此意？
② 康节云："知《易》者,不必引用讲解,始为知《易》。孟子著书未尝及《易》,其间《易》到存焉,但人见之者鲜耳。"

《刑第三十六》言刑治、法治。前面讲圣人治世的部分，并没有提到刑法，而这里分明又是在说圣人之事，因此我判定最后五章为圣人部分与贤人部分合流。又万物得秋而成，故此章以下为《通书》之收成。

德治刑治之后，是《公第三十七》、《孔子上第三十八》、《孔子下第三十九》。贤人自明诚之功成而进为圣人。分两章言孔子，一为人，一为天。

最后以《蒙艮第四十》结束。此为对教育者的告诫。

元代"年谱、传记类"孟学著述三种考议

周春健

元代百年,孟学发展的总体水平虽然不高,却有值得特为关注之处。这种关注,目的不在刻意拔高元代孟学的学术地位,而在试图建立元代孟学与其所处特殊时代的思想史关联。

据统计,有元一代孟学著述总计达141种[①]。从著述体式的角度,可以划分为"集编体"、"笺疏体"、"辨疑体"、"经问、经疑体"以及"年谱、传记体"等诸多类型。不同著述体式的背后,蕴含着特定的时代因素及思想背景。比如南方之所以有"集编体"、"笺疏体"著述,乃是出于元儒对朱熹《四书集注》的推尊与维护;北方之所以有"辨疑体"著述,乃是出于北方经学传统与南方理学传统的差异;而之所以会有"经问、经疑体"著述,则是由于自元仁宗"延祐科举"始,朱熹《四书集注》被列为了首当其冲的考试内容,为利科举之试,有士人专门编撰了这类应考之作。

在元代孟学著述中,有一类属于"年谱、传记体"。这类著述数量不多,且多亡佚,著作者也存有争议。不过通过对现存资料信息的考察,依然可以反观元人对于孟子其人其书的某些观念,以及所以如此认识

[①] 数据统计依照顾宏义、戴扬本等编《历代四书序跋题记资料汇编》(上海:上海古籍出版社,2010),个别作者的朝代归属,本文与《汇编》略有歧异。

的学术缘由。

需要说明,之所以将"年谱"、"传记"类著述作为一类考察,乃是由于这两种体裁具有密切关联:其一,就史籍体制的沿革来看,有一个由编年而纪传(如从《春秋》到《史记》)、由纪传而编年(如从《汉书》到《汉纪》)的递变过程,年谱与传记在体制上互为所出;其二,两种体裁在内容上也可以互相补足,题名程复心的《孟子年谱序》即云:"《论语》编年,所以补《孔子世家》也;《孟子》编年,所以补《孟子列传》也。"

在古代目录著作中,被认定为元人所撰的"年谱、传记类"孟学著述共有三种,分别为:吴迁的《孟子年谱》、程复心的《孟子年谱》、吴莱的《孟子弟子列传》。兹分别加以考述。

一、吴迁《孟子年谱》的著录与流传

吴迁,字仲迁,江西浮梁人。《宋元学案》将其归入双峰先生饶鲁(1193—1264)之门人,述其生平云:

> 从双峰学。尝应科举不上,遂弃之。辟兵横塘,讲道不废。皇庆间,浮梁牧郭郁延之为师,以训学者,时称可堂先生。汪克宽,其门人也。所著有《四书语录》、《五经发明》、《孔子世家》、《先儒法言粹言》、《复位纲目》。使者表其所居曰"逸民"。年九十卒。①

吴迁所著《孟子年谱》一卷,明末清初时已经亡佚,朱彝尊(1629—1709)《经义考》卷二三六即注曰"佚";清人雷学淇《介庵经说》卷九亦称:"《北堂书钞》所引《孟子别传》、元人吴迁所撰《孟子年谱》二书,皆不传。"对吴氏《孟子年谱》进行著录者,有清人黄虞稷《千顷堂书目》卷三、钱大昕《元史艺文志》卷一、倪灿《补辽金元艺文志》、魏源《元史新编》卷九十一《艺文志一》等。

清人陈昌图《南屏山房集》卷二十著录"孟子年谱一卷",将著作者

---

① (清)黄宗羲、全祖望,《宋元学案》卷八十三《双峰学案》,北京:中华书局,1986,页2823。

认定为明人,称:"明吴迁撰。按迁爵里无考,其书久佚。见朱彝尊《经义考》。"其实,吴迁爵里甚为清楚①,唯生卒年不详。但就其曾亲炙饶鲁推考,决不当为明人,未知陈说何据。

又,清人周广业(1730—1798)《蓬庐文钞》卷四《书程复心孔子论语年谱孟子年谱后》云:

> 是时,与兔床借得潘彦登《孟子生日考》及《亚圣孟子年谱》,并此(按,指程复心《孟子年谱》)为三种。彦登想系时人,其考祇据《留青日札》所载孟子生卒论之,仅六百八十一字。唯云孟子周安王十七年丙申生,赧王十三年卒,虽想当然,却大有理。《年谱》则题云:"元浮梁吴迁佚本、朱余陈敬璋补订。"《谱》虽荒陋,亦不知何者为原,何者为补,想皆陈所伪撰,不足观也,故皆略而不录。元有吴仲迁,字可翁,号可堂,番易人。此云吴迁,恐即是人,而脱仲字也。

这中间有三点值得注意:

其一,吴兔床(即海宁人吴骞[1733—1813],清代著名藏书家)所藏《亚圣孟子年谱》,题为元人吴迁之佚本,证明该书此时或在民间仍有流传;

其二,周广业以《孟子年谱》荒陋,认为乃属陈敬璋之伪撰,不足观也,或此书并非真属吴氏佚本;

其三,番易即鄱阳,浮梁旧属鄱阳郡,故周氏所云吴仲迁当即指《孟子年谱》作者,然吴迁字仲迁,吴迁、吴仲迁为同一人,周氏以为或脱"仲"字,误也。

二、程复心《孟子年谱》伪书考

程复心(1256—1340),字子见,学者称"林隐先生",徽州婺源(今属

---

① 《经义考》在卷四十四《易学启蒙》一书下首次提及吴迁时,曾引黄虞稷之语,明确称其为"浮梁人"。

江西)人。清人王梓材、冯云濠《宋元学案补遗》卷六十四将其列入"潜庵(朱熹弟子辅广)私淑",学问乃属朱学一脉。关于其生平学术,明冯从吾《元儒考略》卷四云:"自幼沉潜理学,会辅氏、黄氏之说而折衷之,章为之图,图为之说。书成,名曰《四书章图总要》。仕元,为徽州路教授,后以母老辞归。"又《江南通志》卷一六四《儒林二》称:"师朱洪范,友胡炳文,尝著《四书章图》,又著《纂释》二十卷,以发濂洛诸儒之旨。至大间,行省献其书于朝,荐授徽州路教授。"

题名"元星源①程复心子见编"的《孟子年谱》一卷,今有留传。常见版本有清曹溶《学海类编》本、北京图书馆藏清钞本(《四库存目丛书·史部》据之影印)、《丛书集成初编》之排印本等。不过此书的著作权是否归于程氏,却有较大争议。

明确将《孟子年谱》认定为程复心所撰的目录书,主要有清人何绍基(1799—1873)的《(光绪)重修安徽通志》卷三三八、曾廉(1856—1928)的《元书》卷二十三、丁仁(1879—1949)的《八千卷楼书目》卷五等。

有些目录书虽然有所著录,却对其真伪提出了怀疑。比如《钦定续文献通考》卷一六四《经籍考》于"程复心《孔子论语年谱》一卷《孟子年谱》一卷"下加按语云:"此二书为曹溶《学海类编》所载,疑出伪撰。"《钦定续通志》卷一五九《艺文略》著录此书,亦注曰:"旧本题元程复心撰。"《四库总目》卷五十九《史部·传记类存目一》则辨证云:

> 旧本题元程复心撰。复心既作《论语年谱》,更取《孟子》七篇为编年。其以某章为某年之言,缪妄与《孔子年谱》相等。其谓孟子邹人乃陬邑,非邹国也,语极辩而不确,亦好异之谈,盖与《孔子年谱》一手所伪撰也。考朱彝尊《经义考》载谭贞默《孟子编年略》一卷,今未见其书。然彝尊所载贞默《自述》一篇,则与此书之《自述》不异一字,疑直以贞默之书诡题元人耳,伪妄甚矣!②

---

① 星源,地名,属徽州,婺源汪幼凤著有方志《星源续志》。
② (清)永瑢等,《四库全书总目》,北京:中华书局,1965,页531。

可见,馆臣乃以程氏《孟子年谱》出于伪撰,且真正的著作者为明人谭贞默(1590—1665)。清人周广业(1730—1798)亦曾怀疑程氏《年谱》实为"谭所借撰":

> 友人吴兔床骞有程复心《孟子年谱》钞本一卷,论不可不编年者有四①,此其一也。文与谭贞默《编年》正同,岂谭袭用之欤?子见为元名儒,不应有此乖误,疑为谭所借撰。故朱竹垞于程只录《四书章图》二十二卷,不及《年谱》,而于谭独详载《孟子编年》也。②

然而,《年谱》文字之"缪妄"与"有此乖误",均不能成为推导出该书非程复心所撰的必要条件。其一,某人为"名儒"或者有"名作",不意味着他的所有著述皆为"上乘",其早期著作、仓促之作或者所著非其擅长,也可能出现与其名誉不相称的作品。其二,即便是程复心的名作《四书章图纂释》,固然有"发濂洛诸儒之旨"、"有补于理学甚大"③的赞誉,但也有相当严厉的批评,比如明人薛瑄(1389—1464)即称:"程复心《四书章图》,破碎义理,愈使学者生疑。"④

不过,同样署名"元星源程复心子见编"、与《孟子年谱》有着密切关联的《孔子论语年谱》一书,却露出了明显的"破绽"。《论语年谱》篇末有大段按语云:

> 孔子生卒年月,向多聚讼。……然诸书之中,已自龃龉难合,若《孔氏志》、《先圣本纪》、《祖庭广记》、《孔庭纂要》、《孔氏世谱》、《孔子图谱》、《历聘纪年》、《阙里志》,其后已至《潘氏通纪》、《素王记事》、《圣门志》、《圣贤冢墓志》、《事迹图谱辨》等书,又其后已浸

---

① 据今存《孟子年谱》"自述"原文,言"不可不编年者"当有六,非仅四也,或周氏所见为《孟子年谱》之另一版本欤?
② (清)周广业,《孟子四考》卷四《里居辨邹聊之讹》,清乾隆六十年吾庐刻本。
③ (元)赵孟頫,《四书章图纂释序》,朱彝尊《经义考》卷二五五引,北京:中华书局,1998,页1283。
④ (明)薛瑄,《读书录》卷八,文渊阁四库全书本。

> 滥转写,愈失本来。……后来季本《图迹》妄辨,亦因疑为不实。……此《图谱辨》之至舛也。……愚述《论语年谱》,就诸书穿凿矛盾之处悉互会通,词期无碍,义归决定……

这里提及的诸多孔子年谱中,有的撰者及年代可考,比如:《先圣本纪》为南朝梁人刘绍所撰,《孔氏志》曾为唐徐坚《初学记》引用,成书当在唐前,《祖庭广记》撰者为金人孔元措,这几种成书皆在元代之前,若《孔子论语年谱》确为程复心所撰,后人引述前人之语当属正常。然而,《阙里志》撰者为明人陈镐(?—1511),《素王记事》撰者为明人傅汝楫(万历、天启间人,一说明人黄浚),《圣门志》撰者为明人吕元善(天启中任山东布政司都事),《事迹图谱辨》当指明人季本(1485—1563)所撰之《孔孟事迹图谱》,《孔庭纂要》撰者则为清人孔继汾(1725—1786)。至于《圣贤冢墓志》,从按语中"其后已至"一语推断,不当指晋人李彤所撰之《圣贤冢墓记》(《隋书·经籍志·史部》著录),而极有可能即指清人钱坫(1744—1806)所撰之同名著作。很显然,作为元人的程复心不可能寓目这些明清人的著作,故而《孔子论语年谱》当属伪书、非元人程复心所撰无疑——除非有证据表明正文为元人文字,"按语"为后人所加。

前代目录书往往将《论语年谱》与《孟子年谱》并提,皆归于程氏名下,二书之体例风格极为相近且往往并行刊刻,可见二书确乎极有可能出"一手所撰";且今存《孟子年谱序》称:"《论语》可编年,《孟子》何不可编年?……于是乎本《孟子》之书,作《孟子编年略》。"由此可以推断,《孟子年谱》当成于《论语年谱》之后,且同《论语年谱》一样,亦当为伪书。

那么,《孟子年谱》果真如周广业所说,是明人谭贞默所"借撰"吗?这恐怕还需要斟酌。如前所述,《孟子年谱》篇末述《孟子》"不可不编年者"有六,与谭贞默《孟子编年略》之"自述"文字几乎完全相同,而且《孟子年谱序》末尾称"于是乎本《孟子》书,作《孟子编年略》",正与谭氏书名吻合。但这似乎不能证明《孟子年谱》一定为谭氏所撰,因为也有可能是贞默之后的人,将贞默之书伪题复心之名,此即《四库总目》所云

"疑直以贞默之书诡题元人耳"之意。甚至,又有可能真正的撰著者亦非贞默,而是更晚的清人。因为《论语年谱》按语中所提诸书,最晚者已经到了清代中晚期(如孔继汾、钱坫诸人);而《孟子年谱》又当在《论语年谱》之后,则其撰作时间应该更晚。

《孟子年谱》的撰者及成书如此纠结,问题到底出在了哪里?或许跟今日所见传本的最初来源有关。《孟子年谱》今存三个版本中,最早者当属《学海类编》本。《学海类编》乃题名清人曹溶(1613—1685)所辑、门弟子陶樾增订,而据四库馆臣所言:

> 此编裒辑唐、宋以至国初诸书零篇散帙,统为正续二集,各分经翼、史参、子类、集余四类,而集余之中又分行谊、事功、文词、纪述、考据、艺能、保摄、游览八子目,为书四百二十二种,而真本仅十之一,伪本乃十之九。或改头换面,别立书名,或移甲为乙,伪题作者,颠倒谬妄,不可殚述。以徐乾学《教习堂条约》、项维贞《燕台笔录》二书考之,一成于溶卒之年,一成于溶卒之后,溶安得采入斯集?或无赖书贾以溶家富图籍,遂讬名于溶欤?①

可见,《学海类编》亦为伪书,既然其"真本仅十之一,伪本乃十之九",出于其中的《孔子论语年谱》和《孟子年谱》伪题元人程复心之名,也就不足为奇了。

另有一个细节需要关注,目前所见著录程复心《孟子年谱》的目录书,几乎全部出于《四库总目》(初稿成于1781年)之后,而乾隆修《四库全书》时所据版本,乃是时任翰林编修的徽州歙县人程晋芳(1718—1784)的家藏本;而《四库全书》中《学海类编》一书的采进本,亦恰好是程晋芳家藏本。也就是说,今日所见题名程复心的《孟子年谱》和《孔子论语年谱》,都出自程晋芳之家藏,不知书籍造伪是否与程晋芳有关?史家钱大昕在补撰《元史艺文志》时,即对此书表示了怀疑:"程鱼门

---

① (清)永瑢等,《四库全书总目》,前揭,页1139。

(按：即程晋芳)家藏程复心《孔子论语年谱》、《孟子年谱》各一卷，不见于前人著录，或是好事伪托，今不收。"① 甚或在程晋芳之前，世间其实本无这两部年谱。这大概也是明末清初两位目录学大家黄虞稷和朱彝尊未曾对二书著录的重要原因。

综上，《孟子年谱》当属伪书，非元人程复心所撰，一方面，我们无法依据《年谱》的相关文字推考元人的孟学观念②，当然这不意味着《年谱》关于孟子行历的诸多考察没有了意义，事实上后世以至今日许多相关研究皆以《年谱》为重要参考③；另一方面，今日相关目录书以及总集等的编纂，也不当再以《孟子年谱序》等文字归属元人程复心④。

三、《孟子弟子列传》与吴莱的孟学观

吴莱(1297—1340)，字立夫，婺州浦阳(今浙江浦江)人。天资绝人，延祐七年(1320)以《春秋》举上礼部不利，退居山中讲学著书，所著有《尚书标说》六卷、《春秋世变图》二卷、《春秋传授谱》一卷、《古职方录》八卷、《孟子弟子列传》二卷、《楚汉正声》二卷、《乐府类编》一百卷、《唐律删要》三十卷、《文集》六十卷等。年四十四卒，门人私谥曰渊颖先生，再谥贞文。《元史》有传，《宋元学案》卷五十六将其列为"方氏(方凤)门人"。明人宋濂绍述其学，撰《渊颖先生碑》，详述其生平。

吴氏所著《孟子弟子列传》，后世多有著录，但明末清初时即已不

---

① (清)钱大昕，《十驾斋养新录附余录》卷十四，清嘉庆刻本。
② 单纯讲《孟子年谱》相关文字，由此可以推考撰者所处时代的孟学观，只是无法将其断然认定为元代。比如《年谱序》所谓"《孟子》一书，无非欲君臣、父子、兄弟，去利怀仁，义以相接，而弗放其良心也"，体现出撰者对《孟子》主旨的认识；所谓"《论语》可编年，《孟子》何不可编年？《论语》编年，所以补《孔子世家》也；《孟子》编年，所以补《孟子列传》也"，体现出撰者的编年、纪传文体意识以及对孟子其人其书的重视；由文末在提及《论》、《孟》之后又称"惟子思《中庸》，史无记事，而《孔丛子》所载，语不雅训，无足根据，故止附见孔子"，又可约略见出四书学兴起的时代背景等等。
③ 比如梁涛先生在《中国学术思想编年·先秦卷》中辨孟子生年时，即引《孟氏谱》、程复心《孟子年谱》等书结论作为依据(西安：陕西师范大学出版社，2005，页317—318)。
④ 比如《中国丛书综录》将《孔子论语年谱》和《孟子年谱》皆收入"史部传记类"，且将著作权归属程复心；《全元文》卷618和717亦分别收录《孔子论语年谱序》和《孟子年谱序》，亦并归于复心名下。

传,《经义考》卷二三六即注曰"佚",且卷数有二卷、三卷之异①。今日所见惟有该书之《序》及零星佚文,不过由此仍可推考吴氏的某些孟学观念,也映射出元代的某些时代特征。

1. "亚圣之大才"

宋濂在为吴莱所撰碑文中称:

> (吴莱)复谓孟子乃亚圣之大才,司马迁不当使与邹衍、淳于髡、慎到、荀卿、墨翟、尸佼、长卢同传,因删去诸子,益以万章、公孙丑之徒,作《孟子弟子列传》。②

这段话点明了吴莱所以撰作《孟子弟子列传》的主要缘由,即认为《史记》对于孟子传记的处置不当,而这种"不当"认知的支撑,乃在于吴莱以孟子为"亚圣",邹衍、荀卿诸子无法与之匹并。吴莱之所以专力花心思去撰作《孟子弟子列传》,是因为孟子在吴氏生活的元代中期,地位得到了大幅提升,并且首次得到蒙古政权的官方封赠。《元史·文宗纪三》载:

> (至顺元年闰七月)戊申,加封孔子父齐国公叔梁纥为启圣王,母鲁国太夫人颜氏为启圣王夫人,颜子兖国复圣公,曾子郕国宗圣公,子思沂国述圣公,孟子邹国亚圣公,河南伯程颢豫国公,伊阳伯程颐洛国公。

虽然"亚圣之大才"之说出于东汉赵岐(见《孟子题辞》),《孟子》在北宋也经历了一个由子入经的"升格运动"③,但由皇帝下旨正式加封"亚圣"名号,却是发生在元代。而这一封赠,也大大推动了孟子其人其

---

① 比如《千顷堂书目》《经义考》、倪灿《补辽金元艺文志》等皆著录为"三卷",而《续文献通考》《续通志》、钱大昕《补元史艺文志》、金门诏《补三史艺文志》等皆著录为"二卷"。
② 明·宋濂,《文宪集》卷十六《渊颖先生碑》,文渊阁四库全书本。
③ 参徐洪兴,《唐宋间的孟子升格运动》,载《中国社会科学》1993年第5期。

书地位的进一步提升,《孟子弟子列传》的撰著便是在这种大背景下展开的。

2. 经子之辨

吴莱不惟许孟子以"亚圣之大才"的崇高地位,而且有意识地将孟子与列入《史记·孟子荀卿列传》的诸子作了严格区隔:一为亚圣,一为诸子;所撰一为经书,一为子书,判然分明。

上引宋濂碑文之语,即已表明吴莱以邹衍、荀子诸子不当与作为"亚圣"的孟子并列,《孟子弟子列传序》开篇亦云:

> 太史公《孟子列传》,首孟轲,继邹衍、奭、淳于髡、慎到、荀卿、墨翟、尸佼、长卢子,曰皆在孔子后。荀卿可言也,彼数子者不同道,奈何同传?将以孟子置诸战国辩士之流乎?是又非不知孟子者也。一则曰述唐虞三代之德,二则曰述仲尼之意,彼数子者,亦有一于此乎?①

这里,吴莱将邹衍诸子视为"战国辩士之流",而孟子则是继述唐虞三代之德和孔子之意的大儒,因"不同道",故不当以"皆在孔子后"而列为同传。鉴于此,吴氏才"本太史公《孟子列传》,删去诸子,且益以高第弟子万章、公孙丑之徒凡十有九人云"②。如此处置,孟子承绪孔子的"亚圣"地位便很好地突显出来了。

3. 荀学"浸淫于异端"

吴氏序言中所谓"荀卿可言也"一语,表明在他观念中荀卿与邹衍诸子的不同,因为毕竟荀子亦属儒家八派之一③。然而在孟、荀之间,

---

① 明·宋濂,《文宪集》卷十一《孟子弟子列传序》,文渊阁四库全书本。本文所引《孟子弟子列传序》文字皆出该本,下不一一。
② 元·吴莱,《孟子弟子列传序》。
③ 《韩非子·显学》云:"世之显学,儒、墨也。……自孔子之死也,有子张之儒,有子思之儒,有颜氏之儒,有孟氏之儒,有漆雕氏之儒,有仲良氏之儒,有孙氏之儒,有乐正氏之儒。……故孔墨之后,儒分为八,墨离为三。"其中"孙氏之儒",即指荀卿。

吴莱却旗帜鲜明地表明了"尊孟抑荀"的立场。吴氏追溯荀子的学术师承,称"子弓与仲尼不同时,又行事无大卓卓,不足以配孔子",又称:

> 将荀卿之学,实出于子弓之门人,故尊其师之所自出,与圣人同列,亦已浸淫于异端矣。于是孟子之没者久,所谓"沟愚瞽儒",正指万章、公孙丑之徒也。荀卿在战国号称大儒,犹同门异户者如此,又况邹衍、奭、淳于髡、墨翟以下诸子,违离怪诞者甚矣,何可与同传哉?荀卿既死,李斯用事,孟子之徒党尽矣,悲夫!①

吴莱以荀卿之学"浸淫于异端",而对孟子弟子万章、公孙丑之徒横加非薄,导致孟子一派长期湮没不彰;而荀子之学出于子弓,学术不纯,不足以如孟子一般承绪孔子之学,故荀子不当与孟子同传,更遑论邹衍、墨翟诸子。可见,吴氏《孟子弟子列传》之作,亦有意针对荀子之《非十二子》("沟愚瞽儒"之说即出其中)而反动之,以为孟派正名。

4. 孔—曾—思—孟

《孟子弟子列传序》一文,体现出吴莱鲜明的道统观。序文开篇所谓"一则曰述唐虞三代之德,二则曰述仲尼之意",其实便是排斥荀卿、邹衍诸子,将孟子作为三代以来学术正宗,将"孔孟"并称。下文又称:

> 盖战国以儒自名者八家,而四家最显:子游氏、子夏氏、荀氏、孟氏。孟子学出于曾子、子思,荀卿犹从而讥之曰:"世俗之沟愚瞽儒,嚾嚾然,略法先王,案往旧造说而不知其统。我则异焉,治则法后王而已矣。"至于子游、子夏,亦曰:"是儒之贱者,所重必仲尼、子弓。"……

如此,吴莱进一步溯孟学之源,建立起"尧—舜—禹—汤—孔—曾—思—孟"的儒家道统。这既与《孟子》篇末之道统确立精神相契,

---

① (元)吴莱,《孟子弟子列传序》。

"孔曾思孟"之说又显然与宋元以来四书学的建立与兴起直接相关①。

5.《赵注》、《朱注》之间

从《序》文看,吴莱之所以撰著《孟子弟子列传》,一是出于对《史记·孟荀列传》将孟子与荀子、邹衍诸子并提的不满,一是出于对《荀子·非十二子》非议孟子弟子万章、公孙丑等人的反动。这两种原因的背后,又都是由于孟子在元代获得了官方封赠的"亚圣"地位。而且,《孟子弟子列传》撰成,恰与《史记》中的《仲尼弟子列传》匹配,孔孟并称、孟为亚圣的观念会得到进一步强化。

不过,孟子弟子的具体名录,历代说法却不尽统一。元代之前,以东汉赵岐《孟子章句》(简称《赵注》)和南宋朱熹《孟子集注》(简称《朱注》)为代表。依《赵注》,有"孟子弟子"十五人:乐正子、公孙丑、陈臻、公都子、充虞、季孙、子叔(疑)、高子、徐辟、咸丘蒙、陈代、彭更、万章、屋庐子、桃应;另有"学于孟子者"四人:孟仲子、告子、滕更、盆成括。这十九人,皆可宽泛地称为孟子弟子。宋徽宗政和五年(1115),从太常议封爵孟子弟子十八人从祀孔庙,即基本依照《赵注》之说,惟除去滕更②。依《朱注》,则以季孙、子叔(疑)二人非孟子弟子③,且不取"学于孟子者"四人,故认定属于孟子弟子者仅十三人。

值得注意的是,"自朱子《集注》出,乃始非之,世莫有从赵氏之说者矣"④。比如宋赵顺孙《四书纂疏》、元陈天祥《四书辨疑》、元胡炳文《四书通》、明胡广《四书大全》等四书类著作,皆从朱熹之说。而吴莱

---

① 《论语》、《大学》、《中庸》、《孟子》四书的作者分别被理学家认定为孔子、曾子、子思、孟子,而朱熹在《中庸章句序》中亦大大强调了孔孟之间曾子和子思的存在,建立起"孔—曾—思—孟—二程"的儒家道统。
② 《宋史·礼志八·文宣王庙》载:"(政和)五年,太常寺言:'兖州邹县孟子庙,诏以乐正子配享,公孙丑以下从祀,皆拟定其封爵:乐正子克利国侯,公孙丑寿光伯,万章博兴伯,告子不害东阿伯,孟仲子新泰伯,陈臻蓬莱伯,充虞昌乐伯,屋庐连奉符伯,徐辟仙源伯,陈代沂水伯,彭更雷泽伯,公都子平阴伯,咸丘蒙须城伯,高子泗水伯,桃应胶水伯,盆成括莱阳伯,季孙丰城伯,子叔承阳伯。'"
③ 朱子于《孟子·公孙丑下》"季孙曰异哉子叔疑"下注曰:"此孟子引季孙之语也。季孙、子叔疑,不知何时人。"
④ (清)朱彝尊,《曝书亭集》卷五十八《孟子弟子考》,四部丛刊景清康熙本。

撰《孟子弟子列传》,著录孟子弟子十九,其数恰与《赵注》相同。有学者推断,吴氏乃在政和五年封爵十八人名单之上"益以滕更"①,而这一名单正与《赵注》相同,显然包含被朱熹排除掉的"季孙、子叔(疑)"二人。因文献不足,我们无由知晓吴氏去取之故,但他的对待《朱注》并非一字不易,却是显而易见。猜度其中缘由:一方面,尽管仁宗皇庆二年(1313)十一月下诏重行科举,规定"蒙古、色目人,第一场,经问五条,《大学》、《论语》、《孟子》、《中庸》内设问,用朱氏《章句集注》"②,但在吴莱生活的时代,《四书集注》并未取得如明清时期那般尊崇的地位,学者对《集注》文字或有不从亦属正常;另一方面,从学派归属上看,吴莱之学可溯源于永康陈亮,陈亮乃属浙东事功之学,与朱子之学本有差别③。

四、体式与观念

通过前文考证,我们基本可以认定旧题程复心的《孟子年谱》当属后人伪作,不当归入元代。如此,则元代较为可信的年谱、传记类著述不过各有一部,分别为吴迂的《孟子年谱》和吴莱的《孟子弟子列传》。

无论"孟子年谱"还是"孟子弟子列传",从著述体式角度讲,在元代之前的整个孟学史上,都是少有的品目。"孟子弟子列传"之类著述,在元代之前几乎无考;"孟子年谱"类著述,元代之前较为流行者当为《孟氏谱》,据学者考证,"大概为南宋后期人所作"④。如此,则元代出现的这两部著述就显得殊有意义。"年谱"及"弟子列传",皆针对孟子其人而发,而元代及之前之所以罕有问世,一个很重要的原因是文献不足,如《史记》关于孟子的记载便很有限,孟子的许多事迹"虽太史公不能具

---

① (清)朱彝尊,《经义考》卷二三六,前揭,页1200。
② 《元史·选举志一·科目》;又《通制条格》卷五《科举》,杭州:浙江古籍出版社,1986,页76。
③ 参(清)黄宗羲、全祖望,《宋元学案》卷五十六《龙川学案》。
④ 张培瑜,《孟子的生辰卒日及其公历日期》,载《孔子研究》1期,2011。

知,况后世乎?"①这也直接导致了"自汉以来注家林立,鲜从事乎此者"②;之所以文献不足,真正的学术原因则在于孟子学术及政治地位的长期不彰。而宋元以来之所以会出现"孟子年谱"类著述,也正与《孟子》升子入经、其人封赠"亚圣"名号等孟学史上的重要事件直接相关。

如前所述,"年谱类"、"传记类"两种著述体式有着密切关联,不过细分起来,之间还略有差别。就元代孟学来讲,"年谱"更关注孟子其人其书在时间维度上的纵向发展,体现出一种"历史观念";而"弟子列传"更关注孟子其人其学在学派构成维度上的整体面目,体现出一种"学派观念"。因吴迁《孟子年谱》已经亡佚,无由知其体例,但就后世所见孟子"年谱"看,有两种不同形式:一是按时间线索梳列其人平生事迹,比如清人曹之升《孟子年谱》;一是将其著作按时间线索打散归置,比如题名程复心的《孟子年谱》,便是按时间线索重新排定《孟子》的篇次文字。而后一种处置方式,可以体现出撰者对《孟子》其书性质及大旨的认知,比如程氏《孟子年谱序》即称:

> 《孟子》非编年之书,安得以见梁惠王为应聘第一事?……一见曰"叟",知非四十不动心之时,其不以游梁始,甚明著也。……《孟子》一书,无非欲君臣、父子、兄弟,去利怀仁,义以相接,而弗放其良心也。以见梁惠王始,以不忍梁惠王终,以仁义君民之治统为前序,以尧、舜、汤、文、孔子见知闻知之道统为后序,此孟子作书之大旨,全不因岁月编次,故知不自见梁王始也。③

这一年谱编撰体式,可以从一个特殊角度深化对《孟子》思想的理解。

当然,元代之所以会出现"年谱"及"弟子列传"类著述,皆因孟子其人其书地位在元代的提升而来。而孟子地位之所以会在元代得到大幅提升,除去宋代以来的孟子升格运动和四书学的建立及推广,还有一个

---

① (元)吴莱,《孟子弟子列传序》。
② (清)周广业,《蓬庐文钞》卷四《书程复心孔子论语年谱孟子年谱后》,民国二十九年本。
③ 见《四库全书存目丛书·史部》第76册,济南:齐鲁书社,1996,页23。

重要条件,就是元代统治者实行的"以儒治国"的文化政策。须知,元代是一个由北方蒙古族建立起来的特殊政权,统治者"重儒"观念的形成经历一个复杂的过程,但这一观念恰恰是孟学乃至整个儒学在元代得以发展的重要前提①。

---

① 参周春健,《元代四书学研究》第一章,上海:华东师大出版社,2008,页30—45。

等待黎明:为明君献计
——《明夷待访录》读书札记

何子建

引　言

黄宗羲的《明夷待访录》,篇幅不大,信息含量却异常丰富,其政治论述的广度与深度,在我国古代著作之林罕有其匹。但限于篇幅与时间,拙文放弃了一般论文对全书作鸟瞰泛览的方式,而主要透过对该书的《自序》和《原君》的精读剖析,以期为进一步理解和研究全书,提供某种参考。因此,拙文与其称为论文,不如说是读书札记更为合适。

一、命途多舛,知人论世

黄宗羲及其《明夷待访录》,堪称奇人怪书。

黄宗羲,字太冲,号南雷,学者称梨洲先生,浙江余姚人,生于明神宗万历三十八年(1610),卒于清康熙三十四年(1695),年八十五岁。其人之奇,乃时代与个人身世遭遇有以致之。黄氏之七世孙黄炳垕,于清道光、同治年间,广搜博采,凡三十余年,完成《黄梨洲先生年谱》[①]。卷

---

① 黄炳垕,《黄宗羲年谱》,北京:中华书局,2006。

首有著者描摹的谱主画像,但见梨洲先生面容清癯,目光炯炯有神,与谱主"形似"与否,后人无从判断,但至少符合著者和笔者对黄宗羲这位睿智哲人所得的印象或想象。该画像附有"自题词",写道:"初锢之为党人,继指之为游侠,终厕之于儒林,其为人也,盖三变而至今。"三言两语,已勾勒出谱主坎坷不平的人生经历。①

所谓"初锢之为党人",是指梨洲作为东林党子弟和复社成员,多番与明朝宦官权贵周旋斗争。其父黄尊素,是东林党领袖之一,天启年间曾任都御史,与杨涟、左光斗等人过从甚密,经常一起议论朝政,梨洲随侍在侧,耳濡目染,对朝局清浊,了解渐深。后来黄父因曾三次弹劾宦官魏忠贤,在天启六年(1626)为阉党所害,死于狱中。崇祯元年(1628),梨洲年十九,袖中暗藏铁椎,写了一封奏疏,上京替父伸冤。因魏忠贤已死,梨洲上疏奏请诛杀阉党曹钦程、许显纯、崔应元等人。在刑部会审逆党,公庭对簿期间,梨洲用铁椎把许显纯打得满身是血,又拔下崔应元的须发,回家烧掉以献祭于黄父灵前。梨洲更联同受害各家子弟,在监狱门口设祭,痛哭不已,崇祯听闻此事,叹为"忠臣孤子"。崇祯十一年(1638),梨洲与复社诸名士写了一篇《南都防乱揭》,声讨勾结宦官的权贵阮大铖。不久,南明弘光帝即位,阮大铖再居高官,进谗言报复,梨洲与复社友人先后被捕下狱,未几,清兵攻陷南京,梨洲才踉跄逃回浙东故里。

至于"继指之为游侠",显然是指黄宗羲参与反清复明武装抗争运动,前后近十年时间。清顺治二年(1645),明宗室鲁王朱以海至绍兴即监国位,梨洲兄弟募集同乡子弟数百人,号称"世忠营",沿钱塘江防守。其后随南明政权辗转进行匡复活动,在清廷追捕下,东迁西徙,九死一生毫厘间。至顺治十年(1653),鲁王去监国号,梨洲深知复国无望,重返家园,致力于讲学和著述。

当日黄父被捕之时,曾对梨洲说:读书人不可不通晓史事。梨洲于

---

① 关于黄宗羲的生平,还有一个重要的史料来源,即清代浙东学派代表人物全祖望撰写的《梨洲先生神道碑文》,是碑以学术为脉络,逐层铺叙,情文并茂,后世学者多所取资。原载《鲒埼亭集》卷第十一,可参朱铸禹汇校集注,《全祖望集汇校集注》,上海:上海古籍出版社,2008,上册,页212—225。

是先读《明十三朝实录》，再上溯《二十一史》。崇祯二年(1629)，父冤既伸，梨洲遵父遗命，前往蕺山(浙江绍兴县东北)随刘宗周求学，刘氏之学以慎独为宗旨。患难之余，梨洲用功益勤，尽读家中藏书仍嫌不够，还向绛云楼钱谦益等知名藏书家借书钞缮，乐此不疲。① 虽年逾八十，仍著书不缀。

黄宗羲的著作数量众多，大体分为两大类：一类是他编选前人的著作，有十余种，一千余卷，一千万字以上，如《明文海》、《明史案》等；另一类是他亲撰的专著和诗文，有一百余种，三百多卷，达三百万字以上，内容涉及哲学、史学、文字学、天文、地理、历法、数学、文学等领域。可惜，不少著作已散佚。现存亲撰之作，均已收入《黄宗羲全集》②。黄宗羲更被视为清代浙东学派的祖师，为万斯同兄弟、全祖望以至章学诚等人所继承。因此，黄宗羲的思想贡献和历史地位，又岂是"终厕之于儒林"这几个字所能道尽！一九八六年十月，首次国际黄宗羲学术讨论会在浙江宁波市举行，与会的中外学者有一百三十七名，提交了一百余篇学术论文，部分论文其后结集出版，反映了当代黄宗羲研究的一些热点和成果。③

《明夷待访录》在黄宗羲的专著中有着特殊地位，此书反思明朝覆亡，指陈政治理想，提出制度设计，"为其学术中最精彩之一部分，在亡明遗老中殆可首屈一指"④然而，这是一部典型的怪书，其本身的内容及其面世流传史显得同样重要，不能不引起思想史家的玩味与重视，因为，"哲学史与思想史的一个重要区别，是后者不只要问出现何种成系

---

① 已故思想史家蔡尚思先生曾经指出，黄宗羲"最博学、最多读书，实在顾炎武、王夫之等人之上，而为古来儒林所未有。"见蔡尚思：《黄宗羲学术思想的独特地位——纪念黄宗羲逝世二百九十周年》，《蔡尚思全集》，上海：上海古籍出版社，2005，第7卷，页450。蔡先生此言也许颇有根据和可信性，他自述治学经历，最津津乐道的是，1930年代曾在号称"藏书为江南之冠"的南京国学图书馆住读，按该馆出版的《图书总目》集部所示，略阅和翻查了几万卷历代文集。参氏著，《青年时期求师治学记》，同前，第8卷，页663—664。
② 沈善洪主编，《黄宗羲全集》，第1—12册，杭州：浙江古籍出版社，1985—1994，该书附有众多学者对于黄宗羲生平和著作的述评，也编录了《全集人名索引》，为研究者提供了重要的检索资源(以下称引该书，简称《全集》，只注明册数和页码)。
③ 吴光主编，《黄宗羲论——国际黄宗羲学术讨论会论文集》，杭州：浙江古籍出版社，1987(以下称引该书，简称《黄宗羲论》，只注明页码)。
④ 萧公权，《中国政治思想史》下册，台北：联经出版公司，1996，页636。

统、论证清楚的思想,还要问那些论点在历史上造成何种实际的影响。"①

《明夷待访录》始作于清康熙元年(1662),完成于康熙二年(1663)。书名原作《待访录》,至全祖望撰《梨洲先生神道碑文》、郑性父子在乾隆年间刊刻该书,始改称《明夷待访录》。该书于1673年初刻,顾炎武、汤斌未几即分别撰写《与黄太冲书》,推崇赞誉备至。然而,该书在清初非但不曾有过重要影响,而且直到道光十九年(1839)才再度出现刊本,从十七世纪后期到十九世纪后期将近两百年的时间,几乎不曾被热烈讨论过。据王汎森分析,原因似乎有二。其一,黄宗羲的《南雷文约》曾被列入浙江禁毁目录,《明夷待访录》或因"涟漪效应"而影响流存。该书内容本来就有些敏感,书名"明夷"二字典出《易经》,一般人未必知道,却容易产生夷狄之联想,所以清代有的传本或封面被撕去,或直接用卦爻图案以表其字,避免触犯忌讳。其二,更重要的原因在于,"道假诸缘,复须众熟",新思想的出现是一回事,能否引起热烈讨论并在思想世界生根是另一回事。《明夷待访录》讥斥君权的刺目言论有待时风酝酿、众势成熟,才足以鼓动人们产生敏锐的感受。到了清末,经梁启超、谭嗣同大量印发,对"民权共和"产生风雷破山海的影响。梁启超在《中国近三百年学术史》谈到此书,动情地回忆道:"在三十年前(按,梁书完成于1923年),我们当学生时代,实为刺激青年最有力之兴奋剂,我自己的政治运动,可以说是受这部书的影响最早而最深。"②

二、脉络清晰,意蕴深远

《明夷待访录》形式上是由二十一篇单篇论文组成的政治论文集,如将同名各分篇归并成为一篇,则只有十三篇,而各篇看似不相统属,

---

① 王汎森,《何以三代以下有乱无治》,台北:大块文化出版股份有限公司,2011,页39。该书实际上是《明夷待访录》导读,而此处关于《明夷待访录》的版本流传概况,亦参吴光:《黄宗羲遗著考(一)》,载《全集》,第1册,页422—423。
② 梁启超,《中国近三百年学术史》,北京:中国社会科学出版社,2008,页51。

实则有其内在的结构脉络,分成若干专题单元,形散实不散,成为有机的组合。"指出这一点,对理解这部书的精神是必要的。"①当中《原君》、《原臣》、《原法》、《置相》、《学校》五篇可算作第一组文章,讨论君主政体最为核心的问题,包括君民关系、君臣关系、法制、中央官制和士人议政等问题,其他几组文章分别讨论选拔人才之道(《取士》)、田租和土地所有问题(《田制》)、军事制度(《兵制》)以及经济政策(《财计》),还有一组文章,讨论当时较为瞩目的现实问题,包括《建都》、《方镇》、《胥吏》和《奄宦》。可以说,该书几乎触及政治上的各种问题。② 更由于梨洲是极有眼光的史学家,对于所论及的问题,一般都能追根究底,并提出救弊补偏的办法。后人想真正读懂该书,也许要深入了解我国几千年的历史实际,并深入了解明末清初的社会实际,才体会得出书中的滋味。③

尽管如此,我们还没有触及到该书的精神意蕴问题。"要理解某个思想家,得先理解其所立之志"。个人立志是治学问道的基础。明乎其人所立之志,才有可能把握其思想意图。④ 换言之,哲人心志,乃阐释之匙。就本论题而言,只有了解梨洲的心志,才可以更好地解释他为何以及如何写作《明夷待访录》。了解哲人的心志,第三者的推测和分析无论如何精彩,也只能充当旁证,哲人的现身说法才是最佳证词。后世读者毕竟是幸运的,梨洲为《明夷待访录》留下了一篇《自序》(或称《题辞》)作为证词。可惜的是,这篇《自序》往往并没有引起足够的重视和

---

① 邱汉生,《读〈明夷待访录〉札记》,见《黄宗羲论》,页 250。
② 《明夷待访录》惟独没有谈到夷狄问题,乍看似不可理解。这涉及《明夷待访录》和《留书》的关系问题。全祖望在《书明夷待访录后》曾写道:"原本不止于此,以多嫌讳弗尽出,今并已刻之板亦毁于火。"(参朱铸禹汇校集注,《全祖望集汇校集注》,前引书,中册,页 1391。据吴光指出,当初只有《待访录》而无《留书》。后来所以析为二书,盖因其内容颇多触犯清廷忌讳之辞,所以刊刻时只选择了部分篇章,称为《明夷待访录》;那些直接犯忌干禁的篇章则仅有抄本流传,被称为《留书》,意谓留存未刻之书。他后来在中国科学院图书馆找到残稿二篇,一为《文质》,一为《封建》。《封建》篇有"三代以后,乱天下者无如夷狄。"等语,且遭删削,文尾不全。附有徐时栋的批注,谓"此文未全,议论极乖张,虽曰吠尧,然狂吠矣,丛残不足惜也。"(参吴光,《黄宗羲遗著考(一)》,载《全集》,第 1 册,页 426;页 447。)
③ 参邱汉生,同前,页 261—262。
④ 刘小枫,《共和与经纶——熊十力〈论六经〉〈正韩〉辨正》,北京:三联书店,2011,页 2—3。

细心的阅读,连一些专业研究者也不例外。就笔者所见,无论内地抑或台湾所出版的《明夷待访录》译注普及本读物,或是只限于原文照录,或是整篇序文抽起。① 与此相映成趣的是,无论西洋抑或东洋学者,对这篇《自序》都花了不少钻研工夫:美国著名汉学家狄百瑞,不但把《明夷待访录》一字不漏地译成英文,还附有详尽的参考书目,关于《自序》有十三条注释。② 至于日本学者,据沟口雄三指出:"最虚心细读这个自序的是佐藤震二"。在佐藤震二的论文《明夷待访录的基本思想》中,第三、四节是《待访录序文的思想(上、下)》,通过对序文的分析,"揭示了对孟子一治一乱说与胡翰十二运说加以扬弃的黄宗羲独特的历史哲学"③。外国学者治学之巨细无遗,确实值得我们反思和借鉴。

即使加上现代标点符号,《自序》全文也只得二百八十字左右,却是后世读者了解哲人黄宗羲的心志、进而阐释《明夷待访录》全书的大关节、大文字,可谓绵里藏针,字字句句都值得仔细掂量、咀嚼。梨洲开门见山,劈头第一句就说:"余常疑孟子一治一乱之言,何三代而下之有乱尤治也?"④孟子的原话是:"天下之生久矣,一治一乱。"认为人类社会产生很久了,太平一时,无秩序一时。⑤ 梨洲对此用上"常疑"二字,可见这番思索和怀疑绝非一时之念,而"常疑"的根据又是什么呢?是源于梨洲作为史学大家观察历史而产生的困惑:三代而下何以只有乱而没有治呢?在这里,他已挑明了对我国历史所作的某种"二分法":"三代以上"对"三代以下"。表面上,"三代"指夏、商、周三个朝代,但自孔

---

① 内地读本参李伟,《明夷待访录译注》,长沙:岳麓书社,2008;刘河,《明夷待访录注译简评》,贵阳:贵州人民出版社,2001;台湾读本参董金裕,《明夷待访录——忠臣孝子的悲愿》,台北:时报文化出版企业股份有限公司,1995。需要补充的是,笔者在此处仅就各作者对《自序》的处理提出意见,绝对无意贬低他们的劳作成果。事实上,笔者串讲或解释《明夷待访录》相关篇章时,也综合参考了诸家译注,择善而从,特此说明,非敢掠美。
② 狄伯瑞(De Bary, W. T.), *Waiting for the Dawn: a Plan for the Prince: Huang Tsung-hsi's Ming—I Tai—Fang Lu*, New York: Columbia University Press, 1993.
③ (日)沟口雄三著,索介然、龚颖译:《中国前近代思想的演变》(北京:中华书局,2005),页271—272;另参(日)佐野公治,《日本的黄宗羲研究概况》,载《黄宗羲论》,页523—524。
④ 黄宗羲,《明夷待访录·题辞》,载《全集》,页1。以下凡称引《明夷待访录》,仅随文注明页码。
⑤ 《孟子·滕文公章句下》,参杨伯峻译注,《孟子译注》上册,北京:中华书局,1981,页154—155,译文略有改动。

子以来,"三代"已被理想化,成为儒家所称颂的太平盛世,成了理想化的参照坐标。这番"常疑",就成为梨洲写作《明夷待访录》的推动力,而该书的主旨,正是要回答这个萦回不去的重大问题。

梨洲接着提出了一套非常独特的历史观:"乃观胡翰所谓十二运者,起周敬王甲子以至于今,皆在一乱之运。向后二十年交入'大壮',始得一治,则三代之盛犹未绝望也。"这段话似乎相当费解,要解释清楚,不得不费一番唇舌:胡翰何许人也?"十二运"所指为何? 这一切如何与《明夷待访录》相关?

胡翰(1307—1381),字仲申,一字仲子,金华人,晚元明初学者,有文名。后遭逢天下大乱,避地南华山,著书自适。洪武初,曾应聘修《元史》。另著有《春秋集义》和《胡仲子集》,事迹见《明史》卷二八五。《胡仲子集》载有《衡运论》一文,黄宗羲在《易学象数论》卷六曾称引其文。《易学象数论》撰写于顺治十八年辛丑(1661),其时梨洲沉潜于探究《易经》和"象数之学"。翌年,即康熙元年壬寅(1662),才撰写《明夷待访录》。这两本著作不仅在写作时间上相连,而"十二运"之说更使两者产生紧密的内在联系。

"十二运"之说出自胡翰《衡运论》一文,胡在文中说"余闻之广陵秦晓山"可证两人的授受关系。所谓"十二运",即"皇降而帝,帝降而王,王降而霸,犹春之有夏,秋之有冬也。由皇等而上,始乎有物之始;由霸等而下,终乎闭物之终。消长得失,治乱存亡,生乎天下之动,极乎天下之变。纪之以十二运,统之以六十四卦。"①,梨洲认为,"胡仲子列十二运,推明皇帝王霸之升降。",又说:"革在十二运之终,十二运告终,始复其常。"②这显然是以《易经》的"变易"观和邵雍的象数之学为基础。北宋邵雍(1011—1077)著有《皇极经世书》,是《易经》象数学之代表作,认为"太极"永恒不变,万事万物依所谓"先天八卦图"循环不已,历史也按皇、帝、王、霸之轨迹因革。简言之,胡翰的"十二运"之说,是将社会人事的演化与神秘象数之推演合而为一的历史循环论。假如"时未臻乎

---

① 胡翰,《衡运论》,载黄宗羲,《易学象数论》卷六,《全集》第9册,页273;页270。
② 黄宗羲,《易学象数论》卷六,见《全集》第9册,页269;页270。

革",即使圣人也难以有所作为,胡翰指出:"仲尼没,继周者为秦,为汉,为晋,为隋,为唐,为宋,垂二千年犹未臻乎革也。"①

"十二运"之说在实际上涉及复杂的推算,综合狄百瑞和佐藤震二等人的研究②,所谓"十二运"的第三运始于"大壮"卦,第四运的中间是"明夷"卦。据传统说法,孔子死于公元前479年,而按黄宗羲的数字规律来计算胡翰所谓的十二运,则以周敬王甲子(公元前477年)作为计算的起点(该年约略为春秋时代的最后一年,未知是巧合,抑或别有深意?),经过二千一百六十年,相当于康熙二十二年癸亥(1683)。按《明夷待访录》完成于康熙二年(1663),显然"皆在一乱之运",属于乱世,而序文所说"向后二十年交入大壮",并不是一个大概的年数,而是正好二十年;并且确信次年转入大壮之年,即康熙二十三年甲子(1684),将重新运转,开启另一个太平时期。"大壮"卦,为《易经》第三十四卦,从卦象上看,下〈乾〉天,上〈震〉雷,雷的震动超过了天之上,有太壮、过壮之义。然而,壮极转化,将开始重新蓄积培育,获得再次上进的生机。③正是基于"十二运"这种历史循环哲学,使黄宗羲相信,自周敬王甲子年以来的持续的乱世,在今后二十年内就会终结,复兴三代盛世的希望仍未断绝,这使他对《明夷待访录》的写作抱有很大的期待,有信心将来可以实现自己的政治理想。

于是,梨洲从1662年夏天起,着手撰述关于达致太平盛世的方略,所谓"条具为治大法",但好事多磨,才写出几个章节,就遇到一场火灾,不得不停下来。翌年十月,他再度动笔,冷雨敲窗之际,不免感叹:从前,元末明初文人王冕(1287—1359)仿照《周礼》,著书一卷,自言自语说:"如果我不是立刻就要死去,拿着这本书,若碰巧遇到一位贤明的君主,即便是像(商初大臣)伊尹、(西周开国功臣)吕尚那样的事业,也是不难达致的。"但王冕没有得到尝试的机会就抱憾而终,梨洲也没见过他的那本书。念及当世乱运未终,如何能够进入"大壮"时期! 梨洲的

---

① 胡翰,《衡运论》,前揭,页273。
② 狄伯瑞(De Bary, W. T.), *Waiting for the Dawn: a Plan for the Prince: Huang Tsung-hsi's Ming—I Tai—Fang Lu*,前揭,页188—189。关于佐藤震二,参前引书。
③ 参陈鼓应、赵建伟注译:《周易今注今译》,北京:商务印书馆,2005,页310、316—317。

复杂心情,跃然纸上。

然而,梨洲转念一想,尽管自己老了,说不定像箕子一样,遇到一位明君来寻访治国之道。正如"明夷"卦象所示,"天刚亮,还没有大放光明。"怎么可以因为这个缘故,而不把《明夷待访录》写出来呢?

相信梨洲绝对想象不到,他这番表白心迹之言,在后世会引起那么多争议。关于箕子的事迹,为明清士人所熟知。① 据《尚书·洪范》篇所载,周武王平定天下后,拜访商朝遗臣箕子,请教治理天下之道。箕子就向他陈述"天地之大法",武王虚心采纳,天下因而太平。梨洲引此自喻,却惹来其待访对象为谁的质疑,最典型的莫过于章太炎,讥评梨洲的待访对象是满清皇帝,指责他"守节不孙"②。其实,即使不提梨洲多次拒绝清廷征召他出仕的事实,而仅以拙文第一节所描述的梨洲个人身世经历来衡量,对类似的质疑或争议,都没有深究的必要。

我们反而应探究"明夷"二字潜藏的深远寓意。"明夷"为《易经》第三十六卦,从卦象上看,下〈离〉火,上〈坤〉地,属日入地中之象,象征"光明殒伤",因此称为"明夷"。《集解》引述郑玄的解释,"犹圣人君子有明德而遭乱世",《象传》援引周文王的事迹,他曾被商纣囚禁于羑里,以文明柔顺之德事纣,度过危难。又引箕子的事例,他为纣所囚,忍辱佯狂为奴,既以身免,又守其志;说明君子身处政治阍暗之世,必须自晦其明,守正不移,在艰难中维持正道,以等待转衰为盛、光明重现的一天。这便是卦辞所谓,君子处天下"明夷"之时,利于自"艰"守"正"的用意。③ 明夷待访的确实意思,正如狄百瑞的本书英译书名和沟口雄三等人的分析所显示④,是指在艰难困苦的时势中,期待着在日出前的黎明,有明君下问,因此,拙文题目也袭用其意。

清初另一位大师顾炎武于顺治十八年辛丑(1661)至杭州,想东渡

---

① 参江永,《四书古人典林》,合肥:安徽大学出版社,2011,页64—65。
② 章太炎,《非黄》,此处引自《全集》,第12册,页219。
③ 参黄寿祺、张善文译注,《周易译注》(修订本),上海:上海古籍出版社,2001,页294—301。
④ (日)沟口雄三著,索介然、龚颖译,《中国前近代思想的演变》,前揭,页272。

曹娥江拜访梨洲,未果。十五年后,即康熙十五年丙辰(1676),在北京见到梨洲的门人陈、万二君,得读《待访录》,在《与黄太冲书》中写道:"天下之事,有其识者未必遭其时,而当其时者或无其识。古之君子所以著书待后有王者起,得而师之。"①这两位晚明遗民大师在心志、人格和学问上都有不少相通之处,顾宁人更可谓梨洲的知己,他说的这番话,至少起到两个作用:相比于章太炎等人对梨洲的尖刻讥评之辞,无疑是提供了一副清凉的解毒剂;同时,对于理解《待访录》问世后何以曾经百年以上无闻,再添一番有力的辩护。然而,在《明夷待访录》完成后三十年,黄宗羲作《破邪论》,在《题辞》中写道:"余尝为《待访录》,思复三代之治。昆山顾宁人见之,不以为迂。今计作此时,已三十余年矣。秦晓山十二运之言,无乃欺人。"②。显然,那时候他已彻底绝望,甚至认为十二运之言是无稽之谈,才有此愤懑之辞。政治现实对于这位一度抱有雄心壮志的哲人,毕竟太残酷了!

三、一条主线,三对概念

明确了为何著述,也就决定了如何著述。既然《明夷待访录》的主旨是为了解答"何三代而下之有乱无治",则必然首先要涉及君权问题,理由有二:其一,"无论是就全部中国思想史来说,还是只就三纲礼教来说,最关键的问题都是君权即君主专制问题"。③ 其二,自公元前221年秦始皇统一六国,建立我国历史上第一个中央集权国家,废封建、置郡县,削除了贵族和封建领主对皇权的制约,完成从封建君权向专制君权的过渡,这种专制君权基本上不受制约,至明代积弊已深、为害日烈、专制君主,多昏庸淫虐,戮功臣、除异己、宠宦官、敛赋税,以致政乱于上、民困于下,终于倾覆于异族之手。梨洲身处明末清初"天崩地解"④

---

① 黄宗羲,《思旧录》顾炎武条,《全集》,第1册,页390。亦可参顾炎武:《顾炎武全集·亭林诗文集》,上海:上海古籍出版社,2012,页298—299。
② 黄宗羲,《破邪论》,《全集》,第1册,页192。
③ 蔡尚思,《中国礼教思想史》,见《蔡尚思全集》,前揭,第5卷,页411。
④ 黄宗羲,《留别海昌同学序》,《全集》,第10册,页627。

乱世，对此自然有切身的体会和深刻的洞察，因此他能够站在反对和谴责专制君权的最前列，并试图提出改进措施，比同时代以及前人的主张都要激进和彻底，这个主题便构成了贯穿《明夷待访录》全书的一条主线。

综观《明夷待访录》的阐述，有一套系统性原则贯穿其间，当中有三对概念较为突出。以下主要围绕《原君》篇（页 2—3），作一番剖析。所谓"原君"，就是要追溯君权的本原，或探究设置君主职位的本意，集中地反映了梨洲政治思想中最重要的宗旨。

梨洲开门见山写道："有生之初，人各自私也，人各自利也"。在刚有人类的时候，每个人都是只顾自己的私事，只谋自己的利益。世上有公共的利益却没有人去兴办，有公共的祸害却没有人去革除。后来有人出来，完全不顾虑自己的利害，专门为天下人兴利除害。处于君主这个位置，只会比天下的人勤劳千万倍，而自己又得不到利益，所以，很多人都避之唯恐不及，有些人像尧、舜一样，就了位也最终推让掉。黄宗羲认为，这哪里是古人的想法有什么特别，好逸恶劳本来就是人的常情！

后世做人君的却不是这样。他们认为自己掌握了天下的利害大权，即使把天下的利益都收归己有，把天下的祸害都推给别人，也没有什么不可以。于是，他们"使天下之人不敢自私，不敢自利，以我之大私为天下之大公"。开始他们还感到有些惭愧，可是久而久之，也就心安理得，把天下看作自己的最大产业，传给子孙，永远地享受。汉高祖当年曾对他的父亲说："我所挣来的产业，跟我兄弟比，哪个多呢？"他那种追逐私利的心情，已充分表露在这句话中了。

梨洲在此提出了第一对重要的概念：公与私。他极言专制君权弊端，而把古之君主和后世人君的差异归结为"为公"与"为私"之别。这里牵涉到几个重大的问题：

其一，根据梨洲此处所揭示的人性观，人类存在的原点是个人，而把人的原始存在状态规定为自私和自利的存在，这里反映着某种深入广泛的平等观，即强调人都是没有差别的个体，在自私和自利方面，一般人的欲望并不亚于君主，因此，他并没有像传统儒家学者那样，把某种天命或绝对的权威赋予特定的人物。尽管他权宜地承认君主——拥有最高责任的为政者——的存在,但君主之设置主要是出于为天下人兴利除害,所着重强调的是为政者的作用和责任。易言之,作为个人性、个别性的"个人",都是自私自利的,具有相反性格的为政者应运而生,他们作为公共性、全体性的"公人",必须超越和排除个人的欲望和私利。①

其二,梨洲倾向主张政治只讲求功利之目的,因为"成德"或"成圣"原非政治功能所在。劳思光对此有精辟的阐释:"梨洲论政治生活之目的时,并不就道德着眼,而直言'利害'。盖政治之功能正在于为天下人处理现实生活之问题——即所谓求利除害。掌有政权者倘知政治本来是此种性质之活动,则不以一己之私干扰此种活动,即是正轨所在。"君主的职分,是为天下兴利除害,否则便是悖理失道,"此乃梨洲对政治生活之目的所立之大论断"。②

其三,黄宗羲对君权的起源或立君的原意与儒家传统的解释有所不同。按照儒家传统说法,君权受命于天,君是天之元子,他蒙受天命,秉承天意,代行天德,治理万民。可是在梨洲看来,君主是人类社会组织的产物,是顺应社会发展的结果,不但毫无神秘性,而且为了替天下兴利除害,其工作的辛劳理应千万倍于普通老百姓。③ 更引人瞩目的是,传统儒家言之凿凿的尧舜禅让佳话,在梨洲笔下,原来他们只是不愿意继续承担为天下兴利除害的责任,认为坐上人君宝座吃力不讨好,这无疑暗藏了梨洲对于后世人君私天下的整个体制的深刻反省。

其四,关于中国古代的"公·私"之辨,日本学者沟口雄三曾作过非常精细的分析,概言之,"中国的公·私在由共同体的公·私整合为政治上的君·国·官对臣·家·民之间的公·私的过程中,从道家思想吸收了天的无私、不偏概念作为政治原理,而包含了公是'平

---

① (日)高桥进,《黄宗羲思想的历史性格》,见《黄宗羲论》,页 82—87。
② 劳思光,《新编中国哲学史》(三下),台北:三民书局股份有限公司,1987,页 647—648。
③ 林启彦,《从明夷待访录论黄宗羲政治思想的渊源》,见《冯平山图书馆金禧纪念论文集》,香港:香港大学冯平山图书馆,1982,页 314—315。

分'、私是'奸邪',即公平、公正对偏颇、奸邪这种道义上的背反/对立概念。"①例如,《吕氏春秋·贵公》里有名的一段话:"昔先圣王之治天下也,必先公,公则天下平矣,平得于公。尝试观于上志,有得天下者众矣,其得之以公,其失之必以偏。凡主之立也生于公,……天下非一人之天下,天下之天下也。"但沟口雄三指出,"这一天下之公,直至 17 世纪明代末期,基本上只是作为皇帝所应有的政治态度而要求于皇帝的道德基准,并不是为了主张百姓的权利而从下面提出来的。"②然而,旧有的那种以君主的仁德为治世原点的德治主义政治观,在明末清初开始发生变化。在《原君篇》中,梨洲公然为民的自私自利张目,将"民的自私自利"和"皇帝的大私"作为相矛盾的对立物描述,不仅民的"自私",而且连"自利"都得到肯定。这里所谓"自私"、"大私"的私,并不是利己或利己主义等与道德相关的概念,而是以私有为内容的观念,同时,也应考虑到明末清初从去人欲的天理观向存人欲的天理观的思想史转换,因此,君主的公,不是指君主之德的主观内容,而是指君主存在方式的客观功能,是使万民之私得以实现的社会行为,代表了从德治式君主主义向万民式君主主义的转变。③

其五,对民的自私和自利的肯定,亦使"公"的概念发生质变。首先,"公"与"私"不再是二律背反关系,而是高一层次的"公",这个"公"要内含"私",不只是君主一个人的"私",还要使民的"私"都得到满足。同时,维护所有人的"私",即可成就天下之"公",梨洲由此把"公"看作是民的"私"的集聚,与顾炎武在《郡县论五》一文说"用天下之私以成人之公,而天下治"④,可谓异曲同工,折射了时代的普遍思潮。

然而,在现实的层面,正如沟口雄三指出,所谓自私自利的民,不是一般的民,而是被当时视为有力量的、包括自耕农在内的地主阶层以及与他们有联系的城市工商业者,即富民阶层。所谓为了万民的政治,就是为了这个富民阶层的政治。梨洲的论述,显然是基于明末特别是神

---

① (日)沟口雄三著,郑静译,《中国的公与私·公私》,北京:三联书店,2011,页49。
② 同上,页275。
③ 同上,页114—115。
④ 顾炎武:《顾炎武全集·亭林诗文集》,前揭,页60。

宗、熹宗时期的君主专横的历史体验,当时皇帝、宦官的专横,是通过矿税、王府庄田等强夺民间私产的形式表现出来,这对于揭示梨洲所说皇帝的大私与民的自私自利抗衡这一结构上的矛盾、自私自利可能包括什么内涵、梨洲对此是站在什么立场等问题,都具有启发作用。由此看来,黄宗羲在《田制》、《学校》以至《破邪论》等著作中,不乏激烈地主张民对田土的私有权的言论,并把赋税比作不伦、不仁,也就丝毫不足为怪了。①

接着,梨洲提出了第二对重要的概念:主与客。梨洲尽管秉持君主政体的观点,但在探讨理想的政治时,却提出一个非常重要的问题:到底谁为主,谁为客? 他认为,古之君主和后世人君产生如此大的差异和对比,没有别的原因,"古者以天下为主,君为客",凡是君主尽其一生所经营的,都是为了天下百姓。如今反其道而行,"以君为主,天下为客",所有使得天下人无处可以获得安定的灾祸,都是由于只为君主设想。因此,在其人未得到君主职位的时候,就残害天下人的生命,拆散天下人的子女,以求得个人的产业;而在其人夺得君主之位以后,就敲诈、剥取天下人的骨髓,拆散天下人的子女,以供他一个人放纵、享乐。如此看来,"为天下之大害者,君而已矣"。当初假使没有君王,"人各得自私也,人各得自利也"。梨洲忍不住慨叹道:唉! 难道设置君主的道理就是如此吗? "岂天地之大,于兆人万姓之中,独私其一人一姓乎!"他敢于反对历来专制君主至高无上的神圣地位,不但把秦汉以下的君主一概骂倒,甚至认为专制君主正是天下一切祸害之源。因此,蔡尚思先生恰当地指出,"我们必须从整个中国君权史来看黄宗羲的中心思想,才能认识他独能击中要害的崇高地位。"②

《明夷待访录》的政治立脚点是从君主转移到万民,他在《原臣》篇中进一步写道:"天下之治乱,不在一姓之兴亡,而在万民之忧乐。"(页5),把一家一姓的朝代与天下万民区别开来,认为朝代兴亡与天下治乱

---

① (日)沟口雄三著,郑静译,《中国的公与私·公私》,前揭,页23;页62。另参氏著:《中国前近代思想的演变》,前揭,页262—264。
② 蔡尚思,《黄宗羲反君权思想的历史地位》,《蔡尚思全集》,前揭,第7卷,页451。

并非必然相关。有论者甚至认为:"黄氏的确以人民的利益作为政治上最大考虑的前提,故他并不绝对无条件地效忠于汉民族的一家一姓的政权。"①我觉得,按梨洲的理论逻辑推演下去,得出这样一个结论可算顺理成章,尽管以梨洲的身世和处境未必愿意公开承认。

梨洲在此说"古者以天下为主",在《原法》篇中又写道:"三代之法,藏天下于天下者也。山泽之利不必其尽取,刑赏之权不疑其旁落,贵不在朝廷也,贱不在草莽也。"(页6)当中"藏天下于天下"粗看好像同义反复,但日本学者高桥进认为,梨洲正是在这种思考方法中,确定了"天下"本身的位置和性格,"天下"是包含土地、民族的全体,全体在包含个别、部分的同时,又会从其中分离出某种一般性、全体性的范畴属性,所以,全体的东西不是个别的、部分的东西,而是全体的东西,即公共的东西,这就是"天下"所具有的公共性格。②

"天下为主,君为客"是梨洲政治思想最重要的中心论题,可谓继承和发展了孟子的"民为贵、社稷次之、君为轻"③的思想。孟子为什么说"民为贵"呢?按孟子的意思,不管是君主还是社稷(指当时国家的庙宇、祭坛),都是可以改变的,如果不好就可以换一换。但国家里有一样是不能换的,这就是人民。你不可能把国家里的人民不要了,再换一批。所以孟子讲的"民为贵",是民本思想。事实上,儒家很早就强调民众在君主政治中的基础地位,由此生发出"重民"、"恤民"、"爱民"的民本思想。然而,即使孟子这样达于极致的民本主义者也是尊君论者,他对暴君、暗主的猛烈抨击,衬托着对圣君、明主的期盼,表明他是深谋远虑的王权主义者。④ 那么,究竟梨洲的思想比起孟子等人的民本思想有什么新的发展呢?沟口雄三认为,自古以来的所谓民本,主要是指君主单方面自上而下地施惠于民,即使把这称为原点的民本位治政,而此原点的设置则在于君主的仁德意识,是否民本位完全系于君主方面

---

① 林启彦,《从明夷待访录论黄宗羲政治思想的渊源》,前揭,页320,注释53。
② 高桥进,《黄宗羲思想的历史性格》,见《黄宗羲论》,前揭,页87。
③ 《孟子·尽心章句下》,参杨伯峻译注,《孟子译注》,前揭,下册,页328。
④ 张岱年,《黄梨洲与中国古代的民主思想》,见《黄宗羲论》,前揭,页2。另参冯天瑜、谢贵安著,《解构专制——明末清初"新民本"思想研究》,武汉:湖北人民,2003,页328—329。

的裁决,民是一种无主体的存在,所以,古来的民本思想实质上是君主的思想,是君主为了柔和地维持其专制政治并使之再生的一种安全阀式思想,客观上很容易流为恳求君主施恩的一种乞丐思想。梨洲则提出自私自利的民,以此作为《明夷待访录》的主眼,这是自己以自己之力而存在的自觉的主体存在,是皇帝的主观的仁德意识所包容不了的,在具有"私"这一点上,又是和皇帝相抗衡的实势的、俨然的客体存在。正是基于这种主体的兼客体的自觉,他在本篇主张把"公"看作是民的"私"的集聚,在《原法》篇主张建立一种并贯君民的天下之法。梨洲这种打破旧有民本思想框架的新思想,是以自私自利的民的主体和客体的自立化为根柢的。同时,他对君主之道提出的反问或质疑,充其量只能称为反君主的思想,他只寻求让民的主体的自私自利在体制内得到满足的君主制,而不可能提出超时代的反君主制思想。①

梨洲就君民关系提出了主客问题,人们不禁会问:这与民主思想距离有多远呢?有论者指出,民主思想至少包含两个问题,一个是为谁服务的问题,即统治者与人民谁为谁服务;一个是最高权力问题,即最高权力应该由谁掌握。黄梨洲提出主客问题,所谓的为主,主要是讲为谁服务的问题,他说古代的执政者都是为人民服务,为人民兴利除害的。他没有讲最高权力的问题,谈不上完整的民主思想,但他讲这个君民的主客关系在中国历史上还是很有价值的。②

最后我们也必须注意梨洲提出的第三对重要的概念:古与今。他说,古代天下的人爱戴他们的君主,把君主比作父亲,比作上天,实在不算过分。现在天下的人怨恨、憎恶他们的君主,把君王看作仇敌,称君主为众叛亲离的独夫,这也是理所当然的。在《原法》里,他换了一个说法:"三代以上有法,三代以下无法"。由此可知,古即三代以上,今即三代以下。

实质上,梨洲透过古与今的对比,以区分两种政治型态,一是理想

---

① (日)沟口雄三著,索介然、龚颖译,《中国前近代思想的演变》,前揭,页259—260。
② 张岱年,《黄梨洲与中国古代的民主思想》,见《黄宗羲论》,前揭,页3。

型,一是现实型。骤眼看来,这可以视为某种论述策略,尤其考虑到本书部分主题或议论相当敏感,清初也屡兴文字狱,梨洲采用这种论述策略,无可厚非,我国古代向有尊古托古之传统。先秦诸子皆面对乱世立说,大半皆以"古"代表理想所在。梨洲思想之内容原可视作对中国传统政治的检讨和批判,然而,在立论方式上,仍不脱此尊古窠臼。"若学者只就表面着眼,则不免误以为梨洲只持一种复古主义之立场。但若分别梨洲之谕旨及其语言习惯,则即不致有此种误解矣。"①

不过,王汎森指出,谈论《待访录》一书最富挑战性的部分,是探究它的思想渊源,因为它不只是明代文化特质简单的进一步发展,同时也是十六世纪末以来的一种回向经典时代的胎动,是两者互相辩证的产物,是一种二律背反。"唯有这样才能理解何以看似一方面发扬明代后期之新思潮,一方面又表现了若干我们现代人看来有点'荒谬'的复古言论。"他认为,最能用来贯串《待访录》各篇大义的,其实是两种政治原理之对立,被他理想化了的"三代以上"与"三代以下",反映两种政治原理之争:是从"以天下为天下之天下"这个原则出发,还是从以"天下为帝王之私产"出发?《待访录》所讨论的各项重大主题,或显或隐都与两种政治原理的根本差异相关。梨洲正是从这两种原理出发,才敢于在全书的第一句就说想要弄清楚"何三代而下之有乱无治"这个核心问题,以重新检视两千年来一切的政治设计与政治实践。②

综上所述,透过对《原君》篇的剖析,我们不但可以了解梨洲政治思想中最重要的宗旨,而且通过掌握"一条主线,三对概念",可以更充分地洞悉梨洲的政治思考的主要内容、思维特色以至时代局限,为全面深入研究全书提供某种参照点。是所望焉。

结　语

梨洲是明末清初学术大师,是史学大家,更是政治思想大家。他不

---

① 劳思光,《新编中国哲学史》(三下),前揭,页644。
② 王汎森,《何以三代以下有乱无治》,前揭,页19;页24—25;页36。

以学问家自鸣,亦非仅以史学垂范后世,而是有更深远的政治寄托。眼见外在事功不可为,始决学术一途。而阐述即政治行动,最终无非为了践履事功。《明夷待访录》一书,原是梨洲有所期待,欲为未来明君献计。然而,正如顾宁人《与黄太冲书》所言:"天下之事,有其识者未必遭其时",全祖望《重定黄氏留书》一诗更有下列数语:

如此经纶遭世厄,奈何心事付天知。

犹闻老眼盼大壮,岂料余生终明夷。①

百载之下细味其意,念及梨洲其人与《明夷待访录》其书的命运之奇,不免令人掩卷叹息!

[附记] 刘小枫教授是笔者的业师之一,笔者早在大学本科时期,既在课堂上听他的西方文化、电影课,课余又似懂非懂地捧读《拯救与逍遥》等书,因缘际会,还当过他的学术秘书,有共事之雅。光阴荏苒,分处南北,虽各有各忙,仍时相往还,情谊在亦师亦友之间。可以毫不夸张地说,在众业师之中,小枫于我"影响最早而最深"(套用梁启超谈论黄宗羲语)。当然,由于个人鲁钝兼疏懒,笔者在小枫的学生中,最不长进。这次应师友之约,执笔为文,每有江郎才尽之叹,多次欲临阵退缩。但念及这是众师友携手为小枫甲子祝寿,又承蒙张文涛、郑文龙等贤兄再三鼓励督促,终于勉为其难完成。汗颜愧疚,百感交集。尚祈小枫哂纳、师友指正。

子建于二〇一四年十二月二十七日附志

---

① 全祖望,《鲒埼亭集·诗集》卷七,见朱铸禹汇校集注,《全祖望集汇校集注》,前揭,下册,页2230。值得注意的是,这首诗也有助于说明《待访录》与黄氏《留书》的关系,诗中所云"大壮"、"明夷"也与今本《明夷待访录·自序》有关。

方以智"《庄》为《易》之风、《庸》之魂"说试解

邢益海

方以智是明清之际的大学者、思想家,受限于他的著作流通和整理情况不理想,我们至今未能充分认识其学术思想的价值。"《庄》为《易》之风、《庸》之魂"就是方以智提出的一个独特命题,本文尝试为之一解,就正于方家。

一、命题的提出

方以智在《向子期与郭子玄书》(即"炮庄二书"之一)中提出:

> 果蓏有理,人伦相齿;天地之行,圣人取象焉;非曰静也善,故静也;不生不死之撄宁;疑始无始;用心若镜;重闻天游;乘物以游心,托不得已以养中,得主矣。恢诡憰怪,道通为一;为是不用而寓诸庸;适得而几矣,因是已。是之谓以明,照之以天;参万岁而一成纯。未始有,即庸有者也。以明者,即止其不知者也。吾故曰:《庄子》者,殆《易》之风而《中庸》之魂乎!①

---

① (明)方以智,《药地炮庄》,张永义、邢益海校点,北京:华夏出版社,2011,页77。

方以智在"炮庄二书"中提出了"炮庄"的笔法:《庄》可参而不可诂,故他尝试通过将《易经》和《中庸》会通于《庄》的努力来把握庄学大旨。这一段话即是撮要遍举《庄子》书中与《易经》和《中庸》会通的思想,其中,"果蓏有理,人伦虽难,所以相齿。"出自《知北游》。天地之行,圣人取象焉,出自《天道》:"夫尊卑先后,天地之行也,故圣人取象焉。"非曰静也善,故静也,也出自《天道》:"圣人之静也,非曰静也善,故静也;万物无足以铙心者,故静也。"不生不死之撄宁,疑始无始,出自《大宗师》:"杀生者不死,生生者不生。其为物无不将也,无不迎也,无不毁也,无不成也。其名为撄宁。……参寥闻之疑始。"用心若镜,出自《应帝王》:"至人之用心若镜,不将不迎,应而不藏,故能胜物而不伤。"重阆天游,出自《外物》:"胞有重阆,心有天游。"乘物以游心,托不得已以养中,出自《人间世》:"且夫乘物以游心,托不得已以养中,至矣。"恢诡憰怪,道通为一;为是不用而寓诸庸;适得而几矣,因是已,出自《齐物论》:"举莛与楹,厉与西施,恢恑憰怪,道通为一。其分也,成也;其成也,毁也。凡物无成与毁,复通为一。唯达者知通为一,为是不用而寓诸庸。庸也者,用也;用也者,通也;通也者,得也。适得而几矣,因是已。已而不知其然谓之道。"是之谓以明,出自《齐物论》:"是故滑疑之耀,圣人之所图也。为是不用而寓诸庸,此之谓以明。"照之以天,出自《齐物论》:"因是因非,因非因是。是以圣人不由而照之于天,亦因是也。"参万岁而一成纯,也出自《齐物论》:"众人役役,圣人愚芚,参万岁而一成纯。"

此后,方以智在《一贯问答·以明》中再次提出:"《庄子》者,《易》之风也,《中庸》之魂也,禅之先机也。"①《一贯问答》作于"炮庄二书"之后,也作于《东西均》之后。这从《一贯问答》多处提及杖人(《问格致》有"子诏记杖人说曰……吾师此指")、吾师(《以明》有"吾师《提正》真摩醯眼矣"。《慎独》有"《维摩经》曰……吾师尝同拈之。)可知。杖人即觉浪道盛之号,《庄子提正》也为道盛所作,而方以智拜道盛为师是在"炮庄二书"、《东西均》完稿之后。考虑到《一贯问答·以明》中提及"正寿昌

---

① 庞朴,《一贯问答》注释(下),见《儒林》第二辑(山东大学儒学研究中心编),济南:山东大学出版社,2005,页299。

谓东苑",①寿昌指无明慧经,东苑则是指慧经弟子晦台元镜,推测《一贯问答》是方以智主法青原山时期的作品,可以解释方以智在论及《易》《庄》《庸》时,比起"炮庄二书"中所言,加多一条"禅之先机也",论及了庄禅关系,这自然更加吻合其时他作为曹洞宗法嗣的身份。

又考,在与"炮庄二书"同时的《东西均·神迹》里,方以智只是提及"《易》《庄》原通,象数取证",②也没有同时论及《易》、《庄》、禅。此外,如果说方以智在《药地炮庄·大宗师》中所言"《庄》是《易》之变"是引自《寓林》,③那么,在方以智晚年之作——《禅乐府》中,仍然起笔即言"《易》变而《庄》",④证明方以智自己始终信奉"《庄》是《易》之变"之说。这样方以智论《易》、《庄》,就有两种说法:言通、言变,是就《易》、《庄》二者相互关系言,这一层面的解析另文处理;而言《庄》为《易》之风、《庸》之魂,显然是就作品主旨、功能所下的断语,本文试为之一解。

二、《庄》为《易》之风

方以智在何种意义上说《庄》是《易》之风呢?风,至少有两层含义,一是风教义,二是转风力(培风)义。

《毛诗·周南关雎诂训传第一》中对"风"的诠释是:"风,风也,教也。风以动之,教以化之"。《庄子·天下》篇首段论古之道术,本数末度,六通四辟,运无不在,而《六经》(《诗》《书》《礼》《乐》《易》《春秋》)载之,后纵论百家之学,有两个鲜明特点,一是以各自的"物论"为道术核心,二是以风教而展开个性。除了末段惠施因"其道舛驳,其言也不中"而未能形成风教外,包括庄周在内,五次全部使用同一的句式:"古之道术有在于是者",某某"闻其风而悦之"。在方以智看来,庄子闻《易》道之风而悦之,

---

① 庞朴,《一贯问答》注释(下),前揭,页297。庞朴注释认为寿昌指"天台平田普岸禅师",误。
② 庞朴,《东西均注释》,北京:中华书局,2001,页158。
③ (明)方以智,《药地炮庄》,前揭,页226。
④ 见《禅乐府》排印本,方叔文、方鸿寿校刊,1936。参方中通《又编次浮山后集》《陪集》之《陪诗》卷三,见《清代诗文集汇编》第133册,上海:上海古籍出版社,2010)诗自注:"老父新著《禅乐府》",该诗编次于乙巳(1665)年下。

故言《庄》是《易》之风。《易》以道阴阳,汉以后逐渐被尊为《六经》之首,①盖因"夫《易》何为者也?夫《易》开物成务,冒天下之道"(《易·系辞上》),所言冒,覆也,开物即"通天下之志",成务即"定天下之业。"《药地炮庄·总论中》引陈涉江评道盛托孤说有言:"《易》潜飞于二元二用,精一其习坎出险之心亨,而乘风雷以出,丽化文明。"②故庄子虽为百家之学,而志在《易》道《易》教,故能齐众家之物论,不遣是非:"其于本也,弘大而辟,深闳而肆;其于宗也,可谓调适而上遂矣。"(《庄子·天下》)

在方以智看来,《易》首先是变易。《药地炮庄·黄林合录》引黄元公语:"凡有定体,不能变为诸体。《易》无体,故变变不穷。六十四卦变为四千九十六,始卒若环。"③《药地炮庄·总论上》又引《函史》曰:"《庄》尽《易》之变,盖洁静精微也而贼。应于化,解于物,而甚娴于辞,故阅肆恢奇如此。"④洁静精微出自《礼记·经解》:"洁静精微,《易》教也","贼"则是论其失,故又言"洁静精微而不贼,则深于《易》者也。"《庄》如何能尽《易》之变?"转风力"是关键词。许多庄学研究者指出,庄之为庄,在于《齐物论》,但为什么《庄子》书以《逍遥游》开篇呢?如果说,齐物论是庄子之道论、之风教,逍遥游却是庄子体道的功夫论——转风力。如果说鲲化鹏是《易》理之象征,那么此后鹏怒而飞、待海运则徙、抟扶摇而上、待六月息与野马尘埃之以息相吹的消息,直至点出"培风",说的就是易之风(力),《庄》能尽《易》之变化全靠转风力("培风")功夫。方以智《齐物论》总炮曰:"物论纷然,言出如风,怒者谁邪?不能转风力,是折翼而抟羊角也。"⑤

《齐物论》一开篇即以气写风,云:"夫大块噫气,其名为风。是唯无作,作则万窍怒呺。……夫吹万不同,而使其自己也。咸其自取,而怒者

---

① 刘歆排《易经》在六艺之首:"易书诗礼乐春秋"。《汉书·扬雄传》说扬雄"以为经莫大于《易》,故作《太玄》。"《汉书·艺文志》认为《易》为其余五艺之原:"六艺之文:《乐》以和神,仁之表也;《诗》以正言,义之用也;《礼》以明体,明者著见,故无训也;《书》以广听,知之术也;《春秋》以断事,信之符也。五者,盖五常之道,相须而备,而《易》为之原。"
② (明)方以智,《药地炮庄》,前揭,页52。
③ 同上,页54。
④ 同上,页31—32。
⑤ 同上,页89。

其谁邪?"两处点出怒字,以回应《逍遥游》开篇之鲲化鹏、怒而飞(鹏飞有待于怒,即有待于风力)。方孔炤《周易时论合编》卷之五下经释家人卦:

> 邵子曰:火自风,风者火气之所化。……《野同录》曰:"五行惟火无体,二土合水火皆气也,气皆风也。"大地皆风所鼓,人身皆气所凝,而所以为气者,即所以为心者,故心如风,一切风教风力,皆从人心转。①

方以智《等切声原序》亦称:"气发而为声,声气不坏,雷风为恒。世俗轮转,皆风力也。"②其《逍遥游》总炮则首先点出大道沉沦、物论纷然、名实淆乱的时代病症:

> 古今蔚气,胶扰久矣。教养立法,法弊而救。名实淆乱,药病转变。曾疑其所自来,而思所以息之耶?人情畏难而护短,好奇而昵庸。各矜所知,呲所不知。乘人而构其捷,造骇以行其教。闭距危熏,防川大决。因以捭阖飞箝,斗诤坚固。不辨则正法不明,生心害政;辨之则直告不信,苦强不返。③

方以智开出的药方即庄子《逍遥游》的药方:

> 不如且与之游,旷以天海,引之于无何有之乡,荣辱不及,名实皆忘,同人于野,暂息尘埃,不觉羲皇之风,从耳后生,洒洒浙浙,冷然平善哉。④

羲皇即伏羲,羲皇之风即指《易》道《易》教。接下来方以智便列举

---

① (明)方孔炤、方以智:《周易时论合编》,收入《续修四库全书》第15册,上海:上海古籍出版社,2002,页378。
② (明)方以智,《浮山文集后编》卷之一,收入《四库禁毁书丛刊》集部第113册,北京:北京出版社,1999。
③ (明)方以智,《药地炮庄》,前揭,页87。
④ 同上,页87。

庄子《逍遥游》诸多内容而归结为相待之物的代明错行（变易、不易），以此证明《庄》是《易》（羲皇）之风。

> 斯时也，藐姑艮许由之背，而行唐帝之庭，不避尘埃，莫之能滓，而腹果然者知之耶？交南北而冥之，转消息而旋之，乘正御六，而无待藏待，谁信之耶？鲲鹏蜩鸠，牦牛偃鼠，鹞鹤蟪蛄，大椿瓠樗，冰雪河汉，晦朔春秋，皆在苍苍中，动者动，植者植，忽而怒，忽而笑，代错无穷。培风乘云，从天视下，……尝在乾坤之外，而游水火之中者也。①

藐姑指藐姑射之神人。艮、背、行、庭，语出《易》之艮卦卦辞："艮其背，不获其身。行其庭，不见其人，无咎。"《彖》传曰："艮，止也。时止则止，时行则行，动静不失其时，其道光明。"宋明学人对《艮》卦的"止"义均视为极深的功夫论加以阐发。行止、动静、南北、大小，诸如其类看去相悖、相待而又相成、相济，总在代明错行的时中，均是发明变易、不易之《易》理。以乾坤与水（坎）火（离）对举，是方以智运用邵雍的伏羲先天卦方位图解读《逍遥游》鲲化鹏、怒而飞以图南。

《逍遥游》开篇就给我们讲鲲变鹏、鱼化鸟之《易》教。言"鲲之大"，方以智注称："愚曰：鲲本小鱼之名，庄用大鱼之名。"郭庆藩《庄子集释》赞同方以智之说，并引《尔雅·释鱼》"鲲，鱼子"，段玉裁进一步区分鱼子未生者曰鲲，故鲲即鱼卵，认为"庄子谓绝大之鱼为鲲，此则齐物之寓言，所谓汪洋自恣以适已者也"。②

---

① （明）方以智，《药地炮庄》，前揭，页87。
② 见（清）郭庆藩《庄子集释》，王孝鱼点校，北京：中华书局，2013，页3。但《玉篇》释为大鱼。《列子·汤问篇》也称："有鱼焉，其广数千里，其长称焉，其名为鲲。"朱桂曜《庄子内篇证补》（上海：商务印书馆，1935）指出："此说非始于方以智，宋罗勉道《南华真经循本》已引《尔雅》、《鲁语》为证，谓'庄子乃以小为至大，此便是滑稽之开端'。说似新颖，实则非也。"朱所引庄子以至小为至大语，归有光等《南华真经评注》引为杨用修（即明代学者杨慎）曰，当有误。朱又考证说："鲲自有大鱼之义。《关尹子·一宇篇》：'能运小虾小鱼，能运大鲲大鲸'；《孔子家语》：'鲲鱼，其大盈车'（引者按：此为张湛《列子》注文，今遍检《家语》及王肃注均无此诂。但《孔丛子·抗志第十》有，'卫人钓于河，得鳏鱼焉，其大盈车'。《尔雅·释鱼》邢昺疏：郑云'鲲，鱼子。'鲲、鳏字异，盖古字通用也），即以鲲为大鱼。"朱还详引《文选》宋玉《对楚王问》、《新序·杂事第一》、王念孙《释大》为证，结论说："盖鲲虽为鱼子，亦为大鱼。"

鲲化而为大鹏:"鹏之背,不知其几千里也。怒而飞,其翼若垂天之云。"《药地炮庄》引石溪语曰:

> 《楞严》曰:无边虚空,生汝心内,犹如片云点太虚里。然不变化,徒溺法身死水,乃化鸟而怒飞。怒字是大炉鞴,不肯安在生死海中。有过人底愤懑,方能破此生死牢关,从自己立个太极,生生化化去也。①

怒通努,清人段玉裁《说文解字注》:"按古无努字,只用怒。"是以变化功夫从心上努力。庄子与孟子同时,二人都有丰富的后人所谓"心学"思想。林云铭《庄子因》释怒:"即怒吗、怒生之怒,乃用力之意。"②

"是鸟也,海运则将徙于南冥。"言鹏须待海运而徙。陆树芝《庄子雪》释海运:"旧注:海气动也。海运则飓风大作,鹏乘风力,则将南徙。按:海运二字,已伏后有待意。"③

"鹏之徙于南冥也,水击三千里,抟扶摇而上者九万里,去以六月息者也。野马也,尘埃也,生物之以息相吹也。"野马,郭象注:游气也。刘凤苞《南华雪心编》:"息,呼吸之气也,暗影'风'字。"④两个息字,前言休息,后言气息,说的都是消息变化。方以智评论道:"看两息字,自心消息、休息之几也,后以息踵发之。"⑤所云"息踵",指《大宗师》"真人之息以踵,众人之息以喉。"所谓发之,指从鲲鹏喻体引出本体——"真人"。后人也多点出此为道家修养论之原(林希逸)或"养生家奥学"(褚伯秀)所在。鹏之徙,终有息。鹏生于北冥而徙于南冥,有待于怒而飞,所谓"抟扶摇而上者九万里",郭庆藩《庄子集释》按,"《说文》:抟,以手圜之也。古借作专。……《集韵》:抟,擅也,(擅亦有专意。)又曰:聚也。抟扶摇而上,言专聚风力而高举也。"⑥

---

① (明)方以智,《药地炮庄》,前揭,页104。
② (清)林云铭:《庄子因》,张京华点校,上海:华东师范大学出版社,2011,页1。
③ (清)陆树芝,《庄子雪》,张京华点校,上海:华东师范大学出版社,2011,页2。
④ (清)刘凤苞,《南华雪心编》,方勇点校,北京:中华书局,2013,页3。
⑤ (明)方以智,《药地炮庄》,前揭,页105。
⑥ (清)郭庆藩,《庄子集释》,前揭,页6。

最后,归结于转风力的"培风"功夫。《逍遥游》云:

> 且夫水之积也不厚,则负大舟也无力。覆杯水于坳堂之上,则芥为之舟。置杯焉则胶,水浅而舟大也。风之积也不厚,则其负大翼也无力。故九万里则风斯在下矣,而后乃今培风;背负青天而莫之夭阏者,而后乃今将图南。

培,成玄英疏和陆德明《经典释文》训为重,郭庆藩《庄子集释》引王念孙曰:"培之言冯也。冯,乘也。风在鹏下,故言负;鹏在风上,故言冯。"①而林云铭《庄子因》训为养。② 陆树芝《庄子雪》释为:

> 犹积也,厚也。地气由下而上升,积之至高,则气愈盛。观鸢飞未高,则必鼓翼以上,既高则停翼不坠可知。大约地气上腾,天气下降,积至九万里,则其上为下降之天气,而上腾之地气皆在鹏之下矣,故云"风斯在下"。而风之积累,至是乃为极厚也。③

可见,无积水之功无以完成鲲化鹏,而无培风之功,鹏即无以"抟扶摇而上者九万里"以图南(徙于南冥),也就没有逍遥游,故庄学之功夫论在培风、在转风力④。《药地炮庄》引杖(道盛)语曰:"有此鲲化,乃有此海运;有此鹏飞,乃有此风培。""以海运乃见其鲲化,以马、埃乃指其鹏飞。扶摇天风,即大块之噫气也。两间惟是风力所转,气化所移。"⑤

三、《庄》为《庸》之魂

在《齐物论》的"闲翁曼衍"中,方以智引谭元春语云:"环中寓庸,此

---

① (清)郭庆藩,《庄子集释》,前揭,页9。
② (清)林云铭,《庄子因》,前揭,页2。
③ (清)陆树芝,《庄子雪》,前揭,页3。
④ 朱文熊以庄、孟作比,以为二人心自相通,"水积同于养气,风积同于集义。"见《庄子新义》,上海:华东师范大学出版社,2011,页2。
⑤ (明)方以智,《药地炮庄》,前揭,页106。

老巧滑。恐人觑破三昧,从子思脱出,遂将《中庸》劈作两片拈提。"① 这是化庄学"环中寓庸"的主旨而会通于儒学经典《中庸》之主旨(魂),在解释方法上可谓独具匠心。

进一步,《齐物论总炮》将六经之一的《春秋》也同理会通之,归春秋大义为中庸或《中庸》之魂(环中寓庸):"通一不用而寓诸庸,环中四破,无不应矣。析《中庸》为两层而暗提之,举《春秋》之双名而显怀之,一二毕矣。"② 析《中庸》为环中、寓庸两层,区分自然之春秋与人文之《春秋》,而又引申发挥:

> 天无寒暑而定四时,此天之中庸也。经世之书不名《冬夏》而名《春秋》,岂非南北冥于东西之风转乎?岂非酷寒酷暑之日少,用和平之日多乎?是春秋之环中也。大而元会,近而旦暮,亲言生死,切言梦觉,皆春秋也。知春秋之二为无春无秋之一乎?觉矣。③

此处即方以智所云"以天说书"(《齐物论总炮》)④。"南北冥于东西之风转"是方以智对象数易学的卦气说解读。⑤ 北南表为冬夏,东西表为春秋。北冬表怒,南夏表笑(喜),"五志约两端,则忧、怒、悲、恐一类,而喜一类也。犹之精水神火,一气而交济也。"⑥《逍遥游》言鲲鹏徙

---

① (明)方以智,《药地炮庄》,前揭,页135。
② 同上,页89。
③ 同上,页90。
④ 同上,页91。
⑤ 卦气说借助卦象(天地风雷水火山泽)表示阴阳二气的消长,又通过阴阳二气的消长来说明天道人事。《易纬·稽览图》曰:"《坎》六、《震》八、《离》七、《兑》九,以上四卦者,四正卦,为四象。"四正卦主春、夏、秋、冬四时,四正卦再乘以六得二十四爻,爻主二十四节气。《易传·说卦传》:"震,东方也。"兑为正秋,应在西方。"坎,正北方之卦也。""离,南方之卦也。"邵雍认为这是文王后天卦方位图,坎离非纯阴纯阳卦而居正北、正南表冬夏似为不合理,他提出伏羲先天卦方位图,认为《易传·说卦传》中的"天地定位,山泽通气,雷风相薄,水火不相射"即是其文字表现,天地定位即乾南坤北,山泽通气即艮处西北而兑处东南,雷风相薄即震处东北而巽处西南,水火不相射即坎处正西而离处正东。
⑥ (明)方以智,《药地炮庄》,前揭,页87—88。

于南北冥,化于水(坎西)而飞升以怒(火,离东),①心怒(离火)令肾(坎水)气上升,则表征为"抟扶摇而上",然后有培风以图南,即转东西之风(水火一气而交济、生物以息相吹而成风)而游于南海北海,故方以智云:"漆园以怒笑而游焉。"②东西表为春秋,则转东西(空间方位)之风即转春秋(时间)之风。《东西均开章》云:"东、西一气,尾衔而无首。以东、西之轮,直南、北之交,中五四破。"③方以智进一步引申,元会、旦暮、生死、梦觉,"皆春秋也。"这是将一切时间之流传以"春秋之二"名之;而无论春秋(二)之对待、春夏秋冬(四)之始卒若环,绝待之一在相待之二中,公因在反因中,环中四破复通为一,故云"知春秋之二为无春无秋之一",则中庸(环中寓庸)大旨可悟矣。

庄学与《易》(引申至《春秋》等六经)、《庸》的关系还可以从经传关系来考察。《易》是唯一受儒家道家共同推崇的"六经"。而早在汉代经学里,即有将先秦诸子书都视为辅翼六经的"传",归为解经之作。道盛、方以智师徒恰恰力主《庄》为六经辅翼说。道盛云:

> 或谓庄子之书可以独行于天下古今也乎?曰:不可。庄生所著,虽为《六经》之外,别行一书,而实必须辅《六经》,始能行其神化之旨也。使天下无《六经》,则庄子不作此书,而将为《六经》矣。老聃云:"正以治国,奇以用兵。"夫《六经》,皆准天地人物之正,是天地人伦不易之常法,虽稍有变,皆不敢稍违其正。此《庄子》如兵书,虽正奇互用,而法多主于奇,如兵之不得已而用也。使天下绝无《六经》,独行庄子之言,则自相矛盾、自相成毁、自相破立者不一,安得如《六经》之前后、本末、始终、大小,不敢一毫虚设,不敢一毫参差,不敢一毫违逆,不敢一毫假借也哉?④

---

① 道家养生一向重视水火交济,取坎填离,如《性命圭旨》云:"取出坎中画,补离还复乾。"道盛、方以智师徒又有怨怒致中和及五行尊火论,而禅宗曹洞法门引《易》说禅,独标离(象火)卦。
② (明)方以智,《药地炮庄》,前揭,页88。
③ 庞朴,《东西均注释》,前揭,页5。
④ 见《嘉兴藏》第34册 No. B311,台北:新文丰出版公司,1988,页768—769。

方以智早年曾认可："胸中先有《六经》、《语》、《孟》，然后读前史，史既治，则读诸子。"①《东西均·神迹》则指出庄子实尊六经：

> 六经传注，诸子舛驰，三藏、五灯，皆迹也；各食其教而门庭重——门庭，迹之迹也。……庄子实尊六经，而悲"一曲""众技"，"不见天地之纯、古人之大体"，故以无端崖之言言之，其意岂不在化迹哉？②

《药地炮庄·总论中》引休翁曰："读《六经》后，彻《庄》透宗。再读《六经》，即非向之《六经》矣。妙在怒笑之余，别路旁通，乃享中和之味。"③《药地炮庄·惠子与庄子书》中方以智借惠子之口说："幸有惠施为告世曰：义精仁熟，而后可读《庄子》。蒸滫《六经》，而后可读《庄子》。则《庄子》庶几乎饱食后之茗荈耳。"④在《一贯问答·以明》中，方以智也说："真透《六经》而读《庄子》者，不增放而加慎。"⑤既要解拘，又要救荡，唯有将《庄子》定位为辅翼六经者能之。

至于《庄子》书中关于《春秋》经的相关论述，则直接与儒学之今文经学派有极大关联。如果我们联系到《天下》篇称古之道术"在于《诗》、《书》、《礼》、《乐》者，邹鲁之士、缙绅先生多能明之。"不言道阴阳的《易》和道名分（大义）的《春秋》，似乎暗示孔子之后的儒者不能得《易》、《春秋》之真传。顾实认为"上言《诗》、《书》、《礼》、《乐》，下言《诗》、《书》、《礼》、《乐》、《易》、《春秋》者，行文详略从便也。"⑥似乎不合常理，一般行文是先详后略。马叙伦认为"此是注文误入"⑦并引《春秋繁露》和《太史公自序》六经并释为证，这只能算猜测，因为所引《春秋繁露》和《太史公自序》显然均非《庄子》的注释书，又且，这并不能解决何以上言

---

① （明）方以智：《通雅·文章薪火》，上海，上海古籍出版社，1988，页 74。
② 庞朴，《东西均注释》，前揭，页 152—153。
③ （明）方以智，《药地炮庄》，前揭，页 64—65。
④ 同上，页 2。
⑤ 庞朴，《一贯问答》注释（下），前揭，页 301。
⑥ 参张丰乾编，《庄子天下篇注疏四种》，北京：华夏出版社，2009，页 20。
⑦ 同上，页 250。

四经,下言六经。钱穆先生认为:"以《诗》、《书》、《礼》、《乐》、《易》、《春秋》为六经,此汉代始有,亦非庄子所知也。"①是以《天下》篇为晚出。但《庄子》一书并非此一处言六经,如《天运》篇有孔子谓老聃曰:"丘治《诗》、《书》、《礼》、《乐》、《易》、《春秋》六经,自以为久矣,孰知其故矣。"而老子答曰:"夫《六经》,先王之陈迹也,岂其所以迹哉!"这又牵涉到孔子与邹鲁之士、缙绅先生的关系。这其实讲的是圣人与君子的关系。孔子是圣人,集先圣之大成,但他所传的重点在君子之道,所谓儒者,君子儒也。《论语·雍也》载孔子希望弟子(子夏):"女为君子儒,无为小人儒。"《汉书·艺文志》称:"儒家者流,助人君,顺阴阳,明教化者也。"《天下》篇言君子:"以仁为恩,以义为理,以礼为行,以乐为和,熏然慈仁,谓之君子"。以仁义礼乐为教化的君子即儒者。行教化,即外王。至于道阴阳的《易》和正名分的《春秋》,则是圣人之道、之事,所谓内圣。② 内圣外王之道本无二,《庄子》书有《田子方》篇,后人认为庄子之学或出于田子方,③而《田子方》关于真儒的寓言再次强化只有孔子能统一内圣外王,后世儒者能有行教化的外王功夫已不可得,遑论《易》《春秋》的内圣之道,"内圣外王之道,暗而不明,郁而不发。"庄子或庄子后学深感痛心,或因此以发明《易》《春秋》的内圣之道为志业。《庄子》书关于六经(六艺)次序的文字是否庄子后学所为且不论,但为董仲舒、司马迁采纳,"公认是今文经学所主张的六艺次序。"④董仲舒称:

---

① 钱穆,《庄子纂笺》,台北:东大图书,重印四版,1993,页270。
② 方以智《东西均·公符》有一个特别解释,可参:"《诗》、《书》、《礼》、《乐》,雅符也;《易》、《春秋》,阴阳之合符也。《易》以统之,《春秋》以终之,六觚之公准成矣。"见《东西均注释》,北京:中华书局,2001,页97。觚,觚简,借指书籍(经书)。《东西均·道艺》则有进一步发挥:"《易》则天人、性命之消息也,《春秋》则公是非之权也。雅言惟诗书礼艺礼:《书》诚之而必《诗》兴之,《礼》拘之而必《乐》乐之。"见《东西均注释》,前揭,页173。
③ 史载田子方是子夏(卜商)再传弟子,而子夏传《易传》、《春秋》,这或是理解庄学与今文经学都重视《易传》、《春秋》的一种解释。
④ 王葆玹,《今古文经学新论》,北京:中国社会科学出版社,1997,页96。王氏还论断:"在孔子与战国末期之间,儒者一般只提《诗》、《书》、礼、乐,对《易》与《春秋》不很重视。"(页98),"西汉儒者逐渐认识到《易》与《春秋》的内容比《诗》、《书》更为深奥。"(页97)又区分以礼学当作学问顶点的鲁学和以《春秋》作为经学高峰的齐学(始于孟子,《春秋》之受推崇始于孟子),并认为司马迁在经学方面偏袒齐学。考虑到《庄子》书在《逍遥游》一开篇即引《齐谐》,则庄子和庄子后学亲近"齐学"以及庄子与孟子关系,似乎都是有意思的话题。

"《诗》、《书》序其志,《礼》、《乐》纯其美,《易》、《春秋》明其志。六学皆大,而各有所长,……《易》本天地,故长于数;《春秋》正是非,故长于治人。"①司马迁《太史公自序》引董生言:"《易》著天地阴阳四时五行,故长于变。……《春秋》辩是非,故长于治人。"又言:"易以道化,春秋以道义。拨乱世反之正,莫近于《春秋》……夫不通礼义之旨,至于君不君,臣不臣,父不父,子不子。夫君不君则犯,臣不臣则诛,父不父则无道,子不子则不孝。此四行者,天下之大过也。以天下之大过予之,则受而弗敢辞。故《春秋》者,礼义之大宗也。"又自言作《史记》之志在于:"绍明世,正《易传》,继《春秋》,本《诗》、《书》、《礼》、《乐》之际。"对比《庄子》书,在悦《易》道之外,同样论及《春秋》大义。《齐物论》称:"《春秋》经世,先王之志。"有以春秋为年代,但既然《庄子》书中已多次出现《春秋》之书,故此处仍以经典解为妥。《人间世》庄子假孔子之口曰:"天下有大戒二:其一,命也;其一,义也。子之爱亲,命也,不可解于心;臣之事君,义也,无适而非君也,无所逃于天地之间。是之谓大戒。是以夫事其亲者,不择地而安之,孝之至也;夫事其君者,不择事而安之,忠之盛也。"人无所逃于孝(父子)之命、忠(君臣)之义,此大戒和司马迁所言"大过"不都是"道名分",正是《春秋》大义所在吗?

故,方以智指出:"春之有秋也,不得已也。"②又评论说:"以刑为体,谁解此刀?以礼为翼,谁怒而飞?寓宅而致心斋,无所逃于大戒,此庄子新发《系辞》斋戒之硎,以利用《春秋》之狱也。"③以刑为体,以礼为翼,语出《庄子·大宗师》,谁解此刀,化自《养生主》庖丁解牛、善刀而藏。谁怒而飞,指《逍遥游》的鲲化鹏,"怒而飞,其翼若垂天之云。"寓宅、心斋见于《庄子·人间世》:"无门无毒,一宅而寓于不得已,则几矣。""唯道集虚,虚者心斋也。"而合心斋、大戒为"斋戒",则又巧合《易》之《系辞》所云"圣人以此斋戒,以神明其德夫",而《春秋》之狱指董仲舒所编《春秋决狱》(《春秋决事比》),以《春秋》大义决断是非,所谓《春秋》大义又即庄子之大戒、心斋以及《易》之斋戒。方以智于此便将庄学、易

---

① 钟肇鹏主编,《春秋繁露校释》(校补本),石家庄:河北人民出版社,2005,页57—58。
② (明)方以智,《药地炮庄》,前揭,页78。
③ 同上,页78。

学、春秋经义完全熔于一炉。

结　语

要而言之,方以智在"炮庄二书"中提出《庄》为《易》之风、《庸》之魂,的确是庄学史上独特的命题。《庄》为《易》之风,实际上强调的是庄学"转风力"的功夫论;《庄》为《中庸》之魂,除了揭示庄学环中(之中)、寓庸(之庸)的内圣功夫与《中庸》名词的关联外,重点强调的是庄学关于(《春秋》)经世、拨乱反正的外王之志。方以智通过这一命题将庄学内圣外王思想有机、完整地诠释了出来。这除了与道盛、方以智师徒对庄学的独特解释相关,其实也是明末三教会通思潮使然,如明末四大高僧之一的德清在其《观老庄影响论·论学问》中就说过:"不知《春秋》,不能涉世;不知老庄,不能忘世;不参禅,不能出世。"

"天"变、公理与时势[①]
——康有为的宇宙观略论

张 翔

了解康有为对于"天"的思考,以及这种思考在中国思想史上的转折性意义,才能理解他对天理、公理和时势的看法,他的立教化民的新的宇宙观基础,以及这种看法在近现代中国知识革命潮流中的位置。

无限宇宙的展现:
从"人人皆为天之子"到"人人皆为天上人"

康有为对天的思考发生了怎样的变化,可以从他对人与天的关系的讨论看出端倪。康有为对于太平大同世人人平等的论证,一个非常重要的方面是从天与人的关系着手的。在这一问题上,康有为在晚年讨论"天游"时候的看法与两次注经高峰期相比,发生了深刻的变化。

在流亡海外之前和之后的两次注经高峰期,康有为从天人关系的

[①] 本文节选自笔者有关康有为海外游记的博士论文。刘小枫老师曾建议笔者仔细阅读康有为的海外游记和政论,也曾建议笔者注意柯瓦雷等人著作。

角度论证人人平等,"人人皆为天之子"都是主要要点。如第一次注经期的《春秋董氏学》这样论述:

> 《谷梁》曰:夫物非阴不生,非阳不生,非天不生,三合然后生。故谓母之子也可,天之子也可。……人人为天所生,人人皆为天之子。但圣人姑别其名称,独以王者为天之子,而庶人为母之子,其实人人皆为天之子。孔子虑人以天为父,则不事其父,故曰:天者,万物之祖也。父者,子之天也;天者,父之天也。则以天为祖矣,所以存父子之伦也。①

1899年之后第二次大规模释经时期(1900—1903)的《春秋笔削大义微言考》也说:

> 天子为爵称,凡有位者,人人可称之,孟子曰"天子一位"是也。……古者人君必托神灵,人主至尊,故上号于天,称为天子。……又人非天不生,非阳不生,非阴不生,三合然后生。故谓母之子也可,天之子也可,尊者取尊称焉。②

正如康有为这里所指出,"天子"是君主的称号。而他在戊戌变法时期即声言太平大同世"人人皆为天之子",对于帝制而言带有一种颠覆性的意味。不过,"天子"之意不专指君王,并非从近代开始。就现存文献来看,先秦典籍中有类似表述。例如《庄子·内篇》的《人间世》引颜回的话,"内直者,与天为徒。与天为徒者,知天子之与己,皆天之所子,而独以己言蕲乎而人善之,蕲乎而人不善之邪。"③王孝鱼认为,"与天为徒"四字已流露出人人平等的思想,同是天的儿子,为什么有人独

---

① 《春秋董氏学》,见《康有为全集(二)》,北京:中国人民大学出版社,2007年,页375。
② 《春秋笔削大义微言考》,见《康有为全集(六)》,前揭,页198。
③ 张文江指出,在先秦,"天子"一词尚非君王得以专用,所见有三例,庄子书占其二,另一例是《庄子·杂篇》的《庚桑楚》,"有恒者,人舍之,天助之。人之所舍,谓之天民;天之所助,谓之天子。"还有一处见出于银雀山汉简。见氏著,《〈庄子〉内七篇析义》,上海人民出版社,2012年,页96—97。

称天子?① 后世也不乏类似表述,例如王夫之的《庄子通》解《应帝王》便说,"我之与天子,皆天之子也,则天子无以异;天子之与天下,皆天之子也,则天下无以异。"② 但这些看法处于非常边缘的位置,在此前的中国历史进程中,皇权一直在那些最具影响力的宇宙观(天—地—人)中处于中心位置。皇权作为宇宙中心和权力枢纽,在永不休止的各类较量中不断被争夺和再造;皇权既分割、区别,又调和及包容宇宙及人间无穷无尽的对立,使之成为一个由不平等关系构成的复杂等级结构。③

在康有为"人人皆为天之子"的论述结构里,"天"与人的相对位置并没有发生根本性变化,变化的主要是君主与臣下、民众的关系。与称君主为"天子"一样,天仍然是"万物之大父",是"生之本"④,天与地、人之间仍然存在传统所理解的等级关系。后来康有为更以孔子取代君主的位置。他在《以孔教为国教配天议》(1913年)中认为,在清廷瓦解之后,应该以"孔子配上帝",取代以往专制君主"以其无德无功之祖宗配上帝",从而"立庙祀天,而以孔子配之"。⑤ 并认为人人皆为天之子,因此祭天也并非只是君主之事,人人皆天生而可祭天。⑥

在"人人皆为天之子"的结构中,"天"仍然是"仁"的根源,是人伦道德秩序的根据。孔子创制立义本身即是代天立言,三世区分的根据本身也在于天。如《春秋董氏学》说,"杨子曰:圣为天口。孔子之创制立义,皆起自天数。盖天不能言,使孔子代发之。故孔子之言,非孔子言也,天之言也。孔子之制与义,非孔子也,天之制与义也。"⑦ "孔子本天,以天为仁人,受命于天,取仁于天。凡天施、天时、天数、天道、天志,皆归之于天。故《尸子》谓:孔子贵仁。"⑧ 第二次注经期的《中庸注》则

---

① 见王孝鱼,《庄子内篇新解·庄子通疏证》,北京:中华书局,2014,页70。
② 同上,页233。
③ 见王爱和,《中国古代宇宙观与政治文化》,金蕾、徐峰译,上海古籍出版社,2011,页236—237。
④ 《春秋董氏学》,见《康有为全集(二)》,前揭,页375。
⑤ 《康有为全集(十)》,前揭,页95。
⑥ 《人民祭天及圣袝配以祖先说》,见《康有为全集(十)》,前揭,页200—202。
⑦ 《康有为全集(二)》,前揭,页365。
⑧ 《康有为全集(二)》,前揭,页375。例子还有一些,比如"以仁为天心,孔子疾时世之不仁,故作《春秋》,明王道,重仁而爱人,思患而豫防,反覆于仁不仁之间。此《春秋》全书之旨也。"

说,"天,仁也。天覆育万物,既化而生之,又养而成之。人取仁于天而仁也,故有父兄子弟之亲,有忠信慈惠之心,文理灿然而厚,智广大而博。"①

康有为最后一部长篇作品《诸天讲》(1926)对"天"做了重新理解。在此之前,他在第二次大规模释经时期多部作品的结尾同时指向"天游"。② 康有为在《中庸注》结尾讨论"天游"时,指出了《中庸》开篇与收尾所蕴含的意味:

> 尚有诸天元元,无尽无方,无色无香,无音无尘,别有天造之世,不可思议,不可言说者。此神圣所游,而欲与群生同化于天天,此乃孔子之至道也。天造不可言思之世,此必子思所闻之微言,而微发之于篇终,以接混茫。此书开端,本之于天以为道教。末终,归之于天以发神明。③

这揭示我们注意他在多部作品结尾论及"天游"的布局。《春秋笔削大义微言考》结尾也指向"天游":

> 孔子俯察时变,却观未来,豫解无穷;故知将来必入升平、太平之世,又必至众生、大生、广生之世,诸星、诸天之世。但元化无穷,而人道有穷。孔子之元化无穷,而身体寿命有穷,语言文字有穷;制作《春秋》,遂托获麟为穷云尔。若能演孔,固演之而无穷矣!④

---

① 《中庸注》,见《康有为全集(五)》,前揭,页379。
② 《孔子改制考·序》即已提到天游之"梦":"予小子梦执礼器而西行,乃睹此广乐钧天,复见宗庙百官志美富。门户既得,乃扫荆榛而开途径,拨云雾而览日月,别有天地,非复人间世矣。"见《康有为全集(三)》,前揭,页3。不过,此处天游主要是提供了看人间世的另一视角。
③ 《中庸注》,见《康有为全集(五)》,前揭,页392。由于康有为在1900—1902年这段时间的注经作品后来还有修改。不排除这些结尾都是印行之前才添加的(如《中庸注》1916年由广智书局出铅字排印本),但这种可能性的存在,不影响这里的讨论。
④ 《康有为全集(六)》,前揭,页310。

《大同书》终篇更预告了《诸天讲》的写作：

> 故大同之世，惟神仙与佛学二者大行。……故大同之后，始为仙学，后为佛学；下智为仙学，上智为佛学。仙、佛之后，则为天游之学矣，吾别有书。①

这些都提示"天游"在康有为思想中的重要位置。

康有为晚年论"天游"，对天人关系有一种新的论述，即"人人皆为天上人"。1923年12月的《长安讲演录》说，"吾地既悬于天上，则吾人皆为天上之人。……自隘其境，不知享受天上人之乐，为可惜也！"②《诸天讲》这样论述：

> 然自金、水、火、木、土诸星中夜望吾地，其光华烂烂，运行于天上，亦一星也。夫星必在天上者也，吾人既生于星中，即生于天上。然则吾地上人皆天上人也，吾人真天上人也。人不知天，故不自知为天人。故人人皆当知天，然后能为天人；人人皆当知地为天上一星，然后知吾为天上人。……生而为天人，诸天之物咸备于我，天下之乐，孰大于是！③

同时，"人人皆为天之子"也在使用。如1923年10月7日的《孔子圣诞日演讲辞》中说，"夫物非天不生，非父不生，非母不生，三合而后生；故谓之天之子也可，谓之母之子也可。"④这一说法跟以前一样。康有为同时使用"人人皆为天之子"和"人人皆为天上人"的论述，包含了对"天"的多重性理解。

这里重点讨论"人人皆为天上人"呈现的"天"的观念的重要变化：天与地之间的等级关系不复存在。这一说法在近代之前的中国思想中

---

① 《康有为全集（七）》，前揭，页188。
② 《康有为全集（十一）》，前揭，页272。
③ 《康有为全集（十二）》，前揭，页11。
④ 《康有为全集（十一）》，前揭，页269。

是罕见的。

变化的主要原因是对西方近代天文学革命以来的观念的了解和接受。康有为在《诸天讲》中讨论了从哥白尼、牛顿到康德、拉普拉斯,再到利曼、爱因斯坦等等的天文学说和宇宙观。有的中国天文学思想史著作认为《诸天讲》在晚清最早介绍了西方近代宇宙演化理论。① 康有为总结了中国传统的宇宙观,即古之言天者有三家:一曰盖天,二曰宣夜,三曰浑天,以及这几种学说之间的争论,认为"中国古天文学未精由制器未精"②。而知"地为天上一星"、"吾为天上人",是因为西方思想史上的"哥白尼革命":

> 自哥白尼出,知地为日之游星,而自古一天地之说破,地为天中最细物耳。人居地球之上,当知地球面积不过二万七千余里,合四百八十余万丈法里,……各国犹之比邻,一国犹之一家,同国之人犹之父子兄弟。故曰圣人能以天下为一家,中国为一人,乃实在事理,非为大言也。③

托马斯·库恩认为,哥白尼的天文学革新为牛顿建立新的宇宙观提供了基础,牛顿的宇宙不仅仅是容纳哥白尼的行星地球的框架,更重要的是,它是一种看待自然、人和上帝的新路径——一种新的科学和宇宙论的视角,这种视角在18和19世纪一再地丰富了科学,并重塑了宗教和政治哲学。到18世纪末,越来越多的人,包括科学家和非科学家,认为没有必要再假定上帝的存在了。④

康有为从哥白尼革命及此后西方思想的发展中(如《诸天讲》"简要

---

① 见陈美东著,《中国古代天文学思想》,中国科学技术出版社,2007,页83。虽然康有为自己说《诸天讲》初成于1885年,但《诸天讲》中的主要内容(我们这里所讨论的"人人皆为天上人")都是在1920年前后才发展起来的。这与新文化运动对"赛先生"科学的广泛讨论和介绍不无关系。不过,将天文学革命作为社会思想、哲学思考的新的基础,即使在当时康有为也堪称"先锋"。
② 《康有为全集(十二)》,前揭,页13。
③ 《长安演讲录》,见《康有为全集(十一)》,前揭,页271。
④ (美)托马斯·库恩著,《哥白尼革命——西方思想发展中的行星天文学》,吴国盛等译,北京大学出版社,2003,页254—257。

并且较为准确地"介绍了 1755 年和 1796 年康德和拉普拉斯先后提出的星云说①)所感受到的是一个"无限宇宙"的出现——"天之大无限"②。这个无限的宇宙是康有为"天游"想象的基础,他也在其中找到了太平大同世的宇宙论基础:

> 瞻仰羡慕,若彼诸星有生人者,则为天上人,如佛典所称之四天王天,三十三天,……其生此者,号为天人,尊敬讚幕,叹不可及,乐生其中。岂知生诸星之人物,仰视吾地星,亦见其光棱照耀,焕炳辉煌,转回在天上,循环在日边,犹吾地人之讚幕诸星之光华在天上,为不可几及也。故吾人生于地星上,为星中之物,即为天上之人,吾十六万万人皆为天人。③

今天看来,康有为的这种乐观似乎是幼稚的,但它呈现了宇宙观发生革命性转变之际的深刻问题。康有为的乐观有其原因,关键在于他首先认可佛典中对"天上人"之乐的想象,并以此为假定,来迎接新的宇宙观念的形成。当他发现所有人类其实都可以看作天上之人,而天上之人有"极乐",则人人都可以获得这种极乐。"俾人人自知为天上人,知诸天之无量,人可乘为以太而天游,则天人之电道,与天上之极乐,自有在矣。"④这一极乐的感受完全来自宇宙观的革命性转变。他把电看作连通诸天的媒介⑤,而且加以引申,认为电的阴阳、正负两极相吸,即"仁之二人相爱",并由此阐释仁之差等:

---

① 康德提出的恒星演化的星云说,认为恒星是由混沌朦胧的微粒组成的原始星云运转、碰撞和凝聚而成的,并以此解说太阳系的形成;拉普拉斯发展了康德的太阳系演化思想,认为不断运转的、炽热的原始星团冷却收缩,又受离心力的作用,使星云的中心部分形成太阳,其周围形成许多环圈,每个环圈的物质又互相吸引而形成行星的卫星。见陈美东著,《中国古代天文学思想》,中国科学技术出版社,2007 年版,页 83—85。康有为的介绍是:"德之韩图、法之立拉士发星云之说,谓各天体创成以前,是朦胧之瓦斯体,浮游于宇宙之间,其分子互相吸集,是谓星云,实则瓦斯之一大块也。"见《康有为全集(十二)》,页 20。
② 《诸天讲》,见《康有为全集(十二)》,页 116—117。
③ 《康有为全集(十二)》,页 19。
④ 《诸天讲》,见《康有为全集(十二)》,页 13。
⑤ "若夫电,则诸天皆无不通矣。"见《长安演讲录》,《康有为全集(十一)》,页 275。

仁为二人,故仁爱人,博爱之谓也。故爱一家,即为一家之仁。爱一国,即为一国之仁。爱天下,即为天下之仁。凡诸天皆我所爱,况我所生之中国乎?①

因此他会把"天游"当作"解忧之良方"②,在其中看到了人人平等、打破一切等级秩序的宇宙观依据,并试图在这里找到打破"诸教"同时整合诸教的依托。所谓"天游之教"可以看作康有为以太平大同立公理之学、立孔教的抱负最后和最高的发展。他说:

　　故一通天文而诸教皆破,故穷理格物之极,有无限之权、无限之乐。今以一千倍远镜观诸星,即能明诸星,一切皆破。通乎诸天,则人世无长短大小之可言,一家一身之忧患何足言哉?吾以此公之诸君,同为天游,以超度人世如何?③

康有为通过"天游"对这个无限宇宙投入了很高的热情。他在《诸天讲》的"附篇"中甚至批评了爱因斯坦相对论对"无限宇宙"的物理学基础所做的修正,敏感地意识到其中所包含的与无限宇宙观的分歧和紧张:

　　天之大无限。今德人爱因斯坦发相对论之原理,谓天虽无边,非无限之无边也;无边者,非如诸天球之面,有椭圆体面而为境也。谓宇宙为大无边者,虽无明确之边,而有一无边之边为其界,故不曰有边,而曰有限也。……然譬人家有一卵壳内之物,测至其壳内能还原处,即谓物之大者止于一卵,则卵外岂无他物耶?岂不大愚乎?其谬不待辨矣。④

---

① 《康有为全集(十)》,前揭,页275。
② 《长安演讲录》,见《康有为全集(十一)》,前揭,页271。
③ 《康有为全集(十一)》,前揭,页273。
④ 《康有为全集(十二)》,前揭,页116—117。

无限宇宙的展现,在康有为这里丝毫没有引起忧虑和紧张,他敞开胸怀、非常高兴地拥抱和包容了这个现代性的基石。在他阐释了孔子的太平大同之学的前瞻性和无所不包的包容性之后,这一阐释结构也能够容纳更进一步地冲破既有等级秩序的革命性变化。他站在遥想太平大同的视角,甚至欢迎这种革命性变化的涌现:现代性的洪流纵使洪水滔天,也都在孔子之道这一"如来佛掌"的笼罩之下。

消失的上帝与永恒的孔子

萧公权曾以康有为的"天游"为界,将其哲学思想区分为两期,认为康有为发生了以中学为体向以西学为体的转变。第一期大约从1880年代到1910或1920年代初,儒学和大乘佛学仍为其主要的灵感泉源,虽说西方的科学和史学已对他有了影响。第二期包含康氏的晚年,从较超然的立脚点来观察人与宇宙,以及对西方哲学思想较亲切的认识。萧公权认为,康氏的哲学历程似可说是近代中国思想转变的缩影,从试图以欧洲模式作技器与制度上的改进,到20世纪初新一代的知识分子公开地大声宣扬西方哲学思想。康有为实际上启导了1910年代和1920年代的思想界转向西方寻求哲学上的启蒙,他是最早开启水闸、让西潮达到高潮的人之一。①

萧公权的分期说对康有为有误解,不能因为康有为晚年文章颇多引述"宣扬"西方哲学家的看法,也不能因为康有为的天学观念基本来自于西方近代以来的天文学,而认为康有为不再将孔子学说的诠释作为其思想的基础。如本文开头所引康有为自己的说明,他的"天游"是此前重释孔子学说、立公理之学和立孔教的延续。

康有为弟子伍庄谨在印行《诸天讲》的序言中回忆了梁启超与徐勤关于《诸天讲》与庄子《逍遥游》的讨论:

---

① 萧公权著,《近代中国与新世界:康有为变法与大同思想研究》,汪荣祖译,江苏人民出版社,1997,页121—122。汪荣祖承续萧公权的看法,也认为,康有为从救亡到天游,无论在思想上或行动上都是显著的大转折。见氏著,《康有为论》,中华书局,2006,页147。

> 任公曰:《诸天书》多科学家言,而不尽为科学家言;庄子《逍遥游》不言科学,《诸天书》兼言科学,后人或不以《逍遥游》视之,而议先师科学之言为未完也。君勉曰:是何害!先师神游诸天,偶然游戏,草成是书,必执科学拘之,毋乃小乎?予深韪君勉之言。……先师之讲诸天,为除人间患苦,发周子"务大"之义,泰其心也,予之真乐也,不能执科学议之也。……宇宙之大,离奇奥妙,断非现在区区科学所能尽也,岂可以是议《诸天书》?①

梁启超和徐勤是非常熟悉康有为思路的弟子,他们提出应该从庄子《逍遥游》的层次来理解《诸天讲》,大概是因为了解康有为对孔子与庄子关系的看法。从目前能见到的作品来看,康有为多次阐述"孔子—子赣—庄子"的思想谱系,认为这一系传了孔子天道之学。(康有为论"天游"首先要征引的自然是孔子:"孔子以天游之身,魂气无不之,神明无不在,偶受人身,来则安之,顺受其正。"②)如《论语注》这样阐述天道之学与大同之道、庄子的关系:

> 子赣尝闻天道自立自由之学,以完人道之公理,急欲推行于天下。孔子以生当乱世,世尚幼稚,道虽极美,而行之太早,则如幼童无保傅,易滋流弊,须待进化至升平太平,乃能行之……子赣盖闻孔子天道之传,又深得仁恕之旨,自颜子而外,闻一知二,盖传孔子大同之道者。……故《庄子·天下篇》遍抑诸子,而推孔子为神明圣王,曰:古之人其备乎!……其尊孔子者至矣。虽其徜徉游戏时,亦有骂祖之言,乃由于闻道既深,有小天地玩万物之志。而谓孔子本末精粗无所不在,则知一切皆孔子之创学。……近者世近升平,自由之义渐明,实子赣为之祖,而皆孔学之一支一体也。③

二是,值得我们进一步思考的重点,不在于康有为引述了哪些西方

---

① 《康有为全集(十二)》,前揭,页11。
② 《论语注》,见《康有为全集(六)》,前揭,页450。
③ 《康有为全集(六)》,前揭,页411。

思想家，而在于他如何切入西方思想本身的分歧，康有为的思考相对于西方思想的内在分歧有怎样的特点。他坚持宇宙无限说，而批评爱因斯坦相对论，即是一个让我们了解康有为与西方思想分歧的关系的切入点。这一分歧牵引出的是西方围绕无限宇宙说的充满忧虑、痛苦和矛盾的现代历程，无限宇宙的出现对于许多西方人而言并不是康有为所感到的那样"极乐"的事情，而是意味着"上帝死了"、既有秩序崩溃等一系列难题。

施米特在《陆地与海洋》中分析了"第一次真正意义上的空间革命"，它发生在16、17世纪，人们发现了美洲，进行了首次环球远航，一个新世界应运而生了，首先是西欧和中欧各民族的整体意识，最后是人类的整体意识，在根本上予以改变了。具有绝对意义的乃是向宇宙的拓展，以及对于一个无垠虚空的认识。由于牛顿的理论，这一崭新的空间理论才终于在已经开化的整个欧洲站稳脚跟。根据万有引力定理，在无限的虚空中，借助引力和斥力的平衡作用，天体和物体产生了运动。如此一来，人们可以设想一种虚空了，这在以前是无法想象的。从前，人们害怕所谓的虚空，现在他们对生存于虚空中这一事实终于不再恐惧了。18世纪的启蒙作家们（尤其以伏尔泰为翘楚）甚至以能够认识这个可被科学证明的无限虚空的世界而自豪。不过，施米特认为，那些启蒙者对于面对虚空的恐惧感的嘲笑，"或许只是对虚无和死亡的虚无性、虚无主义的观念和虚无主义本身心领神会地耸耸肩膀而已。"①

牛顿在走出决定性的一步之后，曾经试图避免"架空"上帝的局面。沃格林指出，牛顿的绝对空间和绝对时间学说确证了空间的无限性，但他意识到，宇宙世界的存在因此没有奥秘可言，在最深奥之处，宇宙世界也只是被理解成物质的构造，而且上帝确实不能再进行他的创造了。受新柏拉图主义者亨利·莫尔（Henry More）的影响，牛顿曾经试图将上帝重新请回广延性的空间中。莫尔的策略是通过把神圣的本质作为空间广延性的基础，以反对这种趋势，他的这种策略很坦诚，但是也充

---

① 施米特著，《陆地与海洋——古今之"法"变》，林国基、周敏译，上海：华东师范大学出版社，2006，页37—39。

满了危险。(康有为以孔子教义立公理之学的策略,与它有异曲同工之处。)知识分子吸收了牛顿的体系,对牛顿有关绝对空间的认识很满意,但是却忽略了他的宗教动机。① 牛顿的那位依照自己的自由意志与决定来使宇宙实际"运行"的威力无比、精力旺盛的上帝,很快成了一种保守的力量,一种超世的智慧,一位"无所事事的上帝"。的确,不能想象一位无限的、不变的、永恒的上帝会在不同的时间以不同的方式发生作用,或者会把他的创造作用局限于一个很小的范围。而且,一个无限的宇宙只存在于有限的时间段中,这是不合逻辑的。这样,上帝所创造的世界在时间和空间上都是无限的。一个永恒的无限的世界无须创世。牛顿之后一百年,拉普拉斯把新宇宙论发展成完美的形式。当拿破仑问上帝在他所著的《世界体系》中的作用时,拉普拉斯回答道:"陛下,我不需要这种假设"。但是,并不是拉普拉斯的《世界体系》,而是此书所描述的世界不再需要上帝这个假设了。②

亚历山大·柯瓦雷的《从封闭世界到无限宇宙》清晰地论述了无限宇宙说带来的革命性变化。人们普遍认为17世纪经历并完成了一场深刻的精神革命,现代科学和现代哲学同时是这场革命的根源和成果。柯瓦雷要说明的是,至少就发展的主线而言,17世纪革命是天球的破碎和宇宙无限化的历史。此前,他在《伽利略研究》中分析了17世纪科学革命前后新旧世界观的结构模式的变化。柯瓦雷认为,在这个变化的过程中,一个有限的、封闭的和有着等级秩序的整体宇宙消失了(在这一整体中,价值的等级决定了存在的秩序和结构,从黑暗的、沉重的和不完美的地球到更高和更完美的星辰和神圣天球),取代它的是一个不定的、甚至是无限的宇宙。这一宇宙为同一基本元素和规律所约束,位于其中的所有存在者没有高低之分。也就是,将亚里士多德的空间概念——世界内面被分化了的一系列处所,代之以欧几里德几何的空间概念——一个本质上无限且均匀的广延,它而今被等同于世界的实际空间。这就意味着

---

① (德)沃格林(1901—1985)著,《革命与新科学》,谢华育译,华东师范大学出版社,2009,页228—229。
② (法)亚历山大·柯瓦雷著,《从封闭世界到无限宇宙》,邬波涛、张华译,北京大学出版社,2003,页225—226。

科学思想摈弃了所有基于价值观念的考虑,如完美、和谐、意义和目的。最后,存在变得完全与价值无涉,价值世界同事实世界完全分离开来。这一过程的结果是,人类在世界中失去了他的位置,或者更确切地说,人类失去了他生活于其中、并以之为思考对象的世界,人类要转换和替代的不仅是他的基本概念和属性,而且甚至是他思维的框架。①

而对于爱因斯坦相对论修正无限宇宙说的意义,沃格林认为,通过爱因斯坦,物理学的基础根据莱布尼茨的立场得到了修正,这一点在科学史上是一场重要的事件,但是至少目前,它还没有在社会和政治层面产生引人注意的重要作用。沃格林显得悲观地说,科学主义的破坏已经发生。②

如果从柯瓦雷和沃格林所阐述的意义上来理解一个有限的、封闭的和有着等级秩序的整体宇宙的消失,以及一个不定的、无限的宇宙的出现,这种"天游"不仅不是一件令人快乐的事情,而且是令人充满忧虑的事情。法国当代思想史家莱米·布拉格在《世界的智慧——西方思想中人类宇宙观的演化》中沿着相近的理论脉络指出,现代的宇宙观使天这个榜样失去了相关性,对天的模仿不再有任何意义,现代人再也没有对自然的道德模仿。③ 这种变化也使宇宙哲学参照的隐喻发生了转折。经典文献在死后升天或者灵魂出窍的故事中,以不自然的方式表现了它的世界观,比如但丁在《新生篇》所写的升天。而在现代,人们认为天是空的,升天变成了滑翔,主体漂浮在存在的两个层面之间,最后没有抵达较高的层面。它的起飞根本不是指向对高级世界的凝视,它产生的效果仅仅是可以从高处俯视地球。这种新的情感的例子是波德莱尔的《高扬》。诗人飞了起来,他的飞升是与传统的宇宙哲学相关的:

---

① (法)亚历山大·柯瓦雷著,《从封闭世界到无限宇宙》,前揭,"前言"页1—2。
② 沃格林,《革命与新科学》,前揭,页254。
③ (法)莱米·布拉格著,《世界的智慧——西方思想中人类宇宙观的演化》,梁卿、夏金彪译,上海人民出版社,2008,页273。布拉格认为,"宇宙哲学与伦理学之间不再有任何关联……道德可以与天体演化学剥离,从而开始仅被认为是'自治',宇宙已经失去了其对人类主体的结构功能。它只是人类活动的漠然的背景,对人类实现其人性没有任何功劳。……对自然的道德模仿变得不可能,因为我们的自然概念发生了改变。世界再也不能帮助我们成为人。"见氏著,页291。

他穿过九层,对应于古代天文学的九重天,最后到达"繁星遍布的天界",但是,这次飞升被迫中断,结束于被称为"空空如也的超越"的地方。诗人啜饮了"充盈了透明空间的清澈火焰",不料却掌握了"花的语言",即他能理解的最低的生物体"默默无语者"。这里不再是向神秘的沉默的超越,而是被植物的沉默颠覆。①

对无限宇宙的转变的评价不同,对"天游"的看法也会不一样。宇宙无限的展现而"天游",在西方思想脉络里是天塌之变,但是康有为讲天游,并非凄凄惨惨戚戚,他对"天游"有很高的寄托,认为从中可以找到"极乐"。他热情肯定无限宇宙的呈现,并从中体会到等级秩序的消解、人人平等的未来所带来的"极乐",似乎看不出他会由此产生牛顿及后来的思想家(如沃格林)那种认为上帝随之死亡、秩序随之瓦解的担心。在他的孔子阐释看来,无限宇宙的出现这一"天塌之变",是一种新的伦理秩序的显现,意味着最高层次的"仁"的可能性,因此这并不是能不能接受、应不应该的问题,而是时机是否合适的问题。

这里引述施米特、何瓦雷、沃格林对西方宇宙观思想史的分析,并非要让康有为和现代欧洲思想史家"关公战秦琼",而是为了呈现康有为"天游"所接受的宇宙观究竟在西方思想史的分歧中处于怎样的位置,并尝试进一步思考为什么康有为会在这些分歧中做这种选择。弄清楚这个问题,我们或许可能明白,虽然康有为看上去是无限宇宙这一西方现代性思想最坚定的拥趸,但他是否真的晚年变法走出儒学,开始追随西方现代思想的这一脉?康有为对无限宇宙的展现为什么会这样乐观?是他没有这种紧张和忧虑,还是他有另外的处理这种紧张的办法?这需要我们回过头来综合分析康有为天游之学与论太平大同的公理之学的关系,以及公理之学与论对症下药的时势之学之间的关系。

公理之学与大同之教的天学基础

"公理"一词在晚清的广泛使用无疑受西方近代思想的影响,康有

---

① (法)莱米·布拉格著,《世界的智慧——西方思想中人类宇宙观的演化》,前揭,2008,页285—286。

为在晚清知识界较早使用"公理"概念。① 不过在康有为这里,公理和天理的区分并不清晰,有时是混用的。比如《春秋笔削大义微言考》中说,"天之公理,以贤治不肖,以智治愚;大同之世,天下为公,选贤与能,凡在民上者皆然,凡世爵皆非也。"②这里的"天之公理"即康有为在其他场合中说的"天理"。这种情况并不只在康有为这里发生,比如蔡元培的《中国伦理学史》(1910年)论唐虞三代伦理思想之萌芽,即有"天之公理"的说法,并说"……以为苟知天理,则一切人事,皆可由是而类推",③可见公理与天理的区分很模糊。

在康有为这里,公理的用法主要有两类,一类的含义是普遍性法则(用于据乱、升平世的情况),这是今天我们使用"公理"一词表达的常用含义,但在康有为那里,这类用法比较少。例如:

> 据乱世最亲父子,故亦重仇雠。盖所亲重者,其反比例仇雠亦自重,此公理也。若太平世大同之义,人人不独亲其亲、子其子,则仇雠亦少减轻矣。(《春秋笔削大义微言考》)④

又如,"但凡新国未制礼,必沿用前王之礼,乃天下之公理也。"(《以孔教为国教配天议》)⑤类似的说法见于《覆教育部书》:"自古新旧递嬗之间,新国之法未定,必用前王之礼乐,实万国之通义也。"⑥这里的"公理"即是"通义"的意思。

另一类指太平大同世的公共之理,其中的"公"既有公共认可的含

---

① 金观涛、刘青峰通过数据库统计分析,得出的结论是:"'公理'在士大夫用语中的凸显大约是1895年甲午战败以后的事。据我们看到的资料,除新教传教士之外,最早将'公理'引入士大夫政治语汇中的是何启、胡礼垣、梁启超、康有为和宋恕等。"见"天理"、"公理"和"真理",见氏著,《观念史研究》,法律出版社,2009年版,页49。该文归纳了"公理"使用的四种主要情况。
② 《春秋笔削大义微言考》,见《康有为全集(六)》,前揭,页57。
③ 蔡元培著,《中国伦理学史》,上海古籍出版社,2005,页6。
④ 《春秋笔削大义微言考》,见《康有为全集(六)》,前揭,页57。
⑤ 《以孔教为国教配天议》,见《康有为全集(十)》,前揭,页93。
⑥ 《覆教育部书》,见《康有为全集(十)》,前揭,页117。类似用法又如,"政治之原起于民,纪纲之设成于国,设官分职以任庶事,此万国古今之公理也。"(《官制议》,见《康有为全集(七)》,页231)

义,也有天下为公的含义。这是康有为使用公理一词的主要用法。例如,《孟子微》这样定义"公理":

> 公理者,无所偏倚,四面皆彻之谓。凡有倚,皆非公理,非圣人之言,不足以传世立教也。①

又如《春秋笔削大义微言考》:"盖圣人以公理治人,以为天下后世不私己国。……故言教者公,言治者私。故公理之不通于国界久矣夫!"②又如《孟子微》:"人人独立,人人平等,人人自主,人人不相侵犯,人人交相亲爱,此为人类之公理,而进化之至平者乎!"③《礼运注》下述两例强调了"公理"为太平大同世的基本特征,而据乱、升平世之私有害公理,或者公理不行于据乱、升平世:

> 夫有国、有家、有己,则各有其界而自私之。其害公理而阻进化,其矣。惟天为生人之本,人人皆天所生而直隶焉。凡隶天之下者皆公之,故不独不得立国界,以至强弱相争。并不得有家界,以至亲爱不广。且不得有身界,以至货力自为。故只有天下为公,一切皆本**公理**而已。公者,人人如一之谓,无贵贱之分,无贫富之等,无人种之殊,无男女之异。分等殊异,此狭隘之小道也。平等大同,此广大之道也。无所谓君,无所谓国,人人皆教养于公产,而不恃私产。……惟人人皆公,人人皆平,故能与人大同也。④

> 愚谓天地者,生之本,众生原出于天,皆为同气,故万物一体,本无贵贱,以**公理**论之,原当戒杀。惟进化有次第,方当据乱世时,禽兽逼人,人尚与禽兽争为生存。周公以驱虎豹犀象为大功,若于时倡戒杀之论,则禽兽遍地,人类先绝矣。⑤

---

① 《孟子微》,见《康有为全集(五)》,前揭,页466。
② 《春秋笔削大义微言考》,见《康有为全集(六)》,前揭,页249。
③ 《孟子微》,见《康有为全集(五)》,前揭,页423。
④ 《礼运注》,见《康有为全集(五)》,前揭,页555。
⑤ 《论语注》,见《康有为全集(六)》,前揭,页431。

康有为早年立公理之学的抱负,重点也并不是普遍性法则(第一种用法),而是专用于太平大同世的"公理"(第二种用法)。也就是说,康有为对"公理"一词的含义有着特别的界定,需要联系他的整个思想来理解。一般认为康有为前期的《实理公法全书》等作品为《大同书》的雏形,这是有道理的,其中的关键之一就是这两者关于公理的基本思路大体一致,方向都是要在综合全球诸教、诸学的基础上提出具公共性、理想性的义理和制度。也是在这个意义上,可以说康有为的"立公理之学"与立"太平大同之学"是同一件事情,它们也是立孔教、奉孔子为"大地教主"的基本根据。综观康有为在流亡海外前后的著述,可以清晰地看出这一线索。①

第二种意义上专用于太平大同世的"公理",仍然与"天"有关系。《春秋笔削大义微言考》这样说:

> 人之于天,以道受命,凡天然之公理皆天命,而人受之者。此为孔子大义,而《谷梁》述之。其不合于公理者,皆当奉天以绝之。……不知天之视人,人人平等;孔子以天治人,亦人人平等。②

康有为认为,人人平等可由"天命"得到解释。在"人人皆为天上人"的天学视野打开之后,更可以从无限宇宙观对等级制的完全颠覆入手,来论证人人平等。那么,为什么康有为不继续用宋儒的"天理"概念来表述人人平等的依据,而要用"公理"一词?

这不只是因为"几何公理"之类西方科学思想中的公理概念更有吸引力。③ 最关键的原因在于泰西之教对"天"的理解,真正地构成了对儒学之"天"的挑战,儒学已经很难在这场文明竞争中获得对"天"的解释权。即使儒学极力声称自己享有对"天"的最高解释权,也很可能只

---

① 参见张翔,《从立全球公理之学到以大同立教》,载《哲学动态》,2015年第3期;张翔,《大同立教的双重困局与不同应对》,载《开放时代》(2015年第3期)。
② 《春秋笔削大义微言考》,见《康有为全集(六)》,前揭,页56。
③ 汪晖提醒,理解天理或公理问题不能也不应从概念的精确定义出发,而应从天理或公理的历史展开过程自身出发。见氏著,《现代中国思想的兴起》,三联书店,2004,页50。

是自言自语罢了。康有为的考虑在于,儒学要想在解释"天"的文明竞争中获得主动权,就必须重新确立对"天"的解释。这是为什么他要"立公理之学",而不再是"天理"之学的最为重要的原因。① 也就是说,至少在康有为这里,"公理"成为中心概念,并非在贴切把握和理解西方的公理概念这个意义上发生的文化接受过程,不是在科学的意义上说的,② 而是他这个有"教主"抱负的中国人(虽然后来他认为孔子才是真正的大地教主)企图在综合全球之学术、教义的基础上提出一套全球公共认可的理论。所以,这个"公",最具决定性的一面在于全球之"公",而不是一国一地之"公";也正是有了建构全球共同认可的"公理"的抱负,才有后面建立太平大同之学的必要——只有全天下、全世界人人平等大同,才能人人皆公,人人皆平,否则总会有人感到不公不平。如果不求全球共同认可之理,也就不会强调人人平等大同了。

因此,在康有为这里,立公理之学的出现并聚焦于太平大同,本身即是对"天变"的一种反应,是在一种新的宇宙观呈现的过程中,重新设想与此相对应的理想世界(或者说"乌托邦")的努力。虽然康有为大概在 1920 年代才致力于展开"天游"之学的论述,但其实"人人皆为天之子"即是他对"天变"来临的一种感受,这个时候的天已经不再只是以皇权为中心的宇宙观的一部分。康有为因西方近代文明到来而产生的"天变"感受的具体化,与他在立公理之学方面的发展,是大致同步的过程。对"天变"的认识越清楚,设想理想世界的方向也就越清晰。"人人

---

① 天理在康有为的释经著作中不再是重要概念,在偶有提及的地方,与公理的区分也并不明显。如,"若爱,则虽太平大同亦有差等,盖差等乃天理之自然,非人力所能强为也。父母同于路人,以路人等于父母,恩爱皆平,此岂人心所忍出乎?离于人心,背于天理,教安能行?故孟子以墨子为无父也。"(《孟子微》,见《康有为全集(五)》,页 497)又如,"人道竞争,强胜弱败,天之理也。惟太平世,则不言强力,而言公理。言公理,则尚德尚贤。"(《孟子微》,见《康有为全集(五)》,第 448 页)这一句中的"人道竞争"指的是"仁"的竞争,大仁胜小仁,因此这个意义上的天理和公理(上上、上中、上下之仁)的含义也并无太大差别。
② 汪晖指出,科学公理观确立自身霸权的过程经历了两个相互区别的阶段:晚清时代,科学思想、科学实践和科学知识是整个社会思想、社会实践和新知识的有机部分,主要作者也没有构成一个完全专业化的科学共同体;民国建立之后,专业化的科学共同体从其他社会群体和知识群体中分化出来,以一种与政治、社会、文化及其他领域无关的专业化姿态确立科学的合法性。见氏著,《现代中国思想的兴起》,前揭,页 52。

皆为天上人"的"天游"最为全面和清晰地展现了"天变"在康有为那里留下的踪迹。

康有为立公理之学,并不是以现实政治和社会变革作为中心问题,而是以理想社会的构造作为中心问题。在天理世界观向公理世界观转变的最初阶段,"公理"的核心内涵仍然是世界的理想型构。在(作为普遍规律的)科学公理观念居于统治地位的今天,这并不是一件容易理解的事情。康有为将孔子太平大同之学与公理之学相对接,从而以孔子为未来世界提供了最合乎人道的设想为理由,奉孔子为"大地教主"。这样,康有为不仅以孔子之学为框架吸纳了"天变"的冲击,而且试图以此确立孔子之学在未来世界的理想设计方面的宗师地位。康有为接受了"天变",承认了"天变"的合理性,走出了非常重要的一步。这一步在中国和在西方一样,都是革命性的一步。

需要指出的是,康有为晚年创设"天游学院",自号"天游化人",在西安演讲时邀请大家"同为天游,以超度人世",与他推迟《大同书》全书的刊布(虽然其中意思屡屡在其他作品中有所透露和阐述)的态度颇有区别。他并没有将天游之学放到以往公理之学和大同太平之学的位置,并没有将"天游"与社会政治进程关联起来考虑,而只是视为个人在当下即可着手实践的修为。他大讲"天游"极乐之道,并意味他认为当下已是太平世,也就是说,虽然"天游"是大同之学的基础和延伸,但讲"天游"并不等于讲"大同"。如果讲"天游"相当于讲"大同",康有为应该就不会大讲特讲"天游"了。"天游"与"大同"之学的区别,显示了"天游"主要是一种宇宙观的变革,这一变革是太平大同之学的新基石。

时势与"天理—公理"之变:
面对现代乌托邦的古典智慧

康有为在阐释孔子太平大同之义的问题上,针对梁启超、欧榘甲等倾向革命的弟子们的挑战,做出了重要的调整。1902年6月,为回应梁启超等人的挑战与海外华侨中影响渐大的共和革命思潮,康有为写下《答南北美洲诸华商论中国只可行君主立宪不可行革命书》和《与同学诸子梁启超等论印度亡国由于各省自立书》两封长信。这两封信是康有为介入共和革命辩论的代表作,他在这一阶段对"三世说"的重释,提供了回应分省独立等共和革命思想的理论基础。前一封信中的一段话比较全面地表述了他对"三世说"的重释,反映了他的自我调整:

> 夫孔子删《书》,称尧、舜以立民主;删《诗》,首文王以立君主;系《易》,称见群龙无首,天下治也,则平等无主。其为《春秋》,分据乱、升平、太平三世。据乱则内其国,君主专制世也;升平则立宪法,定君民之权之世也;太平则民主,平等大同之世也。孔子岂不欲直至太平大同哉?时未可则乱反甚也。今日为据乱之世,内其国则不能一超直至世界之大同也;为君主专制之旧风,亦不能一超至民主之世也。不然,国者民之所积者也,国者民之公产也;孔子言天下为公,选贤与能,固公理也。欧洲十余国,万战流血力争而得民权者,何不皆如法之革命,而必皆仍立君主乎?必听君主之世守乎?甚且无君主则迎之异国乎?此非其力之不能也,有不得已之势存焉。故礼时为大,势为大,时势之所在,即理之所在,公理常与时势相济而后可行;若必即行公理,则必即日至大同无国界、无家界然后可,必妇女尽为官吏而后可,禽兽之肉皆不食而后可,而今必不能行也。①

这段话阐述了"公理与时势"的关系,"礼时为大,势为大,时势之所在,即理之所在",指出了把握"时势"的首要意义。如果说,1890年代康有为发起儒学内部的重大革命、重新解释大同太平世,是要为中国儒学回应西方文明的冲击寻找一条道路,那么,这次他调整此前的经学阐释,突出"时势"相对于"公理"的重要性,则是要发展出一套理论,用以回应和处理变自内生的革命思潮。康有为诠释"公理与时势"关系的主要指向在于,究竟采用君主立宪制还是共和民主制,要根据"时势"而定,如

---

① 《答南北美洲诸华商论中国只可行立宪不能行革命书》,见《康有为全集(六)》,前揭,页313—314。

果适合君主立宪制,便不能"躐等而进"。综合言之,康有为强调的"时势"最为重要的面向是,指出君主立宪对于维系中国一统、自强、"称雄于大地"乃至与其他"霸国""联邦"而为一统大地的重要的策略性作用。康有为对"天"的界定包含了多重性质(同时采用"人人皆为天之子"和"人人皆为天上人"),这种"三世并行不悖"的阐释提供了重要的思想基础。

康有为的"公理/时势"论与作为"圣之时者"的孔子(以及宋儒的"天理/时势")之间的精神联系是主要的方面,它们都强调,面对乌托邦的吸引应该有因时制宜的权变。宋儒的"天理/时势"论可以说包含了面对古典乌托邦的现实主义态度,①而康有为的"公理/时势"论则可以说包含了面对现代乌托邦的现实主义态度。这两种现实主义态度是一脉相承的,其中的纽带即是对作为"圣之时者"的孔子的理解,以及"时势"概念的引入。因为这一关联,康有为面对现代乌托邦的现实主义态度也可以说是一种古典的态度。

在康有为这里,"仁"可分为不同等次,是贯穿三世的道德评价尺度和根据("仁"与天仍然保持着关联,即孔子"受命于天,取仁于天")。太平大同世的公理作为"仁"的最高等次,虽然"而今必不能行",但在作为道德评价的最高尺度和根据方面,公理与天理也有一致之处。

这两种论述之间的微妙差异也需要注意:

首先,虽然康有为在孔子之学(太平大同之学)的框架中讨论"公理",也包括了重新阐释三代想象,跟宋儒讨论"天理"时依托三代想象

---

① 汪晖认为,天理概念产生于一种复古主义的儒学氛围中,从唐中叶开始,韩愈等人即声称儒学之道统至孟子时代已经中断,这一看法为北宋儒者普遍接受,他们均以恢复道统为己任。在这一复古主义视野中,三代之治是真正的社会理想,宋代儒学将这一想象建构成一种完整的历史意识和批判性资源。天理不是产生于一种历史延续的意识,而是产生于历史断裂的意识,对天理的追求本身必须诉诸于一种主体的力量,一种通过主体的实践重新将断裂的历史接续下去的意志。历史断裂的意识与主体性的生成具有内在的联系。天理被建构为道德评价的最高尺度和根据。与天理合一是重构历史延续性的惟一道路,从而对天理的追究与对历史的追究是同一过程。但在宋儒的思考中,天理并不僵固地存在于理想的过去,它不仅产生于历史断裂的意识,而且产生于一种面向当代和未来的态势,存在于"时势"或"自然的理势"之中。"时势"是一个将断裂转化为连续的概念。孟子称孔子为"圣之时者",《礼记》称"礼时为大",这里所谓"时"既表示时代及其演变,也表示对时势变化的适应。见氏著,《现代中国思想的兴起》,前揭,页54—57。

有类似之处,但它们的区别不仅在于,康有为指出宋儒从中只看到小康的层次,还没有发掘远近大小如一、大同太平层面的思想资源。更重要的区别是,康有为从孔子及其后学的三代想象中阐发太平大同、人人平等的"公理"之义,已经不再是复古主义氛围中的概念,而是面向未来的时间意识中的概念;如果说天理要在历史变化(时势)中展现,不是形而上学的,①那么公理则具有浓厚的形而上学意味,它属于太平大同世,并不需要体现在从据乱到太平的整个历史过程之中。在康有为这里,作为古典乌托邦的"天理"和作为现代乌托邦的"公理"之间发生了重要的变化。

其一,"公理"是面向未来的议程,是在今天看来可以达到的目标。在康有为这里,太平大同世的公理在未来进程中的出现可以不断被延搁,但它实现的那一天从来没有被否定。但在宋儒那里,天理作为道德评价的最高尺度和根据,一直在历史变化中显现,但三代想象作为历史存在,却不能在未来变为现实。是否认为乌托邦有实现的可能,是作为古典乌托邦的"天理"和作为现代乌托邦的"公理"之间最为重要的区别。

其二,与其说公理像天理那样是历史断裂意识的产物,不如说是历史延续意识的产物。近代进化论是这种历史延续意识的典型代表。历来人们喜欢将康有为的三世说与进化论联系起来考虑,不仅是人们将进化论的历史延续意识投射到三世说之上,而且康有为在第一次经学诠释高峰期对"张三世"的阐释,的确透露了历史延续的意识。如果没有革命浪潮的冲击将公理之学与帝制之间的尖锐矛盾呈现出来,康有为或许不会去重新发掘孔子作为"时中之圣"的意义,来修正第一次经学诠释高峰期对"三世说"的解释。在修正之后的"三世说"框架中,三世之间的断裂性才呈现出来,而这种断裂性也不是韩愈所说的那种完全"中断"(因为太平大同的公理在未来是可以实现的),而是三世"相反

---

① 汪晖指出,在经史之学的视野中,时势概念为一种历史方法论提供了前提:如果天理存在于时势之中,那么,按照形而上学的方式去追寻大理就是一种方法论的错误 天理是历史事件的自我展开的方式,任何离开历史变化(如风俗和政治形势的演变)探求天理的方法都不可能获得对天理的真实理解。见《现代中国思想的兴起》,前揭,页59。

相承"。

其三,康有为积极阐述太平大同的公理,认为孔子提出了最合乎人道的未来理想社会的方案,以此作为孔子学术最具竞争力的部分来立孔教,奉孔子作"大地教主"。在他看来,全球诸教竞争、中国文明生死存亡的战略要点在于提出对未来理想社会的设想,而不在于现实政制的设计,其中包含了一个判断,即提出未来理想社会的设想(现代乌托邦)对于现代社会而言是最具决定性的事情,一个文明能否在现代社会处于领先的位置,关键看它能否在现代乌托邦的塑造上处于领先位置。这意味着,康有为可能认为,现代乌托邦决定了现代社会的性质,提供了现代社会发展的动力,只有这类意义上的现代乌托邦才能称得上是文明发展和文明竞争的要害所在。

而这个现代乌托邦虽然仍然可以看作对天和天命的体悟,但它最根本的特征是以全球公论为基础、综合归纳而成的形而上思考,这是康有为立公理之学从一开始就呈现的特点。孔子之学之所以被视为公理之学(有的时候甚至被认为是公理之学的最高形式),也是康有为依据"宜于人道"的标准而推断全球公论,认可孔子之学。

其次,在宋儒"天理／时势"的论述结构中,断裂性产生于三代想象与现实之间,连续性体现于时势之上。而在康有为的"公理／时势"的论述结构中,情况发生了变化,大同公理与现实之间可能被认为是连续的,而时势问题的介入呈现了三世之间的断裂性;在康有为重新阐释的三世更替的框架中,三世之间是似断似续的断裂,时势则同时是断裂和连续的体现。三世断裂与连续的辩证关系所针对的主要问题是如何处理帝制革命的冲击。在康有为批判革命的论述中,时势是断裂性存在的根据。前引康有为"时势之所在,即理之所在,公理常与时势相济而后可行"与"而今必不能行(公理)也"的论述即显示,在他看来,公理不能行是因为时势的限制。

总而言之,康有为认为现代乌托邦的前景无法抵挡,但可以通过强调因时制宜的现实主义态度来预防现代乌托邦所包含的风险。康有为对现代乌托邦的系统阐释(从"天理"向"公理"的转变),以及赋予它的极为重要的位置,在此前中国思想史上是前所未见的,这是与三千年未有之巨变相对应的一种思想上的巨变。同时,他又极力强调面对太平大同应该保持极大的谨慎,呼吁人们充分意识到当下实行太平大同之道的危险性。看起来这与他对现代乌托邦的重视非常矛盾,但从"时势"的视野来看,这两者是可以相互协调的。现代乌托邦打开了现实与未来理想社会的连续性,在这一历史性变化趋势看起来不可能改变的情况下(康有为热情地欢迎了它的来临,认为非如此不可能"保教"),"时势"的视野这次变成了断裂性的表现,在现实与现代乌托邦的历史连续性意识洪流中,保留了一种古典的审慎。从实质上说,这是一种革命大潮中的审慎,因为现代乌托邦的来临本身意味着革命的来临,而康有为是如此热情和果断地接受了革命性的现代乌托邦。但康有为在革命视野中所置入的带有古典智慧的审慎("时势"),并不是无足轻重的,而是在中国革命的开端时期,即走出了极为重要的一步,往革命的沸腾热血中放进了因时因地制宜的权变之魂。此后,我们在中国革命进程中,屡屡看到革命或建设的阶段论述中的权变智慧,以及这种讲究"时势"的权变智慧与带有乌托邦气息的各种教条主义的辩论和斗争。

被现实主义刻画的中国?
——基辛格《论中国》的读法

韩 潮

我一直希望看到这样的一部20世纪中国史,它不带任何价值预设、不受任何意识形态的左右、不倚仗任何先入为主的立场,绝对冷静、没有狂热也不带悲苦地解剖这个国度在20世纪的历史。在读到基辛格(Henry Kissinger)先生的《论中国》之前,我有过一丝幻觉,或者这部书的内容庶几近之。因为,这是一部出自二十世纪最著名的现实主义外交家之手的著作,换言之,这将是一个被现实主义刻画的中国。

但是,这本书当然还远远不够格。北美亚马逊网站上最受欢迎的一篇书评说得不错:"基辛格对毛有一种敬畏感……在基辛格的眼里,凡是斯大林在谈判过程中使用了策略性的手段,他一定是要阴谋使诡计,但同一件事要是搁在毛那里,那么他一定是深思熟虑、运筹帷幄、运用了古代中国的谋略"。

我部分地同意他的判断。试举一例以兹佐证。基辛格在分析中美建交过程时曾大胆猜测,毛在"文革"前的1965年就已经通过斯诺之口向美国方面传达了一些意味深长的信息。在他看来,由于苏联的咄咄逼人,毛可能早在那时就已经在考虑远交近攻,向远敌美国靠拢,"不过当时没有什么人看出这一点"。但基辛格举出的证据不过是,毛在和斯诺交谈时曾流露出一些极其细微的语气变化。比如,毛对斯诺说,"很遗憾,由于历史原因,中美两国人民被分开了。15年了,老死不相往来。今天,隔阂更大了。不过我是不相信最后会以战祸告终的"①。基辛格以为,毛的话与当时的政治氛围大相径庭——尤其是1964年10月中国第一次核试验之后,约翰逊政府及西方主要政治势力把中国视为亚洲和平的主要威胁之际,毛此时传达出的却是中美关系失之交臂的遗憾,因此,毛想必是希望通过斯诺之口传达他对美方态度的试探。

如果基辛格提到这个细节是在暗示毛的惊人远见,那么他未免求之过深了。他完全不能理解,在中国的政治语言里,"美国人民"和"美国政府"这两个词语之间的距离。这个细节反倒是恰恰表明基辛格对中国式的政治语言极为陌生,凡是他自以为"意味深长"的表达、凡是他从这些"意味深长"的表达中揣度出的深意,往往是不可信的。

这一点,基辛格的助手、后来的驻华大使也是美国对华政策的主要策划者之一温斯顿·洛德就要明白得多。洛德曾经说,大多数情况下,毛的那些语焉不详的话并非是饱含深意,有时候不过是一个老人精力不够集中的表现。洛德的话当然有些刻薄,他刻意低估了毛的魅力,事实上,在我看来,毛的说话方式更可能是造成误解最为重要的原因之一。基辛格在书中就曾一再提到毛的语言魅力,毛一向喜谈历史、哲学,好打比方,惯用反讽的语调,甚至不乏自嘲,但据基辛格观察,在讥讽的言辞背后却总可以觉察到毛不可触犯的骄傲。在外交场合,这显然是极为罕见的,因此,即便是些改善气氛的玩笑话,有时也会因为文化的隔阂容易造成理解上的误会——比如著名的"无法无天"一说就给基辛格带来了极大的困惑、以至于深深的敬畏。

不过,如果要从最深层的原因说起,恐怕引发基辛格敬畏感的另一个来源则是中国人的历史意识。基辛格一再提到,中国领导人总是从历史的角度考虑问题,他们在谈论一个现实问题时总是会回溯自己的历史传统,让人感觉对于漫长的中国历史来说,当下的事件无非是历史长河中微不足道的一个片段。

或者,这也是基辛格这本书之所以不辞辛劳、从头开始追溯中国历

---

① 基辛格,《论中国》,胡利平等译,北京:中信出版社,2012,页197。

史演进的原因,他似乎认为,为理解当下中国的现实,历史的回溯是必要的,甚至是不可或缺的。许多人对这本书的前半部分评价不高,他们认为,这本书在古代中国的史实方面上有一些不大不小的问题,对中国历史的线索勾勒也或多或少存在着粗疏之处。但是,在我看来,如果我们认识到,这是一个外交家的历史眼光而不是某个汉学家或东亚系的某个教授的历史视角,那么,毋宁说,基辛格的历史勾勒是颇有意味的,也是异常机敏的——当然,他的机锋总是隐藏在一个外交家本能的修辞里。

基辛格对中国历史的叙述的确是带着敬畏的,但是他的敬畏远不是对中国历史的文治武功、道德文章的敬畏,他对这个国家的文明成就从来是一笔带过,在他笔下,所有关于中国文明成就的描述都伴随着转折性的评论,比如——充满自我优越感、却不屑改变异族的信仰,富饶、却对技术革新漠不关心,文化发达、却对外部世界茫然无知,等等等等。

因此,真正引发基辛格敬畏感绝不是什么中国数千年悠远的历史或者说什么惊人伟大的文明成就。在我看来,他所感兴趣的并且唯一加以认真对待的仅仅是这个国家在漫长的历史演进表现出的战略和谋略的意识以及伴随着这些战略意识的、不为人所察觉的道德狡黠。

例如,在这本书中,基辛格唯一提及并加以分析的中国古代典籍不是别的、而是以"兵者诡道"著称的《孙子兵法》。和大多数西方人相似,基辛格对《孙子兵法》中体现出的中西文化的巨大差别感到惊讶不已。在他看来,西方传统推崇决战决胜,强调英雄壮举,而中国的理念强调计谋及迂回的策略,耐心累积相对优势。这种对谋略的推崇可能是中国文化中真正核心且一以贯之的东西。如果说他对这个国家几千年来的文明成就从来是一笔带过,并且几乎已经明白无误地表达了他的判断,即所有这些文明成就根本无法面对现代世界的挑战,那么我们可以看到,另一面他却坚持认为,即使在今天《孙子兵法》读来依然没有丝毫过时感,依然是战略、外交、战争领域内重要的经典文献。最让人觉得不可思议的地方是,他竟然认为,美国之所以在亚洲的几场战争中受挫,一个重要原因就是违背了孙子的规诫。而毛泽东、胡志明及武元甲等恰恰就是运用这一套谋略的高手。

基辛格对《孙子兵法》的看法并无多少过人之处，但他真正独特的地方是，他认为，《孙子兵法》提出的那套东西是实实在在贯彻于中国历史始终的，至少在外交领域里就是如此。表面上中国外交看似讲究宽厚仁爱、礼仪道德，以帝国礼仪归化周边诸国，但实则运用了类似于《孙子兵法》中的高超政治手腕。比如他曾经提到，某个汉代官员提出过的对付匈奴的"五饵之策"（此人实即贾谊）："赐之盛服车乘以坏其目；赐之盛食珍味以坏其口；赐之音乐、妇人以坏其耳；赐之高堂、邃宇、府库、奴婢以坏其腹；于来降者，上以召幸之，相娱乐，亲酌而手食之，以坏其心"。对此，表面上他不加一辞。但在此前一节，他明明提到，中国政府往往声称他们的宽仁大量（benevolence）①——"宽仁大量"和政治手腕的对比自然是不言自明的。对贾谊的五饵之术，他不可能也没有能力判断这一外交政策的具体得失，他之所以提及五饵之术，无非是因为这个政策在道德上过于狡黠。基辛格的意思当然是说，在中国政府表面上宽仁的外交政策之下，是道德上惊人的狡诈：中国人采取的不是去打击、击败一个对手的方法，而是去败坏他、腐蚀他的策略。前者与后者，哪一个更为邪恶，是一个道德问题，对此基辛格并不关心，而前者与后者哪一个更为有效，则是他持久关注的问题。因为，正如他在《孙子兵法》学到的东西方战略侧重点的不同，中国人是一个策略型帝国，而不是一个征服型帝国。

基辛格发现，直到晚晴的外交政策里仍然有类似的痕迹，比如恭亲王所言，"以和好为权宜，以战守为实事"，又比如中英谈判时的清廷耆英采取的外交策略。在与璞鼎查谈判时，耆英曾竭力与璞鼎查结交私谊，表现出一种过分的殷勤好客和夸张的亲善姿态，但在基辛格看来，在耆英那里表现出的中国式的热忱其实是精明计算的结果，诚信被中国人当做一种武器，至于中国人实际上是否真正真心实意对中国人自己来说并不重要。他引用了后来发现的耆英上呈的一份奏折里的话：

---

① 基辛格，《论中国》，前揭，页17；另见 Henry Kissinger, *On China*, Penguin Press, 2011, p. 16。

"固在格之以诚,尤须驭之以术,有可使由不可使知者,有示以不疑方可消其反侧者,有加以款接方可生其欣感者,并有付之包荒不必深与计较方能于事有济者。"①

基辛格对中国历史尤其是外交史的观察,当然不仅仅是一种学术的兴趣,如果我们将之与全书最后的后记即《克劳备忘录》相对照,会发现其中惊人的相似之处。一战之前的英国外交部高官克劳在他对德国战略的分析中指出,德国宣称追求什么样的目标是没有意义的,不管德国的意图是什么,德国崛起的本身就是对英国的客观威胁。即便德国温和的政治家想要表达诚意,德国温和的外交政策也随时可能消失在追求霸权的阴谋诡计中。因此,克劳才会说,"一国针对邻国的野心一般不公开宣示,因此不宣示自己的野心,甚至向所有国家表示无限的政治善意,都证明不了该国是否存在不可告人的目的"②。

如果将基辛格在文末引入的克劳学派的战略设想比之以他对中国传统外交政策的观察,可以明白无误地看出,他对当代中国所谓"和平崛起"的外交战略的极度不信任。他不可能因为中国人当下的热情表态甚至包括对他本人的过分殷勤而失去基本的判断力。他是一个现实主义者,他对中国的观察是一个现实主义者的观察。而他所服膺的恰恰也是中国的现实主义。中国人的道德狡黠,对他来说,并不会给他造成多少道德上的困惑。事实上,基辛格本人恰恰也是一个道德上颇具争议的人物。

如果我们还不曾足够健忘,那么我们多少会想起,十年之前希钦斯的那本《审判基辛格》曾给这位昔日的大人物带来的尴尬。希钦斯在书中指责基辛格在担任美国国家安全顾问及国务卿期间,支持对智利政府的颠覆活动、策划对柬埔寨和老挝的轰炸以及默许印度尼西亚对东帝汶的入侵和屠杀。这些罪名当然不止是基辛格个人的罪行,它代表了美国的另一面,确切地说代表了美国政府在冷战期间采取的一系列今天看来道德上充满争议的政治策略。这些政治策略既有意识形态对

---

① 基辛格,《论中国》,前揭,页45—46。
② 同上,页507。

抗的成分,也有战略需要的成分,但无论如何,其手段和技巧包括其中的道德暧昧性似乎与基辛格本人在《孙子兵法》中看到的那些东西别无二致。中国和美国在这点上似乎走到了一起。

有了这个前提,或者我们就可以逐渐走进这本书最核心的部分,即中美两国如何达成外交和解以及如何建立了一种基辛格所谓的准联盟(quasi—alliance)的关系。

我们都知道毛有一句著名的论断,他更喜欢西方的右派——"右派当权,我比较高兴"。在我看来,毛的话绝非只是个人喜好。从历史的角度看,促成中法建交的戴高乐、促成中英建交的希思、促成中日建交的田中角荣以及促成中美建交的尼克松都是右派,当然本书的作者基辛格更是右派中的右派。这绝非偶然。中美之所以能达成外交和解,从根本上说,是双方克服各自的意识形态分歧的一个结果。

从美国方面来看,其基本利益诉求相对而言是明确的。虽然基辛格对美国方面的外交政策的演变着墨不多,他仅仅引用了尼克松在1967年10月发表在《外交杂志》上的一篇著名文章,强调美国的意图仅仅是不愿让这个近10亿人口的大国长期处在国际大家庭之外,"愤怒地生活在孤立之中"。这当然是美国方面释放的和解信号之一。因为,就在两年前,约翰逊的国家安全顾问还曾说,"中国的核试验以及中国对邻国的态度,使它成为所有热爱和平人士之前的一大难题";就在一年前,当时的国务卿拉斯克还认为,"我们年复一年搜寻中共放弃武力解决争端的任何蛛丝马迹。我们也在寻找它不再把美国视为头号敌人的迹象。但中共的态度一直是敌对的和僵硬的";而且,就在1967年当年,由于"文革"的影响,中国在外交方面甚至可以说陷入了前所未有的混乱局面,香港、金边、仰光等地出现的外交危机似乎表明,这个国家的"傲慢、自信、革命激情和扭曲的世界观随时可能使北京对风险做出错误的估计"①。这样的时刻,尼克松对大势的预判的确是领先一步的。后来周恩来说,基辛格本人当时其实还未必有同中国接触的想法,在美国方面尼克松是对华接触政策唯一真正的主导者,应当是比较准

---

① 基辛格,《论中国》,前揭,页192、195、198。

确的判断(与此相似的是,周后来回忆说,中共内部只有毛注意到了尼克松在1967年10月发表在《外交杂志》的文章,他敏锐地觉察到尼克松的意图,嘱咐中共内部阅读尼克松的文章,因此,中国方面对美政策唯一真正主导者也只有一个)。基辛格本人也承认这一点,他说,由于尼克松公然承认一个共产党大国的生存符合美国的战略利益,他事实上也就主导了一场美国外交政策的革命①。

不过,美国对华政策转变的大量策略性的部分被基辛格有意省略了,比如"遏制但不孤立"政策的提出过程。我们很少能看到比如珍宝岛事件发生时美方的复杂反应,尼克松政府在国家安全委员会会议上的具体争论等等美方真正有价值的信息。考虑到这主要是一本面向美国读者介绍中国的书籍,我们或许只能容忍这样的缺点。但中文读者不应当产生这样的印象,即似乎唯有中方的故事充满策略、抉择和两难,同样的难题也出现在美方。只不过基辛格的素养让他的文字看上去更像一个观察家而不像一个亲身参与者。

而作为一个观察家,基辛格更多是回过头去揣摩、分析中国政府在中美和解过程中的基本动机。事实上,我并不认为这本书披露了足够多的前所未知的信息。而且,由于基辛格对美方本身的战略规划过于谨慎的描绘,我们很难从中构建出一幅更具张力、更有戏剧性和紧张感的画面。而如果仅就其观察家的身份而不是当事人的身份,基辛格的分析就未必那么可靠了。比如之前我们提到的,基辛格认为毛在"文革"前的1965年就已经通过斯诺之口向美国方面传达了一些意味深长的信息,应当只是他个人的推测。

当然,撇开具体史实不论,单就基辛格的分析而言,也颇有可玩味之处。例如,通常认为,中苏关系真正走向决裂、不得不与美国寻求和解的决定性事件是珍宝岛冲突,而在基辛格看来,珍宝岛事件之前的另一个重要的时间点是1962年的中印战争。基辛格注意到,中共对苏联在中印战争中的中立立场极为不满,在12月的《人民日报》社论中,出现了这样的语言,"对共产党人来说,一个起码的要求应该是分清敌

---

① 基辛格,《论中国》,前揭,页211。

我！"。同时,苏联方面也在指责中国,因为,在苏联方面看来,就在古巴导弹危机最危急的时刻,中国却在中印边界擅自采取行动,事实上起到为虎作伥的作用。

基辛格并不是研究中苏关系史的专家,他不可能对中苏之间微妙的政治关系细节洞若观火,但他把握住了一个根本性的问题,即对中苏两个社会主义大国来说,意识形态的要求和地缘政治的要求不可能做到完全协调一致。这是导致中苏关系破裂最根本的原因——反倒是国内某些中苏关系史研究的专家过分拘泥于人际关系的细节,甚至用抗美援朝时期苏联保持表面的外交中立性为中印战争时期苏联未经充分沟通单方面宣布保持中立辩护,实为一叶障目、不识大体。

另外,基辛格在此书中一再提到过一个细节,即1969年毛与澳大利亚共产党代表团时提出的一个问题:将来是革命制止战争?还是战争引起革命?① 基辛格认为,毛之所以选择与美国走向和解,所有相关的思考都可回溯到这个问题上来。

今天,我们回过头来看这个命题,革命与战争孰先孰后,这显然是政治哲学的重大抉择问题,也体现了基辛格对重大历史事件的更深层次的长时段观察。实际上,如果我们注意到基辛格自己的国际关系理论,我们会发现,他曾经把国际秩序划分为两种:合法的国际秩序和革命的国际秩序。他把那些承认某一特定国际秩序为合法、主张通过谈判解决分歧的国家称为"合法国家",反则称之为"革命国家"。在他看来,只要一个国家还是"革命国家",就不可能真正通过谈判解决问题。如果按照这个说法,那么在中美建交的那一刻起,中国事实上就已经告别革命了。

换言之,也可以说,在那一刻起,对中国来说,地缘政治的要求就压倒了意识形态的要求。所以,基辛格对毛的观察多是注意到毛的实用主义一面而不是其理想主义的一面。在他看来,毛集传统、权威、冷峻、全球视角于一身,在环境不允许他按照自己的心意行动时,他就灵活地采用外交技巧,以实力和平衡的考虑压倒了世界革命的理想。通过对

---

① 基辛格,《论中国》,前揭,页98。

中国历史的现实主义视角的观察，他认为，毛的许多思想和做法在中国历史上有迹可寻。他不认为中国历史的主流是道德文章，因此，对他将孔子的生平与马基雅维利——而不是苏格拉底或耶稣——相提并论①，我们应当充分注意到其中的嘲讽意味。当然，对他将毛称为马基雅维利主义者也就不应当感到多少突兀了。事实上，他在谈到周的外交语言时，就曾精妙地篡拟了一句马基雅维利式的表达，"马基雅维利会认为，如果一个国家试图寻求对方的承诺，但同时却不愿放低姿态祈求对方时，那么它往往会提出一个普遍性命题"②（比如国家间的平等），因为这么做符合该国的利益。

佩利安德森说，毛泽东曾把他与尼克松的达成的和解比作另一个斯大林—希特勒协议，而基辛格则是里宾特洛甫③。我不知道，佩利安德森此说的出处。但从基辛格传达的某些信息来说，中美和解在地缘政治上的邪恶性，之前的确是被忽略了。在基辛格的回忆中，最令人吃惊的一段是，毛当年的会谈里主动提醒美国方面要注意1973年萨达姆侯赛因的访苏，他和周都主张要把伊拉克人拉过来，迫使他们像埃及人一样改弦易张，倒向反苏联盟。他们甚至建议，建立一个包括土耳其、伊朗和巴基斯坦在内的环绕苏联的遏制性联盟。基辛格在回忆这一段对谈时对此曾有一段评论，他说毛是冷战斗士的典范，一定会得到美国保守派的赞许④。

基辛格所说的美国保守派一定也包括他本人。事实上，希钦斯在《审判基辛格》那本书里提到他第一次了解基辛格的邪恶伎俩，是水门事件中的"帕克报告"（Pike Report）披露出来的美国在伊拉克的阴谋，即1974年—1975年之间伊拉克境内的库尔德人怎样被美国人玩弄于股掌之间的一段经历：美国先是鼓动他们与伊拉克政府对抗，既而为了拉拢萨达姆·侯赛因而出卖了库尔德人的利益。美国政府在伊拉克库

---

① 基辛格，《论中国》，前揭，页10。
② 同上，页241—242。
③ 安德森评《邓小平时代》，http://www.guancha.cn/PeiLi％C2％B7AnDeSen/2013_01_26_123269.shtml
④ 基辛格，《论中国》，前揭，页280。

尔德人问题上翻手为云覆手为雨,是典型的、让人叹为观止的基辛格式的现代马基雅维利政治。我们不知道毛的建议在基辛格的手段中起到了怎样的作用。但是,中美建交之后的国际政治局势及相关历史事件的确是应当重新估量的。

举例来说,关于基辛格的书,佩利安德森还有一个与此相关的观点,他认为,傅高义和基辛格不谋而合地夸大了70年代末中越战争的意义。安德森的眼光的确有其独到之处,他正确地指出了中越战争不仅在军事上的意义是颇为可疑的,而且在道义层面上甚至迫使美国走向了间接支持红色高棉的境地。但是,他也不得不承认,正如傅高义和基辛格同时看到的那样,中越战争和中美联盟关系的建立之间有着密不可分的关系,这一点就史实而言是没有任何问题的——他说,"邓小平在华盛顿特区获得美国支持,回国5天之后便开战了"——有争议的无非是评价问题,比如中越战争以及中美的准联盟是否间接促进了苏联的解体,再比如基辛格把中越战争这一事件当作"冷战转折点"和"中美战略合作制高点"是否恰当。

实际上,无论中越战争的意义是否被高估了,基辛格亲历和观察到的外交现象无不表明,中国从70年代中美建交开始,就已经把苏联这个社会主义国家视为本国最大的敌人。对此,基辛格有过一个形象的比方,在他看来,就好比古罗马政治家加图在每次讲话的结尾处都要发出一个战斗的口号Carthago delanda est(打倒迦太基),邓小平访美期间几乎每次讲话也都要提到,"必须遏制苏联"①。

如果我们将邓的态度与之前基辛格提到的1973年毛和周在中东问题上全面遏制苏联的主张相比照,不难得出这样的结论:无论中国在内政问题上出现了多少变化,在外交上或者说在地缘政治上中国的态度自从中美建交以来就是一以贯之的。当然,这一格局遇到的真正挑战是80年代末90年代初、中国的内政危机以及苏联的解体。

作为上溯20年中国最大的地缘政治敌人及意识形态盟友,苏联在短时间内轰然解体肯定是无比巨大的事件。但在基辛格的书中,我们

---

① 基辛格,《论中国》,前揭,页360。

仍然可以发现一个细节,或许可以验证一叶知秋的老话:1989年5月戈尔巴乔夫访华之际,虽然政治上风云变幻、几乎不可把捉历史的可能走向,可据斯考克罗夫特转述的钱其琛的原话,苏联当时其实另有经济上的请求,戈尔巴乔夫希望中国提供一系列经济援助包括某些基本消费品及一定数量的贷款,他说钱其琛感到无比吃惊,从那一刻起钱本人也就已经预见到了苏联的解体①。

斯考克罗夫特的话固然有所夸张,但是不可否认的是,中国融入全球经济体系、进入全球一体化的时间是与中苏关系破裂、中国不得已转向美国、同时开始遏制苏联的时间几乎同步的。按照佩利安德森批评基辛格的逻辑来看,中越战争时,"邓小平的目的是在战略上接受美国的霸权体系,以换取中国经济现代化所需的技术和资本的空间。这是他打击越南真正不可言说的背后逻辑。美国还没从印度支那的失败阴影中走出来。还有什么能比替它复仇更好的获取信任的方式?"②

如果这个逻辑是成立的,那么事实难道不正意味着邓小平的策略达到了预期的目的——虽然对安德森的信念来说,这个策略本身是一种明显的背叛。

安德森的立场其实和更为通俗一点的希钦斯的立场想去并不太远。安德森心中一直怨念的是冷战之后中美两国的邪恶轴心。但如果是安德森或者是写作《审判基辛格》的专栏作家兼公共知识分子希钦斯执掌了一国的外交政策,他会怎样选择?他会出于什么样的目的做出什么样的决断?历史并不是个人的喜好,甚至也并非只是意识形态的试验场。人类的选择事实上非常有限,在某些条件下,不存在最优的选择,只能寻求次佳的选择。外交或者是最能凸显人类有限性的领域。这一点对中美双方来说都是如此。毛和邓都明白这一点,基辛格也明白这一点,因此,在中美和解的过程中,双方都做出了意识形态方面的妥协,或者说,在一定程度上都背离了双方的意识形态:中方支持了对一个社会主义大国的全面遏制从而变相地抵制了全球社会主义革命,

---

① 基辛格,《论中国》,前揭,页427。
② 安德森评《邓小平时代》,http://www.guancha.cn/PeiLi%C2%B7AnDeSen/2013_01_26_123269.shtml

而美方则同样变相地支持了人类历史上最骇人听闻的人权灾难之一红色高棉。

不过,这恐怕也是这本书从未赢得中国知识分子欢心的原因之一。当代中国的知识分子看上去在道德上过于清白(至少在他们的牢骚话里显得是如此),在理智上过于简单。但幸好,基辛格的对手不是他们,就像中国人的对手并不是希钦斯或安德森。

基辛格不是什么天使,他不会以道德清白作为生活目标,同样,他的写作也不是恪守中立的,他不可能去做一个恪守中立的纯洁天使。事实上,关于那些恪守中立的纯洁天使,卡尔·施米特曾有一段评论,"对于每一个从道德意义上思考的人来说,在战争中不持有任何立场是不可能的。……但丁对那些在上帝和魔鬼的争战中恪守中立的天使表示极端鄙视并施予惩罚;这不仅因为这些天使犯下了罪行,损害了为权利而斗争的义务,而且因为他们对最切身、最真实的利益做出了错误判断"①

基辛格在最切身、最真实的利益问题上从来没有犯过糊涂。他或许可以算作真正意义上的中国人民的老朋友,但他之所以曾经以中国为友,是因为他必须以苏联为敌。而到了今天,他看上去试图继续做中国人民的朋友,但他今天之所以表面上以中国为友,是因为他骨子里视中国为敌。这一点从他对克劳学派的推崇中可以看得再分明不过。

基辛格试图认识中国、理解中国,但中国总有他理解不透的地方。作为一个外交家,他的知识领域是有限的,他对中国历史的制度演变、社会演变都缺乏基本的了解,因此,当他进入未来中国的分析之时,虽然他所提出的基本怀疑是,中国能否解决内部的问题,但他所举出的内部问题都是俗套的、陈旧的社会分析的产物。更为重要的是,他所缺乏的一个重要视野是,外部的地缘政治压力对中国内部的变革会起到什么样的作用?

作为一个二流的国际关系学者和一流的外交家,他只能到此止步了。但真正的国际关系学者应当从这个问题开始。事实上,我必须重

---

① 施米特,《政治的概念·增补附论》,刘宗坤译,上海人民出版社,2004。

申的是,任何一个试图穿透中国的所谓"和平崛起"迷局的学者,都应当首先回答这个问题:外部的地缘政治压力对中国内部的变革会起到什么样的作用?

基辛格一定程度上也在思考这个问题,至少他在书中提供了两点关于中美两国的有趣比照,可以帮助我们进一步思考这个问题。首先,中美两国是两个热衷于例外论的国度;其次,中美两国也是两个历史上始终存在着强大的孤立主义传统的国度。例外论和孤立主义,从历史的角度来看,是极为独特的结合,但其结合本身,其实并不难理解。

论天下秩序的当代复兴

陈建洪

这是一个美国例外论的时代。

通常来说,只有缔造秩序者才既在秩序之中,又可在秩序之外。从现代欧洲到当代美国,世界秩序的支点从大西洋逐步西移。在这个转换过程中,中国曾经无视也曾经敌视外来秩序体系。但是,无论情愿还是不情愿,作为未成年的少年中国,不得不审视、学习和进入由成年国家主导的既有世界秩序。以朝贡体系为主体的传统天下秩序让位于以主权国家为主体的现代世界体系。在中国的现代化过程中,天下秩序的思想自然也不再是构想世界秩序的核心。

在《论中国》中,基辛格曾以谨慎的赞赏态度论及中国例外论。在讨论中国例外论的时候,基辛格经常将其与现时代比较突出的美国例外论相比较,并指出两者的旨趣完全相反。根据其散见各处的论述,中国的例外主义首先是"一个自诩驾驭万邦的帝国的体现",因为"中国人笃信中国是唯一真正的文明,并邀请蛮夷到中国'接受归化'"。[①] 这实际上体现了中国在传统上作为一个大陆帝国的自我认识。基辛格对中国例外论特点的讨论,大致可以集中概括为如下四点。第一,中国自认

---

① 基辛格,《论中国》,胡利平等译,北京:中信出版社,2012年,页71。

为具有一套特殊而且优越的文明,对外邦以礼相待,但从不强迫外邦皈依这套文明及其价值。第二,中国不主动对外输出文明价值,但是欢迎外邦前来学习。① 第三,作为农业高度发达而自给自足的帝国,中国不追求对外的领土扩张。② 第四,中国并不过多干预他国内政,向其纳贡的藩属国享有近乎独立的自主地位。③

基辛格对中国例外论的讨论,主要着眼于王朝中国及其背后的古代文明传统。基辛格暗示了,怀柔远人的中国例外论毕竟在欧洲的船坚炮利中陨落了。不过,基辛格的叙述也有意无意地暗示了,现代中国的领导人在一定程度上表现出了中国例外论的立场和特征,而且在外交中有时候也运用得颇有成效。论及毛泽东和周恩来的时候,基辛格偶尔会将这两位领导人的外交手法与中国例外论的特点联系起来。这就意味着,作为传统中国的核心要义,中国例外论在现代中国并没有消失殆尽,而有一定程度的遗留。如此看来,中国例外论并不是一个完全死掉的传统。它在现代中国的政治事务中具有一定的表现。

当然,虽然基辛格偶尔提到,共和国领导人的外交手法部分体现了中国例外论的特点,但无论如何,基辛格没有将中国例外论考虑作既有世界秩序体系的替代思想,自然也就没有考虑其重新复兴的可能性。在起源于近代西方、目前盛行的现代国际体系之中,中国例外论的立场究竟还能够起着怎样的作用? 中国的传统尤其是天下秩序的思想遗产,是否还能成为中国重新崛起的文化要素? 随着中国在现有世界秩序中的逐步崛起,中国学者也开始更为自信地反思现代世界秩序,挖掘传统思想资源,开始从不同角度来思考复兴中国天下体系的可能性问题。这些不同的角度和态度,在不同意义上都折射了天下秩序思想的当代复兴。

关于天下思想的各种当代讨论,角度各自不同。例如,吴稼祥梳理了中国传统历史上的五种家天下(平天下、兼天下、霸天下、分天下、龙天下)统治模式,并倡导"公天下"概念来作为解决中国政制的出路。④

---

① 基辛格,《论中国》,前揭,页 13。
② 同上,页 17。
③ 同上,页 73。
④ 吴稼祥,《公天下:多中心治理与双主体法权》,桂林:广西师范大学出版社,2013。

这个讨论着眼点在于中国政治体制的过去与未来,而不是着眼于世界秩序问题。关于这些讨论角度,本文选择了几种,也舍弃了一些。取舍之间,主要考虑有二。其一,是否将天下概念与世界秩序联系起来。其二,是否考虑天下秩序体系与民族国家体系的对照。基于此,本文选取了三种旨在复兴天下秩序以突破世界政治结构的思路,进行分析和讨论。

一、儒家的王道天下

当今,儒家思想可以说迎来了一个春天。

在这个春天里,儒家的政治面向已经充分苏醒并呈活跃态势。在这个复苏过程中,儒家思想的王道天下观一直是一个核心问题。在目前的现代政治结构和国际体系中,复兴儒家的王道天下究竟能为中国政治乃至世界秩序提供一种什么样的不同思路?围绕着这个问题,干春松的《重回王道——儒家与世界秩序》试图在同时反思现代性和新儒家的基础上,为如何建设一个更加美好的世界秩序提供一种儒家思路。① 虽然不如作者的《制度化儒家及其解体》②那么厚重详实,这本书还是更加旗帜鲜明地阐述了儒家王道思想对于塑造美好天下秩序的意义问题。

《重回王道》的标题点出了作者的意图,也就是重新恢复儒家王道;其副标题"儒家与世界秩序"则指出了论题范围,也就是阐发儒家王道思想对于塑造世界秩序的意义。全书主体分为六个部分,以阐述儒家王道对于世界政治秩序设计的意义问题。首先,作者在前两个部分着力为儒家王道政治进行正名,并结合天下观念界说王道政治的意思。其次,作者在接下来的三个部分分别分析了儒家王道在近代中国的解构、遗绪和退隐。最后,作者在借鉴各种世界主义和天下观念的基础上,申明了自己的立场:王道政治不但应该成为未来中国政治的原则,

---

① 干春松,《重回王道——儒家与世界秩序》,上海:华东师范大学出版社,2012。
② 干春松,《制度化儒家及其解体》(修订版),北京:中国人民大学出版社,2012。

也是人类文明发展的需要。

综合作者的思路,全书大概可以引导我们思考三个问题。第一,为什么要重回王道?这个问题关乎作者对于世界秩序现状的认识。第二,如何认识儒家王道?这个问题关乎作者对于儒家王道的界说。第三,如何才能重回王道?这个问题关乎作者自身思路的一些缺憾。

首先,为什么要重回王道?也就是说,现在为什么有必要重回王道,尤其是儒家王道?根据作者的论述,重回王道的必要性在于现代政治体系及其基础的缺憾。综合作者的分析,现代政治体系主要存在着三大问题。第一,现代政治体系是"以民族国家为特点的机构建制和关系模式",遮蔽了作者所认同的世界主义精神。① 第二,以民族国家为特点的国际体系不得不寻求力量的均衡。在这一国际体系中,任何国家都"承认不能凌驾于别的国家之上,更不能以牺牲别的国家为代价来推行自己的价值原则和法律"。但这只是表面上的平等,这一国际体系存在着实质上的差序结构。也就是说,国家与国家之间的平等地位和相互承认经常"只适用于西方列强和经济强国之间",弱国通常只是"资本扩张链条上的一个末端",是西方自身扩张的殖民目标和产品市场。② 第三,现代政治体系的基础是"利益和私欲",所以仅从冲突和利益的外在角度理解人与人之间的关系。作者认为,现代政治体系已经"不能适应这个转折的时代",因此需要一种"新的视野",也就是重回儒家王道精神。③

那么,如何认识儒家王道精神?与现代政治体系相比较,儒家王道秩序为什么更为可取?第一,与以民族国家为特点的国际体系相比,儒家王道是一种普遍主义、世界主义的秩序观念。它超越了民族国家本位,寻求确立一种"普遍性的价值原则"。④ "天下一家"的观念就体现了儒家王道的普遍主义和世界主义面相。同时,作者也从这个角度批评了

---

① 干春松,《重回王道》,前揭,页 3、105。
② 同上,页 106—107。
③ 同上,页 4—5、98、139、144。
④ 同上,页 42。

大陆新儒家尤其是蒋庆仅仅把儒家王道看作是"中国特殊性的标志"。①第二,儒家王道是一种德政。具体而言,儒家王道的精神在于"以德服人"而不是"以力服人"。② 在一定程度上,作者运用了传统文献中关于王霸之争的逻辑,一方面弘扬儒家政治的王道,另一方面批判现代政治的"霸道"。也就是说,作者用古代的王霸之争来分析古今政治之别。第三,儒家王道的基础不是"冲突"和"利益",而是"同情"和"美德"。③作者指出,截然不同于"近代西方以利维坦式敌对和利益冲突为基础的政治哲学",儒家王道"以一种亲情而不是敌意",以"'远近'而不是'敌友'"来看待人和人之间的关系。所以,儒家政治秩序的基础在于"'道德'(不忍人之心)而不是'霸权'",在于"'吸引'而非'让人屈服'。"因此,"儒家的政治理想是让'远者来',通过对于基本的道德原则的坚持,儒家坚信教化和榜样对于别的国家的吸引力。"作者认为,也只有通过这条道路,"新的世界格局才能真正建立起来"。④

最后,究竟如何才能重回儒家王道?作者全书都在呼吁回到儒家王道,以建立真正美好的世界政治秩序。作者在阐述"王道政治的未来"时,也体现了一种开放的精神,充分借鉴了罗尔斯、康德、哈贝马斯以及贝克的世界主义思路,提倡一种"四海一家"的王道天下观念。不过,作者的论述也留下不少令人生疑的地方。首先,从作者的论述来看,可以区分出近代西方的两种面相。一个面相是以霍布斯和洛克为思想代表、以冲突和利益作为基础的权力政治,另一个面相则是康德和斯密为思想代表、以同情和德性作为基础的永久和平理念和真正的多元主义理想。而且在当代西方,罗尔斯、哈贝马斯和贝克也都殊途同归,体现了追求世界主义政治秩序的不同思路。如果如此,何必一定要舍近求远,回到儒家王道思想?而且,如果西方现代政治本身就有两面性,那么作者书中通过对现代政治的批判弘扬儒家王道政治的思路完全可以被理解是以西方的一个面相批评西方的另一个面相。其次,作

---

① 干春松,《重回王道》,页98。
② 同上,页12—13、21。
③ 同上,页4—5、144。
④ 同上,页144。

者在阐述儒家王道的时候强调王道政治的立足点在于"民"。可惜在这一根本的地方,作者并没有展开充分论述,没有详细论证为什么王道政治是民本政治,或者是什么样的民本政治。最后,作者并没有特别清楚地界定,王道政治究竟是不是一种乌托邦;如果是,它究竟是什么样的一种政治乌托邦。从作者的诸多论述来看,王道是一种乌托邦和理想政治。① 有时候,作者似乎又否认王道是一种乌托邦,② 有时候又把王道定位为"由现实的政治实践通向乌托邦式的天下的一个最为重要的连接处"。③ 或者可以说,王道是一种政治原则,天下大同则为乌托邦式的政治理想。即便如此,仍然需要追问,这种乌托邦究竟是一种超验的乌托邦,还是一种未来的乌托邦?举例而言,柏拉图的理想国就是一个超越的乌托邦,而马克思的共产主义则是一种未来的乌托邦。作者把王道天下视为"超越现实国家形态的理想国",④但又没有把它与作为未来理想的世界主义有所区分。⑤ 王道天下如果是一种未来政治,那么它在人类的将来可以实现,无论这个将来有多么遥远。如果是一种超越的理想国,那么它可能只是作为永恒的理想而存在,无论在多么遥远的将来它都不会实现。儒家王道天下究竟是什么样的乌托邦?这个问题实际上塑造着王道政治的根本精神。

二、包纳四夷的天下秩序

韩毓海教授也思考了传统天下秩序的没落和复兴问题,但是他的视角完全不同于干春松的儒家立场。韩毓海认为,要恢复对天下秩序的信心,首先需要"尊马读经"和"尊毛读经",而非"尊孔读经"。⑥ 这一左翼态度体现了韩毓海完全不同于借助传统学问重建天下秩序的思

---

① 干春松,《重回王道》,前揭,页 2、5、14、19、26。
② 同上,页 21—22。
③ 同上,页 4。
④ 同上,页 39、49、137。
⑤ 同上,页 58。
⑥ 韩毓海,《天下:包纳四夷的中国》(增订本),北京:九州出版社,2012,页 38;韩毓海,《一篇读罢头飞雪,重读马克思》,北京:中信出版社,2014,页 XI。

路。韩毓海划清了自身关于天下秩序的思考与儒家传统甚至孔子本身思路的界线,还明确强调:儒学本身不仅不足以支撑天下秩序的宽阔视野,而且还是士大夫官僚制弊端的思想基础。①

从整体思路上看,韩毓海关于天下大势变迁的分析,主要由两方面要素决定。其一是马克思与毛泽东的理论视野和政治立场,其二是从亚洲主体的角度去理解中国文明及其历史脉络。根据马克思主义的视角,韩毓海教授强调,现代民族国家的崛起是欧洲大国的军事能力,是"战争的产物",而且其基础是"战争国债制度"。换句话说,武力和以信用体系的形成作为标志的现代金融革命,支撑了西方大国的崛起。② 这个崛起的前提代价则是富庶的王朝中国的衰落和解体。西方大国的军事扩张和现代金融革命构成了瓦解天下秩序的外因,还有一个重要的内因则是传统中国政治的治理能力的缺失。这方面能力的缺失,在韩毓海看来,主要体现在官与吏的分离。官出身科举,长于诗词歌赋、经史辞章,而财政、经济、司法等要害则掌握在吏(胥吏)手中。官有升迁,吏无调防,这使得久居地方的吏形成了强大的地方势力。其最终结果是文官无为,胥吏胡为。③ 根据韩毓海的分析,这三个方面的原因造成了在"漫长的16世纪"(1359—1650)主导世界经济的中国在"漫长的19世纪"(1688—1915)沦落为世界体系的边缘。韩毓海之倚重马克思,主要就在于它对现代资本主义及其原则的批判。在韩毓海看来,这一批判揭示了,西方大国之兴起和文明中国之没落不是文明对野蛮的征服,而是野蛮对文明的征服,并使得"穷兵黩武"和"金融掠夺"成为"新道德"。由此,"强弱之判"取代了"文野之分"。④

那么,究竟什么是包纳四夷的天下秩序呢?

天下中国首先是多元的中国,是"民族多元、思想多元的中国"。⑤

---

① 韩毓海,《天下:包纳四夷的中国》,页38、237;韩毓海,《五百年来谁著史:1500年以来的中国与世界》(第三版),北京:九州出版社,2011年,页7、11。
② 韩毓海,《一篇读罢头飞雪,重读马克思》,页12—22。
③ 韩毓海,《五百年来谁著史》,页179、203。韩毓海,《天下:包纳四夷的中国》,页313、317。
④ 韩毓海,《五百年来谁著史》,页261、276、378。
⑤ 韩毓海,《天下:包纳四夷的中国》,页93—94;《五百年来谁著史》,页57。

根据这个角度,韩毓海认为,儒家本身不足以支撑天下中国。其次,从结构上看,天下中国不纯粹是一个内陆中国,而是由内陆、边疆和四夷这三部分构成。内陆中国只是天下中国的一个部分而已。① 这三者的结构关系不同于帝国主义时代的宗主国与殖民地之间的关系:"前者是建立在'宾礼'基础上的'主(人)—客(人)'关系,后者则是建立在剥夺基础上的'主—奴关系',前者关系的远近亲疏是根据文化交往、文化认同的程度来确定的,而殖民地却总是与奴隶制、种姓制度联系在一起的。"② 再次,从文明体制上看,天下中国确立了互惠分享的朝贡体制。不同于费正清的负面观察,韩毓海更多地从正面的角度为朝贡制度辩护。他认为,天下中国的朝贡制度不是"依靠武力威胁"而是依靠"文化和经济交流"的力量来建立世界秩序。这种体系根据交流关系的疏密,而设置了"远近不同的、多样性的关系体系"。这也是天下中国的王道与民族国家体系的霸道、礼乐中国与强权政治之间的区别。③ 然后,作为天下中国的政治基础,王道意味着"与民同心"。要实现王道,"就必须与天下苍生心贴着心,手拉着手,共饥寒、同冷暖,就必须深入到人民群众中去"。④ 再然后,从经济模式上看,天下中国推行"'勤劳革命'和市场经济的发展模式",现代西方则推行"战争投资或者以'战争金融'推动资本积累的模式"。⑤ 最后,颇为令人意外的是,韩毓海认为,佛教所体现的众生皆苦和众生平等思想为天下中国提供了"普世价值"。⑥ 他指出,受苦的现实代表着人作为劳动者的人性真实,而马克思的复归人性也就是人人皆可成佛陀。⑦ 这个立场,我们或许可以称之为佛教共产主义精神。

韩毓海的天下中国与干春松的重回王道至少在两个问题上具有

---

① 韩毓海,《天下:包纳四夷的中国》,前揭,页125。
② 韩毓海,《五百年来谁著史》,前揭,页287。
③ 韩毓海,《天下:包纳四夷的中国》,前揭,页4、9、147;《五百年来谁著史》,前揭,页129、138、159。
④ 韩毓海,《一篇读罢头飞雪》,前揭,页VII;同参《五百年来谁著史》,前揭,页14。
⑤ 韩毓海,《五百年来谁著史》,前揭,页241。
⑥ 韩毓海,《天下:包纳四夷的中国》,前揭,页102、118。
⑦ 同上,前揭,页218、343。

一致性。一是从王道和霸道的角度来阐释中国的天下秩序和西方的民族国家体系之间的对立;二是天下秩序体系的基础是远近和宾主关系,民族国家体系的立足点则是敌友和强弱关系。不过,韩毓海更多地根据中国政治的历史变迁而不是依据儒家思想来抽绎天下秩序。甚至可以说,韩毓海的天下秩序构想认为佛教精神具有正面作用,但儒家及其士大夫精神则更多地体现负面作用。不过,韩毓海偶尔也暗示,众生皆可成佛陀的佛教精神与六亿神州尽尧舜的儒家旨趣意思相通。① 两者最为根本的共鸣也许在于对待大众启蒙的共同肯定。韩毓海指出,人类知识自马克思开始才具有公共性:"马克思以'批判'这种方式,或者以'批判'这个武器,破除了知识的密谋、破除了作为'密谋'的知识,他把一切都公开了。"②这个批判不再认为有些话能说,有些话不能说,有些话只能对有些人说,不能对另一些人说。这个批判认为,知识无需对任何人隐藏,也不会对任何人造成伤害。也就是说,启蒙应该面向人民大众,知识不应仅是精英的特权。在这一点上,佛教共产主义的天下秩序与熊十力苦心孤诣构造的儒家社会主义理想具有共同的目标,其思想基础为一种普智论的政治哲学。③ 从这一点来看,韩毓海的天下中国所依据的思想原则依然无从摆脱他所批评之现代启蒙的根本精神。

三、天下体系作为坏世界的克服

当今世界,跟过去的世界一样,依然处在动荡之中。用中国的俗话来说,我们依然生活在乱世。从本质上来看,这个世界并没有如我们想象和渴望的那样而变得更好。虽然历代贤人——无论中外——苦心孤诣地希望通过各种方式建立一个更加美好的新世界,虽然这个世界中的人们也都渴望生活在一个更加美好的世界,但是人们依然生活在一

---

① 韩毓海,《天下,包纳四夷的中国》,前揭,页118。
② 韩毓海,《一篇读罢头飞雪》,前揭,页248。
③ 刘小枫,《共和与经纶:熊十力〈论六经〉〈正韩〉辨正》,北京:三联书店,2011,页278—279。

个"坏世界"。①

根据赵汀阳的分析,目前所处的这个坏世界现状的渊源可以追溯到现代欧洲所奠立的民族国家体系。在这个民族国家体系里,"国家就已经是最大的政治单位了,世界就只是个地理性空间。不管是城邦国家,还是帝国,或者民族/国家,都只包含'国'的理念,没有'世界'的理念。"②根据这个体系的精神,内政理论是主要的,国际理论则是附属的。"内政理论的宗旨是关于社会治理的合作思想,而到了国际理论那里,却变成了关于敌友问题的斗争哲学。"③换句话说,国家之内有秩序,国家之间无秩序。国际社会仍然处于霍布斯意义上的自然状态。④由主权国家组成的这个世界无法解决"解决当今世界的最大政治难题:一个整体上无序的世界,一个没有政治意义的世界,就只能是一个暴力主导的世界。"因此,赵汀阳断言,"由西方政治哲学所主导的世界就必定是一个乱世。"⑤究其原因,赵汀阳认为,西方政治哲学始终立足于从民族国家看世界,而不是从世界看世界。从《天下体系》(2005年初版)到《坏世界研究》(2009年)再到《每个人的政治》(2010年),赵汀阳一直在探索"如何对付这个坏世界"。在这个探索过程中,他一直论证并"着力推荐的最好政治"就是中国的天下秩序。从哲学角度论证,中国的天下体系是最好的政治,是解决当今世界乱局的有效制度,赵汀阳可谓在这一点上用力最勤的中国学者,也引起诸多关注和讨论。

赵汀阳的天下体系虽然主要以阐发周制为主,但是他也承认,他的天下体系并不完全依赖经典,而是具有更多他自己的发挥。根据他的发挥,中国意义上的天下集三种意义为一身。第一是地理学意义上的天下,也就是指普天之下,"相当于人类可以居住的整个世界"。第二是心理学意义的天下,也就是"民心",指"所有土地上生活的所有人的心思"。第三是政治学意义上的天下,指"一种世界一家的理想或乌托邦

---

① 赵汀阳,《坏世界研究:作为第一哲学的政治哲学》,北京:中国人民大学出版社,2009。
② 赵汀阳,《天下体系:世界制度哲学导论》,北京:中国人民大学出版社,2011,页30、68。
③ 赵汀阳,《天下体系》,页94。
④ 赵汀阳,《每个人的政治》,北京:社会科学文献出版社,2010,页13。
⑤ 赵汀阳,《天下体系》,页12。

(四海一家)"。所以,中国的天下体系是物理世界、心理世界和政治世界的统一体。①

那么,这种天下体系如何能够对付这个坏世界?或者说,如何能够解决国际冲突这个当今世界最大的政治难题?根据赵汀阳的论述,中国的天下秩序首先具有更为宏大的视角。天下秩序秉承"以世界衡量世界"的精神,不同于西方"以国家衡量世界"的原则。这种精神根本上体现了老子"以天下观天下"的立场,也体现了"天下是天下人的天下"的胸怀。② 其次,由于天下是一个大家庭,所以,体现中国政治特色的天下体系倾向于和平和合作,不同于倾向于"征服和支配"的西方政治。秉承"协和万邦"的宗旨,所有国家在天下体系中都是合作对象,而不是战争或掠夺对象。③ 换句话说,西方从冲突和征服的角度看世界,中国则从合作和共存的角度观天下。在这个问题上,赵汀阳多次以施米特的政治概念为例,说明西方政治学将他者和异己视为敌人的根本精神。因此,他认为西方政治的国家体系的根本在于区分敌我,或者用更明确的话来说,在于认清敌人甚至制造敌人,而中国政治的天下体系的根本则在于化敌为友、化他为己。这种"化"之根本在于感化和吸引而不在于征服和支配。最后,赵汀阳据此论证了天下体系的根本原则:天下无外。这个无外原则大概可以概括为三重意思。首先,是思想无外。思想无外意味着"永远把他人的利益考虑在内",所以没有绝对的异己和作为敌人的他者。④ 其次,从空间上来说,天下至大无边,本身就没有内外之别。既然四海一家,那就"只有内部而没有不可兼容的外部,也就只有内在结构上的远近亲疏关系"。⑤ 最后,天下无外还意味着政治和文化上的兼容并蓄,"意味着不存在任何歧视性或拒绝性原则来否定任何人参加天下公共事务的权利,天下的执政权利和文化自主权利对世界上任何民族开放。"⑥在一定程度上,赵汀阳把体现中国政治精神

---

① 赵汀阳,《天下体系》,前揭,页27—28、84;同参《坏世界研究》,前揭,页82—83。
② 赵汀阳,《天下体系》,前揭,页3、32、43。
③ 赵汀阳,《坏世界研究》,前揭,页89。
④ 赵汀阳,《天下体系》,前揭,页9、20。
⑤ 赵汀阳,《天下体系》,前揭,页35—36、100;《坏世界研究》,前揭,页92。
⑥ 赵汀阳,《坏世界研究》,前揭,页93—94。

的天下体系看作可以达到长治久安的"王"道,可以克服当今世界依靠强力的"霸"业。① 在这一点上,赵汀阳和干春松一样,以中国古代的王霸之争来分析中西政治哲学精神的根本差别。

赵汀阳承认,他阐述天下体系的主要目的不在于阐述经典,而着眼于展望未来。正如许多批评者所指出的那样,赵汀阳对中西经典的解读更多地体现了六经注我的特色,有时不免失之偏颇和仓促。在天下这个关键概念上,赵汀阳的论述也显得有些自出新裁。其次,赵汀阳关于西方政治思想家的解释也颇多自己的发挥。比如说,关于施米特的政治概念,赵汀阳虽然准确地把握了施米特作为"公敌"而非"私仇"意义的敌人定义。但是,当他多次把施米特的敌人概念概括为"绝对敌人"的时候,显然是一个误解。根据施米特的论述,欧洲公法经典意义上的敌人确实是公敌,而非私仇。与此相别,还有游击队理论中的实际敌人以及阶级冲突意义上的绝对敌人。在这里,赵汀阳显然混淆了施米特所阐述的传统敌人概念和绝对敌人概念。最后,关于天下秩序作为最好政治的问题。赵汀阳的论述也存在着一定的含混性。在他的论述中,天下体系是一个最好政治体系,是一个理想和乌托邦。一方面,赵汀阳把这个乌托邦看作是一个"并非不可能实现"的、"将来时的理想。"② 另一方面,他又从柏拉图理念的意义上来理解乌托邦,指出"理念的意义并不在于实现,而在于让人知道现实有多么糟糕,知道现实距离理想有多远。"③ 也就是说,赵汀阳一方面没有放弃现代启蒙直至马克思所描绘的未来乌托邦国度,另一方面又试图结合柏拉图理念意义上的作为完美标准和尺度的超验乌托邦精神。

四、结论:作为乌托邦的天下秩序

从民族国家体系角度来看,中国依然是一个发展中国家,也就是说,还不是一个完全意义上的现代国家。在整个近现代的历史发展过

---

① 赵汀阳,《坏世界研究》,前揭,页193。
② 赵汀阳,《天下体系》,前揭,再版序言,页3。
③ 赵汀阳,《坏世界研究》,前揭,页63、120。

程中,中国一直在努力成为一个完全意义上的现代国家,从来没有想过象中国古代人一样以天下的眼光去看天下秩序。在一定程度上,随着王朝中国的陷落,天下秩序思想也随之坍塌。随着中国在世界政治格局中的重新崛起,天下秩序思想又重新恢复了元气。

干春松、韩毓海和赵汀阳关于天下秩序的讨论,虽然着眼点各自不同,但都体现了恢复天下秩序思想的信心。他们的意图具有一致性,都在于重新恢复传统中国视野中的天下秩序构想,都运用了王霸之别来对比天下秩序体系与现代国家体系,都强调了远近亲疏与敌我对立之间的差别,都把天下秩序看作是克服现代世界秩序体系种种弊端的出路。不过,天下秩序是否真的可以取代现有世界秩序体系?目前来看,的确还是一个未知数。至少,过去不可能提出的问题,现在已经提出来了。换句话说,这种可能性毕竟已经浮出水面。不过,这个可能性问题,目前还都停留在话语层面。有时候,甚至也不免夹杂些扬我中我、驱除鞑虏的意气。要想检验天下秩序的成色,可能也需要同时倾听质疑和否定的声音。

葛剑雄认为,以华夷之辨作为基础的传统天下观尤其是儒家天下观是一种保守封闭的观念。他指出,传统的九州理论把中原看作是文明的中心,只不过是一种理想,从来就没有成为中国的现实。[1] 传统天下观尤其是儒家天下观一方面将普天之下视为"王土",另一方面又把"天下"理解为中原王朝统治下的疆域范围,尤其是汉族文化聚居区。葛先生认为,这种天下观是"保守的、封闭的天下观"。[2] 进而,他分析了这种"保守、封闭的天下观"之所以形成的物质基础:"在理论上拥有天下一切的皇帝没有必要、也不应该向汉族文化区或农业区之外扩展,因为在这一范围之外的土地不生五谷,对国家毫无益处;在这一范围之外的人不知礼义,非教化所及。"[3] 仓廪实而知礼节,农业发达的传统中国没有向外扩张的需求和野心,也因此满足于自身的"封闭圈"。[4] 这

---

[1] 葛剑雄,《统一与分裂》,北京:商务印书馆,2013,页2—7。
[2] 同上,页11。
[3] 同上,页152—153。
[4] 同上,页93、119。

一点上，葛剑雄与基辛格的观点不谋而合。葛剑雄的问题视角主要基于历史地理学，同时也会偶尔突破这种视角，从而将问题上升到文化和文明的高度。他也指出，这种天下观蕴含的华夷分野意识不是基于种族，而是基于文化。不过，他更强调的是形成这种"封闭"文化和文明的物质因素和历史地理成因。在立场上，葛剑雄认为，这种天下观不是促进而是阻碍了中国的进一步发展，因此需要只有打破这种保守而封闭的观念。

疆界有变迁，王朝有更迭，但文明中国的原则并不轻易随疆域和王朝的变化而变化。关于天下秩序问题，葛兆光所持的态度虽不如葛剑雄那般直接否定，但也基本上视之为自我满足的想象而已。葛兆光认为，作为文化认同的中国精神大概包含几层意思。第一，华夷观念："古代中国人始终相信自己是天下的中心，汉文明是世界文明的顶峰，周边的民族是野蛮的、不开化的民族。"[1] 其实，葛兆光自己也指出，华夷观念中的中国是"一个关于文明的观念，而不是一个有着明确国界的政治地理观念"，或如唐人所说："所以为中国者，礼义也，所谓夷狄者，无礼义也"，[2] 但是，他却经常变换角度以政治地理观念来理解传统意义上的中国。比如，在讨论利玛窦的世界地图给中国带来的震撼时，葛兆光指出，这幅地图"瓦解了天圆地方的古老观念"，指明了世界很大、中国很小，否定了中国作为世界中心的说法，揭示了"东海西海，心同理同"的观念。[3] 根据地图来否定传统的中国中心论，显然不是依据有无礼义的文明原则，而是依据地理疆域概念。第二，文化怀柔。既然周边的蛮夷不开化、无礼义，便需要华夏中国的开化。不过，中国的开化原则一般不用战争方式，而是采取"怀柔远人"的方式从文化上"威服异邦"。[4] 第三，天下主义。在这个问题上，葛兆光首先指出，天下主义的核心是"溥天之下莫非王土"，或者说中国以自我为中心藐视四夷的世界观。这种天下观，反应在古代中国的天下地图绘制上，便是中国很

---

[1] 葛兆光，《宅兹中国》，北京：中华书局，2011，页45、108。
[2] 同上，页45—46。
[3] 同上，页109—111。
[4] 同上，页45、49。

大,周边万国很小。葛兆光指出,"古代中国的华夏文明中心观念,使中国人想象四周的国家不仅是地理空间小,而且也是文化价值小。"①葛兆光也不断重复强调,古代中国的天下主义只是一种"想象",一种"自满的"、"以自我为中心的想象"。② 显然,葛兆光根据是否符合实情的角度而视天下为想象。那么,什么是葛兆光认定的实情。从地理事实上说,中国显然并非世界的中心。从政治事实上说,葛兆光把"想象的天下"与"实际的万国"相提并论。③ 从这点来看,葛兆光眼中"天下"的实情是万国纷争、群雄逐鹿的天下。从这个角度来说,传统中国的天下秩序自然只是应该舍弃的"想象"。

无论在否定还是肯定的论述中,天下秩序在一定意义上都是一个无限延展的世界,即便只是一个想象的世界。日本学者渡边信一郎曾经梳理了理解天下的两条路线,一种将天下理解为中国,另一种将天下理解为帝国意义上的世界。他否定了天下作为无限延展世界的概念,指出:"天下,尤其是秦汉统一国家以来,是王朝藉由户籍、文书、郡县制而实际支配的有限领域,在王朝扩张期则有时也包摄了夷狄在内。"④渡边信一郎的研究虽然比较拘泥于历史文本,但也切实地解释了天下概念的变迁。不过,渡边信一郎的研究同样只是主要关心了天下的空间意义。

无论就否定还是肯定天下秩序的论述来看,对于天下秩序作为文明原则的阐述皆显不足。从否定论述来看,葛兆光认为,天下秩序只是传统中国的自满想象;葛剑雄没有说天下观念只是一种自满想象,但强调了它是发达农业所养成的保守而封闭的观念。从肯定论述来看,干春松没有明确儒家的王道天下究竟是不是一种理想政治,如果是,又没有明确它是一种什么意义上的乌托邦;韩毓海通过历史叙述和社会批判将天下理解为多元民族、多元思想、多样关系的秩序

---

① 葛兆光,《宅兹中国》,前揭,页109。
② 葛兆光,《宅兹中国》,前揭,页44、83、90、101;《想象异域》,北京:中华书局,2014,页29。
③ 葛兆光,《宅兹中国》,前揭,页90、279。
④ 渡边信一郎,《中国古代的王权与天下秩序——从日中比较史的视角出发》,徐冲译,北京:中华书局,2008,页65。

体系,将天下秩序与大众启蒙连接起来,呼唤一种未来的共产主义;赵汀阳明确地把天下秩序看作是最佳政治秩序,是一种理想,是一种乌托邦,只不过他主要将其解释为一种未来的乌托邦,偶尔也将其解释为一种垂直的乌托邦。其实,垂直式乌托邦才真正体现天下秩序的文明理念。

所谓未来的乌托邦,指的是一种政治理想会在人类未来的某个时刻得以实现。所谓垂直的乌托邦,则指政治理想是任何现实政治与最佳政治秩序之间永恒距离的标识。这种垂直式乌托邦理想与任何一种现实政治都保持着不可弥合的距离。由于这个最佳政治秩序的理想是垂直式的,着眼于政治的理想性而不考虑其可行性,所以对道德的要求比较高,因而主张君子教育。与此不同,未来式乌托邦则在考虑理想性的同时考虑其可行性,因而不得不降低道德的要求,因而着眼于大众启蒙。这个区别可以用马基雅维利对欧洲传统政治哲学的批评来类比理解。马基雅维利在《君主论》第15章曾直斥传统政治哲学只是对于人应该如何生活的想象,而非教导人事实上如何生活的实情。马基雅维利为了教导生活的实情,从而必须降低传统政治哲学的德性要求。

对于中国的复兴,17世纪的欧洲人斯宾诺莎所说的一段话可谓斩钉截铁。对于20世纪和21世纪的许多中国学者来说,斯宾诺莎对中国复兴的信心似乎过头了。在论述犹太人的民族心灵以及割礼作为其独特记号之时,斯宾诺莎从比较的角度提到了中国人。与犹太人类似,斯宾诺莎指出,中国人"并不是总是保有他们的国家。但他们亡国以后还可以复兴。毫无疑问,鞑靼人因为骄奢富贵颓丧了志气之后,中国人又可以振兴他们的国家。"①斯宾诺莎于1665年开始写作《神学政治论》,并于1670年出版。那时,清军入关才20多年,犹太人斯宾诺莎却比当代的中国人更加坚信,中国一定会复兴。这种信心不是基于实力的强弱,而是基于文明的理念。

---

① 斯宾诺莎,《神学政治论》,温锡增译,北京:商务印书馆,1963,页64—65(第三章结尾处)。

所以,天下秩序不是一种文明的傲慢、一种自满的想象,也不是一种保守而封闭的心态,而首先是一种与所有时代保持一定距离的文明理念。只有从垂直乌托邦的角度来理解,才能够真正区分王道与王权,区分万世法与现时法。只有作为万世法,天下秩序才能够显现其文明价值。

矛盾论与政治哲学*

丁耘

毛泽东思想是一笔沉重的、被冻结的精神遗产。要动用这笔遗产，哪怕只是为了投资到改革开放或其他毛陌生的事业里，在今天都要冒着各种风险。

最近，某位政治哲学家将毛泽东指认为中华人民共和国的国父。① 这一观点立遭围攻。批评五花八门，无非是再次重复毛泽东对中华人民共和国犯下的种种错误。这些批评，实在无法抓住从柏拉图出发的政治哲人。须知，对孩子犯了错误的父亲仍是父亲。柏拉图的建国神话教育里有个重要的话头，就是教孩子如何对待犯了错误的父亲。如果激进地对待，像父亲推翻祖父那样再去推翻父亲，则每一代都会发生推翻父亲的革命。换言之，每一代都会出现不断革命的毛泽东，因此没有任何一代可以真正建国。所谓"国父论"，无非以比较聪明的方式，主张终结革命、底定宪政而已。

---

* 为纪念毛泽东诞辰 120 周年而作。阅读本文请参考我的另两篇文章，《儒家与马克思主义的哲学会通》（见丁耘著，《儒家与启蒙》，北京：三联书店，2011，页 121—140）与《德性、阶级与政体》（见王绍光编，《理想政治秩序》，北京：三联书店，2012，页 33—59）。

① 参刘小枫，"如何认识百年共和的历史含义"，见《百年共和之义》，上海：华东师范大学出版社，2015。

这套修辞过于聪明,难免知音寥寥。不但平素宪政口头挂的自由派没有谅解,所谓毛派也作壁上观,没听出国父论里有什么异样。这些毛派大概忘记了,毛主席从未拥有国父之类国民党色彩浓烈的称号。在毛派几乎遍天下的年代,能够把毛同马恩列斯并列的最重要称号当然是——"革命导师",更准确些,无产阶级革命导师。

无产阶级革命导师是否会同意自己被称为"国父"?这取决于无产阶级革命学说是怎么看待"国家"的。这方面的集大成之作当是列宁的《国家与革命》。十月革命并不是什么建国革命。相反,列宁指出:"国家是阶级矛盾不可调和的产物",①"无产阶级所需要的只是逐渐消亡的国家……就是'组织成为统治阶级的无产阶级'"。② 无产阶级革命的目的只是"消灭寄生虫——国家"。③ 无产阶级革命必然要打碎国家机器。之后,国家这个名称应该废除,代之以镇压剥削阶级的无产阶级专政,也就是兼有立法行政职能的"公社"。此时,甚至"人民国家"之类东西都是"无稽之谈"。④

抽象地看,把以打碎国家机器为己任的无产阶级革命导师和"国父"之类混在一起,确实是"无稽之谈"。然而,称毛泽东为"国父",亦非毫无根据。所谓"国父",并非指(统一或独立)战争的统帅,而是指阐明建国的正当性、给出建国原则的人。所以,美利坚合众国的国父是联邦党人,而不是华盛顿。中华民国的国父是孙逸仙,而不是蒋中正。毛泽东可被称为国父,同样因为他系统阐释了中华人民共和国的政治制度(人民民主专政),并据之立宪,⑤创建了中华人民共和国的基本政治架构。在《论人民民主专政》及《新民主主义论》等新中国的自我证成中,除了运用那些无产阶级革命导师的学说之外,毛泽东也强调了共产党人对孙中山事业的发扬光大,阐述了新中国的国体性质。这些工作,不属于国父,又属什么人呢?

这就是说,毛泽东属于双重谱系,既同马恩列斯排在一起,也与中国近代康有为、严复、孙中山等探索者同列。毛泽东可以被同时视为无

---

① 《列宁选集》,第三卷,北京:人民出版社,1972,页174。
② 同上,页190。
③ 同上,页217。
④ 同上,页226、227。
⑤ 参《毛泽东选集》,第五卷,北京:人民出版社,1977,页125—131。

产阶级的革命导师和人民国家的国父。

这是一个矛盾。只看到这个矛盾的一个方面,并据之对毛泽东发表欣厌趋避种种意见的,不可谓真了解毛泽东,亦不可谓真了解当代中国。因为这个矛盾不仅属于毛泽东思想,更重要的是,它还属于中华人民共和国。

一、人民与阶级:中华人民共和国自我论证的内在矛盾

中华人民共和国究竟是一个导向无产阶级专政的预备"公社",还是一个应该被无产阶级革命粉碎的真正的国家机器?或者同时具备这两种特征?从毛泽东的论述和实践中,可以看到人民共和国具有公社和国家的矛盾。

它是"工人阶级领导的人民共和国"。[①] 它的国体是"各革命阶级联合专政",政体是民主集中制,[②]而这个联合专政的正式名称叫作"人民民主专政",其"基础是工人阶级、农民阶级和城市小资产阶级的联盟,而主要是工人和农民的联盟"。[③] 这个国家正是一个人民国家。但它同样具有阶级内涵。质言之,它是一个人民内诸阶级团结起来建立的国家。"人民是什么?在中国,在现阶段,是工人阶级,农民阶级,城市小资产阶级和民族资产阶级。这些阶级在工人阶级和共产党的领导之下,团结起来,组成自己的国家……"[④]

但这个国家本身——和一切国家、阶级、政党一样——必然要毁灭。这是毛泽东在为这个国家接生的雄文《论人民民主专政》开篇就昭示天下的。按照列宁主义的国家学说,粉碎国家、代之以无产阶级专政,正是无产阶级革命的根本任务。问题仅仅在于这个历史时刻何时到来。中华人民共和国的建国革命本身并非无产阶级革命,而是新民主主义革命,即"新式的资产阶级民主主义革命"。[⑤] 其所建

[①] 《毛泽东选集》(四卷本),北京:人民出版社,1991,页1473。

[②] 同上,页677。

[③] 同上,页1478。

[④] 同上,页1475。

[⑤] 同上,页671。

的国家,并非无产阶级专政的国家,而是"几个革命阶级联合专政的共和国"。① 按照马列主义的国家学说,这个共和国必然要通过社会主义革命过渡为社会主义国家。新民主主义必然会被社会主义扬弃,人民民主专政必然会被无产阶级专政扬弃,建国时联合起来的几个"革命阶级"必然在其内部重新进行阶级斗争。

让我们重温一下马列主义国家学说的基本判断——1949年建立的中华人民共和国只是新式资产阶级革命的果实,相当于俄国1917年二月革命而非十月革命的政治结果(区别仅仅在于,中国的"二月革命"是中国的布尔什维克自己领导的)。它理应被进一步的社会主义革命推翻。作为无产阶级革命导师的毛泽东,必然要否定作为国父的毛泽东。导师毛泽东的无产阶级革命("无产阶级专政下继续革命"),究竟要革谁的命?回答官僚阶层、走资派等等都是皮相之见。无产阶级革命归根结底要革国家机器本身的命、革人民民主专政的命。中国的十月革命是在建国之后才到来的。它虽然没有公然提出"消灭寄生虫 国家",但模仿"巴黎公社"的冲动已被有力地表达出来。它虽然没有伴随真正的战争与推翻阶级的暴力,但作为其模仿物的武斗、对敌对阶级分子个人的群众斗争和"全面内战"仍然出现了。

中华人民共和国如何产生了要革自己命的力量与实践?这是共和国自身的内在矛盾决定的。

中华人民共和国的内在矛盾,就是新民主主义及人民民主专政的内在矛盾。由于处于从资产阶级革命向社会主义的过渡阶段,新民主主义的内在矛盾必然是资本主义与社会主义的矛盾。在政治上,这必然体现为人民民主专政的主体——即作为各革命阶级联合体的人民之内的阶级斗争。这是理解建国后毛泽东一切政治、经济、思想文化实践的钥匙。本文集中讨论政治方面,

中华人民共和国国体的这个内在矛盾,在政治理论上体现以人民为主体的政治哲学的国家学说,和以阶级为主体的无产阶级专政学说之间的矛盾。

---

① 《毛泽东选集》(四卷本),北京:人民出版社,1991,页675。

毛泽东之前的马列主义政治学说,从来不以人民为政治论述的基础。相反,近代政治哲学(即马列主义眼中的资产阶级政治学说)的经典形态则将立法与建国的正当性追溯到主权者。近代政治哲学中人民概念的基本意涵,就是某类主权者,即普遍意志(公意)的主体。政治社会的基本矛盾处于公民-公意与臣民-众意之间。作为主权者的人民是同质性的抽象法权概念,除了最单纯的国族界限之外,没有任何具体的社会历史内容。人民这个概念就是抽去众人之各类具体差别,仅保留立法能力(理性)得到的。因之,在人民论述中,不可能有丝毫阶级论述的余地。阶级论述的进入会消解基于单纯人民概念的国家之正当性。马列主义国家学依据阶级论述将国家视为社会"不可解决的自我矛盾"的标志,"剥削被压迫阶级的工具"。[①] 阶级论述破坏了人民概念与正当性之间的积极联系。一个阶级统治另一个阶级,这是历史事实。国家没有什么超越历史的正当性。即使无产阶级专政的"正当性",也只是因为,按照历史规律必定如此而已。国家、法律、道德所有这一切都是被决定的"上层建筑"。它们不可能拥有不言自明的"正当性"。单纯的人民概念掩盖了社会矛盾和阶级斗争,毛泽东之前的马列主义国家学说一贯对之保有高度警惕。

　　毛泽东大概是马列主义理论家中正面使用人民概念最频繁的一个。与近代政治哲学论述不同,人民在他那里不是毫无社会历史内容的抽象法权主体,而是既有国族界限,又必定呈现阶级差别的矛盾统一体。毛泽东政治思想的基石是人民论述与阶级论述的辩证统一。这是其矛盾论思想的政治哲学运用。一切事物都是对立统一的,包括作为立法和统治主体的人民。人民是其内部各阶级的对立统一体。就其统一这方面说,叫做人民。阶级之间抽掉差异和对立的单纯的统一性(用矛盾论术语说,矛盾的同一性),构成了联合体的法权涵义。就其对立这方面说,就是诸阶级。它们之间的矛盾构成了人民概念的政治涵义。人民概念之统一性是共和国正当性的来源。阶级概念的对立性(在政治哲学上的作用有似于各种"众意"之对立。)是共和国实际政治实践的

---

① 参《列宁选集》,第三卷,北京:人民出版社,1972,页175、180。

活力来源。阶级论述与人民论述接榫的地方在于:由于只有工人阶级才是"大公无私"的,①故工人阶级其实才符合人民的真正定义。

人民民主专政学说通过人民概念提供了国家的法权正当性论证,同时通过人民内部与外部的阶级关系提供了革命的历史正当性论证。在这两种论述之间,阶级论述为主,人民及其敌我界限是由特定的阶级关系(联合与敌对)界定的。中华人民共和国的建国,是工农、民族资产阶级与城市小资产阶级在工人阶级领导下联合推翻官僚资产阶级与地主阶级(此谓之新民主主义革命)的结果。在马列主义政治学说看来,中华人民共和国内部种种斗争的实质,无非是本应以暴力进行的社会主义革命,通过温和的"社会主义改造"和平推翻民族资产阶级之后带来的必然结果。

中华人民共和国的一系列政治运动——对毛泽东作为历史人物的负面评价主要集中于此——的根本理由在于,按照革命的逻辑(正是同一个逻辑论证了共和国的建立),新民主主义的秩序不可"确立",而必须过渡到社会主义。但新民主主义的政治和经济并非同时过渡。五四年宪法将人民民主专政与对所有制的社会主义改造并立为两大原则,但同时承认这不是一部真正的社会主义的宪法。② 社会主义改造完成之后,社会主义革命便主要集中在政治领域。社会经济意义上的民族资产阶级虽然已经消亡,但政治以及思想文化意义上的民族资产阶级仍然存在、人民民主专政仍然存在、国家机器仍然存在。社会主义革命继续进入政治与思想文化领域,在其彻底性中,甚至针对国家本身。这就是毛泽东在建国后一切政治实践的逻辑。

无论这个逻辑给毛带来了多大的赞誉或谩骂,他只是秉承了马列主义的国家-革命-无产阶级专政学说而已。建国之后再继续革命,这无非是补十月革命的课。

在某种意义上,中国革命之所以需要在建国之后补课,正因为建国的理论基础是人民论述与阶级论述的矛盾统一。而彻底的无产阶级革

---

① 参《毛泽东选集》(四卷本),北京:人民出版社,1991,页1479。
② 参《毛泽东选集》,第五卷,北京:人民出版社,1977,页131。

命必须打破人民论述表达的统一性,在人民内部通过对抗性的阶级矛盾不断划分敌我。

为何中国的建国成就只能是新民主主义革命带来的人民民主专政呢?这是中国社会的历史性质与阶级格局决定的。这些矛盾并非毛泽东思想的漏洞,恰恰是其华章。将矛盾论娴熟地运用于阶级分析,这才是毛泽东思想或宝贵或沉重的缘由。

二、矛盾论与阶级分析:以毛泽东的哲学解释毛泽东的政治

中国革命的实践需要中国革命的哲学。虽然毛泽东早在《中国社会各阶级分析》中就进行了老到的阶级分析,但那仅仅是将区分敌我的政治本能与马列宁主义阶级斗争学说相互结合,以全面把握中国社会各群体在革命时代的不同趋势,尚未得到马列主义哲学的认证。毛泽东为中国革命的马列主义正当性所做的杰出论证当然是《实践论》和《矛盾论》。由于知行学说与唯物辩证法的普遍性,这两部著作应该对建国后的一切政治实践——包括毛逝世之后的——仍然有效。毛本人仍然是依据矛盾论指导建国后的一系列实践的。那么,从矛盾论及其具体运用出发,当可找到解释其政治活动的线索。

《矛盾论》的最大意义,在于为中国的新民主主义革命提供了唯物辩证法的论证。为此,毛泽东并非简单地套用了列宁哲学,而是做了发挥和突破。他有以下两个独特贡献。

首先,在照例阐释矛盾的普遍性之外,他尤其强调了矛盾的特殊性与普遍性的统一。这当然是为了教育党内的"普世派"或教条主义者,但同时也可回应梁漱溟等党外思想家对中国社会特殊性的突出。[①] 实际上毛是有条件接受了梁的观点,但以唯物辩证法解释与包容之。

其次,列宁只断言矛盾是多方面的,但毛则将矛盾总体与每一对矛盾都区分为了主次。强调即使在复杂情况下,一时只有一对主要矛盾,而矛盾主要方面与次要方面是可以相互转化的。毛为之选择的例子

---

① 参艾恺,《最后的儒家:梁漱溟与中国现代化的两难》,南京:江苏人民出版社,2003。

是:在一定情况下,上层建筑可以决定经济基础,生产关系可以决定生产力①正是这个矛盾主次方面相互转化论,为生产力低下的中国进行新民主主义革命与社会主义所有制改造提供了关键的论证。这当然也为工人阶级弱小的中国能够确立无产阶级政党的领导权提供了关键论证。更为人民民主专政乃至无产阶级专政可以通过改变生产关系刺激生产力提高提供了论证。

对毛泽东本人在新中国的政治实践来说,矛盾论与阶级分析的结合是至关重要的。

矛盾学说本身并非毛泽东的发明,而是解释事物运动原理的哲学方案之一。这个方案将矛盾的斗争性(即矛盾两方面的相互排斥)视为绝对的,矛盾的同一性(即矛盾两方面的相互依存和转化)视为相对的。这首先是因为,它把事物的运动看成绝对的,静止看成相对的。事物存在与运动的原理在于矛盾之间的斗争。矛盾的斗争性不等于矛盾的对抗性。当斗争激化为对抗时,旧事物就会毁灭,代之以新的事物及其矛盾。

矛盾论是分析事物整体变化规律的总原则。它并不必然导致阶级斗争的学说与实践。要推出继续大搞阶级斗争的正当性,必须另外满足几个前提。

首先,事物总体的复杂矛盾不是并列地"交织"的,而是只有一对主要矛盾。

其次,即使承认有主要矛盾,哪一对矛盾是主要的,这对矛盾的哪一方面是主要的,这些仍未确定,仍是路线斗争的中心议题。毛泽东将社会主义改造完成后的主要矛盾判断为上层建筑与所有制基础之间的矛盾,而非生产力与所有制之间的矛盾,并且将矛盾的主要方面仍然放在上层建筑中。

毛泽东指责刘少奇的"四清"没抓主要矛盾(各种矛盾"交织论"),但指责八大路线的则是抓错了主要矛盾("先进的生产关系与落后的生产力之间的矛盾"。改革开放路线的基础是落后生产力与人民群众需

---

① 参《毛泽东选集》(四卷本),北京:人民出版社,1991,页325。

求增长之间的矛盾。这两对矛盾关键处都是生产力)。毛给出的主要矛盾是"社会主义与资本主义"以及"无产阶级、资产阶级"之间的矛盾。① 这个讲法需要辨析。社会主义与资本主义既可以指所有制、生产关系等"经济基础"方面,也可以指政治、法律、思想文化等"上层建筑"。新中国的社会主义改造和建设本来就是两个次要方面转化为主要方面的结果(即社会主义的上层建筑决定经济基础、再通过生产关系决定生产力)。上层建筑在中国革命中本来就起着西欧共产主义运动难以解释的"决定作用"(这只能通过毛泽东的矛盾主次要方面转化学说来解释),在社会主义改造基本完成之后,社会主义与资本主义的矛盾,更是主要具有上层建筑的涵义,换言之,具有针对人民民主专政及其思想文化状况的涵义。说得更确切些,社会主义与资本主义的矛盾,体现为人民内部的阶级矛盾。

复次,矛盾分析是可以层层递进的。在上层建筑与经济基础这对矛盾中,上层建筑是矛盾的主要方面。但就上层建筑(在这里是人民民主专政特别是其主体——人民)来说,它自身又有内部矛盾。辩证法的矛盾分析适用于一切事物,当然也适用于"人民"。人民的内部矛盾同样是复杂的、多方面的,它可以包括民族、地域、城乡、党群(对西欧和美国政治来说,也包括种族、族裔、宗教、行业、性别以及性取向、年龄等等矛盾)。然而作为人民民主专政的主体,人民只是阶级(而非民族等)的联合体。故人民内部的主要矛盾,就是阶级矛盾。按照社会主义改造之后的惯性,这些阶级矛盾中的主要矛盾,又存在于工人阶级和资产阶级之间。

第四,依照矛盾论,阶级矛盾不等于阶级斗争。阶级斗争也不等于"搞阶级斗争"。斗争也不等于对抗。矛盾之间总是既有同一性(相互依存、转化),又有斗争性。阶级斗争只是阶级矛盾的斗争性的体现。斗争也是团结实现的方式。即使无人"搞阶级斗争",阶级斗争也在那里。即使搞阶级斗争,矛盾的斗争性也未必意味着矛盾的对抗性。矛盾的斗争使得事物运动,但矛盾的对抗则可使事物解体。

---

① 参《毛泽东选集》,第五卷,北京:人民出版社,1977,页475。

要之,从矛盾论出发,解释无产阶级与资产阶级之间的所谓"阶级斗争"路线,不是一步到位的,而须经过这样几个步骤,主要矛盾—社会主义与资本主义的政治矛盾-人民民主专政的内在矛盾-人民内部的主要矛盾(阶级矛盾)-阶级斗争-自为的、往往是对抗性的阶级斗争。这些环节一般被简化为两个问题,代表中共内部最重要的路线斗争,也决定了共和国前后三十年的不同道路。即,矛盾交织论还是主要矛盾论。主要矛盾是生产力与生产关系(或者生产力与人民需要),还是阶级斗争。

毛泽东晚期思想里最让人不安的就是这个"阶级斗争"学说了。这个学说几乎从未有过确切解释。应当依照毛泽东本人的学说和实践来做出这个解释。

毛的"阶级斗争"概念其实颇具歧义。至少要做这样两对区分。第一,同一切矛盾一样,阶级矛盾具有的"斗争性"(这属于"斗争哲学"一般,不特别属于阶级理论),和此斗争性的一种激烈形态(对抗性矛盾)必须区分开来。第二,客观固有的阶级斗争,与出于"无产阶级意识"要"搞"的阶级斗争,必须区分开来。这里应该引入辩证法的一对重要术语(毛在个别地方用过)——"自在"与"自为"来限定阶级斗争的不同形态和阶段。工人与资本家的日常矛盾,是自在的阶级斗争。无产阶级革命学说的提出和阶级意识的成熟则是自为的阶级斗争,而无产阶级革命的实践与无产阶级专政的建立,就是自在自为的阶级斗争。引入这对概念,对于加强矛盾论的解释效力来说,是非常必要的。存在着人民内部的阶级斗争。自在的、非对抗性的阶级斗争是在人民民主专政的框架之内的,仍属人民内部矛盾。"工人阶级和民族资产阶级的阶级斗争一般地属于人民内部的阶级斗争……"①既然属于内部,则就归于人民民主而非专政的范畴。② 换言之,阶级斗争和民主的关系就象一般斗争和团结的关系一样。这种阶级斗争不是自为的,而是为了民主的。

---

① 参《毛泽东选集》,第五卷,北京:人民出版社,1977,页367。
② 同上,页371。

建国后毛的一系列政治行动中,其最激进之处,是进行了对抗性的、自为的阶级斗争。对抗性矛盾的爆发意味着这对矛盾不再相互依存,而是相互取消、毁灭事物。正是对抗性的、自为的阶级斗争将依靠彻底的、自觉的、自我解放的群众的革命行动试图把人民民主专政的中华人民共和国扬弃为无产阶级专政的公社。

阶级斗争的自为性,换言之无产阶级革命对"阶级意识"的拥有,按照正统的列宁主义学说,属于"无产阶级政党"(而不是被"灌输"了阶级意识的工人阶级)。但毛在文革时对列宁的天才突破在于,认为"革命群众",而非"党"才具有无产阶级意识。自为的阶级斗争遂成为自我解放的群众运动。毛一旦断定"资产阶级就在共产党内",就只能将阶级矛盾置换为政党与群众的矛盾。自此,人民论述与阶级论述的平衡、以及群众路线和党的领导的平衡,都被彻底打破。由于政党领导着国家,无产阶级专政下的继续革命最终表现为渴望打碎国家机器、踢开党委闹革命的群众运动。即所谓"天下大乱"。将此同无政府状态区别开来的是毛的权威及群众组织。

毛泽东最勇敢的探索就是这场试图从自为到自在的革命。但文化革命中的阶级斗争最终丧失了自在的形态,正如改革开放中的阶级斗争迄今为止从未达到自为的形态。这个哲学家比其他一切唯物主义者更强调主观能动性。他仍然把上层建筑(这次先是思想文化,再是政治秩序、企业管理、法律、教育等等)当作矛盾的决定方面。毛似乎从未真正相信"生产力是最活跃的因素",在他那里,人——或者是人的阶级意识,或干脆说掌握了革命学说的群众——才始终是最活跃的。但上层建筑之所以发挥作用,恰恰因为其漫长的"相对静止"。除了艺术稍微活跃些之外,国家、法律,特别是伦理及其扎根其中的文化传统都属于上层建筑中最保守的部分。无产阶级最终落后于"无产阶级意识"。无产阶级的意识和存在仍然不相统一。除了躁动的青少年、反叛者或天然喜爱激进者,即使是"群众",即使是曾经的革命者,谁会指望国家秩序与生活伦常不舍昼夜地变动不居呢?凡人的生活是建立在一些常驻不变的东西上的,而唯物辩证法其实是讲运动的哲学里最尊重常识的一种。

三、新矛盾论与重新到来的旧矛盾
——发展毛泽东的哲学,观察后毛泽东时代的状况

改革开放时期对毛泽东矛盾论的态度表现为两个方面。

首先,改革开放的路线是"以经济建设为中心",取代了"以阶级斗争为纲"。这当然不是放弃了矛盾论,而是改变了对主要矛盾的判断。八大的路线得到了恢复,在生产力与生产关系的矛盾中,看起来是生产力重据矛盾主要方面,但对生产关系的调整(例如生产资料私人占有制在市场经济中的回归),实际上可以刺激生产力的提高。而在"生产力与人民日益增长的物质文化需求"这对矛盾中,欲望无疑占据着主要方面的地位。

另一方面,新时期对矛盾论的运用极为有限,以至在教条主义声名扫地的同时,经验主义的片面性大行其道。由于对《实践论》的阐发为非毛化和改革开放提供了最正统的论证,《矛盾论》的权威相对有所削弱。《实践论》与《矛盾论》本非割裂。前者谈及"理性认识"的地方,实是指涉《矛盾论》。对经验主义(即局限于《实践论》中"感性认识"的阶段)的克服,尤其要依靠《矛盾论》。没有矛盾论的实践论,其实就是经验主义。"摸着石头过河"是这方面的典型表述。

《实践论》谈的是实践的地位,《矛盾论》则是对实践智慧本身的把握。具体问题具体分析恰恰属于实践智慧而非理论之后。缺少审慎智慧的实践,在经验主义之外,也很难排除教条主义的干扰。

在历史与政治思想方面,矛盾论的缺席也让各种版本的政治形而上学以及历史终结论纷纷登场。在阶级斗争学说淡出的同时,阶级分化渐渐回归了。不去直面真正的"新生资产阶级"或许是因为缺乏勇气。但同时也是因为,抹杀矛盾论之后,必定丧失处理阶级关系的正确方法,要么是被有意忽略但日益坚硬的阶级敌对,要么是折衷主义的和稀泥。

后毛泽东时代对矛盾论的回避有种种原因。将矛盾论理解为"仇必仇到底"的"斗争哲学",又进一步理解为"以阶级斗争"为纲的理论源

头，应该是其中最重要的。现在是时候发展矛盾论，并以之分析时代状况了。

矛盾论有两点需要补充或发展。

首先，必须在正确理解绝对运动与相对静止的统一的前提下，补充斗争/同一之间的尺度这个关键环节。

矛盾论的提出是为了解释事物的运动和静止。辩证法以及其他一些哲学流派认为，一切皆流、无物常驻。事物的存在与同一是相对的、暂时的，生灭与变化才是绝对的、永恒的。辩证法并非一味主张变化。辩证法的完整真理是绝对运动与相对静止的统一。矛盾论将此进一步解释为，斗争性是绝对的，同一性是相对的。但事物的真理并非仅有矛盾的斗争或同一，斗争与同一的那个高阶的统一性，才是矛盾论真正的精髓。列宁指出，绝对性与相对性的统一本身也是相对的，换言之相对性之内就有绝对性。① 换成矛盾论的语言，斗争性与同一性彼此不是斗争的，同一性之中就包含了斗争性。强调运动的绝对性不是排斥静止，而是说在所谓静止中也能观察到运动、也必须思维运动。换言之，未必依靠剧烈的变动才能证实斗争性。绝对与相对、或者运动与静止不是两个阶段，而是观察同一个事物或同一个状态的两种方式。这两个观察方式应该同时具备，这才叫高阶的统一性。

但斗争与同一之间的那个高阶的统一性，在矛盾论那里没有得到更多的表述。相信"天地盖唯有动而已"②的毛泽东在哲学立场上倾向于强调运动或斗争的绝对性胜过静止或同一的相对性。绝对胜过相对，这在哲学上是彻底的，本无所谓错误（佛家叫"胜义谛"，更殊胜的真理），但在对具体事物运动的判断上，就有一个以什么具体的方式去"统一"斗争与同一的问题，即对同一个事物，如何同时观察到运动（斗争）的与静止（同一）的问题。由于哲学没有佛家双运-并观的工夫，对斗争与同一的观察，就只能落实到具体变化过程的不同阶段。例如只能通过渐变或量变去把握相对静止，通过生灭或质变去把握绝对运动。

---

① 列宁，《谈谈辩证法问题》，见《哲学笔记》，北京：人民出版社，1993，页305—311。
② 参《毛泽东早期文稿》，长沙：湖南出版社，1990，页69。

唯物辩证法只笼统说运动与静止是"统一"的，而没有一个合适的概念去表达特定的"统一"方式。在这一点上，矛盾论或可向"斗争哲学"的祖师爷赫拉克利特再学点东西。赫的哲学不是只有斗争或流变，还首先提出了流变的"度"以及在具体情况下把握这个度的"逻各斯"（这里可理解为对情况的把握和盘算）这两个重要概念。它们可以作为应用性的关键概念，补充到矛盾论中去。中国古代辩证法的典范之作《周易》所说的"时"、"位"，大体也是类似的意思。如依佛家，住（静止）或不住（运动）均属两边，不可执着，当以方便为要。这些对辩证法或矛盾论都是很有教益的。如果矛盾论缺乏尺度或时机意识，对客观事物的观察就容易发生偏差、失去耐心，把仍处于相对静止（矛盾同一）阶段的事物判断为表现出绝对运动（矛盾斗争），主观主义地推动事物的发展或解体，导致错误。如果辩证法变成了"唯动主义"，矛盾论作为辩证法的一个形态就会变成"唯斗争主义"。这就是落到了与"住"相对的另一边："不住"那里去了。这在某种意义上也是真理，比提倡"仇必和而解"的"唯住"、"唯静"、"终结"说高明，但终究不是最高真理。

第二，要重视复杂总体中的多对矛盾状况，要注意高阶矛盾。

单纯的过程只有一对矛盾，但复杂事物的总体中，则并列了多种矛盾。主要矛盾的学说，以及用不同的方法解决不同矛盾的学说，就是为了处理复杂事物的多对矛盾的。虽然毛坚信在多种矛盾中必定有一对主要矛盾，但有时情况太复杂，导致主要矛盾论很难坚持。刘少奇名声不好的"矛盾交织论"就是对主要矛盾论的放弃。即使毛本人，在面临复杂局面时，有时也很难找出主要矛盾。例如著名的《论十大关系》，[①]讲了十对矛盾，而毛在那里只运用了矛盾的同一性（两方面的相互依存）以及矛盾主次要方面的转化学说，但没有指出"主要矛盾"。

更重要的是，主要矛盾与次要矛盾之间，也存在着相互转化关系。毛泽东的《矛盾论》对矛盾主要方面次要方面的转化讲得多，但对主要

[①] 参《毛泽东选集》，第五卷，北京：人民出版社，1977，页267—288。

矛盾和次要矛盾的转化讲得就比较少。其实后者是更居先的。中共路线的大变化，其根本前提就是不同历史时期主要矛盾和次要矛盾之间的转化。

不过，矛盾论仍有办法弥补这个缺陷。因为，主要矛盾和次要矛盾之间也构成矛盾。《矛盾论》点到了这层意思，但没有展开："各对矛盾之间，又相互地成为矛盾"①矛盾之间的矛盾，可谓"高阶矛盾"。低阶的主要矛盾和次要矛盾之间的关系，就是高阶矛盾之主次要方面的关系。现有的《矛盾论》特别注重在特定条件下，矛盾主次要方面的转化。此论点经过拓展，其实就是特点条件下，主要矛盾和次要矛盾之间，也会相互转化。

第三，仅仅抓住主要矛盾，即使同时看到了主要矛盾和次要矛盾之间在一定条件下的转化，仍然是不够的。矛盾论的"普遍性和特殊性"的统一同样适用于主次矛盾及其相互转化学说。换言之，不可教条地、僵化地执着普遍的主要矛盾。

以上尝试补充或拓展矛盾论，希望据此判断当前的时代状况。

当前的形势总体极其复杂，且处于持续变动之中。虽然执政者仍以"生产力与人民的物质文化需求的矛盾"作为主要矛盾，也无可否认大量的其他矛盾正在积累、发酵和激化。从政治上说，其中最突出的是社会中普遍出现的阶级矛盾和部分地区的（与阶级矛盾交织在一起的）民族矛盾，以及各种国际矛盾。

对这些新的阶级矛盾，首先必须正视。早就出现了毛所谓的"阶级关系的新调度"。其次一定要懂得普遍性与特殊性的辩证关系，抓住特定区域、特定形势下的主要矛盾。即使在相当长的一段历史时期，生产力和需求之间的矛盾仍是普遍的主要矛盾，也不能认为所有领域、行业与部门都以此为主要矛盾。例如军事单位、研究和教育单位、甚至治理单位本身都不可用生产力标准去简单套用。

也不能排除在特殊的历史阶段，在特殊的地方、区域、部门，在特殊的形势下，主要矛盾转化为其他矛盾——例如阶级矛盾、国际矛盾或民

---

① 参《毛泽东选集》（四卷本），北京：人民出版社，1991，页327。

族矛盾。

对于阶级矛盾也要进一步分析。当前,城市小资产阶级、工人、农民、民族资产阶级,其名虽可照旧,但对应的状况发生了很大变化。更不要说出现了新的买办资产阶级、官僚资产阶级,也许以后还有新的地主阶级。所有这些都会有相应的社会经济活动、思想形态与政治要求。如何在人民民主专政的国体内予以回应,是当前的政治主要问题。

无产阶级先锋队本是按照无产阶级意识定义的,现在执政党与其他阶级之间的代表状况发生了变化(阶级与其代表者之间,阶级意识与阶级实存之间,又是两对重要的矛盾)。面临所有这些复杂情况,只能依靠辩证法、掌握矛盾论。要把握普遍性和特殊性的关系,把握同一、斗争以及对抗之间的度,把握矛盾的主次要方面。

虽然还有其他矛盾,但对于这个大历史时期的总体状况来说,总矛盾无非是人与自然的矛盾(生产力,环境状况)与人与人之间的矛盾(生产关系、阶级、国际、民族等待)之间的矛盾。这两对矛盾之间的关系,和生产力与生产关系、经济基础与上层建筑这两对矛盾一样。主要与次要之间,会在一定条件下发生转化。解决人与人的矛盾,不必然取决于生产力。

对于政治(人与人之间的特定矛盾)来说,即对于人民民主专政和共和国来说,主要矛盾当然是阶级矛盾。唯一的内政仍然是人民内部的对立统一。问题仅仅在于以什么方式解决这个矛盾。是人民民主专政或者社会主义国家,还是以无产阶级专政或小资产阶级大民主或无政府主义等方式毁灭国家。

这是国家本身的常变问题。辩证法不会相信历史终结在任何地方。任何政体、国家、阶级及其专政,都会灭亡。但上层建筑处于和经济基础的矛盾之内,决不会孤立地灭亡。上层建筑本身在一定条件下转化为主要方面决定经济基础,这仍然是改革开放的辩证逻辑。在无产阶级专政下不断革命和在人民民主专政下不断改革,都有赖于上层建筑本身的活跃性。上层建筑仍需进一步分析。它也是常变的矛盾统一体。阶级矛盾、文化艺术、经济政策、党的方针等等要同人民、国体、法律、伦理以及文化传统区分开来。前者是冲突的、活跃的、变动的,后者是统一的、稳定的、保守的。国家本身的辩证法在于,正是在同那些毁灭性因素的斗争中,国家在相当长的历史时期内保持其不灭亡。毛泽东说过,团结与斗争相反相成。正是国家内在的阶级矛盾以及其他矛盾,赋予此共同体以持久的活力。

传统的活力*
——新中国文化教育机关对文史传统的重构

舒 炜

19世纪中叶以来,中国人对自身历史和文化传统的看法发生了极大扭转,日渐对自己的过去抱持一种否定态度,这一态度到20世纪初叶更是登峰造极,长期以来对自身历史和文化的自尊自重,一变而为激烈、彻底的自我批判,乃至全盘否弃中国政治历史和文化传统成为一股席卷人心的狂流。而进入21世纪之后,经历沧桑巨变的中国对自己的文化传统开始出现全新的变化。2003年底,甘阳以深远的眼光提出一个判断:这种对待中国文明传统的否定和鄙视态度在21世纪或不再有大行其道的空间,21世纪的中国将逐渐恢复对中国历史文化的自信心,并将深刻认识到对本国文化传统的认同乃是维护自身存在的根本源泉。①

---

* 本文据笔者在《开放时代》杂志社与复旦大学思想史研究中心联合举办的"第四届开放时代论坛暨第二届思想史论坛"(上海,2007年10月27日至28日)上的发言改写而成。今年适逢以《新青年》创刊为标志的新文化运动一百周年,年初时报章媒体上又有不少关于"古典学"的争议,本文或可呼应刘小枫先生"为什么应该建设中国的古典学"的有关论述。

① 甘阳:《从"民族—国家"走向"文明—国家"》,见氏著:《文明·国家·大学》,北京:三联书店,2012。

一、"新文化运动"的解释与再解释

有关中国历史文化传统的认识与争论,可以说是 20 世纪中国思想学术领域的中心大问题。传统活着,还是已经死去?它是陈列在博物馆里的"木乃伊",还是仍然活在中国人基本生活方式当中的"文化—心理"积淀?即便在 21 世纪这个新世纪,这仍然是扰人心魂的大问题。① 晚近 30 年来,有关传统的论争特别突出地体现在对于新文化运动、对于"五四运动"的解释上。

如果我们追溯到上世纪 80 年代,也许更能清楚地把握主流论述和解释的变化。上世纪 80 年代以来的主流论述认为,为了走向现代,"新文化运动"作为激烈的反传统运动,它开启的启蒙事业、它所强调"科学"与"民主",应该进一步深入;而 1949 年以来,新中国虽然表面上是很强硬的反传统,甚至把反传统推向了高潮,但实际上却中断了启蒙的事业。这方面的代表论述,自然是李泽厚教授的著名文章:"启蒙与救亡的双重变奏"。② 到 90 年代,海外史学家余英时的论述开始占据主导地位,他通过还原历史情境的方式,力求区别"五四"传统作为启蒙运动、作为文艺复兴这两个解释路向的差异。他特别点出,由胡适首先阐发的"五四"作为文艺复兴的论述是更具包容性的解释;"五四新文化运动"的启蒙解释路向,更具有政治意涵;而文艺复兴的解释路向,则是民国自由主义和保守主义或多或少的共识基调。事实上,余英时以反省启蒙心态为名,更进一步地检讨现当代中国的激进化取向,转而推重三四十年代的文史研究,认为这代表着思想和知识上的切实进展,代表着胡适所强调的"新思潮的根本意义只是一种新态度"即"评判的态度",也就是"研究问题"、引介"西学新潮"与"整理国故"。余英时的言下之意,自然是批评上世纪 30 年代以来左翼学术开始构建的"五四"启蒙路

---

① 参陈来《孔子与当代中国》一文关于新世纪以来当代中国"复古"潮流与"论语热"的论述,见陈来、甘阳主编的论文集,《孔子与当代中国》,北京:三联书店,2008。
② 李泽厚,《启蒙与救亡的双重变奏》,见氏著,《中国现代思想史论》,北京:东方出版社,1987。

向的政治解释。①

究竟如何认识新文化运动？如何理解"五四"？② 这里，我们想提出的是重新认识"新文化运动"作为反帝反封建的解释路向。"反帝"包含民族独立和文明自觉的要求，"反封建"则强调人们打碎旧统治阶级，伸张民众解放的理念。从这一基点，也许我们可以重新认识"新文化运动"以及新中国对中国传统的看法。事实上，上世纪30年代左翼学术开始构建的"五四"的解释，正是强调"五四运动"作为反帝反封建的起点。新中国很多文化政策、历史观念和文化观念，正是基于这样一个反帝反封建的解释传统而来，而"五四"以及新中国对传统作激烈反叛的同时，也在继承和重新构造传统。

二、新中国的历史定位与文化传统重构

美国史学家列文森(Joseph Levenson)1958年至1965年发表的三卷本《儒教中国及其现代命运》，对比了新中国和苏联建立之后两者取向的不同。十月革命之后，苏联的历史写作是要把苏联的历史纳入整个西欧的历史发展传统中，而中国在革命成功之后的历史写作，并不是要把自己简单纳入一个大的世界历史进程中，而是强调中国的革命传统本来就是中国历史的一部分。列文森的观察非常敏锐，特别强调中国革命在中国历史中的定位。

事实上，中国革命在中国历史中的定位，在1949年之后的很多文化制度建构上都有反映，尤其是50年代的大量古籍整理工作和大规模古籍整理计划。在此可例举文化建设的一些基本的措施。比如，中国

---

① 余英时，《文艺复兴乎？启蒙运动乎？》，见氏著，《现代危机与思想人物》，北京：三联书店，2004；《中国近代思想史上的激进与保守》等文，见氏著，《现代儒学的回顾与展望》，北京：三联书店，2004。

② 参见汪晖、丁耘的相关论述。汪晖，《文化与政治的变奏：一战和中国的"思想战"》，上海人民出版社，2014；丁耘，《文化的"五四"与政治的"五四"》、《从两个三十年到三个三十年——纪念五四运动95周年》等文，见氏著，《中道之国：政治·哲学论集》，福建教育出版社，2015。如果说丁耘提出的看法在于肯定政治上"五四"对新中国的奠定、否定文化上"五四"对传统的破坏，那么本文的看法则是，肯定政治上的"五四"，则必然意味着去重新理解新中国对传统文化的重构内涵。

科学院第一个成立的所是中国近代史所,研究1840年以来的问题,往后又成立了中国历史所、文学所。从1952年开始,影印了很多书籍。第一本影印的是《楚辞》。真正标点整理,大面积发行的是四大名著(其中《水浒传》最早整理,出版于1952年)、《资治通鉴》(1956年)、《史记》(1958年)。1954年郑振铎开始主持《古本戏曲丛刊》的编辑。那时候,基本上都选择贴近民众的、老百姓喜闻乐见的作品。1951年成立人民文学出版社,并以"文学古籍刊行社"(1954—1957)名义影印文学古籍,包括《史记》《嵇康集》(鲁迅辑校)等;其后又于1958年推出大型"中国古典文学读本丛书",包括《诗经选》《屈原》《淮南子》《论语》等等。可以看出,新中国文教机关对传统的重构过程当中,就时刻面临着如何选择传统、如何阐释传统的问题。尤值一提的是,1949年以后,新中国一方面学苏联,另一方面面临着中国化的任务,在1957年与苏联关系破裂之后,更明确地提出了中国道路的问题。1957年12月国务院科学规划委员会批准了文化部副部长齐燕铭关于成立古籍整理出版规划小组的报告。1958年2月上旬齐燕铭担任古籍整理出版规划小组组长,强调了以下六个方面:第一,整理和出版中国古代名著基本读物;第二,出版重要古籍的集解;第三,整理和出版总集或丛书;第四,出版古籍的今译本;第五,重印和影印古籍;第六,整理出版阅读和研究古籍的工具书。古籍出版规划小组随即制定了《三至八年(1960—1967)整理和出版古籍的重点规划》(草案),并于1959年委托北京大学创建古典文献专业,以解决古籍整理人才的培养问题。小组人员有百余人,分为文、史、哲三个组。这个计划到1966年部分进展有所中断,至1971年又开始恢复。从1978年再次开始重新规划,1981年中共中央发布了《关于整理我国古籍的指示》,1981年12月国务院又发布了《关于恢复古籍整理出版规划小组的通知》,古籍整理扩展到少数民族的古籍。从这一意义上看,新中国对历史传统的重视、其筹划和具体工作,比1919年到1949年的三十年更为深入、全面,而且更有规划。

　　新中国对文化传统的重构有其特定的政治指向,即强调阶级的历史和人民群众的传统。在这一政治指向下,1949年到1979年中国文化传统和历史传统的讨论一直很活跃,诚然,这些讨论在今日知识界的检讨下似乎总因为有高度政治化的嫌疑而被忽视,但不可否认的是,新中国尤其是50年代,在音乐、艺术史、考古、建筑、版画乃至电影、戏剧等等领域的崭新创造都弘扬、发掘出一种新鲜活泼的大众文化传统,新中国的精神风貌由此焕然一新;这从另一方面恰恰表明中国历史文化传统具有鲜活的力量。它凸显阶级的历史和人民群众的传统,在当时对于中国历史文化的认识开掘了一个新的传统。人们很容易把中国古典传统想象成一个帝王将相的精英士大夫传统,反而上世纪50年代在强调传统的时候,做了大量阶级性、民主性、人民性的分析,大家都觉得这些是非常重要的问题,在当时引起了普遍的关注和思索。① 最早是关于《水浒》的讨论,它到底是关于农民革命还是一帮流氓无赖的书?它的人民性究竟表现在宋江身上还是李逵身上? 1919年以前,《水浒》只是一般的大众文学,而今日我们已经很当然地把它看作中国文化传统的一部分,这实际上要归功于上世纪50年代直至70年代对它的大规模讨论。不可否认,关于四大名著的讨论确实激发了对于古代文学的普遍兴趣。与此类似的,还有其他更多的讨论,如关于《西厢记》、《琵琶记》、乐府诗歌、李白、杜甫等等。上世纪50年代的古典文学研究开创了新的研究视角和研究传统,尽管目下的流行意见会认为这完全是政治化的讨论,但仍有相当多的学者并不否认其价值,比如余英时在回顾《红楼梦》的研究历史上,他特别强调以前的《红楼梦》要么是索引派,要么是曹雪芹研究,只有从50年代开始的阶级斗争理论才构成了《红楼梦》传统研究的重要挑战。②

50年代提出的孔子思想评价,以及后续引发的"孔子诛少正卯"问题,都大大凸显了儒家思想传统的深刻政治意涵。再者,以往对于中国思想传统的认识一向以来都较为单调,多限于孔孟到朱熹这一道统的建立很简单几个人,而由于五六十年代乃至70年代关于"儒法斗争"的

---

① 时至九十年代末期,《雍正王朝》等历史电视剧热播时,不少启蒙知识分子仍然不忘批判中国普通观众的"奴性"和"帝王崇拜"。这一批判精神,不妨说恰是继承了50年代关于"人民性"和"民主"讨论。
② 余英时,《近代红学的发展与红学革命》,尽管他一再强调"斗争论"并非红学研究"内在逻辑"的发展;见氏著,《文史传统与文化重建》,北京:三联书店,2004,尤参页307以下。

讨论,荀子、柳宗元、刘禹锡、李贽等等很多人物进入学术研究的视野,强调了中国思想很多非正统的部分,大大丰富了中国思想传统的认识与研究。关于历史分期、社会经济史,特别是对明清经济史和社会史的探讨,仍然构成今日的学术研究传统的基础部分。新中国前三十年对中国历史文化传统的重构,所谓"洋为中用"、"古为今用"诚然包含泛政治化、极端意识形态化的弊端,比如儒法斗争的讨论、"批林批孔"的讨论。但另一方面,它确实提出了一些关键问题,比如它强调儒法斗争的关键是法家推行中央集权,而儒家看重老式的封建;儒墨之争,到底是儒家代表人民还是墨家代表人民? 这些依然是今日值得思索的重大问题。

三、何种传统? 谁的古典研究?

近三十年来尤其上世纪 90 年代以来,胡适所强调的所谓科学"评判的态度"来"整理国故"日渐成为国内学术界的一种主导取向。这一方面是出于对前三十年过度意识形态化、泛政治化的反动和厌倦,另一方面,这一非政治化的"实证"、"评判"取向,虽然表面上或推重历史之辉煌、或鞭挞传统之野蛮,但其隐含的实质旨趣却都是把传统视为无关痛痒的死物、视为博物馆的陈列品,同时宣告着现时代的优越和超然。① 所谓"整理国故"式的学究姿态,恰恰是置传统于无形的扼杀之阵当中。

刘小枫特别指出:"在古典学这个'专业'内,何种旨趣具有领导权,将决定古典学的品质。"②如果我们把新中国对传统的重新构造,和当前的其他取向("整理国故"式的学究取向、普通民众当中的"复古"潮流、知识界对"传统"再度启蒙式的批判)比照并置,这将逼迫我们反躬自问:谁需要传统? 出于何种学术旨趣? 复兴的是何种传统? 需要批判的又是什么? 具有智性活力的传统阐释或以古典政治哲学为指向的

---

① 参见刘小枫为德国古典学者克拉夫特(Peter Krafft)的《古典语文学常谈》中译本(丰卫平译,北京:华夏出版社,2012 年)所写的"中译本说明"。
② 同上。

古典研究是否可能？中国历史文化传统中有待开展的解释方向何在？

如果现在说"五四"反传统，新中国反传统，那么时至今日这也许已不能令人信服。当代中国复古的潮流旺盛，传统似乎活着。这一百年到底是完成了反传统的任务，还是反传统不够，或者反传统到底体现在哪里？这是一系列需要重新回答的疑难。我们或有必要换一个角度来提问题：为什么传统还存在而且仍然具有活力？重新回顾检讨新文化运动、新中国对传统的重新构造这一历史过程，或将有益于我们要重新找回问题。当前学术界对古典历史、文学、哲学的研究，也许更多地在忙于与国际学界接轨、忙于应对海外汉学提出的很多问题，陷入迷失自我的窘境。而通过历史叙述寻回已有的问题和论述路向，或将有利于我们探索中国古典学和传统研究的未来。

编　后　记

十年前，我们就打算仿学界惯例为刘小枫老师编一本祝寿文集，但他不同意，说自己年岁尚轻，学浅德薄，不堪隆礼。而今先生春秋鼎盛，也必不会同意这种形式的寿祝。经黄群、娄林、冬阳等人建议，我们决定先斩后奏，裒汇寿序，以谢教诲。众学友皆感念先生引领启发之恩泽和嘉惠后学之辛劳，献上自己用功缵述的未刊之作，共襄盛事。浓情高意，令人铭怀。

先生博文约礼，陶铸性情，膏沐衣冠，河润千里。风凯若斯，我无令人：虽草木欣荣，然樗栎枝蔓，难为薪楹，遑论甍栋！惟勇猛精进，绍赞幽微，雅努斯文，学有缉熙，不负提携（τύχη）。

特别感谢张志扬老师的首肯和指点，他亲撰长文，鼓励我们为恩师祝福。李猛、舒炜等同仁对此雅集尤为挂念，献计献策，惟愿使之更为妥帖。文集的编辑和出版也得到了我们的老朋友、华东师范大学出版社六点分社社长倪为国先生的鼎力支持和多方指点，谨此致以衷心谢意。

这个时机让我们的心意有了表达的可能。

程志敏　张文涛

二〇一五年初春

图书在版编目(CIP)数据

从古典重新开始/程志敏,张文涛主编.
—上海:华东师范大学出版社,2015.5
ISBN 978-7-5675-3272-4

Ⅰ.①从… Ⅱ.①程… ②张… Ⅲ.①思想史—世界—文集 Ⅳ.①B1-53

中国版本图书馆 CIP 数据核字(2015)第 058720 号

华东师范大学出版社六点分社
企划人 倪为国

本书著作权、版式和装帧设计受世界版权公约和中华人民共和国著作权法保护

从古典重新开始

主　　编	程志敏　张文涛
审读编辑	戴连焜
责任编辑	彭文曼
封面设计	卢晓红
出版发行	华东师范大学出版社
社　　址	上海市中山北路 3663 号　邮编　200062
网　　址	www.ecnupress.com.cn
电　　话	021-60821666　行政传真　021-62572105
客服电话	021-62865537　门市(邮购)电话　021-62869887
地　　址	上海市中山北路 3663 号华东师范大学校内先锋路口
网　　店	http://hdsdcbs.tmall.com
印 刷 者	上海印刷(集团)有限公司
开　　本	787×1092　1/16
印　　张	50
字　　数	580 千字
版　　次	2015 年 5 月第 1 版
印　　次	2015 年 5 月第 1 次
书　　号	ISBN 978-7-5675-3272-4/B·923
定　　价	125.00 元
出 版 人	王焰

(如发现本版图书有印订质量问题,请寄回本社客服中心调换或电话 021-62865537 联系)